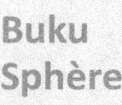

Buku
Sphère

Mobeko-likonzi ya mosala ya kosunga bato mpe
Masengami ya Libosoliboso na mosala ya kosunga bato

SPHÈRE EZALI NINI?

MOBEKO-LIKONZI YA MOSALA YA KOSUNGA BATO

MITINDA ETALI KOBATELA BATO

MOBEKO YA NTINA MINGI NA MOSALA
YA KOSUNGA BATO

KOPESA BATO MAI, KOLONGOLA BOSƆTƆ MPE
KOLENDISA BOPETO

KOKOKA KOMILEISA MPE MAKAMBO ETALI BILEI

ESIKA YA KOMIBOMBA NÁ ESIKA
YA KOFANDA

SANTE

Association Sphère
3 Rue de Varembé
1202 Genève, Suisse
Email: info@spherestandards.org
Website: www.spherestandards.org

Ebimeli ya liboso na 2000
Ebimeli ya mibale na 2004
Ebimeli ya misato na 2011
Ebimeli ya minei na 2018

Mosala ya Sphère ebandaki na 1997. Bibongiseli oyo etambwisami na Leta te (ba-ONG) mpe *Mouvement international de la Croix-Rouge et du Croissant-Rouge* nde ebandisaki yango, mpo na kobimisa masengami ya libosoliboso oyo esengeli kokokisa na mokili mobimba na makambo minene oyo etali mosala ya kosunga bato. Nyonso wana nde esali buku Sphère. Ntina ya buku oyo ezali ya kobongisa lisusu lolenge ya kosunga bato na ntango ya makama to ya bitumba, mpe kosalisa baoyo bamipesi na misala ya kosunga bámona ete bazali na mokumba monene na miso ya bato oyo bakutani na mikakatano to bakweli likama. Mobeko-likonzi ya mosala ya kosunga bato mpe Masengami ya libosoliboso na mosala ya kosunga bato ezali mbuma ya eksperiansi ya bato mpe bibongiseli ebele. Yango wana, esengeli te kotalela yango lokola makanisi oyo euti na ebongiseli moko kaka. Na 2016, mosala babengi Sphère ekomisamaki na Leta na nkombo ya Association Sphère.

Kompanyi oyo ebengami Practical Action Publishing ná basali mpe bamonisi na yango nde bakaboli babuku yango na mokili mobimba, mpo na Association Sphère. Practical Action Publishing (nimero ya kokomama na yango na Royaume-Uni: 1159018) ezali kompanyi oyo ebimisaka mikanda oyo ezali na nkolo kaka moko: Practical Action. Esalaka mosala na yango kaka mpo na kosunga nkolo na yango, Practical Action, ekokisa mikano na yango ya kosalisa bato.

Practical Action Publishing, 27a, Albert Street, Rugby, CV21 2SG, Royaume-Uni
Nim. tel.: +44 (0) 1926 634501
Site Internet: www.practicalactionpublishing.com

Esalemi na: Non-linear Design Studio, Milan, Italie
Ebongolami na: Centre de Recherche Jurisconsulte (CRJ), RDC
Ebongisami na: ThompsonText, Royaume-Uni

Makambo ezali na kati

Maloba ya ebandeli v

Matondi vii

Sphère ezali nini? 1

Mobeko-likonzi ya mosala ya kosunga bato 31

Mitinda etali kobatela bato 37

Mobeko ya ntina mingi na mosala ya kosunga bato 53

Kopesa bato mai, kolongola bosɔtɔ mpe kolendisa bopeto 97

Kokoka komileisa mpe makambo etali bilei 169

Esika ya komibomba ná esika ya kofanda 251

Sante 305

Mabakisi 393

    Libakisi 1: Mibeko oyo esimbi Sphère 396

    Libakisi 2: Malako etali etamboli 410

    Libakisi 3: Bankombo mpe bibengeli na mokuse 417

Index 419

Maloba ya ebandeli

Oyo ezali mbula ya 20 banda buku Sphère ebimá, mpe yango ekokani na kobimisama ya ebimeli na yango ya minei. Ezali mosala makasi oyo bato oyo basalaka mosala ya kosunga bato na mokili mobimba basali na mbula moko. Esangisi mpe eksperiansi ya mbula 20 ya bato oyo basaleli masengami na yango na bisika oyo bitumba to makama ebimaki, na mosala ya kobimisa malako ya sika mpe ya kolendisa basusu bátyaka likebi na lolenge bazali kosunga bato mpe na mokumba oyo bazali na yango na miso ya bato yango.

Buku oyo elobeli makambo polele mpe esimbami na ntomo ya bato. Ezwi moboko na yango na mibeko mpe mitinda ya bizaleli malamu oyo esimbi mosala ya kosunga bato. Ezali mpe kopesa malako oyo ebongi, kolakisa mimeseno malamu ya mosala oyo esalelamaka na mokili mobimba, mpe ebele ya makambo mosusu ya solo mpo na kosalisa bato oyo basalaka mosala ya kosunga bato bipai nyonso.

Na mosala ya kosunga bato, oyo ezali se kokola, Sphère ekokani na buku mosusu te. Ebimeli na yango oyo, ekotisi mpenza makanisi oyo euti na boyokani ya mikili ndenge na ndenge oyo esalemaki na Likita ya liboso ya mosala ya kosunga bato na 2016, na Agenda ya bokólisi ya makambo oyo ekoumela ya 2030 mpe na bibongiseli mosusu etali mokili mobimba.

Atako malako ezali se kobongwana, kasi toyebi ete bamposa oyo etali ndenge ya kobikela, oyo bato oyo bazali bisika bitumba mpe makama minene ebimi bazali na yango sikoyo, ebongwani ata moke te, ezala esika nini mikakatano yango ebimi. Sphère elandaka mpe ebakisaka na malako oyo esalelamaka na mokili mobimba mpe na mboka na mboka: ezongelaka likanisi oyo ete baoyo bazali kosunga basusu basengeli mpenza komonaka ete bazali na mokumba liboso ya bato yango mpo na kosalisa bato yango bákoba kozala na bomoi, kozongela makasi mpe bomoi ya malamu lokola bato.

Nini esalaka ete Sphère ezala makasi mpe eyebana mokili mobimba? Mpo ezali ya bato nyonso. Yango emonanaka mbala na mbala ntango baoyo bazali na kati ya Sphère batalelaka mpe babongisaka lisusu masengami na yango. Na ntango wana, biso nyonso tokomaka lisusu makambo oyo tozali na mokumba ya kosala, mpe toyokanaka tósala lisusu malamu mpo tómindimisa ete basali bazali na makambo oyo basengeli koyeba, ata soki bazali kosala esika nini. Yango esalaka ete bato nyonso bátyela Sphère motema mpe ekundwela bango ete ezali na ntina bato bámimona te ete bazangi valere, mpe ete bazali na lotomo ya kosangana mpenza na bikateli nyonso oyo etali bango.

Sphère ezali moko ya bibongiseli oyo esimbi mosala ya kosunga bato. Esungaka mpenza bato oyo babandi mosala yango sika, mpe baoyo baumeli na mosala yango batalelaka yango mbala na mbala. Epesaka malako mpo na makambo ya kosala nokinoki mpe elakisaka epai moto akoki koyeba makambo mosusu oyo etali mosala moko ya sikisiki. Masengami ya bibongiseli mosusu oyo esalaka elongo na biso esungaka mpe na makambo mosusu ya sikisiki, longola oyo ya Sphère, mpo na kosalisa bato bázonga makasi mpe bákóma malamu.

Buku oyo ezwi makanisi epai ya ebele ya bato oyo basalaka na bibongiseli koleka 450 oyo ezali na bikólo koleka 65 ya mokili. Na yango, emonisi mayele oyo euti na makambo ndenge na ndenge, mikakatano ya minene, mpe bato ya ndenge na ndenge oyo basalaka mosala yango. Masengami oyo elingaki kozala te soki mingi kati na bino bámipesaka mobimba te. Bato ya mosala na biso oyo ya kosunga bato bapesi bino matondi mpo na ndenge bopesaki mabɔkɔ ntango buku oyo ezalaki kobongisama lisusu, mpe mpo na bambula 20 oyo eleki ya kosala elongo.

Elikya na biso ezali ya kokoba na mosala oyo ya ntina mpe ya koyekola ná bino ntango bokosalela buku oyo.

Martin McCann
Prezida ya Komite ya Bakambi ya Sphère

Christine Knudsen
Mokambi Monene

Matondi

Banda ebongiseli Sphère ebandá, naino totuná te makanisi ya bato ebele mpe ya ndenge na ndenge lokola tosali mbala oyo mpo na kokoma ebimeli oyo ya buku Sphère. Na nzela ya Internet, bibongiseli 190 etindelaki biso bakomantere pene na 4 500; mpe bato koleka 1 400 bakendaki kosangana na milulu 60 oyo bibongiseli oyo esalaka elongo na biso ebongisaki na mikili 40. Sphère epesi matondi mingi na ebele ya bibongiseli mpe ya bato oyo bapesaki makanisi ya ntina mingi, na ndakisa ba-ONG ya mboka na mboka, ba-ONG oyo esalaka na mikili mingi, bakonzi ya mboka mpe baministere, bibongiseli ya *Croix-Rouge* mpe ya *Croissant-Rouge*, bainiversite, bibongiseli ya ONU mpe bato oyo basalaka mosala ya kosunga basusu.

Biro ya Sphère nde ekambaki mosala ya kobongisa lisusu buku oyo. Ezali na bato oyo babandaki kokoma mokapo mokomoko, na nsima bato mosusu ya mayele na likambo mokomoko ya sikisiki, bakisa mpe baoyo bayebi

Mpo na mokapo oyo elobeli Esika ya komibomba ná esika ya kofanda, makanisi na biso ekei epai ya **Graham Saunders**, oyo akomaki mokapo yango na ebimeli ya 2004 mpe ya 2011 ya buku oyo, mpe apesaki makanisi na ntango babandaki kokoma ebimeli oyo ya 2018.

Graham azalaki mpenza kosunga bato mpe koboma nzoto mpo na likambo etali Esika ya komibomba. Ndenge azalaki kotalela mpe kotambwisa makambo, mpe ebele ya makasi oyo azalaki na yango esalisaki mpo bato na mokili báyeba makambo etali kopesa bato bisika ya komibomba na ntango ya mikakatano; mpe ebongisi nzela na baoyo bayei nsima na mosala ya kopesa bato bisika ya komibomba na ntango ya mikakatano. Azalaki ntango nyonso kosala milende mpo na kobongisa lisusu lolenge ya kosala mosala yango. Tokokanisa ye mpenza lokola moto oyo afungolaki nzela, oyo ayebaki mosala malamu, mpe moninga.

malamu mosala ya kosunga bato, baponamaki mpo na kopesa bango makanisi. Ezala bakomi to baoyo bapesaki bango makanisi, mingi kati na bango bautaki na bibongiseli ndenge na ndenge oyo etindaki bango; bapesaki ntango mpe makasi na bango lokola likabo mpo na mosala ya kosunga bato.

Baekipi ya bokomi mpe ya kopesa toli etyamaki mpo na kopesa mabɔkɔ na bakomi ya buku oyo mpe na bato ya mayele oyo bazalaki kopesa bango makanisi na makambo ya sikisiki. Sphère epesi matondi mingi na bato wana nyonso oyo bapesaki mabɔkɔ kobanda 2017 tii 2018. Okokuta bankombo ya bato nyonso oyo basalaki na baekipi yango na site Internet ya Sphère: spherestandards.org. Okomona bankombo ya bato oyo bakomaki buku oyo mpe ya bato ya mayele awa na nse.

Mikapo ya moboko

- **Mobeko-likonzi ya mosala ya kosunga bato mpe Libakisi 1:** Dr Mary Picard
- **Mitinda etali kobatela bato:** Simon Russell (Simon Russell (Global Protection Cluster) ná Kate Sutton (Humanitarian Advisory Group)
- **Mobeko ya ntina mingi na mosala ya kosunga bato:** Takeshi Komino (CWSA Japon) ná Sawako Matsuo (JANIC)

Mikapo oyo elobeli misala ya sikisiki

- **Mai, kolongola bosɔtɔ, mpe kolendisa bopeto:** Kit Dyer (NCA) ná Jenny Lamb (Oxfam GB)
- **Kokoka komileisa:** Daniel Wang'ang'a (WVI)
- **Makambo etali bilei:** Paul Wasike (Save the Children USA)
- **Esika ya komibomba ná esika ya kofanda:** Seki Hirano (CRS) ná Ela Serdaroglu (FIRC)
- **Sante:** Dr Durgavasini Devanath (FIRC), Dr Julie Hall (FIRC), Dr Judith Harvie (Corps médical international), Dr Unni Krishnan (Save the Children Australia), Dr Eba Pasha (na ndenge na ye moko)

Bolembu, makoki, mpe bisika oyo mosala ezali kosalema

- **Bana mpe kobatela bana:** Susan Wisniewski (Terre des Hommes)
- **Mibange:** Irene van Horssen ná Phil Hand (HelpAge)
- **Bomwasi to bobali:** Mireia Cano (GenCap)
- **Kobundisa moto mpo azali mwasi to mobali:** Jeanne Ward (na ndenge na ye moko)
- **Bibosono:** Ricardo Pla Cordero (Humanity and Inclusion)
- **Bato oyo bazali na VIH mpe baninga to bandeko na bango:** Alice Fay (HCR ya ONU)
- **Sante ya motó mpe kobondisa bato oyo babulungani:** Dr Mark van Ommeren (OMS), Peter Ventevogel (HCR ya ONU)
- **Makama to bitumba oyo ezali koumela:** Sara Sekkenes (PNUD)
- **Kosala na bingumba:** Pamela Sitko (WVI)
- **Kokamba misala ya basivile ná basoda:** Jennifer Jalovec ná Mark Herrick (WVI)
- **Bisika mpe biloko oyo ezali epai lisungi ezali kopesama:** Amanda George ná Thomas Palo (Croix-Rouge ya Suède)
- **Koluka kokitisa makama minene:** Glenn Dolcemascolo ná Muthoni Njogu (UNISDR)
- **Lisungi ya mbongo mpe mimbongo:** Isabelle Pelly (CaLP)
- **Mosala ya koyeisa biloko mpe kokómisa yango na bisika oyo esengeli:** George Fenton (Humanitarian Logistics Association)
- **Kolandela, kotalela, kozala na mokumba na miso ya bato mpe koyekola:** Joanna Olsen (CRS)

Komite ya Bakambi ya Sphère (sanza ya mitano 2018)

Action by Churches Together (ACT) Alliance (Alwynn Javier) * Aktion Deutschland Hilft (ADH) (Karin Settele) * CARE International (Phillipe Guiton) * CARITAS Internationalis (Jan Weuts) * Humanitarian Response Network, Canada (Ramzi Saliba) * InterAction (Julien Schopp) * The International Council of Voluntary Agencies (ICVA) (Ignacio Packer) * Fédération internationale des Sociétés de la Croix-Rouge et du Croissant-Rouge (FISC) (David Fisher) * Corps médical international (CMI) (Mary Pack) * Fédération luthérienne mondiale (FLM) (Roland Schlott) * Office Africain pour le développement et la coopération (OFADEC) (Mamadou Ndiaje) * Oxfam International - Intermón (Maria Chalaux Freixa) * Plan International (Colin Rogers) * RedR International (Martin McCann) * Save the Children (Unni Krishnan) * Sphere India (Vikrant Mahajan) * Armée du Salut (Damaris Frick) * World Vision International (WVI) (Isabel Gomes).

Topesi mpe matondi na bato mosusu ya Komite oyo babandisaki mpe batambwisaki mosala ya kobongisa lisusu buku oyo, mpe banda wana balongwá na Komite yango: Sarah Kambarami (ACT Alliance) * Anna Garvander (Church of Sweden/LWF) * Nan Buzard (ICVA) * Barbara Mineo (Oxfam International – Intermón) * Maxime Vieille (Save the Children).

Bapesi-mbongo

Longola mbongo oyo bibongiseli oyo euti kotángama likoló, oyo esali Komite ya Bakambi, epesaki, mbongo mpo na mosala ya kobongisa lisusu buku oyo eutaki mpe na:

Agence danoise pour le développement international (DANIDA) * Ministère allemand des affaires étrangères * Irish Aid * Guvernema ya Australie – Ministère des affaires étrangères et du commerce (DFAT) * Direction générale pour la protection civile et les opérations d'aide humanitaire européennes de la Commission européenne (ECHO) na nzela ya basosiete ya Croix-Rouge mpe ya Croissant-Rouge (FICR) * USAID's Office of United States Foreign Disaster Assistance (OFDA) * Agence suédoise de développement international (SIDA) na nzela ya Église de Suède * Direction du développement et de la coopération suisse (DDC) * Haut Commissariat des Nations unies pour les réfugiés (HCRNU) * United States Department of State Bureau of Population, Refugees and Migration (US-PRM).

Ekipi ya mosala ya kobongisa lisusu buku oyo

Christine Knudsen, Mokambi Monene (Sphère)
Aninia Nadig, Mokambi ya mosala ya kobenda likebi ya bato mpe kosala boyokani na bato mosusu (Sphère)
Basemboli-makomi: Kate Murphy ná Aimee Ansari (Traducteurs sans frontières)
Bakambi ya mosala ya kobongisa lisusu buku oyo: Lynnette Larsen ná Miro Modrusan

Basali ya Sphère oyo bapesaki mabɔkɔ:

Tristan Hale, Mokambi ya makambo etali koyekola mpe kopesa formasyo
Wassila Mansouri, Shefu ya mosala ya boyokani na basusu mpe kobenda likebi ya bato
Juan Michel, Mokambi ya makambo etali kosolola na basusu tii na sanza ya 9 ya 2017
Barbara Sartore, Mokambi ya makambo etali kosolola na basusu, kobanda na sanza ya 10 ya 2017
Loredana Serban, Mokambi ya makambo ya biro mpe mbongo
Kristen Pantano ná Caroline Tinka, Basali oyo bazali koyekola mosala
Lisungi mpo na makambo ya Internet: Markus Forsberg (PHAP)
Kobongisama ya ndenge buku esengeli komonana: Non-linear (www.non-linear.com)
Kobongisa makomi, nkasa, mpe kobimisama ya buku: Practical Action Publishing (www.practicalactionpublishing.org)
Kimberly Clarke and Megan Lloyd-Laney (CommsConsult)

Topesi matondi mingi na James Darcy, Malcolm Johnston, Hisham Khogali, Ben Mountfield, Dr Alice Obrecht, Ysabeau Rycx, Panu Saaristo, Manisha Thomas mpe Marilise Turnbull mpo na misala ndenge na ndenge oyo basalaki ntango buku oyo ezalaki kobongisama lisusu.

Bamonisi ya Sphère oyo babongisaki bokutani na bibongiseli mpe bato mpo na kotuna makanisi na bango:

ADRA Argentina (Consultation régionale avec les ADRA d'Amérique du Sud)
Organe de coordination de l'Agence d'Afghan Relief (Afghanistan)
Alliance of Sphere Advocates in the Philippines (ASAP)
Amity Foundation (mosangani ya Groupe de travail sur les standards de bienfaisance, momonisi na Chine)
BIFERD (République démocratique du Congo)
Community World Service Asia (Thaïlande ná Pakistan)
Daniel Arteaga Galarza,* mopesi-toli ya Sphère epai ya National Risk Management System (Équateur)
Dr Oliver Hoffmann* elongo na momonisi ya Sphère na Allemagne
Grupo Esfera Bolivia
Grupo Esfera El Salvador
Grupo Esfera Honduras
Illiassou Adamou* elongo na Sous-groupe pour la protection de l'enfance (Niger)
Indonesian Society for Disaster Management (MPBI)
Institut Bioforce (France)
InterAction (États-Unis)
Inter-Agency Accountability Working Group (Éthiopie)
Conseil des ONG coréennes pour le développement et la coopération international (République de Corée)
Sphere Community Bangladesh (SCB)
Sphere India
Forum ukrainien des ONG
PNUD Chili

*Moto ye moko nde azali momonisi

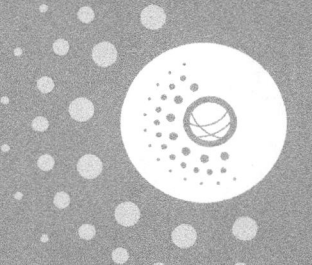

Sphère
ezali nini?

Buku

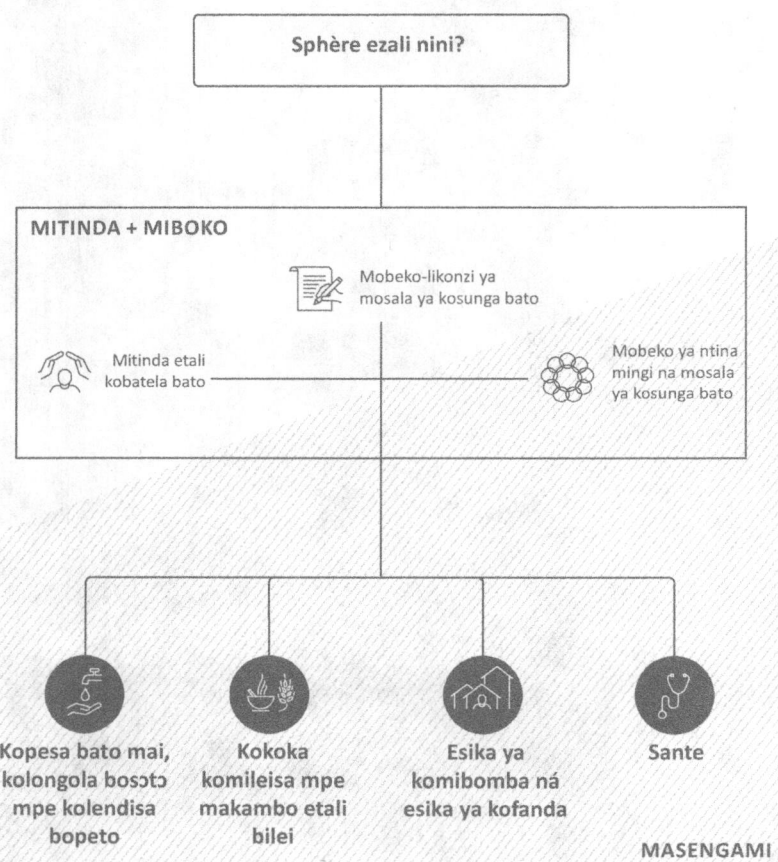

Sphère ezali nini?

MITINDA + MIBOKO

Mobeko-likonzi ya mosala ya kosunga bato

Mitinda etali kobatela bato

Mobeko ya ntina mingi na mosala ya kosunga bato

Kopesa bato mai, kolongola bosɔtɔ mpe kolendisa bopeto

Kokoka komileisa mpe makambo etali bilei

Esika ya komibomba ná esika ya kofanda

Sante

MASENGAMI

LIBAKISI 1   Mibeko oyo esimbi Sphère
LIBAKISI 2   Malako etali etamboli
LIBAKISI 3   Bankombo mpe bibengeli na mokuse

Makambo oyo ezali na kati

Sphère ezali nini?...4

  1. Buku...4

    Mikapo minei ya moboko mpe mikapo minei oyo elobeli misala ya sikisiki........5

    Masengami ya libosoliboso elendisaka kosala makambo ndenge moko............6

    Ndenge masengami yango ebongisami..6

    Ndenge ya kosalela bilembo ya ntina..7

    Boyokani na masengami mosusu...7

  2. Kokokisa masengami na kotalela esika na esika...8

  Masengami esalelamaka banda na ebandeli tii na nsuka ya mosala...................9

    Kotalela makambo malamumalamu..9

    Kokanisa mayele ya kosalela mpe kobongisa makambo ekosalema...................9

    Kosala makambo oyo ebongisami..10

    Kolandela, kotalela mbuma oyo ebimi, kokokisa mikumba mpe kozwa mateya..12

  Koyeba bolembu mpe makoki ya bato...12

    Kokabola makambo mitindo na mitindo...13

    Bana...13

    Mibange...14

    Bomwasi to bobali...14

    Kobundisa moto mpo azali mwasi to mobali...15

    Bibosono..15

    Bato oyo bazali na VIH mpe baninga to bandeko na bango...............................15

    Bato oyo bazali ba-LGBTQI..16

    Sante ya motó mpe kobondisa bato oyo babulungani.......................................16

  Koyeba esika oyo mosala ezali kosalema...17

    Kopesa mabɔkɔ na basali ya ekólo mpe ya esika likama ekwei..........................18

    Makama to bitumba oyo ezali koumela...18

    Kosala na bingumba...19

    Bisika ya kofanda mpo na bituluku ya bato...20

    Bisika ya kosala oyo ezali na mampinga ya basoda ya mboka to
    ya bikólo mosusu..20

    Ntina ya bisika mpe biloko oyo ezali epai mosala ya kopesa bato
    lisungi ezali kosalema...21

  Apendisi: Kopesa lisungi na nzela ya mimbongo...22

  Mitindami mpe mikanda mosusu ya kotánga..29

Sphère ezali nini?

Mosala ya Sphère (lelo eyebani na nkombo Sphère) ebandaki na 1997. Bibongiseli oyo etambwisami na Leta te (ba-ONG) oyo esungaka bato na ntango ya makama, elongo na *Mouvement international de la Croix-Rouge et du Croissant-Rouge*, nde ebandisaki yango. Mokano na yango ezalaki ya kobongisa lisusu lolenge na bango ya kosunga bato mpe ya komonisa bato misala basalaka. Sphère etambwisami na makanisi mibale oyo ya ntina:

- Bato oyo bazali esika makama to bitumba ebimi bazali na lotomo ya kozala na bomoi na lokumu nyonso, mpe na ndenge yango, bazali na lotomo ya kozwa lisungi
- Esengeli kosala nyonso oyo ekoki mpo na kokitisa mpasi ya bato oyo bakutani na likama to bitumba.

Mobeko-likonzi ya mosala ya kosunga bato mpe Masengami ya libosoliboso esalelaka makanisi wana mibale. Mitinda etali kobatela bato esimbi misala nyonso ya kosunga bato; Mobeko ya ntina mingi na mosala ya kosunga bato ezali na mikumba ya kokokisa mpo ete, na misala nyonso, bato bámonaka ete basengeli kozongisa monɔkɔ. Yango nyonso esali buku Sphère. Buku yango ekómá moko ya biloko oyo bato mingi na mokili mobimba basalelaka na makambo etali mosala ya kosunga bato.

1. Buku

Bato oyo basalelaka mingi buku Sphère ezali baoyo babongisaka, bakambaka mpe basalaka mosala ya kosunga bato. Kati na bango, basusu bazali basali to mpe bavolontere ya bibongiseli oyo esalaka mosala ya kosunga bato na esika to ekólo moko boye to mpe na bikólo mingi, to mpe bato oyo bakweli mpasi to mikakatano. Buku oyo esalelamaka mpe mpo na kobenda likebi ya bato na makambo etali kosunga bato, na mokano ya kobongisa lisusu lolenge mpe mokumba ya kosalisa mpe kobatela, na kolanda mitinda oyo etali mosala ya kosunga bato. Baguvernema, bapesi-mbongo, basoda mpe bato oyo basalaka na bibongiseli ya Leta te bakómi kosalela buku yango mingi mpo etambwisa misala na bango mpe esalisa bango básala malamu elongo na bibongiseli oyo esungaka bato, oyo esalelaka masengami ya buku yango.

Tobimisaki buku oyo mpo na mbala ya liboso na 1998 mpo na komeka; na nsima, tobongisaki yango lisusu na 2000, 2004, 2011, mpe sikoyo na 2018. Mbala nyonso oyo tozalaki kobongisa yango lisusu, tozalaki kotuna makanisi ya baoyo nyonso basalaka mosala ya kosunga: bato, ba-ONG, baguvernema mpe bibongiseli ya ONU. Yango esali ete tóbimisa masengami mpe malako oyo euti na makambo ya solo mpe oyo basali bamekimeki yango na mokili mobimba na boumeli ya mbula 20.

Na ebimeli oyo ya minei, buku Sphère ekokisi mbula 20. Emonisi bambongwana oyo esalemi na mosala ya kosunga bato bambula nyonso wana. Buku yango ezali mpe na malako ya sika mpo na kosala na bingumba, kosalela Masengami ya libosoliboso ntango likama to bitumba ezali koumela, mpe kosalela mimbongo mpo na kosalisa mpe kokokisa masengami. Mikapo nyonso oyo elobeli misala ya sikisiki etalelamaki lisusu mpo na kolanda ndenge makambo ezali kosalema mikolo oyo. Mobeko ya ntina mingi na mosala ya kosunga bato, oyo ekotisi mpe makambo mosusu, ezwi esika ya Masengami ya ntina mingi oyo ezalaki kosalelama liboso.

Mikapo minei ya moboko mpe mikapo minei oyo elobeli misala ya sikisiki

Buku oyo emonisi ete Sphère elingi mpenza ete misala ya kosunga bato esalemaka na kolanda mitinda mpe ntomo ya bato. Elandaka mpenzampenza lotomo oyo bato bazali na yango ya kosangana mpenza na bikateli oyo ezwamaka mpo na kobikisama na bango.

Mikapo minei ya moboko elobeli makambo oyo esimbi mosala ya kosunga bato: makambo etali bizaleli malamu, mibeko mpe bomoi ya mokolo na mokolo. Etaleli misala mpe bibongiseli nyonso ya sikisiki. Elobeli mikumba mpe makambo oyo esengeli kolanda mpo na kosunga bato na ndenge ya malamu, mpe elendisi basali bákokisaka mikumba na bango epai ya bato oyo bazali na mposa ya lisungi na bango. Mikapo yango ekosalisa moto oyo azali kotánga yango asalela Mitinda ya libosoliboso malamu koleka, ata wapi. Soki otángi mokapo moko oyo elobeli mosala moko ya sikisiki, kasi otángi mpe mikapo ya moboko te, okozanga makanisi ya ntina ya masengami. Mikapo ya moboko yango oyo:

Sphère ezali nini? (mokapo oyo): Elobeli ndenge buku oyo ebongisami, ndenge ya kosalela yango mpe mitinda oyo esimbi yango. Oyo eleki ntina, elobeli ndenge okoki kosalela yango mpenza na mosala ya kosunga bato.

Mobeko-likonzi ya mosala ya kosunga bato: Ezali moboko ya buku Sphère; emonisi likambo oyo bato nyonso oyo basalaka mosala ya kosunga bato bandimaka: bato nyonso oyo bakutani na mpasi makasi to likama monene bazali na lotomo ya kozwa libateli mpe lisungi. Lotomo yango endimisi ete bato bakozala na bomoi ya mwa malamu mpe ya lokumu. Mobeko-likonzi yango ezali na makambo etali mibeko mpe bizaleli malamu, oyo epesi nzela na Mitinda etali kobatela bato, Mobeko ya ntina mingi na mosala ya kosunga bato, mpe Masengami ya libosoliboso. Mobeko-likonzi yango ezwi moboko na yango na Malako etali etamboli mpo na *Mouvement international de la Croix-Rouge et du Croissant-Rouge* mpe ba-ONG soki ezali kosala mosala ya kosunga bato ntango likama ebimi, oyo ebimaki na 1994. Malako etali etamboli ezali kaka moko ya biteni ya buku Sphère ⊕ *talá Libakisi 2*.

Mpo na komona liste ya mikanda ya ntina oyo esimbi Mobeko-likonzi na makambo etali mibeko ⊕ *talá Libakisi 1*.

Mitinda etali kobatela bato: Ntomo mpe mitinda oyo etali mibeko, oyo balobeli na Mobeko-likonzi ya mosala ya kosunga bato, emonisami na ndenge ebongi na nzela ya mitinda minei oyo esengeli kolanda ntango nyonso mosala ya kosunga bato ezali kosalema.

Mobeko ya ntina mingi na mosala ya kosunga bato: Elobeli mikumba libwa oyo emonisi makambo ya ntina oyo esengeli kolanda mpe makambo oyo bibongiseli esengeli kosala mpo Masengami ya libosoliboso ekokisama na ndenge ya malamu mpe na likanisi ya kozongisa monɔkɔ na nsima.

Mikapo minei oyo elobeli misala ya sikisiki emonisi Masengami ya libosoliboso oyo esengeli kokokisa ntango lisungi ezali kopesama na makambo ya ntina lokola:

- Kopesa bato mai, kolongola bosɔtɔ mpe kolendisa bopeto (WASH)
- Kokoka komileisa mpe makambo etali bilei
- Esika ya komibomba ná esika ya kofanda
- Sante

Mbala mingi, lisungi oyo bato basengelaka na yango esukaka kaka te na likambo moko boye ya sikisiki. Mpo na kosunga bato malamu, esengeli kotalela bamposa na bango na

---

Malako etali etamboli: Mitinda 10 ya ntina mingi

1. Kosunga bato esengeli kozala na esika ya liboso.
2. Lisungi epesamaka na bato kozanga kotala loposo, bindimeli to ekólo na bango; mpe kozanga koponapona, ata ya ndenge nini. Lisungi oyo esengeli kopesama eyebanaka kaka na kotalela makambo oyo bato basengeli na yango.
3. Lisungi ekopesama te mpo na kotombola makanisi moko boye ya politiki to ya lingomba.
4. Tokosala makasi tózala te basali oyo bazali nde kokokisa politiki ya guvernema moko boye na boyokani na yango na bikólo mosusu.
5. Tokotosa mimeseno mpe bonkɔkɔ ya bato.
6. Tokosala makasi tósalela makoki oyo ezali na mboka ntango tozali kopesa bango lisungi.
7. Tokoluka ndenge ya kokotisa baoyo bibongiseli epesaka lisalisi na mosala ya kokamba lisungi na ntango ya makama.
8. Lisungi na ntango ya makama esengeli kokitisa makambo oyo ekoki kobimisa lisusu makama mpe kosalisa bato na makambo oyo basengeli na yango mpenza.
9. Tomonaka ete tozali na mokumba na miso ya baoyo tozali koluka kosalisa mpe ya baoyo bapesaka biso biloko to mbongo.
10. Ntango tozali kopesa bansango mpe kosala piblisite, tokotalela baoyo bakweli likama lokola bato oyo basengeli na lokumu, kasi te lokola bato oyo bazangi elikya.

Malako etali etamboli: Mitinda etali etamboli mpo na Mouvement international de la Croix-Rouge et du Croissant-Rouge mpe ba-ONG soki ezali kosala mosala ya kosunga bato ntango likama ebimi.

Mpo na komona makambo nyonso ⊕ talá Libakisi 2

---

mobimba na yango, mpe makambo ndenge na ndenge esengeli kotambwisama mpe kosalema na boyokani. Soki likama monene oyo ekweli bato eumeli ntango molai, ntango mosusu ekosenga kosuka na kosala bongo te kaka na ntango lisungi ezali kopesama. Ekosenga mpe kosala mpenza elongo na bato mpe bibongiseli oyo emipesaka na makambo etali bokoli ya mboka *(acteurs du développement)*. Buku oyo etángi mikanda ndenge na ndenge oyo yango esaleli, oyo ekoki kosalisa na likambo yango. Batángi basengeli komesana na mikapo nyonso mpo bákoka kotalela bamposa ya bato na mobimba na yango ntango bazali kosala mosala ya kosunga.

Masengami ya libosoliboso elendisaka kosala makambo ndenge moko

Masengami yango euti na makambo ya solo mpe na eksperiansi oyo ezwami na mosala ya kosunga bato. Emonisi lolenge malamu ya kosala mosala oyo endimami na bibongiseli mingi. Ekoki kosalelama bipai nyonso mpo eyokani na ntomo oyo moto nyonso abotamaka na yango.

Atako bongo, esengeli koyeba, kolandela mpe kotalela makambo oyo ezali na esika oyo lisungi ezali kopesama mpo na kokokisa masengami yango malamu.

Ndenge masengami yango ebongisami

Masengami yango ebongisami ndenge moko mpo na kosalisa motángi akanga ntina ya liyebisi etali moto nyonso. Oyo elandi yango ezali misala ya ntina, bilembo ya ntina mpe makanisi ya kolanda mpo na kokokisa masengami yango.

- **Masengami** euti na likanisi ete moto azali na lotomo ya kozala na bomoi mpe na lokumu. Yango etali makambo mwa mingi mpe emonisi ndenge makambo esengeli kozala, mpe makambo ya libosoliboso oyo osengeli kokokisa ntango nyonso oyo likama ebimi. Makambo oyo ekokani na masengami yango na Mobeko ya ntina mingi na mosala ya kosunga bato ezali "mokumba" mpe "Lisengami etali ndenge likambo esengeli kozala".

- **Misala ya ntina** elobeli makambo ya kosala mpo na kokokisa Lisengami ya libosoliboso. Ezali kaka makanisi, mpe ekoki ntango mosusu kosalelama te na bisika nyonso. Moto oyo azali kosala mosala nde akopona oyo ekosalisa ye mingi na likambo oyo akutani na yango.

- **Bilembo ya ntina** ezali mpo na kolakisa soki Lisengami ezali kokokisama to te. Esalisaka mpo na koyeba soki mbuma ya likambo oyo esengeli kosalema to ya mosala moko ezali kokokisa Lisengami mpe esalisaka likambo yango na boumeli ya mosala ya kosunga bato. Mitango oyo eleki mike, oyo esengeli kokokisa, elakisi nivo ya kokokisa bilembo oyo esengeli kokita na nse na yango te; mpe etyami kaka soki bato mingi oyo basalaka mosala oyo yango etali bandimi yango.

- **Makanisi ya kolanda** ezali mwa makanisi oyo eyei kobakisama na misala ya ntina; ezali kolakisa bisika oyo okoki kozwa makanisi mosusu na Mitinda etali kobatela bato, Mobeko ya ntina mingi na mosala ya kosunga bato, mpe masengami mosusu oyo ezali na buku oyo. Ezali mpe kotinda yo otala masengami mosusu oyo esalemi na ebongiseli babengi *Partenariat pour les standards humanitaires*.

Ndenge ya kosalela bilembo ya ntina

Bilembo ya ntina ya Sphère ezali lolenge moko ya komeka soki Lisengami moko ezali kokokisama; esengeli te kokanisa ete yango nde Lisengami yango moko. Lisengami eponi esika te, nzokande esengeli kosalela bilembo ya ntina, ata mpe misala ya ntina, na kotalela makambo oyo ezali na esika oyo mosala ya kosunga ezali kosalema mpe nivo oyo mosala yango ekómi. Bilembo yango ya Sphère ezali mitindo misato:

- **Bilembo ya makambo oyo esengeli kolanda** esalisaka na koyeba soki Lisengami ya moke ekokisami. Na ndakisa: basalelaka molongo ya masengami mpo na kotala soki moto akoki komileisa, kotalela biloko ya kobikela mpe mayele ya kosalela mpo na komesana na likambo boye to boye ⊕ *talá Lisengami 1.1 ya Kotalela kokoka komileisa mpe makambo etali bilei: Kotalela kokoka komileisa.*

- **Bilembo ya bokoli** ezali emekeli oyo esalisaka na kolandela ndenge Lisengami ezali kokokisama. Esengeli kosalela yango mpo na kotya nivo ya ebandeli, mikano (elongo na bibongiseli to bato oyo bokosala ná bango), mpe kolandela bokoli tii Lisengami yango ekokokisama. Na ndakisa: motángo ya mabota likoló na monkama oyo elandelamaki mpe ebombaka ntango nyonso mai malamu na banzungu to batono ya peto mpe oyo bafiniká ⊕ *talá Lisengami 2.2 ya Kopesa bato mai: Ndenge ya mai.* Atako mokano ezali ya kokóma na motángo ya 100%, bato oyo bazali kosala mosala basengeli kotalela mpe ndenge makambo ya mboka ezali, kolandela makambo ya malamu oyo ezali kosalema uta na nivo ya ebandeli mpe bokoli oyo emonani na kotalela mokano oyo endimamaki.

- **Bilembo ya mikano** ezali mikano ya sikisiki, oyo ekoki kopesama mitángo; emonisaka motángo ya moke oyo, soki okiti na nse na yango, bakoloba ete Lisengami ekokisami te. Soki likoki ezali, mikano yango esengeli kokokisama nokinoki, noki mosala mobimba ebeba. Na ndakisa: motángo ya bana likoló ya monkama oyo bazali na sanza motoba kino mbula 15, oyo bazwi mangwele ya kintuntu: mokano ezali 95 likoló ya monkama ⊕ *talá Lisalisi ya monganga oyo esengeli kopesama – Lisengami 2.2.1 ya Santé ya mwana: Kopesa mwana mangwele mpo na kokima bamaladi mosusu.*

Boyokani na masengami mosusu

Buku Sphère elobeli te makambo nyonso oyo etali mosala ya kosunga bato mpo na kolongisa lotomo ya kozala na bomoi mpe na lokumu. Bibongiseli mosusu oyo esalaka elongo na biso ebimisá mpe masengami mosusu na makambo ndenge na ndenge, oyo elandi mpe ndenge ya kotalela makambo mpe mikumba ya Sphère. Okoki komona yango na nzela ya Sphère, ya *Partenariat pour les standards humanitaires*, mpe na basite Internet ya mokomoko ya bibongiseli oyo esalaka elongo na Sphère.

- *Normes et directives pour l'aide d'urgence à l'élevage* (LEGS) (to Malako mpe masengami mpo na kosunga nokinoki kobokola bibwele): Mosala ya LEGS
- *Standards minimums pour la Protection de l'Enfance dans l'intervention humanitaire* (SMPE) (to Masengami ya libosoliboso mpo na kobatela bana na ntango ya kopesa bato lisungi): *Alliance for Child Protection in Humanitarian Action*
- *Normes minimales pour l'éducation: Préparation, intervention, relèvement* (to Masengami ya libosoliboso mpo na kelasi: Kobongisama, mosala ya kosunga, kozongisama ya makambo na molongo): *Inter-Agency Network for Education in Emergencies* (INEE)
- *Normes minimales pour le relèvement économique* (MERS) (to Masengami ya libosoliboso mpo na kozongisama ya makambo ya nkita na molongo): *Small Enterprise Education and Promotion* (SEEP) *Network*
- *Standard minimum d'analyse du marché* (MISMA) (to Lisengami ya libosoliboso mpo na kotalela makambo ya mimbongo): Cash Learning Partnership (CaLP)
- *Normes minimales d'inclusion de l'âge et du handicap dans l'action humanitaire* (Masengami ya libosoliboso oyo esengi kotalela mpe mbula ya moto mpe soki azali ebosono na ntango ya kopesa lisungi): *Age and Disability Consortium*

2. Kokokisa masengami na kotalela esika na esika

Mosala ya kosunga bato esalemaka na bisika ndenge na ndenge. Na mosala yango, ekosenga kotalela makambo ndenge na ndenge mpo na koyeba ndenge ya kokokisa Masengami ya libosoliboso na mokano ya kolongisa lotomo ya moto ya kozala na bomoi mpe na lokumu. Makambo yango ekoki kozala:

- esika oyo mosala ya kosunga ezali kosalema;
- bokeseni kati na bituluku ya bato mpe kati ya moto moko ná moto mosusu;
- ndenge ya kosala mosala mpe ya kokómisa biloko na bisika esengeli, oyo ekobongisa to kobebisa mosala ya kopesa lisungi mpe lolenge mosala yango ezali kosalema; mpe
- mitángo ya ebandeli mpe bilembo (*indicateurs*) ya sikisiki na kotalela esika na esika, bakisa mpe kolimbola maloba ya ntina mpe kotya mikano.

Ezali na makambo oyo ekoki kosala ete mosala ya kosunga eleka malamu to te, na ndakisa: mimeseno ya mboka, monɔkɔ, makoki ya basali, makambo etali libateli, likoki ya kokóma na esika ya mosala, ndenge mai, mopepe mpe mabele ezali, mbongo mpe biloko oyo ezali. Ezali mpe na ntina kokanisa liboso makambo mabe oyo ekoki kobima mpe kosala makasi ezala mingi te ⊕ talá *Mitinda etali kobatela bato 1 ná 2,* mpe *Mobeko ya ntina mingi na mosala ya kosunga bato: Mokumba 3.*

Buku Sphère ezali malako oyo moto akoki kolanda soki alingi. Elobeli ndenge makambo esengeli kozala mpe mokumba ya basali na miso ya basusu. Ebongisami mpo na kolendisa bato básala oyo bakoki mpo na kokokisa masengami mpe bákómisa yango ya bango. Elobeli te ndenge ya kosala likambo mokomoko, kasi emonisi nde mwa makambo oyo esengeli kosalema mpo na kosalisa bato oyo bakweli likama monene bákoba kobika mpe bázongela na lokumu bomoi oyo bazalaki na yango.

Kolanda masengami ya Sphère elakisi te kosala misala nyonso ya ntina to kokokisa bilembo nyonso ya ntina ya Lisengami mokomoko. Nivo oyo ebongiseli moko ekokoka kokóma na ndenge na yango ya kolanda masengami ekotalela makambo ndenge na ndenge, makambo mosusu kutu ekolekela bango. Makambo mosusu ekoki kopekisa masengami ekokisama, na ndakisa likoki ya kokóma esika bato bakweli likama, to yikiyiki na makambo ya nkita to ya politiki.

Na ntango oyo makambo ya libosoliboso oyo bosengeli kokokisa eleki nivo ya bomoi ya bato oyo boyei kosalisa, esengeli kokanisa ndenge ya kokitisa mitungisi oyo ekoki kobima, na ndakisa bokoki kosenga kosalela bango makambo oyo etali bango nyonso. Na bantango mosusu, bakonzi ya Leta bakoki kotya makambo oyo esengeli kokokisa libosoliboso oyo eleki Masengami ya libosoliboso ya Sphère.

> Masengami ya Sphère emonisaka ntomo ya ntina mingi ya kozala na bomoi mpe na lokumu, mpe masengami yango ebongwanaka te. Ekoki kosenga kobongola mwa moke bilembo (*indicateurs*) mpe makambo ya kokokisa libosoliboso mpo ezala na ntina na esika moko boye. Na ntango oyo masengami ekokisami te, likanisi nyonso ya kokitisa makambo ya kokokisa libosoliboso esengeli kotalelama malamumalamu. Esengeli bato nyonso báyokana liboso ya kosala mbongwana nyonso mpe koyebisa bato mingi eloko oyo ezali kopekisa bokoli esalema na kotalela masengami ya libosoliboso. Longola yango, bibongiseli oyo esungaka bato esengeli kolandela malamu makambo mabe oyo ekokómela bato soki lisengami moko ekokisami te, mpe esengeli kosala nyonso mpo makambo yango ezala mingi te. Bólobela makambo oyo bokokisi te na ntango ya lisungi mpo na kobenda likebi ya bato mpe bóluka kokokisa bilembo kozanga koumela.

Masengami esalelamaka banda na ebandeli tii na nsuka ya mosala

Masengami ya Sphère esengeli kosalelama banda na ebandeli tii na nsuka ya mosala: kotalela makambo malamumalamu, kokanisa mayele ya kosalela, kobongisa manaka mpe makambo oyo ekosalema, kosala makambo oyo ebongisami, kolandela mosala yango, mpe kotalela mbuma mpe mateya oyo yango ebimisi.

Kotalela makambo malamumalamu

Masengami ya libosoliboso ya Sphère esalisaka na kotalela malamumalamu makambo oyo mosala mokomoko esengeli na yango; liste ya makambo ya kotalela ezali na mokapo mokomoko ya buku oyo. Ntango kaka likama moko ebimi, masengami ya Sphère esalisaka mpo na koyeba bamposa oyo esengeli kokokisa na lombangu, mpe elakisaka molongo ya misala oyo esengeli kolandana mpo na kokokisa bamposa yango. Elakisaka mpe na mokuse mitángo oyo esengeli kokokisa mpe lisalisi ya liboliboso oyo esengeli kopesa mpo na koyeba mbuma ya libosoliboso oyo lisungi ekobimisa. Na yango, masengami yango esalisaka mpe mpo na kobongisa boyokani kati na bibongiseli mpe misala.

Kokanisa mayele ya kosalela mpe kobongisa makambo ekosalema

Mobeko ya ntina mingi na mosala ya kosunga bato mpe Masengami ya libosoliboso esalisaka mpo na kobongisa liboso misala ya kosunga bato; mokano ezali ya kopesa lisungi oyo ebongi mpe na ntango oyo ebongi epai ya bato oyo basengeli mpenza na yango. Mpo mokano yango ekokisama na misala nyonso oyo ekosalema, ezali na ntina ete bato oyo bakweli likama bápesa mpenza mabɔkɔ mpe misala esalema na boyokani na bakonzi ya mboka mpe ya ekólo.

Misala mpe bilembo ya ntina esalisaka mpo na koyeba makambo ya kotya na esika ya liboso, mitángo oyo esengeli kokokisa mpe koyokanisa misala ndenge na ndenge. Yango esalaka ete mosala moko ebongisa mosala mosusu mpe esalisaka bato báyeba bango moko kokokisa bamposa na bango. Misala mpe bilembo ya ntina emonisaka lolenge oyo mosala ya kosunga esengeli kozala. Esalisaka mpe na kotalela mosala ya kosunga mpo na koyeba ndenge ya malamu koleka ya kokokisa bamposa ya bato oyo emonanaki mpe kokitisa makambo oyo ebimaka nsima, oyo ekoki kosala bato mabe.

Mbala mingi, mpo na kobongisa liboso programe moko ya lisungi, esengeli kotalela malamu mitindo oyo lisungi yango ekoki kopesama, na ndakisa kopesa bato biloko to mbongo, kosalela bango misala, kosalisa bango báyeba malamu misala ya sikisiki, to mitindo wana nyonso nzela moko. Mbala mingi, nsima ya mwa ntango, kosangisama ya mitindo oyo eponamaki ebongwanaka. Masengami ya libosoliboso ebendaka likebi nde na likambo oyo esengeli kosalema, kasi te na ndenge oyo lisungi esengeli kopesama.

Lisalisi ya mbongo, oyo ezali ndenge moko ya kosalela mimbongo mpo na kotambwisa baprograme ya lisungi, ezali kosalelama mingi mpo na kosunga bato oyo bazali na bosenga. Makanisi etali ndenge ya kosalela lisalisi yango etyami na mikapo nyonso ya buku oyo. Lisalisi ya mbongo ekoki kosalelama mpo na kokokisa bamposa ya misala ndenge na ndenge, to mpe ya mosala moko ya sikisiki. Ekoki mpe kosalelama mpo na kolongola mimeseno ya koboyelaka basi mingi bázwa biloko ya mombongo mpe básangana na bikateli oyo ezali kozwama mpo na ndenge ya kobatela biloko yango. Lolenge malamu koleka ya kopesa lisalisi mpe kokokisa masengami na misala ndenge na ndenge ezali ya kopesa mbongo oyo ekoki kosalelama na makambo ebele. Mpo na kopesa lisalisi ya mbongo ata ya ndenge nini, esengeli bato ya misala ndenge na ndenge bátalela bamposa, makambo oyo ezali koleka na bisika oyo lisalisi ekopesama, ndenge mimbongo ezali kotambola, mpe soki likoki ekozala ya kopesa lisalisi yango to te.

Likambo ya kosalela mimbongo mpo na kotambwisa baprograme ya lisungi ebongi na misala nyonso te, na ndakisa baoyo basalelaka bato misala ndenge na ndenge to mpe basalisaka bango báyeba malamu misala ya sikisiki. Na yango, baoyo basungaka na makambo ya sante mpe ya bilei bakoki kopona kopesa mabɔkɔ na bato to mpe na bibongiseli ya Leta oyo esalisaka bato na makambo ya sante na bisika bazali, kasi yango esalaka te lokola mombongo.

Mpo na koyeba lolenge oyo lisungi ekoki kopesama malamu koleka, ekosenga kosolola na bato ya mboka, kotalela mimbongo, koyeba ndenge misala ndenge na ndenge esalemaka, mpe koyeba ndenge bayeisaka biloko mpe bakómisaka yango na bisika oyo esengeli. Esengeli kotalelaka makambo yango lisusu nsima ya mwa ntango soki ezali na makambo mosusu oyo ebongwani ⊕ *talá Apendisi: Kopesa lisungi na nzela ya mimbongo.*

Kosala makambo oyo ebongisami

Soki likoki ezali te ya kokokisa masengami ya Sphère epai ya bato nyonso oyo bakweli likama to mwa ndambo na bango, esengeli koluka koyeba mpo na nini mpe esika mokakatano ezali, mpe nini esengeli kosalema mpo na kobongisa. Bótalela mbuma mabe oyo ekoki kobima, ata mpe makama mpo na libateli mpe sante ya bato nyonso. Bókoma makambo yango nyonso mpe bósala elongo na bato ya misala mosusu ná bato ya mboka oyo bakweli likama mpo na koluka ndenge ya kokitisa mpasi oyo yango ekoki kobimisa.

Kotalela makambo ndenge ezali sikoyo mpe bambongwana oyo ezali kosalema malembemalembe

– Nani oyo likama ekweli? – Bamposa mpe bolembu – Mayele ya kosalela mpo na komesana na maka-mbo, mpe makoki – Bauti esika moko bayei kofanda esika mosusu? Bazali koyengayenga? – Makambo nini oyo bato bakweli likama basengeli na yango libosoliboso?	– Makaneli mpe makama oyo ekoki kosala ete bato bábatelama te – Ndenge libateli ya bato ezali, mpe kotambwisama na mibeko – Likoki ya kozwa lisalisi – Likoki ya kokutana na bato oyo bazali na mposa ya lisalisi ezali? – Kobongwana ya makama na kotalela bileko	– Baoyo bazali kopesa maboko mpe bokonzi ya moto na moto – Makoki mpe mikano ya baoyo bayei kopesa lis-ungi – Makambo oyo bakonzi mpe bibongiseli mosusu ekani kosala mpo na kosunga bato – Mokumba ya bana-mboka	– Biloko oyo ezali mpe misala oyo bakoki kosalela bato – Makambo ya mimbongo mpe ndenge ya koyeisa biloko na mboka – Banzela mpe bisaleli mosusu – Bakompanyi to bibongiseli oyo esalelaka bato misala (ya makambo ya mbongo mpe mosusu) – Makoki ya kokómisa biloko na bisika esengeli, mikakatano

Kotalela mpe koyeba makambo oyo eleki ntina

Mikakatano nini esengeli kosilisa? Mpo na bituluku nini ya bato? Na esika nini? Nsima ya ntango boni? Na kotalela masengami nini?

Kotalela basolisyo oyo ekoki kozwama mpe kopona ndenge lisungi ekopesama

Kokanisa basolisyo oyo ezali esika bozali:	Kopona katí na basolisyo yango, nsima ya kotalela makambo lokola:	
– Kosalela bato misala oyo esengeli bino moko – Kokabolela bato biloko – Kopesa lisalisi na misala ya sikisiki – Kobongisa misala na bino na kotalela mimbongo – Lisungi ya mbongo	– Ntina ya kosunga nokinoki mpe na ntango oyo ebongi – Soki ekoki kosalema – Makoki – Lokumu – Makaneli mpe makama oyo ekoki kosala ete bato bábatelama te	– Ebongi, ezali kobimisa matomba mingi kasi na mbongo moke – Likoki ya kozongela bomoi ya liboso – Kondimama na ekólo – Malako ya Leta

Kobongisa misala mpo esalema ndenge esengeli mpe na likanisi ya kozongisa monoko na nsima

Mitindo ya ntina ya kotalela makambo	Koyebisa makambo mpe kozongisa monoko	Kolandela makambo ndenge ezali, makambo oyo esengeli kolanda, bokoli mpe matomba oyo ebimi	Mayele ya kosalela mpo na koleka na mosala mosusu to mpe kosukisa mosala na bino
– Kokabola makambo mitindo na mitindo na kotale-la soki euti na basi to mibali, mbula ya kobotama mpe soki etali bibosono – Bolembu mpe libateli – Ezali mpo na koumela ntango molai to kaka mpo na mwa ntango	– Ndenge ya kozwa makanisi ya bato mpe komile-lalela na bango – Kokambama ya misala – Bana-mboka bazali komipesa na mosala ntango nyonso	– Kopona bilembo – Kokabola makambo na mitindo oyo ebongi	– Bana-mboka bamipesi na mosala mpe bandimi yango – Bibongiseli ya ekólo mpe ekólo endimi mosala – Koyokana mpo na kosala elongo

Koyeba makambo ezali na esika moko mpo na kosalela masengami (Elilingi 1)

Kolandela, kotalela mbuma oyo ebimi, kokokisa mikumba mpe kozwa mateya

Kolandela, kotalela mbuma oyo ebimi, kokokisa mikumba mpe koyekola makambo wana esalaka ete bikateli mpo na kotambwisa mosala ezwama na ntango oyo ebongi mpe na kotalela makambo ya solosolo. Esalaka ete baprograme ya kosunga bato ekoka kobongwana mwa moke na kotalela makambo ya esika na esika. Mokomoko ya Masengami ya libosoliboso ezali na bilembo oyo bakoki kolandela mpo na koyeba soki ezali kokokisama, soki ezali kokokisama ndenge moko epai ya bato nyonso ya mboka moko, mpe makambo nini mosusu esengeli kosalema. Kotalela mbuma oyo ebimi esalisaka na kozwa mateya mpo na kobongisa malako mpe mosala na mikolo ekoya, mpe esalisaka na kondimisa ete tozali na mokumba na miso ya basusu. Misala ya SERA esalisaka mpe na kozwa mateya mingi na oyo etali kosala malamu mosala ya kosunga bato.

Koyeba bolembu mpe makoki ya bato

Na buku oyo mobimba, liloba "bato" esalelami na ndenge mingi, mpo na komonisa likanisi ya Sphère ete bato nyonso bazali na lotomo ya kozala na bomoi mpe na lokumu, mpe na ndenge yango bazali na lotomo ya kozwa lisungi. Ntango tozali kolobela "bato," yango esangisi basi, mibali, bana basi mpe bana mibali, ata soki bazali na mbula boni, bazali bibosono, bato ya mboka nini, ya loposo nini, ya ekólo nini, soki sante na bango ezali ndenge nini, bazali bato ya lingomba nini ya politiki, soki balingaka bátalelaka bango lokola basi to mibali, soki bazali basi to mibali, to mpe bazali na likambo nini mosusu oyo bakoki kosalela mpo na komonisa ndenge bazali.

Bato nyonso te nde bazali na bokonzi to bozwi ndenge moko. Bato to bituluku ya bato na kati ya mboka moko bazalaka na makoki, bamposa mpe bolembu ekeseni, mpe kendekende makambo yango ebongwanaka. Makambo lokola mbula ya kobotama, kozala mwasi to mobali, ebosono, ndenge moto azali na kotalela mibeko, mpe sante ya moto ekoki kosala ete azwa lisungi moke. Makambo wana mpe makambo mosusu ekoki kosala ete básalela bato makambo na kozanga bosembo na nko. Mpo na kobongisa makambo malamu, ezali na ntina mingi kosololaka na bato ya lolenge nyonso: basi, mibali, bana basi mpe bana mibali ya mbula nyonso ya kobotama; bokoki kosolola na bango nyonso mbala moko to na mokomoko na bango. Ezali te kaka mpo moto azali elenge to mokóló, mwasi to elenge mwasi, ebosono to moto ya ekólo moko oyo ezali na bato moke, nde esalaka ete atalelama na mokili mobimba ete azali na bolembu. Kasi, soki makambo wana nyonso esangani, na kotalela makambo ya esika na esika, yango nde ekoki kosala ete moto to etuluku moko ya bato bákóma na makoki mingi, bázala na makasi ya kolonga mikakatano to bázanga kozwa lisungi.

Na bisika mingi, bamboka to bituluku ya bato bakoki bango nyonso kozala na bolembu mpo bafandaka mosika, na bisika oyo ezangi libateli mpe ezali mpasi kokóma, to mpo bapanzani bipai na bipai mpe ezali mpasi kopesa bango lisungi mpe libateli. Ntango mosusu, bituluku mosusu ya bato ezwaka lisungi moke mpe basalelaka yango makambo na nko kaka mpo na ekólo na bango, bonkɔkɔ na bango, monɔkɔ na bango, lingomba na bango to parti politiki na bango. Esengeli kolandela mpenza makambo yango mpo koponá bilongi ezala te.

Soki bituluku ndenge na ndenge epesi mpe makanisi ntango programe moko ya kosunga bato ezali kobongisama, misala ya kosunga bato esalemaka na mobimba na yango, ebosanaka moto te, mpe ebimisaka matomba oyo eumelaka. Mpo bato oyo bakweli likama bázala na bomoi mpe na lokumu, esengeli kokotisa bango na misala ya kosunga bango mpe kopesa bango likoki ya kopesa mpe mabɔkɔ.

Kokabola makambo mitindo na mitindo

Mbala mingi, ezalaka mpasi kosangisa to koluka koyeba makambo (données) etali bato ya mboka moko boye. Nzokande, makambo oyo ekabolami mitindo na mitindo emonisaka polele bamposa ya etuluku na etuluku mpe matomba oyo mokomoko na yango ezwi. Ekoki kosalisa mpo na koyeba bato oyo bazali mpenza na likama, komonisa soki bazali na likoki ya kozwa mpe kosalela lisungi, mpe soki esengeli kosala milende mosusu mpo bázwa yango. Kabolá makambo (données) na mitindo nyonso oyo ekoki mpe oyo eyokani na esika na esika, mpo na koyeba bokeseni oyo euti na kozala mwasi to mobali, mbula ya kobotama, kozala ebosono, esika oyo moto azali, bonkɔkɔ, lingomba, libota moto autá, to makambo mosusu oyo ekoki kosala ete bápona bilongi ntango bazali kopesa moto lisungi.

Mpo na makambo ndenge na ndenge oyo etali mbula ya kobotama, esengeli kosalela mitindo oyo esalelamaka na bibongiseli ya Leta oyo esangisaka makambo ya bato. Soki mitindo wana ezali te, bósalela tablo oyo ezali awa na nse. Ntango mosusu ekoki kosenga kokabola lisusu na mitindo mosusu oyo etali bituluku ya sikisiki, na ndakisa babebe, bana, bilenge, basi, to mibange.

Mwasi to mobali?	Azali ebosono to te?	Mbula ya kobotama									
		0–5	6–12	13–17	18–29	30–39	40–49	50–59	60–69	70–79	80+
Mwasi	Azali ebosono te										
	Azali ebosono										
Mobali	Azali ebosono te										
	Azali ebosono										

Bana

Bana nde balekaka ebele kati na bato oyo bakweli likama, kasi mbala mingi bamonanaka mingi te. Makoki mpe bamposa ya bana ebongwanaka na kotalela mbula na bango ya kobotama mpe ndenge bazali kokola. Esengeli kozwa bibongiseli ya spesiale mpo na komindimisa ete babatelami na makambo ya mabe mpe bazali kozwa lisungi oyo esengeli ndenge moko.

Na ntango ya makama, bana bakutanaka na makambo oyo ekoki kotya bomoi na bango na likama, na ndakisa kozanga kolya malamu, kokabwana na libota, kotekama, kokotisama na bituluku ya basoda batomboki, kobetama to kobebisama na makambo ya kosangisa nzoto. Makambo wana nyonso esengaka lisungi ya nokinoki.

Mbala mingi, makama oyo esengaka kobatelama na yango ekómaka minene mpo na makambo ndenge na ndenge. Na ndakisa, bilenge mibali bazali na likama monene ete mampinga ya basoda mpe bituluku ya basoda batomboki ekotisa bango na mosala ya soda to mpe básalisa bango misala oyo eleki mabe oyo basalisaka bana. Bilenge basi bazali na likama monene ete bázwama na boombo mpo básangisaka na bango nzoto to báteka bango. Bana oyo bazali bibosono bazali na likama monene ete básundolama to bábwakama. Esengeli kotyela bilenge basi oyo bazali bibosono likebi mingi, mpo bazali na likama monene: bakoki kosangisa na bango nzoto na makasi to kosalisa bango makambo ya kosangisa nzoto mpo na litomba ya bato mosusu to mpe bakoki kozanga bilei ya malamu.

Lukaluká makanisi ya bilenge basi mpe mibali ya mbula nyonso ya kobotama mpe oyo bauti bisika ndenge na ndenge, mpo yango ekoki kosala ete ndenge ya kopesa lisungi, ya kolandela mpe kotalela mbuma ya mosala yango ezala malamu. Boyokani mpo na ntomo ya mwana (*Convention relative aux droits de l'enfant*) elobi ete moto nyonso oyo azali na nse ya mbula 18 azali "mwana." Esengeli kotalela malamu soki, mpo na bato oyo bakweli likama, banani babengami bana. Yango ekosalisa bino bómindimisa ete ata mwana moko te to elenge moko te azangi kozwa lisungi.

Mibange

Na bikólo mingi, mibange bazali se kokóma ebele, kasi mbala mingi bakipaka bango te na ntango ya kosunga bato.

Na mimeseno mingi, bato babengamaka mibange na kotalela makambo ndenge na ndenge (na ndakisa, kozala na bankoko) to bilembo oyo ezali komonana na nzoto (na ndakisa nsuki mpembe), na esika ya kotalela mbula ya kobotama. Atako bato mingi balobaka ete mobange ezali moto oyo azali na mbula 60 to koleka, kasi ekoki kozala malamu, na bisika oyo likama ekwei mpe lisungi esengeli kopesama, kotalela moto nyonso oyo azali na mbula 50 ete azali mobange.

Mibange bayebi ndenge ya kobundana na mikakatano mpe basalelá yango bambula mingi. Basungaka basusu, babatelaka biloko, bakambaka makambo mpe bakotisaka mbongo. Mbala mingi, mibange bayebaka malamu makambo ya bonkɔkɔ mpe istware ya mboka, mpe moto nyonso atalelaka bango lokola bablioteke oyo ebombi mimeseno ya mboka. Na bisika oyo bazali kosunga bato, mibange bakoki kozala na mikakatano mingi soki bazali kaka bango moko, bazali nzoto makasi te, bazali lisusu na lisungi ya libota to ya bato ya mboka te, baumeli na maladi moko boye, bazali komona to kotambola malamu te mpe bazali koyeba lisusu makambo malamu te.

Esengeli komindimisa ete bazali kotuna makanisi ya mibange mpe kokotisa bango na makambo nyonso oyo etali mosala ya kosunga bato. Esengeli kotalela misala, bisika mpe makambo ya koyebisa bango oyo ebongi na mbula na bango, mpe esengeli kosalela makambo (*données*) oyo ekabolami na kotalela mbula ya bato mpo na kolandela mpe kotambwisa programe ya lisungi.

Bomwasi to bobali

"Bomwasi to bobali" (*genre*) elakisi makambo oyo bato batyá mpo na kokesenisa basi ná mibali na boumeli ya bomoi na bango mobimba. Kendekende, makambo yango ekoki kobongwana epai ya bato ya mimeseno ya ndenge moko mpe kati ya bato ya mimeseno ekeseni, ata mpe na kotalela mboka na mboka. Mbala mingi, makambo yango nde ekesenisaka misala, mikumba, bokonzi mpe likoki ya kozwa biloko oyo bapesaka basi, bana basi, bana mibali mpe mibali. Koyeba bokeseni yango mpe ndenge oyo yango ebongwani na ntango ya likama ezali na ntina mingi mpo na kobongisa mosala ya kosunga bato mpe kokokisa ntomo ya bato. Makama minene ekoki kopesa libaku ya kosilisa bokeseni oyo ezalaka kati na makambo oyo basalelaka mibali to basi mpe ya kobakisela basi, bana basi, bana mibali mpe mibali makoki ya kotambwisa bango moko bomoi na bango.

Bomwasi to bobali elakisi te nzoto ya basi to ya mibali, oyo esalemá ndenge esalemá.

Awa, tozali mpe te kolobela "kaka basi." Atako mbala mingi basi mpe bana basi basalaka makambo nyonso te mpo na mikumba ya bomwasi oyo bapesá bango, mibali mpe bana mibali bango mpe basalaka makambo mosusu kaka mpo na komonisa ete bazali mibali. Programe ya kosunga bato oyo elingi ete basi ná mibali bátalelama ndenge moko esengeli kosalela basi mpe mibali mpo na kolendisa basi, bana basi, mibali mpe bana mibali báyokana malamu, básalelana makambo na bosembo mpe bango nyonso bápesa mabɔkɔ na mosala.

Kobundisa moto mpo azali mwasi to mobali

Lokola mwasi ná mobali bakeseni, yango etindaka basi mosusu bábundisa mibali mpo bazali mibali mpe mibali mosusu bábundisa basi mpo bazali basi. Likambo yango emonisi ete bokeseni oyo ezalaka kati na makambo oyo basalelaka mibali to basi nde ntina oyo babundisaka basi mpe bana basi na mokili mobimba na ndenge mingi. Ntango likama ekwei, mitindo mingi ya kobundisa moto mpo azali mwasi to mobali ekómaka makasi, na ndakisa kobetama na molongani, kobalisama ya bana, kobebisama na makambo ya kosangisa nzoto mpe kotekama.

Bibongiseli esengeli kosala nyonso mpo ete, ezala bango moko ntango bazali kopesa lisungi to mpe bato mosusu, básalisa te bato oyo bakweli likama makambo ya kosangisa nzoto na makasi to mpo na litomba ya bato mosusu. Soki emonani solo ete moto moko amitambwisaki mabe, bakonzi oyo batalelaka makambo yango basengeli kosambisa ye mpe kopesa ye etumbu; nyonso wana esengeli kosalema na ndenge ya nyamunyamu te.

Bibosono

Na mokili mobimba, bato soki 15 likoló na monkama bazali bibosono. Ebosono ezali moto oyo azali na mbeba moko oyo eumeli mingi na nzoto, na makanisi, na mayele, na binama ya komona to ya koyoka; mpe soki yango esangani na mikakatano ya ndenge na ndenge, yango ekoki kopekisa ye apesa mpe mabɔkɔ na misala ya mboka, na makasi mpe na mayele na ye nyonso mpe ndenge moko na bato mosusu.

Na bisika oyo mosala ya kosunga bato ezali kosalema, bibosono bakoki kokutana na mikakatano na oyo etali: biloko, mabele to banzete oyo ezali na bisika yango; kolongwa esika moko mpo na kokende na esika mosusu; kozwa bansango mpe kosolola na basusu; kokóma na bisika oyo lisungi ezali kopesama to mpe kozwa lisungi yango. Ntango bibongiseli ezali kozwama liboso mpo na kobanda mosala ya kosunga, esengeli kotalela makoki mpe bamposa ya bibosono nyonso, mpe kosala makasi mpenza mpo na kolongola mikakatano oyo ekoki kopekisa bango bázwa lisungi to bápesa mpe mabɔkɔ; na ndakisa, mikakatano na oyo etali biloko, mabele to banzete oyo ezali na bisika ya kopesama lisungi, kosolola na bango mpe ndenge ya kozala na bango. Basi ná bana basi oyo bazali bibosono bakoki kozala na likama makasi mpo na bokeseni oyo ezalaka kati na makambo oyo basalelaka mibali to basi mpe mpo na ezaleli ya kopona bilongi oyo bato mosusu bakoki kozala na yango.

⊕ *Talá mitindami: Questions du Groupe de Washington* mpo na likambo ya kokabola makambo *(données)* na kotalela soki moto azali ebosono, mpe ⊕ *Normes minimales d'inclusion de l'âge et du handicap dans l'action humanitaire,* mpo na koyeba makambo mosusu.

Bato oyo bazali na VIH mpe baninga to bandeko na bango

Ezali na ntina mingi koyeba motángo ya bato oyo bazali na virisi ya Sida, to VIH, na esika moko boye mpo na koyeba bolembu mpe makama ya kokima mpe kobongisa ndenge ya malamu ya kopesa lisungi. Kolongwa esika moko mpo na kokende na esika mosusu ekoki kobakisa likama ya kozwa VIH; mpe soki mokakatano moko ya monene ekómeli bato, yango ekoki kobebisa mosala oyo ezalaki kosalema mpo na kokebisa bato na Sida, kosalisa bango egzame ya makila, kopesa lisalisi ya monganga to lisalisi mosusu na baoyo bazali na VIH. Mbala mingi, esengaka kozwa bibongiseli ya sikisiki mpo na kokima mobulu mpe ezaleli ya kopona bilongi kati na bato oyo bazali na likama monene ya kozwa Sida. Likambo yango ekoki kokóma mokakatano monene soki tobakisi mpe bokeseni kati na makambo oyo basalelaka basi to mibali, likambo ya kosalela moto makambo na nko mpo azali ebosono, bomwasi to bobali oyo moto ye moko akanisi azali na yango mpe lolenge ya bato oyo moto ayokaka mposa ya kosangisa na bango nzoto. Na ntango ya likama monene, bato oyo bazali na VIH bakoki kolemba nzoto mpo na kokende koluka bibongiseli ya kosalisa bango, soki ezali.

Mingimingi basi, bana basi mpe baoyo bazali na etuluku ya ba-LGBTQI bazalaka na likama monene ya kozwa VIH soki basaleli bango makambo na ndenge ya makasi, na nko mpe soki bango moko balingi kozwa eloko ya kobikela na nzela ya misala mabe lokola kindumba. Kati na baoyo bazali na likama monene mpenza, tokoki kotánga mibali oyo basangisaka nzoto na mibali, bato oyo bamitubaka droge na misisa, baoyo basalaka kindumba, bato oyo bazali na bomwasi nzokande bazali na nzoto ya mibali to na bobali nzokande bazali na nzoto ya basi, bibosono, mpe bato oyo bakangami na boloko to na bisika mosusu ⊕ *Lisalisi ya monganga oyo esengeli kopesama – Lisengami 2.3.3 ya Sante ya binama ya kosangisa nzoto mpe ya kobotela: VIH.*

Soki bato bazali koyengayenga lisusu mingi te na boumeli ya mwa ntango mpe soki bato oyo bakweli likama bazali kozwa lisungi kozanga mindondo, yango ekoki kokitisa likama ya kozwa VIH. Sembolá makanisi mabe oyo bato bakoki kozala na yango mpo bazali esika moko na bato oyo bazali na VIH to mpo bato oyo bazali na VIH bakómi ebele; na ndenge yango, bakosalela bato oyo bazali na VIH makambo na nko te. Bato oyo bazali na VIH bazali na lotomo ya kozala na bomoi na lokumu, kozanga ete básalela bango makambo na nko mpe basengeli kozwa lisungi ya ndenge na ndenge lokola bato nyonso.

Bato oyo bazali ba-LGBTQI

Ba-LGBTQI – elakisi basi oyo basangisaka nzoto na basi, mibali oyo basangisaka nzoto na mibali, bato oyo basangisaka nzoto na basi to mibali, bato oyo bazali na bomwasi nzokande bazali na nzoto ya mibali to na bobali nzokande bazali na nzoto ya basi, bato oyo balingaka te bátalela bango lokola basi to mibali, mpe bato oyo bayebanaka te soki bazali basi to mibali – bazali na likama monene ete básalela bango makambo na nko, bátala bango na liso mabe, básala na bango makambo ya kosangisa nzoto na makasi mpe bábundisa bango. Bakoki mpe kozala na mikakatano mpo na kozwa lisalisi ya monganga, ndako ya kofanda, kozwa mateya na kelasi, kozwa mosala, kozwa bansango mpe kokende na bisika lisungi epesamaka. Mbala mingi, ba-LGBTQI basungamaka te lokola bato nyonso soki lisungi ezali kopesama kaka na mabota oyo esangisi tata, mama ná bana, na ndakisa soki bazali kopesa bato bisika ya kolala ntango likama ekwei to mpe kokabola bilei. Mikakatano yango ebebisaka sante na bango mpe ekómisaka bomoi na bango mpasi; ekoki mpe kosala ete ntango mingi eleka mpo bámimona ete bango mpe bazali bana-mboka. Ntango lisungi ezali kobongisama, esengeli mpe kozwa bibongiseli ya kobatela bato, oyo ezali sikisiki, ezangi likama mpe etali moto nyonso. Esengeli kosolola malamu na ba-LGBTQI mpe bibongiseli na bango banda na ebandeli tii na nsuka ya mosala ya kopesa bato lisungi.

Sante ya motó mpe kobondisa bato oyo babulungani

Bato nyonso batungisamaka ndenge moko te ntango likama ekwei. Basusu bayokaka mpasi oyo eleki bango motó, mingimingi soki batikisi bango bisika na bango na makasi, bakabwani na bandeko na bango, banyokolaki bango to babelaki maladi moko ya motó kala. Kosunga bato oyo bakweli likama na makambo ya ntina mpe kopesa bango libateli na ndenge oyo eyokani na makambo ya mboka na bango mpe mimeseno na bango ezali na ntina mingi mpo na kosalisa bango báyoka mpasi te mpe kosala ete koponapona bilongi ezala te.

Kolendisa bato oyo bakweli likama bábondisana mpe moto na moto amisalisa esalaka ete moto nyonso amiyoka ete abatelami, mpe yango epesaka bato nyonso nzela ya kosalisana mpo moto na moto azongela boyokani na ye na basusu mpe atungisama lisusu te. Misala ya kopesa lisungi epai ya bato, mabota to bituluku ya bato, ata mpe kopesa lisalisi ya monganga, ezali na ntina; kasi, esengeli kopesama kaka te na bato oyo basalaka mosala ya kosalisa bamaladi ya motó. Ata bato oyo basalaka mosala yango te bakoki kopesa lisalisi yango soki bazwá formasyo mpe bato mosusu bazali kolandela mosala na bango ⊕ talá *Lisalisi ya monganga oyo esengeli kopesama: Lisengami 2.5 ya Sante ya motó.*

Mbala mingi, bato oyo bakweli likama bamonisaka bindimeli to lingomba na bango mpe bakoki kosangana na bato ya lingomba moko boye. Yango ezalaka moko ya makambo ya ntina oyo esalisaka bango, mpe misala ndenge na ndenge oyo ekoki kosalema mpo na kosunga bango malamu esengeli koyokana na likambo yango. Bilembeteli mingi emonisi ete bato oyo bakweli likama bazwaka matomba soki baoyo bayei kosunga bango bataleli bindimeli na bango ya losambo. Bato ya lingomba boye to boye oyo bazali na esika oyo likama ekwei bakoki mpenza kopesa mabɔkɔ na mosala ya kopesa lisungi ata ya ndenge nini. Basali ya mosala ya kopesa lisungi basengeli koyeba bindimeli ya losambo ya bato oyo bakweli likama, soki bazali kotya moto na esika ya liboso. Bisaleli ebele esalisaka na kokokisa likambo yango.

Koyeba esika oyo mosala ezali kosalema

Mosala ya kopesa bato lisungi esalemaka na bisika ndenge na ndenge mpenza: na bingumba to na bamboka; na ntango ya bitumba to ya makama ya mbalakaka; mpe kendekende, makambo wana nyonso esanganaka. Ezali na makambo oyo ekoki kosala ete mosala ya kopesa lisungi epai ya bato oyo bakweli likama ekokisa mpenza bamposa na bango to te, na ndakisa: ndenge mboka na bango ezali, soki makama ezali to te, bato ya mboka yango, nkita na yango, makambo ya politiki mpe ndenge mopepe, mai to mabele ezali. Atako Masengami ya libosoliboso esalemaki mpo na kotalela mingimingi lisungi oyo esengeli kopesama nokinoki mpo na kobikisa bomoi ya bato, kasi ekoki mpe kosalelama mpo na misala ya kopesa bato lisungi oyo ekoumela mwa mikolo, baposo, basanza, ata mpe bambula. Mosala ya kopesa bato lisungi esengeli kobongwanaka nsima ya mwa ntango, koyokanisama na bamposa ya bato mpe esengeli te kokómisa bango bagoigoi. Esengeli ntango nyonso kotalela makambo ndenge ezali na esika oyo likama ekwei mpo na koyeba ntango oyo esengeli koyokanisa lisungi oyo ezali kopesama na mbongwana oyo ekoki kosalema, na ndakisa mikakatano ya sika na makambo etali kobatelama ya bato to mpe makambo lokola mipepe makasi, mbula to mpela.

Kotalela ntango nyonso ndenge mosala ya kopesa bato lisungi na esika moko ezali kobongisa to kobebisa misala oyo esalemaka na esika yango, na ndakisa kosomba biloko to makambo mosusu to mpe kofutela mituka to batukutuku, ezali na ntina mingi mpo na komindimisa ete mosala ya kopesa lisungi ezali te kongalisa makambo oyo ebimisi bitumba ⊕ talá *Etinda etali kobatela bato 2.* Soki etumba to likama moko eumeli ntango molai, makambo oyo banda kala etambolaka malamu te na mboka ekoki koyeisa makasi bamposa ya bato mpe bolembu na bango; mpe yango ekosenga kobakisa lisusu milende mpo na kobatela bato mpe kosalisa bango bálemba te. Milende yango mosusu ekoki kosalema na nzela to na boyokani na bato mpe bibongiseli oyo emipesaka na makambo etali bokoli ya mboka.

Esengeli kotya bibongiseli ya kokamba misala, na ndakisa bituluku ya bato ya misala ya ndenge moko, mpo moto na moto ayeba mosala mpe mikumba na ye mpe bisika oyo makambo mosusu ezangi to mpe mosala ezali kosalema malamu te. Ezali na ntina mingi ete ebongiseli moko esala te mosala oyo ebongiseli mosusu mpe ezali kosala; esengeli mpe te kobebisa biloko to bisaleli mpambampamba. Soki basali nyonso bazali koyebisana makambo, kobongisa misala elongo mpe koyokanisa misala na bango, yango ekoki kosala ete báyeba ndenge ya malamu ya kokima makama oyo ekoki kobima mpe bápesa lisungi oyo ebongi.

Kopesa mabɔkɔ na basali ya ekólo mpe ya esika likama ekwei

Buku oyo endimi ete Leta ya ekólo epai likama ebimi nde ezali na mosala mpe mokumba monene. Yango wana, buku oyo epesi na baoyo nyonso bazali kosala mosala ya kopesa bato lisungi mpe na bibongiseli oyo epesaka bato lisungi malako oyo emonisi bango oyo bakoki kosala mpo na kosalisa Leta ekokisa mokumba na yango. Na ntango ya bitumba, soki basali ya Leta to ya bibongiseli mosusu bandimi kosalisa mpo lisungi ekómela bato, yango ezalaka mpenza malamu.

Ezali na makambo mingi oyo ekosala ete Leta ekokisa malamu to te mokumba na yango ya kotambwisa to kokamba mosala ya kopesa bato lisungi, na ndakisa:

- kozala ya ebongiseli moko ya Leta oyo ezwi mpenza mokumba ya kokamba to ya kopesa bato lisungi (mbala mingi babengaka yango Ebongiseli ya Leta mpo na kokamba makambo na ntango ya makama minene);
- mokumba mpe makoki ya ba-ministère oyo ebongi, ya kotya masengami na makambo etali bilei, bankisi ya ntina mpe bato oyo basalaka mosala ya monganga; mpe
- kozanga bibongiseli ya Leta oyo ezali kosala mosala, na ndakisa na bisika oyo bitumba ezali. Na makambo ya ndenge wana, oyo emonanaka mingi te, ekoki kosenga ete baoyo bayei kopesa bato lisungi bátya bibongiseli na bango moko ya kokamba misala na bango.

Makama to bitumba oyo ezali koumela

Soki emonani polele ete mosala ya kopesa bato lisungi ekoumela basanza to bambula mingi, ekozala malamu kotalela makambo ndenge na ndenge oyo ekoki kosalisa na kokokisa bamposa ya bato yango mpe kosala ete bázala na bomoi na lokumu. Bokoki kotala ndenge ya kosala elongo na bibongiseli, oyo bokuti wana, oyo esungaka bato na misala ndenge na ndenge, na bakonzi ya mboka, na bato ya mboka, na bibongiseli ya kobatela bato to na bibongiseli oyo emipesaka na makambo etali bokoli ya mboka, mpo na kokokisa bamposa ya bato. Esengeli mpe kotalela makambo oyo ezali na esika oyo bato bakweli likama mpe mikakatano oyo ezali mpo na kobatela bato, mpe ndenge oyo ntomo ya bato oyo bakweli likama ekokóma. Ntango bozali kotalela makambo wana nyonso, to mpe kozwa bikateli mpe kolandela lisungi oyo ezali kopesama mpe kotalela mbuma na yango, bósala yango elongo na basi mpe mibali, mibange mpe bilenge, bibosono mpe bato ya ndenge nyonso, ata mpe bituluku ya bato oyo bamimonaka ndenge mosusu. Na ebandeli kaka, soki likoki ezali, esengeli koluka basolisyo oyo ekoumela mpe ekotikala. Ntango basali na mosala ya kopesa bato lisungi bazali na likoki ya kozwa basolisyo oyo ekoumela, yango nde esengeli koleka liboso ya basolisyo ya ntango mokuse.

Bóyebaka ete, mbala mingi, bato oyo bakweli likama nde bazalalaka bato ya liboso ya koluka kokokisa bamposa na bango moko mpe ya komibatela. Lisalisi mosusu ya ntina eutaka na bakonzi ya Leta, ya mboka na bango mpe ya ekólo, bibongiseli ya bana-mboka *(société civile)*, bibongiseli oyo esimbami na mateya ya mangomba mpe bibongiseli mosusu. Esengeli kobosanaka te bibongiseli wana nyonso ya kosalisa bato oyo bokuti; bólukaka nde ndenge ya kosunga yango, na esika ya kobebisa yango to kosala mosala oyo yango esalaka.

Kosala na bingumba

Na mokili mobimba, bato oyo bazali kokende kofanda na bingumba bazali se kokóma mingi; yango wana, basali na mosala ya kopesa bato lisungi basengeli komilengela mpo na kosala na bisika ya ndenge wana. Bingumba ekeseni na bisika mosusu na makambo lokola:

- **Mitángo ya minene:** ebele ya bato, bandako, banzela mpe bisaleli, mibeko mpe mimeseno na esika oyo ezali mpenza monene te;
- **Bato ya ndenge na ndenge:** bato ya bamboka, bonkɔkɔ, makanisi ya politiki, minɔkɔ, mangomba mpe bozwi ekeseni mpenza bazali kofanda penepene; mpe
- **Makambo oyo elekaka:** makambo ebongwanaka mingi na bingumba, bato batambolaka mingi, bokonzi ya bato ebongwanaka nokinoki.

Mbala mingi, komini nde ekozala momonisi ya liboso ya Leta; yango ezali na boyokani na bato mpe babiro mosusu ya Leta, na ndakisa ba-ministère. Ezali na ntina kotalela malamu soki bato bazali na likoki ya kozwa biloko ya ntina, kokoka komileisa, kozwa biloko ya kobikela; esengeli mpe kotalela likambo ya kopona bilongi. Na bingumba, bato basalelaka mbongo mpo na kofutela ndako, kosomba bilei mpe kozwa lisalisi ya monganga. Esengeli kaka kosalela Masengami ya libosoliboso oyo etali kozala na bomoi na lokumu, ata soki lisungi epesami ndenge nini.

Masengami ya libosoliboso ya Sphère ekoki kosalelama mpo na kopesa lisungi na bingumba, na bisika ebele lokola bakaa, bakartye to bitenibiteni ya engumba. Banzela mosusu oyo ebongi mpo na kopesa lisungi ekoki kozala bituluku ya bato oyo bazali na mikano ndenge moko, na ndakisa biteyelo, masangá, miziki mpe basofele ya taksi. Kosala elongo na bana-mboka (na ndakisa, baoyo bazali na misala na bango moko, bakonzi ya Leta oyo bazali na engumba yango, bakonzi ya bakartye mpe bituluku ya bato) ekoki kosunga mingi mpo na kotelemisa lisusu bibongiseli ya kosalisa bato oyo ezalaka na engumba, kopesa yango mabɔkɔ mpe kobongisa yango lisusu, na esika ya kozwa esika na yango. Esengeli koyeba kotalela ndenge oyo mosala ya kopesa lisungi ekoki kosalisa komini na ndenge oyo ezali kokana kosalela mbongo, matomba oyo yango ezali kobota na ntango ya likama mpe ntango molai na nsima.

Kaka ndenge esalemaka bipai mosusu, ntango bozali kotalela makambo ya esika oyo bokosala na engumba, bosengeli kotala biloko mpe mabaku oyo ezali wana, na ndakisa mimbongo, mbongo, bisaleli ya tekiniki, bisika ya bato nyonso, bato ya mayele ya ndenge na ndenge, bokeseni ya bato mpe ya mimeseno, elongo na makambo etali makama ya kokima mpe kobatelama ya bato. Boyebi oyo bokozwa ekosalisa bino bóyeba mitindo ndenge na ndenge oyo lisungi ekoki kopesama mpe bópona moko na yango, na ndakisa kopesa lisungi ya biloko to ya mbongo (mpe ndenge ya malamu ya kopesa yango). Lokola makambo ya nkita na bingumba esalemaka na mbongo, bokoki koyokana na bato ya mimbongo mpe ya makambo ya tekiniki; yango ekoki kosala ete ezala petee kopesa nde lisungi ya mbongo.

Bisika ya kofanda mpo na bituluku ya bato

Bamilio ya bato oyo batiká bandako na bango na makasi bayambamaka na bisika ya kofanda mpe bakaa oyo ebongisamá mpo na bituluku ya bato, ata mpe na bandako oyo etongamá mpo na koyamba bato mpe na bisika ya kofanda oyo esalemi na mbalakaka. Masengami ya Sphère ekoki kosalelama mpo lisungi oyo ezali kopesama na bisika ya ebele ya bato bongo ezala malamu. Ekoki mpe kosalisa na koyeba makambo ya kotya na esika ya liboso na baprograme ya kopesa lisungi oyo esangisi misala ndenge na ndenge mpo na kopesa basolisyo na mikakatano ya sante oyo ezali na bisika ya kofanda oyo esalemi na mbalakaka mpe kosalisa bato oyo bafandi na bisika yango bázwa makambo ya ntina oyo basengeli na yango.

Na bisika ya kofanda mpo na bituluku ya bato, kotya bato ya molende mpo bákambaka makambo ekoki kosala baoyo bazali kopesa lisungi bámona ete bazali na mokumba monene na miso ya bato yango mpe básala mosala na bango na molongo. Nzokande, na bisika ya bongo, kobatela bato ezalaka mpe na makama ya sikisiki. Na ndakisa, soki baboyi kopesa bato oyo bafandi wana bonsomi ya kobimaka, bakozala ntango mosusu na likoki te ya kosala mimbongo to mpe ya koluka eloko ya kobikela. Esengeli mpe kotya likebi mingi na bato oyo bayambi bapaya wana na mboka na bango, mpamba te soki bakanisi to bamoni ete bozali kosalela bango makambo ndenge moko te na bapaya, yango ekoki kobimisa matata minene to mpe koswana. Na ntango wana, soki bosengi ete bapaya báfanda na bakaa te mpe boluki mpe kokokisa bamposa ya bankolo-mboka, yango ekoki kosala ete bapaya bákoka kofanda na lokumu.

Bisika ya kosala oyo ezali na mampinga ya basoda ya mboka to ya bikólo mosusu

Ntango bibongiseli oyo epesaka bato lisungi ezali kosala mosala na yango esika moko na mampinga ya basoda ya mboka to ya bikólo mosusu, esengeli bato na bato báyeba mosala ya baninga, ndenge na bango ya kosala, makoki na bango mpe makambo oyo bakoki kosala te. Na bisika oyo likama monene ekwei to bitumba ezali, bibongiseli oyo epesaka bato lisungi ekosala ntango mosusu mosala na yango na boyokani makasi na basoda ya ndenge na ndenge, na ndakisa mampinga ya basoda ya mboka, bituluku ya babundi oyo bazali basoda ya mboka te mpe mampinga ya basoda ya bikólo mosusu oyo eyei kotya kimya. Basali na mosala ya kopesa lisungi basengeli koyeba ete Leta ya mboka oyo bayei kosalisa nde esengisami kopesa lisungi mpe kobatela bana-mboka oyo bakweli likama monene. Mbala mingi, Leta epesaka mosala yango na mampinga ya basoda na yango.

Na mabaku mpe na banivo nyonso, ntango basali na mosala ya kopesa lisungi bazali kosolola na basoda mpe koyokana ndenge ya kosala elongo, esengeli bálanda mitinda etali mosala ya kopesa bato lisungi. Ezali na makambo misato oyo ezalaka na ntina ntango basivile ná basoda bazali koyokanisa misala na bango: koyebisana makambo, kobongisa makambo elongo mpe kokabola misala. Atako basali na mosala ya kopesa lisungi ná basoda bakoki koyebisana makambo, ekosenga kotalela makambo ndenge ezali na esika oyo bazali kosala. Na esika oyo bitumba ezali, bibongiseli ya kopesa bato lisungi eyebisaka te makambo oyo ekosalisa babundi ya ngámbo moko to ekotya bomoi ya basivile na likama.

Na bantango mosusu, mpo na kopesa bato lisungi, ekoki kosenga ete bibongiseli oyo esalaka mosala yango esalela biloko to bisaleli oyo kaka basoda nde bazali na yango. Lisalisi oyo basoda bakoki kopesa na bibongiseli yango esengeli kosuka kaka na bisaleli to mituka mpe na makambo mosusu oyo etali mpenza lisungi te. Ezali kaka soki solisyo mosusu ezali te nde basoda bakoki mpe kopesa lisalisi na makambo oyo etali mpenza lisungi.

Esengeli, liboso mpenza, kotalela malamumalamu likambo ya kosala na boyokani na basoda, mpamba te boyokani yango ekoki kotinda bato mosusu bámona to bákanisa ete ebongiseli ya kopesa bato lisungi ekoteli ngámbo moko mpe ezali kosala mosala na yango na bonsomi te. Ntango nyonso bibongiseli oyo esalaka mosala ya kopesa bato lisungi ekani kosala na boyokani na basoda, esengeli kotosa malako oyo bikólo mingi endimá mpo na likambo yango ⊕ *talá Mobeko ya ntina mingi na mosala ya kosunga bato: Mokumba 6* mpe *Mitindami.*

Ntina ya bisika mpe biloko oyo ezali epai mosala ya kopesa bato lisungi ezali kosalema

Bisika mpe biloko oyo ezali (environnement) epai bato bafandaka mpe basalaka ezali na ntina mingi mpo na sante na bango, esengo na bango mpe likoki na bango ya kozongela makambo ya bomoi na bango nsima ya likama to bitumba. Koyeba ndenge bisika mpe biloko oyo ezali epai bato bakweli likama esungaka bango bázongela makambo ya bomoi na bango ekoki mpe kosalisa na ntango ya kobongisa lisungi oyo esengeli kopesama. Ekoki mpe kotinda na kozwa bibongiseli oyo ekoumela ntango molai mpo na kobundana na mikakatano oyo ekoki kobima na mbalakaka na mikolo ezali koya mpe kokitisa makama oyo ekoki kobima na mikolo ezali koya.

Misala ya kopesa bato lisungi ebebisaka mbala moko to na ndenge mosusu bisika mpe biloko oyo ezali epai misala yango ezali kosalema. Yango wana, mpo na kopesa bato lisungi oyo ebongi, longola kotalela makambo ndenge na ndenge, esengeli mpe kotalela malamumalamu makama oyo mosala yango ekoki kobimisela bisika mpe biloko oyo ezali epai lisungi esengeli kopesama. Misala oyo ebongisami mpo na kosalisa bato esengeli kosalema na ndenge oyo ete ebebisa mingi te bisika mpe biloko oyo ezali epai oyo yango ezali kosalema. Esengeli mpe kotalela ndenge oyo mosala ya kosomba biloko, komema bato mpe biloko, kopona bisaleli, to kosalela mabele mpe biloko mosusu ya bozalisi, ekoki kobatela to kobebisa lisusu bisika mpe biloko oyo ezali epai lisungi ezali kopesama ⊕ *talá Lisengami 7 ya Esika ya komibomba ná esika ya kofanda: Kobatela esika bato bafandi mpe zingazinga na yango mpo na ntango molai.*

Na bikólo mpe bisika oyo bobola ezali mingi, bibongiseli ya Leta ezali na makoki mingi te mpe epai mabele ekauká to ezali maimai, ezalaka mpasi te makama minene mpe yikiyiki ebima. Na ngala na yango, mikakatano yango ebebisaka lisusu bomoi ya bato mpe bisika mpe biloko oyo ezali epai bafandi. Yango ebimisaka mikakatano na makambo ya sante, kelasi, kobikela mpe makambo mosusu etali kobatelama, lokumu mpe kozala na bomoi malamu. Moko ya makambo ya ntina oyo emonisaka ete mosala ya kopesa bato lisungi esalemi malamu ezali kobatelama mpo na ntango molai ya bisika mpe biloko oyo ezali ⊕ *talá Mobeko ya ntina mingi na mosala ya kosunga bato: Mikumba 3, 9* mpe *Lisengami 7 ya Esika ya komibomba ná esika ya kofanda: Kobatela esika bato bafandi mpe zingazinga na yango mpo na ntango molai.*

Apendisi
Kopesa lisungi na nzela ya mimbongo

Apendisi oyo ezali libakisi na maloba ya ebandeli ya buku Sphère. Ebakisi makanisi mpe malako mosusu na likambo ya kosalela mimbongo mpo na kokokisa Masengami ya libosoliboso mpe kosalisa bato bákokisa bamposa na bango nsima ya kokwela likama monene. Ezwi misisa na yango na mikapo ya moboko ya buku oyo mpe mikapo oyo elobeli misala ya sikisiki etángi yango. Na yango, ezali eteni mpenza ya buku Sphère. Mpo basali na mosala ya kopesa bato lisungi básala mosala na bango malamu, basengeli koyeba bamposa ya bato mpe makambo oyo bango basengeli kosala mpo na kokokisa bamposa yango. Kati na makambo yango oyo bakotalela liboso, esengeli mpe báluka koyeba ndenge mimbongo ezali kotambola, biloko mpe misala oyo ezali na mboka, na ekólo, na bikólo ya zingazinga mpe na bikólo mosusu. Koyeba makambo yango esalisaka mpe bibongiseli ya kopesa bato lisungi epesa mabɔkɔ na mimbongo (to mpe ebebisa yango te) ntango ezali kopesa bato lisungi.

Kotalela ndenge ya kopesa bato lisungi esengi mpe kotalela mimbongo ya esika oyo bazali

Nsima ya kotalela bamposa mpe makoki mpo na koyeba makambo oyo eleki ntina, esengeli mpe kotalela mitindo ndenge na ndenge ya kokokisa bamposa yango. Ntango bozali kotalela ndenge lisalisi ekopesama, esengeli ntango nyonso kotalela mabaku oyo ezali mpe makama oyo ekoki kobima ntango lisalisi ezali kopesama mpe na esika oyo yango ezali kopesama. Ntango mosusu, babengaka likambo yango: "kopona ndenge ya kosala."

Mpo na koyeba ndenge oyo eleki malamu oyo lisalisi ekokokisa bamposa ya bato, esengeli:

▪ kozala na makambo oyo ekabolami mitindo na mitindo, oyo etali bamposa oyo eleki ntina mpe ndenge bato balingi kozwa lisalisi yango, na misala nyonso mpe na boumeli ya ntango; mpe
▪ koyeba bolembu na makambo ya nkita, oyo ezalaki liboso likama ekwela bato mpe oyo likama ebimisi.

Ntango bozali kotalela ndenge ya kopesa bato lisungi, kotalela mpe mimbongo oyo ezali na mboka esalisaka na koyeba ndenge oyo eleki malamu ya kokokisa bamposa oyo eleki ntina: kosalisa bato na biloko, kosalela bango misala ndenge na ndenge, kosalisa bango na mbongo, to kosangisa mitindo yango nyonso na kotalela makambo na bango. Kotalela mimbongo ekosalisa bino bóyeba mikakatano oyo ezali kopekisa mimbongo etambola malamu, na ndakisa mikakatano na kozwa biloko mpe koteka yango, to malako, masengami, mibeko, banzela to bisaleli.

Ezala ndenge nini ya kopesa lisungi ekoponama, esengeli kotya likebi na mimbongo mpe koluka kobatela ndenge oyo bato bazwaka eloko ya kobikela, misala mpe mimbongo oyo ezali na mboka. Likanisi oyo esimbi Sphère ezali ete esengeli kopesa mpenza limemya na bato oyo bakweli likama mpe kosunga bango na makambo oyo baponi kosala mpo na kozongela bomoi oyo bazalaki na yango liboso. Kotalela mimbongo elendisaka ndenge ya kosala mosala oyo ezali kotya moto na esika ya liboso, mpamba te ezali kotya likebi na ndenge bato basalelaka mimbongo ya mboka na bango mpo na kozwa biloko, misala oyo balingi básalela bango mpe lifuti.

Kobongisa makambo ekosalema mpe mimbongo

Ezali na ndenge mingi oyo mimbongo ekoki kosalelama mpo na kopesa lisalisi na mboka, na ekólo to na bikólo oyo ezali zingazinga. Ebongiseli ya kosalela mimbongo mpo na kotambwisa baprograme ya kopesa lisungi ekoki kosalelama mpo na kopesa mbala moko lisungi epai ya bato, to mpe kosunga mimbongo mpo na kosalisa malamu bato oyo bakweli likama.

- Kosomba biloko, ya kolya te, na mboka to na bamboka mosusu ya zingazinga esungaka batekisi.
- Lisalisi ya mbongo, oyo epesaka bato likoki ya kosomba biloko to misala oyo ezali na mboka na bango, esungaka basombi.
- Kopesa mabɔkɔ na bibongiseli ndenge na ndenge, na ndakisa kobongisa banzela oyo ememaka na bisika ya mombongo, mpe kobongola makambo mosusu, na ndakisa kotya mibeko oyo epekisi bato ya mimbongo báyokanaka ntalo oyo bakotya, esungaka mimbongo mpo ekoka kosalela bato oyo bakweli likama mosala malamu.

Mbala mingi, kozala mwasi to mobali, moto ya ekólo boye to boye, to mpe kozala ebosono, esalaka ete moto azala na mokakatano to te ya kokende ye moko to na bato mosusu epai mimbongo ezali mpe kozala na mbongo ya kosomba. Wapi makambo oyo esalaka ete mibali, basi, bilenge mpe mibange básombaka biloko ndenge moko te? Bakomelesa ya monɔkɔ moko boye bazali na likoki ya kokota nyongo na banki? Wana ezali ndambo ya makambo oyo ekoki kosala ete bato básalela mingi to te biloko to misala oyo mimbongo etekaka.

Na ntango ya kosala baprograme ya kopesa bato lisungi na nzela ya mimbongo, esengeli mpe kotya likebi na makambo etali bizaleli malamu, bisika mpe biloko oyo ezali. Esengeli kosenzela ete mimbongo oyo esalelaka na ndenge eleki ndelo biloko oyo tokutá na mokili esalema te na ndenge oyo ezali kotya lisusu bato na likama.

Biloko, misala mpe mimbongo: Ntango bozali kopesa bato lisungi oyo basengeli na yango, esengeli kotalela biloko mpe misala. Masengami mingi ya Sphère etaleli kopesa lolenge moko boye ya biloko ya ntina to kosalisa bato bázwa biloko. Nzokande, misala oyo etali bato, na ndakisa sante mpe kelasi, yango epesaka to ebongisaka mingimingi nde likoki ya kosalelama misala; yango ekoki te kosalema na nzela ya mimbongo. Ntango bozali kosala na bato to bibongiseli oyo esalelaka bato misala to mpe esalaka misala na nkombo ya bato to bibongiseli mosusu, bósala nyonso mpo na kolandela malamumalamu misala mpe biloko na bango ⊕ *talá Lisengami 1.4 ya Bibongiseli ya sante: Kopesa mbongo mpo na makambo ya sante*.

Na bantango mosusu, ezalaka malamu kosalela baprograme ya kopesa lisungi na nzela ya mimbongo oyo ezali kosalisa mbala moko te bato bázwa likoki ya kosalelama misala. Lisalisi ya mbongo ekoki kosunga bibongiseli oyo ezali na mituka to bamoto mpo na kosalisa bato bákende na lopitalo to kosalisa bato bákota kelasi (kosomba iniforme mpe biloko mosusu ya kelasi). Kolandela badepansi oyo mabota esalaka esalisaka mpenza na koyeba mbongo oyo ebimisaka mpo básalela yango mosala boye to boye, ata mpe misala oyo basengelaki kosalela bango ofele. Esengeli mpe kolandelaka mbuma oyo lisalisi ya mbongo ebimisi ntango bozali kolandela badepansi ya mabota.

Baoyo basungaka bato na nzela ya misala bakoki mpe kokanisa kosalela baprograme ya kopesa bato lisungi na nzela ya mimbongo mpo na biloko lokola bamustikere oyo etyamá nkisi ya koboma ngungi, kosomba biloko mosusu ya kolya mpe bankisi, soki ekokisi masengami oyo emonisaka ete eloko moko ezali malamu ⊕ *talá Lisengami 1.3 ya Bibongiseli ya sante: Nkisi oyo esengeli kozanga te mpe baapareyi ya minganga.*

Na mabaku mingi, ekosenga kosangisa baprograme ndenge na ndenge oyo epesaka lisungi na nzela ya mimbongo. Ekoki kosenga ete baprograme yango ezwa lisalisi ya bibongiseli mosusu, lokola oyo epesaka lisalisi mpo na koyeba malamu misala ya sikisiki. Kendekende, ntango lisungi ezali kopesama, kosangisama ya mitindo ndenge na ndenge wana ekoki mpe kobongwana: kolongwa na lisalisi ya biloko mpo na kokóma na lisalisi ya mbongo to mpe na kopesa bato mwa tike oyo ekopesa bango nzela ya kozwa biloko, to mpe kobanda na lisalisi ya mbongo mpo na kosukisa na lisalisi ya biloko. Longola kolandela ndenge lisungi ezali kopesama, kolandela mpe ndenge mimbongo ezali kotambola ezali na ntina mpo na kokoba na lolenge ya lisungi oyo eponami to kobongola makambo na yango mosusu.

Ntango nyonso, esengeli ete baoyo nyonso basalaka mosala ya koyeisa biloko, komema yango na bisika oyo ekosalelama mpe kopesa yango na bato oyo basengeli na yango básalaka na boyokani. Mpo na koyeba makambo mosusu etali bisaleli oyo elendisi likambo yango ⊕ *talá Mitindami.*

Baliste ya makambo ya kolandela

Liste ya makambo ya kolandela mpo na lisalisi ya mbongo

Eteni oyo epesi liste ya makambo ya kotalela mpo na kopesa lisalisi na nzela ya mimbongo. Etandi makambo ndenge elandanaka na mosala ya kokamba baprograme ya kosalisa bato. Elobeli mpe makambo mosusu ya ntina oyo esengeli kotalela ntango boponi ndenge wana ya kopesa lisalisi mpo na kokokisa Masengami ya liboliboso. Esika na esika ekozala na makambo na yango, mpe ndenge ya kopesa lisungi ekotalela bisaleli mpe banzela oyo ezali, kobatelama ya makambo (*données*) oyo ezwami, ntalo ya biloko mpe likoki ya kopesa bato oyo bakeleli mbongo soki basengi.

Kobongisa makambo oyo ekosalema

- Bótya masengami oyo bato ya kosalisa basengeli kokokisa na kotalela mikano oyo programe ya kopesa bato lisungi emityeli, bakisá mpe makambo oyo etali mpenza lisalisi ya mbongo.
- Bótalela malamumalamu moto oyo asengeli kozwa lisalisi ya mbongo kati na bato ya libota moko; mpo na yango, esengeli kotalela malamu makama ya kosala bongo mpe mikakatano oyo yango ekoki kobimisa na oyo etali kobatelama ya bato.
- Bóluka koyeba ndenge ya kopesa lisalisi oyo ezangi likama, mindondo mpe oyo ebongi, na kotalela esika, mikano mpe bonene ya programe ya kopesa bato lisungi, ata mpe boyebi oyo bato ya kosalisa bazali na yango na makambo ya mbongo mpe soki balingaka nini na makambo ya mbongo.
- Bósala kalkile ya mbongo ya kopesa na kotalela bamposa ya kokokisa mpe mbongo oyo esengamaka mpo na kokokisa bamposa yango.
- Bókata mbala boni mpe nsima ya ntango boni mbongo ekopesama, na kotalela bamposa, bileko, makoki ya banki to ebongiseli mosusu ya makambo ya mbongo oyo bokosalela, mpe mikakatano oyo ekoki kozala mpo na kobatela mbongo yango.
- Bókanisa kosala makambo ndenge na ndenge na bisika oyo ekoki kosalema bongo.
- Bóyeba mikakatano ya ntina mpe bilembo oyo etali yango mpo na kolandela makambo oyo esengeli kolandana, misala, mbuma na yango, mpe nivo oyo mosala esalemi.

Kosala makambo oyo ebongisami

- Na liyebisi ya koluka banki to ebongiseli mosusu ya makambo ya mbongo oyo bokosalela, bótya mpe makambo etali mpenza esika lisungi ekopesama mpe makambo mosusu ya ntina; bótya mpe masengami ya polele mpo na kopona ebongiseli oyo bokosalela.
- Mpo bato bábatelama, bókanisa kosalela ndenge ya kopesa lisalisi ya mbongo oyo ezali na mboka na bango mpe oyo bameseni na yango.
- Bótya bibongiseli ya kokoma nkombo mpe makambo mosusu etali baoyo bakozwa lisalisi, oyo ebongi na ndenge ya kopesa bango lisalisi yango mpe mpo na kobatelama ya makambo ya moto na moto.
- Bósenzela ete makambo oyo bokomi, ya bato oyo bakomisi bankombo, ezala mpe makambo oyo banki to ebongiseli ya makambo ya mbongo esengaka.
- Bósalela malako etali kobatela makambo ya bato mpe bózala na bilembeteli oyo ekomonisa ete bosalaki bongo.
- Soki likoki ezali, bóyokana na bibongiseli mosusu ndenge ya kotyaka makambo na bino na baapareyi (oyo ekoki kosalelama na petee na baapareyi ya ndenge na ndenge).
- Bómonisa polele ndenge makambo esengeli kosalema, mikumba ya moto na moto na likambo ya kopesa bato mbongo, mpe ndenge ya kosala mpo na kokima makama.
- Bómindimisa ete ndenge oyo bobongisi mpo na kopesa bato lisalisi ya mbongo ekozala mindondo te mpo na bato mpe ekozala malamu.
- Bósala oyo bokoki mpo bato nyonso oyo bakweli likama bákoka kozwa lisalisi ya mbongo na nzela oyo boponi, ntango nyonso oyo mosala yango ya kopesa lisalisi ekoumela.
- Bómindimisa ete bato oyo bakweli likama bayebi mikano ya programe na bino ya kosalisa bango mpe ntango oyo lisalisi ya mbongo oyo bokopesa bango ekoumela, mpo báyeba ndenge ya kosalela mbongo.
- Bósala nyonso mpo bibongiseli ya makambo ya mbongo oyo bozali kosalela ekokisa mokumba na yango liboso ya bato oyo bakweli likama; bólandelaka makambo oyo boyokanaki na bango ⊕ *talá Mobeko ya ntina mingi na mosala ya kosunga bato: Mikumba 4 mpe 5.*

Kolandela, kotalela mbuma oyo ebimi mpe kozwa mateya

- Mpo na lisalisi ya mbongo, bólandela ndenge makambo esengeli kosalema mpo na kopesa lisalisi yango, misala oyo esengeli kosalema, matomba na yango mpe makama oyo yango ekoki kobimisa, ata nsima ya kopesa lisalisi yango.
- Bólandela soki mbongo to mwa batike mpo na kozwa biloko epesamaki na bato oyo babongi na yango, kozanga likama, na ntango mpe motángo oyo ebongi.
- Longola kolandela ntalo ya biloko, bólandelaka mpe mimbongo mpe ndenge oyo yango ezwaka biloko na yango ya koteka.
- Bólandela badepansi ya mabota mpe bókokanisa yango na makambo oyo bomoni ntango bolandeli mimbongo, mpo bóyeba soki lisalisi ya mbongo ekoki kokokisa bamposa ya bato mpe kosala ete makambo ebongi te oyo bato bazali kosala mpo na kozwa eloko ya kobikela ezala mingi te.
- Bólandela makama oyo ekoki kobima ntango lisalisi ya mbongo ezali kopesama, na ndakisa makambo oyo ekoki kotya kobatelama ya bato na likama to mpe kobebisa biloko oyo tokutá na mokili.

- Bótalela mbuma oyo lisalisi ya mbongo eboti.

- Mbala na mbala, bótalelaka soki kopona kosalisa bato na mbongo nde lolenge ya malamu ya kokokisa bamposa na bango oyo ebongwanaka ntango nyonso, bóbongisa makambo mosusu oyo botyaki na programe, soki esengeli, mpe bókoba kozwa mateya oyo ekosalisa na baprograme ya kosalisa bato na mikolo ekoya.

Liste ya makambo ya kolandela mpo na mosala ya koyeisa biloko mpe kokómisa yango na bisika oyo esengeli

Eteni oyo epesi liste ya makambo ya kotalela mpo na mosala ya koyeisa biloko mpe kokómisa yango na bisika oyo esengeli. Etandi makambo ndenge elandanaka na mosala ya kokamba baprograme ya kosalisa bato. Elobeli mpe makambo mosusu ya ntina oyo esengeli kotalela.

Mosala ya koyeisa biloko (GCA, na mokuse, na Lifalanse) ebandaka na kopona eloko to mosala ya kosalela bato. Esengaka koyeba soki mposa ya eloko moko euti wapi, kosomba eloko yango, kotala soki ezali malamu, kotalela makama (ná asiransi mpe), kotya yango na bakarto to basashe, komema yango na masuwa, kokumba yango na mituka to bisaleli mosusu, kotya yango na depo, kolandelaka bastoke ya eloko yango, kokómisa yango na bisika oyo esengeli mpe kokabola yango. Mosala ya koyeisa biloko esengaka bato mpe bibongiseli ndenge na ndenge; yango wana, esengeli básala na boyokani ⊕ talá Mobeko ya ntina mingi na mosala ya kosunga bato: Mokumba 6.

Esengeli koyeba malamu mosala ya koyeisa biloko. Mosala yango esengi koyeba malamu kotambwisa makambo lokola bakontra, transport, kobombisa biloko na depo, stoke ya biloko, makambo etali bisika biloko esalemaka mpe makambo mosusu, kolandela biloko oyo ezali koya na masuwa mpe biloko oyo esombami na mboka mopaya. Mayele oyo ekosalelama mpo na kotambwisa makambo yango mpe kolandela yango esengeli kosala ete biloko ekóma malamu na bisika oyo ekokabolama. Atako bongo, bibongiseli oyo epesaka bato lisungi ezali mpe na mokumba ya kosala nyonso mpo biloko mpe misala oyo esengeli kosalela bato (na ndakisa misala ya kopesa bato lisungi ya mbongo) ekóma tii epai ya bato oyo basengeli na lisalisi.

Kosomba biloko na mboka oyo likama ebimi to na bamboka ya zingazinga ekolisaka mimbongo ya mboka. Yango ekoki kopesa basali-bilanga mpe basali-biloko mposa ya kosala lisusu mingi; mpe yango ekoki kokolisa nkita ya mboka. Nzokande, soki biloko ya kosomba ezali mpenza mingi te, kosomba biloko na mboka oyo likama ebimi to na bamboka ya zingazinga ekoki kobimisela mimbongo mosusu mikakatano to kotya mobulu na mimbongo ya mboka oyo esalaka na bomoko. Kasi, kosomba mpe biloko na mboka mopaya ekoki kozongisa nsima basali-biloko ya mboka to ya bamboka ya zingazinga, ata mpe kotya mobulu na mimbongo ya mboka oyo esalaka na bomoko.

Kobongisa makambo oyo ekosalema

- Bótala soki biloko to misala ya kosalela bato ezali na mboka liboso ya koluka kosomba yango na bamboka mosusu.

- Mpo na kokumba biloko, bókanisa kosala na bankolo-mituka, ya mboka to ya bamboka ya zingazinga, oyo bazali na lokumu malamu mpe bayebi malamu makambo oyo bakonzi ya mboka basengaka mpe bisika ya kosalela misala. Bato yango bakoki mpe kosalisa na kotosa mibeko ya ekólo epai bokei mpe kokómisa biloko na lombangu.

- Na esika oyo bitumba ezali, bosengeli kolandelaka malamumalamu baoyo bazali kosalela bino misala ndenge na ndenge.
- Bókeba mpenza ete soki bosombi biloko na mboka, yango ebota to engalisa matata te.
- Bótala soki ndenge oyo bosalelaka biloko oyo tokutá na mokili ekosala ete biloko yango ekoba kosalelama ntango molai to ekosala ete bato bákóma koswana lisusu mpo na biloko yango.
- Bótya ndenge ya kosala bakontra oyo ezali nyamunyamu te, oyo ezali sembo mpe epesi libaku na motekisi nyonso; bokotalela makoki oyo ezali na mboka, na ekólo mpe na bikólo mosusu.
- Soki bibongiseli mingi ezali kopesa lisungi na mboka moko, esala nyonso oyo ekoki mpo na koyokana ndenge bakosomba biloko na mboka.

Kosala makambo oyo ebongisami

- Bóyokana malamu na batekisi, bakomelesa ya mboka mpe baoyo basalelaka bato misala ndenge na ndenge.
- Na bakontra oyo bokosala, bosenga ete biloko oyo bakotekela bino mpe misala oyo bakosalela bino ezala ya malamu, mpe básala makambo oyo eyokani na bizaleli malamu mpe oyo ekosala ete bisika mpe banzete ebatelama ntango molai.
- Bópesa formasyo mpe bókamba bato nyonso oyo bakosala, banda na kosombama tii na kokabolama ya biloko, mpo biloko ezala ntango nyonso malamu, bátosa malako ya kokima makama (mpo na bato oyo bakozwa biloko yango mpe mpo na basali), mpe básala makambo oyo eyokani na bizaleli malamu mpe oyo ekosala ete bisika mpe banzete ebatelama ntango molai.
- Ntango bozali kopesa formasyo, bóbengisa mpe basali ya bibongiseli oyo bosalaka na yango elongo; formasyo yango esalema na monɔkɔ ya esika yango.
- Bótya makambo oyo bato basengeli kolanda mpo báyeba ete bazali na mokumba liboso ya basusu, na makambo ya kozwa bibongiseli mpo na koyeisa biloko, transport, badepo, kotambwisa mosala ya koyeba stoke, kopesa balapolo mpe makambo ya mbongo.
- Bósalela bilei te mpo na kofuta na yango bato ya misala ya kokómisa biloko, na ndakisa baoyo bakotisaka biloko na kati ya depo. Esengeli kotya libela mbongo mpo na misala wana na bidje ya ebandeli.
- Esengeli te kotya biloko ya kolya depo moko na biloko ya kolya te. Ntango bozali kopona depo moko, bómindimisa ete basalelá yango te mpo na kobomba biloko oyo ezali mabe mpo na sante ya bato mpe ete likama ya kozwa maladi ezali te. Mpo na kopona depo, bótalela makambo lokola oyo: soki ezangi likama to te, ezali monene to te, ezali mpasi kokota na kati to te, ndako yango ezali makasi to te mpe soki mai ekotaka na kati to te.
- Bótala makama oyo ekoki kozala na nzela ya mituka mpe na badepo, mpe bóluka ndenge ya kokima yango.
- Soki ezali esika ya bitumba, bósala nyonso oyo esengeli mpo na kolandela malamumalamu ndenge eteni mokomoko ya mosala ya koyeisa biloko ezali kosalema mpo biloko yango ezala na likama monene te ya kopunzama to kobotolama na babundi.
- Bótalela mikakatano oyo makambo ya politiki mpe ya kobatelama ekoki kobimisa, na ndakisa soki bastoke ya biloko ekómi na mabɔkɔ ya babundi mpe epesi bango makoki ya kokoba kobunda ⊕ *talá Etinda etali kobatela bato 2.*

- Bósala makasi ete, banda na kosombama ya biloko tii na kokabolama na yango, biloko ebunga mingi te; mpe soki ebungi, bóloba.
- Biloko oyo ebebi to oyo ebongi te, esengeli ba-*inspecteur* oyo babongi (na ndakisa, bato ya mayele na makambo ya kobatelama malamu ya bilei mpe balaboratware ya makambo ya sante ya bato nyonso) bátala yango malamu mpe bápesa bino ndingisa ya kolongola yango.
- Bólongola nokinoki biloko oyo ebebi, liboso ekóma likama mpo na sante mpe kobatelama ya bato. Ezali na ndenge ebele ya kolongola biloko, na ndakisa koteka yango (soki ezali bilei oyo banyama bakoki kolya), kokunda yango to kotumba yango. Mpo na kotumba yango, esengeli kozwa ndingisa ya bakonzi oyo babongi mpe kosala yango na miso na bango. Ezala ndenge nini, biloko oyo ebongi te esengeli te kozongisama ata na litambe nini ya mosala ya koyeisa biloko, esengeli te kobebisa bisika mpe biloko oyo ezali epai bato bafandaka to kobebisa maziba ya mai ⊕ *talá Masengami 5.1 tii 5.3 ya WASH ya Kolongola biloko ya makasi ya bosɔtɔ.*
- Kotambwisa makambo mokolo na mokolo esengaka mpe koyebisa nokinoki mpe na ndenge ya polele retare to mbongwana nyonso oyo ekoti na mosala ya koyeisa biloko. Bótya mikanda mpe baformilere mwa mingi mpe na monɔkɔ ya mboka na bisika nyonso oyo biloko ezali kokóma, kobombama to mpe kokabolama. Yango esalaka ete bilembo etikala oyo ezali komonisa ete mosala boye to boye etalelamaki.

Kolandela, kotalela mbuma oyo ebimi mpe kozwa mateya

- Bólandela malamumalamu banzela oyo bozwelaka biloko mpo biloko ememama epai mosusu te mpe kokabolama na yango ekatana te, mpe mpo na koboya ete mobulu ekota na makambo ya mimbongo.
- Bóyebisaka bato mpe bibongiseli oyo bozali kosala na yango elongo mbuma oyo milende na bino ezali kobota na mosala ya koyeisa biloko.
- Bóyebisa bibongiseli oyo bosalaka na yango elongo mosala ya koyeisa biloko makambo ya ntina, oyo etali banivo ya stoke ya biloko, biloko oyo bozali kozela ekóma mpe oyo bokani kokabola. Bósalela mikanda oyo esalisaka bino na kolandela banivo ya stoke ya biloko mpo koyeba liboso mpenza ntango biloko ekozanga mpe mikakatano mosusu oyo ekoki kobima. Soki bozali koyebisana makambo na bibongiseli mosusu, yango ekoki kosala ete ezala mpasi te bódefisana biloko mpo moko te azanga biloko. Soki makoki ezali mingi te, ekosenga koyeba biloko nini kotya liboso. Soki basolisyo ezali mingi, bótuna mpe makanisi ya bibongiseli mosusu oyo bosalaka na yango.
- Bómindimisa ete ndenge ya kozongisa monɔkɔ mpe koyebisa makambo eyokani na ndenge oyo lisungi ezali kopesama.
- Banda na ebandeli ya mosala ya kopesa bato lisungi, bósala nyonso ete bótya ndenge bokobanda kolandela biloko mpe kosalela makambo ya mosala yango.
- Mbala na mbala, bótalelaka soki lisalisi oyo bozali kopesa bato ezali mpenza kokokisa bamposa na bango oyo ebongwanaka ntango nyonso, bóbongisa makambo mosusu oyo botyaki na programe soki esengeli mpe bókoba kozwa mateya oyo ekosalisa na baprograme ya kosalisa bato na mikolo ekoya.

Mitindami mpe mikanda mosusu ya kotánga

Koyeba bolembu mpe makoki ya bato
Humanitarian Inclusion Standards for Older People and People with Disabilities. Age and Disability Consortium as part of the ADCAP programme. HelpAge, 2018. www.helpage.org

Mosala ya kopesa bato lisungi oyo ezali kotalela mateya ya mangomba na bango
A faith-sensitive approach in humanitarian response: Guidance on mental health and psychosocial programming. The Lutheran World Federation and Islamic Relief Worldwide, 2018. https://interagencystandingcommittee.org

Kotalela mimbongo mpe kosala mosala ya kopesa bato lisungi na kotalela mimbongo
Minimum Economic Recovery Standards (MERS): Core Standard 2 and Assessment and Analysis Standards. The Small Enterprise Education and Promotion Network (SEEP), 2017. https://seepnetwork.org

Minimum Standard for Market Analysis (MISMA). The Cash Learning Partnership (CaLP), 2017. www.cashlearning.org

Lisalisi ya mbongo
CBA Programme Quality Toolbox. CaLP. http://pqtoolbox.cashlearning.org

Mosala ya koyeisa biloko mpe kokómisa yango na bisika oyo esengeli
Cargo Tracking: Relief Item Tracking Application (RITA). Logistics Cluster. www.logcluster.org

HumanitarianResponse.info: Logistics references page. UNOCHA. https://www.humanitarianresponse.info

Logistics Operational Guide (LOG). Logistics Cluster. http://dlca.logcluster.org

Oxfam Market Systems and Scenarios for CTP – RAG Model 2013. Logistics Cluster. www.logcluster.org

Toolkit for Logistics in C&V. Logistics Cluster. www.logcluster.org

Mikanda mosusu ya kotánga
Mpo na koyeba mikanda nini mosusu okoki kotánga, talá na www.spherestandards.org/handbook/online-resources

Mobeko-likonzi ya mosala ya kosunga bato

Mobeko-likonzi ya mosala ya kosunga bato

Mobeko-likonzi ya mosala ya kosunga bato ezali na makambo oyo eyokani na bizaleli malamu mpe mibeko; makambo yango nde esimbi Mitinda etali kobatela bato, Mobeko ya ntina mingi na mosala ya kosunga bato, mpe Masengami ya libosoliboso, oyo emonisami na buku oyo. Ndambo ya Mobeko-likonzi yango emonisi ntomo (*droits*) oyo mibeko epesi mpe makambo oyo esengisami na mibeko; mpe ntomo ná makambo yango endimamá. Mobeko-likonzi yango emonisi mpe makambo oyo biso nyonso tondimaka.

Na kotalela ntomo oyo mibeko epesi mpe makambo oyo esengisami na mibeko, Mobeko-likonzi ya mosala ya kosunga bato elobeli na mokuse mitinda ya ntina mingi ya makambo ya mibeko, oyo esalisaka mingi mpo na bolamu ya bato oyo bazali bisika makama minene to bitumba ebimi. Na kotalela makambo oyo biso nyonso tondimaka, Mobeko-likonzi ya mosala ya kosunga bato eluki ete bibongiseli oyo esungaka bato eyokana na mitinda oyo esengeli kolanda mpo na kopesa lisungi na bato oyo bazali bisika makama minene to bitumba ebimi; emonisi mpe mikumba mpe misala ya bato ndenge na ndenge oyo bazali kosala mosala yango.

Mobeko-likonzi ya mosala ya kosunga bato ezali na makambo oyo esalisaka bibongiseli oyo esalaka mosala ya kosunga bato, oyo ekoti na Sphère, na mokumba oyo endimá kokokisa. Esengi mpe na bato nyonso oyo bakoti na mosala ya kosunga bato bálanda kaka mitinda wana.

Makambo oyo tondimaka

1. Mobeko-likonzi ya mosala ya kosunga bato emonisi likambo moko oyo bibongiseli oyo esalaka mosala ya kosunga bato endimaka: bato nyonso oyo bazali bisika makama minene to bitumba ebimi bazali na lotomo ya kozwa libateli mpe lisalisi oyo ekosunga bango bázwa oyo basengeli na yango mpo na kozala na bomoi na lokumu. Tondimi ete mitinda oyo ezali na Mobeko-likonzi ya mosala ya kosunga bato eponi ekólo te, mpe etali bato nyonso oyo bazali bisika makama minene mpe bitumba ebimi, ezala epai wapi bazali. Etali mpe baoyo nyonso balukaka kosunga bango to kobatela bango. Mitinda yango emonisami kati na mibeko oyo endimami na mikili mingi, kasi bokasi na yango euti nde na etinda oyo ya ntina mingi oyo etali bizaleli malamu mpe **kozala moto**: bato nyonso babotamá na bonsomi mpe bazali na lokumu mpe ntomo ndenge moko. Na kolanda etinda wana, tondimi ete esengeli kotosa libosoliboso **Lisengami oyo ya kopesa bato lisungi**: esengeli kosala eloko mpo na kopekisa to kokitisa mpasi ya bato oyo bazali bisika makama minene to bitumba ebimi; mpe eloko moko te ekoki kolongola etinda yango.

Biso baoyo tozali na kati ya bibongiseli oyo esalaka mosala ya kosunga bato na bamboka, na bikólo mpe na mokili mobimba, tondimi kolanda mpe kolendisa bato bálanda mitinda ya *Mobeko-likonzi* oyo mpe kokokisa Masengami ya libosoliboso na milende oyo tozali kosala mpo na kosalisa mpe kobatela bato oyo bazali bisika makama to bitumba ebimi. Tosengi na baoyo nyonso bakoti na mosala ya kosunga bato, ezala basali ya Leta to te, bálanda mitinda, ntomo mpe makambo oyo esengeli kosala, oyo elobelami awa na nse, oyo emonisi makambo oyo biso nyonso tondimaka na mosala ya kosunga bato.

Mosala na biso

2. Toyebi ete ezali libosoliboso baoyo bazali na bisika oyo makama minene to bitumba ebimi nde basalaka milende bango moko mpo na kokokisa bamposa na bango ya ntina, mpe ete bazwaka lisungi ya bibongiseli ya mboka. Toyebi ete ezali libosoliboso mokumba ya Leta ya ekólo oyo ekweli likama ya kopesa bato lisungi na ntango oyo ebongi, kobatela bango mpe kosalisa bango bázongela bomoi oyo bazalaki na yango liboso. Tondimi mpenza ete ezali na ntina mingi bakonzi ya Leta mpe bavolontere básala elongo mpo makama ebima te mpe mpo na kopesa bato lisungi oyo ebongi, soki makama ebimi. Na likambo yango, bibongiseli ya *Croix-Rouge* mpe *Croissant-Rouge* ya ekólo na ekólo mpe bibongiseli mosusu ya bana-mboka ezali na mokumba monene ya kopesa bakonzi mabɔkɔ. Soki makoki ezali mingi te na ekólo oyo ekweli likama, tondimi ete bikólo mosusu ya mokili, ata mpe bibongiseli oyo bikólo mosusu etyá mpo na kopesa lisungi mpe bibongiseli oyo esangisi bikólo ya zingazinga, ezali na mokumba ya kosalisa ekólo yango ekokisa mikumba na yango. Toyebi mpe tozali kopesa mabɔkɔ na mokumba ya ntina mingi oyo bibongiseli oyo ekambami na ONU mpe *Comité international de la Croix-Rouge* ekokisaka.

3. Biso bibongiseli oyo esalaka mosala ya kosunga bato, tosalaka mosala na biso na kotalela bamposa mpe makoki ya bato oyo bazali bisika makama minene to bitumba ebimii, na kotalela mpe mikumba oyo guvernema to bayangeli bazali na yango. Mosala na biso ya kosunga emonisi polele ete baoyo bazali libosoliboso na mokumba yango bakokaka ntango nyonso te kosala yango bango moko, to mpe ntango mosusu balingaka kokokisa yango te. Soki likoki ezali, mpe mpo na kokokisa Lisengami ya kopesa bato lisungi mpe mitinda mosusu oyo Mobeko-likonzi oyo elobeli, tokopesa mabɔkɔ na bakonzi oyo bazali kosala milende mpo na kobatela mpe kosalisa baoyo bakweli likama. Tosengi na bato nyonso, ezala basali ya Leta to te, báyeba ete bibongiseli oyo esalaka mosala ya kosunga bato ezali ya guvernema moko te, eponaka bilongi te, mpe ekotelaka moto te, mpe bálongola mibeko mpe makambo mosusu oyo ekoki kopekisa yango esala mosala yango malamu. Basengeli mpe kobatela bibongiseli yango, kopesa yango nzela ya kokutanaka na bato oyo bakweli likama na ntango ebongi.

Mitinda oyo biso nyonso tolandaka, ntomo mpe makambo oyo esengeli kosala

4. Biso bibongiseli oyo esalaka mosala ya kosunga bato, tosalaka mosala na biso na kotalela etinda etali kozala moto mpe Lisengami ya kopesa bato lisungi. Toyebaka ntomo oyo bato nyonso (basi mpe mibali, to bana mibali mpe bana basi) oyo bazali bisika makama minene to bitumba ebimi bazalaka na yango. Tokoki kotánga, na ndakisa, ntomo ya kozwa libateli mpe lisungi, ndenge emonisami na mibeko etali makambo ya kosunga bato na mokili mobimba (*droit international humanitaire*), ntomo ya bato mpe mibeko etali bato oyo bakimá mboka na bango. Mpo na Mobeko-likonzi oyo, ntomo yango emonisami na mokuse boye:

- lotomo ya kozala na bomoi na lokumu;
- lotomo ya kozwa lisungi oyo bapesaka bato; mpe
- lotomo ya kozwa libateli.

Atako ntomo yango elobelami bongo te na mibeko oyo ekambaka bikólo ya mokili (*droit international*), yango emonisi na mokuse ntomo ndenge na ndenge oyo eyebani, oyo mibeko epesi, mpe emonisi polele Lisengami ya kosunga bato.

5. **Lotomo to ya kozala na bomoi na lokumu** emonisami na mibeko oyo ekambaka bikólo ya mokili, mpe mingimingi na makambo oyo ntomo ya bato esengi, oyo etali lotomo ya kozala na bomoi, lotomo ya kozala na bomoi ya malamu mpe lotomo ya koboya bányonga moto, bápesa ye etumbu to básala ye mabe mingi, básala ye makambo na nko to básambwisa ye. Mpo lotomo ya kozala na bomoi etosama, esengeli kokokisa mokumba ya kobatela bomoi esika nyonso oyo ezali na likama. Mokumba mosusu mpe esengeli kokokisama, atako emonisami polele te: koboya te to kopekisa te bápesa bato lisungi oyo ekobikisa bomoi na bango. Nzokande, lokumu esuki kaka te na komiyoka malamu na nzoto. Esengi mpe komemya moto mobimba, bakisa mpe makambo ya ntina mpe bindimeli ya bato to ya bituluku ya bato oyo bakweli likama; komemya ntomo ya bato oyo bazali na yango, na ndakisa bonsomi na makambo ndenge na ndenge, bonsomi ya lisosoli mpe ya losambo.

6. **Lotomo ya kozwa lisungi oyo bapesaka bato** ezali likambo moko ya ntina mingi mpo na lotomo ya kozala na bomoi na lokumu. Yango esangisi lotomo ya kozala na bomoi ya malamu, na ndakisa kozala na bilei, mai, bilamba mpe esika ya kolala oyo ezali malamu, kozala na nyonso oyo esengeli mpo na sante ya malamu. Makambo wana nyonso emonisami polele na mibeko oyo ekambaka bikólo ya mokili. Mobeko ya ntina mingi na mosala ya kosunga bato mpe Masengami ya libosoliboso esimbami na ntomo wana mpe emonisi ndenge ya kosalela yango, mingimingi na likambo etali kosunga baoyo bazali bisika makama minene to bitumba ebimi. Na bisika oyo Leta to bibongiseli mosusu ezali yango moko kopesa lisungi yango te, tokanisi ete basengeli kotikela bato mosusu básala yango. Esengeli kopesa lisungi ya ndenge wana na kolanda etinda ya **kotalela bato nyonso ndenge moko**, oyo esengi kopesa lisungi na kotalela kaka mposa oyo emonani mpe bonene na yango. Yango emonisi etinda mosusu oyo esalelamaka na makambo mingi koleka: **kopona bilongi te**. Elakisi ete esengeli te kolinga songolo mpe koyina mpakala mpo na ndenge azali, na ndakisa mpo na mbula na ye ya kobotama, azali mwasi to mobali, mondele to moindo, mpo na bonkɔkɔ na bango, mpo asepelaka na basi to mibali, mpo na monɔkɔ oyo alobaka, lingomba na ye, azali ebosono, azali na sante malamu to te, mpo na makanisi na ye na politiki to na makambo mosusu, mpe mpo na ekólo to libota autá.

7. **Lotomo ya kozwa libateli mpe kozala kimya** ezwi misisa kati na mibeko oyo ekambaka bikólo ya mokili, na bikateli ya ONU mpe ya bibongiseli mosusu oyo esangisi mikili ndenge ndenge, mpe na mokumba monene oyo ekólo na ekólo ezali na yango ya kobatela bafandi na yango nyonso. Mosala ya kosunga bato etyaka likebi mingi na kobatelama ya bato, mingimingi kobatelama ya baoyo bakimá ekólo na bango mpe baoyo bakendá bisika mosusu kaka na kati ya ekólo na bango. Ndenge mibeko emonisi yango, bato mosusu bakoki kozala na likama monene básalela bango makambo na nko mpo na ndenge bazali, na ndakisa mpo na mbula na bango ya kobotama, mpo bazali basi to mibali, mindele to baindo. Ekoki kosenga kozwa bibongiseli ya sikisiki mpo na kobatela mpe kosalisa bato ya ndenge wana. Soki Leta ezali na likoki te ya kobatela bango, tokanisi ete esengeli kosenga lisungi ya mikili mosusu.

Mibeko oyo etali kobatela basivile mpe bato oyo balongwá esika bazalaki mpe bakendá kofanda bisika mosusu esengi mpenza kotya likebi na makambo oyo elandi:

i.   Na ntango ya **bitumba**, ndenge balimboli liloba yango na mibeko etali makambo ya kosunga bato na mokili mobimba, bibongiseli ya sikisiki na makambo ya mibeko ezwamaka mpo baoyo bazali na kati ya bitumba yango te bákoka kobatelama mpe kozwa lisungi. Na ndakisa, Boyokani oyo esalemaki na Genève (*Conventions de Genève*) na 1949 mpe makambo mosusu oyo babakiselaki yango (*Protocoles additionnels*) na 1977 emonisi mikumba oyo bato oyo bakoti na bitumba basengeli kokokisa, bitumba yango etalela bikólo mingi to te. Tobeti nsete ete esengeli kobundisa basivile to kokanela bango te na ntango ya bitumba, mpe tolingi mingimingi komonisa ntina ya:

- etinda ya **kokesenisa** basivile ná babundi, biloko ya basivile ná biloko oyo ezali kaka ya basoda;
- mitinda ya kosalela bibundeli na **kotalela** bibundeli oyo banguna basaleli mpe **kokeba** ntango ngámbo moko ezali kobundisa ngámbo mosusu;
- mokumba ya kosalela te bibundeli oyo ebebisá etala te, to oyo esalemá mpo na kozokisa bato to koyokisa bango mpasi ezangá ntina; mpe
- mokumba ya kopesa nzela na baoyo basalaka mosala ya kosunga bato básala yango mpo na bato nyonso kozanga kopona bilongi.

Soki basivile bamonaka mpasi mingi na ntango ya bitumba ezali mpo mitinda wana ya ntina etosamaka te.

ii. **Lotomo ya koluka esika ya komibomba** ezali kaka na ntina mingi mpo na kobatela baoyo bazali konyokwama to kobetama. Mbala mingi, baoyo bazali bisika makama minene to bitumba ebimi bazalaka na solisyo mosusu te kaka kotika bandako na bango mpo na koluka libateli mpe biloko ya kobikela. Masengami oyo ezali na Boyokani oyo esalemaki na mobu 1951 na makambo etali bato oyo bakimá mboka (na ndenge oyo Boyokani yango ebongisami lisusu) mpe boyokani mosusu ya ndenge na ndenge kati na bikólo ya mokili mobimba to kati na bikólo ya zingazinga ezali na bibongiseli ya ntina mpo na baoyo bazali na likoki te ya kobatelama na Leta ya ekólo na bango to ya ekólo epai bafandaka mpe basengisami koluka libateli na ekólo mosusu. Kati na bibongiseli yango, oyo eleki ntina ezali etinda oyo **epekisi kobengana moto**. Yango elingi koloba ete epekisami kozongisa moto na ekólo oyo bomoi na ye, bonsomi na ye to kobatelama ya nzoto na ye ekozala na likama to epai bakoki konyonga ye, kopesa ye etumbu to kosala ye mabe mingi, kosala ye makambo na nko to kosambwisa ye. Etinda wana ekoki mpe kosalelama mpo na bato oyo bakendá bisika mosusu kaka na kati ya ekólo na bango, ndenge mibeko oyo ekambaka bikólo ya mokili na makambo ya ntomo ya bato emonisi yango mpe ndenge elimbolami na Mitinda ya ntina, oyo ebimaki na mobu 1998, na makambo ya bato oyo bakendá bisika mosusu kaka na kati ya ekólo na bango, mpe na mibeko etali likambo yango oyo bikólo ya zingazinga to ekólo na ekólo ebimisá.

Mokumba oyo tondimá kokokisa

8. Topesaka lisalisi na biso na likanisi oyo ete, na mosala ya kopesa bato lisungi, bato oyo bakweli likama nde bazali na esika ya liboso; mpe toyebaka ete soki bango moko bapesi biso mabɔkɔ, tokopesa bango lisalisi na ndenge oyo ekokokisa mpenza bamposa na bango, ata mpe ya baoyo bazali na bolembu mpe moto moko te akipaka bango. Tokosala makasi tópesa mabɔkɔ na milende oyo bana-mboka basalaka mpo na kopekisa makama mpe mikakatano oyo eutaka na bitumba, komibongisa mpo na makambo yango mpe kopesa lisungi ntango yango ebimi. Tokosala mpe makasi tósalisa baoyo nyonso basungaka na ntango ya makambo yango bákolisa lisusu makoki na bango.

9. Toyebi ete, na bantango mosusu, koluka kopesa bato lisungi ekoki kobimisa mikakatano mosusu oyo ekanamaki te. Na boyokani na bato oyo bakweli likama mpe na bakonzi ya mboka, tosalaka makasi ete mosala ya kopesa bato lisungi ebimisela bankolo-mboka mikakatano mingi te mpe ebebisa mboka mingi te. Na ntango ya bitumba, toyebaka ete lolenge oyo tozali kopesa bato lisalisi ekoki kosala ete babundi bátyela bango miso koleka; na bantango mosusu, ekoki mpe kopesa litomba oyo ekanamaki te na babundi ya ngámbo moko to koleka. Tomipesá mokumba ya kosala ete makambo ya bongo ezalaka mingi te, soki mitinda oyo tolobelaki liboso epesi nzela.

10. Tokosala mosala na biso na boyokani na mitinda ya mosala ya kopesa bato lisungi oyo ezali na Mobeko-likonzi oyo mpe na malako ya sikisiki oyo ezali na Malako etali etamboli mpo na *Mouvement international de la Croix-Rouge et du Croissant-Rouge* mpe ba-ONG soki ezali kosala mosala ya kosunga bato ntango likama ebimi (1994).

11. Mobeko ya ntina mingi na mosala ya kosunga bato mpe Masengami ya libosoliboso ezali komonisa ndenge ya kosalela mitinda ndenge na ndenge oyo elobelami na Mobeko-likonzi oyo, na kotalela boyebi oyo bibongiseli oyo esalaka mosala ya kopesa bato lisungi ezali na yango ya makambo ya ntina oyo moto asengeli na yango mpo azala na bomoi na lokumu mpe eksperiansi oyo bibongiseli yango ezwi na mosala yango. Mpo na kokokisa masengami, esengeli kotalela makambo ndenge na ndenge, oyo mingi na yango tozali na likoki ya kobongola yango te. Atako bongo, tomipesi mokumba ya kosala ntango nyonso makasi mpo na kokokisa masengami yango mpe toyebi ete tokozongisa monɔkɔ mpo na yango. Ezala baguvernema oyo ezali na bisika oyo likama ebimi, baguvernema oyo epesaka lisalisi, bibongiseli oyo esalaka na mikili mingi, bato to bibongiseli mosusu oyo esalisaka kasi ezali ya Leta te, bino nyonso tosengi bino bózwa Mobeko ya ntina mingi na mosala ya kosunga bato mpe Masengami ya libosoliboso lokola malako oyo endimami.

12. Lokola toponi kotosa Mobeko ya ntina mingi na mosala ya kosunga bato mpe Masengami ya libosoliboso, tondimi mokumba ya kosala nyonso mpo ete bato oyo bazali na bisika makama minene to bitumba ebimi bázala na likoki ya kozwa biloko oyo esengeli mpo na kozala na bomoi na lokumu mpe kozanga kobanga, na ndakisa mai ya malamu, batwaleti ya malamu, bilei ya malamu, esika ya malamu ya komibomba mpe lisalisi ya monganga oyo ebongi. Yango wana, tokokoba kolendisa baguvernema mpe bibongiseli mosusu ekokisa mikumba oyo bizaleli malamu mpe mibeko esengi yango ekokisa mpo na bato wana. Biso tozwi bibongiseli ete lisungi oyo tokopesa bato ezala ya malamu, oyo ebongi mpe tokozala na likoki ya koyanola na mituna oyo bakoki kotuna biso mpo na yango. Mpo na yango, tokotalela malamu mpe tokolandela ndenge makambo ya mboka epai tozali kosala ezali kokende, tokoyebisa makambo mpe tokozwa bikateli na bosembo mpenza, tokosala milende mingi mpo ete, banda na ebandeli tii na nsuka, tósala na boyokani mpe na bomoko na bato mpe bibongiseli mosusu nyonso oyo ezali mpe kosunga bato oyo bakweli likama, ndenge yango elimbolami na Mobeko ya ntina mingi na mosala ya kosunga bato mpe na Masengami ya libosoliboso. Mingimingi, tondimi mokumba ya kosala na boyokani na bato oyo bakweli likama, tolingi ete bápesa mpenza mabɔkɔ. Toyebi ete tokozongisa monɔkɔ libosoliboso nde epai ya bato oyo tozali koluka kosalisa.

Mitinda etali kobatela bato

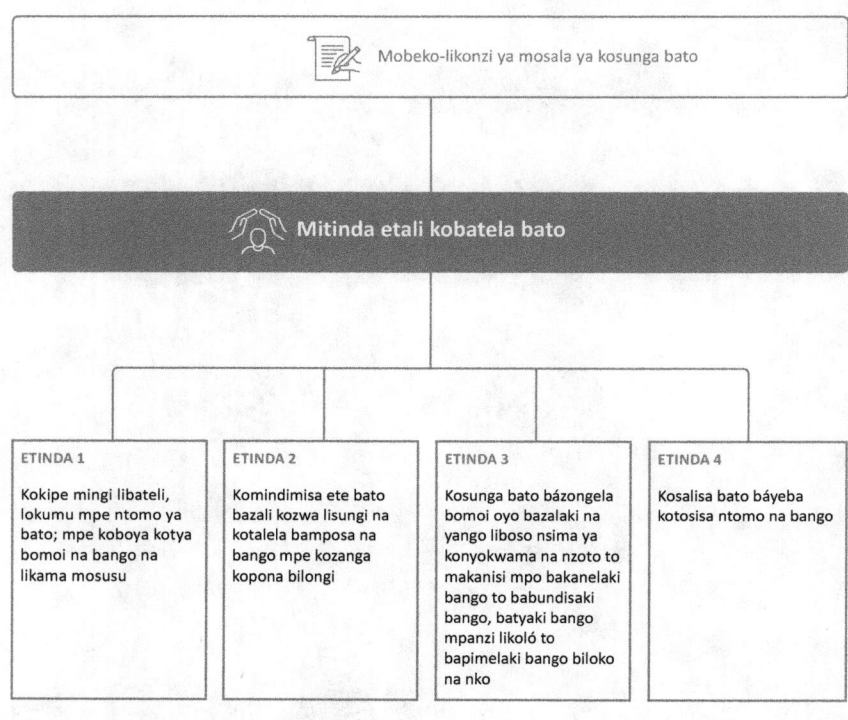

| Mobeko-likonzi ya mosala ya kosunga bato |

Mitinda etali kobatela bato

ETINDA 1	ETINDA 2	ETINDA 3	ETINDA 4
Kokipe mingi libateli, lokumu mpe ntomo ya bato; mpe koboya kotya bomoi na bango na likama mosusu	Komindimisa ete bato bazali kozwa lisungi na kotalela bamposa na bango mpe kozanga kopona bilongi	Kosunga bato bázongela bomoi oyo bazalaki na yango liboso nsima ya konyokwama na nzoto to makanisi mpo bakanelaki bango to babundisaki bango, batyaki bango mpanzi likoló to bapimelaki bango biloko na nko	Kosalisa bato báyeba kotosisa ntomo na bango

APENDISI Masengami mpo na basali ya mosala ya kobatela bato: Na mokuse

Makambo oyo ezali na kati

Mitinda etali kobatela bato 40

    Etinda 1 42

    Etinda 2 44

    Etinda 3 46

    Etinda 4 48

Apendisi: Masengami mpo na basali ya mosala ya kobatela bato: Na mokuse 50

Mitindami mpe mikanda mosusu ya kotánga 52

Mitinda etali kobatela bato

Mitinda etali kobatela bato ezali minei mpe esalelamaka na misala nyonso ya kosunga bato mpe na baoyo nyonso basalaka misala yango.

1. Kokipe mingi libateli, lokumu mpe ntomo ya bato; mpe koboya kotya bomoi na bango na likama.
2. Komindimisa ete bato bazali kozwa lisungi na kotalela bamposa na bango mpe kozanga kopona bilongi.
3. Kosunga bato bázongela bomoi oyo bazalaki na yango liboso nsima ya konyokwama na nzoto to makanisi mpo bakanelaki bango to babundisaki bango, batyaki bango mpanzi likoló to bapimelaki bango biloko na nko.
4. Kosalisa bato báyeba kotosisa ntomo na bango.

Mitinda etali kobatela bato esimbi ntomo oyo ekomami na Mobeko-likonzi ya mosala ya kosunga bato: lotomo ya kozala na bomoi na lokumu, lotomo ya kozwa lisungi oyo bapesaka bato mpe lotomo ya kozwa libateli. Mitinda yango emonisi polele lisalisi oyo bato nyonso oyo basalaka mosala ya kosunga bato bakoki kopesa mpo na kobatela bato. Atako bongo, misala mpe mikumba ya bato oyo basalaka mosala ya kosunga bato eyaka nsima ya oyo ya Leta. Mibeko epesá Leta to bakonzi mosusu ya mboka mokumba ya kosala mpo na bolamu ya bato oyo bafandaka na ekólo na bango to baoyo bazali na nse ya bokonzi na bango, mpe ya kobatela basivile na ntango ya bitumba. Nsukansuka, bakonzi yango nde bazali na mokumba ya komindimisa ete bato babatelami malamu; mpo na yango, bakosala makambo oyo esengeli to mpe bakomipekisa kosala makambo

---

Likambo ya kobatela bato etali libateli, lokumu mpe ntomo ya bato oyo bazali na bisika makama minene to bitumba ebimi. Ebongiseli babengi *Comité permanent inter-organisations* (CPI) elimboli likambo yango boye:

"... misala nyonso oyo ntina na yango ezali ya kotosisa ntomo nyonso ya moto na boyokani na mokano ya mibeko oyo elobeli yango (elingi koloba mibeko etali ntomo ya bato na mokili mobimba, mibeko etali makambo ya kosunga bato na mokili mobimba mpe mibeko etali bato oyo bakimá mboka na mokili mobimba)."

Na mokuse, likambo ya kobatela bato etaleli milende nyonso oyo baoyo basalaka mosala ya kosunga bato mpe ya kobundela ntomo ya bato basalaka mpo ete ntomo ya bato oyo basengeli na lisalisi mpe mikumba ya bato oyo basengeli kotosisa ntomo yango, ndenge emonisami na mibeko oyo ekambaka bikólo ya mokili, eyebana, etosama, ebatelama mpe ekokisama kozanga kopona bilongi.

Likambo ya kobatela bato esengi kosala misala oyo ekopekisa bábundisa bango, bátya bango mpanzi likoló to bápimela bango biloko na nko. Mbala mingi, na ntango oyo esengaka kopesa bato lisungi, ezalaka na mikakatano ya libosoliboso oyo etungisaka libateli ya bituluku ya bato; mpo na kolonga yango, esengaka kosala na boyokani. Mpo misala ya kosunga bato ebosanaka te likambo ya kobatela bato, ezali na ntina mingi koyeba makama minene oyo ekoki kokómela baoyo bakweli makambo mpe ndenge ya kobundana na yango; yango etali mpe mpasi makasi oyo eutaka na kozanga kotosa mibeko etali makambo ya kosunga bato na mokili mobimba, mibeko etali bato oyo bakimá mboka na mokili mobimba to mpe mibeko etali ntomo ya bato na mokili mobimba.

---

mosusu. Mokumba ya baoyo basalaka mosala ya kosunga bato mosusu ekoki kozala ya kolendisa mpe kondimisa bakonzi ya Leta básala mosala na bango mpe, soki bakonzi basali yango te, kosalisa bato báyeba ndenge ya kosala liboso ya makambo oyo ekobima.

Mokapo oyo epesi malako mpo na ndenge oyo bibongiseli oyo esungaka bato ekoki kopesa mabɔkɔ na mosala ya kobatela bato soki ezali kosalisa bango: bákoba kobatelama malamu, bázwa lisungi, bázongela bomoi oyo bazalaki na yango liboso básala bango mabe, mpe báyeba kotosisa ntomo na bango.

Ndenge ya kosalela Mitinda yango

Moto nyonso oyo akokisaka Masengami ya libosoliboso ya Sphère asengeli kolanda Mitinda etali kobatela bato, ata soki bapesá ye te mokumba ya kobatela bato to ayebi mpenza malamu te mosala yango. Yango esengi mpe koyeba ndenge makambo ezali mpe kozwa bibongiseli mpo na kokima, kokitisa to kosilisa makambo oyo ezali kobebisa to kotya libateli ya bato na likama. Ezali na ntina mingi koyebisa bato makambo mpe kosalisa bango báyeba kozwa bikateli ya mayele na mpasi oyo ekómeli bango mpe na ndenge oyo bakolonga yango.

Baoyo bamipesá na mosala ya kobatela bato basengeli kokokisa Mitinda oyo mpe masengami mosusu ya ntina. Ntango basalaka mosala na bango, batyaka likebi mingi na makambo oyo:

- kobatela bana;
- kobundisa moto mpo azali mwasi to mobali;
- ntomo ya kozala na esika ya kofanda, mabele mpe biloko;
- misala mpo na kotemela kosalelama ya bamine ya bitumba;
- kotya mibeko mpe bosembo na esika ya liboso;
- lisalisi na makambo etali mibeko;
- baoyo babundelaka ntomo ya bato;
- bato oyo balongwá esika bazalaki mpe bakendá kofanda esika mosusu; mpe
- ntomo ya bato oyo bakimá mboka.

⊕ *Talá Mitindami* mpe *Apendisi: Masengami mpo na basali ya mosala ya kobatela bato*, oyo elobeli makambo lokola koluka libota ya moto na moto, kosalisa mikanda ya sika, kobatela makambo ekomami (*données*) mpe makambo mosusu.

Misala etali kobatela bato

Misala etali kobatela bato ekoki kosalema mpo na kokima mikakatano, kosunga na ntango mikakatano ebimi, kosembola makambo mpe kofandisa makambo malamumalamu. Mpo na kotosa Mitinda etali kobatela bato esengeli kosala misala nyonso wana elongo.

- **Kokima mikakatano:** Kopekisa likambo nyonso oyo ekoki kobebisa libateli, lokumu to ntomo ya bato, to kokitisa mabaku ya kokutana na makambo yango to mpe kosala ete ezala petee mingi te kokwea na makambo yango.
- **Kosunga na ntango mikakatano ebimi:** Kosunga bato mbala moko ntango babundisi bango, batye bango mpanzi likoló mpe bapimeli bango biloko na nko, mpo makambo yango ya mabe ekoba te.
- **Kosembola makambo:** Kosembola makambo mabe oyo basalelá bato to oyo bazali se kosalela bango na nzela ya lisalisi ya monganga (ata mpe kobondisa bango), lisalisi na makambo ya mibeko to lisalisi mosusu, mpo bato bázongela komimona bato.

- **Kofandisa makambo malamumalamu:** Kopesa mabɔkɔ mpo makambo etali malako, kofanda na bato, bonkɔkɔ, bibongiseli mpe mibeko efanda malamu mpe epesa nzela ete ntomo ya bato oyo bakweli likama etosama mpenza. Yango esengi mpe kolendisa bato bátosa ntomo ya baninga na boyokani na mibeko oyo ekambaka bikólo ya mokili.

Mpo na misala wana nyonso minei, **kosolola na bato**, bázala mingi to moke, **mpo na koyebisa bango makambo etali kobatela bato** ezali na ntina. Soki libateli ya bato oyo bakweli makambo ekómi na likama mpo na bikateli, misala to malako oyo ezwami na nko, bibongiseli oyo esalaka mosala ya kosunga bato to oyo ebundelaka ntomo ya bato esengeli kosenga ete bábongola bikateli, misala to malako yango oyo ezali kotya ntomo ya bato oyo bakweli makambo na likama. Soki likama yango ezali kouta na moto to na ebongiseli moko, ekoki kosenga kosalisa ye to ebongiseli yango bákóma na bizaleli mosusu to bábongola bizaleli na bango. Ekoki mpe kosenga koluka ete malako to mibeko oyo ezali komemela basusu mpasi ebongolama. Ekoki kosenga lisusu kopesa mabɔkɔ na milende oyo bato bango moko bazali kosala mpo na komibatela mpe kokitisa mabaku oyo bato bakoki kozala na yango ya kokutana na likama.

Etinda etali kobatela bato 1:
Kokipe mingi libateli, lokumu mpe ntomo ya bato; mpe koboya kotya bomoi na bango na likama mosusu
Basali ya mosala ya kosunga bato bazwaka bibongiseli mpo na kokitisa makama mpe bolembu nyonso ya bato, ata mpe liboso ya mikakatano oyo misala ya kosunga bato ekoki kobimisa.

Etinda oyo esangisi makambo oyo:

- Koyeba mikakatano oyo ekoki kotya libateli ya bato na likama na kotala ndenge makambo ezali;
- Kopesa lisalisi oyo ezali kokitisa makama oyo bato bakoki kokutana na yango ntango bazali koluka kokokisa bamposa na bango na lokumu;
- Kopesa lisalisi na bisika oyo ezali kotya lisusu bato na likama ete bábeta bango to básala bango mabe; mpe
- Kokolisa makoki oyo bato bazali na yango ya komibatela bango.

Likambo ya liboso na etinda oyo ezali ntina ya kokima mikakatano oyo misala ya kosunga bato ebimisaka ⊕ *talá Mobeko ya ntina mingi na mosala ya kosunga bato: Mokumba 3.*

··

Makanisi ya kolanda

Kotalela ndenge makambo ezali: Bóyeba ndenge makambo ezali mpe bókanisa libela soki mosala na bino ya kosunga bato oyo bakweli likama ekobongisa to ekobebisa libateli, lokumu mpe ntomo na bango. Mbala na mbala, soki makambo ebongwani, bósala elongo na bibongiseli mosusu mpe bituluku ya basi, mibali, bana mibali mpe bana basi oyo bakweli likama mpo na kotalela makama oyo ezali.

Mpo na yango, bokoki kosalela mituna oyo ezali na liste oyo, kasi bóyeba ete mituna mosusu mpe ezali:

- Wapi mikakatano, makama mpe bolembu oyo bato nyonso bakoki kokutana na yango na makambo etali libateli? Makoki nini bato bazali na yango mpo na kosala ete makambo yango ezala mingi te?
- Ezali nde na bituluku ya bato oyo makama mosusu etali kaka bongo? Mpo na nini? Bókanisa, na ndakisa, bonkɔkɔ, lolenge ya libota ya moto, kozala mobola to mozwi, bomwasi to bobali, mwasi to mobali, mbula ya kobotama, kozala ebosono to lolenge ya bato oyo moto ayokaka mposa ya kosangisa na bango nzoto.
- Ezali nde na makambo oyo ezali kopekisa bato bázwa lisalisi to bápesa mpe makanisi ntango bikateli ezali kozwama? Bipekiseli yango ekoki kozala makambo etali libateli, bato mosusu to nzoto, to mpe ndenge oyo bazali koyebisa bango makambo.
- Bana-mboka bazali kosala nini mpo na komibatela? Ndenge nini bibongiseli oyo esalaka mosala ya kosunga bato esimbaka milende wana na esika ya konyata yango? Ezali nde na makama soki bato bamibateli bango moko?
- Ezali nde na bato oyo bazali kobundana na mikakatano na bango na ndenge ya mabe, na ndakisa kosenga mbongo to biloko mpo básangisa na bango nzoto, kobala wana bazali naino bana, kosalisa bana mike misala makasi to koluka kokende na mboka mopaya atako makama ezali? Makambo nini ekoki kosalema mpo na kokitisa bolembu oyo ezali komema na makambo wana?
- Misala ya kopesa bato lisungi ezali nde kobimisa mikakatano oyo ekanamaki te, na ndakisa kotya bato na likama na bisika oyo lisungi ezali kopesama to kokotisa bokabwani kati na bato oyo bakweli likama to na bana-mboka oyo bayambi bato yango na mboka na bango? Nini ekoki kosalema mpo likama wana ezali monene te?
- Ezali nde na mibeko oyo esengaka etumbu epesama, oyo ekoki kotya libateli ya bato na likama, na ndakisa kosengisa moto nyonso asalisa egzame ya Sida, komonisa ete mwasi ná mwasi to mobali ná mobali oyo balingani babuki mibeko, mpe bongo na bongo?

Bótya mpe bóbatela bibongiseli ya koyebisana makambo na bituluku ya bato, ata mpe baoyo bazali na likama, mpe ya komonisa ete bozali na mokumba liboso na bango, mpo báyeba makambo oyo ezali kotungisa libateli na bango mpe bóluka kolonga yango.

Bóboya kosangana na makambo oyo ezali kotosa ntomo ya bato te na nzela ya misala oyo ezali kolongisa malako mpe mimeseno oyo ebimisi mokakatano yango. Tokoki kotánga, na ndakisa, misala oyo ezali kopesa nzela ete bálongola bato na makasi na bamboka na bango mpo na komema bango bisika mosusu mpo na makambo ya politiki to ya basoda, to kongalisa matata kozanga koyeba mpo boponi na bokengi te baoyo bokosala na bango mosala to baoyo bakotekela bino biloko. Soki botaleli makambo ndenge wana, mbala mosusu ekotinda bino bózwa bikateli ya minene; kasi bosengeli kosala yango malamu mpe mbala na mbala soki makambo ebongwani.

Kopesa bato lisungi: Ndenge oyo lisungi yango ezali kopesama, mpe makambo oyo ezali na esika oyo lisungi yango ezali kopesama, ekoki kosala ete ezala mpenza mpasi te básala bato mabe, bábundisa bango to bátya bango mpanzi likoló.

- Bópesa bato lisungi na esika oyo ebatelami malamu koleka mpe bólukaka ndenge ya kokitisa makaneli mpe bolembu. Na ndakisa, bótángisa bato mpe bópesa bango lisalisi ya monganga na bisika oyo moto nyonso akoki koya kozanga likama ⊕ talá *Manuel INEE*.
- Bózwa bibongiseli nyonso oyo ebongi ntango bozali kopesa to kokamba lisungi mpo na kobatela bato bábundisama te to básala na bango te makambo ya

kosangisa nzoto na makasi. Na ndakisa, soki bopesi bato biloko oyo ezali na motuya to mbongo mpo na kosalisa bango, lisalisi yango ekoki kopunzama mpe baoyo bopesaki bango yango bakoki kozala na likama básala bango mabe.

- Bósalisa bato báluka bamwaye oyo ezangi likama ya kokokisa bamposa na bango ya ntina na ndenge oyo bakomitya mingi te na makama. Na ndakisa, bópesa bango biloko mosusu oyo epelaka; na ndenge yango, ekosenga bango lisusu mingi te bákendeke kolokota nkoni na bisika oyo ezali na makama.

- Bóbongisa misala oyo ekobatela bilenge basi mpe mibali, mpe bóbimisa makama mosusu te, na ndakisa kozwa bana na mosala, koyiba bana to kokabola bango na mabota na bango ⊕ talá Buku CPMS.

- Bóyokana na bakonzi ya Leta mpe na bibongiseli oyo esengeli, mpo na kolongola bamine ya bitumba mpe babombi oyo epanzaná te na bisika oyo lisungi ezali kopesama ⊕ talá Normes internationales de l'action contre les mines.

- Bókanisa makambo ekanami te oyo ekoki kokómela biloko oyo ezali epai bozali kosala mpe kobebisa libateli, lokumu mpe ntomo ya bato.

- Bósolola na bituluku ndenge na ndenge ya bato ya mboka, ata mpe bituluku ya bato oyo bazali na likama mpe bibongiseli oyo bango batyelaka motema, mpo na koyeba ndenge oyo eleki malamu ya kopesa bango lisungi. Na ndakisa, bósolola na bibosono mpo na koyeba ndenge ya kopesa bango lisungi. Esengeli te kozala na makama mosusu mpo na bolamu na bango to mpo na bolamu ya bato oyo bango batyelaka motema ete bakozwela bango lisungi.

Ndenge bato basalaka mpo na komibatela: Bóyeba ndenge bato basalaka mpo na komibatela, kobatela mabota na bango mpe bato mosusu ya mboka. Bósimba bibongiseli na bango ya kosalisana. Misala ya kopesa bato lisungi esengeli te kolembisa makoki oyo bato bazali na yango ya komibatela mpe kobatela baninga.

Makambo oyo moto nyonso te asengeli koyeba: Bókeba ete ndenge oyo basali ya mosala ya kopesa bato lisungi bazali kozwa makambo mpe koyebisa yango etya bato na likama te. Bótya malako etali kozwa makambo oyo moto nyonso te asengeli koyeba mpe ndenge ya kolobela yango. Malako yango ekomonisa mabaku oyo bakoki kolobela makambo yango mpe kotosa etinda oyo esengaka kotuna naino nkolo makambo yango soki andimi bálobela yango. Soki te, bomoi ya bato oyo babiki mpe ya basali ya mosala ya kopesa bato lisungi ekoki kozala na likama.

Etinda etali kobatela bato 2:
Komindimisa ete bato bazali kozwa lisungi na kotalela bamposa na bango mpe kozanga kopona bilongi

Basali ya mosala ya kosunga bato balukaka koyeba mikakatano oyo epekisaka bato bázwa lisungi mpe bazwaka bibongiseli mpo na komindimisa ete lisungi ezali kopesama na kotalela bamposa mpe kozanga kopona bilongi.

Etinda oyo esangisi makambo oyo:

- Kondima te mosala nyonso oyo ezali kopimela bato na nko biloko oyo basengeli na yango; kosalela, mpo na yango, mitinda etali mosala ya kosunga bato mpe mibeko oyo ebongi ⊕ talá Mobeko-likonzi ya mosala ya kosunga bato;

- Kosala nyonso mpo ete bato bázwa lisungi na kotalela bamposa na bango mpe básalela bango te makambo na nko mpo na ntina boye to boye; mpe
- Kosala ete mitindo nyonso ya bato oyo bakweli likama bázwa lisungi.

Likambo ya liboso na etinda oyo ezali ete bato basengeli kozwa lisungi oyo basengeli na yango na ntango ya mpasi ⊕ *talá Mobeko ya ntina mingi na mosala ya kosunga bato: Mokumba 2.*

Makanisi ya kolanda

Kozanga koponapona: Bótalela kaka biloko oyo bato basengeli na yango ntango bozali kokanisa biloko ya libosoliboso oyo bokosunga bango na yango; mpe bópesa lisungi na kotalela bamposa wana. Wana nde etinda ya kozanga koponapona ndenge emonisami na Malako etali etamboli mpo na *Mouvement international de la Croix-Rouge et du Croissant-Rouge* mpe ba-ONG soki ezali kosala mosala ya kosunga bato ntango likama ebimi ⊕ *talá Libakisi 2* mpe *Mobeko-likonzi ya mosala ya kosunga bato.* Bibongiseli oyo esalaka mosala ya kosunga bato esengeli kokipe kaka etuluku moko boye ya bato te (na ndakisa, bato oyo balongwá esika bazalaki mpe bakendá kofanda esika mosusu na bakaa to bituluku ya bato ya motindo moko oyo bazali moke) soki yango ezali kosala ete bibongiseli yango ekipe te etuluku mosusu, kati na bato oyo bakweli likama, oyo ezali mpe kokelela.

Lotomo ya kozwa lisungi: Bólobela lotomo oyo bato oyo bakweli likama bazali na yango ya kozwa lisungi. Na bisika oyo bato bazangi likoki ya kokokisa bamposa na bango ya ntina mpe bakonzi oyo babongi bazali na likoki te ya kopesa bango lisungi, bakonzi basengeli te koboya ete bibongiseli oyo esalaka mosala ya kosunga bato kozanga kopona bilongi eya kosalisa. Soki baboyi, yango ekoki komonisa ete babuki mibeko oyo ekambaka bikólo ya mokili, mingimingi na ntango ya bitumba. Esengi te ete mibeko epesa bato oyo bakweli likama lotomo soki ya ndenge nini mpo bákoka kozwa lisungi mpe libateli.

Bakonzi basengeli koboya te ete bato bazali kozanga biloko ya ntina oyo esengi ete básunga bango. Basengeli mpe te koboya kopesa basali ya mosala ya kosunga bato mikanda oyo ebongi kaka mpo bázanga likoki ya kokende bisika nyonso oyo bosenga ezali.

Bipekiseli mpo bato bázwa lisungi te: Bólandela ndenge bato bazali kozwa lisungi mpo na koyeba bipekiseli oyo ntango mosusu bazali kokutana na yango. Bózwa bibongiseli mpo na kolongola yango, na bisika oyo likoki ezali.

- Bókanisa bipekiseli oyo ezali kosala ete bato bázala na bonsomi mingi te ya kokende epai balingi to mpe kokende kozwa lisungi, na ndakisa epekiseli ete bato bákota to bábima te na esika moko boye, bamine ya bitumba mpe babaraje na nzela. Na ntango ya bitumba, babundi bakoki kotya babaraje na nzela, kasi basengeli te koponapona kati na bituluku ya bato oyo bakweli likama mpo na bantina ya malonga te.
- Bólongola bipekiseli oyo ekoki kosala ete ezala mpasi kokutana na bituluku to bato mosusu, mpo yango ekoki kosala ete bázwa lisungi te lokola baninga. Bipekiseli ekoki kotinda na kosalela bato mosusu makambo na ndenge moko boye kaka mpo bazali basi, bana, mibange, bibosono to bato ya motindo moko oyo bazali moke. Ekoki mpe kosala ete báboya kopesa bato lisungi kaka mpo na bonkɔkɔ na bango, lingomba na bango, makanisi na bango na makambo ya politiki, mpo basepelaka kosangisa nzoto na basi to mibali, bomwasi to bobali na bango, lokota na bango mpe bongo na bongo.

- Bóyebisa makambo etali ntomo ya bato mpe ndenge oyo bato bakoki koyebisa bino makambo; bósala yango na ndenge ya mindondo te mpe na minɔkɔ oyo bato yango bayebi. Bóluka mpe koyebisa makambo yango na bituluku ya bato oyo "bamonanaka lokola bazali te" nzokande bazali na likama, na ndakisa bibosono, bana oyo balalaka na balabala, to bato oyo bafandaka na bisika oyo ezali mpasi kokóma, mpo na kopesa bango likoki ya kozwa lisungi kozanga likama.

Etinda etali kobatela bato 3:
Kosunga bato bázongela bomoi oyo bazalaki na yango liboso nsima ya konyokwama na nzoto to makanisi mpo bakanelaki bango to babundisaki bango, batyaki bango mpanzi likoló to bapimelaki bango biloko na nko

Basali ya mosala ya kosunga bato bayaka mbangu kosalisa baoyo banyokwami mpe lisungi na bango eumelaka ntango molai; batindaka ata kotinda bato yango epai oyo bakozwa lisungi mosusu, soki esengeli.

Etinda oyo esangisi makambo oyo:

- Kotinda baoyo babiki na likama epai bakosunga bango na ndenge esengeli;
- Kozwa bibongiseli nyonso oyo esengeli mpo ete bato oyo bakweli likama bábundisama lisusu te, bátyama mpanzi likoló lisusu te to mpe bápimelama biloko na nko lisusu te; mpe
- Kopesa mabɔkɔ na milende oyo bato bango moko bazali kosala mpo bázongela lokumu mpe ntomo na bango na bisika bafandaka mpe bábanga eloko te.

Likambo ya liboso na etinda oyo ezali ete bana-mboka mpe bato oyo bakweli likama basengeli kozwa lisungi oyo ekambami malamu mpe oyo ezali kobakisama na lisungi mosusu ⊕ *talá Mobeko ya ntina mingi na mosala ya kosunga bato: Mokumba 6.*

....

Makanisi ya kolanda

Kotinda bato mpo bázwa lisungi mosusu: Bóyeba ndenge batindaka bato mpo bázwa lisungi mosusu mpe bósalisa bato oyo bazali kobundisama to kobetama bákende kozanga likama epai oyo bakozwa lisungi oyo ebongi. Bato mosusu bakoki kokakatana koluka lisalisi soki basali bango makambo wana. Bózwa bibongiseli mpo na koyeba makambo oyo ezali kopekisa bato báluka lisungi mpe bóbongisa ndenge ya kotinda bango bázwa lisungi mosusu.

Bósalisa baoyo babundisamaki mpo bazali basi to mibali to babetamaki bázwa lisalisi ya monganga, ya polisi, ya minganga ya motó mpe libondisi mpo na baoyo babulungani, to mpe lisalisi mosusu. Baoyo bakopesa mitindo wana ya lisalisi basengeli kotalela soki moto oyo ayei koluka lisalisi azali mwasi to mobali, azali na mbula boni ya kobotama, soki azali ebosono, soki asepelaka kosangisa nzoto na basi to na mibali mpe makambo mosusu oyo ebongi ⊕ *talá Directives pour intégrer les interventions contre les violences sexistes dans l'action humanitaire.*

Kotya mpe kosalela ndenge ya malamu mpe oyo ezangi likama ya kotinda bana oyo babetamaki, basalelamaki lokola bangamba, babebisamaki mpe basundolamaki, na bibongiseli oyo etalelaka makambo ya kobatela bana mpo esalisa bango.

Mosala ya bana-mboka: Bósimba mosala ya bana-mboka mpe makambo basalaka mpo na kosalisana, oyo esalisaka bato bámona ete bazali na makoki mpe bámibatela lisusu malamu.

Bósimba makambo oyo moto na moto, mabota mpe bana-mboka basalaka mpo na komibatela, mpo na sante na bango ya motó mpe mpo na kobondisa baoyo babulungani. Mpo na yango, bokoki kopesa bango mabaku ya kolobela makambo na bango, kopona makambo ya sikisiki oyo etungisaka libateli na bango, kolukela yango basolisyo mpe kosalela basolisyo yango.

Bósalisa bituluku ya mboka, na ndakisa bituluku ya bilenge, ya basi to mpe ya bato oyo basambelaka esika moko mpo básalela ndenge ya komibatela oyo ezangi mobulu mpe básunga baoyo bazali na makoki mingi te ya komibatela.

Soki likoki ezali, bósala ete mabota ezala esika moko, ata mpe mabota ya ndenge mosusu, mpe bato ya mboka moko to moziki moko báfanda esika moko.

Bósimba ndenge ya malamu oyo bana-mboka babundanaka na makambo ya mpasi, na ndakisa milulu ya kokunda oyo eyokani na bonkɔkɔ na bango, milulu mpe mimeseno ya losambo, mpe mimeseno ya bonkɔkɔ mpe ya bana-mboka oyo ezangi likama.

Kobukama ntango nyonso ya ntomo ya bato, mosala ya kolandela mpe ya koyebisa: Bóyeba ndenge bayebisaka makambo oyo ezali kobuka ntomo ya bato mpe bótosa ndenge ya kosala mpe malako oyo etyamá mpo na kotinda kozanga likama makambo oyo moto nyonso te asengeli koyeba ⊕ talá *Etinda etali kobatela bato 1* mpe *Apendisi: Masengami mpo na basali ya mosala ya kobatela bato.*

Esengeli kotalela elongo na baninga mpe bibongiseli oyo esalaka misala ya sikisiki makambo oyo ezali kobuka ntango nyonso ntomo ya bato mpe kolukela yango basolisyo. Mokumba ya kobatela ezali libosoliboso ya guvernema mpe ya bakonzi mosusu oyo bapesamá mokumba wana. Bósala elongo na bibongiseli oyo esalaka misala ya sikisiki mpo na koyeba baoyo mibeko epesá mokumba ya kobatela bato to baoyo bazali na makoki ya kosala yango mpe bókundwela bango makambo oyo basengeli kosala.

Bibongiseli oyo ezali na mokumba ya kobatela bato mpe kotosisa mibeko, bapolisi, basoda mpe mampinga oyo etyaka kimya esalaka mosala monene mpo ete likama moko te ekómela bato na nzoto. Bóyebisa bapolisi to baoyo batosisaka mibeko to mpe basoda makambo oyo ebuki ntomo ya bato, soki ebongi kosala bongo mpe soki likama ezali te.

Na ntango ya bitumba, bókanisa kolandela makambo oyo ezali kokómela bibongiseli oyo esalisaka bato na makambo ya ntina mpe oyo ebatelami mpenza na mibeko etali makambo ya kosunga bato na mokili mobimba, na ndakisa biteyelo mpe balopitalo. Bókanisa mpe koyebisa likambo nyonso ya mabe oyo babundi basaleli yango. Bósala mpenza milende mpo na kokitisa makama mpe makaneli oyo ekoki kozala na bisika wana, ya koyiba bana to bato ya maladi to mpe kokotisa bango na makasi na molongo ya babundi.

Ndenge ya kosala na makambo oyo moto nyonso te asengeli koyeba: Bibongiseli oyo esalaka mosala ya kosunga bato esengeli kozala na ndenge ya kosala makambo mpe malako ya polele oyo ekomonisa basali na yango ndenge ya kosala soki bayoki to bamoni makambo oyo ebuki ntomo ya bato, mpe ndenge ya kotinda bato oyo basaleli bango yango epai ya baoyo to bibongiseli oyo ekosalisa bango. Malako yango esengeli mpe komonisa polele ete makambo yango esengeli kozala sekele.

Bilembeteli lokola maloba ya batemwe, mitángo oyo ezali komonisa bato ya mboka ndenge bakabwani na bambula ya kobotama mpe bililingi oyo ekoki kosala ete báyeba ndenge bato bazali ekoki kozala makambo ya motuya mingi oyo moto nyonso te asengeli koyeba mpe ekoki kotya bomoi ya bato na likama. Makambo oyo elobeli kobukama ya sikisiki ya ntomo ya bato, oyo moto nyonso te asengeli koyeba, esengeli kozwama na bibongiseli oyo etalelaka makambo yango, oyo ezali na mayele, bisaleli, makoki, mpe malako oyo esengeli ⊕ talá Apendisi: Masengami mpo na basali ya mosala ya kobatela bato.

Etinda etali kobatela bato 4:
Kosalisa bato báyeba kotosisa ntomo na bango

Basali ya mosala ya kosunga bato bayebisaka bana-mboka oyo bakweli likama makambo mpe bapesaka bango mikanda oyo ekosalisa bango báyeba kotosisa ntomo na bango, mpe basimbaka milende oyo basalaka mpo na kotosisa malamumalamu ntomo na bango.

Etinda oyo esangisi makambo oyo:

- Kosunga bato bálobela ntomo na bango mpe básenga Leta to bibongiseli mosusu efuta bango mpo na ntomo na bango oyo etosami te;
- Kosalisa bato bázwa mikanda oyo basengeli na yango mpo na komonisa ntomo na bango; mpe
- Kolendisa bato bátosa mpenza ntomo ya baninga mpe mibeko oyo ekambaka bikólo ya mokili; na ndenge yango, bato bakozala na esika oyo babatelami malamu.

Likambo ya liboso na etinda oyo ezali ete bato oyo bakweli likama basengeli koyeba ntomo na bango ⊕ talá Mobeko ya ntina mingi na mosala ya kosunga bato: Mokumba 4.

Makanisi ya kolanda

Makambo oyo ezali mpasi te mpo bato báyeba: Bópesa bato mateya mpe bóyebisa bango makambo oyo ekosalisa bango bákanga ntina ya ntomo na bango mpe bálobela yango. Bóyebisa bato ntomo na bango, na ndakisa na likambo ya kopona kozonga epai na bango to te, to mpe bisika oyo bakoki kopesa bango mpo báfandaka. Bósala elongo na bibongiseli oyo esalisaka bato na makambo ya mibeko mpo na kolakisa bato ntomo na bango na kotalela mibeko mpe malako ya mboka.

Bóyebisa bato oyo bakweli likama makambo na minɔkɔ oyo bakoki koyoka. Soki likoki ezali, mpo bato mingi báyeba makambo yango, bósalela biloko ndenge na ndenge (makomi, bililingi to biloko ya koyoka). Bótuna bato ya bituluku ekeseni ndenge oyo bango bazali kokanga ntina ya makambo yango: bana mpe mikólo, basi mpe mibali, baoyo batángá ná baoyo batángá te mpe bato ya minɔkɔ ya mboka ekeseni.

Mikanda: Bato nyonso bazalaka na ntomo, bázala na mikanda ya ndenge moko boye to te. Kasi, bato bakoki kozala na mikakatano mpo na kosalela ntomo na bango soki bazangi mikanda lokola: mokanda ya kobotama, mokanda ya libala, mokanda oyo endima liwa ya moto, passeport, mikanda ya lopango to ya kelasi. Bótinda bango na bibongiseli ya Leta oyo ekoki kopesa bango mikanda yango to kosalela bango mosusu ya sika.

Mobulungano esengeli kozala te: mikanda ya Leta oyo bakonzi oyo babongi bandimaka ekeseni na mikanda oyo bibongiseli oyo esalaka mosala ya kosunga bato epesaka, na ndakisa bakarte ya kozwa biloko to mikanda ya kokomisama. Ezali te mikanda oyo bakonzi bapesaka nde ekomonisa soki moto akoki kozwa to te lisungi epai ya bibongiseli oyo esalaka mosala ya kosunga bato.

Kozala na likoki ya kozwa lisalisi ya baavoka mpe ya kokende epai ya bazuzi: Moto nyonso oyo batosi ntomo na ye te azali na ndingisa ya kosenga Leta to bakonzi oyo babongi bázongisa makambo na molongo. Ekoki kosenga bápesa ye mbongo mpo na biloko na ye oyo ebungi to bázongisela ye yango. Akoki mpe kozala na elikya ete baoyo babukaki ntomo na ye bakosambisama.

Bósalisa baoyo baponi koluka mibeko esembola likambo na bango báyeba komema likambo na bango epai ya bazuzi kozanga likama. Koyeba ebongiseli nini ya Leta ekoki kosunga na makambo ya mibeko ezali na ntina mpo na kotinda bato epai oyo esengeli.

Bólendisa te bato oyo ntomo na bango ebukami báfunda likambo na bango epai ya bazuzi soki yango ekoki kobotela bango mitungisi mosusu. Na ndakisa, minganga mpe bibongiseli oyo elandelaka makambo ya kobundisa bato mpo bazali basi to mibali basengeli koyeba ndenge makambo ya monganga mpe ya mibeko ebongisamá na mboka mpe mibeko oyo etali kobebisama na makambo ya kosangisa nzoto. Bóyebisa baoyo basalá bango makambo yango ete ezali na mibeko oyo esengi koyebisa bakonzi makambo yango mpe, mpo na yango, ekoki kozala mpasi kobomba sekele makambo nyonso oyo bango balobi. Yango ekoki kobongola ekateli na bango ya kokoba kozwa lisalisi ya monganga to koyebisa makambo mosusu; kasi, esengeli kotosa malako yango ⊕ *talá Lisalisi ya monganga oyo esengeli kopesama – Lisengami 2.3.2 ya Sante ya binama ya kosangisa nzoto mpe ya kobotela.*

Na ntango ya bitumba to makama minene, bana-mboka oyo bakweli makambo yango bakoki kosalela mitindo mosusu ya kosilisa matata lokola baninga, na ndakisa ebongiseli ya kosalela moyokanisi to bayokanisi kati na bato oyo bazwani matata. Soki mitindo wana ezali, bóyebisa yango bato mpe bólimbola ndenge oyo bakoki kosalela yango.

Ndingisa ya kosalela eteni ya mabele mpe kokóma nkolo-mabele ekoki kobimisa matata ya makasi. Bólendisa bakonzi mpe bana-mboka básala elongo mpo na kosilisa matata oyo euti na makambo mibale wana.

Apendisi
Masengami mpo na basali ya mosala ya kobatela bato: Na mokuse

Na ntango ya bitumba to ya makambo mosusu ya mobulu, ezalaka na ntina mingi kobatela basivile, mpamba te bakoki kosala bango mabe to komonisa bango mpasi. Mpo na kobatela bango na ndenge ebongi, esengeli koyeba malamu mosala ya kobatela bato mpe kondima kokokisa Masengami ya libosoliboso ya mosala yango, oyo endimamá na baoyo basalaka mosala yango mpe etali bango nyonso.

Masengami mpo na basali ya mosala ya kobatela bato etyamaki mpo ete baoyo basalaka mosala ya kosunga bato mpe baoyo babundelaka ntomo ya bato bázwa makanisi ndenge moko mpo na mosala ya kobatela bato mpe mpo mosala yango ebimisela bato oyo bakweli likama matomba mingi. Masengami yango etambolaka nzela moko na Mitinda oyo etali kobatela bato.

Masengami yango emonisi likanisi oyo ete esengeli kotya bato na esika ya liboso ntango bozali koluka kobatela bango. Bato bazali na mokumba ya ntina ya kokokisa na ntango ya kotalela, kobongisa mpe kolandela makambo ya kosala liboso ya makaneli mpe makama oyo bazali kokutana na yango. Makambo ya kosala mpo na kobatela bato esengeli kosuka kaka te na kobatela bango malamu na nzoto, kasi esengeli mpe kotinda basusu bámonisa limemya mpo na ntomo, lokumu mpe valere ya baoyo bazali na likama été básalela bango makambo mabe to mpe bazali kosalela bango yango.

Bato oyo basalaka mosala ya kosunga bato basalaka misala ndenge na ndenge; kasi, ezali mpe na ntina mingi ete bango nyonso bakotisaka makambo etali kobatela bato na misala yango, na boyokani na Mitinda oyo etali kobatela bato. Masengami mpo na basali esalemaki libosoliboso mpo na bato oyo basalaka mosala ya kobatela bato mpe mpo na bibongiseli oyo emipesá na mosala ya kobatela bato na ntango ya bitumba to ya makambo mosusu ya mobulu.

Masengami mpo na basali epesaka bibongiseli moboko ya makasi oyo ekosalisa bakambi na yango bátalela mpe bábimisa malako mpo na basali na bango mpe biloko ya kosalela mpo na kopesa bango formasyo. Masengami yango ezali lisungi oyo ebongi mpo na baoyo babimisaka mpe basalelaka mayele ndenge na ndenge ya kobatela bato na bisika mposa ezali. Ekoki mpe kopesa makanisi. Ezali esaleli ya ntina mpo na kosalisa baoyo basalaka misala ya kosunga bato báyeba ndenge oyo bankolo-mosala ya kobatela bato basalaka misala na bango na bokengi mpo bato mpe bituluku ya bato bábatelama malamu.

Ntina ya masengami oyo ezali te ya komonisa ndenge mosala ya kobatela bato esengeli kosalema to kopekisa bato básalela mayele mosusu. Kasi, eyei nde kobakisa makanisi mosusu likoló ya mitinda mosusu mpo na basali. Ezali mpe kolendisa baoyo basalaka mosala ya kobatela bato bákotisaka mpe mitinda yango na ndenge na bango ya kosala, malako na bango mpe baformasyo na bango.

Masengami mpo na basali ya mobu 2018 ebongisami boye:

1. Mitinda ya moboko na mosala ya kobatela bato
2. Koyeba kosalela mayele ndenge na ndenge ya kobatela bato
3. Koyeba ndenge mosala ya kobatela bato ezalaka
4. Kosalela mibeko etali kobatela bato
5. Kolendisa ezaleli ya kopesana mabɔkɔ
6. Koyeba kosalela makambo etali kobatela bato
7. Kosalisa basali bákolisa makoki na bango

Masengami oyo elobeli mbuma oyo euti na bisaleli ndenge na ndenge oyo epesaka bato likoki ya koyeba mpe koyebisana makambo (*technologies de l'information et de la communication* to TIC, na Lifalanse) mpe na mibeko oyo ezali se kobima na likambo etali kobatela makambo (*données*). Epesi mpe malako ya sikisiki mpo na koyeba kosalela makambo etali kobatela bato.

Mbala mingi, mpo bato bábatelama malamu, esengaka masolo mpe boyokani ezala kati na bato oyo basalaka mosala ya kosunga bato, baoyo babundelaka ntomo ya bato, mampinga oyo ONU etindi mpo na kotya kimya mpe mampinga ya basoda mpe ya bapolisi oyo etuluku ya bikólo etindi. Masengami mpo na basali emonisi ndenge ya kosalela mitinda na likambo yango.

Ekólo na ekólo, bikólo ya zingazinga to ya mokili mobimba ezali kobimisa mibeko mpo na kotemela terorisme mpe kobundisa "ezaleli ya bato oyo bazali kosalela mobulu mpo na kondimisa makanisi na bango." Masengami mpo na basali elobeli likambo yango mpe emonisi polele ndenge oyo mibeko yango ekoki kozala na bopusi na misala ya baoyo babatelaka bato.

Zwá buku Masengami mpo na basali ya mosala ya kobatela bato na site Internet ya *Comité international de la Croix-Rouge* (CICR) na esika oyo:
https://shop.icrc.org/e-books/icrc-activities-ebook.html.

Mitindami mpe mikanda mosusu ya kotánga

Kobatelama na makambo ndenge na ndenge: ndenge makambo ezali mpe bisaleli

Minimum Agency Standards for Incorporating Protection into Humanitarian Response – Field Testing Version. Caritas Australia, CARE Australia, Oxfam Australia and World Vision Australia, 2008. https://drc.ngo

Politique du Comité Permanent Interorganisations sur la protection dans le cadre de l'action humanitaire. CPI, 2016.
www.interagencystandingcommittee.org

Standards professionnels pour les activités de protection menées par les organisations humanitaires et de défense des droits de l'homme lors de conflits armés et d'autres situations de violence. CICR, 2018. https://shop.icrc.org

Kobundisa moto mpo azali mwasi to mobali
Directives pour l'intégration d'interventions ciblant la violence basée sur le genre dans l'action humanitaire: Réduction des risques, promotion de la résilience et aide au relèvement. CPI, 2015. gbvguidelines.org

Ntomo ya kozala na esika ya kofanda, mabele mpe biloko
Principes concernant la restitution des logements et des biens dans le cas des réfugiés et des personnes déplacées. HCDH, 2005. www.unhcr.org

Bato oyo bakendá bisika mosusu kaka na kati ya ekólo na bango
Manuel pour la protection des déplacés internes. Global Protection Cluster, 2010. www.globalprotectioncluster.org

Sante ya motó mpe kobondisa baoyo babulungani
Directives du CPI concernant la santé mentale et le soutien psychosocial dans des situations d'urgence. CPI, 2007. https://interagencystandingcommittee.org

Misala mpo na kotemela kosalelama ya bamine ya bitumba
Normes internationales de l'action contre les mines. www.mineactionstandards.org

Mibange mpe bibosono
Humanitarian Inclusion Standards for Older People and People with Disabilities. Age and Disability Consortium as part of the ADCAP programme. HelpAge, 2018. www.helpage.org

Bana mpe kobatela bana
INEE Normes minimales pour l'éducation : Préparation, interventions, relèvement. INEE, 2010. https://inee.org/standards

Standards minimums pour la protection de l'enfance dans l'intervention humanitaire, 2012. http://cpwg.net

Mikanda mosusu ya kotánga
Mpo na koyeba mikanda nini mosusu okoki kotánga, talá na
www.spherestandards.org/handbook/online-resources

Mikanda mosusu ya kotánga

Kobatelama na makambo ndenge na ndenge: ndenge makambo ezali mpe bisaleli
Aide Memoire: For the Consideration of Issues Pertaining for the Protection of Civilians. OCHA, 2016.
https://www.unocha.org/sites/unocha/files/Aide%20Memoire%202016%20II_0.pdf

Renforcer la protection des civils dans les conflits armés et autres situations de violence. CICR, 2017. www.icrc.org/eng/resources/documents/publication/p0956.htm

RMF 53: Communautés locales: fournisseurs de protection de premier et de dernier ressort. Université d'Oxford et Centre d'études sur les réfugiés, 2016. www.fmreview.org/community-protection.html

Giossi Caverzasio, S. *Strengthening Protection in War: A Search for Professional Standards.* ICRC, 2001. https://www.icrc.org/en/publication/0783-strengthening-protection-war-search-professional-standards

Growing the Sheltering Tree – Protecting Rights through Humanitarian Action – Programmes & practices gathered from the field. CPI, 2002.
http://www.globalprotectioncluster.org/_assets/files/tools_and_guidance/IASC_Growing_Sheltering_Tree_2002_EN.pdf

Les directives opérationnelles sur les droits de l'homme et les catastrophes naturelles de l'IASC. CPI, 2011.
www.ohchr.org/Documents/Issues/IDPersons/Operational Guidelines_IDP.pdf

O'Callaghan, S. Pantuliano, S. *Protective Action: Incorporating Civilian Protection into Humanitarian Response.* HPG Report 26. ODI, 2007.
https://www.odi.org/sites/odi.org.uk/files/odi-assets/publications-opinion-files/1640.pdf

Protection and Accountability to Affected Populations in the HPC (EDG Preliminary Guidance Note). IASC, 2016. https://interagencystandingcommittee.org/system/files/edg_-aap_protection_guidance_note_2016.pdf

Protection Mainstreaming Training & Sector-Specific Guidance. Global Protection Cluster. http://www.globalprotectioncluster.org/themes/protection-mainstreaming/

Safety with Dignity: A field manual for integrating community-based protection across humanitarian programs. Action Aid, 2009.
https://actionaid.org/publications/2010/safety-dignity

Déclaration sur la place centrale de la protection dans l'action humanitaire. IASC, 2013.
https://interagencystandingcommittee.org/principals/content/centrality-protection-humanitarian-action

Slim, H. Bonwick, A. *Protection – Un guide ALNAP pour les organisations humanitaires.* ALNAP, 2005. www.alnap.org/resource/5263

Mayele mpe makoki ya koyeba komibatela
Local Perspectives on Protection: Recommendations for a Community-based Approach to Protection in Humanitarian Action. Local to Global Protection, 2015. www.local2global.info/wp-content/uploads/L2GP_pixi_Final_WEB.pdf

Thematic Policy Document no 8 – Humanitarian Protection: improving protection outcomes to reduce risks for people in humanitarian crises, page 24. DG ECHO, EC, 2016. https://ec.europa.eu/echo/sites/echo-site/files/policy_guidelines_humanitarian_protection_en.pdf

Lisalisi ya mbongo

Guide pour la protection dans le cadre des interventions monétaires. HCR et partenaires. www.globalprotectioncluster.org/_assets/files/tools_and_guidance/cash-based-interventions/erc-guide-for-protection-in-cash-based-interventions-web_en.pdf

Bibosono

Inclure les enfants avec handicaps dans l'action humanitaire : Protection de l'enfance. UNICEF, 2017. training.unicef.org/disability/emergencies/protection.html

Notes d'Orientation 1 : Travailler avec les personnes handicapées dans les situations de déplacement forcé. HCR, 2011. www.unhcr.org/4ec3c81c9.pdf

Washington Group on Disability Statistics. 2018. www.washingtongroup-disability.com

Kobundisa moto mpo azali mwasi to mobali

Renforcer les capacités pour l'inclusion du handicap dans les programmes relatives à la violence basée sur le genre dans les environnements humanitaires : Outil à destination des professionnels des VBG. Women's Refugee Commission & International Rescue Committee, 2015. www.womensrefugeecommission.org/?option=com_zdocs&view=document&id=1173

Principes d'éthique et de sécurité recommandés par l'OMS pour la recherche, la documentation et le suivi de la violence sexuelle dans les situations d'urgence. OMS, 2007. http://apps.who.int/iris/bitstream/handle/10665/43709/9789241595681_eng.pdf; jsessionid=9834DA17763D28859CAD360E992A223B?sequence=1

Violence basée sur le genre à l'encontre des enfants et des jeunes handicapés : Une boîte à outils à l'attention des acteurs de la protection de l'enfance. Women's Refugee Commission, ChildFund International, 2016. www.womensrefugeecommission.org/populations/disabilities/research-and-resources/1289-youth-disabilities-toolkit

Ntomo ya kozala na esika ya kofanda, mabele mpe biloko

Checklist of Housing, Land and Property Rights and Broader Land Issues Throughout the Displacement Timeline from Emergency to Recovery. Global Protection Cluster, Housing, Land and Property Area of Responsibility, 2009.

Manuel sur la restitution des logements et des biens des réfugiés et personnes déplacées. Pour la mise en œuvre des "Principes Pinheiro". Observatoire des situations de déplacement interne, FAO, OCHA, Haut-Commissariat aux droits de l'homme des Nations Unies, UN-Habitat et HCR, 2007. www.unhcr.org/refworld/docid/4693432c2.html

Land and Natural Disasters: Guidance for Practitioners. UN Human Settlements Programme. UN-Habitat, FAO, Global Land Tool Network and Early Recovery Cluster, 2010. https://www.alnap.org/help-library/land-and-natural-disasters-guidance-for-practitioners

Bato oyo bakendá bisika mosusu kaka na kati ya ekólo na bango

Addressing Internal Displacement: A Framework for National Responsibility. Brookings Institution – University of Bern Project of Internal Displacement, 2005. https://www.brookings.edu/research/addressing-internal-displacement-a-framework-for-national-responsibility/

Bagshaw, S. Paul, D. *Protect or Neglect? Toward a More Effective United Nations Approach to the Protection of Internally Displaced Persons.* Brookings-SAIS Project on Internal Displacement and UNOCHA, Interagency Internal Displacement Division, 2004. https://www.brookings.edu/research/protect-or-neglect-toward-a-more-effective-united-nations-approach-to-the-protection-of-internally-displaced-persons/

Framework on Durable Solutions for Internally Displaced Persons. IASC, 2010. www.brookings.edu/research/iasc-framework-on-durable-solutions-for-internally-displaced-persons/

Mise en œuvre de l'action concertée face aux situations de déplacement interne : Directive pour les coordinateurs humanitaires et/ou résidents et les équipes de pays des Nations Unies. CPI, 2004. www.refworld.org/pdfid/41ee9a074.pdf

Principes directeurs relatifs au déplacement de personnes à l'intérieur de leur propre pays. Nations Unies, 1998. www.unhcr.org/protection/idps/43ce1cff2/guiding-principles-internal-displacement.html

Sante ya motó mpe kobondisa baoyo babulungani

Community-based Protection and Mental Health & Psychosocial Support. UNHCR, 2017. https://cms.emergency.unhcr.org/

Mental Health and Psychosocial Support (MHPSS) in Humanitarian Emergencies: What Should Protection Programme Managers Know? IASC Reference Group on Mental Health and Psychosocial Support, 2010. https://interagencystandingcommittee.org/system/files/legacy_files/MHPSS%20Protection%20Actors.pdf

Mibange

Humanitarian Action and Older Persons: An essential brief for humanitarian actors. WHO, HelpAge International, IASC, 2008. www.globalprotectioncluster.org/_assets/files/tools_and_guidance/IASC_HumanitarianAction_OlderPersons_EN.pdf

Bana mpe kobatela bana

Manuel à l'intention des professionnels et des décideurs en matière de justice dans les affaires impliquant les enfants victimes et témoins d'actes criminels. UNODC, 2009. https://www.unodc.org/documents/justice-and-prison-reform/hb_justice_in_matters_professionals.pdf

Normes intégrées de désarmement, démobilisation et réintégration. UN-DDR, 2006. www.unddr.org/iddrs.aspx

Principes directeurs inter-agences relatifs aux enfants non accompagnés ou séparés de leur famille. CICR, International Rescue Committee, Save the Children, UNICEF, UNHCR and World Vision, 2004. www.icrc.org/eng/assets/files/other/icrc_002_1011.pdf

INSPIRE: Sept stratégies pour mettre fin à la violence à l'encontre des enfants. OMS, 2016. www.who.int/violence_injury_prevention/violence/inspire/en/

Principes et engagements de Paris en vue de protéger les enfants contre une utilisation ou un recrutement illégaux par des groupes ou des forces armés. UNICEF, 2007. https://www.unicef.org/protection/57929_58012.html

Responding to the Worst Forms of Child Labour in Emergencies. CPWG, 2010. https://resourcecentre.savethechildren.net/library/responding-worst-forms-child-labour-emergencies

VIH

La prévention, le diagnostic, le traitement et les soins du VIH pour les populations clés. Lignes directrices unifiées. OMS, 2016. www.who.int/hiv/pub/guidelines/keypopulations-2016/en/

Implementing Comprehensive HIV and STI Programmes with Transgender People: Practical guidance for collaborative interventions. UNDP, 2016. www.undp.org/content/undp/en/home/librarypage/hiv-aids/implementing-comprehensive-hiv-and-sti-programmes-with-transgend.html

Implementing Comprehensive HIV and HCV Programmes with People Who Inject Drugs: Practical guidance for collaborative interventions. UNODC, 2017. www.unodc.org/unodc/en/hiv-aids/new/practical-guidance-for-collaborative-interventions.html

Mettre en œuvre des programmes complets de VIH/IST auprès des travailleuses du sexe: approches pratiques tirées d'interventions collaboratives. OMS, 2013. www.who.int/hiv/pub/sti/sex_worker_implementation/en/

Implementing Comprehensive HIV/STI Programmes with Men Who Have Sex with Men: Practical guidance for collaborative interventions. UNFPA, 2015. www.who.int/hiv/pub/toolkits/msm-implementation-tool/en/

Mettre fin à la discrimination dans les établissements de soins. Déclaration conjointe des Nations Unies. OMS, 2017. www.who.int/mediacentre/news/statements/2017/discrimination-in-health-care/en/

Ba-*LGBTQI* mpe bato oyo bazalaka to bamonisaka makanisi ndenge na ndenge na likambo ya kosangisa nzoto

Déclaration conjointe des entités des Nations Unies pour mettre fin à la violence et à la discrimination à l'égard des personnes lesbiennes, gays, bisexuelles, transgenres et intersexes (LGBTI). OHCHR, 2015. www.ohchr.org/EN/Issues/Discrimination/Pages/JointLGBTIstatement.aspx

Mean Streets: Identifying and Responding to Urban Refugees' Risks of Gender-Based Violence – LGBTI Refugees. Women's Refugee Commission, 2016. https://www.womensrefugeecommission.org/gbv/resources/document/download/1284

Training Package on the Protection of LGBTI Persons in Forced Displacement. UNHCR, 2015. https://lgbti.iom.int/lgbti-training-package

Principes de Jogjakarta sur l'application de la législation internationale des droits humains en matière d'orientation sexuelle et d'identité de genre. International Commission of Jurists, 2007. www.yogyakartaprinciples.org

Travailler avec les personnes lesbiennes, gays, bisexuelles, transgenres et intersexuées en situation de déplacement forcé. UNHCR, 2011. www.refworld.org/pdfid/4e6073972.pdf

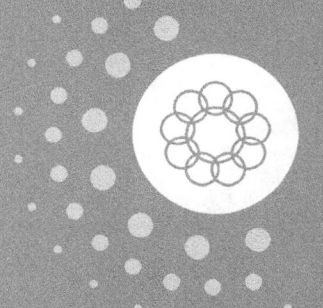

Mobeko ya ntina mingi na mosala ya kosunga bato

Mobeko-likonzi ya mosala ya kosunga bato mpe Mitinda etali kobatela bato esimbi mpenza Mobeko ya ntina mingi na mosala ya kosunga bato.

Mikapo yango misato elongo nde ezali mitinda mpe miboko ya Masengami ya libosoliboso ya Sphère.

Mobeko ya ntina mingi na mosala ya kosunga bato (Elilingi 2)

APENDISI   Mituna ya komituna mpo na kolandela misala ya ntina mpe makambo oyo bibongiseli esengeli kosala (na Internet)

Makambo oyo ezali na kati

Mobeko moko ya ntina mingi oyo ezali na mikumba libwa......56

    Mokumba 1......58

    Mokumba 2......61

    Mokumba 3......64

    Mokumba 4......68

    Mokumba 5......72

    Mokumba 6......76

    Mokumba 7......80

    Mokumba 8......83

    Mokumba 9......87

Apendisi: Mituna ya komituna mpo na kolandela misala ya ntina mpe makambo oyo bibongiseli esengeli kosala (na Internet)

Mitindami mpe mikanda mosusu ya kotánga......93

Mobeko moko ya ntina mingi oyo ezali na mikumba libwa

Bibongiseli mingi mpe bato mingi bamipesi na mosala ya kosunga bato. Na yango, esengeli bango nyonso bázala na makambo mosusu mpe ndenge mosusu ya kosala oyo ekokani mpo básala mosala yango malamu. Soki te, mosala ya moto na moto ekoki kobimisa mbuma na yango mpe ekoki kozala mpasi koyeba libela mbuma oyo mosala ekobimisa.

Mobeko ya ntina mingi na mosala ya kosunga bato oyo etali kalite ná kokokisa mikumba (CHS) etye Mikumba libwa oyo bibongiseli mpe bato oyo basalaka mosala ya kosunga bato bakoki kosalela mpo na kobongisa lolenge ya lisungi bapesaka mpe mbuma oyo yango ebimisaka. Mobeko yango ekolisaka mpe mokumba oyo bazali na yango na miso ya bana-mboka mpe bato oyo bakweli likama monene, ya basali, bapesi-mbongo, baguvernema mpe bato mosusu oyo bapesaka mabɔkɔ na mosala ya kosunga bato. Soki bayebi mikumba oyo bibongiseli oyo esalaka mosala ya kosunga bato endimi kokokisa, yango ekosalisa bango bálandelaka bibongiseli yango soki ezali kokokisa mikumba yango. Mobeko yango ezali na malako oyo bibongiseli mpe bato bakoki kolanda soki balingi.

Mobeko yango esalelamaka ntango babandi kobongisa mosala ya kosunga bato mpe ntango nyonso oyo mosala yango ezali kosalema. Kasi, Mikumba libwa esalemi te mpo ekokana na eteni mokomoko ya programe ya kosunga bato ndenge ebongisami. Mikumba mosusu ebongaka kokokisa yango na eteni moko boye ya programe yango, kasi mikumba mosusu, na ndakisa kosololaka na bato oyo bakweli likama, ebongi kosalela yango na biteni nyonso ya programe yango.

Mobeko ya ntina mingi na mosala ya kosunga bato, elongo na Mobeko-likonzi ya mosala ya kosunga bato mpe Mitinda etali kobatela bato, esali moboko ya makasi na kati ya buku Sphère mpe esimbi masengami nyonso oyo etali misala ya sikisiki. Na buku oyo mobimba, mitindami ezali kati na mikapo oyo elobeli misala ya sikisiki mpe biteni yango ya moboko.

Soki olingi koyeba makambo mosusu mpo na Mobeko ya ntina mingi na mosala ya kosunga bato, ata mpe mikanda oyo ekosalisa yo oyeba mpenza kosalela yango, kotá na corehumanitarianstandard.org.

Ebongisami na ndenge oyo ekokani na mosusu te

Mobeko ya ntina mingi na mosala ya kosunga bato ebimaki mpo bibongiseli ndenge na ndenge oyo esalaka mosala ya kosunga bato esanganaki mpo na koyokanisa mibeko ya ntina mingi oyo euti na bibongiseli Sphère, HAP (*Humanitarian Accountability Partnership*), *People In Aid*, mpe *Groupe URD*, mpe kobimisa kaka mobeko moko. Sikoyo, na nkombo ya bibongiseli oyo esalaka mosala ya kosunga bato, Sphère, *CHS Alliance* ná *Groupe URD* nde ezali kokamba mobeko yango elongo, mpe yango misato nde ezali na lotomo ya bakomi mpo na mobeko yango.

Mokumba mokomoko kati na mikumba wana libwa elobeli mingi eteni moko ya mosala ya kosunga bato. Soki osangisi yango nyonso, ekopesa yo mpenza mayele oyo esengeli mpo okokisa malamu mosala ya kosunga bato mpe obosana te ete okozongisa monɔkɔ.

Ndenge Mobeko ya ntina mingi na mosala ya kosunga bato ebongisami ekeseni mwa moke na ndenge oyo masengami mosusu ya Sphère ebongisami:

- **Mokumba** emonisi oyo bana-mboka mpe bato oyo bakweli likama bakoki kolikya kozwa epai ya bibongiseli to bato oyo bazali kosala mosala ya kosunga.
- **Lisengami etali ndenge likambo esengeli kozala** elobeli libaku oyo Mokumba ekokisami mpe ndenge oyo bibongiseli oyo esalaka mosala ya kosunga bato ná basali na yango basengeli kosala mpo na kokokisa Mokumba yango.
- **Bilembo oyo ezali komonisa mosala oyo esalemi** emonisaka na meko nini Mokumba ezali kokokisama, esalisaka bato báyekola mpe bábongisa lisusu mosala; mpe epesaka nzela na kokokanisa bileko mpe bisika.
- **Misala ya ntina** mpe **Makambo oyo bibongiseli esengeli kosala** emonisaka misala oyo basali basengeli kosala, malako, ndenge ya kosala mpe mayele oyo bibongiseli esengeli kotya mpo na komindimisa ete basali na yango bazali kopesa lisungi ya malamu mingi mpe bazali kobosana te ete bakozongisa monɔkɔ.
- **Makanisi ya kolanda** ezali na bandakisa mpe makambo mosusu oyo endimisi Misala ya ntina mpe Makambo oyo bibongiseli esengeli kosala.
- **Mituna ya komituna** ezali kosimba misala ya kobongisa makambo liboso, kotalela mbuma oyo mosala ebimisi mpe kotalela makambo mosusu ⊕ *talá Apendisi 1 (ezali na Internet)*.
- **Mitindami** esalisaka soki olingi kobakisa boyebi na likambo moko ya sikisiki.

Elilingi oyo elandi ezali komonisa ndenge oyo Mobeko ya ntina mingi na mosala ya kosunga bato ekoki kosalelama na banivo ekeseni. Sphère, *Groupe URD* ná *CHS Alliance* epesi bisaleli mosusu oyo okoki komona na site Internet corehumanitarianstandard.org.

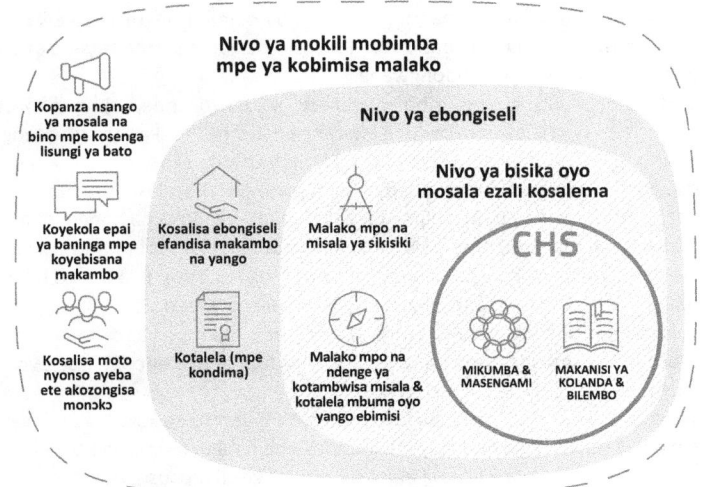

Ndenge ya kosalela Mobeko ya ntina mingi na mosala ya kosunga bato (Elilingi 3)

Mokumba 1

Bana-mboka mpe bato oyo likama monene ekweli bazali kozwa lisungi oyo ebongi na bamposa na bango.

Lisengami etali ndenge likambo esengeli kozala
Mosala ya kosunga bato ebongi mpe ekoki.

Bilembo oyo ezali komonisa mosala oyo esalemi

1. Bana-mboka mpe bato oyo bakweli likama bamoni ete lisungi oyo bazali kozwa etaleli bamposa na bango, mimeseno na bango, mpe makambo oyo basepelaka na yango.
2. Lisungi mpe libateli oyo epesami eyokani na makama, bolembu mpe bamposa oyo etalelamaki.
3. Mosala ya kosunga etaleli makoki, mayele mpe boyebi ya bato oyo basengeli na lisungi mpe libateli.

Misala ya ntina

1.1 **Kotalela ntango nyonso, na mozindo mpe na ndenge esengeli, makambo oyo ezali mpe bato oyo bazali kopesa mabɔkɔ.**

- Kotalela mokumba mpe makoki ya guvernema ya mboka mpe ya bato mosusu oyo basalisaka (oyo basalaka politiki to te), ata mpe ndenge oyo bango nyonso bakómi mpo na likama monene oyo ekweli mboka.
- Kotalela makoki oyo mboka ezali na yango (biloko, bato, mimbongo) ya kokokisa bamposa ya libosoliboso na makambo etali lisungi mpe libateli, mpe koyeba ete kendekende bamposa yango ekobongwana.
- Kotala malamumalamu soki makambo boyebi ezali solo; nzokande, esengeli koyeba ete makambo oyo botalelaki na ebandeli ekozanga mabunga te; kasi yango esengeli kopekisa bino te kosala misala oyo ekobikisa bomoi ya bato.
- Kotala soki bato oyo bakweli likama, baoyo balongwá esika bazalaki mpe bakendá kofanda esika mosusu mpe baoyo bayambi bato wana na mboka na bango, bango nyonso babatelami malamu, mpo na koyeba soki mobulu ekoki kobima to bakoki kotya bato wana mpanzi likoló na lolenge moko to mosusu, kopimela bango biloko ya kobikela to ntomo oyo moto nyonso asengeli kozala na yango.
- Kotalela likambo ya bokonzi mpe ya bomwasi to bobali, ata mpe ya komona bato mosusu bato mpamba, mpo na koyeba kopesa lisungi oyo ebongi mpe oyo ekoumela.
- Kosala na boyokani na bibongiseli mosusu mpo bato bálemba te koyanola mbala ebele na mituna mokomoko etali koyeba bamposa na bango. Nsima ya kotalela bamposa ya bato oyo bakweli likama elongo na bibongiseli mosusu, bóyebisa makambo oyo bomoni na bibongiseli oyo elingi koyeba yango, na guvernema mpe na bato oyo bakweli likama.

1.2 Kobongisa misala ya kosala oyo ebongi mpe kosala misala yango, nsima ya kotalela na ndenge oyo ezangi koponapona bamposa mpe makama oyo ekoki kobima mpe ya koyeba bolembu mpe makoki ya bituluku ndenge na ndenge ya bato.

- Kotalela bamposa na makambo etali libateli mpe lisungi mpo na bato oyo: basi, mibali, bana mpe bilenge, baoyo bazali na bisika oyo ezali mpasi kokóma kuna, bato oyo likama ekoki kokómela bango, na ndakisa bibosono, mibange, baoyo batyá bango pembeni, mabota oyo basi bazali kokamba, bituluku ya bato moke oyo bazali na bonkɔkɔ to monɔkɔ moko mpe baoyo batyolamaka (na ndakisa, bato oyo bazalaka na VIH).

1.3 Kobongisa misala na bino na kotalela ndenge bamposa ya bato ezali kobongwana, makoki na bango mpe ndenge makambo ezali.

- Kolandela makambo ya politiki mpe kobongola, soki esengeli, ndenge botalelaki bato oyo bapesaka mabɔkɔ na kosunga basusu mpe ndenge ya kobatela bato yango.
- Kolandelaka makambo etali bamaladi oyo epalanganaka mpe makambo mosusu mpo esalisa bino ntango bozali kozwa bikateli mpe kotya misala ya kobikisa bomoi ya bato na esika ya liboso.
- Kozalaka pene ya kobongola to ya kobongisa lisusu lolenge ya kosunga bato, na kotalela ndenge bamposa ezali kobongwana. Komindimisa ete bapesi-mbongo bandimi bambongwana oyo bosali na misala na bino, soki esengeli.

....

Makambo oyo bibongiseli esengeli kosala

1.4 Malako na bino emonisi ete ebongiseli na bino endimá mokumba ya kopesa lisungi kozanga kopona bilongi kasi na kotalela bamposa mpe makoki ya bana-mboka mpe bato oyo bakweli likama monene.

- Bibongiseli ezali ntango nyonso na malako, ndenge ya kosala mpe bisaleli oyo esalisaka yango etosa mitinda etali mosala ya kosunga bato mpe esunga moto nyonso.
- Mosali nyonso ayebi mikumba na ye mpe ndenge oyo akoki kozongisa monɔkɔ mpo na yango.
- Bibongiseli eyebisaka malako yango polele na bato mosusu oyo bapesaka mpe mabɔkɔ.

1.5 Malako na bino emonisaka mikumba oyo bondimá, oyo etalelaka bituluku ndenge na ndenge ya bato, ata mpe bato oyo bazangi makoki to bamonaka bango bato mpamba, mpe kozwa makambo oyo ekabolami mitindo na mitindo.

- Malako emonisi polele ndenge oyo bosengeli kokabola makambo oyo bozwi mitindo na mitindo mpo etalelama mpe esalelama na balapolo.

1.6 Bozali na ndenge ya kosala mpo na na kotalelaka malamu ndenge makambo ezali.

- Bato oyo basalaka mosala ya kosunga basusu bazwaka lisalisi oyo euti na bibongiseli na bango mpo bákóma na boyebi, makoki, etamboli mpe bizaleli oyo esengeli mpo na kokamba mosala ya kotalela makambo mpe kosala yango.

Makanisi ya kolanda

Kotalela makambo malamu ezali mosala oyo ezwaka ntango, esalemaka kaka mbala moko te. Soki ntango ezali, bosengeli kotalela makambo na mozindo. Mpo na koyeba makoki mpe bamposa ya bato mpe bana-mboka oyo bakweli likama, bókanisa kaka kokanisa te, bosengeli nde kotalela yango na nzela ya kosolola na bango mbala na mbala mpo na koluka ndenge oyo ebongi ya kosunga bango.

Kokanisa kopesa basali na bino oyo batalelaka makambo mwa formasyo mpo na kopesa lisalisi ya nokinoki na baoyo batungisami na makanisi. Yango ekoki kosalisa basali yango báyeba ndenge ya kosala soki moto atungisami na makanisi ntango bazali kosolola na ye mpo na koyeba bamposa na ye mpe makambo mosusu.

Esengeli kotalela malamu mpenza makambo ya baoyo libateli na bango ekoki kozala na likama. Na ndakisa, esengeli kotalela makambo ya basi, mibali, bana basi mpe bana mibali mpo na koyeba soki bazali kokutana na makambo ya mobulu, koyinama to makama mosusu.

Kotalela makambo kozanga koponapona: Kozanga koponapona elimboli te kosalela bato nyonso makambo ndenge moko. Mpo na kopesa lisungi oyo eyokani na ntomo ya bato, esengi koyeba ete bato bazali na makoki, bamposa mpe bolembu ekeseni. Bakoki kolinga moto moko mpe koyina mosusu mpo na makambo lokola: mbula ya kobotama, azali mwasi to mobali, ebosono, sante na ye, soki alingaka basi to mibali, bomwasi to bobali oyo ye moko akanisi azali na yango, to mpo azali kosalisa baoyo bakoki kozwa likama.

Bolembu to likoki ya kozwa likama: Ndenge makambo ezali na mboka mpe kati na bato esalaka mpe ete bato bákoka kozwa makama. Makambo yango ekoki kozala: kopona bilongi mpe komona bato mosusu bato mpamba; kotya bato mosika ná basusu; kobebisama ya mai, mopepe mpe mabele; kobongwanabongwana ya klima, bobola, kozanga mibeko na likambo ya kozala nkolo-mabele, kotambwisama malamu te ya mboka, bonkɔkɔ ya bato, kozala mobola to mozwi, kozala moto ya etuluku moko boye ya bato, ya lingomba moko boye, to ya etuluku moko boye ya politiki.

Makoki oyo mboka ezali na yango: Bato, bana-mboka, bibongiseli mpe bakonzi oyo bazali na mboka oyo ekweli likama bazali na makoki, boyebi mpe mayele ya kobundana na mikakatano oyo ekómeli bango, kosilisa yango mpe kozongela bomoi oyo bazalaki na yango liboso. Mpo na kotombola lotomo ya kozala na bomoi na lokumu, bósalisa bato oyo bakweli likama básangana na bikateli oyo ezali kozwama mpo na bango. Esengeli kosala milende mingimingi mpo na kosalisa baoyo basanganaka mingi te, na ndakisa basi, bana, mibange, bibosono, mpe bato ya bonkɔkɔ to monɔkɔ moko oyo bazali moke.

Kokabola makambo mitindo na mitindo: Ezali na ntina mpo na koyeba soki misala to makambo oyo esalemaka esalaka nini epai ya bituluku ekeseni ya bato. Bibongiseli mingi ekabolaka makambo na mitindo oyo to koleka: mwasi to mobali, mbula ya kobotama mpe kozala ebosono to te. Mpo na kobakisa mitindo mosusu, esengeli kotala ndenge makambo ezali.

Kotalela makambo oyo ekabolami mitindo na mitindo ezali na ntina mpo na koyeba kosalela masengami na kotalela esika na esika mpe mpo na kolandela misala. Kosalela malamu makambo oyo ekabolami mitindo na mitindo ekoki kolakisa nani azwi likama makasi, nani akoki kozwa lisungi, mpe epai wapi ekosenga kosala milende mingi mpo na kokóma epai ya bato oyo bazali na likama ⊕ *talá* Sphère *ezali nini?*.

Kokoba kotalela makambo mpe kosalela malamu makambo oyo bozwi: Babiro oyo etalelaka basali esengeli kokakatana te kozwa na mosala bato oyo bakosala mosala ya kotalela makambo mpe kotinda bango na lombangu na bisika oyo basengeli kosala mosala na bango. Esengeli kopesa mosala na mosala mbongo mpe biloko na kotalela bamposa oyo emonani. Mbongo oyo bakopesa bino esengeli kosalisa bino bókoba kotalela bamposa oyo bato bazali na yango ya kozwa lisalisi mpe libateli, kobongisa mpe kosembola misala na bino, ata mpe kozwa meko mpo na kosalisa bato bákoka kozwa lisungi kozanga mikakatano (na ndakisa, bibongiseli ya kokende epai bango bazali, kosalisa bango bázala na mokakatano te mpo na koya epai na bino mpe kosolola na bango).

Mokumba 2

Bana-mboka mpe bato oyo likama monene ekweli bazali na likoki ya kozwa lisungi oyo basengeli na yango na ntango oyo ebongi.

Lisengami etali ndenge likambo esengeli kozala
Mosala ya kosunga bato ezali malamu mpe ezali kosalema na ntango ebongi.

Bilembo oyo ezali komonisa mosala oyo esalemi

1. Bana-mboka mpe bato oyo bakweli likama, ata mpe baoyo bakoki kozwa mpasi makasi, bamoni ete bazali kozwa lisungi mpe libateli na ntango oyo ebongi.
2. Bana-mboka mpe bato oyo bakweli likama bamoni ete lisungi yango ezali kokokisa bamposa na bango.
3. Balapolo ya bato oyo bazali kolandela mosala mpe kotalela mbuma oyo yango ebimisi emonisi ete mosala ya kosunga bato ezali kokokisa mikano na yango na makambo lokola ntango, ndenge misala esengeli kozala mpe motángo ya misala yango.

Misala ya ntina

2.1 **Kobongisa misala oyo ekosalema na kotalela mikakatano oyo ekoki kobima, mpo lisungi oyo bokani kopesa ekoka mpenza kopesama mpe etya bana-mboka na likama te.**

- Koluka koyeba mikakatano nyonso oyo ekoki kobima mpe koyebisa yango polele, soki likoki ezali te ya kotalela mpe kokokisa bamposa ya esika moko boye, ata mpe bisika oyo ezali mpasi mpo na kokóma, to ya etuluku moko boye ya bato.
- Kopesa mabɔkɔ libosoliboso na makoki oyo bana-mboka bazali na yango ya kosungana, soki manaka mosusu oyo bobongisaki emonisi bisika to bato oyo bakoki kozwa likama mpe ete ekoki kozala mpasi kokóma kuna to kokutana na bango na mikolo ezali koya.

2.2 **Kopesa bato lisungi na ntango oyo ebongi, kozwa bikateli mpe kosala kozanga koumela mpamba.**

- Koyeba ndenge bato babikaka, mimeseno na bango, bileko (saisons), manaka ya mosala ya bilanga mpe makambo mosusu oyo etyaka nkaka mpo misala oyo ebongi esalema te na ntango oyo ebongi.

- Kotya na manaka na bino bantango oyo misala esengeli kosalema mpe kolandelama; koyeba liboso baretare oyo ekoki kozala mpe kotyela yango likebi.
- Kondima ete bokoyeba naino makambo nyonso te ntango bokozwa bikateli na ebandeli ya likama mpe kosembola bikateli yango soki boyebi makambo ya sika.
- Kosala elongo na basusu mpo bóbimisa mayele oyo ekosalisa mpo na kosilisa mikakatano oyo ezali kopekisa bino nyonso kopesa lisungi na ntango oyo ebongi.

2.3 **Kopesa mokumba ya kokokisa bamposa oyo bino bokokisi te na bibongiseli oyo eyebi kokokisa yango mpe ezali na ndingisa ya kosala yango, to kosenga ete bamposa yango ekokisama.**

- Yango esangisi mposa ya koyeba makambo, kobatelama, mpe kozwa lisungi, oyo ekokisami te.

2.4 **Kosalela masengami ya misala ya sikisiki oyo ebongi mpe ndenge malamu ya kosala mosala oyo baoyo nyonso basalaka mosala ya kosunga bato basalelaka mpo na kobongisa misala bokosala mpe kotalela mbuma oyo yango ekobimisa.**

- Kosalela masengami ya misala ya sikisiki oyo esalelamaka na ekólo oyo bokei kosalisa, soki ezali, mpe koyokanisa yango na mosala ya kosunga bato.
- Koyokana na bibongiseli mosusu oyo ebongi mpo na kosenga ete, longola kosalela masengami oyo endimami na ekólo oyo bokei kosalisa, bósalela mpe masengami oyo endimami na mokili mobimba (na ndakisa, masengami ya Sphère mpe ya bibongiseli oyo esalá na yango boyokani, mpo na misala ya ndenge moko).

2.5 **Kolandela misala mpe mbuma oyo mosala ya kosunga bato ebimisi mpo na kobongisa misala ya kosala mpe kosembola makambo oyo esalemi malamu te.**

- Kotya bilembo oyo ezali komonisa mosala oyo esalemi, oyo etye ntango oyo mosala mokomoko esengeli kosalema mpe yango moko eyokani na makambo ya esika na esika. Kotalela bilembo yango mbala na mbala mpo na koyeba na meko nini bozali kokokisa bamposa ya bato na makambo etali kozwa lisalisi mpe libateli.
- Longola misala mpe mbuma na yango (na ndakisa, motángo ya bandako oyo etongami), komonisa mpe esika bokómi na oyo etali mikano bomityelaki mpe bilembo oyo ezali komonisa mosala oyo esalemi. Kolandela matomba oyo mosala na bino ememeli bato mpe matomba oyo bolikyaki komona, na ndakisa ndenge bato bazali kosalela bandako yango to mbongwana ya mimeseno.
- Kotalela mbala na mbala bisaleli na bino, mpo bózwaka kaka makambo ya ntina mpe makambo oyo ebongwani na esika bozali (na ndakisa, mokumba ya mimbongo ya mboka, mbongwana na makambo etali libateli).

Makambo oyo bibongiseli esengeli kosala

2.6 **Misala oyo bondimi kosala eyokani na makoki ya ebongiseli na bino.**

- Malako na bino emonisi ntina ya kosalela masengami, oyo endimamá, oyo etali ndenge misala ya sikisiki na makambo ya kosunga bato esengeli kozala mpe ya kokolisa makoki na misala ya kosunga bato oyo boponi.

- Koyeba na mabaku nini ekoki kosenga ete ebongiseli na bino esala misala oyo emeseni kosala te tii ntango bibongiseli mosusu ekokoka kosala yango.

2.7 Mikumba oyo elobelami na malako ya ebongiseli na bino endimisi ete:

a. bokolandela mpe bokotalela ntango nyonso mpe na bosolo misala mpe mbuma na yango;

b. bokosalela makambo oyo mosala ya kolandela mpe kotalela emoni mpo na kobongola misala oyo bokani kosala mpe kobongisa yango lisusu; mpe

c. bokozwa bikateli na ntango oyo ebongi, mpe bokobongisa mbongo mpe biloko oyo esengeli mpo na yango.

....

Makanisi ya kolanda

Ndenge ya kosala soki mikakatano ebimi mpe kobongisa misala oyo ekoki kosalema: Soki ebongiseli moko ezali na likoki te ya kokóma esika bato ya kosunga bazali to ya kokokisa bamposa oyo bamonisaki, ebongiseli yango ezali na mokumba ya koyebisa bamposa yango na baoyo bazali na makoki ya kokokisa yango (ezala bibongiseli ya Leta to te) ⊕ *talá Etinda etali kobatela bato 3.*

Kosalela makambo oyo balobi ete ekoki kosalema mpe bisaleli mosusu oyo ekebisaka liboso mpenza mpo na kobongisa makambo ya kosala nokinoki liboso likama ebima, mpo na kosalisa bana-mboka, bakonzi mpe bibongiseli mosusu bákamata meko nokinoki, soki esengeli. Yango ekosalisa mpe bato oyo bakweli likama bábatela biloko na bango liboso ete bomoi na bango mpe biloko na bango ya kobikela ezala na likama.

Kobimisa ndenge ya kozwa bikateli oyo ekoki kobongolama soki boyebi makambo ya sika nsima ya kotalelatalela mosala na bino. Na ebongiseli na bino, soki likoki ezali, bópesa mokumba ya kozwa bikateli mosusu na basali oyo bazali pene na esika oyo mosala ya kosunga bato ekosalema; biloko mpe makoki mosusu ezala mpe pene wana.

Esengeli kokoma bikateli mpe ndenge oyo bozwaki yango mpo na komonisa ete bosalaka makambo ya nyamunyamu te. Na ndenge na bino ya kosala, esengeli kotuna makanisi ya basusu, bango mpe basengeli kopesa mabɔkɔ na ndenge oyo ebongi, mpe bosengeli kosala na boyokani ⊕ *talá Mokumba 6.*

Kolandela misala, mbuma mpe matomba oyo yango ebimisi: Kolandela misala esalisaka na kobongisa yango lisusu malamu, na kotala soki bato oyo baponami bazali kokokisa masengami, mpe na komindimisa ete lisungi ezali kokende epai ya bato oyo basengeli na yango mpenza. Bókoma mbongwana nyonso oyo bokotisi na misala na bino mpo mosala ya kolandela esengaki bongo, mpe bótya ndenge ya kolandela misala oyo ezali kopesa maloba na bato oyo bakweli likama mpe baoyo bapesaka mpenza mabɔkɔ na mosala ya kosunga bato, mpe esimbami na bango ⊕ *talá Mokumba 7.*

Kosalela bilembo ya kolandela misala oyo esalelamaka mingi, mpe yango etalela mosala mobimba ya kopesa lisungi, soki likoki ezali.

Kozwa bikateli na ebongiseli: Mokumba ya kozwa bikateli na ebongiseli moko mpe ndenge ya kozwa bikateli yango esengeli komonisama polele mpe koyebana malamu, elingi koloba ete esengeli koyeba nani azali na mokumba ya kozwa bikateli, nani bakotuna makanisi, mpe makambo nini esengeli koyeba mpo na kozwa bikateli.

Malako, ndenge ya kosala mpe bisaleli ya ebongiseli: Bibongiseli esengeli komonisa ndenge mosala na yango ya kosunga bato ezali komemela bato matomba mingi; yango wana, esengeli mbala na mbala kolandela mpe kotalela malamumalamu mbuma ya misala oyo bozali kosala. Kolakisa ndenge oyo makambo oyo euti na mosala ya kolandela mpe ya kotalela mbuma ya mosala esalelamaka mpo na kobongola misala ya kosala, malako mpe mayele ya kosala, kosalisa na komilengela malamu mpe kosala mosala lisusu malamu na ntango oyo ebongi ⊕ *talá Mokumba 7*. Yango ekoki kosenga kozala na mbongo pembeni mpo na kopesa lisungi nokinoki to kozala na likoki ya kozwa na mosala to ya kotinda nokinoki basali ya makoki soki mposa ezali.

Mokumba 3

Bana-mboka mpe bato oyo likama monene ekweli bayoki mabe te mpo na lisungi oyo bapesi bango; ebongisi nde bango malamu koleka, elendisi likoki na bango ya kosala makasi mpo na kozongela bomoi na bango ya liboso mpe ekitisi makama oyo bakoki lisusu kokutana na yango.

Lisengami etali ndenge likambo esengeli kozala
Mosala ya kosunga bato ezali kosalisa bana-mboka mpo bázala makasi, mpe kopekisa makama mosusu ebima.

Bilembo oyo ezali komonisa mosala oyo esalemi

1. Mosala ya kosunga bato esalisi bana-mboka mpe bato oyo bakweli likama bámona ete bazwi mpenza makoki ya kotelema ngwi soki bakutani na bampasi to mitungisi mosusu na mikolo ezali koya.
2. Bakonzi ya Leta, bibongiseli mpe bakonzi mosusu oyo bazali na mokumba ya kosala eloko soki makama ebimi bamoni ete bakolisi mpenza makoki na bango.
3. Bana-mboka mpe bato oyo bakweli likama, ata mpe bato ya bolembu mpe baoyo bamonaka bango bato mpamba, bamoni te ete mosala ya kosunga bango ebimisi makambo ya mabe.

Misala ya ntina

3.1 Komindimisa ete misala oyo ebongisami ezali kosalela makoki ya mboka mpe ezali na mokano ya kolendisa likoki ya bana-mboka mpe bato oyo bakweli likama ya kozongela bomoi oyo bazalaki na yango liboso.

- Kobimisa misala ya sika (na ndakisa, ndenge ya kosala na eleko ya kokauka mpe kotonga bandako oyo ekokwea te na ntango ya mpela, mopepe makasi to koningana ya mabele) oyo ekokitisa mikakatano oyo makama ebimisaka.
- Kopesa mabɔkɔ na bibongiseli oyo ezali kozwama mpo na kosungana mpe na misala oyo bana-mboka bazali kosala mpo na komibongisa.

3.2 Kosalela boyebi oyo ezwami nsima ya kotalela makama oyo ekoki kobima na mboka mpe meko oyo bana-mboka bazwá mpo na komibongisa, mpo na kobongisa misala na bino.

- Koyeba mpe kokokisa bamposa ya bituluku ya bato ndenge na ndenge oyo bazali kokutana na makama oyo ekeseni mpe koyeba makoki na bango.

3.3 Kosalisa bibongiseli mpe bakonzi ya mboka na mokumba na bango ya kozala bato ya liboso ya kopesa basusu lisungi soki bitumba to makama ebimi mokolo mosusu. Na yango, bokozwa bibongiseli mpo bituluku ya bato oyo bamonaka bango bato mpamba mpe bato oyo bakelelá bázala mpe na bamonisi na bango na ndenge esengeli.

- Soki likoki ezali, kosala mingi elongo na bakonzi ya engumba to guvernema ya mboka.
- Kosenga ete bátalela bana-mboka oyo basalaka mosala ya kopesa bato lisungi lokola baninga ya mosala oyo bazali na bonsomi ya kobongisa to mpe kotambwisa bango moko mosala ya kosunga bato ntango likama ebimi.
- Kopesa mabɔkɔ na bibongiseli oyo ezali kozwama na bituluku ya mike mpe ya minene ya bana-mboka, kokómisa yango mabaku ya koyekola mpe ya kokolisa makoki mpo na koyeba kopesa malamu lisungi ya libosoliboso soki bitumba to makama ebimi na mikolo ezali koya.
- Soki likoki ezali, kozwa bana-mboka na mosala, na kotalela bituluku ndenge na ndenge ya bato oyo bazali na mboka to na ekólo, na esika ya kozwa bapaya.

3.4 Na ebandeli ya mosala ya kosunga bato, kobongisa libela ndenge makambo ekozala soki mosala yango esili to ndenge ya kosukisa yango, mpo matomba na yango eumela mingi mpe likama ete bato bákóma kaka kozela lisungi yango mpo na kobikela ezala monene te.

- Kosalisa bibongiseli ya Leta mpe ya bana-mboka oyo ezali, na esika ya kotya bibongiseli ya sika oyo ezali kosala kaka misala oyo yango esalaka kasi ekosuka ntango mosala na bino ekosuka.

3.5 Kobongisa mpe kosala misala oyo ezali kosalisa bato bázongela nokinoki bomoi oyo bazalaki na yango liboso bákwela likama mpe ezali komatisa nkita ya mboka.

- Kozwa bibongiseli mpo na kozongisa misala oyo ezalaka na mokano ya kosunga bato, kelasi, mimbongo, bibongiseli ya kotinda mpe kozwa mbongo, mpe ndenge ya kobikela oyo ekokokisa bamposa ya baoyo bakoki kozwa likama.
- Kotalela malamumalamu ndenge mimbongo ezali kotambola ntango bozali kokanisa motindo ya lisungi (mbongo, mwa tike oyo ekopesa moto nzela ya kozwa biloko to biloko) oyo ekomema matomba mingi.
- Soki likoki ezali, kosomba biloko mpe kosalisa misala na mboka.
- Soki likoki ezali, kosala ete makambo oyo ekoki kobebisa mimbongo ezala mingi te.

3.6 Koluka koyeba mbuma mabe oyo mosala ekoki to ezali kobimisa mpe kosala nyonso mpo na kosilisa yango na ntango mpe na ndenge oyo ebongi; na ndakisa na makambo lokola oyo:

a. libateli ya bato, lokumu mpe ntomo na bango;

b. basali na bino basalisi bato makambo ya kosangisa nzoto mpo na litomba na bango to ya basusu, to mpe na makasi;

c. mimeseno, bomwasi to bobali, boyokani ya bato na mboka mpe na makambo ya politiki;

d. ndenge ya kobikela;

e. nkita ya mboka; mpe

f. mai, mopepe mpe mabele.

Makambo oyo bibongiseli esengeli kosala

3.7 Malako, mayele ndenge na ndenge ya mosala mpe litambwisi ezali mpo na:

a. koboya ete misala oyo ezali kosalema mpo na kosunga bato ebimisela bango lisusu mikakatano, na ndakisa basali bazali kosalisa bana-mboka mpe bato oyo bakweli likama mpo na litomba na bango moko to ya basusu, konyokola bango to kosalela bango kozanga te kopona bilongi; mpe

b. kolendisa makoki ya mboka.

3.8 Bibongiseli ezali mpo na kobatela makambo oyo bozwi epai ya bana-mboka mpe bato oyo bakweli likama, makambo oyo ekoki kotya bomoi na bango na likama.

- Kotya malako ya polele mpe oyo elobeli makambo nyonso na oyo etali kobatela makambo, ata mpe bibongiseli ya kosalela baordinatere to baapareyi mpo na kokoma bankombo ya bato ya kopesa lisungi mpe mpo na kokabela bango biloko.

- Koyebisa bato oyo bazali kozwa lisungi ntomo oyo bazali na yango na oyo etali kobatelama ya makambo na bango, ndenge oyo bakoki komona makambo na bango oyo ezali na mabɔkɔ ya ebongiseli moko, mpe ndenge oyo bakoki komonisa ete basepeli te soki basaleli makambo yango malamu te.

Makanisi ya kolanda

Likoki ya bana-mboka ya kozongela bomoi oyo bazalaki na yango mpe bato oyo bazali na bokonzi na mboka: Bana-mboka, bibongiseli mpe bakonzi ya mboka bazali bato ya liboso oyo basalaka eloko soki likama ebimi mpe bayebi malamu ndenge makambo ezali mpe mposa ya bato na bato. Bosengeli kosala elongo na bango lokola baninga mpe basengeli kozala na bonsomi ya kobongisa lisungi ya kopesa to kotambwisa mosala kopesa lisungi soki likama ebimi. Yango esengi ete bibongiseli minene ya mboka mpe oyo esalaka na mikili mingi endima kobongola mwa moke lolenge na yango ya kosala, kosolola polele, mpe komonisa makambo oyo esengeli kobongisa. Soki likoki ezali, esengeli kosalela babanki to bibongiseli mosusu oyo esalisaka bato na makambo ya mbongo oyo ezali na mboka, na esika ya kobimisa bibongiseli mosusu ya sika mpo esala kaka mosala wana.

Ndenge makambo ekozala soki mosala ya kosunga esili to ndenge ya kosukisa mosala yango: Elongo na bakonzi mpe bato oyo bakweli likama, kozanga koumela, bókanisa kotya, soki likoki ezali, misala oyo ekokoba nsima ya kopesama ya lisungi ya nokinoki (na ndakisa, kozwa meko ya kozongisa mbongo oyo ebimaki, kosalela biloko oyo ezali na mboka to kolendisa makoki ya bana-mboka oyo bazali kotambwisa misala).

Mbuma mabe mpe etinda oyo elobaka "kobebisa te": Ebele ya mbongo oyo ebimaka mpo na mosala ya kosunga bato mpe bokonzi oyo bato oyo basalaka mosala yango bazalaka na yango ekoki kotinda bango básalisa bato makambo mpo na litomba na bango to ya basusu, bányokola bato, báwelana, bázala na matata na basusu mpe básalela na ndenge ya mabe lisungi oyo epesami to básalela yango mpo na makambo mosusu. Lisungi oyo ezali kopesama ekoki kobebisa ndenge oyo bato babikelaka mpe mimbongo, kosala ete bato bázwana matata mpo na biloko mpe kosala ete bituluku mosusu ya bato emimona ete yango ezali na bokonzi mingi koleka bituluku mosusu. Esengeli kokanisa libela mbuma mabe nyonso wana oyo ekoki kobima, kotyela yango likebi mpe kozwa meko mpo ebima te, soki likoki ezali.

Koyeba mimeseno oyo ekoki kobebisa bato mosusu. Na ndakisa, tokoki kotánga: koluka kotungisa bana basi, bana mibali, to bato mosusu ya sikisiki; koboya kopesa bana basi mabaku ya kokota kelasi ndenge moko na bana mibali; koboya mangwele; mpe makambo mosusu oyo emonisaka ete bazali kolinga moto moko mpe koyina mosusu kaka boye.

Bibongiseli oyo ezali kopesa bato likoki ya koloba kozanga kobanga makambo oyo bamoni to bayoki mpe koyebisa makambo oyo bazali komilelalela mpo na yango ekoki kosala ete mabe esalema mingi te mpe básalela mingi te lisungi na ndenge oyo ebongi te. Basali basengeli koyoka, ata mpe koluka, makanisi ya bato mpe komilelalela na bango. Basengeli koteyama ndenge ya kobomba basekele mpe ya koyebisa makambo oyo moto nyonso te asengeli koyeba epai ya baoyo basengeli koyeba yango, na ndakisa soki bayebisaki bango likambo etali kosalisa moto makambo mpo na litomba ya moto mosusu mpe konyokola moto.

Basali oyo bazali kosalisa bato makambo ya kosangisa nzoto mpo na litomba na bango to mpe na makasi: Basali nyonso bazali na mokumba ya kopekisa likambo ya kosalisa bato makambo ya kosangisa nzoto mpo na litomba ya basusu to mpe na makasi. Soki bakanisi to bamoni ete moto moko (moninga na bango ya mosala to moto ya libándá) asalisi moto mosusu makambo ya kosangisa nzoto na makasi, basengeli koyebisa likambo yango. Bóyeba ete bana (mingimingi bana basi) nde bazwamaka mingi; yango wana, malako esengeli mpenza kobatela bana mpo básalisa bango te makambo ya kosangisa nzoto mpo na litomba ya basusu to mpe na makasi ⊕ *talá Mokumba 5.*

Kokipe mai, mopepe mpe mabele: Mosala ya kosunga bato ekoki kobebisa mokemoke biloko oyo ezingi biso (na ndakisa, kolyama ya mabele, kosilisa to kobebisa mai oyo ezali na nse ya mabele, koboma mbisi koleka ndelo, kobimisa biloko ya kobwaka, mpe kobebisa bazamba). Yango ekoki kobakisela lisusu bato oyo bakweli likama mpasi mosusu to likoki ya kokwela makama mosusu mpe kolembisa likoki na bango ya kozongela bomoi oyo bazalaki na yango liboso soki bakutani na mikakatano ya makasi.

Mpo biloko oyo ezingi biso ebeba mingi te, kosala makambo lokola oyo elandi ekosalisa: kolona lisusu banzete, kozwa mai ya mbula, kosalela malamu biloko, mpe kotya malako mpe mimeseno ya kosomba biloko oyo eyokani na bizaleli malamu. Misala minene ya kotonga esengeli kosalema kaka nsima ya kotalela malamu mabe oyo yango ekoki kosala na mai, mabele, mpe mopepe ⊕ *talá Mokumba 9.*

Malako ya ebongiseli mpo na kopekisa ete makambo mabe ebima mpe mpo na kokolisa makoki ya bana-mboka: Tozali kolendisa bibongiseli ezala na mikanda oyo emonisi polele malako mpe ndenge ya kosala na ntango ya likama. Ba-ONG oyo ezali kokoka te kobundisa bizaleli oyo ebongi te to kanyaka mpo ezali na malako to ndenge ya kosala oyo ebongi te, to mpo ezali kokoka te kosala elongo na ba-ONG mosusu, ezali nde kotya bato mosusu na likama monene ya kokwea na likambo ya kanyaka.

Malako mpe ndenge na bino ya kosala esengeli komonisa mokumba oyo bozali na yango ya kobatela bato oyo bakoki kozwa likama, mpe komonisa ndenge ya kopekisa kosalela bokonzi na ndenge ya mabe mpe ndenge ya kosala baankete mpo na likambo yango. Kopona malamumalamu bato ya kozwa na mosala ekoki kosala ete bózala na bato mingi te oyo bamitambwisaka na lolenge ya mabe, mpe malako etali etamboli esengeli komonisa polele makambo oyo epekisami. Basali basengeli kondima kotosa malako yango, mpe esengeli koyebisa bango bitumbu oyo bakozwa soki batosi yango te ⊕ *talá Mokumba 8.*

Kobatela makambo ya bato: Makambo nyonso oyo etali moto ye moko, oyo bozwi epai ya bato mpe ya bana-mboka, esengeli koyebisama na moto nyonso te. Esengeli kosala bongo mingimingi mpo na makambo etali kobatela bato, koyebisa ete mbeba moko esalemi, kofunda ete bazali konyokola moto to kosalisa ye makambo mpo na litomba ya basusu, mpe kobundisa moto mpo azali mwasi to mobali. Soki bozali na ndenge ya kobomba makambo ya ndenge wana, yango ekosalisa mpenza mpo mabe mosusu esalema te ⊕ talá *Mitinda etali kobatela bato* mpe *Mokumba 5 mpe 7*.

Lokola bakómi kosalela mingi baordinatere to baapareyi mosusu na mosala ya kosunga bato mpo na kokoma bankombo ya bato ya kopesa lisungi mpe mpo na kokabela bango biloko, esengeli kotya malako ya polele mpe oyo elobeli makambo nyonso na ntina etali kobatela makambo ya bato. Ezali na ntina mingi kosala boyokani oyo esengisi babanki mpe bibongiseli mosusu ya mombongo ebatela makambo ya bato oyo ezwi. Ezali na ntina mpe kozala na malako ya polele na likambo etali kozwa makambo ya bato, kobomba yango, kosalela yango mpe koboma yango; malako yango esengeli koyokana na masengami oyo mikili mingi etosaka mpe mibeko ya mboka na oyo etali kobatela makambo. Esengeli kotya bisaleli oyo ekokitisa likama ya kobungisa makambo oyo ebombamaki. Esengeli mpe koboma makambo oyo ezali lisusu na ntina te.

Mokumba 4
Bana-mboka mpe bato oyo likama monene ekweli bayebi ntomo na bango, bazali na likoki ya koyeba makambo mpe basanganaka na bikateli oyo etali bango.

Lisengami etali ndenge likambo esengeli kozala
Mosala ya kosunga bato esimbami na: kosolola, kosangana na mosala, mpe kopesa makanisi na misala oyo esalemi.

Bilembo oyo ezali komonisa mosala oyo esalemi

1. Bana-mboka mpe bato oyo bakweli likama bayebi ntomo na bango.
2. Bana-mboka mpe bato oyo bakweli likama bamoni ete bazali na likoki ya koyeba na ntango ebongi makambo ya polele mpe ya ntina, ata mpe makambo mosusu oyo ekoki kotya bango lisusu na likama.
3. Bana-mboka mpe bato oyo bakweli likama basepeli na mabaku oyo bazali na yango ya kotinda bato oyo bazali kosala mosala ya kosunga bango básala yango na lolenge boye to boye.
4. Basali nyonso bazwi formasyo mpe malako na ntina etali ntomo ya bato oyo bakweli likama.

Misala ya ntina

4.1 **Koyebisa bana-mboka mpe bato oyo bakweli likama makambo etali ebongiseli na bino, mitinda oyo elandaka, etamboli oyo basali na yango basengeli kozala na yango, misala oyo ezali kosala mpe mikano na yango.**

- Koyeba makambo ezali na ntina mingi mpo na komibatela. Soki bato bayebi malamu te makambo etali lisungi oyo bazali kopesa bango mpe makambo oyo bazali na lotomo na yango, bakoki kosalisa bango makambo mpo na litomba ya bato mosusu mpe kosala bango mabe ⊕ talá *Etinda etali kobatela bato 1*.
- Koyebisa bato polele bizaleli oyo basengeli komona epai ya baoyo basalaka mosala ya kosunga bato, mpe ndenge oyo bakoki kofunda soki basepeli te.

4.2 **Koyebisa makambo na minɔkɔ mpe na ndenge oyo bato ya bituluku ndenge na ndenge, mingimingi bato oyo bakoki kozwa likama to baoyo bamonaka bango bato mpamba, bakozala na mokakatano te mpo na kokanga ntina na yango; kosala yango na limemya mpe na ndenge oyo ebongi na mimeseno ya bato yango.**

- Kosalela ndenge ya koyebisa makambo oyo esalelamaka na mboka mpe kotuna bato lolenge oyo bango balingaka. Kotalela mpe ndenge motindo na motindo ya koyebisa makambo epesaka to te likoki ya kobomba basekele.
- Kosenzela ete bisaleli, ya mikolo oyo to ya kala, mpo na koyebisa makambo ezali kosalelama malamu mpe kozanga likama.

4.3 **Komindimisa ete bituluku nyonso ya bana-mboka mpe bato oyo bakweli likama bazali na bamonisi na bango na mosala oyo ezali kosalema mpe bazali komipesa mpenza na mosala yango banda na ebandeli tii na nsuka.**

- Kotya likebi na bato to na bituluku ya bato oyo banda kala bapesaka bango bokonzi te, ata mpe likoki ya kosangana na bikateli oyo ezwamaka. Kotalela malamumalamu mitindo, oyo eyokani na bizaleli malamu, ya kosala elongo na bango mpo na kobatela lokumu na bango mpe koboya ete bato bátyola bango lisusu koleka.
- Kosenzela ete bokatikati ezala kati na ndenge oyo bato oyo bakweli likama bazali kopesa mabɔkɔ mbala moko na misala ndenge na ndenge ya kosunga mpe na ndenge oyo bamonisi oyo bango baponá bazali mpe kopesa mabɔkɔ na misala yango.

4.4 **Kolendisa bana-mboka mpe bato oyo bakweli likama bámonisa soki basepeli na lisungi oyo bazwi mpe soki ekokisi bamposa na bango, mpe kopesa bango makoki ya komonisa yango; kati na bato yango oyo bazali koloba, kotya mingimingi likebi na basi to mibali, na mbula na bango ya kobotama, mpe ete bázala bato ya makambo ya bomoi ekeseni.**

- Kolakisa basali ndenge bakoki kosala mpo bato bátyela bango motema mpe bákoba kotyela bango motema, báyeba ndenge ya kosala soki bato basali bakomantere ya malamu to ya mabe, mpe bátala ndenge bato bakeseni bazali kotalela misala oyo ezali kosalema mpo na bango.
- Kolendisa bibongiseli mpe misala mosusu elukaka koyeba makanisi ya bato, etalela makanisi yango malamu mpe ezwa meko oyo esengeli.
- Koyebisa bana-mboka makambo oyo bokani kosala nsima ya koyoka makanisi na bango.

Makambo oyo bibongiseli esengeli kosala

4.5 **Malako mpo na ndenge ya koyebisana makambo ezali mpe yango elendisi kosolola polele.**

- Kotya mpe kokoma ndenge esengeli koyebisana makambo.
- Kosala makasi mpo na koyebisa na bato mpe bibongiseli ebele oyo bosalaka elongo na bango makambo ya ebongiseli na bino oyo etambolaki malamu mpe oyo esimbaki te; yango ekopesa nzela ete bango mpe báyebisaka makambo na bango mpe moto na moto amonaka ete asengeli kozongisa monɔkɔ mpo na misala azali kosala.

4.6 Malako ezali mpo na kopesa bana-mboka mpe bato oyo bakweli likama likoki ya kopesa mabɔkɔ, mpe komonisa makambo ya ntina mpe makama oyo bazali komona na biteni ndenge na ndenge ya mosala oyo ezali kosalema.

- Komonisa ndenge basali bazwi formasyo mpe balendisami na kosalisa bana-mboka bápesa mpe mabɔkɔ mpe básangana na kozwa bikateli, na koyoka bato ya lolenge nyonso oyo bakweli likama mpe na koyeba oyo esengeli kosala ntango bakomantere ya mabe epesami.

- Kobimisa malako mpe mayele ya mosala oyo ekosalisa na kopesa bana-mboka esika mpe ntango ya kosolola, kozwa bikateli mpe kosalisana.

4.7 Makambo oyo boyebisaka bato ya libándá, ata oyo bosalelaka mpo na kokongola mbongo, ezali ya sikisiki, eyokani na bizaleli malamu mpe etondi na limemya; emonisaka ete bana-mboka mpe bato oyo bakweli likama bazali bato oyo bazali na lokumu.

- Nsima ya kotalela makama oyo ekoki kobima, koyebisa basusu makambo oyo bozwi. Esengeli kotalela makama oyo ekoki kobimela bato, na ndakisa ntango bozali koyebisa makambo etali ndenge mbongo ekopesama to makambo etali bato oyo bafandi na kaa boye to boye, mpo yango ekoki kotinda bato mosusu bákende kosala bango mabe.

- Kokeba ntango bozali kosalela masolo to bilili oyo ezali kolobela to komonisa bato oyo bakweli likama, mpo yango ekoki kozala lokola bokoti na makambo ya bomoi na bango mpe bobimisi makambo oyo moto nyonso te asengeli koyeba soki bosengaki bango ndingisa te ⊕ talá Etinda etali kobatela bato 1 mpo na likambo ya kondima makambo bindimelá te.

....

Makanisi ya kolanda

Koyebisa bana-mboka makambo: Soki bozali koyebisa bana-mboka makambo ya sikisiki, na ntango oyo ebongi, makambo oyo bakoki kokanga ntina na yango mpe oyo ezali mpasi te mpo na koyoka to komona yango, bakotyela bino lisusu motema koleka, bakopesa mpenza mabɔkɔ mpe mosala na bino ekobimisa matomba mingi. Yango ekomonisa mpenza ete makambo na bino ezali nyamunyamu te. Koyebisa mpe bango makambo ya mbongo ekosala ete mosala ebimisa matomba mingi kasi na mbongo moke, mpe ekosalisa bango báyeba soki mbongo ezali kobebisama to bazali koyiba yango na mayele.

Soki ebongiseli moko ezali koyebisa te makambo na ndenge oyo ebongi epai ya bato oyo yango ezali koluka kopesa lisungi, makambo oyo ekoki kobima: kozanga koyokana mpe baretare, misala oyo ebongi te ekosalema mpe ekobebisa biloko to mbongo mpamba, mpe bato bakoki kotalela ebongiseli yango na ndenge ya mabe. Yango ekoki kopesa nkanda, mpasi na motema mpe kobanga.

Lolenge ya kosolola oyo ezali malamu, ezangi likama, ezali petee kosalela yango mpe etali moto nyonso: Na likambo etali kosolola to koyebisa bato makambo, bato na bato bazali na bamposa na bango mpe bisika oyo bazwaka makambo ya koloba to ya koyebisa. Bakoki kozala na mposa ya ntango mpo na kosolola bango na bango, na esika oyo ezangi likama mpe oyo bazali kaka bango moko, mpo na koluka kokanga ntina ya makambo boyebisi bango mpe soki ekosenga básala nini.

Kondima makambo bindimelá te: Koyeba ete bato mosusu bakoki koloba ete bandimi likambo, nzokande bakangi mpenza ntina te ya makambo oyo yango ekosenga bango. Atako esengeli kozala bongo te, kasi ekomonana na ebandeli ete moto andimi mpe azali kosangana na misala, ata mwa moke, soki amonisi mposa ya kosangana na misala yango, na makambo oyo bomoni epai na ye, na nzela ya boyebi to ya mikanda ya makambo ya mibeko to mikanda mosusu (na ndakisa, bakontra oyo esalemi na bana-mboka) ⊕ *talá Etinda etali kobatela bato 1.*

Kosangana na misala mpe komipesa mobimba na yango: Kosolola na bato oyo bakweli likama mpe bibongiseli ya mboka ntango kaka boyei kosunga bango, mpo na kokolisa boyebi oyo ezali mpe kobandisa boyokani ya malamu ná bango mpe kopesana limemya. Kosolola liboso ekoki kozala lolenge malamu ya kosalela ntango na esika ya kobanda koluka na nsima kosembola bikateli ya mabe oyo ezwamaki. Ntango mosala ya kosunga bato oyo bakweli likama monene ezali naino na ebandeli, bokokoka kosolola kaka na ndambo na bango. Kendekende, bokozwa mabaku mingi ya kosolola na bato mpe bituluku mingi mpo na kozwa bikateli.

Esengeli koyeba ete, na bisika mosusu oyo bitumba ezali, kolendisa bato básala mwa bituluku mpo na kosolola mpe kozwa bikateli ekoki komonana lokola bozali kosala etuluku moko boye ya politiki, mpe yango ekoki kotya bana-mboka na likama. Esengeli kotalela mayele ndenge na ndenge mpo na kolendisa bato báyebisaka ndenge bazali kotalela mosala na bino, na ndakisa bokoki kosalela bafishe mpo na kotalela mosala oyo esalemi.

Ndenge bato bazali kotalela mosala na bino: Mpo na koyeba ndenge bato bazali kotalela mosala na bino, bokoki kosalela mayele oyo bibongiseli esalelaka, lokola kotalela makambo ya sikisiki (na ndakisa, kosolola na bituluku ya bato to kotuna bato mituna), kolandela ndenge mosala ya kokabola lisungi esalemaki, to kotuna mituna. Na mosala na bino ya mokolo na mokolo, makambo oyo bato bakoyebisa bino to oyo bino moko bokoyoka bosengeli mpe kosalela yango mpo bato bátyela bino lisusu motema mpe bóbongisa ntango nyonso misala na bino. Bóluka koyeba soki basi, mibali, bilenge basi mpe bilenge mibali bamoni ete bopesi bango limemya mpe basepeli na ndenge botaleli mpe makanisi na bango na bikateli na bino. Bato bakoki kosepela na lisungi oyo bazwi, kasi kosepela te na ndenge bazali kotalela makanisi na bango te na bikateli oyo ezali kozwama.

Bato bakoki kobanga ete soki balobeli makambo oyo esengeli kosembolama, yango ekobimisela bango mindondo. Ekoki mpe kozala ete, mpo na mimeseno ya mboka na bango, bato bámona ete ebongi te koloba mabe oyo emonani na mosala ya kopesa bango lisungi. Boye, bóluka mayele ndenge na ndenge oyo bato bakoki kosalela mpo na koyebisa bino ndenge bazali kotalela mosala na bino, ata mpe mayele oyo ekondimisa moto ete makambo oyo akoloba ekoyebisama na moto nyonso te.

Kobimisa elongo na bibongiseli mosusu mayele oyo bato bakoki kosalela mpo na koyebisa ndenge bazali kotalela lisungi bazali kopesa bango; mpe moto nyonso asengeli kozala na likoki ya kosalela yango. Mayele yango ekoseni na ndenge ya koyebisa makambo oyo moto azali komilelalela mpo na yango, mpamba te yango etali nde mbeba ya minene na mosala to na etamboli ⊕ *talá Mokumba 5.* Atako bongo, mbala mingi, mwa bokokani ezangaka te kati na makambo oyo moto azali koloba mpo na lisungi oyo ezali kopesama mpe makambo oyo azali komilelalela mpo na yango. Bótya likebi na makambo oyo bayebisi bino mpo na lisungi oyo bozali kopesa, bólandela yango mpe bóbongola mosala na bino soki esengeli. Bokotisa mpe mayele ya kosenga bato bámonisa ndenge bazali kotalela lisungi oyo bazali kozwa na bibongiseli na bino ya kolandela mosala na bino mpe ya kotalela mbuma na yango.

Kolendisa momeseno ya koyebisa makambo polele: Bibongiseli esengeli koyebisa polele (na site Internet na yango to na biloko mosusu oyo esalelaka mpo na kolobela misala na yango, oyo bato oyo bakweli likama bakoki komona to kozwa) makambo ya sikisiki oyo yango esepelaka na yango, na ndakisa soki esepelaka na parti politiki nini to na lingomba nini. Yango ekosalisa bibongiseli mpe bato mosusu oyo mpe bapesaka mabɔkɔ na mosala ya kosunga bato báyeba malamu motindo ya ebongiseli na ebongiseli mpe boyokani na yango na bibongiseli mosusu mpe malako na yango.

Mokumba oyo ebongiseli na bino endimi ya kopesa bana-mboka nzela ya kosangana na mosala mpe ya koyoka bango: Malako ya ebongiseli na bino na makambo ya bomwasi to bobali mpe ya kondima bato ya ndenge na ndenge ekoki kosalisa na kolendisa mitinda mpe mikumba ya ebongiseli na bino mpe kopesa bandakisa ya solosolo ya bizaleli oyo esengeli komonisa. Bosengeli mpe kotalela makambo oyo bato oyo bakweli likama balobi ntango bozali kokanisa mayele mpe misala ya kosala.

Kobomba makambo mosusu mpe koyebisa te makambo oyo moto nyonso te asengeli koyeba: Bokoki te to bosengeli te koyebisa makambo nyonso epai ya bibongiseli to bato nyonso oyo bapesaka mpe mabɔkɔ na mosala ya kosunga bato. Bótala soki makambo oyo bozali kozwa mpo na koyeba bato to bituluku ya bato ekoki kobimisela bango makama to kobakisela bango yango to mpe ekobimisela bango mikakatano ya sika oyo ekotungisa libateli na bango ⊕ talá *Mitinda etali kobatela bato*.

Kotya likebi na bizaleli malamu ntango bozali koyebisa bato ya libándá makambo: Mbala mingi, soki biloko mpe bafoto oyo ebongisamaki mpo na kokongola mbongo esalelami na makambo mosusu, yango ekoki kokosa bato mpe kotya mpenza libateli ya bato na likama. Mpo likambo ya bongo esalema te, esengeli basali nyonso bázala na malako mpe masengami etali ndenge ya koyebisa bato ya libándá makambo.

Maloba oyo elimbolaka bafoto mpe etyami na masolo esengeli te kopesa nzela na batángi báyeba esika bato (mingimingi bana) oyo balakisami bafandaka to mboka oyo bazali. Ntango bozali kozwa foto, esengeli te nkombo ya esika oyo foto ezali kozwama ebima.

Mokumba 5

Bana-mboka mpe bato oyo likama monene ekweli bazali na likoki ya kosalela bibongiseli oyo etyami mpo na kotalela komilelalela na bango nokinoki mpe na ndenge oyo ekotya bango na likama te.

Lisengami etali ndenge likambo esengeli kozala
Bazali kotalela malamu komilelalela ya bato mpe kozwa solisyo na yango.

Bilembo oyo ezali komonisa mosala oyo esalemi

1. Bana-mboka mpe bato oyo bakweli likama, ata mpe bato mosusu oyo bakoki kozwa likama to baoyo bamonaka bango bato mpamba, bayebi ete ezali na bibongiseli oyo etyami mpo na kotalela komilelalela na bango.
2. Bana-mboka mpe bato oyo bakweli likama bamoni ete bibongiseli oyo etyami mpo na kotalela komilelalela na bango ezali mpasi te mpo na kosalela yango, ebongi, ebombaka sekele mpe etyaka bango na likama te.
3. Baankete ezali kosalema soki moto ayei komilelalela, solisyo ezali kozwama mpe bazali koyebisa moto yango makambo nyonso oyo emonani na ntango oyo esengeli.

Misala ya ntina

5.1 **Kosolola na bana-mboka mpe bato oyo bakweli likama mpo na kokanisa, kosalela mpe kolandela ndenge oyo bakobanda koyebisa komilelalela na bango.**

- Kokabola makambo oyo bokoyoka na kotalela soki euti na mwasi to mobali, mbula ya kobotama ya moto yango mpe soki azali ebosono to te, mpo yango nde ekoki kosala ete moto atalela na ndenge boye to boye likoki ya kosalela bibongiseli ya kotalela komilelalela ya bato mpe makambo oyo ezali kopekisa na kosalela bibongiseli yango.

- Koyokana na ndenge oyo bato bakoki koyebisa komilelalela na bango, na makambo oyo ekoki kopekisa bato mpe basali báyebisa komilelalela na bango, mpe na ndenge oyo balingi báyebisa bango solisyo oyo ezwami na komilelalela na bango. Esengeli mpe kokanisa ndenge oyo bifundeli yango ekokomama mpe ekolandelama, mpe ndenge ya kokotisa mateya oyo bozwi na nzela na yango na misala oyo bokosala na mikolo oyo ezali koya.

- Kotalela soki likoki ezali ya koyokana na bibongiseli mosusu, na baoyo bosalá na bango boyokani mpe na bato ya mimbongo oyo bosombaka epai na bango, mpo na kozala na bibongiseli moko ya kotalela komilelalela ya bato.

- Kopesa basali formasyo mpo báyeba ebongiseli ya kotatela komilelalela ya bato.

5.2 **Koyoka mpe kondima komilelalela ya bato, mpe koyebisa ndenge ya kosalela ebongiseli ya kotalela komilelalela ya bato mpe mitindo ya komilelalela oyo yango etalelaka.**

- Kokanisa kosala kampanye moko mpo na kosalisa bato báyeba ebongiseli yango mpe ndenge esalaka; bato bakozala na likoki ya kotuna mituna mosusu mpo na koyeba ndenge oyo yango esalaka.

5.3 **Kotalela komilelalela nyonso na ntango mpe ndenge oyo ebongi, mpe kozanga koponapona; banda na ebandeli tii na nsuka, esengeli kotya na esika ya liboso libateli ya moto oyo ayei komilelalela mpe ya bato oyo yango etaleli.**

- Kotalela efundeli na efundeli, ata soki bato mingi bazali komilelalela kaka mpo na makambo moko moko.

- Kopesa eyano na ntango moko boye ya sikisiki. Mofundi asengeli koyeba ntango oyo bokopesa ye eyano.

- Kokanisa mpe kokotisa bana-mboka na ebongiseli ya kotalela komilelalela ya bato.

Makambo oyo bibongiseli esengeli kosala

5.4 **Ndenge ya kotalela komilelalela ya bana-mboka mpe bato oyo bakweli likama ekomamá mpe ezali kosalelama. Bifundeli oyo ekotalelama ezali oyo etali misala ya kopesa lisungi, kosalisa bato makambo ya kosangisa nzoto na makasi to mpo na litomba ya bato mosusu, mpe kosalela bokonzi mpo na litomba na yo moko.**

- Esengeli kokoma ndenge oyo botye ebongiseli ya kotalela komilelalela ya bato, masengami mpo na kozwa bikateli, bifundeli nyonso oyo bamemelá bino, ndenge oyo botalelaki yango mpe ntango oyo yango ezwaki bino.

- Kokeba ete makambo nyonso oyo etali bifundeli ezala sekele, na kolanda malako etali kobatela makambo.

- Kosala elongo na bibongiseli mosusu mpo na kotya ndenge ya kotalela komilelalela ya bato, mpo mobulungano ezala mingi te epai ya bana-mboka mpe basali.

5.5 **Ebongiseli na bino emesaná kozwa na liseki te komilelalela ya bato mpe etalelaka yango na kolanda malako mpe ndenge ya kosala oyo botyá.**

- Koyebisa bato nyonso malako ya ebongiseli na bino na oyo etali mokumba oyo ezali na yango ya kobatela bato oyo elingi kosunga, malako na yango etali etamboli, mpe ndenge oyo ekobatela bato oyo bakoki kozwa likama, na ndakisa basi, bana mpe bibosono.
- Kobimisa ndenge ya kosala ankete oyo eyebani mpe oyo elandaka mitinda lokola ya kobatela basekele, ya lipanda mpe ya limemya. Esengeli kotambwisa baankete malamumalamu, na ndenge ya bato bayebi mosala yango, mpe na ntango oyo esengeli. Esengeli mpe kotosa makambo oyo mibeko esengi, ezala mpe mibeko ya mboka na makambo ya mosala. Esengeli kopesa bakambi ya mosala formasyo mpo báyeba ndenge baankete esalemaka mpe ndenge ya kosala soki basali bamitambwisi na ndenge oyo ebongi te, to kopesa bango nzela ya kozwa toli epai ya moto moko oyo ayebi mosala yango malamu.
- Kotya ndenge oyo basali bakoki koyebisa makambo oyo basepeli na yango te mpe kotya malako oyo ekopesa basali nzela ya koyebisa mabe oyo ezali kosalema; esengeli koyebisa bango bibongiseli yango.

5.6 **Bana-mboka mpe bato oyo bakweli likama bayebi malamumalamu bizaleli oyo bato oyo basalaka mosala ya kosunga bato basengeli kozala na yango, ata mpe mikumba oyo ebongiseli na bino endimaki kokokisa na likambo etali kopekisa kosalisa bato makambo ya kosangisa nzoto mpo na litomba ya basusu to na makasi.**

- Kolimbwela bana-mboka mpe basali ndenge oyo botalelaka komilelalela ya bato mpo na makambo minene (na ndakisa kanyaka, kosalisa bato makambo ya kosangisa nzoto mpo na litomba ya basusu to na makasi, etamboli ya mabe mingi to mbeba na makambo ya mosala) mpe oyo ezali minene te (na ndakisa mikakatano mpo na kosalela masengami etali kopona).

5.7 **Bifundeli oyo ebongiseli na bino ekokoka kozwela yango solisyo te ekotindama na ebongiseli mosusu oyo ebongi na ndenge oyo esengeli.**

- Kotya malako ya polele oyo ezali komonisa bifundeli oyo ebongiseli na bino ekoki kozwela yango solisyo, mpe ntango nini mpe ndenge nini esengeli kotinda bifundeli na bibongiseli mosusu.

Makanisi ya kolanda

Kosala ebongiseli moko ya kotalela komilelalela ya bato: Esengeli kotalela naino boyokani oyo ezali kati na bituluku ya bato mpe kati na bato liboso ya kopona lolenge eleki malamu ya kosolola na bana-mboka. Esengeli kotya likebi na bamposa ya mibange, basi mpe bilenge basi, mibali mpe bilenge mibali, bibosono mpe bato mosusu oyo batalelamaka ntango mosusu lokola bato mpamba. Bómindimisa ete bango mpe bazali kopesa makanisi ntango bozali kosala bibongiseli ya kotalela komilelalela ya bato mpe ntango bozali kosalela yango.

Kosalisa bato báyeba ndenge ya kofunda: Ekosenga ntango mpe biloko mosusu mpo na komindimisa ete bato oyo bakweli likama bayebi misala oyo bibongiseli oyo esungaka bato ekoki kosalela bango mpe bizaleli oyo bato oyo basalaka na bibongiseli yango basengeli komonisa. Esengeli mpe báyeba nini basengeli kosala mpe epai wapi bakofunda soki ebongiseli moko oyo esungaka bato ezangi kokokisa mikumba wana.

Ebongiseli yango esengeli kosalema na ndenge oyo ete bato bakoki ntango nyonso oyo balingi kofunda kozanga ete bato mosusu báyeba mpe kozanga kobanga ete bakokanela bango.

Bósalisa bana-mboka bázala na bilikya oyo ebongi, mpamba te bakoki kokanisa ete ebongiseli ya kotalela komilelalela ya bato ekoki kosilisa mikakatano na bango nyonso. Yango ekosala bango mpasi na motema soki mbongwana oyo bazalaki kozela ete ebongiseli na bino ekosala esalemi te mpo bozali na makoki ya kosala yango te.

Kotalela bifundeli: Esengeli kolimbwela polele moto oyo ayei kofunda soki ebongiseli na bino ekoki te kozwela likambo na ye solisyo to ezali mokumba na bino te ya kozwela yango solisyo. Soki likoki ezali, mpe soki moto oyo ayei kofunda andimi yango, bótinda ye na ebongiseli mosusu oyo ekoki kozwela likambo na ye solisyo. Bóyokana malamu na bibongiseli mpe misala mosusu mpo ebongiseli yango esala malamu.

Kaka basali oyo bazwá formasyo nde basengeli kosala baankete soki bifundeli ebimi ete bato oyo basalaka mosala ya kosunga bato bazali kosalisa bato makambo ya kosangisa nzoto mpo na litomba ya basusu to na makasi.

Kozanga ete moto nyonso ayeba, bosengeli koyebisa bato oyo bayei kofunda ete bakoki kozwa lisalisi mpe lisungi mosusu epai mosusu (na ndakisa, lisalisi mpo na maladi ya motó mpe kobondisama, to lisalisi mosusu ya monganga), soki balingi.

Soki mofundi alingi koyebana te to soki moto afundi likambo mpo na kosala moto mosusu mabe, yango ebimisaka mikakatano ya makasi, mpo boyebi te epai efundeli yango euti. Yango ekoki kozala lokola likebisi oyo ezali komonisa ete ezali na bato oyo, na nse nse, bazali kosepela te na likambo moko boye, mpe ete esengeli kolandela efundeli, mingimingi soki boyoká efundeli moko ya bongo kasi botalelaki yango te.

Kobatela bafundi: Esengeli kosala keba ntango bozali kopona banani na ebongiseli na bino basengeli koyeba makambo boye to boye. Bato oyo bayei kofunda ete basangisi na bango nzoto na makasi bakoki kotyolama na basusu mpe kozwa makaneli ya solosolo oyo euti na bato oyo basali bango mabe wana mpe na mabota na bango. Bósala ebongiseli moko oyo ekondimisa ete bifundeli ya ndenge wana ekotalelama kaka na bato oyo basengeli koyeba yango. Bosengeli kozala na malako etali koyebisa makambo ya mabe oyo ezali kosalema, mpo na kobatela basali oyo bazali koyebisa makambo oyo ezali kotambola malamu te na misala na bino to na etamboli ya baninga na bango ya mosala.

Malako etali kobatela makambo esengeli kolobela na bosikisiki ntango boni makambo mosusu esengeli kobombama, na boyokani na mibeko ebongi oyo etali kobatela makambo.

Ndenge ya kotalela bifundeli: Bómindimisa ete, ezala basali ya ebongiseli na bino to bana-mboka oyo bozali kosunga, bazali na likoki ya kofunda makambo. Bifundeli yango ekoki kopesa ebongiseli na bino libaku ya kobongisa makambo na yango mosusu mpe mosala na yango. Bifundeli ekoki komonisa soki mosala na bino ezali kobimisa matomba mpe soki ebongi, soki makama ekoki kobima na esika moko boye, mpe soki bato basepeli makasi to te na lisungi oyo bazali kozwa.

Kosalisa bato oyo bakweli likama makambo ya kosangisa nzoto mpo na litomba ya basusu to na makasi: Ebongiseli moko mpe bakambi na yango ya likoló bazali na mokumba ya kosenzela ete bibongiseli mpe ndenge ya koyebisa bifundeli yango ezali, ezangi likama, ezali nyamunyamu te, moto nyonso akoki kosalela yango mpe makambo na ye ekoyebisama na moto nyonso te. Soki ebongi kosala bongo na bisika mosusu, bibongiseli esengeli kokanisa kokoma maloba ya sikisiki na boyokani oyo bakosala na bibongiseli mosusu, oyo emonisi ete bakopesa mabɔkɔ na baankete oyo ekosalema mpo na makambo ya kosalisa bato makambo ya kosangisa nzoto mpo na litomba ya basusu to na makasi.

Mimeseno oyo esengeli kokota na bibongiseli: Bakambi ya bibongiseli mpe bakonzi na yango mosusu ya likoló basengeli kotya mpe kolendisa momeseno ya kopesana limemya kati na basali nyonso, baninga ya mosala, bavolontere mpe bato oyo bakweli likama. Ezali na ntina mingi bápesa mabɔkɔ mpo ete bibongiseli ya kotalela komilelalela ya bana-mboka esalelama. Basali basengeli koyeba ndenge ya kotalela bifundeli to bansango ete basalelaki moto moko mabe. Soki ezali na misala oyo esalemi, oyo ebuki mibeko ya mboka to oyo mikili mingi etosaka, basali basengeli koyeba ndenge ya koyebisa yango na bakonzi oyo basengeli kotalela makambo yango. Bibongiseli oyo esalaka na bibongiseli mosusu oyo esalá na yango boyokani esengeli koyokana mpo na ndenge ya kobimisa bifundeli mpe kozwela yango solisyo (ezala bifundeli kati na bango).

Bizaleli ya basali mpe malako etali etamboli: Bibongiseli esengeli kozala na malako etali etamboli oyo endimami na bakambi na yango ya likoló mpe oyo bayebisi yango bato nyonso. Basali nyonso ya ebongiseli na bino mpe ya bibongiseli mosusu oyo bosalá na yango boyokani basengeli kotosa malako oyo etali kobatela bana. Esengeli koyebisa bango mpe kopesa bango formasyo mpo na bizaleli oyo basengeli komonisa na mosala yango. Basali basengeli koyeba malamu makambo oyo ekoyela bango soki babuki malako etali etamboli ⊕ *talá Mokumba 3 mpe 8.*

Mokumba 6

Bana-mboka oyo bakweli likama bazwaka lisungi oyo ekoki, mpe na ndenge oyo ebongisami malamu.

Lisengami etali ndenge likambo esengeli kozala
Mosala ya kosunga bato ezali kosalema na ndenge oyo ebongisami malamu.

Bilembo oyo ezali komonisa mosala oyo esalemi

1. Bibongiseli ekitisi motángo ya misala oyo ezali kozanga mpe ya misala moko moko kasi ezali kosalema na bibongiseli mibale to koleka; bana-mboka oyo bakweli likama mpe bibongiseli oyo esalá boyokani na bibongiseli wana nde emoni bolembu yango, mpo bino nyonso bozali kosala na bomoko.

2. Bibongiseli oyo eyei kosunga bato (ata mpe bibongiseli ya mboka), ezali koyebisa basusu makambo ya ntina, na nzela ya bibongiseli ya kokamba misala oyo etyami na bakonzi mpe oyo etyami na bakonzi te.

3. Bibongiseli ezali kosala na bomoko mpo na kotalela bamposa ya bato, kopesa bango lisungi, mpe kolandela ndenge lisungi ezali kopesama.

4. Bibongiseli ya mboka eyebisi ete ezali kosangana na ndenge ebongi na kati ya bibongiseli oyo ezali kokamba misala mpe emonisami malamu na kati ya bibongiseli yango.

Misala ya ntina

6.1 **Koluka koyeba misala, mikumba, makoki mpe makambo oyo bibongiseli ndenge na ndenge esepelaka kosala.**

- Kozala na likanisi ya kosala elongo mpo na kobakisa makoki ya bana-mboka, ya baguvernema oyo eyambi bino, ya bapesi-mbongo, ya bibongiseli oyo ezali ya Leta te mpe ya bibongiseli oyo esungaka bato (ya mboka, ya ekólo, mpe ya mikili mingi) oyo ezali na mikumba mpe mayele ya mosala ekeseni.

- Kopesa likanisi mpe kosala elongo na bibongiseli mosusu makambo oyo elandi na bibongiseli na bino nyonso: kotalela makambo, kopesa baformasyo mpe kotalela mbuma ya mosala esalemi; ntina ya kosala bongo ezali bino nyonso bókóma kosala makambo na ndenge oyo eyokani mpenza.

6.2 **Komindimisa ete mosala na bino ya kosunga bato eyei kobakisama na oyo ya bakonzi ya mboka mpe ya ekólo, mpe ya bibongiseli mosusu oyo esungaka bato.**

- Koyeba ete kobongisa mpe kokamba misala nyonso oyo esengeli kosalema nokinoki mpo na kosunga bato ezali nde mokumba ya guvernema oyo eyambi bino. Bibongiseli oyo esungaka bato ezali na mokumba ya ntina mingi mpo na kopesa Leta mabɔkɔ na mosala na yango ya kopesa lisungi mpe kokamba makambo nyonso etali lisungi yango.

6.3 **Kosangana na bibongiseli ya kokamba makambo oyo ebongi, mpe kosala elongo na basusu mpo na kosenga bana-mboka makambo mingi te mpe kosala ete lisungi oyo boyei na yango esalisa bato mingi.**

- Kokamba misala mpo na kolendisa basusu bátosa masengami mpe malako, oyo eyebani, etali makambo ndenge esengeli kozala. Esengeli kosalela bibongiseli oyo ekambaka makambo mpo na koyokanisa masengami ya mosala ya kosunga bato, mingimingi bilembo ezali komonisa, na makambo ya esika na esika, mpe kolandela misala nyonso mpe kotalela mbuma na yango, mpe mosala mobimba ya kosunga.

- Koluka koyeba misala mpe mikumba oyo bato na bato bazali kokokisa, mpe soki ezali na makambo moko moko oyo mpe bibongiseli mosusu ya kokamba misala ezali kosala mpe ndenge ya kosilisa mokakatano yango, na ndakisa na makambo etali kozongisa monɔkɔ, bomwasi to bobali mpe kobatela bato.

6.4 **Kosalela ndenge ya kosolola oyo ebongi mpo na koyebisa makambo ya ntina na bibongiseli oyo bosalaka elongo na yango, na bituluku oyo ekambaka misala mpe na bato mosusu oyo babongi.**

- Ezali mabe te kosalela monɔkɔ (to minɔkɔ) ya mboka na makita to na mabaku mosusu. Bótalela makambo oyo ezali kopekisa bino bósolola malamu, mpo bibongiseli mosusu ya mboka ezwa mpe likoki ya kopesa mabɔkɔ.

- Kosolola polele mpe kosalela te elobeli ya mindondo to oyo baninga basalelaka, mingimingi soki bato mosusu oyo bazali na likita balobaka monɔkɔ moko te na bino.

- Kosalela babongoli, soki esengeli.

- Kotalela bisika oyo bokosala makita, mpo na kosalisa bana-mboka oyo balingi kopesa mabɔkɔ básangana na likita yango.
- Kosala elongo na bituluku ya bibongiseli bana-mboka (société civile) mpo na kozwa mpe makanisi ya basangani na yango.

Makambo oyo bibongiseli esengeli kosala

> **6.5** Malako mpe mayele na bino ya mosala ezali mpe komonisa polele mokumba na bino ya kosala elongo na basusu, ata mpe bakonzi ya mboka mpe ya ekólo, kozanga kobuka mitinda etali mosala ya kosunga bato.

- Kokotisa likambo etali kosala elongo na basusu na malako ya ebongiseli na bino mpe na mayele na biso ya koluka mbongo to biloko. Ebongiseli na bino esengeli koyebisa polele ndenge oyo ekosala elongo na bibongiseli mosusu oyo esalá na yango boyokani, na bakonzi ya mboka oyo boyei mpe na bato mosusu oyo basalaka mosala ya kosunga to baoyo basalaka yango te kasi balingi kopesa mabɔkɔ.
- Basali oyo bazali bamonisi ya bibongiseli na bango na makita ya kokamba misala basengeli koyeba makambo oyo ebongi, kozala na makoki mpe bokonzi oyo esengeli mpo bápesa mpe makanisi oyo ekosalisa na kobongisa misala oyo ekosalema mpe na kozwa bikateli. Na mokanda oyo ezali komonisa makambo oyo mosala ya basali yango esengi, bosengeli komonisa polele ete bazali mpe na mokumba ya kokamba.

> **6.6** Kosala oyo bozali kosala elongo na bibongiseli oyo bosalá na yango boyokani etambwisami na boyokani ya polele mpe oyo ezangi bongolabongola, oyo ezali kotosa mosala ya ebongiseli na ebongiseli, makambo oyo esengisami kosala to te mpe bonsomi na yango. Eyebi mpe mikakatano mpe mikumba ya mokomoko na yango.

- Bibongiseli ya mboka mpe ya ekólo ezali kosala elongo na bibongiseli oyo esalá na yango boyokani mpe ebongiseli na ebongiseli eyebi mosala ya moninga mpe mikumba oyo mokomoko na yango ezali na yango liboso ya moninga, mpo na kokokisa mokumba na yango malamu mpe na ndenge oyo emonisi ete ekozongisa monɔkɔ.

Makanisi ya kolanda

Kosala elongo na bibongiseli ya mombongo oyo ezali ya Leta te: Bibongiseli ya mombongo oyo ezali ya Leta te ekoki kosalisa mpenza bibongiseli oyo esungaka bato na makambo ya mombongo, kobakisela yango mayele mosusu ya mosala mpe biloko mosusu. Soki likoki ezali, esengeli koyebisa makambo mpo na koboya ete mosala ya mibale esalema lisusu kaka mpamba, mpe mpo bato oyo bazali kosala mosala ya kosunga básala yango malamu. Esengeli komindimisa ete bakompanyi oyo esalaka elongo na bino endimi kotosa ntomo ya bato mpe esanganá te kala na kosalela bato makambo ya kozanga bosembo to ya nko. Misala elongo na bibongiseli ya mombongo oyo ezali ya Leta te esengeli mpenza komemela bato oyo bakweli likama matomba, kasi esengeli mpe koyeba ete bato ya bibongiseli wana bakoki kozala na mikano na bango moko.

Koyeba kosala na basoda mpe baoyo bazali basoda te: Bibongiseli oyo esungaka bato esengeli mpenza kokesena na basoda mpe esengeli koboya kosangana ata mwa moke na ebongiseli moko ya politiki to ya basoda oyo ekoki kobebisa bizaleli oyo bibongiseli ezalaka na yango, lokola kozanga kopona bilongi, lipanda, mpe kotyelama motema. Ekoki mpe kopekisa bibongiseli yango ebatelama malamu, mpe bato na yango bázala na likoki ya kokóma esika bato oyo bakweli likama bazali.

Basoda bazalaka na mayele mpe biloko ya bango moko, mingimingi na makambo etali libateli, biloko ya mosala, transport mpe ndenge ya kosolola na basusu. Kasi, kosangana na ebongiseli ya basoda esengeli kozala mpo na mosala ya bibongiseli oyo esungaka bato, mpe bibongiseli yango nde esengeli kokamba yango. Esengeli mpe kozala na boyokani na malako oyo endimami ⊕ talá Sphère *ezali nini? Mobeko-likonzi ya mosala ya kosunga bato* mpe *Mitinda etali kobatela bato.* Bibongiseli mosusu ekoki kosololaka mwa moke na bango mpo misala esalemaka malamu, nzokande bibongiseli mosusu ekozala mwa makambo makasi.

Makambo misato ya ntina mpo na koyeba kosala na basoda mpe baoyo bazali basoda te: koyebisa makambo, kobongisa makambo liboso mpe kokabola misala. Esengeli kosololaka ntango nyonso, na bisika nyonso mpe mpo na makambo nyonso.

Lisungi ya kobakisa: Bibongiseli ya mboka na mboka, bakonzi ya mboka mpe masangani ya sosiete sivile bayebi makambo mingi na ntina etali esika mokomoko. Bakoki kozala na mposa ya lisungi mpo bázonga makasi nsima ya kokutana na mikakatano to makama mpe esengeli básangana na milende oyo ezali kosalema mpo na kosunga basusu.

Esika oyo bakonzi nde bazali na kati ya bato oyo bazali kowelana, bato oyo basalaka mosala ya kosunga bato basengeli kozala na bososoli na likambo etali likoki oyo bakonzi bazali na yango ya kosala makambo na ndenge na bango, mpe ntango bazali kozwa bikateli, basengeli kotya matomba ya bato oyo bakweli likama na esika ya liboso.

Kotambwisa misala: Kotambwisa misala kati na bibongiseli ya mikemike ekoki kokokisa bamposa ya bato nyonso mbala moko, na esika ya kokipe moto mokomoko. Na ndakisa, na likambo ya maladi ya motó to kopesa lisungi na oyo bazali na maladi ya motó, esengeli kotambwisa misala kati na bibongiseli ya sante, ya libateli mpe ya kelasi. Ekoki kosalema soki bosali etuluku moko ya bato oyo bayebi makambo wana malamu mpenza mpe baumeli na misala yango.

Baoyo bazali kotambwisa misala basengeli komindimisa ete makita mpe lolenge bazali kopanza bansango ezali kokende malamu, ezali kotambwisama malamu mpe ekobimisa matomba. Mbala mosusu basali oyo bazali na mboka moko bakosangana te na kotambwisa misala to batekiniki yango soki emonani ete ezali kaka mokumba ya bibongiseli ya mokili mobimba, mpo na makambo lokola monɔkɔ to esika. Ekoki kosenga kotya batekiniki ya kotambwisa misala na mboka mpe na etúká, mpe kosalela yango lapolo oyo ezali polele.

Kosangana na batekiniki ya kotambwisa misala liboso ete likama monene ebima esalaka ete boyokani ezala malamu; mpe mosala oyo ekosalema ntango likama ebimi ekosalema malamu koleka. Esengeli kosangisa bibongiseli mpo na kotambwisa misala nokinoki ná bibongiseli oyo ebongisaka makambo mpo na ntango molai mpe mwa bibongiseli oyo etambwisaka misala, soki bibongiseli ya ndenge wana ezalaka.

Baoyo basalelaka batekiniki oyo esalelamaka na mokili mobimba mpo na kotambwisa misala soki makama ebimi basengeli kosunga baoyo basalelaka batekiniki yango na mboka na mboka. Mpo na kosunga baoyo bakimá mboka na bango, tekiniki oyo esengeli kosalelama ezali oyo UNHCR (*Haut-Commissariat des Nations unies pour les réfugiés*) esalelaka.

Koyebisa makambo (ata mpe makambo ya mbongo) epai bato ya bibongiseli ndenge na ndenge mpe baoyo basalelaka batekiniki ya kotambwisa makambo ekosala ete mwa mabunga to kobakisa ya mpamba ya mosala emonana.

Kosala elongo na baninga ya mosala: Bokoki kobongisa makambo ndenge na ndenge elongo na bibongiseli mosusu, kobanda na kosala kontra tii na kozwa bikateli elongo, mpe kokabola biloko. Esengeli kozala na limemya mpo na mokumba mpe likanisi oyo bibongiseli oyo esalaka elongo na bino ezali na yango, mpe likoki oyo ezali na yango ya kosala makambo na ndenge na yango moko. Bóluka mabaku ya koyekola makambo mpe kokolisa mayele elongo. Bóluka koyeba eloko nini ya malamu bibongiseli mibali oyo ezali kosala elongo ekozwa, ntango bazali kokolisa boyebi mpe makoki na bango, mpe bazali kosala nyonso mpo na komibongisa malamu koleka mpe kosalela mayele ndenge na ndenge ntango likama ekobima.

Ndenge bibongiseli ya sosiete sivile ya mboka na mboka ezali kosangana na bibongiseli ya mokili mobimba ekosalisa bato ya bibongiseli yango oyo bazali kosala elongo bákolisa boyebi mpe makoki na bango, mpe básala nyonso mpo na komibongisa malamu koleka mpe kosalela mayele ndenge na ndenge ntango likama ekobima.

Mokumba 7

Bana-mboka oyo bakweli likama bazali na lotomo ya kozwa lisungi oyo eleki malamu na lisalisi ya mayele oyo bibongiseli ezali kozwa mpe makambo ndenge na ndenge oyo bazali kokutana na yango.

Lisengami etali ndenge likambo esengeli kozala
Basali ya mosala ya kosunga bato bazali kokoba koyekola mpe kokolisa mayele.

Bilembo oyo ezali komonisa mosala oyo esalemi

1. Bana-mboka oyo bakweli likama bamonaka ete bazwaka lisungi mpe libateli ya malamu koleka mpe na ntango oyo ebongi.
2. Mateya oyo basali bazali kozwa mpo na ndenge ya kosala mosala ya kosunga ezali kosalisa bango bápesa lisungi mpe libateli ya malamu koleka.
3. Mateya oyo bazali kozwa mpo na mosala ya kosunga na bisika mosusu ezali kosalisa bango bápesa lisungi mpe libateli.

....

Misala ya ntina

7.1 **Bósalela mateya oyo bozwi na makambo bokutanaki na yango ntango bozalaki kosala baprograme.**

- Esengeli kobongisa batekiniki oyo ezali mindondo te mpe oyo moto nyonso akoki kosalela; esengeli mpe koyeba ete makambo oyo bokozwa esengeli kouta na bituluku ndenge na ndenge, mpe komonisa polele banani bazwaki matomba na manaka oyo eleki mpe banani bazwaki te.
- Esengeli mpe kotalela makambo oyo esimbaki mpe oyo esimbaki te.

7.2 **Bóyekola, bóbimisa bambongwana ya sika mpe bósalela yango, na kolanda baankete oyo esalemi, makambo botaleli mpe bolandeli, bifundeli to komilelalela mpe makambo mosusu.**

- Bóyokaka mingi mpe bósalela mayele mosusu oyo ebongi mpo na kozala pene ya bato oyo bakweli likama. Bakoyebisa bino makambo ya solosolo oyo ekosalisa bino bótalela bamposa mpe makambo oyo esengeli kobongwana.

- Bóyebisa bana-mboka mateya oyo bozwi, bótuna bango makambo oyo bakosepela kosala ndenge mosusu mpe ndenge oyo bakoki kokoba kokokisa mokumba ya kozwa bikateli to kotambwisa makambo.

7.3 Bóyebisa mateya oyo bozwi mpe makambo mosusu ya sika na bana-mboka, bato oyo bakweli likama, mpe bato mosusu ya mombongo.

- Bómonisa makambo oyo bozwi na nzela ya kolandela mpe baankete na ndenge oyo ekopesa bato likoki ya komona yango, ya koyebisa yango basusu, mpe ya kozwa bikateli ⊕ *talá Mokumba 4.*
- Bóluka balolenge ya kosunga misala ya koyekola na nzela ya batekiniki ndenge na ndenge.

Makambo oyo bibongiseli esengeli kosala

7.4 Malako etali kotalela makambo mpe kozwa mateya na yango etyami, mpe ezali na biloko oyo ekosalisa mpo na koyekola na nzela ya makambo oyo bokutani na yango mpe kosala mosala malamu koleka.

- Bibongiseli ezali na programe ya kokolisa makoki ya kosala mosala; programe yango esimbami na bilembo ya sikisiki mpe oyo okoki kozwa mezire na yango, ntango bozali koyekola makambo.
- Basali nyonso bayebi mikumba na bango na oyo etali kolandela ndenge mosala na bango ezali kokende mpe ndenge oyo koyekola ekokolisa mayele na bango na mosala.

7.5 Ezali na batekiniki oyo esalami mpo na kozwa boyebi mpe mayele mpe kokabola yango epai ya bato nyonso na ebongiseli.

- Koyekola kobongnisa makambo ememaka bambongwana ya malamu (na ndakisa kobongisa lolenge ya kotalela makambo, kobongisa lisusu baekipi ya mosala mpo ezala lisusu makasi mpo na kosala eloko soki likama ebimi, mpe kolobela polele mokumba ya kozwa bikateli).

7.6 Ebongiseli epesaka mabɔkɔ mpo na koyekola mpe kobimisa makambo ya sika na mosala ya kosunga bato oyo bakweli likama, mosala oyo baninga ya mosala ya ebongiseli to bato na kati ya ebongiseli yango basalaka.

- Bósangisa mpe bobimisa balapolo ya misala ya kosunga ndenge ezali kosalema, bakisa mpe mateya ya ntina oyo bozwi mpe makanisi oyo bopesi mpo na kobongisa lisusu mosala yango na mikolo ezali koya.

Makanisi ya kolanda

Koyekola na makambo oyo bokutani na yango: Mayele mpe tekiniki mokomoko ekokani na mokano mokomoko ya koyeba mosala, koyekola mpe kokokisa mikumba:

Kolandela, (elingi koloba kosangisa mbala na mbala makambo etali ndenge misala ezali kokende) ekoki kosilisa mabunga mosusu. Bósalela mitángo to makambo mosusu ya malamu mpo na kotalela mpe kolandela misala ndenge na ndenge; bókabola makambo yango na biteni mpo bózala na bisika oyo ekobanda kopesa bino bansango nzela moko. Bótalela soki makambo ezali kozwama, kobatelama, mpe koyebisama na ndenge oyo ebongi. Bóluka koyeba makambo nini ezali kozwama mpe ndenge nini ezali kopesama na kotalela ndenge ezali kosalelama mpe bato oyo bazali kosalela yango. Bózwa te makambo oyo ekotalelama te to ekosalelama te.

Kotalela makambo na ntango wana kaka: komekameka kotalela makambo mbala moko elongo na bato oyo bazali kosala mosala yango. Ekoki kosalelama mpo na kobongisa mabunga.

Koyebisa makambo oyo bokutani na yango: yango ekoki kouta epai ya bato oyo bakweli likama, kasi mpenza te epai ya bibongiseli. Ekoki kosalelama mpo na kobongisa mabunga. Bato oyo bakweli likama nde bayebi malamu nini esengeli kobongola na bomoi na bango.

Kotalela misala oyo esalemi: komekameka mbala moko elongo na bato oyo bazali kosala mosala yango. Komekameka yango esalemaka nsima ya kosilisa mosala nyonso. Esengeli koluka mwa makambo oyo bokoki kobomba mpe kobongisa na mikolo ezali koya.

Kotalela makambo nyonso: koluka koyeba ntina ya mosala to programe moko; mbala mingi etambwisamaka na bato oyo basalaki mosala yango te, ekoki kosalema na ntango wana kaka (mpo na kobongisa mabunga) to nsima ya kosilisa mosala nyonso, mpo na kozwa mateya na makambo yango mpe kobimisa malako.

Kolukaluka: yango esengi kosala baankete mpo na mwa mituna oyo etali mosala ya kosunga bato; yango esalelamaka mpo na kobimisa malako.

Kosala makambo ya sika: Mbala mingi, kosala eloko ntango likama ebimi etindaka na kosala makambo ya sika mpo bato mpe bibongiseli bamesanaka na bambongwana ya esika na esika. Bato oyo bakweli likama basalaka makambo ya sika ntango bamesanaka na bambongwana oyo esalemaka na bomoi na bango moko ; bakoki kozwa lisungi na ndenge esengeli mpo na bango moko, na ntina etali kosala makambo ya sika mpe kobimisa mayele ndenge na ndenge.

Kosala elongo mpe kokabola mateya: Kosala elongo na bibongiseli mosusu, ezala esalaka mpo na guvernema to te, mpe ba-iniversite esengisami bongo na mibeko ya mosala mpe ekoki kobimisa makanisi ya sika, mpe kopesa likoki ya kosalela mingi biloko oyo ezali moke. Kosala elongo esalisaka mpe mpo na kokitisa mosala ya kotalela makambo mbala na mbala na esika moko kaka.

Bibongiseli ndenge na ndenge esaleli mayele ya komekameka ndenge ya koyekola kati na basali, mpe yango ekoki kosalelama mpo na kolandela ndenge bokoli ezali kosalema na ntango wana kaka to mpo na komekameka ndenge ya kosala nsima ya likama.

Masangani mpe bituluku ya bato oyo basalaka mosala (ata mpe ba-iniversite) ekoki kobimisa mabaku ya koyekola epai ya baninga mosusu ya mosala, ezala esika makambo ezali kosalema to ntango bozali kotalela misala oyo esalemi, to na ba-forum ya koyekola. Yango ekoki kosalisa mpenza na kobongisa makambo na ndenge esengeli mpe kopesa likoki na bato nyonso báyekola. Koyebisa baninga ya mosala mikakatano mpe makambo oyo esimbaki ekoki kosalisa bato oyo basalaka mosala ya kosunga báluka koyeba makama mpe básala lisusu mabunga te na mikolo ezali koya.

Bilembeteli oyo mwa bibongiseli ezali na yango esalisaka mpenza. Kotalela bilembeteli wana mpe kozwa mateya na yango na bibongiseli ebele ekosalisa mingi mpo na kosembola mwa makambo, koleka mateya oyo bozwi na kati ya ebongiseli moko kaka.

Soki ezali bato oyo bakweli likama bango moko nde bazali kolandela makambo, yango ekosalisa mingi mpo makambo ezala polele mpe kitoko, mpe kolendisa bato bálukaka kozwa bansango.

Kotolela mpe koyekola malako: Basalelalaka mbala moko te mateya mpe makambo ya ntina oyo eyebani ete esengeli kobonga, mpe tokoki te koloba ete tozwi mateya soki naino ememi bambongwana ya minene te na mosala ya kosunga oyo ezali kosalema sikoyo to oyo ekosalema na nsima.

Kosalela boyebi mpe koyekola ndenge ya kobongisa makambo: Kosalela boyebi esengi kokangisa, kokolisa, kokabola kobomba mpe koyekola ndenge ya kobongisa makambo. Mbala mingi, bana-mboka oyo bazwi na mosala mpo na ntango molai nde bayebaka kobatela boyebi mpe boninga na kati ya mboka. Esengeli mpe bato mosusu oyo basalaka mosala ya kosunga na kati ya mboka báyekola makambo yango, mpe yango ekosalisa bango bábongisa to bákolisa lolenge na bango ya komibongisa mpo na makama.

Mokumba 8

Bana-mboka oyo bakweli likama bazwaki lisungi oyo basengi epai ya bavolontere oyo bazwá formasyo malamu mpe bayebi mosala malamu.

Lisengami etali ndenge likambo esengeli kozala
Basali bazali kozwa lisungi mpo básala mosala na bango malamu mpe bazali kosalela bango nyonso makambo ndenge moko, na bosembo.

Bilembo oyo ezali komonisa mosala oyo esalemi

1. Basali nyonso bamonaka ete ebongiseli na bango mobimba ezali kosunga bango básala mosala malamu.
2. Basali bazali kokokisa mikano oyo bamityeli na makambo ya mosala.
3. Bana-mboka oyo bakweli likama bamonaka ete basali bazali na boyebi mingi, bazali mpenza na makoki, bazali na bizaleli oyo ebongi mpe makanisi ya malamu.
4. Bana-mboka oyo bakweli likama bayebi malako etali etamboli ya mosala ya kosunga bato mpe ndenge bakoki koloba soki mibeko yango etosami te.

....

Misala ya ntina

8.1 **Basali basalaka mosala na bango na kolanda mikumba mpe mitinda ya ebongiseli, mikano mpe mitinda na oyo etali kobongisa mosala, oyo endimami na bato nyonso.**

- Masengami ndenge na ndenge ekoki kosalelama mpo na basali ndenge na ndenge, na kotala mosala basalaka. Mbala mingi mibeko ya mboka oyo etali kozwa moto na mosala emonisaka mosala ya ndenge nini esengeli kopesa moto na moto, mpe esengeli kotosa mibeko yango. Esengeli basali nyonso báyeba mosala oyo basalaka, ndenge mibeko esengi, ezala na mboka na bango to na mikili ndenge na ndenge.

8.2 **Basali balandaka malako oyo etali bango mpe bayebi nini ekokómela bango soki balandi malako yango te.**

- Kopesa formasyo na ntina etali kokokisa mokumba ya kobongisa makambo, malako mpe malako etali etamboli ezali na ntina na makambo nyonso, ata soki likambo yango ezali kosalema mbangumbangu.

8.3 Basali bakolisaka makoki oyo bazali na yango, ezala ya bango moko, na makambo ya tekiniki to na kotambwisa makambo, mpo na kokokisa mikumba na bango. Bayebi mpe ndenge oyo ebongiseli ekoki kosunga bango mpo básala yango.

- Na ebandeli ntango likama ebimi, basali bakoki kozala na mabaku mingi te ya kokolisa makoki na bango; kasi bakambi ya mosala basengeli kopesa ata mwa formasyo oyo ekosalisa basali báyeba ndenge ya kosala ntango likama ebimi.

Makambo oyo bibongiseli esengeli kosala

8.4 Ebongiseli ezali na makoki mpe bato oyo basengeli mpo na kokokisa manaka na yango.

- Bózwa na mosala bato oyo bazali na likoki ya kosalisa bato mingi mpe koboya kosalela bango makambo na nko, na kotalela monɔkɔ oyo balobaka, ekólo oyo bautá, soki bazali basi to mibali, bibosono, mpe mbula na bango ya kobotama.
- Esengeli kokanisa liboso ndenge oyo ebongiseli ekosala soki basengi ebele ya bato ya makoki mpo na mosala. Esengeli komonisa polele mikumba oyo bato bazali na yango na mboka na bango, mpe mikumba ya kozwa bikateli na kati ya ebongiseli mpe kosolola na basusu.
- Bótindaka te bato básala mpo na ntango mokuse, mpamba te yango ekosengaka kolongola mpe kotya basali mosusu mbala na mbala, ekopekisa baprograme ekokisama malamu, mpe ekotinda basali mosusu bákimaka mosala na bango.
- Bózwaka bato oyo bazali na bizaleli oyo ebongi, mpo na koboya kobebisa bato mosusu ya ba-ONG ya mboka.
- Bózwa bana-mboka oyo boyebi ete bakozala mpo na ntango molai. Na mwa bibongiseli oyo ezali na misala ebele, esengeli kozala na basali oyo bazwá formasyo malamu, mpe bazalaka ntango nyonso mpo na kosunga bato soki likama ebimi.

8.5 Malako mpe bibongiseli oyo etali bato ya mosala ezalaka sembo, polele, ndenge moko mpo na bato nyonso, mpe elendaka mibeko ya mboka oyo etali kozwa moto na mosala.

- Malako mpe misala oyo etali kobongisa makambo elendisaka mokumba ya basali oyo bazali na mboka, oyo basalaka mosala ya kotambwisa makambo. Esalaka bongo mpo na komindimisa ete mosala ezali kokoba kosalema, mpo na kobatela makambo ya bibongiseli mpe kozwa bibongiseli mpo na kosunga ntango likama ebimi esika moko boye.

8.6 Lolenge mosala mokomoko ezali, mokano na yango, mpe ndenge ya kopesa lapolo ya mosala oyo esalemi, nyonso wana etyamaka mpo na kosalisa basali báyeba malamumalamu nini esengami epai na bango.

- Balobelaka lolenge mosala mokomoko ezali na bosikisiki, mpe makambo yango ebongisamaka mbala na mbala.
- Basali babimisaka mikano na bango moko mpo na ndenge balingi mosala esalemaka, mpe ekomamaka na mokanda moko ebengami *plan de développement*.

8.7 **Ezali na mokanda moko ebengami malako etali etamboli, oyo epekisi basali ata konyokola, kosangisa nzoto na makasi to kosalela bato makambo na nko.**

- Malako etali etamboli ya ebongiseli eyebani malamu, etyamá sinyatire, mpe etosamaka, mpe bamonisi nyonso ya ebongiseli (ezala basali, bavolontere, baninga ya mosala, mpe baoyo bazali na kontra) bayebi malamu bizaleli oyo esengeli kozala na yango mpe makambo oyo ekobima soki bazangi kotosa mibeko yango.

8.8 **Ezali na malako oyo esalisaka basali bákolisa makoki na bango na mosala.**

- Bibongiseli esengeli kozala na batekiniki oyo ekosalisa mpo na kotalela makoki oyo basali bazali na yango na mosala, kotala makoki nini bazangi mpe kokolisa makoki oyo bazali na yango.

8.9 **Ezali na malako oyo ebatelaka malamu bato ya mosala.**

- Bibongiseli ezali na mosala ya kobatela basali na yango. Bakambi ya mosala bayebisaka baoyo basalaka mosala ya kosunga bato makama oyo ezali mpe babatelaka bango na makambo oyo ekoki kotya bomoi to sante na bango na likama.
- Bokoki kozwa bibongiseli lokola kolandela malamu makambo etali libateli ya bato, kotala sante ya bato, kosala na bangonga oyo ebongi mpe kozwa lisungi ya moto oyo akoki komitya na esika na yo.
- Esengeli kotya malako oyo epekisi mpenza kotya moto mbamba mpo na kosangisa na ye nzoto mpe kosangisa na moto nzoto na makasi na esika ya mosala.
- Esengeli kobimisa batekiniki ya kosalela mpo na kopekisa to kosala likambo soki moko ya basali azali kotya moto mbamba mpo na kosangisa na ye nzoto to soki asangisi na ye nzoto na makasi. Esengeli kosala bongo, ezala likambo yango euti epai ya bato ya mosala to basali nde bango yango.

Makanisi ya kolanda

Basali mpe bavolontere: Moto nyonso oyo baponi azala momonisi ya ebongiseli moko, ezala na kati ya mboka to na mikili ndenge na ndenge, ezala azali kosala mpo na ntango molai to ntango mokuse, bakisa mpe bavolontere mpe bato mosusu oyo batunaka bango makanisi na makambo ya mosala, azali moko ya basali na kati ya ekipi.

Bibongiseli esengeli kolendisa basali mpe bavolontere bázalaka ekenge mingi mpo na bato oyo batyá pembeni to batyolá, mpe basengeli koboya kosalela bato yango makambo na nko to koponapona bilongi.

Kolanda mikumba oyo epesami na ebongiseli, makambo na yango ya malamu, mpe malako na yango: Esengeli basali básalaka na kolanda mibeko, mokumba bapesi bango, makambo ya malamu mpe mikano ya ebongiseli; esengeli báyeba makambo yango malamu. Longola koyeba mikumba wana nyonso ya minene mpe ndenge ebongiseli yango esalaka, mosali nyonso asengeli komityela mikano ya ye moko mpe ndenge oyo asengeli kokolisa mosala na kolanda ndenge bayokani na patron na ye.

Malako esengeli koyebisa polele na basali mpe bavolontere makambo oyo ebongiseli endimi kosala na oyo etali kozanga kokesenisa basi ná mibali na mosala.

Malako esengeli kobimisa esika ya mosala oyo ezali polele, esangisi bato nyonso, mpe ata bibosono bakoki kozala wana. Yango esangisi: koyeba makambo oyo ekoki kopekisa bato bázala na bisika yango ya mosala mpe kolongola makambo yango; koboya koponapona bilongi mpo kaka moto azali ebosono; kopesa bato nyonso makoki ndenge moko mpe lifuti ndenge moko mpo na mosala nyonso ya malamu; mpe kobongisa mwa makambo na esika ya mosala soki esengeli, mpo na baoyo bazali bibosono.

Baninga ya mosala oyo bazali libándá, bato oyo bosali na bango kontra mpe bakompanyi mosusu basengeli mpe koyeba makambo esengami mpe malako etali etamboli oyo etaleli bango, mpe makambo oyo ekoki kokómela bango soki batosi yango te (na ndakisa kosukisa to kokata bakontra na bango).

Mibeko na oyo etali kokolisa mosala mpe makoki na mosala: Basali mpe bapatron na bango basengeli kosala nyonso mpo na kokokisa mokumba na bango ya kokolisa mosala – ata mpe makoki na bango na mosala. Basengeli kozala na mikano ya polele mpe mibeko na oyo etali kokolisa mosala, oyo ekosalisa bango báyeba makoki nini, mayele nini mpe boyebi nini basengeli kozala na yango mpo na kokokisa mokumba na bango. Basengeli mpe koyeba mabaku oyo ezali ya kokolisa makoki na mosala. Bokoki kokolisa makoki na nzela ya makambo oyo bokutani na yango, formasyo, to epai ya moto oyo azali kosalisa yo oyeba kokolisa makoki yango.

Ezali na mayele ndenge na ndenge oyo bokoki kosalela mpo na kotalela makoki mpe bizaleli ya mosali moko. Tokoki kotánga na ndakisa kotala ye na likebi, kolandela mosala oyo esalemi, kosolola mbala moko na bango mpe na baninga na bango ya mosala. Kokomisa makambo wana ekosalisa bakambi ya mosala báyeba bisika oyo basengeli kopesa mabↄkↄ mpe formasyo.

Makoki oyo basali bazali na yango na mosala: Ndenge oyo batambwisaka mosala ya basali ezalaka ndenge moko te na bibongiseli to bisika mosusu nyonso, kasi esengeli kotambwisama malamu. Esengeli kosalela mayele mpo na kokanisa yango mpe kobongisa yango, na lisalisi ya bakambi ya mosala. Ntango bozali kobongisa misala, esengeli kotalela makoki ya basali mpe kokabola misala ndenge moko kati na basi mpe mibali. Mikano ya ntango mokuse mpe ntango molai esengeli kokokisama na basali oyo bazali motángo oyo ekoki, makoki oyo ebongi, bazali na esika oyo ebongi na ntango oyo ebongi.

Bibongiseli esengeli komindimisa ete basali na bango bazali na makoki oyo esengeli mpo na koyoka bana-mboka, kosangana na bikateli oyo ezali kozwama mpe kosala na boyokani na bikateli yango. Basali basengeli mpe kozwa formasyo mpo na ndenge ya kosalela mibeko oyo etambwisaka mosala; yango ekosalisa mpo mosala etambola malamu, ekabolama malamu mpe esalema noki.

Manaka oyo etalelaka mosala esengeli kozala na likoki ya kobongwana mwa moke mpo na kosunga mosala ya baoyo basalaka mpo na ntango moke to mpo na ntango molai. Esengeli kotya likebi oyo ebongi na makoki ya koyoka, kosangisa bato, koyeba kosolola na bana-mboka mpe kolendisa bango báyeba kozwaka bikateli. Bibongiseli oyo basalaka elongo na bino basengeli kondima makoki oyo esengami mpo na basali, mpo bákoka kokokisa makambo oyo bandimaki kosala.

Malako mpe mibeko oyo etali basali: Ndenge malako mpe mibeko oyo etali basali esengeli kozala etaleli bonene mpe esika ebongiseli to mosala mokomoko ezali. Ezala ebongiseli yango ezali mindondo to te, basali basengeli kopesa makanisi mpo na kotalela mpe kobongisa malamu malako soki esengeli, mpo emonana ete makanisi na bango mpe ekoti. Esengeli kozala na buku moko oyo elobeli malako yango mpo na basali. Basengeli kozala na likoki ya kotángaka yango mpe koyeba makambo oyo ekokómela bango soki balandi malako yango te.

Kosalisa basali: Mosali mokomoko asengeli kozala na mikano na ye moko mpo na mosala oyo akolinga kosala mpe makoki oyo akolinga kokolisa, mpe esengeli kokoma yango na manaka moko boye.

Mpo mosala ya kosunga esalema malamu, yango esengi kaka te basali oyo bazali na makoki bázala wana, kasi yango etaleli mpe ndenge oyo bazali kosala mosala na bango. Bolukiluki oyo esalemi na makambo minene oyo esengeli kosalema nokinoki emonisi ete mpo mosala ya kosunga esalema malamu, esengi kobongisa yango malamu, na esika ya kozala kaka na basali oyo bazali na makoki.

Komibatela mpe kozala malamu: Mbala mingi basali basalaka bangonga ebele mpe na bisika oyo ekoki kotya bango na likama. Moko ya mikumba oyo ebongiseli moko ezali na yango ezali ya kobatela basali na yango mpo bázala malamu na nzoto mpe na makanisi, mpe ya koboya ete bálemba mingi, básila makasi, bázoka to bábela.

Bapatron bakoki kolendisa mokumba ya kobatela ntango bazali kopesa ndakisa na misala ya malamu mpe bango moko bazali kotosa malako. Bato oyo basalaka mosala ya kosunga basengeli mpe kozwa bango moko makambo na maboko mpo na oyo etali komibatela. Esengeli kopesa lisungi nokinoki na basali oyo bakutaná to bamoná na miso makambo ya mpasi mpenza.

Esengeli kopesa basali formasyo mpo báyeba makambo oyo esalemaki ntango basangisaki nzoto na makasi na baninga na bango ya mosala. Esengeli mpe kopesa bango likoki ya kosala baankete ya makasi mpe koyeba bibongiseli oyo elendisaka konfianse mpe mokumba oyo moto azali na yango. Ntango makambo ya minene ebimi, esengeli kopesa lisungi epai ya bato oyo bauti na likama yango, ezala lisungi ya nkisi to na makambo mosusu, ntango azali kolobela mpasi oyo akutanaki na yango. Lisungi yango esengeli kopesama mbala moko mpe kokokisa bamposa ya basali oyo bazali na mboka, to oyo bauti mikili ndenge na ndenge.

Moto moko oyo ayebi malamu maladi ya motó asengeli kosolola na bavolontere nyonso, ezala ya mboka to oyo bauti mikili ndenge na ndenge, eleka sanza misato te banda bakutaná na likambo moko ya mpasi. Moto yango asengeli kotalela malamumalamu moto oyo abiki na likama mpe kotinda ye azwa lisungi ya monganga soki esengeli.

Mokumba 9

Bana-mboka mpe bato oyo likama monene ekweli bakoki kolikya ete bibongiseli oyo ezali kosunga bango ezali kosalela mbongo mpe biloko mosusu na ndenge oyo ekobota mbuma malamu, na mayele mpe na boyokani na bizaleli malamu.

Lisengami etali ndenge likambo esengeli kozala
Biloko ezali kobatelama mpe kosalelama malamu mpo na ntina oyo esengelaki kosalelama.

Bilembo oyo ezali komonisa mosala oyo esalemi

1.   Bana-mboka oyo bakweli likama bayebi mbongo oyo ekotaka mpe oyo babimisaka mpo na bango, mpe mbuma oyo ebimaka na makambo yango.

2.   Bana-mboka oyo bakweli likama bamonaka ete biloko oyo ezali esalelamaka:
     a.   mpo na ntina oyo esengelaki esalelama; mpe
     b.   na ndenge ya mbilingambilinga te to mpe ebebisama.

3. Biloko oyo bazwaka mpo na kosunga esalelamaka mpe elandelamaka na kotalela manaka, mikano, mbongo mpe ntango oyo etyami.

4. Mosala ya kosunga bato ezali kosalema na ndenge ya malamu mpenza.

Misala ya ntina

9.1 Esengeli kosala baprograme mpe bibongiseli mosusu mpo na komindimisa ete biloko ezali kosalelama malamu, bokatikati ezali kati na ndenge biloko ezali, ntalo mpe ntango oyo mosala mokomoko esengeli kosalema.

- Esengeli batekiniki mpo na kosunga nokinoki baoyo bakweli likama eyokana na bikateli oyo ezali kozwama mpe mbala moko na makambo ya mbongo, mpe koluka kosilisa mikakatano (na ndakisa, bato oyo basengeli kopesa biloko bazali komonana te).

9.2 Esengeli kobatela biloko mpe kosalela yango malamu, kozanga kobebisabebisa yango.

- Esengeli kotinda basali oyo bazali na makoki ya sikisiki mpe bayebi batekiniki, mpo na kokitisa makama oyo ekoki kobima ntango bozali kozwa biloko, mbongo, mpe ntango bozali kobomba biloko yango.

9.3 Kokoma mpe kolandela mbongo nyonso oyo ezali kobima.

- Esengeli kobongisa ndenge ya kosalela mbongo mpe kolandela bibongiseli yango mpo na komindimisa ete bozali kokokisa mikano oyo bomityeli, ata mpe kolongola makama oyo ekoki kobima na ndenge bozali kosalela mbongo.
- Kokoma motángo nyonso ya mbongo oyo ezali kokota, kobima mpe kotindama.

9.4 Ntango bozali kosalela biloko oyo ezali na mboka, bótalela mpe soki ekobongisa to ekobebisa biloko oyo ezingi biso.

- Bósala mwa ankete na lombangu mpo na koyeba soki biloko yango ekobebisa to te mai mpe mopepe, mpe kotya bibongiseli nokinoki mpo na kokitisa makama oyo ekoki kobima ntango bakobanda mosala.

9.5 Bóyeba ndenge ya kosala soki kanyaka ebimi mpe soki likoki ezali, bózwa bibongiseli oyo esengeli soki bomoni yango.

- Bókoma bisika oyo mbongo ezali kouta mpe ndenge ezali kokota. Bózala polele ntango bozali koyebisa makambo oyo etali mosala oyo elingi kosalema.
- Bólendisa bakompanyi báyebisa ntango basusu bazali kosalela bokonzi na ndenge ya mabe.

Makambo oyo bibongiseli esengeli kosala

9.6 Ezali na malako oyo emonisi ndenge ya kobatela mpe kosalela biloko oyo ezali, mpe ndenge oyo ebongiseli moko:

a. endimaka mpe epesaka mbongo mpe biloko mosusu na ndenge oyo ebongi mpe na ndenge oyo mibeko esengi;

b. esalelaka biloko na yango na ndenge oyo ekobebisa mai mpe mopepe te;

c. epekisaka, mpe ezwaka basolisyo na makambo ya kanyaka, mbilingambilinga, kowelana to kobendana, mpe kosalela biloko na ndenge ya mabe;

d. elandelaka ndenge mbongo esalelamaka, etalelaka soki yango eyokani na malako, mpe epesaka balopolo ya polele;

e. ekobaka kotalela, kotambwisa makambo, mpe kokitisa makama; mpe

f. emindimisaka ete biloko oyo ezali kozwa ezali kolongola bonsomi na yango te.

Makanisi ya kolanda

Kosalela biloko malamu: Awa, liloba "biloko" ezali komonisa oyo ebongiseli moko esengeli na yango mpo na kokokisa mosala na yango. Yango esangisi mbongo, basali, biloko ya mosala, biloko mosusu, ntango, mabele, mai mpe mopepe, kasi ezali mpe na biloko mosusu, esuki kaka na wana te.

Soki makama ebimi na mbalakaka mpe nsango ekei bisika nyonso, mbala mingi batyaka bibongiseli mbamba mpo esala likambo mbala moko, mpe na ndenge yango emonisa ete ekoki kozwa solisyo soki likambo ebimi. Yango ekoki kosala ete makambo ebongisama malamu te liboso mpe bakotya likebi mingi te na ntina ya kosalela makanisi ndenge na ndenge mpo na kobongisa manaka mpe ya kozwa mbongo (na ndakisa, kozwa lisungi ya mbongo). Yango ekoki kobimisa matomba mingi. Kasi, lokola kanyaka ezali mingi na bisika yango, ezali na ntina kopesa formasyo na basali mpe kosunga bango, mpe kosala batekiniki oyo ekobimisa bifundeli, mpo na koboya ete kanyaka ekota na bibongiseli ⊕ *talá Mokumba 3 mpe 5*.

Na bantango wana, kotinda bato oyo bayebi mosala malamu ekoki kokitisa makama mpe kosala ete bokatikati ezali kati na kopesa lisungi nokinoki, kotosa mibeko to malako, mpe koboya kobebisa biloko mpamba.

Soki bibongiseli ezali kosala elongo na bana-mboka, yango ekoki kosala ete mosala esalema malamu (na ndakisa, kotambwisa baankete esalema nzela moko, mpe kopesa mabɔkɔ mpo bibongiseli mpe biloko na yango ekomisama).

Soki mosala yango esili, biloko oyo ekotikala ekopesama, ekotekama to ekozongisama na ndenge ya malamu.

Kosalela biloko mpo na ntina oyo esengelaki kosalelama: Bato nyonso oyo basalaka mosala ya kosunga bato bazali na mokumba epai ya bapesi mpe baoyo bakweli likama, mpe basengeli komonisa ete biloko esalelamaki na ndenge oyo ebongi mpe na ndenge ya malamu mpenza.

Mokanda oyo elandelaka ndenge mbongo esalelamaka (*registre comptable*) esengeli koyokana na mibeko oyo endimami ya mboka to ya mokili mobimba, mpe esengeli esalelama malamumalamu na ebongiseli mobimba.

Kanyaka, mbilingambilinga, mpe kobebisa biloko mpamba ezangisaka bato biloko oyo basengeli na yango mpenza. Atako bongo, mosala oyo esalemi na bato mingi te mpe biloko mingi te, tokoki te kobenga yango mosala ya malamu. Koboya kobebisa biloko mpamba elakisi te ete bozali kosalela yango malamu koleka. Mbala mingi, likoki ekozala kaka ya kozala na bokatikati kati na koboya kobebisa biloko mpamba, kosala mosala malamu, mpe kobimisa mbuma malamu.

Kolandela mpe kosala balapolo ya makambo ya mbongo: Basali nyonso bazwi mokumba ya kosalela mbongo malamu. Tozali kolendisa basali báyebisa soki bamoni ete mbilingambilinga moko boye elingi kosalema, kanyaka, to bazali kosalela biloko na ndenge oyo ebongi te.

Oyo ekosala na mai mpe mopepe mpe ndenge bazali kosalela biloko na ndenge ekelama: Mosala ya kosunga bato ekoki kobebisa mai mpe mopepe. Na ndakisa, ekoki kobimisa ebele ya bosɔtɔ, kobebisa biloko mosusu ebele oyo Nzambe asalá, kobebisa to kokausa ebele ya mai, kobimisa bazamba, mpe biloko mosusu ya mokili. Mabele, banzete, mai, mopepe ezali na ntina mingi mpo na bomoi ya moto mpe ebateleka ye na makama minene. Likambo nyonso oyo ekobebisa mai to mopepe na mokili esengeli kotalelama lokola likambo monene oyo etali bato nyonso, mpamba te yango ekoki kotya bomoi ya bato ebele, sante na bango, mpe biloko na bango ya kobikela na likama. Na likambo yango, ezali mpe na ntina kokotisa bato oyo bakweli likama mpe kotalela makambo oyo etungisaka bango. Esengeli mpe kotalela ndenge ya kopesa mabɔkɔ mpo na kosalela malamu biloko oyo Nzambe akelá.

Koyeba ndenge ya kosala soki kanyaka ebimi: Ndimbola ya kanyaka mpe ndenge bato ya mimeseno ndenge na ndenge batalelaka yango ekeseni. Ezali na ntina mingi komonisa polele bizaleli oyo basali (ezala mpe bavolontere) mpe bato ya bakompanyi mosusu basengeli kozala na yango mpo na kosilisa likama yango ⊕ *talá Mokumba 8*. Kosolola na limemya nyonso na bana-mboka, mpe kosala batekiniki ya kolandela na esika yango, mpe kosala makambo polelepolele, ekoki kosala ete kanyaka ezala mingi te.

Makabo ya biloko ekoki kobimisa mikakatano na oyo etali bizaleli malamu. Na bisika mingi, kopesa makabo ezali na ntina mingi mpo na kofanda malamu ná bato, nzokande koboya likabo emonanaka mabe to kozanga bokonde. Soki moto oyo bapesi kado to likabo amoni ete akotikala lokola na nyongo moko boye, asengeli koboya na bokonde nyonso. Soki andimi yango, asengeli koyebisa yango mpe kosolola yango na mokambi moko soki matata ekobima. Soki bozali kobimisa malako mpo na basali mpe bozali kolendisa ete makambo esalemaka polelepolele, ekosala ete bato na bato básala makambo na ndenge na bango moko te, kozanga ebongiseli ezala. Basali basengeli koyeba malako yango mpe mikakatano mosusu oyo eyokani na yango.

Biloko na ndenge ekelama mpe kotalela soki mai to mopepe ekobeba te: Bibongiseli esengeli kondima malako mpe mibeko mosusu ya sika oyo etali mai mpe mopepe (ata mpe manaka to programme mpo na kobongisa makambo mpe kotalela soki mai to mopepe ekobeba te) mpe kosalelaka malako oyo esí etyamá mpo na kosilisa mikakatano oyo etali mai mpe mopepe na ntango likama ebimi. Malako mpo na kosala mombongo na ndenge ya malamu ekosala ete mai mpe mopepe ebeba mingi te, kasi esengeli kosalela malako yango malamu mpo lisungi eumela te koya.

Kanyaka mpe mbilingambilinga: Na liloba mbilingambilinga, tozali kotánga koyiba, kosalela biloko to mapango na ndenge oyo esengelaki te, mpe kosala ba-dokima ya mabe, na ndakisa oyo etali kozongisa mbongo oyo ebimaki. Ebongiseli nyonso esengeli kokoma na bosikisiki ndenge mbongo ebimaka mpe ekotaka, mpo na komonisa ndenge mbongo esalelamaka. Esengeli kosala batekiniki ndenge na ndenge mpo na kolandela malamu ndenge mbongo ezali kosalelama mpo mbilingambilinga mpe kanyaka ezala te.

Bibongiseli esengeli kopesa mabɔkɔ na misala malamu oyo eyebani na ntina etali kobatela mosolo mpe kosala balapolo ya sikisiki mpo na ndenge mbongo yango esalelamaka. Malako oyo etali kobongisa makambo esengeli kopesa ndanga ete makambo ya mombongo ekozala polelepolele mpe makasi mpe ekokotisa bibongiseli oyo etali ndenge ya kobundisa terorisme.

Matata: Basali basengeli komindimisa ete mikano ya ebongiseli mpe mikano na bango moko to oyo etali mosolo na bango ezali na boyokani, matata ezali te. Na ndakisa, basengeli te kosala ba-kontra ná bakompanyi ya minene, bibongiseli to ata mpe bato mosusu, soki bango to mabota na bango ekozwa mwa benefisi ya mbongo.

Matata ezalaka ya ndenge na ndenge, mpe mbala mingi bato bayebaka te ete babukaka mibeko mpe malako ya ebongiseli. Na ndakisa, kosalela biloko ya ebongiseli kozanga ndingisa to kozwa makabo to bakado oyo euti na kompanyi moko ya monene ekoki kobimisa matata.

Lolenge malamu ya kosilisa matata ya ndenge wana ezali ya komesenisa bato bálobelaka to báyebisaka polele matata nyonso oyo ekoki kobima to oyo esilá kobima.

Kolandela mpe kobimisa makambo polelepolele: Kolandela ekoki kosalema na ndenge mingi. Kolandela makambo oyo ezali kosalema na kati esalisaka mpo na koyeba soki malako ezali kotosama. Kolandela makambo oyo ezali kosalema libándá esalisaka mpo na koyeba soki mbongo oyo ekomami ezali mpenza oyo esalelami. Ankete esalemaka soki ezali na likambo moko boye ya malamu te oyo bamoni ete ezali kosalema na ebongiseli, na ndakisa mbilingambilinga.

Apendisi
Mituna ya komituna mpo na kolandela misala ya ntina mpe makambo oyo bibongiseli esengeli kosala

Bokomona awa na nse mwa mituna ya komituna likoló ya misala ya ntina mpe ya makambo oyo bibongiseli esengeli kosala, oyo Mobeko ya ntina mingi na mosala ya kosunga bato elobeli. Mituna yango ekoki kosalisa bino ntango bozali kobongisa misala ya kosala to mpo na kotalela lisusu mosala oyo bozali kosala to malako oyo bosalelaka.

Mokumba 1   Bana-mboka mpe bato oyo likama monene ekweli bazali kozwa lisungi oyo ebongi na bamposa na bango.

Mituna ya komituna mpo na kolandela misala ya ntina

1. Botaleli malamumalamu elongo na basusu makoki mpe bamposa ya bato ya kosunga mpe bosaleli boyebi bozwi mpo na kobongisa ndenge ya kosunga bango?
2. Botuni mpe makanisi ya bato mpe bana-mboka oyo bakweli likama, bibongiseli ya mboka mpe bato mosusu oyo mpe bapesaka mabɔkɔ (na ndakisa, bituluku oyo emonisaka basi, mibali, bana basi mpe bana mibali) ntango bozali kotalela bamposa, makama, makoki, bolembu mpe ndenge makambo ezali? Bokaboli makambo oyo bozwi mpe makambo oyo bokosalela mpo na kolandela mosala na bino na kotalela mitindo oyo: basi to mibali, mbula ya kobotama mpe kozala ebosono to te?
3. Ndenge nini boyebi bituluku ya bato oyo bazali na likama?
4. Bokanisi mpe makambo oyo ebongi, oyo emonanaka na bituluku nyonso, ntango bozali kotalela bamposa mpe ndenge makambo ezali?
5. Lisungi ezali nde kopesama na ndenge oyo eyokani na bamposa ya bato oyo bakweli likama mpe ndenge oyo bango balingi (na ndakisa, biloko, mbongo)? Ezali nde na mitindo ekeseni ya kopesa lisalisi mpe libateli mpo na etuluku na etuluku ya bato?
6. Bibongiseli nini bozali kozwa mpo na koyokanisa ndenge na bino ya kopesa lisungi na bituluku ndenge na ndenge ya bato, na kotalela mbongwana ya bamposa, ya makoki, ya makama mpe ya ndenge makambo ezali?

Mituna ya komituna mpo na kolandela makambo oyo bibongiseli esengeli kosala

1. Ebongiseli na bino endimá mokumba ya kozala na malako ya polele na likambo etali kopesaka bato lisungi na kotalela ntomo na bango, kozanga kopona bilongi mpe kozanga kolanda mitindo oyo euti na bibongiseli mosusu? Basali ya ebongiseli na bino bayebi yango?
2. Bato oyo mpe bapesaka mabɔkɔ na mosala ya kosunga bamonaka ete ebongiseli na bino etalelaka bato nyonso ndenge moko, elandaka te mitindo oyo euti na bibongiseli mosusu mpe eponaka bilongi te?
3. Na ndenge na bino ya kosala, bokamatá mpe bibongiseli mpo makambo oyo bozwaka ekabolama na kotalela soki etali basi to mibali, mbula ya kobotama ya bato mpe soki bazali bibosono to te to mpe na kotalela makambo mosusu oyo ebongi?

4. Bosalelaka mbala na mbala makambo yango oyo bozwaka ntango bozali kobongisa ndenge bokosala mosala na bino mpe ntango bozali kosala mosala yango?

5. Ebongiseli na bino ezali na mbongo, malako mpo na kozwa basali ya sika mpe likoki ya kobongola misala na yango, oyo ekopesa yango nzela ya koyokanisa lisungi oyo ezali kopesa bato na bamposa na bango oyo ebongwanaka se kobongwana?

6. Ebongiseli na bino etalelaka mbala na mbala bamposa mpe mimeseno ya bato ya kosunga mpo na koyeba mitindo ya lisungi oyo ebongi na bango?

_____

Mokumba 2   Bana-mboka mpe bato oyo likama monene ekweli bazali na likoki ya kozwa lisungi oyo basengeli na yango na ntango oyo ebongi.

Mituna ya komituna mpo na kolandela misala ya ntina

1. Bolukaka mbala na mbala koyeba mitungisi oyo bato oyo bakweli likama bakutanaka na yango, na ndakisa babaraje na nzela to kosalelama makambo na nko mpe makama oyo ekoki kokómela bango? Botalelaka mitungisi yango, mpe yango etindaka bino bósolola na bato oyo bakweli likama mpo na kobongola makambo mosusu oyo bokanaki kosala?

2. Na programe na bino, bokanisaka mpe ntango oyo ebongi mpo na kosala misala na bino? Botalelaka makambo lokola moi, mopepe, eleko ya mbula to elanga, mimeseno ya bato, likoki ya kopesa lisungi na petee nyonso to mpe bitumba?

3. Bolandelaka soki retare ekoti na baprograme oyo bosalaki mpe na misala oyo bozali kosala mpe bozwaka bibongiseli mpo na yango?

4. Bosalelaka bibongiseli oyo botyá mpo na kokebisa bino liboso mpe baprograme mosusu soki makambo ekanami te ebimi?

5. Bosalelaka masengami oyo endimami ya misala ya sikisiki mpe bokokisaka yango?

6. Bolukaka koyeba bamposa oyo ekokisami te mpe bozwelaka yango basolisyo?

7. Bosalelaka makambo oyo bomoni nsima ya kolandela misala na bino mpo na kobongola makambo mosusu?

Mituna ya komituna mpo na kolandela makambo oyo bibongiseli esengeli kosala

1. Liboso ya komonisa makambo oyo bondimi kosalela bato oyo bakweli likama, bozali na ndenge ya kosala ya polele mpo na kotalela ebongiseli na bino soki ezali na makoki mpe mbongo oyo esengeli mpe basali oyo babongi, oyo bokoki kotinda na bisika oyo lisungi esengeli kopesama?

2. Bozali na malako mpe ndenge ya kosala ya polele, mpe na nyonso oyo esengeli mpo na kosimba mosala ya kolandela mpe kotalela mbuma oyo mosala ebimisi, mpe kosalela mbuma yango mpo na kokamba misala mpe kozwa bikateli? Basali na bino bayebi yango?

3. Bozali na ndenge ya kosala ya polele oyo ezali komonisa mikumba mpe ntango ya kozwa bikateli etali ndenge ya kosalela basali ná biloko oyo bozali na yango?

_____

Mokumba 3   Bana-mboka mpe bato oyo likama monene ekweli bayoki mabe te mpo na lisungi oyo bapesi bango; ebongisi nde bango malamu koleka, elendisi likoki na bango ya kosala makasi mpo na kozongela bomoi na bango ya liboso mpe ekitisi makama oyo bakoki lisusu kokutana na yango.

Mituna ya komituna mpo na kolandela misala ya ntina

1. Boluki koyeba makoki oyo ezali na mboka, oyo esalisaka bato bázwa makasi ya kozongela bomoi na bango ya liboso (bibongiseli, bituluku oyo esangisaka bato na bantango mosusu, bakambi mpe bituluku mpo na kosungana) mpe bosali baprograme mpo na kolendisa makoki yango?

2. Bosalelaka makambo oyo eyebani mpo na makama, bolembu mpe baprograme etali yango ntango bozali kobongisa misala oyo bokosala?

3. Botalelaki soki bibongiseli ya bana-mboka, ya Leta to ya mimbongo ekoki kosalela bato misala mosusu, mpe ndenge nini ekoki kosala yango? Bobongisá libela ndenge ya kosimba bibongiseli yango oyo ekobanda kosalela bato misala oyo esengeli?

4. Makanisi mpe misala ya kosala mpo na kokitisa makama mpe kosalisa bato bákóma na likoki ya kozongela bomoi na bango ya liboso ebongisamaki elongo na bato mpe bana-mboka oyo bakweli likama to na kolanda makanisi na bango?

5. Wapi mitindo (oyo ebongisamá mpe ya mbalakaka) oyo bosalelaka mpo na kotuna makanisi ya bakambi to mpe ya bakonzi mpo na komindimisa ete ndenge na bino ya kopesa lisungi eyokani na makambo oyo Bana-mboka to mpe ya ekólo basengeli na yango libosoliboso?

6. Basali na bino basimbaka na ndenge ekoki bibongiseli oyo ezwamaka na mboka, na ndakisa bibongiseli ya kosungana kati na bana-mboka, mingimingi oyo etali bituluku ya bato oyo bazali moke mpe baoyo bamonaka bango bato mpamba, mpe oyo ya kopesa lisungi ya nokinoki mpe ya kobakisela bato makoki mpo na misala ya kosunga oyo ekosalema na mikolo ekoya?

7. Bobongisi lisungi na bino na ndenge oyo ekosalisa bato bázongela nokinoki bomoi na bango ya liboso?

8. Bana-mboka bazali mokemoke kozwa makambo na mabɔkɔ mpe kozwa bikateli?

9. Botalelaki bamposa mpe mimeseno ya bato mpo na koyeba soki misala na bino ekoki kosala nini na nkita ya mboka na bango?

10. Bosololaki na bato oyo bakweli likama mpe bibongiseli mosusu oyo mpe esungaka bato liboso bóbongisa mayele ya polele oyo bokosalela mpo na koleka na mosala mosusu to mpe kosukisa mosala na bino?

Mituna ya komituna mpo na kolandela makambo oyo bibongiseli esengeli kosala

1. Na misala ya ebongiseli na bino, bozali na malako oyo esengi ete bótalela makama oyo ekoki kobima mpe bómekameka ndenge ya kokitisa yango mpo na bato oyo bazali na makoki mingi te ya komisalisa? Basali na bino bayebi yango?

2. Bozali na malako mpe ndenge ya kosala mpo na kotalela mpe kokitisa mikakatano oyo ezali kouta na mosala na bino? Basali na bino bayebi yango?

3. Bozali na malako mpe ndenge ya kosala ntango bazali kosalisa bato makambo ya kosangisa mpo na litomba ya bato mosusu, bazali kosala na bango makambo ya kosangisa nzoto na makasi to kotalela bango ndenge mosusu, ntango mosusu kaka mpo na lolenge ya bato oyo bango bayokaka mposa ya kosangisa na bango nzoto to mpo na bantina mosusu? Basali na bino bayebi yango?

4. Bobongisá ndenge mosusu ya kosala soki likama to etumba mosusu ebimi to soki oyo ya kala eyei ndongo? Basali na bino bayebi yango?

5. Basali na bino bayebi oyo basengeli kosala na makambo etali libateli, kokima makama mpe makama?

6. Ebongiseli na bino epesaka nzela mpe elendisaka misala oyo bana-mboka basalaka mpe bibongiseli oyo bazwaka mpo na kosalisana?

_____

Mokumba 4 Bana-mboka mpe bato oyo likama monene ekweli bayebi ntomo na bango, bazali na likoki ya koyeba makambo mpe basanganaka na bikateli oyo etali bango.

Mituna ya komituna mpo na kolandela misala ya ntina

1. Bozali koyebisa makambo etali ebongiseli na bino mpe mosala na bino na ndenge oyo bato ya bituluku ndenge na ndenge oyo bakweli likama bakoki koyeba yango mpe na ndenge oyo ebongi na bango?

2. Basi, mibali, bilenge basi mpe mibali (mingimingi baoyo bamonaka bango bato mpamba mpe bazali na makoki mingi te ya komisalisa) bakoki koyeba makambo oyo bozali koyebisa bango, mpe bazali kokanga ntina na yango?

3. Bolukaka koyeba makanisi ya bato oyo bakweli likama, ata mpe ya baoyo bazali mpenza te na makoki ya komisalisa mpe ya baoyo bamonaka bango bato mpamba ya nsuka, mpe bosalelaka makanisi yango ntango bozali kobongisa misala ya kosala mpe ntango bozali kosala misala yango?

4. Bituluku nyonso ya bato oyo bazali kati na mboka oyo ekweli likama bayebi ndenge ya komonisa makanisi na bango mpo na lisungi oyo bazali kozwa, babangaka te komonisa makanisi na bango bongo?

5. Bosalelaka makanisi yango? Bokoki kolakisa makambo oyo bobongolaki mpo na makanisi yango? ⊕ *Talá Misala ya ntina 1.3 mpe 2.5.*

6. Boyebi makambo oyo epekisaka bato báyebisa bino makanisi na bango mpe bolukelaka yango basolisyo?

7. Makambo oyo bato bazali koyebisa bino ekabolami na kotalela soki euti na mwasi to mobali, mbula ya kobotama ya moto, soki azali ebosono to te, to mpe na mitindo mosusu oyo ebongi?

8. Na bisika oyo lisalisi ezali kotindama na nzela ya bakonti ya banki, bato bazali na likoki ya koyebisa makanisi na bango, ata soki bazali komonana te na basali na bino?

Mituna ya komituna mpo na kolandela makambo oyo bibongiseli esengeli kosala

1. Malako mpe manaka ya misala na bino epesi nzela na koyebisa basusu makambo, emonisi mpe ndenge oyo bokoyeba soki bokoyebisa to te makambo mosusu? Basali na bino bayebi yango?

2. Malako mpe manaka ya misala na bino epesi nzela na kobatela makambo? Bozali nde na malako etali kobomba makambo malamu (na baarmware oyo ezali na fungola mpo na mikanda ya papye, kotya bakode na mikanda oyo etyami na baapareyi), kopesa nzela na moto nyonso te amona yango, kobebisa makambo na ntango ya kokima mpe koyebisa makambo? Malako yango elimboli polele makambo oyo bosengeli koyebisa, nani bokoyebisa ye yango mpe na mabaku nini? Bóbosana te ete bokoyebisa makambo kaka soki mpenza bosenga ezali mpe bokolobela te makambo ya mikemike oyo ekosala ete báyeba bato oyo bozali kolobela to mpe masolo ya bato oyo bosungaki, lobá soki esengeli kosala yango.

3. Malako na bino emonisi ndenge ya kosala na makambo ya nkuku to oyo moto nyonso te asengeli koyeba, to makambo oyo ekoki kotya na likama bomoi ya basali na bino to ya bato oyo bakweli likama? Basali na bino bayebi yango?

4. Bozali na malako etali ndenge ya komonisa bato oyo bakweli likama na bililingi na mikanda oyo bosalelaka mpo na koyebisa bato mosala na bino to na mikanda to biloko oyo bosalelaka mpo na kokongola mbongo? Basali na bino bayebi yango?

Mokumba 5   Bana-mboka mpe bato oyo likama monene ekweli bazali na likoki ya kosalela bibongiseli oyo etyami mpo na kotalela komilelalela na bango nokinoki mpe na ndenge oyo ekotya bango na likama te.

Mituna ya komituna mpo na kolandela misala ya ntina

1. Botunaki makanisi ya bana-mboka mpe ya bato oyo likama monene ekweli liboso ya kosala bibongiseli mpo na kotalela komilelalela na bango?
2. Botalelaki bamposa ya bituluku nyonso ya bato, mingimingi oyo etali kobatelama mpe kobomba sekele, ntango bozali kobongisa ndenge ya kotalela komilelalela na bango?
3. Boyebisaki bato ya bituluku nyonso ndenge bibongiseli mpo na kotalela komilelalela na bango esalaka mpe mitindo ya komilelalela oyo bakoki koya na yango kuna? Bakangaki ntina?
4. Ezali nde na bantango oyo boyokaná, oyo mpe botosaka, mpo na kosala baankete mpe kosilisa makambo oyo bato bamilelileli mpo na yango? Bokomaka ntango oyo eleki banda boyambaki moto ayei komilelalela tii bokosilisa likambo na ye?
5. Basali na bino oyo bazali na makoki mpe bokonzi oyo esengeli basalaka nokinoki baankete soki moto ayei komilelalela ete basalisaki ye makambo ya kosangisa mpo na litomba ya bato mosusu, basalaki na ye makambo ya kosangisa nzoto na makasi to mpe batalelaki ye ndenge mosusu?

Mituna ya komituna mpo na kolandela makambo oyo bibongiseli esengeli kosala

1. Bozali na malako, mbongo mpe ndenge ya kosala ya sikisiki mpo na kotalela komilelalela ya bato?
2. Bolakisá basali na bino nyonso malako mpe ndenge ya kosala ya ebongiseli na bino mpo na kotalela komilelalela ya bato, mpe bozongelaka kolakisa bango yango?
3. Na malako ya ebongiseli na bino na likambo ya kotalela komilelalela ya bato, bolobeli mpe likambo ya kosalisa moto makambo ya kosangisa mpo na litomba ya bato mosusu, kosala na ye makambo ya kosangisa nzoto na makasi to mpe kotalela ye ndenge mosusu?
4. Boyebisi bato oyo bakweli likama malako mpe ndenge ya kosala ya ebongiseli na bino mpo na kobatela bato básalisa bango te makambo ya kosangisa mpo na litomba ya bato mosusu, básala na bango te makambo ya kosangisa nzoto na makasi to mpe bátalela bango te ndenge mosusu?
5. Bokoki koyebisa kozanga koumela bibongiseli oyo ebongi komilelalela ya bato oyo ebongiseli na bino ekoki te kotalela?

Mokumba 6   Bana-mboka mpe bato oyo likama monene ekweli bazali kozwa lisungi oyo ekambami malamu mpe oyo ezali kobakisama na lisungi mosusu.

Mituna ya komituna mpo na kolandela misala ya ntina

1. Boyebisi, na ntango ebongi, bibongiseli mosusu oyo eyei mpe kopesa bato lisungi makambo etali mayele na bino ya mosala, bato mpe bisaleli na bino, bisika bozali kosala mpe misala oyo bozali kosala?

2. Botángaki makambo etali mayele ya mosala ya bibongiseli mosusu, ata mpe ya bakonzi ya mboka mpe ya ekólo, bato mpe bisaleli na bango, bisika bazali kosala mpe misala oyo bazali kosala? Bosalelaki makambo yango?
3. Boyebi bibongiseli oyo ezali kokamba misala mpe bozali kopesa yango mabɔkɔ?
4. Botaleli misala ya bibongiseli mosusu mpe ya bakonzi ya Leta ntango bozali kobongisa oyo ya bino, kotya manaka mpe kosala misala yango oyo bobongisaki?
5. Na lisungi oyo bozali kopesa bato, bomoni makambo oyo ezali kozanga mpe oyo bibongiseli mibale to koleka ezali kosala ndenge moko? Bosemboli likambo yango?

Mituna ya komituna mpo na kolandela makambo oyo bibongiseli esengeli kosala

1. Na malako to mpe na mayele ya kosala ya ebongiseli na bino, ezali komonana polele ete bondimi mokumba ya kosala elongo na bato mosusu?
2. Botyá masengami mpo na kopona bibongiseli oyo bokosala elongo na yango, ndenge bokoyokana mpe ndenge misala na bino ekokambama?
3. Botyá malako ya sikisiki mpo na kotambwisa boyokani na bino ná bibongiseli mosusu?
4. Na boyokani oyo bosali ná bibongiseli mosusu, bomonisi mpe polele mikumba, misala mpe makambo oyo ebongiseli mokomoko endimi kosala, ata mpe ndenge oyo ebongiseli mokomoko ekopesa mabɔkɔ mpo bókokisa elongo mitinda ya mosala ya kopesa bato lisungi?

Mokumba 7 Bana-mboka mpe bato oyo likama monene ekweli bakoki kolikya kozwa lisalisi ya malamu koleka mpo bibongiseli ezali kozwa mateya na makambo oyo ekutani na yango mpe basali na yango bazali kokanisa.

Mituna ya komituna mpo na kolandela misala ya ntina

1. Ntango bozali kokanisa misala oyo bokosala mpo na kosunga bato oyo bakweli likama moko, botali makambo oyo emonanaki ntango lisungi epesamaki mpo na makama mosusu ya ndenge wana? Bosaleli mpe yango, soki ebongi?
2. Makambo bomonaka ntango bolandelaka mpe botalelaka mosala na bino mpe ndenge botalelaka komilelalela ya bato etindaka bino bóbongola makambo mosusu to mpe bótya makambo ya sika ntango bokanisaka misala bokosala mpe ntango bosalaka misala yango?
3. Bokomaka mateya nyonso bozwi ná bilembeteli na yango?
4. Bosalelaka bibongiseli ya sikisiki mpo na koyebisa mateya bozwi epai ya bato mosusu oyo bapesaka mpe mabɔkɔ na mosala ya kosunga, ata mpe bato oyo bakweli likama mpe bibongiseli oyo bosalá na yango boyokani?

Mituna ya komituna mpo na kolandela makambo oyo bibongiseli esengeli kosala

1. Bozali na malako, bato mpe bisaleli mpo na kotalelaka mosala na bino mpe kozwela yango mateya? Basali na bino bayebi yango?
2. Bozali na malako ya polele mpo na kokoma mateya bozwi mpe kopanza yango, ata mpe malako oyo ebongi kosalelama na ntango bato bakweli likama monene?
3. Bomonaka mateya oyo bozwi, bokomaka yango ná bilembeteli na yango mpe boyebisaka yango basali ya ebongiseli na bino?
4. Ebongiseli na bino esanganaka mpenza na bituluku oyo esololaka na ntina etali kozwa mateya mpe kosala makambo ya sika? Makambo nini ebongiseli na bino esalaka mpo na kosimba bituluku wana?

Mokumba 8 Bana-mboka mpe bato oyo likama monene ekweli bazali kozwa lisalisi oyo basengeli na yango epai ya basali mpe bavolontere oyo bayebi mosala na bango mpe bakambami malamu.

Mituna ya komituna mpo na kolandela misala ya ntina

1. Boyebisaka basali ya sika mokumba mpe mitinda ya ebongiseli na bino?
2. Bolandelaka mosala ya basali na bino, bosembolaka baoyo bazali kosala malamu te mpe bopesaka longonya na baoyo bazali kosala malamu?
3. Basali batyaka sinyatire na mokanda oyo ezali na malako etali etamboli to na mokanda mosusu ya ndenge wana oyo ezali komonisa bango oyo basengeli kosala to te? Soki ezali bongo, mpo bákanga ntina ya malako yango, bopesaka bango formasyo mpo na yango mpe mpo na malako mosusu oyo ebongi?
4. Boyokaka bato oyo bayaka komilelalela mpo na basali na bino to basali ya bibongiseli oyo bosalá na yango boyokani? Botalelaka yango ndenge nini?
5. Basali na bino bayebi lisalisi oyo bakoki kozwa mpo bákolisa makoki oyo mosala na bango esengi? Bazali kosalela yango?

Mituna ya komituna mpo na kolandela makambo oyo bibongiseli esengeli kosala

1. Bozali na ndenge ya kosala mpo na koyeba basali oyo bosengeli na bango na kotalela mosala na bino mpe bonene na ?
2. Na manaka ya ebongiseli na bino, bozali kokanisa mposa ya kozala na bakambi mosusu na mikolo ezali koya mpe kosalisa basali mosusu bákóma na makoki mingi koleka?
3. Malako mpe ndenge na bino ya kosala eyokani na mibeko ya mboka na makambo etali mosala mpe elandaka ndenge ya malamu mpe oyo endimamá ya kokamba basali?
4. Malako mpo na libateli mpe bolamu ya basali etaleli bamposa ya solosolo mpe ya mayoki ya basali oyo bazali bana-mboka, oyo bazwi mpe mikakatano mpo na likama monene oyo ekweli bana-mboka na bango?
5. Mpo na kozwa basali ya sika, kopesa formasyo na basali mpe kotalela mosala na bango, botalaka soki basali yango bazali na bomoto oyo ekosalisa bango báyokaka bato oyo bakweli likama mpe bátyaka likebi na makanisi oyo bato yango bapesi?
6. Bozali na mikanda, oyo botalelaka mbala na mbala, oyo ezali komonisa misala, mikano, ata mpe mikumba ya sikisiki, ya mosali mokomomo?
7. Ndenge na bino ya kofuta basali mpe kopesa bango matomba mosusu ezalaka sembo, polele mpe bosalelaka yango epai ya basali nyonso?
8. Boyebisá basali na bino nyonso ndenge na bino ya kotalela mosala na bango, malako mpe ndenge na bino ya kosala mpo na kosalisa bango bákolisa makoki na bango? Mpe soki mwa mbongwana esalemi na makambo yango, boyebisaka bango yango?
9. Bosengaka na basali nyonso (mpe baoyo basalelaka bino misala mosusu) bátya sinyatire na mokanda ya malako etali etamboli (oyo ezali komonisa mpe ndenge ya kokima likambo ya kosalisa moto makambo ya kosangisa nzoto mpo na litomba ya bato mosusu to na makasi) mpe bolakisaka bango malako etali etamboli na ndenge ebongi?
10. Na bakontra oyo bosalaka na bibongiseli oyo esalisaka na makambo ya mbongo mpe na bakomelesa, botyaka na ndenge ya polele maloba, to Lisengami moko to

malako etamboli mpo na kokima likambo ya kosalisa moto makambo ya kosangisa nzoto to makambo mosusu mpo na litomba ya bato mosusu?

11. Ebongiseli na bino ezali na malako mpo na ndenge ya kosilisa komilelalela ya basali na kotalela esika na esika? Basali bayebi yango?

12. Basali bayebi soki kopona bilongi elakisi nini mpe bandimi ete esalemaka? Ndenge nini babundisaka ezaleli yango na misala oyo basalaka mpo na kosunga bato?

Mokumba 9   Bana-mboka mpe bato oyo likama monene ekweli bakoki kolikya ete bibongiseli oyo ezali kosalisa bango ezali kosalela mbongo mpe biloko mosusu na ndenge oyo ekobota mbuma malamu, na mayele mpe na boyokani na bizaleli malamu.

Mituna ya komituna mpo na kolandela misala ya ntinantina

1. Basali na bino babimisaka mbongo na kolanda malako ya ebongiseli na bino?

2. Bolandelaka mbongo oyo ebimisamaka mpe bosalaka lapolo mpo na yango na baoyo bazali kokamba misala na bino?

3. Liboso ya kopona epai bokosomba biloko to bokosalisa misala, bopesaka libaku na bakompani to bakomelesa nyonso oyo balingi bálobela biloko to misala basalaka?

4. Bolandelaka soki misala na bino ezali ntango mosusu kobebisa mai, mabele, mopepe, milona mpe banyama? Bozwaka bibongiseli mpo ebebisa yango mingi te?

5. Bozali na ndenge ya kosala oyo ezangi likama mpo na kofunda soki mosali moko asali likambo moko ya mabe? Basali, bato oyo bakweli likama mpe bato mosusu oyo bapesaka mpe mabɔkɔ bayebi yango?

6. Bolandelaka mpo na koyeba soki misala na bino ememelaka bato matomba mpe soki matomba yango eyokani na mbongo oyo ebimisamaka?

Mituna ya komituna mpo na kolandela makambo oyo bibongiseli esengeli kosala

1. Bozali na malako mpe ndenge ya kosala oyo eyokani na bizaleli malamu na likambo etali kosomba, kosalela mpe kobatela biloko?

2. Yango elobeli makambo lokola:
   - kondima mbongo mpe kopesa yango?
   - kondima mpe kopesa makabo ya biloko?
   - kosala ete mai, mabele, mopepe, milona mpe banyama ebeba te to ebeba mingi te?
   - kozwa bibongiseli mpo moyibi ezala te, kotalela baoyo bafundi bango ete bazwaki kanyaka mpe baoyo bazwaki kanyaka, mpe kotalela baoyo basalelaki mbongo to biloko mpo na matomba na bango moko?
   - mabaku oyo matomba ya mosali eyokani te na oyo ya ebongiseli?
   - kotalela ndenge mbongo to biloko mosusu esalelami, mpe kokoma balapolo?
   - kobatela bozwi ya ebongiseli na bino mpe kotalela makama oyo ekoki kokómela yango?

Mitindami mpe mikanda mosusu ya kotánga

Epai okozwa makanisi mosusu etali Mobeko ya ntina mingi na mosala ya kosunga bato: corehumanitarianstandard.org

CHS Alliance: www.chsalliance.org

Le COMPAS Qualité et Redevabilité: www.urd.org

Overseas Development Institute (ODI): www.odi.org

Kokokisa mikumba

Standards minimums pour la protection de l'enfance (CPMS). Global Child Protection Working Group, 2010. https://www.alliancecpha.org/en/cpms

Complaints Mechanism Handbook. ALNAP, Danish Refugee Council, 2008. www.alnap.org

Guidelines on Setting Up a Community Based Complaints Mechanism Regarding Sexual Exploitation and Abuse by UN and non-UN Personnel. PSEA Task Force, IASC Taskforce, 2009. www.pseataskforce.org

Humanitarian inclusion standards for older people and people with disabilities. Age and Disability Consortium, 2018. www.refworld.org

Lewis, T. L'Essentiel de la Gestion Financière : Manuel pour les ONG. Mango, 2015. www.humentum.org

Normes et directives pour l'aide d'urgence à l'élèvage (LEGS). Project LEGS, 2014. https://www.livestock-emergency.net

Normes Minimales pour le Relèvement Économique (MERS). Réseau TALÁP, 2017. https://seepnetwork.org

Normes minimales pour l'éducation: Préparation, interventions, relèvement. Réseau inter-agences pour l'éducation en situations d'urgence (INEE), 2010. www.ineesite.org

Critères minimaux d'analyse de marché en situation d'urgence (MISMA). The Cash Learning Partnership (CaLP), 2017. www.cashlearning.org

Munyas Ghadially, B. Putting Accountability into Practice. Resource Centre, Save the Children, 2013. http://resourcecentre.savethechildren.net

Les "Bons tuyaux" de MANGO en matière de gouvernance financière. Mango, 2013. www.humentum.org

Mosala ya basali na mosala ya kosunga bato

A Handbook for Measuring HR Effectiveness. CHS Alliance, 2015. http://chsalliance.org

Building Trust in Diverse Teams: The Toolkit for Emergency Response. ALNAP, 2007. www.alnap.org

Protection Against Sexual Exploitation and Abuse (PSEA). OCHA. https://www.unocha.org

Protection from Sexual Exploitation and Abuse. CHS Alliance.
https://www.chsalliance.org

Rutter, L. *Core Humanitarian Competencies Guide: Humanitarian Capacity Building Throughout the Employee Life Cycle*. NGO Coordination Resource Centre, CBHA, 2011. https://ngocoordination.org

Les premiers secours psychologiques : Guide pour les acteurs de terrain. OMS, War Trauma Foundation and World Vision International. Genève, 2011. www.who.int

Kotalela

Humanitarian Needs Assessment: The Good Enough Guide. ACAPS and ECB, 2014. www.acaps.org

Note d'Orientation sur l'évaluation multisectorielle initiale rapide (révisé en juillet 2015). IASC, 2015. https://interagencystandingcommittee.org

Le diagnostic participatif, Manuel de la participation à l'usage des acteurs humanitaires (Chapitre 7). ALNAP et Groupe URD, 2009. http://urd.org

Lisalisi ya mbongo

Blake, M. Propson, D. Monteverde, C. *Principles on Public-Private Cooperation in Humanitarian Payments*. CaLP, World Economic Forum, 2017. www.cashlearning.org

Cash or in-kind? Why not both? Response Analysis Lessons from Multimodal Programming. Cash Learning Partnership, July 2017. www.cashlearning.org

Martin-Simpson, S. Grootenhuis, F. Jordan, S. *Monitoring4CTP: Monitoring Guidance for CTP in Emergencies*. Cash Learning Partnership, 2017. www.cashlearning.org

Bana

Les normes de protection infantile et mise en œuvre. Keeping Children Safe, 2014. www.keepingchildrensafe.org

Kokamba misala

Knox Clarke, P. Campbell, L. *Exploring Coordination in Humanitarian Clusters*. ALNAP, 2015. https://reliefweb.int

Module de référence pour la coordination sectorielle au niveau national. Humanitarian Response, IASC, 2015. www.humanitarianresponse.info

Kobongisa mosala ya kosunga bato mpe kosala yango

Cycle de programme humanitaire de l'IASC. Humanitarian Response. www.humanitarianresponse.info

Bibosono

Convention relative aux droits des personnes handicapées. Nations Unies. https://www.un.org

Washington Group on Disability Statistics and sets of disability questions. Washington Group. www.washingtongroup-disability.com

Bisika mpe biloko oyo ezali epai bato bafandaka

Environnement et action humanitaire : Améliorer l'efficacité, la durabilité et la redevabilité. UN OCHA/UNEP, 2014. www.unocha.org

Lignes directrices pour les urgences environnementales, 2ème édition. Environment Emergencies Centre, 2017. www.eecentre.org

Kit de formation: Intégrer l'environnement dans l'action humanitaire et le relèvement précoce. UNEP, Groupe URD. http://postconflict.unep.ch

Bomwasi to bobali

Mazurana, D. Benelli, P. Gupta, H. Walker, P. *Sex and Age Matter: Improving Humanitarian Response in Emergencies.* ALNAP, 2011, Feinstein International Center, Tufts University.

Women, Girls, Boys and Men: Different Needs, Equal Opportunities, A Gender Handbook for Humanitarian Action. IASC, 2006. https://interagencystandingcommittee.org

Kobundisa moto mpo azali mwasi to mobali

Directives pour l'intégration d'interventions ciblant la violence basée sur le genre dans l'action humanitaire : Reduction des risques, promotion de la résilience et aide au relèvement. GBV Guidelines, IASC, 2015. http://gbvguidelines.org

Handbook for Coordinating Gender-based Violence Interventions in Humanitarian Settings. United Nations, UNICEF, November 2010. https://www.un.org

Mosala ya kosunga bato oyo ezali kotya moto na esika ya liboso

Bonino, F. Jean, I. Knox Clarke, P. *Closing the Loop – Effective Feedback in Humanitarian Contexts.* ALNAP, March 2014, London. www.alnap.org

Manuel de la participation à l'usage des acteurs humanitaires. Groupe URD, ALNAP, 2009. www.alnap.org

Qu'est-ce que l'EVC? Introduction à l'évaluation de la vulnérabilité et des capacités. FICR, 2006, Genève. www.ifrc.org

Ndenge mosala ezali kosalema, kolandela yango mpe kotalela mbuma na yango

Catley, A. Burns, J. Abebe, D. Suji, O. *Évaluation d'impact participative.* Tufts University, Mars 2014, Feinstein International Center, Somerville. http://fic.tufts.edu

CHS Alliance and Start, A. *Building an Organisational Learning & Development Framework: A Guide for NGOs.* CHS Alliance, 2017. www.chsalliance.org

Hallam, A. Bonino, F. *Using Evaluation for a Change: Insights from Humanitarian Practitioners.* ALNAP Study, October 2013, London. www.alnap.org

Guide pour le suivi et l'évaluation de projets/programmes. ALNAP, IRCS, Janvier 2011. https://www.alnap.org

Sphère *pour le suivi et l'évaluation.* Projet Sphère, Mars 2015. www.spherestandards.org

Kobatelama

Slim, H. Bonwick, A. *Protection: An ALNAP Guide for Humanitarian Agencies.* ALNAP, 2005. www.alnap.org

Kozongela bomoi ya liboso

Normes Minimales pour le Relèvement Économique. TALÁP Network, 2017. https://seepnetwork.org

Likoki ya kozongela bomoi ya liboso

Manuel Résilience 2.0 pour les acteurs de l'aide et les décideurs dans les domaines de la réduction des risques de catastrophe, de l'adaptation au changement climatique et de la réduction de la pauvreté. Reaching Resilience, 2013. www.alnap.org

Turnbull, M. Sterret, C. Hilleboe, A. *Vers la résilience. Un guide pour la réduction des risques de catastrophes et et l'adaptation au changement climatique.* Catholic Relief Services, 2013. www.crs.org

Mikanda mosusu ya kotánga

Mpo na koyeba mikanda nini mosusu okoki kotánga, talá na www.spherestandards.org/handbook/online-resources

Mikanda mosusu ya kotánga

Kokokisa mikumba

Hees, R. Ahlendorf, M. Debere, S. *Manuel de bonnes pratiques : Prévenir la corruption dans le cadre des opérations humanitaires*. Transparency International, 2010. www.transparency.org/whatwedo/publication/handbook_of_good_practices_preventing_corruption_in_humanitarian_operations

Value for Money: What it Means for UK NGOs (Hintergrundpapier). Bond, 2012. https://www.bond.org.uk/sites/default/files/resource-documents/assessing-and-managing-vfm-main-report-oct16.pdf

Mosala ya basali na mosala ya kosunga bato

Centre of Excellence – Duty of Care: An Executive Summary of the Project Report. CHS Alliance, 2016. https://www.chsalliance.org/files/files/Resources/Articles-and-Research/Duty%20of%20Care%20-%20Summary%20Report%20April%202017.pdf

CHS Alliance and Start, A. *HR Metrics Dashboard: A Toolkit*. CHS Alliance, 2016. www.chsalliance.org/files/files/Resources/Tools-and-guidance/CHS-Alliance-HR-metrics-dashboard-toolkit.pdf

CHS Alliance and Lacroix, E. *Human Resources Toolkit for Small and Medium Nonprofit Actors*. CHS Alliance, 2017. www.chsalliance.org/files/files/Resources/Tools-and-guidance/HR%20Toolkit%20-%202017.pdf

Debriefing: Building Staff Capacity. CHS Alliance, People In Aid, 2011. http://chsalliance.org/files/files/Resources/Case-Studies/Debriefing-building-staff-capacity.pdf

Nightingale, K. *Building the Future of Humanitarian Aid: Local Capacity and Partnerships in Emergency Assistance*. Christian Aid, 2012. www.christianaid.org.uk/resources/about-us/building-future-humanitarian-aid-local-capacity-and-partnerships-emergency

PSEA Implementation Quick Reference Handbook. CHS Alliance, 2017. www.chsalliance.org/what-we-do/psea/psea-handbook

Kobongisa mosala ya kosunga bato mpe kosala yango

Camp Management Toolkit. Norwegian Refugee Council, 2015. http://cmtoolkit.org/

IASC Reference Module for the Implementation of The Humanitarian Programme Cycle (Version 2.0). IASC, 2015. https://interagencystandingcommittee.org/iasc-transformative-agenda/documents-public/iasc-reference-module-implementation-humanitarian

Bisika mpe biloko oyo ezali epai bato bafandaka

Environment and Humanitarian Action (factsheet). OCHA and UNEP, 2014. www.unocha.org/sites/dms/Documents/EHA_factsheet_final.pdf

Mosala ya kosunga bato oyo ezali kotya moto na esika ya liboso

Guide de la Croix-Rouge et du Croissant-Rouge sur l'engagement communautaire et la redevabilité (CEA): Améliorer la communication, la mobilisation et la redevabilité dans toutes nos activités. FICR, 2016. http://media.ifrc.org/ifrc/wp-content/uploads/sites/5/2017/01/CEA-GUIDE-2401-High-Resolution-1.pdf

Boîte à outils de communication : Guide pratique pour aider les gestionnaires de programmes à améliorer la communication avec les participants et les membres de la communauté. Catholic Relief Services, 2013.
www.crs.org/our-work-overseas/research-publications/communication-toolbox

Comment utiliser les médias sociaux pour communiquer avec les personnes touchées par une situation de crise. FRC, 2017.
http://media.ifrc.org/ifrc/document/use-social-media-better-engage-people-affected-crises/

Infosaid Diagnostic Tools. CDAC Network, 2012.
www.cdacnetwork.org/tools-and-resources/i/20140626100739-b0u7q

Infosaid E-learning course. CDAC Network, 2015.
www.cdacnetwork.org/learning-centre/e-learning/

Ndenge mosala ezali kosalema, kolandela yango mpe kotalela mbuma na yango

Buchanan-Smith, M. Cosgrave, J. *Evaluation of Humanitarian Action: Pilot Guide.* ALNAP, 2013.
www.alnap.org/help-library/evaluation-of-humanitarian-action-pilot-guide

Norman, B. *Monitoring and Accountability Practices for Remotely Managed Projects Implemented in Volatile Operating Environments.* ALNAP, Tearfund, 2012.
www.alnap.org/resource/7956

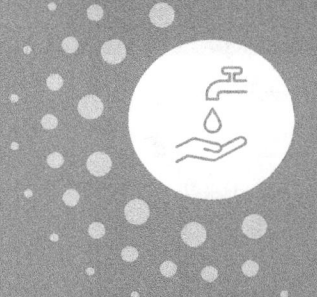

Kopesa bato mai, kolongola bosɔtɔ mpe kolendisa bopeto

Mobeko-likonzi ya
mosala ya kosunga bato

 Mitinda etali
kobatela bato

 Mobeko ya ntina
mingi na mosala
ya kosunga bato

Kopesa bato mai, kolongola bosɔtɔ mpe kolendisa bopeto

Kolendisa bopeto	Kopesa bato mai	Kolongola nyɛi	Kobundisa biloko ekoki komemela moto bokono	Kolongola biloko ya makasi ya bosɔtɔ	WASH na ntango maladi epalangani mpe na bisika bazali kopesa lisalisi ya monganga
LISENGAMI 1.1 Kolendisa bopeto	**LISENGAMI 2.1** Kozwa mai ná kantite ya mai	**LISENGAMI 3.1** Bisika oyo ezingi bato ezali na nyɛi ya bato te	**LISENGAMI 4.1** Kobundisa biloko ekoki komemela moto bokono na bisika bato bafandi	**LISENGAMI 5.1** Biloko ya makasi ya bosɔtɔ ezali zingazinga na esika bato bafandi te	**LISENGAMI 6** WASH na bisika bazali kopesa lisalisi ya monganga
LISENGAMI 1.2 Koyeba biloko ya bopeto, kozwa mpe kosalela yango	**LISENGAMI 2.2** Ndenge ya mai	**LISENGAMI 3.2** Kokota na zongo mpe kosalela yango	**LISENGAMI 4.2** Makambo mabota ekoki kosala mpe moto na moto mpo na kobundisa biloko oyo	**LISENGAMI 5.2** Misala mabota ná moto na moto bakoki kosala mpo na kolongola malamu biloko ya makasi ya bosɔtɔ	
LISENGAMI 1.3 Bopeto mpo na basi bazali na sanza ná bato oyo bazokoka kokanga masuba to nyɛi te		**LISENGAMI 3.3** Ndenge nini kotambwisa mpe kobatela misala ya kolongola nyɛi, kokumba, kobwaka mpe kosala na yango mosala		**LISENGAMI 5.3** Bibongiseli ya kolongola biloko ya makasi ya bosɔtɔ esika bato ebele bafandi	

APENDISI 1 Liste ya kolanda mpo na kotalela bamposa ya liboso ya kopesa bato mai, kolongola bosɔtɔ mpe kolendisa bopeto
APENDISI 2 Elilingi F: Ndenge moto azali kozwa bamaladi ya libumu soki nyɛi ekoti na monoko
APENDISI 3 Mai bato basengeli kozala na yango: kantite esengeli mpo na kotikala na bomoi mpe lolenge ya kotalisa bamposa ya mai
APENDISI 4 Mitángo ya zongo oyo esengeli: na lisangá, na bisika ya bato ebele mpe na bandako minene
APENDISI 5 Maladi oyo ezali na kati ya mai mpe na kolongola bosɔtɔ
APENDISI 6 Nzete ya bikateli mpo na kobongisa mpe kobomba mai na ndako

Makambo oyo ezali na kati

Makanisi ya ntina na oyo etali kopesa bato mai, kolongola bosɔtɔ mpe kolendisa bopeto 100

Masengami ya kopesa bato mai, kolongola bosɔtɔ mpe kolendisa bopeto:

1. Kolendisa bopeto 105

2. Kopesa bato mai 115

3. Kolongola nyɛi 123

4. Kobundisa biloko ekoki komemela moto bokono 131

5. Kolongola biloko ya makasi ya bosɔtɔ 138

6. WASH na ntango maladi epalangani mpe na bisika bazali kopesa
   lisalisi ya monganga 143

Apendisi 1: Liste ya kolanda mpo na kotalela bamposa ya liboso ya kopesa
            bato mai, kolongola bosɔtɔ mpe kolendisa bopeto 152

Apendisi 2: Elilingi F: Ndenge moto azali kozwa bamaladi ya libumu soki nyɛi
            ekoti na monɔkɔ 157

Apendisi 3: Mai bato basengeli kozala na yango: kantite esengeli mpo
            na kotikala na bomoi mpe lolenge ya kotalisa bamposa ya mai 158

Apendisi 4: Mitángo ya zongo oyo esengeli: na lisangá, na bisika ya bato
            ebele mpe na bandako minene 159

Apendisi 5: Maladi oyo ezali na kati ya mai mpe na kolongola bosɔtɔ 160

Apendisi 6: Nzete ya bikateli mpo na kobongisa mpe kobomba mai na ndako 163

Mitindami mpe mikanda mosusu ya kotánga 164

Makanisi ya ntina na oyo etali kopesa bato mai, kolongola bosɔtɔ mpe kolendisa bopeto

Moto nyonso azali na lotomo ya kozwa mai mpe kozala na esika ya peto

Masengami ya libosoliboso ya Sphère mpo na kopesa bato mai, kolongola bosɔtɔ mpe kolendisa bopeto (WASH) ezali komonisa polele lotomo bato bazali na yango ya kozwa mai mpe kozala na esika ya peto na ntango bazali kozwa lisungi. Masengami oyo etongami likoló ya makambo tondimaka, mitinda, misala mpe ntomo oyo balobeli na kati ya Mobeko-likonzi ya mosala ya kosunga bato. Na kati na yango tozali na lotomo ya kozala na bomoi na lokumu, lotomo ya kozwa libateli na kozala kimya, mpe lotomo ya kozwa lisalisi ya mosala ya kosunga bato engebene mposa oyo ezali.

Mpo na kozwa liste ya mikanda ya ntina ya mibeko mpe ya lolenge ya kotambwisa makambo, mikanda oyo ezali kolimbola Mobeko-likonzi ya mosala ya kosunga bato ⊕ talá *Libakisi 1: Mibeko oyo esimbi* Sphère.

Bato oyo bazali na mpasi bakoki mbala mingi kobela mpe kokufa na maladi, mingimingi na pulupulu ná maladi oyo epalanganaka. Ba maladi ya boye ezali kouta mingimingi na nzela ya kolongola bosɔtɔ, kopesa bato mai na kozanga bopeto. Ba programe ya WASH esalemi mpo na kosala ete sante ya bato ebele ezala na makama mingi te.

Banzela minene oyo mikolobe ezali kokota na nzoto ya moto ezali tufi, biloko ya maimai, misapi, nzinzi na bilei. Mokano monene ya programe ya WASH na kati ya misala ya kosunga bato ezali ya kosala ete makama ya sante ya bato ezala mingi te na kotyaka bipekiseli oyo na banzela yango ⊕ talá *Apendisi 2: Elilingi F*. Misala minene yango oyo:

- kolendisa bizaleli malamu ya bopeto;
- kopesa bato mai malamu ya komɛla;
- kopesa bato bisika oyo ebongi mpo na kolongola bosɔtɔ;
- kosala ete makama ya sante oyo ezali kouta na biloko ezingi bato ezala muke; mpe
- kosalisa bato bakoka kozala na sante malamu, lokumu, efandeli malamu mpe kimya.

Na kati ya baprograme ya WASH, ezali na ntina mingi:

- kobongisa molɔngɔ mobimba ya kopesela bato mai, kobanda na esika mai ezwami, kobongisa yango, kokabola yango, kokomisa yango epai ya bato, kobomba yango na ndako mpe kosalela yango;
- kobongisa molɔngɔ mobimba ya biloko ya kolongola na yango bosɔtɔ na lolenge ya mosala oyo ebongisami;
- kopesa nzela na bizaleli malamu oyo ezali kopesa sante malamu; mpe
- kosala ete bato bakoka kozwa biloko oyo ezali kosalisa bango bazala peto.

Komipesa ya bana-mboka ezali na ntina mingi

Komipesa ya bana-mboka na makambo ya WASH ezali nzela oyo ezali kosala mpo na kokutanisa lisangá mobimba na basali mosusu, na kosala boye ete bato oyo bazali na mpasi bákoka kotala mpenza lisungi bazali kozwa mpe komona litomba ya mosala yango epai na bango. Komipesa ya malamu ezali kosangisa masangá ya bato na baekipi ya basali ya lisungi mpo mosala oyo lisangá ezali na yango ekoka komonana mpenzampenza mpo na kosilisa mikakatano na sante ya bato, kopesa bato misala oyo ebongi, oyo moto nyonso akoki kozwa, kobongisa programe ezala malamu mpenza mpe kofandisa likanisi ya koyeba ete okozongisa monɔkɔ. Ezali kotalela makoki mpe mposa ya lisangá ya bato ya kosalela mpe kolandisa bibongiseli ya WASH ⊕ *talá Elilingi 3 Komipesa ya bana-mboka na makambo ya WASH.*

Komipesa elongo na lisangá ezali kobota lisosoli ya ntina mingi ya makanisi, ya mposa, ya myango ya kosalela makambo, ya makoki, ya mibeko oyo ezali, biloko ebongisami mpo na kokonza mpe makambo esengeli kosala liboso na nyonso, bakisa mpe misala oyo ebongi mpo na kosala. Kolandela makambo na kotalela mbuma oyo ebimi, elongo na banzela ya koyebela makambo oyo esalemi, nyonso ezali komonisa soki makambo etali misala ya WASH ezali malamu to esengeli kobongisa yango lisusu. ⊕ *talá Mobeko ya ntina mingi na mosala ya kosunga bato: Mokumba 4 ná 5.*

MAKAMBO EZALI WANA
Lolenge/esika ya likama; basali & misala ya kopesa bato lisungi; kotalela makama ya sante ya bato nyonso; ndenge biloko ya WASH ezali; kotalela makambo ya bilei, makoki ya kobikela mpe kobatela bato

BATO
Mitángo ya bato, ndenge bazali kokonza bango, makoki ya basi to mibali & bokonzi na bangi, histware, koteyama, losambo, ekólo, bato/bituluku ya bato bazali na bopusi

BIZALELI + EFANDELI
Liboso/nsima ya likama; mayele ya kobikela, mibeko, bindimeli, banungunungu; likama ya kozanga koyeba makambo na kotalaka bizaleli ya bato; libaku ya kozwa misala to kosalela yango; kotindama mpo na kobongola bizaleli/efandeli

KOSENGA LISUNGI YA BATO
mpo na WASH & makambo mosusu ya ntina ya bana-mboka

KOKAMBA MISALA + KOSALA ELONGO
elongo ná basali ya ekólo, ya bikólo ya mokili & ya esika bozali mpo na kobongola ndenge ya kozwa bikateli

KOLANDELA, KOTALELA MBUMA OYO EBIMI + KOZWA MATEYA
Talela, landela makambo, solola na bana-mboka mpe boyokana mpo na kobongisa programe soki likoki ezali

KOMIKOTISA NA MOSALA
Komisa mpenza bana-mboka bakolo eloko, bazwa bikateli, mpe batala lolenge makambo, bandako mpe misala ezali kotambola

KOMIPESA YA BANA-MBOKA

KOPESA NSANGO + KOSOLOLA NA BATO
Ya malamu, ebongi na makambo oyo ezali, mpe epesami na banzela ndenge na ndenge. Makambo etali kozwa misala & kokitisa makama

KOKOLISA MAKOKI
ná basali, misala ezali kosala elongo na biso, mpe bana-mboka

KOKOKISA MIKUMBA
Koyamba komilelalela malamu mpe kozwa solisyo na yango. Salela nguya na ndenge ya malamu

Kotalela ▭
Programe ▭
Komipesa ya bato ya libanda ▭

Komipesa ya bana-mboka na makambo ya WASH (Elilingi 3)

WASH ezali kosenga makambo mosusu ya ntina mpenza na bingumba

Komipesa ya bana-mboka ekoki kozala mwa mpasi koleka na bingumba, bisika oyo bato batondani na esika moke mpe bituluku ya bato oyo bazali na bolembu bazali komonana mingi mpenza te. Atako bongo, na bingumba, bisika bato bakoyanganaka ebele, biloko ya kopanzela nsango mpe ya teknoloji ekoki kopesa libaku ya kosolola malamu na bato ebele koleka. Kopona lolenge ya lisungi mpe myango ya kopesela yango ezali kolanda lolenge bato bazali komizwela biloko (biloko ya libota mobimba na bamboka, biloko ya bato ebele esangani na oyo ya moto ye moko na bingumba).

Esengeli kosangisa lolenge ya kotalela makambo

Kosalisa bato na nzela ya mimbongo ekoki kokokisa malamu mpe na ndenge esengeli bamposa ya WASH, neti kopesa bato nzela ya kozwa biloko ya bopeto. Misala mosusu ya WASH esengeli kobakisama na kosalisa bato na misolo (kokaba mbongo na/to bajeton ya kozwa na yango biloko), na ndakisa kosalisa na biloko ya mosala ya sikisiki na komipesa ya bana-mboka. Mpo na kosala makambo oyo esengeli kosala, bokeseni ekozala na kotalelaka biloko etongami mpo na kolendisa bopeto na komipesa ya bana-mboka. Atako bamasini ya lotiliki to zongo ya mwa ntango moke ekoki kopesama nokinoki, kasi kobongisa misala ya kopesa bato mai ekozala mosala oyo ekosenga mikolo ebele mpo na kosala yango. Kotalela bolamu na lisalisi ya misala sikisiki ezali na ntina mingi mpo bato bazala na sante malamu mpe bazala kimya. Lisalisi ya misala sikisiki esengeli koya na ntango yango mpenza mpe ya kokoka. Esengeli kozala ya ntango nyonso, oyo moto akoki kozwa mpe oyo ekoki kopesama mpo na ntango molai.

Lisungi ezali kopesama na nzela ya WASH esengeli kobongisa mikano ya bana-mboka mpo na mikolo ebele ezali koya; ekoki mpe kobebisa esika to biloko ya esika ezali zingazinga te. Ebongiseli ya kopesa bato mai na kolongola bosɔtɔ esengeli kokokisa bamposa ya bato mpe kobatela biloko ezali zingazinga. Likambo oyo ekoki kotinda ete bapona biloko ya kosalela mosala sikisiki, ntango mpe biteni ya misala ya kosala, komipesa ya bana-mboka, komipesa ya bato bazali kosala misala ya bango moko mpe mimbongo, na lolenge ya kopesela misolo.

Masengami ya libosoliboso oyo ezali ya kosalela kaka yango moko te

Lotomo ya kozwa mai malamu na kolongola bosɔtɔ ezali na boyokani na ntomo ya kozwa esika ya komibomba, kozwa bilei mpe kozala nzoto kolongono. Kotambwisa malamu misala mpo na kokokisa Masengami ya libosoliboso na esika moko boye ekoki kotambwisa mpe misala na bisika mosusu. Kokamba malamu mpe kopesana mabɔkɔ na basali ya misala ya ndenge mosusu elongo na kokamba misala elongo na bankumu ya esika wana na bato ya misala ya lisungi mosusu ezali kosalisa mpo na kondimisa ete bamposa ezali kokokisama. Ezali kosalisa mpo na komona ete misala ezali koyeisama ebele ebele mpambampamba te, mpe bolamu ya lisungi ya WASH ezali kokokisama mpenza. Na ndakisa, na esika oyo masengami ya bilei ekokisami te, ekozala na mposa makasi ya kokokisa na lombangu mpenza masengami ya kopesa bato mai na kolongola bosɔtɔ, mpamba te ekozala na likama ya kobakisama ete bato bazwa maladi. Ezali mpe ndenge moko na bisika bato oyo bazali na VIH bazali ebele. Mitindami na kati ya Buku oyo mobimba ezali kopesa mua makambo mosusu oyo ekoki kozala na boyokani na kati na yango.

Na bisika oyo masengami ya ekólo ezali na nse ya Masengami ya libosoliboso ya Sphère, bibongiseli ekopesaka bato lisungi esengeli kosola mosala elongo na guvernema mpo na kotombola yango malembemalembe.

Mibeko oyo ekambaka bikólo ya mokili ezali kobatela mpenzampenza lotomo ya kozwa mai na kozala esika ezali peto

Lotomo yango ezali kosangisa kozwa mai ebongi, ya malamu mpe oyo bato nyonso bakoki kozwa mpo na misala na bango moko to ya ndako, mpe kozwa bisika ya bango moko, ya malamu mpe ya peto mpo na kolongola bosɔtɔ. Leta esengeli kosala ete babatela lotomo oyo na ntango ya mpasi ⊕ *talá Libakisi 1: Mibeko oyo esimbi* Sphère.

Kozala na mai malamu na bisika ebongi mpo na kolongola bosɔtɔ ezali na ntina mingi mpo na:

- kosunga bomoi, sante mpe lokumu;
- kosalisa moto ete akufa te na kozanga mai;
- kobundisa maladi ekoutaka na mai, bosɔtɔ mpe kozanga bopeto; mpe
- kopesa nzela ya kokokisa masengami ya mai malamu, elambeli malamu, mpe makambo mosusu ya moto ye moko na esika afandi ezala peto.

Lotomo ya kozwa mai na kolongola bosɔtɔ ezali kati ya ntomo ya ntina endimami na mokili mobimba mpo bato bazala na bomoi na lokumu. Basali ya Leta na baoyo bazali ya Leta te bazali na mokumba ya kokokisa lotomo yango. Na ndakisa na ntango ya bitumba, epekisami kokanga, kopanza, kolongola to kobebisa misala ebongisami mpo na kopesa bato mai to mpo na misala ya bilanga.

Boyokani na Mitinda etali kobatela bato na Mobeko ya ntina mingi na mosala ya kosunga bato

Ndenge bato babatelami nde ndenge mpe bakozwa mai. Kobunda bitumba na kozanga bosembo ezali kozangisa bato na bitululuku ya bato kozwa mai. Kosenga mai mbala na mbala mpo na bato bango moko to bibwele na bango to mpo na misala mosusu ekoki komonisa mua mpasi mpo na kobatela bato soki misala ya mikolo mike to ya mikolo ebele bazali kosala yango na lolenge ekoki te. Kobatela bato na lisungi ya WASH bazali komonela yango mbala mingi na lolenge moto na moto abatelami mpe afandi kimya, atako eyebani ete mua bolembu ekoki komonana na ntango ya kozwa mai, ntango bato bazali kokota zongo to kolongola biloko ya bosɔtɔ oyo basi basalelaka na sanza. Lolenge ya boye ya kobatela moto na moto ezali na ntina, kasi komibanzabanza mpo na kobatela bato ebele ezali mpe na ntina mingi. Makambo ya petɛɛ oyo ebongisami uta ebandeli, na ndakisa kotya kadena na bikuke ya zongo, kongengisa malamu esika yango mpe kokabola bisika ya bato na bato ekoki kosalisa mpo na kolongola kasalela bato mosusu mabe to kobundisa bango.

Ezali na ntina mingi kosala makambo oyo ebongi mpe oyo ezali kosangisa bato nyonso mpo na kolongola kozanga bosembo, kosala ete makama ekoki koya ezala muke mpenza mpe kobongisa misala to lolenge ya kosalela yango. Na ndakisa, talá ete bibosono bakoki kokota na zongo kozanga mikakatano, mpe basi to bana bazali na biloko ya monene oyo ekoki mpo na komemela mai. Kotya bato na masangá ya bato na biteni nyonso ya mosala ya kosunga ekoki kosalisa mpo na kotya makanisi ya bobateli na kati ya baprograme ya WASH.

Basali ya mosala ya kosunga basengeli koteyama na makambo etali kobatela bana. Basengeli mpe koyeba lolenge ya kosalela bibongiseli oyo ezali mpo na kotala makambo oyo ekoki kozala ya kobundisa bato, kobebisa to konyokola bato, ata bana.

Boyokani mpe kosala elongo kati ya basivile na basoda esengeli kotalelama malamumalamu mpo na bibongiseli ya misala ya kosunga bato, mingimingi na ntango ya bitumba. Bana-mboka bakoki kondima to koboya lisungi yango soki bazali komona ete bato oyo bazali kopesa lisungi bazali kokotela bato ya ngambo moko to mosusu te, mpe bazali sembo. Bibongiseli ya mosala ya kosunga bato ekoki kondima lisalisi ya basoda na bantango mosusu, na ndakisa mpo na komema biloko ná kokabola yango. Atako bongo, esengeli kotalela malamumalamu ete mitinda ya mosala ya kosunga bato ezala na makasi mpe kosala manso mpo ete makama na ntina etali kobatela bato ezala muke ⊕ *talá Mobeko-likonzi ya mosala ya kosunga bato,* mpe *Bisika ya kosala oyo ezali na mampinga ya basoda ya mboka to ya bikólo mosusu* na kati ya Sphère *ezali nini?*

Na kosalela Masengami ya libosoliboso, basengeli kotosa mikumba nyonso libwa ya Mobeko ya ntina mingi na mosala ya kosunga bato, kozwa yango lokola moboko oyo batongeli programe ya WASH oyo ezali koyeba ete ekozongisa monɔkɔ.

1. Kolendisa bopeto

Bamaladi oyo ezali kouta na mai, zongo to na bosɔtɔ ebelisaka mpe ebomaka bato mingi na ntango ya mpasi, nzokande bato bakoki kobatelama. Kolendisa bopeto oyo ezali kopesa mabɔkɔ na bizaleli, komipesa ya bana-mboka mpe misala oyo ezali kobundisa likama ya kozwa maladi ezali na ntina mingi mpo lisungi ya WASH ekoka kosimba.

Esaleli ya ndenge moko ya makambo oyo ezali kolanda mbala mingi koteya bato makambo mpe kokabela bango biloko ya bopeto ekoki ntango mosusu kopesa mbuma malamu mpenzampenza te. Makama, na lolenge ya komona makama yango, ekeseni na kolandaka bisika na bisika oyo bato bazali. Bato bamona makambo ya ndenge na ndenge na bomoi na bango, bazali na nzela ya ndenge na ndenge ya kosilisa makambo, bazali mpe na bonkɔkɔ mpe bizaleli ekeseni. Ezali na ntina mpo na kosala ete esaleli elanda makambo oyo mpe esika oyo bato bazali. Kolendisa bopeto ya malamu ezali kolanda:

- kosala elongo na lisangá ya bato mpo na kosala likambo na bomoko mpe kosalisa mpo na kozwa bikateli;
- koyebisana makambo ngambo na ngambo mpe komonisa oyo esalemi na ntina etali makama, makambo esengi kosalema liboso na misala; mpe
- kozwa mpe kosalela ndako, misala mpe biloko ya WASH.

Kolendisa bopeto esengeli kolanda boyebi ya bato bango moko ya likama oyo ekoki kozala mpe kokimisa na maladi mpo na kolendisa bizaleli malamu oyo ekopesa nzoto nkolongono.

Landisaka misala na mbuma ya misala yango mbala na mbala mpo na kondimisa ete baprograme ya kolendisa bopeto na ya WASH ezali kokende liboso. Kambaka misala elongo na basali ya sante mpo na kolandisa bopusi ya bamaladi oyo ezali kotambola elongo na misala ya WASH, maladi lokola pulupulu, kolera, tifoide, trachoma, banyama ya libumu na schistosomiase ⊕ *talá Lisalisi ya monganga oyo esengeli kopesama – masengami 2.1.1 tii 2.1.4 ya bamaladi oyo epalanganaka ná Lisengami 1.5 ya Bibongiseli ya sante.*

Lisengami 1.1 ya Kolendisa bopeto: Kolendisa bopeto

Bato bayebi makama minene oyo ekoki koyela sante ya bato ebele oyo ezali kouta na mai, kolongola bosɔtɔ mpe bopeto, mpe bakoki kozwa mikano moto na moto, na kati ya libota to na lisangá mpo na kobundisa makama yango.

Misala ya ntina

1. Koyeba makama minene oyo ekoki koyela sante ya bato ebele mpe bizaleli oyo bato bazali na yango sika na ntina etali bopeto oyo ezali kosalisa ete makama wana ekoka kozala.

- Kobongisa ezaleli ya lisangá mpo na koyeba bato ná bituluku nini ya bato bazali na bolembu na oyo etali makama ekouta na WASH mpe mpo na nini.
- Koyeba makambo oyo ekoki kotinda bato na kozala na bizaleli malamu mpe kosala misala ya komibatela.

2 ⟩ Kosala mosala elongo na bato oyo bakweli likama mpo na kosala mpe kobongisa misala ya kolendisa bopeto ná mosala monene ya WASH.

- Kobongisa mayele ya kosolola na basusu oyo ezali kosala mosala na bisaleli ya bopanzi nsango oyo ezali kozwa bato ebele na mbala moko ná masolo na kati ya lisangá mpo na koyebisa bato makambo oyo ezali kosalisa bango.
- Koyeba mpe koteya bato oyo bazali na bopusi epai ya basusu, bituluku ya bato ná basali ya mosala ya koyebisa bato makambo oyo bato bayokelaka mingi.

3 ⟩ Kosalela ndenge oyo lisangá ekoki koyebisa bino makambo ná makambo euti na kotalaka sante ya bato mpo na kobongisa mpe kolendisa bopeto.

- Kolandela motindo ya kozwa mpe kosalela bandako ya WASH, ná lolenge nini misala ya kolendisa bopeto ezali kobongola ezaleli ná misala ya bato.
- Kobongisa misala mpe koyeba bamposa oyo ekokisami te.

Bilembo ya ntina

Motángo ya mabota likoló na monkama oyo ekweli likama oyo ezali kolimbola malamumalamu meko misato ezwami mpo na kokimisa na bamaladi ekomonanaka na kati ya WASH

Motángo ya bato likoló na monkama oyo bokani kozwa oyo bazali kotánga malamumalamu ntango mibale mpenzampenza ya bosokoli mabɔkɔ

Motángo ya bato likoló na monkama oyo bokani kozwa baoyo bomoni bazali kosalela bisika ya kosokolela mabɔkɔ nsima ya kobima na zongo ya bato ebele

Motángo ya mabota likoló na monkama oyo ekweli likama esika oyo sabuni ná mai ezali mpo na kosokola mabɔkɔ

Motángo ya bato likoló na monkama oyo bakweli likama oyo bazali kozwa mai uta maziba ya mai oyo ebongisamaki liboso te

Motángo ya mabota likoló na monkama oyo bazali kobomba mai ya komɛla na bibombelo ya peto mpe ya kofinika

Motángo ya bato likoló na monkama oyo bazali kokipe bana oyo bayebisi bino ete bazali kolongola bana nyɛi na ndenge ya malamu

Motángo ya mabota likoló na monkama oyo bazali kosalela biloko ya komibomba mpo na masuba to nyɛi oyo ezali komibimela (mangwanda, milangi ya masuba, bapo ya se ya mbeto, bakiti ya kofandela mpo na kosumba) oyo bayebisi bino ete bazali kolongola nyɛi ya mikóló oyo bazali kokoka kokanga masuba to nyɛi na ndenge ya malamu

Motángo ya mabota likoló na monkama oyo ekweli likama oyo bazali kolongola biloko ya makasi ya bosɔtɔ na ndenge esengeli kosalema

Motángo ya bato likoló na monkama oyo bayebisi bino makambo mpe balobi ete makambo yango oyo bayebisi bino basalelaki yango mpo na kobongisa bandako mpe misala ya WASH

Bisika oyo ezali zingazinga ezali na nyɛi ya bato ná ya nyama te

Makanisi ya kolanda

Koyeba mikakatano ya WASH mpe koyeba kosilisa yango: Ekoki kozala mwa mpasi mpo na kotya mikakatano ya WASH na esika ya liboso mpe kobundisa yango kaka na ebandeli ya likama. Talá mingimingi lolenge ya kosalela mai ya malamu, kolongola nyɛi ná kosokola mabɔkɔ, pamba te yango nde ekoki kozala na bopusi makasi mpenza mpo na kobundisa kopalanganisa bamaladi. Mpo na kotala malamu mikakatano oyo ekoki koyela sante ya bato ebele oyo etali WASH mpe mikano ezwami mpo na kokima yango, ekosenga koyeba:

- lolenge bazali kosalela sikoyo bandako ná misala ya WASH;
- ndenge ya kozwa biloko oyo esengeli mpo na kotya bopeto na ndako ⊕ *Lisengami 1.2 ná 1.3 ya kolendisa bopeto*;
- mayele bazali kosalela sikoyo, makambo ya bonkɔkɔ mpe oyo bato ya esika yango bazali kondima;
- biloko oyo ezali kosangisa bato mpe makoki ya makasi oyo ezali na kati ya bana-mboka;
- esika nini bato bazali kokende mpo na kozwa lisalisi ya monganga (tya mpe na kati banganga-nkisi, bisika batekaka mino to nkisi, lopitalo);
- nani azali na mokumba ya kotambwisa mpe ya kobongisa biloko ya WASH oyo etongami;
- makambo ya botali ya maladi oyo ezali na boyokani na WASH;
- biloko ya mosuni oyo ezali kozangisa bato kozala elongo mpe kosolola mpo na kokoma na bandako mpe na misala ya WASH, mingimingi mpo na basi ná bana basi, mibange ná bibosono;
- bokeseni na ntina etali nivo ya bozwi ya bato; mpe
- lolenge ya biloko oyo ezali zingazinga ná kozala na eleko ya elanga to ya mbula mpo na bamaladi.

Kobongola bizaleli ná etamboli esengeli kozala petɛɛ mpo bato bakoba kozala na mposa wana ya kobongwana. Bandako esengeli kozala malamu mpe oyo bato nyonso bakoki kokota kozanga nkokoso; esengeli kozala ya kobangisa te, ya lokumu, peto mpe oyo elongobani engebene bizaleli ya bato ya esika yango. Sangisa mibali ná basi na misala ya kolendisa bopeto, pamba te ntango mibali bazali komipesa na misala ya bopeto ekoki kozala na bopusi makasi na ntina etali bizaleli ya libota.

Kosangisa bana-mboka: Sala mosala na biloko oyo esili kozala, na koyebaka ete mabaku ya kozwa biloko oyo basombi to epesami na motema malamu ezali wana na ndenge ya kokoka mpo na basi mpe mibali. Kosangisa bana-mboka ná kosala mosala ya kobundisa makama ekoki kozala petɛɛ soki bakonzi ya mboka ná bakonzi ya mangomba oyo batombwami, basali ya mosala ya koyebisa bato makambo ná basali mosusu ya esika wana oyo bandimami lokola mangomba ya basi to ya bilenge bamipesi.

Batyaka basali mibale ya mosala ya koyebisa bato makambo mpo na bato 1 000. Bapanzi nsango mpe bavolontere basengeli koyeba lolenge malamu ya kosolola na basusu, kozala na makoki ya kotonga boyokani ya limemya na bana-mboka, mpe kozala na boyebi malamu ya bamposa mpe makambo ezali kotungisa bato ya esika wana. Soki esengeli, makambo mpo na kolendisa basali ya mosala ya koyebisa bato makambo esengeli kondimama na nzela ya liyangani oyo ezali kobongisa etamboli ya makambo ya esika wana mpo na kotya bokatikati mpe koboya kobebisa makambo.

Basali ya mosala ya sante na kati ya lisangá bakoki kozala na misala oyo ekokani na misala ya basali ya mosala ya koyebisa bato makambo ya WASH, nzokande mikumba na bango ekeseni ⊕ *talá Lisengami 1.2 ya Bibongiseli ya sante: Basali ya mosala ya sante.*

Kosala na bana: Bana bakoki kolendisa baninga na bango mpe mabota na bango kozala na bizaleli oyo ezali kopesa sante malamu. Mosala ya kotangisa bana to misala ya kosalisa bango ekoki koluka mabaku mpo na kolendisa bopeto na bakelasi, kobongisa malamu esika oyo bafandi mpe mabota oyo ekambami na bana, mpe kosolola ná bashege. Kotisa bana na kati ya kobongisa makambo oyo bokoyebisa bango ⊕ *talá Buku INEE ná Buku CPMS.*

Banzela mpe mayele ya koyebisela makambo: Yebisa bato makambo na lolenge ndenge na ndenge (oyo bakomi, oyo bayemi, oyo bakangi mongongo na bande) mpe na minɔkɔ ndenge na ndenge mpo na kozwa bato ebele mpenza. Bongisa makambo mpo na bana ná mikóló oyo bazali bibosono, mpe sala mpe meka makambo oyo okoyebisa bango mpo na koyeba soki bakoyoka yango malamu na bato na bambula nyonso, ezala basi to mibali, ezala batanga to te, mpe na minɔkɔ ekeseni.

Masolo na kati ya lisangá ezali na ntina mpo na kosilisa nkokoso mpe kobongisa makambo oyo esengeli kosala. Bisaleli ya bopanzi nsango mpo na kozwa bato ebele na mbala moko ekoki kosalisa mingi mpo na kopanza nsango kati ya bato ebele na mbala moko. Nzela nyonso mibale ezali kosalisa soki botalisi yango mpo na kozwa bato oyo bosili mpenza kopona mpo na kozwa bango. Bongisa banzela oyo ekoki mpenza mpo na koyebisa makambo elongo na bato bazali kosala mpe landisaka esaleli na bango ya malamu. Yebisa mpe bana-mboka makambo bayebisaki bino uta epai na bango, wana ozali mpe kosenga bango ete bango mpe basalela yango ⊕ *talá Mobeko ya ntina mingi na mosala ya kosunga bato: Mokumba 5.*

Kosokola mabɔkɔ na sabuni ezali nzela ya ntina mingi mpo na koboya kopesa bamaladi ya pulupulu na bato mosusu. Bisika ya bosokoli mabɔkɔ esengeli kozala ntango nyonso na mai, sabuni ná lolenge malamu ya kokausa mai yango. Tya bisika yango na ndenge ete moto akoka kosokola mabɔkɔ liboso ya kosimba bilei (mpo na kolya, kolamba to koleisa mwana) mpe sima ya kosimba nyɛi (soki moto auti zongo to apangusi mwana nyɛi na nsima) ⊕ *talá Lisengami 2.2 ya Kopesa bato mai: Ndenge ya mai.*

Kolendisa bato basalela zongo: Likambo monene ya bato oyo bazali kosala mpo na kolendisa bopeto ezali kosalela bisika etongami na biloko epesami mpo na kolongola nyɛi. Likoló ya nkokoso na ntina etali bopeto ná nsolo, makambo minene mosusu oyo ebangisaka bato kosalela zongo ezali nsoni, makambo oyo epekisami na bonkɔkɔ na bango, lolenge moto akoki kokota na kabine ná nkokoso mosusu oyo etali kobombana na makambo ya moto mpe kobatelama ⊕ *talá Lisengami 3.2 ya Kolongola nyɛi: Kokota na zongo mpe kosalela yango.*

Kotoka mai, komema yango mpe kobomba yango malamu ezali na ntina mingi mpo na kobundisa kopalangana ya bamaladi. Bato basengeli kozala na biloko ekeseni ya kotokela mai ná ya kobombela yango na kati ya ndako ⊕ *talá Lisengami 1.2 ya Kolendisa bopeto* mpe *Lisengami 2.1 ná 2.2 ya Kopesa bato mai.*

Bato oyo bazali kaka kotambola: Luka mabaku ya kosolola na bato oyo bazali kaka kotambola, ezala na kotambolaka elongo na bango mpo na mua ntango moke to na kokende na bisika oyo bazali kopema. Salela mitindo ya koyebisa bato makambo lokola radio, SMS, bituluku ya barezo sosio ná telefone ya kobenga ofele mpo na koyebisa bato makambo etali bopeto mpe kosenga bango bayebisa makanisi na bango. Kanisa mpo na "biloko ya ndako" oyo bato bakosalela mpo na kolendisa mosala oyo na kosalelaka batelefone oyo bamemaka to basharjere oyo esalaka na moi, biloko oyo ekosalisa lisusu bato bakoka kosolola na mabota na bango, kozwa bansango mpe koyebisa makanisi na bango.

Lisengami 1.2 ya Kolendisa bopeto:
Koyeba biloko ya bopeto, kozwa mpe kosalela yango
Biloko ebongi mpo na kolendisa bopeto, sante, lokumu ná kozala malamu ezali komonana mpe bato oyo bakweli likama bazali kosalela yango.

Misala ya ntina

1 > Luka koyeba biloko ya ntina ya bopeto, oyo bato, mabota na masangá basengeli kozala na yango.

- Kanisa bamposa ndenge na ndenge oyo bato bakoki kozala na yango, ezala mibali, basi, mibange, bana mpe bibosono.
- Luka koyeba biloko mosusu oyo bato ebele bakoki kosalela mpe pesa bango mpo na kobatela bisika bafandi ezala peto, biloko lokola oyo ya kobombela bosɔtɔ ná oyo ya kopanguisela ndako.

2 > Pesa bato biloko oyo esengeli na ntango ekoki.

- Luka oyeba soki biloko yango ekoki kozwama na ba wenze to zando ya esika wana, ya etuka wana to na bamboka mosusu.

3 > Sala elongo na bato bakweli likama, bakonzi ya esika wana ná basali mosusu mpo na kobongisa lolenge bato bakozwa to kosomba biloko ya bopeto.

- Yebisa bato makambo etali ngonga, esika, biloko bakozwa na biloko oyo bakomemela biloko yango oyo bobongisi mpo na lisungi ya mbongo na/to biloko ya bopeto.
- Bongisa makambo elongo na basali mosusu mpo na kopesa lisungi ya mbongo na/to biloko ya bopeto mpe zwa ekateli na makambo etali lolenge bokokabola biloko yango.

4 > Luka koyeba makanisi ya bato bakweli likama soki biloko oyo ya bopeto boponi ebongi to te, mpe soki bato yango bazali kosepela na lolenge ya kozwa biloko yango.

Bilembo ya ntina

Mabota nyonso oyo ekweli likama ezali kozwa biloko ya bopeto oyo esengeli:

- bibombelo mibale ya mai na libota moko (ya litre 10–20; moko mpo na kokende kotoka, mosusu mpo na kobombela);
- grame 250 ya sabuni ya kosokola nzoto na moto moko na sanza;
- grame 200 ya sabuni ya kosokola na yango bilamba na moto moko na sanza;
- sabuni ná mai na esika ya bosokoli mabɔkɔ (esika moko mpo na zongo oyo bato ebele bazo kota to esika moko na libota moko); mpe
- po, pau to bilamba mpo na kolongola na yango bana nyɛi.

Monkama ya bato bakweli likama oyo bazali koyebisa/bamonani ete bazali kosalela biloko ya bopeto ntango nyonso soki bakaboli yango

Monkama ya misolo mabota ezali kosalela mpo na komisombela biloko ya bopeto mpo na bamposa ya libosoliboso oyo eyebani

Makanisi ya kolanda

Koyeba biloko ya ntina: Sala ete biloko ya bopeto ekokana na biloko oyo ya bopeto bozali kokabela bato na kolandaka bizaleli mpe esika oyo bafandi. Tya biloko oyo ya ntina na esika ya liboso na eteni ya liboso ya mosala (biloko lokola sabuni, bibombelo ya mai, ná biloko basi bazali kosalela ntango bazali na sanza ná biloko ya baoyo bazali kokoka kokanga masuba to nyɛi te); biloko wana otya yango liboso ya biloko oyo ezali kaka mpo na bonzenga ("kitoko na kozala na yango") (neti brose ya nsuki, biloko ya kopakola na nsuki, nkisi ya mino, brose ya mino). Bituluku mosusu ya bato ekozala na mposa ya biloko sikisiki mpo na bango ⊕ *talá Makanisi ya kolanda – Bituluku ya bato oyo bazali na likama* (awa na nse).

Bibombelo ya mai: Pona bibombelo ya mai ya litre 10–20 mpo na kotoka mpe kobombela mai ya komɛla na ya misala ya ndako. Bonene mpe lolenge ya bibombelo esengeli kozala oyo ebongi mpo na bambula na makoki ya komema ya moto ya bato oyo bakendaka kotoka mai mbala na mbala. Bibombelo esengeli kozala na mifiniku, esukwami mpe bafiniki yango. Bibombelo ya mai esengeli kozala na monɔkɔ moke to robine mpo na kotala ete bazali kotoka mai ya komɛla, kobomba yango mpe komɛla yango na ndenge ya malamu.

Soki bato bazwaka mai mikolo nyonso te, pesa bango bibombelo ya mai oyo azali mua minene koleka. Na bingumba to na bisika oyo mai ekoutaka se esika moko, esengeli kobomba mai oyo ekoki na kati ya ndako mpo na misala ya mokolo na mokolo (ezala ata na ntango basalelaka yango mingi) liboso ya kozwa mai na mbala mosusu.

Bituluku ya bato oyo bazali na likama: Bato mosusu bazali na mposa ekeseni to ekosenga bazala na biloko mingi koleka mpo na bopeto na bango moko na kotalaka bambula na bango ya kobotama, sante, soki bazali bibosono, soki bazali na mpasi mpo na kotambola to bazali kokoka kokanga masuba to nyɛi te. Bibosono to bato oyo bazali na mpasi mpo na kotambola bakoki kozala na mposa ya biloko mosusu ya kobakisa. Biloko ya kobakisa oyo ekoki kozala sabuni, biloko ya kobomba na yango nzoto na masuba to nyɛi, bibombelo ya mai, katini ya se ya mbeto, kiti oyo eza na lidusu to sashe ya kofinika matela. Tuna bato bango moko to baoyo bazali kosalisa bango soki bazali na mposa basalisa bango mpo na kotoka mai mpe kolongola bosɔtɔ na bango na lolenge oyo ezali kolongola bango lokumu te. Solola na bango mpe na mabota na bango to bato oyo bazali kosalisa bango mpo na koyeba lisungi nini ya ntina mpenza bakoki kozwa.

Ebongiseli ya biloko ya bopeto na nzela ya mimbongo: Kopesa bato biloko ya bopeto esengeli kosimba mimbongo oyo ezali kosalema na esika wana soki likoki ezali (na ndakisa, na kopesaka bato mbongo to bajeton ya kozwa na yango biloko, to mpe na kobongisaka bisika ya kobombela biloko). Kotala makambo ya mimbongo ná misolo oyo mabota ezali na yango, bakisa mpe mosala ya mwasi to mobali na ntina etali kozwa ekateli mpo na kobimisa mbongo, nyonso wana esengeli kosalisa lolenge ya kobongisa makambo mpo na kozwa mpe kosalela biloko ya bopeto. Landisa makambo mpo na koyeba soki biloko ya ntalo malamu mpe oyo ebongi ekoki kozwama na wenze to zando, mpe bongisa makambo soki esengeli kosala bongo ⊕ *talá Kopesa lisungi na nzela ya mimbongo.*

Kokabola biloko: Tya na esika ya liboso libateli mpe kozala kimya ya bato na ntango nyonso ozali kobongisa makambo mpo na kokabola ⊕ *talá Etinda etali kobatela bato 1.*

Sala ekipe ya bato oyo bamipesi kaka mpo na kokabola biloko. Yebisa libela bato makambo etali ngonga, esika, liste ya biloko mpe makambo nyonso esengeli kokokisa mpo moto azwa lisungi yango. Bundisa makambo ya koponapona bilongi to kopamela bato mpe, soki esengeli kosala bongo, kabela mabota biloko to salela milongo ekeseni ya kokabola biloko. Luka koyeba bipekiseli nyonso mpe kolongola yango mpo na kokoma na bisika ya bokaboli biloko to bibongiseli ya bokaboli, mingimingi mpo na basi ná bana basi, mibange na bibosono.

Zongisa biloko oyo ezali kosila na kosalela yango: Bongisa nzela oyo efandi mpenza malamu mpo na kozwa mpe kopesa biloko lokola sabuni ná biloko ya basi bazali na sanza mpe mpo na bato oyo bazali kokoka kokanga masuba to nyɛi te.

Kobongisa banzela ya bokaboli biloko esika moko: Bongisa makambo mpo na kosolola na masangá ya bato mpo na koyeba bamposa oyo ezali mpe nzela ekeseni ya kokokisa yango na bisika ndenge na ndenge. Luka kokokisa bamposa ebele na mbala moko mpo na kosepelisa bato oyo bokani kosalisa, kosomba ntango mpe kobomba mbongo na banzela ndenge na ndenge. Mindimisa ete mabota ekoki komema biloko na bango kino bandako na bango kozanga likama na nsima ya bokaboli biloko.

Bato oyo bazali kaka kotambola: Na esika oyo bato bazali se kotambola, fandisa lolenge nini bato bakoki komema biloko ya bopeto (lokola sabuni ya monene oyo moto akoki komema). Tika bato bapona biloko balingi, na esika ya kobongisela bango biloko basengeli komema. Tya ebongiseli moko mpo na kolokota mpe kobwaka biloko ya bosɔtɔ oyo bakangelaki biloko na esika oyo bato bazali se kotambola.

Lisengami 1.3 ya Kolendisa bopeto:
Bopeto mpo na basi bazali na sanza ná bato
oyo bazokoka kokanga masuba to nyɛi te

Basi ná bana basi oyo bazali na mibu ya kokende na sanza, mpe mibali ná basi oyo bazali kokoka kokanga masuba to nyɛi te, bazali kozwa biloko ya bopeto mpe biloko etongami mpo na WASH oyo ezali kobatela lokumu na bango mpe kozala malamu.

Misala ya ntina

1 ⟩ Yeba bizaleli, makambo bato balandaka mpe bandimaka na efandeli na bango na ntina etali kozala na bopeto mpo na basi bazali na sanza ná bato oyo bazokoka kokanga masuba to nyɛi te, mpe bongisa biloko yango ya bopeto ná zongo.

2 ⟩ Solola na basi, bana basi ná bato oyo bazokoka kokanga masuba to nyɛi te na ntina etali kosala, kotya na esika mpe kobongisa bisika etongami mpo na bopeto (zongo, ziliba, esika ya kosokolela bilamba, esika ya kobwaka bosɔtɔ ná lolenge ya kopesa bato mai).

3 ⟩ Sala ete bato bakoka kozwa biloko ebongi mpo na bopeto mpo na basi bazali na sanza ná bato oyo bazokoka kokanga masuba to nyɛi te, sabuni (ya kosokola na yango nzoto, ná ya bilamba, na mabɔkɔ) ná biloko mosusu ya bopeto.

- Mpo na kokabola biloko, tya yango na bisika ya kobombana mpo na kobatela lokumu ya moto azali kosalela yango, ná kobundisa kopamela bato, mpe lakisa lolenge malamu ya kosalela biloko oyo bato bameseni na yango te.

Bilembo ya ntina

Monkama ya basi ná bana basi oyo bazali na mibu ya kokende na sanza oyo bazali kokoka kozwa biloko ya kosalela ebongi mpo na kozala peto na ntango bazali na sanza

Monkama ya bato oyo bazwi biloko oyo bazali kosepela na biloko mpe bisika oyo esalemi mpo na bopeto na ntango bazali na sanza

Motángo ya bato likoló na monkama oyo bazali kokoka kokanga masuba to nyɛi te oyo bazali kosalela biloko mpe bisika ebongi mpo na bango

Monkama ya bato oyo bazwi biloko oyo bazali kosepela na lolenge bazali kosalela biloko na bisika ebongisami mpo na bato oyo bazokoka kokanga masuba to nyɛi te

Makanisi ya kolanda

Kotala makambo ya bopeto mpo na basi bazali na sanza ná bato oyo bazokoka kokanga masuba to nyɛi te na ntango ya likama: Kobongisa malamu biloko ya basi bazali na sanza ná ya bato oyo bazokoka kokanga masuba to nyɛi te ezali kosalisa bato mpo na kozala na bomoi na lokumu, mpe komipesa na misala ya mokolo na mokolo. Longola kopesa bato nzela ya kozwa biloko ya bopeto, ezali na ntina mingi kosolola na baye bazali kosalela biloko yango na ntina etali lolenge ya kobwaka biloko yango na ndako mpe na zongo ya bato ebele, ná bisika minene lokola biteyelo. Zongo esengeli kobongisama mpe kozala na bisika ebongisami mpo na kosokola mpe kokausa bilamba ⊕ *talá Lisengami 3.1 ná 3.2 ya Kolongola nyɛi.*

Makambo bakanisaka na ntina etali kokende na sanza: Makambo bato bakanisaka, oyo bandimaka na oyo bapekisaka ekoki kolongisa to kobebisa lisungi bozali kopesa. Ntango mosusu ekoki kosalema te ete otala malamumalamu makambo oyo uta na ebandeli ya lisungi, to na ntango ya mpasi makasi, kasi esengeli kosalema nokinoki soki likoki ezali.

Kokoka kokanga masuba to nyɛi te ekoki kozala elobeli oyo bato mingi bayebi te na bisika mosusu, ata na kati ya baminganga. Ezali mokakatano moko monene na ntina etali sante ná efandeli ya bato oyo emonanaka ntango moto azali kokoka kokanga kobima ya masuba to ya nyɛi te. Ekoki kosala ete moto akoka kobwakisama mpenza, kotyama na esika ya ye moko, komona mpasi ná kozanga kozwa misala, koyekola mpe mabaku ya kosala mosala. Ekoki kosalema ete emonana mingimingi te, mpo bato ebele bakobomba likambo yango, kasi bato mingi bakoki kozala na nkokoso oyo ya kokoka kokanga masuba to nyɛi te. Na kati na bango, tozali na:

- mibange;
- bibosono ná baoyo bazali na mpasi mpo na kotambola;
- basi bauti kobota–bakisa mpe bana basi oyo bakoki kozala na *fistule*;
- bato oyo bazali na maladi ya ntango nyonso lokola oyo ya mpema mokuse, diabete, kobela bɔɔngo to ya kansɛr;
- bana basi ná basi oyo banyokwami to oyo bakatamaki binama ya nzoto ya bomwasi;
- bato oyo bautaki lipaso, oyo balongolaki eloko lokola prostate;
- basi oyo bazali kokende lisusu na sanza te; mpe
- bana mike ná bana oyo bazali konyokwama mpo na bitumba to likama.

Kozanga bopeto na ntina etali kokoka kokanga masuba to nyɛi te ekoki kobimisa nzela monene ya kopalanganisa bamaladi na ntango ya likama. Ekoki kozala mpasi mpenza mpo na kozwa mai mingi ná sabuni. Bato oyo bazokoka kokanga masuba to nyɛi te ná baoyo bazali kosalisa bango bango nyonso bazali na mposa ya kozwa sabuni mingi ná mai mingi mbala mitano koleka bato mosusu. Bato oyo bazokoka kokanga masuba to nyɛi te mpe ná baoyo bazali kaka esika moko basengeli kokende epai ya baminganga to basalisi ya bibosono mpo na koyeba ndenge ya kobundisa mpe kosilisa kozwa maladi ná bampota moto akozwaka na kolalaka na mbeto, oyo ekoki komema moto na liwa.

Kopesa bato biloko ná bisika ya bopeto: Solola na bato bakweli likama na ntina etali biloko ezali mpo na koyeba biloko nini bango balingi: biloko ya kosalela mbala moko to ya kosalela mbala ebele; bibongiseli mpo na kolongola bosɔtɔ na ndako, biteyelo, lopitalo ná zongo ya bato ebele; bisika ya kosokolela bilamba mpe kokausa yango; ná bisika batongi zongo na ziliba. Talela makambo etali mibu ya bato na makambo bazali kosepela na yango, pamba te lolenge ya biloko ná mitángo na yango ekoki kobongwana na boumeli ya mikolo. Lakisa bato lolenge ya kosalela biloko oyo bameseni na yango te.

Esengeli kozala na bilamba (mangwanda) ndenge na ndenge ya kolata mpo na kokanga nyɛi to masuba, mpe mpo na nivo ekeseni makasi ya kokoka kokanga masuba to nyɛi te. Monene ya bilamba yango ezali na ntina mingi mpo na kosalela yango malamu. Pesa bato bilamba ezala ya kokanga na yango masuba to nyɛi na monene mpe na lolenge ekeseni.

Kanisa mpe kotya zongo ezala pembeni mpo na bato oyo bazokoka kokanga masuba to nyɛi te. Bato mosusu bakoki kozala na likoki ya kokanga masuba to nyɛi na bantango mosusu soki bakoki kokota na kabine nokinoki. Ekoki kosenga ete opesa bato kiti ya zongo, po ya mbeto ná/to molangi ya kosubela.

Biloko oyo esengeli kopesama: *Mpo na bopeto ya basi oyo bazali na sanza mpe mpo na bato oyo bazokoka kokanga masuba to nyɛi te:*

- eloko ya kotya ná ya kobombela kaka bilamba to mangwanda oyo epoli; mpe
- singa ya kotandela bilamba ná bapense mpo na kokausa yango.

Mpo na bopeto ya basi bazali na sanza:

- bilamba ya coton oyo ebendaka mai (metre care 4 na mbula moko), mangwanda ya kosalela mbala moko (15 na sanza) to bilamba ya kosalela mbala ebele (motoba na mbula moko), ndenge basi ná bana basi bazali kosepela na yango;
- bilamba ya nse (motoba na mbula moko);
- sabuni ya kobakisa (grame 250 na sanza) ⊕ *talá Lisengami 1.2 ya Kolendisa bopeto: Koyeba biloko ya bopeto, kozwa mpe kosalela yango.*

Mpo na bato oyo bazokoka kokanga masuba to nyɛi te, biloko ya kopesa bango ekolanda makasi, ná lolenge ya kozanga kokanga bazali na yango mpe makambo oyo bazali kosepela na yango. Ekozala malamu kopesa bango biloko oyo esengeli lokola:

- bilamba ya coton ya petɛɛ oyo ebendaka mai (metre care 8 na mbula moko), mangwanda ya kosalela se mbala moko (150 na sanza) to bilamba ya nse ya kosalela mbala na mbala (12 na mbula moko);
- bilamba ya nse (12 na mbula moko);
- sabuni ya kobakisa (grame 500 ya kosokola na yango ná grame 500 ya kosokola bilamba na sanza);
- bakapo mibale mpo na kobatela matela;

- bibombelo mosusu ya mai;
- biloko ya kopetola na yango bilamba to nkisi ya koboma na yango mikolobe (litre 3 ya nkisi oyo esangisami na mai te mpo na mbula moko);
- katini ya se ya mbeto ná milangi ya kosubela (ya mibali ná ya basi), kiti ya zongo (ndenge ekoki).

Kozongisa biloko oyo basaleli: Bongisa lolenge nini mpe ntango nini ya kozongisa biloko na esika ya oyo basaleli. Kosalisa bato na misolo to kokabela bango biloko ekoki kosalema na banzela ekeseni na boumeli ya mikolo. Talá soki makoki ezali ya kosenga basosiete ya mike to bato mosusu bakoka kamisalela bango moko biloko ya komibatela na yango ⊕ *talá Kopesa lisungi na nzela ya mimbongo.*

Biteyelo, bisika ya kimya ya kopema ná bisika ya koyekola mosala: Lisungi ya WASH na biteyelo mpe na bisika ya kimya ya kopema esengeli kotalela biloko etongami mpo na WASH ná mateya oyo balakisi bazali kozwa. Bisika yango esengeli kozala na ebongiseli ya kobwaka bosɔtɔ na ndenge ya kobombama, eloko ya kotya bosɔtɔ oyo ezali na mufiniku, mpe ebongiseli ya kolokota ná kobwaka bosɔtɔ, to kolongola yango na kabine mpe komema yango na esika ya kotumbela yango. Tonga bisika oyo ebatelami malamu ya WASH mpe oyo ekabwani mpo na basi na mibali oyo ezali na bacroshe na mabaya ya kotya biloko basi bakosalela na ntango bazali na sanza.

Lendisa balakisi mpo na kondima mateya ya lolenge ya kozala na bopeto na ntango mwasi azali na sanza, bakotisa yango na kati ya mateya oyo basengeli kopesa. Lakisa balakisi mpo na:

- kolendisa bizaleli ya bopeto ya bana basi oyo bazali na sanza;
- kobomba biloko ya bopeto ya bana basi oyo bazali na sanza na eteyelo;
- kolendisa bayekoli oyo bazokoka kokanga masuba to nyɛi te mpo na mpasi ya makanisi bazali na yango likoló ya mpasi oyo ezali ⊕ *talá Buku INEE.*

Esika ya komibomba: Sala mosala elongo na bato ya mosala ya kopesa bato esika ya komibomba mpo na kondimisa ete bato bazali na motingo ekoki mpenza mpo na kobomba makambo na bango moko mpo na bopeto na ntango bazali na sanza ná ntango bazokoka kokanga masuba to nyɛi te na ndako to na esika ya komibomba ya bato ebele. Ekoki kozala bongo na kokabolaka na bilamba bisika ekeseni mpo moto azala ya kobombana ntango azali kolongola bilamba.

Bato oyo bazali kaka kotambola: Wana bato bazali koleka na bisika oyo bakoki kozwa biloko, pesa bango biloko ya bopeto ná ya kokanga na yango masuba to nyɛi.

2. Kopesa bato mai

Kozanga mai ya kokoka mpe ya malamu ememelaka bato mingi bamaladi na ntango ya likama. Ekoki kosalema ete mai ezala ya kokoka te mpo na kokokisa bamposa oyo ya libosoliboso; boye ekozala na ntina mingi kopesa bato mai ya komɛla ya malamu oyo bakobikela. Eloko ya liboso ya kosala ekozala kopesa bato mai ya malamu oyo ekoki, ata soki ezali ya ndenge ya katikati. Ekoki kosenga ete ezala ndenge wana tii kino Masengami ya libosoliboso mpo na mai ya kokoka mpe ya ndenge ya malamu ekokokisama.

Barobine, mabulu ya mai ná batiyo ebebaka mbala mingi na ntango ya bitumba, likama ezali kouta na biloko ekelami to na kozanga kotambwisa malamu bibongiseli ya mai. Na ntango ya bitumba, baoyo bazali kobunda bakoki kokata bato mai mpo na konyokola bango na nko. Likambo oyo epekisami makasi na kati ya mibeko oyo ekambaka bikólo ya mokili na mosala ya kosunga bato.

Solola na bana-mboka ná baoyo bamipesi na mosala oyo mpo na koyeba lolenge nini bazali kosalela mai mpe ndenge nini bazali kozwa yango, soki ezali na ndelo mpo na kozwa yango, mpe ndenge nini makambo oyo ekoki kobongwana na elanga to na mbula.

Lisengami 2.1 ya Kopesa bato mai:
Kozwa mai ná kantite ya mai

Bato bakoki kozwa mai na ndenge ekoki mpe na petɛɛ, mai ya malamu mpo na mposa ya mai ya komɛla ná ya misala ya ndako.

Misala ya ntina

1 > Luka bisika ya kozwa mai malamu ya nse ya mabele to ya likoló, na kotalelaka mpe soki ekoki kobongisa to kobebisa biloko na esika wana.

- Kanisa na ntina etali mbongwana ekoyaka na mbula to na elanga na ntina etali kopesa bato mai ná bonsenga, ná bibongiseli mpo na kozwa mai ya komɛla, ya misala ya ndako ná mai ya kobikela.

- Yeba maziba ekeseni ya mai, bato to basosiete oyo ekabolaka mai, ná lolenge bato bazwaka mai na lisangá mpe na bandako na bango.

2 > Yeba kososola kantite boni ya mai esengeli mpe bibongiseli esengeli mpo na kokabola yango.

- Sala elongo na basali mosusu mpo na koyeba bisika mai ezali, oyo bato nyonso ya lisangá bakoki kozwa kozanga likama mpe na ndenge ekoki.

- Tya bibongiseli ya kotambwisa mpe kobongisa mosala oyo ezali kokabola malamumalamu mikumba kati na bato mpe kobosana te bamposa ya mikolo ekoya mpo bato bakoka kozwa mai ntango nyonso.

3 > Sala ete mai ekoka kolongwa na esika bazali kozwa yango mpo ekoma na bandako, esika bato ebele bazali kosokola nzoto, kosokola biloko mosusu na kolamba, na bisika oyo bazali kosokola mabɔkɔ.

- Luka mabaku ya kosalela lisusu mai, lokola kosopa yango na bilanga, kosalela yango babrike to kosala banzela ya mai na mabele mpo na bilanga.

115

Bilembo ya ntina

Kantite ya bokatikati ya mai oyo bato basengeli kozala na yango mpo na komɛla ná ya misala ya ndako na ndako mokomoko

- Esengeli litre 15 na moto na mokolo
- Yeba kososola kantite ya mai na kolandaka esika bozali mpe eteni ya lisungi oyo bozali naino

Motángo monene mpenza ya bato oyo bazali kosalela mai na esika bazali kozwa yango

- bato 250 na robine moko (soki mai ezali kobima litre 7,5 na minute moko)
- bato 500 na pompe moko ya mabɔkɔ (soki mai ezali kobima litre 17 na minute moko)
- bato 400 na libulu moko ya mai (soki mai ezali kobima litre 12,5 na minute moko)
- bato 100 na esika moko ya kosokolela bilamba
- bato 50 na esika moko ya kosokola nzoto

Monkama ya misolo ya libota oyo bazali kosomba na yango mai ya komɛla ná ya misala ya ndako

- Esengeli kozala 5 % to moke koleka

Monkama ya bandako bosengeli kolandela oyo bayebi esika nini mpe ntango nini bakozwa mai na mbala ezali koya

Ntaka oyo ezali kati ya ndako na esika ya penepene mpenza ya kozwa mai

- <metre 500

Ngonga ya kosala molɔngɔ na bisika ya kozwa mai

- <minute 30

Monkama ya bisika ya kokabela bato mai oyo ezali ya kokauka, eza maimai te

Monkama ya bibongiseli/ndako basali mpo na mai oyo ezali na ebongiseli ezo tambola malamu ná bato oyo bazali na mokumba ya kozongisa monɔkɔ

Makanisi ya kolanda

Kopona esika ya kozwa mai esengeli kotalela makambo oyo:

- kantite ya mai ekoki ezali komonana, ya malamu, eza pembeni mpe bato bazozwa yango ntango nyonso;
- bonsenga ya kobongisa mai mpe likoki ya kosala bongo, ezala mpo na bato ebele to na kati ya ndako; mpe
- makambo ya efandeli ya bato, ya politiki to ya mibeko oyo ezali kotala mosala ya kokengela maziba ya mai ekoki kozala ya kobendanabendana, mingimingi na ntango ya bitumba.

Esengaka mbala mingi kosangisa lolenge ya kotalela makambo ná maziba ya mai na eteni ya liboso ya likama mpo na kokokisa bamposa makasi mpo na kotikala na bomoi. Maziba ya mai ya likoló ya mabele, atako ezali kosenga misala mingi mpo na kobongisa yango, ekoki kozala solisyo ya kosalela na lombangu mpenza. Mai ya nse ya mabele ná/to oyo ezali kotyola yango moko uta maziba ezali malamu koleka. Esengaka mpenza mosala mingi te mpo na kobongisa yango; mpe lokola ezali kotyola yango moko esengaka kobenda to kotinda yango na pompe te. Zala na momeseno ya kolandela malamu maziba nyonso mpo bolekisa ndelo te na bobendi ya mai ⊕ *talá Lisengami 2 ya Esika ya komibomba ná esika ya kofanda: Kobongisa esika mpe ndenge bato bakofanda.*

Bamposa: Kantite ya mai oyo esengeli mpo na komɛla, bopeto mpe misala ya ndako ezali kolanda bisika bozali mpe eteni oyo bozali ya mosala ya kopesa bato lisungi. Ekolanda makambo lokola lolenge na bizaleli bato bazalaki na yango liboso ya likama ekwela bango, lolenge bazalaki kolongola nyɛi to bizaleli na bango ya bonkɔkɔ ⊕ talá *Koyeba mikakatano ya WASH mpe koyeba kosilisa yango* na kati ya *Lisengami 1.1 ya kolendisa bopeto* ná *Lisengami 3.2 ya Kolongola nyɛi.*

Litre 15 esengeli kopesama na moto mpe na mokolo, wana nde lolenge malamu bakosalaka. Ezali kantite ya mai "ya suka" te, mpe ekoki kozala bongo te na ntango nyonso to na bisika nyoso na ntango ya kopesa lisungi. Na ndakisa, ebongi kosala boye te na esika oyo bato bakoki kozala bakimi mpo na bambula ebele. Na ntango ya bozangi makasi mpenza ya mai, kopesa bato litre 7,5 na moto mpe na mokolo ekoki kozala malamu mpo na mwa ntango moke. Na kati ya engumba, kopesa litre 50 na moto mpe na mokolo ekoki kozala kantite ya mai oyo esengeli mpo na kobatela sante mpe lokumu ya moto.

Esengeli kotalela makambo oyo ekoki kokoma ya kopesaka bato ba kantite ekeseni ya mai na kotalaka mitángo ya bato bazali kobelabela to kokufa na maladi euti na WASH. Sala elongo na basali mosusu ya WASH mpo boyokana na ntina etali kantite ya mai oyo esengeli na kolandaka esika oyo bozali. Mpo na makanisi ya kolanda mpo na koyeba kantite nini ya mai esengeli mpo na bato, bibwele, misala ya ndako mpe misala mosusu ⊕ talá *Lisalisi ya monganga oyo esengeli kopesama – Masengami 2.1.1 tii 2.1.4 ya Bamaladi oyo epalanganaka* mpe *Apendisi 3 ya WASH.* Mpo na makambo ya mbangumbangu na ntina etali bamposa ya mai mpo na bibwele ⊕ talá *Buku LEGS.*

Bamposa	Kantite (litre/moto/mokolo)	Bongisa makambo na kotalaka
Mpo na kotikala na bomoi: mai ya kosalela (komɛla na ya bilei)	2,5–3	Ntango ná lolenge nzoto ya moto na moto ezali kosala
Mpo na kozala na bopeto	2–6	Efandeli mpe bizaleli ya bonkɔkɔ
Mpo na kolamba oyo esengeli	3–6	Lolenge ya bilei ná efandeli mpe bizaleli ya bonkɔkɔ
Mai nyonso oyo esengeli	7,5–15	

Bamposa ya mai oyo esengeli kokokisama mpo na kotikala na bomoi: Bamposa ya mai ekokesana na kati ya bato, mingimingi mpo na bibosono to baye bazali na mpasi ya kotambola, mpe na kati ya bato oyo bazali na boyambi ya ndenge na ndenge.

Emekelo: Okokabola kaka kantite ya mai oyo bapesi mpo na bato osengeli kopesa mai te. Kotuna mabota, kotala naino makambo mpe kosolola na bituluku ya bato na lisangá ezali lolenge malamu ya kosalela mpo na koyeba kantite ya mai ya kosalela mpe komɛla koleka komeka kotala kantite ya mai oyo bamemi na mituka to eye na nzela ya pompe, to oyo batoki na pompe ya mabɔkɔ. Esengeli kotalela balapolo euti na ebongiseli ya kokabola mai ná oyo etali lolenge mabota ezali kosalela mai.

Kozwa mai ná bosembo: Na kati ya bisika ya kozwa mai tozali na bisika ya kosokolela, kolambela na kosokolela bilamba, mpe zongo, bakisa mpe bandako minene lokola biteyelo to lopitalo.

Kantite oyo esengeli mpo bokoma na yango (talá bilembo ya ntina likoló awa) ezo senga ete bato bakoka kokoma na esika mai ezali na boumeli ya ngonga soki 8 na mokolo ya kopesa bato mai ntango nyonso. Zala mayele na kosalelaka bakantite oyo, mpamba te ezali kondimisa te ete kantite ya mai oyo esengeli ezali kopesama to bato bazali nyonso bazali kozwa yango na nzela ya bosembo.

Lisungi epesami mpo na mai ná kolongola bosɔtɔ esengeli kotalela na bosembo bamposa ya bakolo esika ná ya bapaya mpo kobendana to kobunda ezala te.

Na ntango ozali kokanisa, yeba ete: bamposa ekeseni kati na bituluku ya bato ya mbula ekeseni, mpe basi to mibali, lokola mpe mpo na bibosono to baye bazali na mpasi mpo na kotambola. Tya bisika ya kozwela mai ezala mpenza mosika te na bandako mpo bato bakweya te na makama nyonso na ntina etali kobatela bato.

Yebisa bato bakweli likama bayeba ngonga nini mpe na esika nini bakoki koya kopesa bango mai, lotomo bazali na yango ya kozwa mai na bosembo, ná lolenge nini bakoki koyebisa yo makanisi na bango.

Ngonga ya kokende koluka mai mpe kotya molɔngɔ: Soki bato bazali kolekisa bangonga ebele na kokendaka koluka mai mpe kotya milongo, ezali komonisa ete bisika ya kozwela mai ezali moke to mai yango ezali mingi na ndenge ya kokoka te. Likambo oyo ekoki komema bato kosalela mai kaka moke ná kosalela mingi mai ya likoló ya mabele oyo ebatelami malamu te. Yango ekosala ete bazala na ngonga se moke mpo na misala mosusu lokola kokende kelasi to koluka misolo. Ngonga oyo bato bazali kotya molɔngɔ ekoki mpe komema mobulu na esika ya kotokela mai ⊕ *talá Etinda etali kobatela bato 1* ná *Mobeko ya ntina mingi na mosala ya kosunga bato: Mokumba 1.*

Biloko ebongi mpo na kotya mai: ⊕ *Talá Lisengami 1.2 ya Kolendisa bopeto: Koyeba biloko ya bopeto, kozwa mpe kosalela yango.* Esika oyo bato bazali kobongisa mai ná kobomba yango malamu na ndako (HWTSS), meka kobongisa motángo ya biloko ya kotya mai mpe monene na yango. Na ndakisa, ebongiseli ya mai oyo ezo senga kotya mwa nkisi na kati mpe kolongola biloko mosusu ekoki kozala na kati ya mai (oyo babengi coagulation-floculation) ná koboma mikolobe ekosenga kozala na bakatini mibale, elamba ya kofiltre na yango na eloko ya kobalola na yango.

Programe ya kobongisa mai na biloko ezali kotekama na bawenze: Talá malamumalamu lolenge nini mabota ezali kozwa mai ná biloko bazali kotya yango liboso likama eya mpe na nsima. Kotala oyo ya petɛɛ ya makambo esengeli kosalisa kozwa bikateli na ntina etali lolenge ya kopesa mai na mikolo ebele mpo na boumeli ya ntango. Yeba kotya lolenge ya kosalela, kolendisa mpe kobongisa mombongo ya mai, na kotalaka esaleli ya kosangisa banzela mpo na kopesa lisungi na mabota na nzela ya mbongo, kopesa bato nyongo ná kolakisa bateki to bapesi ya biloko lolenge malamu ya kosalela biloko, to myango mosusu. Landela ntalo ya biloko na ba wenze sanza na sanza (mai, biloko ya kolambela) na ntina etali mbongo mabota ezali kobimisa na boumeli ya ntango, mpe salela makambo omoni mpo na kobongisa programe ⊕ *talá Kopesa lisungi na nzela ya mimbongo.*

Kofuta: Mbongo ya mai libota ezali kobimisa esengeli koleka 3–5% te ya bozwi ya libota. Yeba lolenge mabota ezali kobimisa misolo ebele na ntango ya likama mpe zuwa meko mpo na kobundisa esaleli mabe ⊕ *talá Etinda etali kobatela bato 1.* Sala ete bibongiseli na makambo ya mbongo etambuisama na ndenge ya polele.

Kotambwisa bibongiseli ná biloko etongami mpo na mai: Sala elongo na lisangá ná basali mosusu mpo na kopona esika, lolenge ná esaleli ya bisika ya kozwa mai (ebongiseli ya ntango moke ná ya mikolo ebele ezali koya). Likambo oyo ezali kotala bisika ya kosokolela, kolambela ná kosokolela bilamba, zongo, ná bandako minene lokola biteyelo, bawenze ná lopitalo. Landa makanisi bato bapesi mpo na kobongisa lolenge bato bakoki kokoma bisika mai ezali.

Zala na makanisi ya lolenge bazalaki kotambuisa biloko esalemi mpo na mai kala mpe sika, makoki ya bato ná motema bazali na yango ya kofuta mai ná misala ya kolongola bosɔtɔ, ná banzela bazali kozwela misolo oyo bafuti. Kanisa mpo na mbongo ya kotya na bibongiseli ya kopesa bato mai oyo ezali kosalisa bato ebele bakoka kobomba misolo na ntango molai. Talá soki mwaye mosusu ya kosalela mpo na kozwa mai ezali, lokola kosalela bapompe etambwisami na moi to ebongiseli ya tiyo ya mai oyo bazomela na kaminyo, mingimingi na bisika oyo likama ezali se kokoba mpe na bisika bato ebele bafandi esika moko.

Pesa bato bamwaye ya kotambwisa mpe kobatela malamu bibongiseli ya mai na nzela ya bakomite ya WASH to na boyokani ná bato yangani to ya Leta.

Kosalela mai ya milangi: Mai oyo ebongisami ezali kosenga mbongo mingi te, ebongi mpenza mpe ezali malamu koleka mai ya milangi, mpo yango ezali kosenga kofuta mbongo ya komemisa yango, kosomba yango, lolenge na yango mpe bosɔtɔ oyo ezali kobimisa. Ekoki kosalema kaka soki ezali mpo na mwa ntango moke (na ndakisa mpo na bato oyo bazali se kotambola). Bongisa lolenge malamu ya kolokota milangi oyo basaleli.

Bisika ya kosokolela bilamba na kosokolela nzoto: Soki libota ekoki kozala na esika na yango moke te ya kosokolela, sala bisika ekabwani mpo na mibali ná basi, mpo bakoka kozala kimya, kobombama mpe kozala na lokumu na bango.

Solola na basaleli ya bisika yango, mingimingi basi, bana basi na bibosono, mpo na kopona esika nini, lolenge na kozala malamu ya bisika yango. Talá soki mwaye ya kozwa mai ya moto ezali mpo na kosukola nzoto ná bilamba na basitwasyo moko boye, lokola kosilisa makwanza, mpe na ntango ya malili.

Kokausa mai na bisika ya kozwa mai, ya kosokolela bilamba, nzoto ná mabɔkɔ: Na botongi mpe na bobongisi ya bisika ya kokabolela mai ná kosalela yango, sala ete mai ya salite ememela bato likama te na sante na bango, to kobimisela bango bisika ezali kokolisa biloko ekoki komemela bango bamaladi. Sala ebongiseli ya kokausa mai nyonso elongo na babongisi ya esika yango, basali ya mosala ya kopesa bato esika ya komibomba ná/to bakonzi ya esika yango.

Sala bibongiseli ya WASH ná bisika etongami mpo na kolanda makambo esengami mpo na kokausa mai. Na ndakisa, makasi mai ezali kobima na yango na esika barobine ezali, bonene ya esika ya kozwela mai ná/to kosokolela bilamba, ná bolai ya robine uta na nse ya eloko babombeli mai esengeli kozala ya kokoka ⊕ *talá Lisengami 2 ya Esika ya komibomba ná esika ya kofanda: Kobongisa esika mpe ndenge bato bakofanda.*

Lisengami 2.2 ya Kopesa bato mai:
Ndenge ya mai

Mai ezali elengi mpe ya ndenge ekoki mpo na komɛla ná kolambela, mpe mpo na bopeto ya moto na moto ná misala ya ndako, kozanga kolukela bato nkokoso na nzoto.

Misala ya ntina

1 > Luka koyeba nkokoso nini ekoki koyela bato na nzoto oyo ezali kouta na mai oyo ezali wana ná nzela oyo ebongi makasi mpo na kosilisa yango.

- Batela maziba ya mai malamu mpe salaka bakontrole ya kotala bolamu na yango mbala na mbala esika euti mpe na bisika ya kozwela mai.

2 ⟩ Yeba kotya esaleli oyo ebongi mpenza mpo na kondimisa ete mai ya komɛla ezali malamu na esika bazweli yango to bazali kosalela yango.

- Lolenge ya kobongisa mai ekoki kozala ya kobongisa mai ebele na mbala moko mpe kokabola yango, na etokeli ya malamu ná kobomba yango na ndako, to kobongisa mai mpe kobomba yango malamu na ndako.

3 ⟩ Sala ete kobebisa mai sima ya bokaboli yango ezala mpenza mingi te na esika ya kozwela to kosalela mai yango.

- Pesa mabota biloko malamu ya kotya mai, ya kotokela na ya kobombela mai ya komɛla, ná mwaye ya kotoka malamu mai ya komɛla.
- Meka bilembo ya ndenge ya mai (ezali na chlore oyo etikalaka na nse te (FRC) mpe biloko mikemike makasi oyo ekoki komemela moto bokono (CFU)) na esika bazali kokabola mai mpe na esika bazali kosalela yango.

Bilembo ya ntina

Monkama ya bato bakweli likama oyo bazali kotoka mai ya maziba oyo ebatelami malamu

Motángo ya mabota likoló na monkama oyo bamonani bazali kobomba malamu mai na kati ya biloko ya peto oyo ezali ya kofinika ntango nyonso

Monkama ya bilembo ya komeka ndenge ya mai oyo ezali kokokisa masengami ya libosoliboso mpo na mai

- <10 CFU/100ml na esika bazali kopesa bato mai (mai batye chlore te)
- ≥0,2–0,5mg/l FRC na esika bazali kopesa bato mai (mai batye chlore)
- Kobulungana ya mai ezali na nse ya NTU 5

Makanisi ya kolanda

Kobatela malamu nzela ya kozwela mai: Bamaladi ekoutaka na mai ezali likama mpo na nzela ya kozwela mai etikala kaka malamu. Bipekiseli mpo na kokanga bamaladi ekoyelaka na nzela ya nyɛi kokota na monɔkɔ ezali kotya nyɛi na bisika ebongi, kofinika bilei, kosokola mabɔkɔ na ntango esengeli, kotoka mai mpe kobomba yango malamu ⊕ talá Lisengami 1.1 ya kolendisa bopeto; Lisengami 3.2 ya Kolongola nyɛi ná Apendisi 2: Elilingi F.

Kati na makambo ya kosala mpo na koluka koyeba nkokoso ekoki kozala na nzela ya kozwela mai kobanda na liziba ya mai kino esika babombeli mai ya komɛla, tokotánga:

1. kotala bopeto na esika ya kozwa mai;
2. kolanda ezaleli ya kosalela mbeki ekeseni mpo na kotoka mai ná kobomba yango;
3. kozala na ezaleli ya kozala na mbeki ya peto mpe ya kofinika mpo na mai ya komɛla; mpe
4. komeka ndenge ya mai.

Na esika oyo emonani mpenza ete mai ekoki kozala mabe, makambo oyo ekoki komonisa polele nkokoso oyo ezali komonana kozanga kosala emekeli ya makasi ya ndenge ya mai na ndako.

Kotala bopeto ezali komonisa masengami ná bizaleli oyo ekoki kopesa nkokoso na sante ya bato na esika ya kozwela mai. Ezali kotala ndenge batongi esika ya kozwela mai, kokausa yango, lopango basaleli yango, ndenge bato bameseni kokende zongo ná kolongola biloko ya makasi ya bosɔtɔ lokola biloko oyo ekoki komemela bato bamaladi. Ezali mpe kotala malamumalamu biloko ya kotya mai na ndako.

Ndenge ya mai: Ntango ozali kosalisa mosala ya liziba ya sika ya mai, meka kotala soki mai yango ezo monana malamu, ezali na banyama ya mikemike makasi te to biloko ya shimi. Sala boye liboso mpe na nsima ya mbongwana ya mvula to elanga na esika yango. Esengeli otala malamu soki mai ezali na biloko ya shimi (lokola ebele ya fluor ná arsenic) oyo ekoki komemela bato bamaladi na boumeli ya ntango.

Banyama ya mikemike mpenza oyo ezali na nyɛi (>99 % kati na yango ezali *E. coli*) ezali komonisa nivo nini mai ebebisami na bosɔtɔ euti epai ya bato ná banyama, mpe ekoki kozala na biloko mosusu oyo ekoki komemela bato bamaladi. Soki mai ezali na banyamanyama ya mikemike wana, bobongisa mai yango. Ata soki bomoni banyamanyama ya *E. coli* te na kati, mai ekoki kozwa lisusu banyamanyama mikemike wana soki etyami nkisi oyo ezali kofanda na kati na yango te mpo na kopetola yango.

Bisika bazali kotya chlore na mai (liboso ya kokabola yango to ntango bazali kobongisa yango na ndako), meka kosala baekzame bisika na bisika na mabota na komekaka motángo ya FRC mpe kobongisa yango soki esengeli kosala bongo. Kolandana ya mbala ya kopesa bato mai, molunge to malili ná boumeli ya ntango oyo mai ebombami, nyonso wana ezali kotala bimekeli ya FRC na kati ya bandako (koyanduka ya chlore na mai).

Kotinda bato bakende koluka mai na bisika oyo ebatelami: Bato bakoki kolinga kokende kotoka mai na bisika ebatelami te likola ebale, laki mpe mabulu ya mai oyo ebatelami te mpo bazosepela na yango, ezali mosika te mpe yango bato basalelaka na esika yango. Yeba eloko ezali kotinda bato kosala bongo mpe bongisa maloba ya koyebisa bango ná misala oyo ezali kotinda bato basalela bisika ya mai oyo ebatelami.

Mai ya elengi: Soki mai ya komɛla ezali elengi te na komeka (mpo eleki mungwa, sulfure d'hydrogène to chlore ebele oyo bato bameseni na yango te), bato bakoki komɛla mai oyo ezali koyokana elengi kasi euti na bisika ya mabe. Salela mokumba lisangá ezali na yango ná misala ya bopeto mpo na kolendisa bato basalela mai ya komɛla ya malamu.

Kolongola biloko mabe na mai: Basengeli kobongisa mai na kotyaka yango nkisi oyo ezali kofanda na kati na yango mpo na koboma banyamanyama lokola chlore soki likama monene ezali ya kobebisa esika mai ezouta to nsima ya bokaboli yango. Likama yango ekoyebana na kotalaka ebele ya bato bafandi na esika moko, bibongiseli oyo ezali mpo na kolongola nyɛi, bizaleli ya bopeto ná kopalangana ya bamaladi ya kolekisa libumu. Kobulungana ya mai esengeli kozala na nse ya NTU 5. Soki eleki wana, lakisa basaleli na yango lolenge ya kofiltre yango, kofandisa yango mpe kotya yango na ebombeli mosusu ya mai mpo na kolongola kobulungana na yango liboso ya kobongisa yango. Kanisa kotya chlore oyo ezali makasi mbala mibale mpo na mwa ntango soki likambo mosusu ya kosala ezali te. Yeba ete koyanduka ya chlore na mai ezali kolanda boumeli ya ntango oyo babombi yango mpe molunge to malili oyo ezali. Na yango, talela likambo oyo ntango ozali kotya yango mpe ngonga oyo ozali kosimba yango ⊕ *talá Apendisi 6: Nzete ya bikateli mpo na kobongisa mpe kobomba mai na ndako.*

Mai ebele to mai ya malamu? Soki likoki ezali te ya kokokisa Masengami ya libosoliboso mpo na mai ezala ebele mpe ya malamu, tya na esika ya liboso mai ebele koleka mai ya malamu. Bakoki kosalela ata mai oyo ezali mwa malamu mpo moto azanga te mai na nzoto, kokitisa kobulungana ya makanisi ná kobundisa bamaladi ya kolekisa libumu.

Kobeba ya mai nsima ya bokaboli yango: Mai oyo ezali malamu na esika oyo bazali kokabola yango ekoki kokoma ya kobeba na ntango bazali kotoka yango, kobomba to kotoka mai ya komɛla. Bundisa yango na nzela ya bizaleli malamu ya kotoka ná kobomba mai. Zala na momeseno ya kosokola bibombelo ya mai na ndako to na esika ya bato ebele, mpe lakisa bana-mboka lolenge ya kosala yango ⊕ *talá Masengami 1.1 ná 1.2 ya Kolendisa bopeto.*

Kobongisa mpe kobomba mai malamu na ndako (HWTSS): Salela nzela ya HWTSS oyo likoki ya kozwa ebongiseli ya kobongisa mai ebele na esika moko ezali te. Na kati ya banzela ya HWTSS oyo ezali kosilisa pulupulu mpe kobongisa lolenge ya biloko ya mikemike mpenza oyo ezali na mai oyo ebombami na ndako tokoki kotánga kotokisa, kotya chlore, kotya mai na moi mpo na koboma banyamanyama mikemike, kolekisa yango na filtre ya seramike, kolekisa yango malembe malembe na filtre ya zelo, kolekisa yango na elamba, ná kolongola biloko mosusu ya mikemike na kati mpe koboma mikolobe. Sala elongo na basali ya biteni mosusu mpo na koyokana na ntina etali makambo esengami mpo na biloko ya kolambela na ndako ná likoki ya kozwa mai ya kotokisa. Tika kokotisa nzela ya kobongisa mai oyo bato bameseni na yango te na ntango ya makama mpe na maladi makasi. Kosalela malamu banzela ya HWTSS ezali kosenga kolandela makambo ntango nyonso, kotya mabɔkɔ mpe kolandela mpenza makambo. Ezali mpe likambo esengami mpo na kondima kosalela HWTSS lokola nzela mosusu ya kobongisela mai ⊕ *talá Apendisi 6: Nzete ya bikateli mpo na kobongisa mpe kobomba mai na ndako.*

Ndenge ya mai mpo na bandako minene: Bongisa mai nyonso ya kopesa na biteyelo, lopitalo, badispansere ná bisika ya koleisela ezala na chlore to nkisi mosusu oyo efandaka na mai mpo na koboma mikolobe ⊕ *talá Apendisi 3: Mai bato basengeli kozala na yango: kantite esengeli mpo na kotikala na bomoi mpe lolenge ya kotalisa bamposa ya mai.*

Mai ebebisami na biloko ya shimi ná ya radio: Bisika oyo makomi ya boyekoli ya mai na mabele to boyebi ya biloko ya izine, to mpe likambo esalemi na basoda ezali komonisa lokola mai wana ekoki kozala biloko ya shimi to ya radio oyo ekoki kobebisa sante ya bato ebele, sala ekzame ya mai wana mpo na koluka biloko yango. Ekateli ya kosalela mai oyo ekoki kozala ebeba na boumeli ya ntango ekoki kozwama kaka sima ya kosala ekzame wana na mozindo mpenza mpo na koyeba makambo nini ekoki koyela sante ya bato ná kozwa nzela epesami na bakonzi ya esika wana.

3. Kolongola nyɛi

Esika oyo ezali na nyɛi ya bato te ezali na ntina mingi mpo bato bákoka kozala na lokumu, na kimya, na sante malamu ná kozala malamu. Ezali kotala biloko oyo ekelami kosangisa mpe bisika bato bafandi, bisika ya boyekoli mpe bisika ya mosala. Kolongola nyɛi na ndenge ya malamu ezali likambo ya liboso ya WASH. Na ntango ya makama, ezali na ntina mingi lokola kopesa bato mai malamu.

Bato nyonso basengeli kozwa libaku ya kokota na zongo oyo ebongi, oyo ezali malamu, peto mpe eza na likama te. Kosala zongo enene na lokumu ezali likambo monene oyo etali moto ye moko. Koloba ete zongo ebongi ezali kolanda bizaleli ya bato, bonkɔkɔ ná makambo bameseni kosala, makanisi bazali na yango, ná koyeba mpe soki bato bazalaki na ezaleli ya kokota na zongo liboso. Soki bato bazali kosumba nyɛi pambapamba ezali likama monene mpo na sante, mingimingi na bisika oyo bato ebele makasi bafandi na esika moko, bisika bato bazali na kati ya kotambola, mpe na bisika ya kopola to oyo ezali ya maimai.

Basaleli maloba ekeseni na eteni ya WASH mpo na kolimbola bisika ya kolongola nyɛi. Na Buku oyo, "zongo" elimboli esika nyonso etongami to esalemi oyo ezali koyamba na mbala moko nyɛi, mpe ezali kotya bariere ya liboso kati ya bato na bosɔtɔ ⊕ *talá Apendisi 2: Elilingi F*. Na Buku oyo mobimba, tosaleli liloba "zongo" na esika ya "WC" to kabine esika moto azali kokota mpo na kosumba.

Kobomba nyɛi ya bato mosika na bato ezali kosala bariere ya liboso mpo na maladi ezali kouta na nyɛi na kokitisaka na bokuse to na molai banzela ya kopalanganisela bamaladi ⊕ *talá Apendisi 2: Elilingi F*. Bosengeli kokotisa kobomba nyɛi na kati ya mosala ya kolokota, kokumba, kobongisa mpe kobwaka yango mpo na kobundisa makamba ekoki koyela sante ya bato ebele mpe kobebisa bisika oyo ezali zingazinga.

Soki nyɛi ya bato ezali komonana na esika ya kofanda, ya kotangela ná ya kosalela mosala ekoki kokalisa ete nkokoso ezali na ntina etali kobatela bato. Bato bakoki kozala na bobangi ya kokota na zongo, mingimingi na bisika oyo etondi bato mpenzampenza.

Mpo na mokapo oyo, "nyɛi ya bato" elimboli biloko ya bosɔtɔ oyo ebimi na nzoto, elingi koloba tufi, masuba na bosɔtɔ ekobimaka na basi bazali na sanza. Masengami ya eteni oyo ezali kosangisa molɔngɔ mobimba ya kolongola nyɛi, kobanda na esika ya liboso batye yango tii na esika ya suka ya kolongola yango.

Lisengami 3.1 ya Kolongola nyɛi:
Bisika oyo ezingi bato ezali na nyɛi ya bato te

Nyɛi nyonso etyami na esika moko mpo na kokima kobebisa bisika ekelami oyo ezingi bato, bisika ya kofandela, ya koyekola; ya kosalela mosala ná oyo bato bafandi lisangá.

Misala ya ntina

1 ⟩ Tonga zongo na bisika bauti kotonga sika mpo na koyamba bato ebele to na bisika oyo ezali na biloko batongaki oyo esili kobeba mpo na kobomba nyɛi na lombango.

2 Bisika ya kofandela, koyekola mpe kosalela mosala to mai ya likoló ya mabele oyo ebebisami na nyɛi, tya yango nkisi na lombango mpo na koboma mikolobe.

3 Kanisa mpo na kosala mpe tonga zongo nyonso na kolandaka bolukiluki esalemi mpo na koyeba makama ekoki kozala ya kozwa maladi ekouta na mai ya pembeni ya likoló ya mabele to ya nse ya mabele.

- Luka koyeba makambo ya mabele ya esika wana, lolenge na yango ya kozala ná mai ya nse ya mabele ná mai ya likoló (bakisa mpe kobongwana ya mbula to elanga) mpo na koboya kobebisa mai ya likoló ya mabele mpe kosalisa makambo bakoki kolanda mpo na kosala mosala.

4 Bomba mpe bwaka nyɛi ya bana na ndenge ya malamu.

5 Kanisa kosala mpe tonga zongo nyonso mpo na kopekisa biloko nyonso oyo ememelaka bato maladi kokoma na nyɛi.

Bilembo ya ntina

Nyɛi ya bato ezali te na bisika oyo bato bafandi, bazali koyekola to kosala mosala

Biloko nyonso etongami mpo na kobomba nyɛi etyami na esika ebongi mpe ezali na ntaka ekoki mpenza na mai ya likoló ya mabele to ya nse ya mabele

Makanisi ya kolanda

Kokata mosala na biteni: Mbala moko sima ya likama, pekisa bato bakendaka kosumba pambapamba te libanda mpo ezali likambo ya liboso esengeli kosalema. Lakisa bango bisika ya kokende kosala zongo, tonga zongo ya bato ebele mpe banda kampanye elongo na basali mosusu ya kolakisa bato makambo ya bopeto. Pekisa bato kosumba pembeni ya maziba nyonso ya mai (ata soki bazo mela yango to te) ná bisika ya kobomba mai mpe kobongisa yango. Kotya bisika bato bakoki kokende kosumba likoló ya ngomba to esika mopepe ezali kouta na esika oyo bato bafandi te. Kotya bisika yango pembeni ya balabala minene te, pembeni ya bandako ekotaka bato ebele te (mingimingi bisika bazali kopesa bato lisalisi ya monganga to koleisa bango) to pene na bisika ya kobomba bilei ná kolambela yango.

Sala kampanye ya kolendisa bopeto oyo ezali kotinda bato na kolongola nyɛi na ndenge ya malamu mpe senga ete batonga bazongo mosusu ebele.

Soki likama ezali na kati ya bingumba, luka koyeba monene ya biloko oyo ebebi na ntina etali bibongiseli ya kolongola bosɔtɔ oyo ezalaki wana. Kanisa mpo na kosala zongo oyo bakoki kotya mpe kolongola na esika, to mpe kosalela mabulu to bibombelo minene oyo bakoki kobanda kopepa mbala na mbala.

Ntaka na bisika mai ezali kouta: Kebá ete nyɛi oyo ezali kouta na bisika etongami mpo na kobomba yango (zongo ya milai, mabulu, ya kofandela, mabulu ya WC, na oyo ya kobenda mai ya bosɔtɔ) ezali kobebisa maziba ya mai. Kobebisa esika na nyɛi ezali likambo ekomemela bato nkokoso na mbala moko te kaka soki bazali komɛla mai ezali kouta na esika yango, kasi bosengeli kobatela biloko ezali zingazinga na kobebisama.

Esika likoki ezali, sala baekzame ya koyeba soki mabele ezali kolekisa mai mpo na koyeba bolai ya ntango oyo biloko ya bosɔtɔ ezali koumela mpo na kokota na mabele (lombangu ya kokota na mabele). Salela yango mpo na koyeba ntaka ya moke mpenza esengeli kozala kati ya bibombelo etongami ná bisika mai ezali kouta. Lombango ya kokota na mabele ezali kolandana na banivo oyo mabele etondi na biloko, mai nyonso oyo ezali kouta na esika yango, ná lolenge ya nyɛi (nyɛi ya maimai mingi ekoleka mbangu mpenza koleka oyo ezali na mwa mai moke).

Soki baekzame ya koyeba lolenge mabele ezali kolekisa mai ekoki kosalema te, biloko etongami mpo na kobomba nyɛi esengeli kozala na ntaka ya koleka metre 30 na bisika mai ezali kouta, mpe nse ya mabulu esengeli kozala eleki metre 1,5 likoló ya mai oyo ezalaka na nse ya mabele. Matisa bantaka oyo na bisika oyo mabanga ya makasi ezali ya kopasuka mpe na esika ya mabanga ya petɛɛ, to kitisa yango na bisika mabele eza petɛɛ.

Na bisika mai ya nse ya mabele ezali likoló mingi to mbula ebele esopani, tonga biloko ya kobombela nyɛi ezala ya kolekisa mai te mpo na koboya kobebisa mai ya nse ya mabele. Na ngambo mosusu, tonga zongo to mabulu ya nyɛi ezala ya kotombwana mpo na kobomba nyɛi mpe kotika yango te ebebisa bisika ezali zingazinga. Sala ete banzela ya mai ya salite to oyo ezali kobima na mabulu ya WC ebebisa mai ya likoló ya mabele to ya nse ya mabele te.

Soki bokanisi ete mai ekoki kobebisama, luka koyeba mbala moko mpe kanga nzela yango ya bobebisi, mpe banda kobongisa mai. Bakoki kolongola biloko mosusu ebebisaka mai na kosalelaka myango ya kopetola mai lokola kotya yango chlore. Atako bongo, esika biloko ekobebisaka mai ezali kouta lokola banitrate esengeli koyebana mpe kokanga yango. Na ndakisa, nkokoso oyo babengi méthémoglobinémie ezali makasi, nzokande bakoki kolonga yango soki mai ya komɛla ezali na nivo ya komata ya banitrate ⊕ talá *Lisengami 2.2 ya Kopesa bato mai: Ndenge ya mai.*

Kolongola nyɛi ya bana: Mbala mingi nyɛi ya bana ezalaka na makama koleka oyo ya mikóló. Kozwa maladi ezali kouta na nyɛi ezali komonana mbala mingi mpenza na kati ya bana, mpe bana bakoki kozala bazwi naino te bibundeli ya nzoto mpo na kokimisa bamaladi. Lakisa baboti na bakengeli ya bana makambo basengeli koyeba na ntina etali kolongola malamu nyɛi ya bana, ndenge ya kosokola bilamba mpe kosalela bakushe ya bana, bapo to bapau mpo na kolongola malamu nyɛi.

Lisengami 3.2 ya Kolongola nyɛi:
Kokota na zongo mpe kosalela yango
Bato bazali na zongo ya kokoka, oyo ebongi mpe oyo endimami mpo na kokota nokinoki, na kimya mpe kozanga komitungisa na ntango nyonso.

Misala ya ntina

1 ⟩ Yeba kopona lolenge ya zongo oyo ebongi mpenza koleka.

- Kanisa mpe tonga zongo mpo na kokitisa makama ekoki koyela bato ntango bazali kosalela yango ná kobongisa yango, mingimingi basi na bana basi, bana, mibange ná bibosono.

- Kabola zongo oyo bato ebele bazali kokota na kotyaka ya basi epai ya mibali epai, mpe ya mikóló to bana soki esengeli kosala bongo.

2 ⟩ Luka koyeba makambo boni esengeli kokokisama mpo na zongo ya bato bakweli likama na kolandaka makama ya sante ya bato ebele, bizaleli ya bonkɔkɔ, bisika ya kotoka mai mpe kobomba yango.

3 ⟩ Solola na bakonzi ya misala mosusu mpo na koyeba esika ya kotya mpe kotonga zongo oyo bato ebele bazali kokota.

- Kanisa lolenge bato bakobanda kokota kuna na kotalaka mbula ya bato, soki bazali mibali to basi, bibosono, bato oyo bazali na VIH, bato oyo bazokoka kokanga masuba to nyɛi te, mpe bituluku ya bato moke oyo bazali na bizaleli na bango moko na oyo etali kosangisa nzoto to makambo ya basi na mibali.

- Tya zongo nyonso ya bato ebele ezala mpenza pene na bandako mpo bato bakoka kokota kuna na petɛɛ, mpe na ntaka ekoki mpo bato bamiyoka mabe te mpo zongo yango ezali pene.

4 ⟩ Tya bisika ebongi na kati ya zongo mpo na kosokola mabɔkɔ na kokausa yango, to esika ya kobwaka biloko ya bopeto ya basi ntango bazali na sanza ná oyo ya bato bazali kokoka kokanga masuba to nyɛi te.

5 ⟩ Talela ete bamposa ya kopesa bato mai na esaleli ya mosala ekoka kokokisama malamu.

- Sala po bato bakoka kozwa mai ekoki mpo na kosokola mabɔkɔ na sabuni, kopangusa na sima, ná oyo ya kosopa na zongo soki boponaki kosala zongo ya kotya mai.

Bilembo ya ntina

Motángo ya zongo oyo bato ebele bazokota
- Esengeli kabine 1 mpo na bato 20

Ntaka kati na bisika ya kofandela ná kabine ya bato ebele
- Ntaka eleki metre 50 te

Monkama ya zongo oyo ezali na mwaye ya kokengela yango na kati mpe engengisami malamu

Monkama ya zongo oyo basi na bana basi bayebisi ete ezali malamu

Monkama ya basi na bana basi oyo basepeli na lolenge bazali kobongisa biloko ya bopeto ya basi ntango bazali na sanza na zongo oyo bazali kosalela mbala na mbala

Makanisi ya kolanda

Zongo nini ezali ya kokoka, oyo ebongi mpe endimami? Lolenge ya zongo oyo boponi ekolanda eteni ya mosala ya lisungi bozali, makambo oyo bato bolingi kosalisa bazali kosepela na yango, biloko oyo basili kotonga na esika yango, mwaye ya kozwa mai ntango nyonso ya kotya na zongo, lolenge mabele ya esika wana ezali ná biloko ya mosala ya kotonga oyo ezali.

Mbala mingi, zongo ezali ya kokoka, oyo ebongi mpe endimami soki:

- bato nyonso bakoki kosalela yango kozanga likama, ezala bana, mibange, basi ya zemi ná bibosono;
- etyami na esika mpo na kokitisa mpenza makama ekoki koyela baye bazali kosalela yango, mingimigi basi ná bana basi ná bato mosusu oyo esengeli kobatela bango;
- ezali na ntaka ya koleka metre 50 na bisika bato bafandi;
- bato oyo bazo salela yango bakoki komibomba na ndenge bazali kokanisa;
- ezali petɛɛ kosalela yango mpe kotikala peto (mbala mingi, bato balingaka kokota na zongo ezali peto);
- ekoki kobebisa te bisika ezali zingazinga;
- ezali na esika ekoki mpo na bato bakeseni oyo bazali kosalela yango;
- bakoki kokangela yango na kati;
- ezali na mai bato bakoki kozwa petɛɛ mpo na kosokola mabɔkɔ, kopangusa na sima ná kosopa na zongo;
- ezali a mwaye ya malamu ya kosokola, kokausa ná kobwaka biloko basi bazali kosalela mpo na kozala peto ntango bazali na sanza, ná biloko ya bana ná ya mikóló oyo bazali kokoka kokanga masuba to nyɛi te;
- ezali kopekisa kobotama ya banzinzi ná bangungi ebele; mpe
- ezali kobimisa nsolo makasi te.

Sala ete bato oyo bazali kobela ntango nyonso, lokola oyo bazali na VIH, bakoka kokota na zongo na petɛɛ. Babelaka mbala na mbala pulupulu mpe bazali na mpasi ya kotambola.

Landela mpe salela motángo ya bato likoló na monkama oyo bazali koyebisa ete zongo ezali kokokisa bamposa na bango. Salela makambo oyo mpo na koyeba bituluku nini ya bato oyo bazo sepela te mpe luká mwaye ya kobongisa likambo yango. Talelaka makambo ya kokota na zongo ná ya baoyo bazali kosalela yango na kotalaka soki ezali basi to mibali, bibosono to bazali na mpasi mpo na kotambola, bato oyo bazali na VIH ná bato oyo bazokoka kokanga masuba to nyɛi te.

Mwaye ya kokota na zongo: Lolenge ya zongo boponi kosala esengeli kotosa lotomo ya bato nyonso, ata bibosono, ya kokota malamu na zongo. Zongo oyo bakoki kokota, to biloko mosusu oyo babakisi kuna na zongo oyo esili kotongama ekoki kosenga ete batonga yango, babongisa yango to basomba yango mpo na bana, mibange ná bibosono to mpo na bato oyo bazokoka kokanga masuba to nyɛi te. Likambo ya kolanda ezali nde kosala esika ya kokotela zongo oyo basi ata mibali bakoki kokota oyo ezali na bisibembeli ya pembeni to esika ya komatela, na eloko mosusu ya makasi oyo etongami na kati ekoki kozala mpe wana mpo na **zongo 1 mpo na bato koleka 250 te.**

Bakabine ya malamu mpe ezangi likama: Kotya zongo na esika ebongi te ekoki kotya basi ná bana basi na likama ya kobundisama, mingimingi na butu. Kebá ete bituluku ya bato nyonso bakoki kokwea na likama, lokola basi ná bana basi, bana mibali, mibange ná bato mosusu oyo esengeli kobatela bango mpenza bamiyoka malamu mpe bazali na likambo ya kobanga te na ntango bazali kosalela zongo ezala na butu ezala na moi. Tya bingengiseli malamu na zongo mpe kanisa kopesa bato oyo bakoki kokwea na likama miinda ya komema na mabɔkɔ (torches). Tuna bana-mboka, mingimingi baoyo bakoki mpenza kokwea na likama, lolenge nini bokoki kobongisa makambo mpo bazala kimya. Solola na basali oyo bazali na biteyelo, lopitalo, bisika bana bakoki kosakana na kimya, bawenze ná bisika ya koleisela bato.

Yeba ete ekoki kaka te kosolola na basi na bana na ntina etali bisika ya WASH oyo bato bakoki kozala kimya mpe na lokumu, pamba te na bisika ebele mibali batalaka makambo oyo endimami mpo basi ná bana bakoka kosala yango. Oyeba ete milongo oyo ezali kolandana na efandeli ya bato ná nguya na bango ezali na ntina, mpe solola makasi na baye bazali kozwa mikano mpo na kofandisa lotomo ya basi ná bana ya kokota kozanga likama kati ya zongo ná ziliba.

Kotya miinda na bisika ya bato ebele ekoki kobongisa lolenge bato bazali kokota wana, kasi ekoki mpe kobenda bato mpo na kosalela mwinda wana mpo na makambo mosusu. Sala elongo na bana-mboka, mingimingi baoyo bazali na likama makasi ete babebisa kimya na bango, mpo na kozwa banzela mosusu ya kobundisa makama wana.

Kotánga makambo esengami mpo na zongo: Kanisa lolenge ya kolanda masengami na ntina etali zongo na kolandaka bisika mpo na kolakisa mbongwana oyo ezali na bisika ezingi bato liboso mpe nsima ya likama, makambo esengami na bisika ya bato ebele ná makama nyonso ekoki koyela sante ya bato. Na boumeli ya biteni ya liboso ya likama oyo ebandi na pwasa, **zongo ya bato ebele ezali solisyo ya kolanda kozanga koumela na kosalaka motángo ya zongo 1 na bato 50**, oyo ekoki kobakisama na lombango soki likoki ezali. **Motángo oyo elandeli mpo na mwa ntango moke ezali zongo 1 na bato 20**, kati na nyonso oyo bozali kotya 3 mpo na basi ná 1 mpo na mibali. Na oyo etali kobongisa mitángo ya zongo esengeli kozala wana ⊕ *talá Apendisi 4.*

Ezali zongo ya libota moko, ya mabota to bato ebele? Ezali likanisi ya malamu kotya zongo mpo na libota na ntina etali lolenge moto akosalela yango na kimya, kozanga kobanga, ndenge esengeli mpe na lokumu, ná mpe boyokani ezali kati ya kozala nkolo ndako na kobongisama ya ndako. Ntango mosusu zongo ya bato ebele mpo na etuluku moke ya bato bafandi esika moko ekoki kozala mobeko ya kolanda. Bokoki kokanisa kosala mpe kotonga zongo oyo basangeli to ya bato ebele na likanisi ya koya kosala zongo mpo na libota na mikolo ezali koya. Na ndakisa, kotika banzela mike ya kolongolela bosɔtɔ na bisika bato bafandi ezali kopesa esika ya koya kotongela zongo ya bato ebele penepene na bisika bafandeli, mpe na nsima koya kotonga yango mpo na mabota ntango misolo ekomonana. Banzela mike ya kolongolela bosɔtɔ ezali kosalisa mpo na misala ya kopepa mabulu, kobongisa zongo ná kokanga yango libela.

Zongo ya bato ebele esengeli kozala lisusu na bisika mosusu ya bato ebele lokola lopitalo, bawenze, bisika ya koleisela bato, bisika bato bazali kokende koyekola ná bisika ya koyamba bato to ya Leta ⊕ *talá Apendisi 4: Mitángo ya zongo oyo esengeli: na lisangá, na bisika ya bato ebele mpe na bandako minene.*

Bisika etongami mpo na kolongola bosɔtɔ ya bato ebele oyo etongami na boumeli ya lisungi oyo epesami nokinoki ekotambwisama na ndenge na yango mpenza mpe ezali na makambo ezali kosenga mpo na kobongisa yango. Bokoki koyokana na bato ya masangá mpo na kofuta baoyo bazali kosukola zongo mpo na mwa ntango, na likanisi emonisami polele ya koya kotika kofuta na nsima ya mikolo.

Mai ná ***biloko ya kopangusa na yango na nsima:*** Ntango ozali kokana kotonga zongo, sala ete mai ya kokoka, papye ná biloko mosusu ya kopangusa na yango na nsima ezala wana. Solola na baye bazali kokota wana na oyo etali biloko oyo ebongi makasi mpenza mpo na kopetola zongo mpe talá ete bazali kobwaka yango malamu, mpe bazali kozongisa mosusu na esika na yango ntango nyonso.

Kosokola mabɔkɔ: Kebá ete zongo ezali na esika ya kosokola mabɔkɔ, bakisa mpe mai ná sabuni (to eloko mosusu lokola putulu ya moto) nsima ya kobima na zongo, kopangusa mwana na nsima soki asumbi, ná liboso ya kolya mpe kolamba biloko.

Kotalela bopeto ya basi ntango bazali na sanza: Esengeli kotya mpe biloko ya kobwakela biloko basi oyo bazali na sanza bazali kosalela, mpamba te ekoki kokanga batiyo ya kolekisa nyɛi to kobimisa nkokoso na ntango ya kopepa mabulu ya WC. Solola na basi ná bana basi na likambo etali lolenge ya zongo ya kosala oyo ezali kopesa mwa esika, mai ya kosokola, ná bisika ya kokausela bilamba.

Lisengami 3.3 ya Kolongola nyɛi:
Ndenge nini kotambwisa mpe kobatela misala ya kolongola nyɛi, kokumba, kobwaka mpe kosala na yango mosala

Bisika etongami mpo na mosala ya kolongola nyɛi, mpe bibongiseli na yango etambwisami mpe ebatelami malamu mpo na kosala ete mosala oyo etambola malamu mpe bisika na biloko ezali zingazinga ebebisama te.

Misala ya ntina

1 > Sala bibongiseli ya kozwa nyɛi, kokumba yango, kobwaka yango ná kosala na yango mosala oyo ezali kolanda bibongiseli ya esika wana, na kosalaka elongo na bakonzi ya esika yango mpo na kolongola nyɛi.

- Landa masengami ya mboka oyo bazali kolanda mpe kebá ete bibongiseli oyo ezali ekoka kozwa bozito mosusu likoló te oyo ekoki kobebisa bisika ezali zingazinga to masangá ya bato.

- Boyokana na bakonzi ya esika wana ná bakolo ndako na makambo etali lolenge ya kosalela mabele mpo na mosala nyonso ekosalema libanda ya esika wana mpo na kobwaka to kosalela nyɛi.

2 > Tya bibongiseli mpo na kotambwisa misala etali zongo mpo na mwa ntango mpe mpo na ntango molai, mingimingi biloko ya moke oyo etongami (mabulu ya ndenge na ndenge oyo ezo bomba nyɛi na oyo ezo kota mai ezali kouta na zongo).

- Kansisa mpe sala biloko mike oyo etongami mpo na kokeba ete bakoki kolongola nyɛi nyonso malamu mpe kopepa mabulu ya WC.

- Fandisa polele misala ná mikumba mpe monisa esika mbongo ekouta mpo na kotambwisa misala mpe kobatela biloko na mikolo ezali koya.

3 > Bolongola malamumalamu pɔtɔpɔtɔ na kati ya mabulu, na kokanisaka ezala baoyo bazo sala mosala ya kozwa ná baoyo bazali zingazinga na bango.

4 > Tiká bato bayeba makambo, bamwaye, bisaleli na biloko ya kotonga na yango, kosukola, kobongisa ná kobatela zongo na bango.

- Sala bakampanye ya kolendisa bopeto na ntina etali kosalela zongo, kosukola yango mpe kobatela yango.

5 > Ndimisa likambo oyo ete mpo na mai nyonso oyo esengeli mpo na kokumba nyɛi bakoki kozwa yango na bisika mai ezali, kozanga kolekisa makasi na kosengaka mai yango na bisika ezali kouta.

Elembo ya ntina

Bazali kolongola nyɛi nyonso ya bato na ndenge ya malamu mpo na kobatela sante ya bato ná bisika ezali zingazinga na bango

Makanisi ya kolanda

Kopepa ezali mosala ya kolongola nyɛi (oyo ebongisami te ná oyo ebongisami ndambo) na libulu, na ebombelo monene to moke, mpe kokumba yango mosika na esika etongami mpo na kobwaka yango. Soki esengi kopepa, esengeli ete bokanisa yango uta na ebandeli na kati ya lolenge ya kotambwisa misala mpe kobatela yango, mpe na misolo oyo bokosalela.

Mai basokoleli basani to basaleli misala ya ndako batyaka yango na molɔngɔ ya mai ya bosɔtɔ soki esangani na nyɛi ya bato. Kaka soki esika yango bato bafandeli ezali na esika oyo ezali na ebongiseli ya nzela ya mai ya bosɔtɔ, pamba te mai ya salite ya misala ya ndako ekoki kosangana te na nyɛi ya bato. Emonisaka mpasi mingi mpe kobimisa misolo ebele mpo na kobongisa mai ya nyɛi koleka kobongisa mai ya salite ya misala ya ndako.

Kobongisa: Liboso, bongisa ete kantite ya nyɛi ezala litre 1–2 na moto mpe na mokolo. Na mikolo ebele ezali koya, bongisa litre 40–90 na moto na mbula moko; nyɛi ekomaka moke ntango ezali koyanduka. Kantite ya solo ekolanda soki bazosalela mai to te mpo na kotya na zongo, soki bazali kosalela biloko to mai mpo na kopangusa na nsima, soki bazo salela mai ná biloko mosusu mpo na kopetola zongo, mpe bilei oyo bato bazali kosalela zongo yango bazali kolya. Kebá ete mai ya ndako oyo euti na kosokola ná kolamba to na kosokola bilamba na nzoto ekota te na bibombelo etongami mpo na nyɛi, pambe te soki mai eleki ebele ekosenga kopepa mbala na mbala. Tika metre 0,5 na monɔkɔ ya libulu mpo na kozipa yango na mabele.

Na ntina etali makambo sikisiki ya sante ya bato lokola kobima ya kolera ⊕ *talá Lisengami 6 ya WASH: WASH na bisika bazali kopesa lisalisi ya monganga.*

Bawenze ya esika yango: Salela biloko oyo ekoki kozwama na esika wana mpe bato ya mosala ya esika yango mpo na kotonga zongo soki ebongi. Kosala boye ezali kotinda ete bato mingi bamipesa na kosalela mpe na kobatela zongo.

Kobomba nyɛi na bisika oyo nkokoso ezali: Bisika mbula mingi esopani to na makama na kati ya bingumba, ekoki kozala mpasi mpenza mpo na kopesa bato biloko etongami mpo na kobomba nyɛi na ndenge ebongi. Na basitwasyo ya boye, kanisa kotonga zongo oyo etombwani, zongo oyo babongisi esika ya kosumba epai, esika ya kosuba epai, bibombelo minene ya nyɛi ná basashe ya plastike oyo ezali na bibongiseli ya malamu ya kokende kozwa mpe kobwaka nyɛi yango. Sunga lolenge nyonso oyo ya kotalela makambo na misala ya kolendisa bopeto.

Kosalela nyɛi mpo na kozwa mbongo: Nyɛi ezali mpe eloko ekoki kopesa mbongo. Ezali na bisaleli oyo bato basali mpo na kobongola nyɛi basili kobongisa ekoma biloko ekoki kopelisa na yango moto, to gaz. Lolenge ya kosalela biloko mpo na kolongola bosɔtɔ to kosangisa yango na biloko mosusu ezali kosalisa mpo na kozwa biloko mosusu ya malamu ya mikemike oyo ezali kati ya bosɔtɔ euti na bato mpe na kikuku. Biloko oyo basangisi boye ekoki kosalisa na mosala ya bilanga.

4. Kobundisa biloko ekoki komemela moto bokono

Ezali na biloko oyo ememelaka bato bokono, oyo ezali nzela maladi ezali kotambolela mpo na kokoma esika moto azali. Bamaladi oyo ememami motindo oyo ezali nzela monene maladi ezali koyela bato mpe liwa na bisika mingi ya kopesa bato lisungi. Na kati ya biloko oyo ekoki komema maladi tokotánga nyamankeke lokola bangungi, banzinzi ná bansili, kasi bampuku bakoki mpe komemela bato maladi. Biloko mosusu ekoki mpe kosala bato mpasi makasi soki eswi bango. Soki biloko yango ezali komonana na esika moko boye, elingi koloba ete nkokoso ezali na ntina etali kolongola biloko ya bosɔtɔ, kokausa mai na esika to kolongola nyɛi. Ekoki mpe kozala ete baponi esika mabe, to nkokoso makasi ya kobatela bato bazala na kimya.

Bokono oyo eye na nzela ya biloko oyo ekoki kozala monene, mpe kosilisa nkokoso ya biloko oyo ekoki kosenga toli ya bato ya mayele. Nzokande, mikano ya petɛɛ mpe ya malamu oyo ezwami ekoki kopekisa kopalangana ya bamaladi oyo.

Baprograme ya kobundisa biloko ekoki komemela moto bokono ekoki kolonga te soki ezali kobundisa biloko mosusu oyo ezali komemela moto bokono te, soki bazali kosalela myango oyo ezali kosalisa te, to oyo ezali kobundisa biloko yango mpenza kasi na esika oyo biloko yango ezali te to na ngonga oyo ezali yango te. Kobundisa biloko oyo esengeli kotalela mpe kolanda malamu molai ya bomoi ya biloko yango mpe bisika oyo yango ezali kofanda.

Baprograme ya kobundisa biloko oyo esengeli koluka kokitisa motángo ya biloko yango na esika moko oyo ezali, bisika oyo ezali kokende kobotama, ná bokutani kati ya bato na biloko oyo ezali komema maladi. Ntango bozali kobongisa baprograme ya kobundisa biloko oyo, botanga makambo basili koyekola oyo ezali mpe boluka toli epai ya bato bazali na boyebi uta bibongiseli ya makambo etali sante ya ekólo wana ná ya bikolo mosusu. Luka toli epai ya bato ya esika wana na ntina etali lolenge ya bamaladi oyo ezali, bisika biloko ekendaka kobotama ná bambongwana ya mbula to elanga na ntina etali mitángo ya biloko yango ná bamaladi ezali komema.

Masengami ezali na eteni oyo ezali kotalela kokitisa to kosilisa nkokoso ezali kouta na biloko yango mpo na kobundisa bokono oyo ezali kouta na biloko yango mpe kosilisa mpasi oyo ezali komonisa bato. Esengeli kobundisa biloko ekoki komemela moto bokono na kosangisaka biteni ebele ⊕ *talá Lisengami 2 ya Esika ya komibomba ná esika ya kofanda, Lisalisi ya monganga oyo esengeli kopesama – Lisengami 2.1.1 ya Bamaladi oyo epalanganaka* ná *Lisengami 6.2 ya Lisungi mpo na kozwa bilei.*

Lisengami 4.1 ya Kobundisa biloko ekoki komemela moto bokono:

Kobundisa biloko ekoki komemela moto bokono na bisika bato bafandi

Bato bafandi na bisika oyo bazali kobundisa epai wapi biloko yango ekendaka kobotama ná komileisa mpo na kokitisa makama ekoki kouta na nkokoso biloko oyo ezali komemela bato.

Misala ya ntina

1 ⟩ Luka koyeba maladi nini biloko oyo ekoki komemela bato na esika moko boye eyebani.

- Talá soki kopalangana ya maladi yango na esika wana ezali monene koleka oyo endimami na mibeko etyami na OMS *(Organisation mondiale de la santé)* to na ekólo.
- Luka koyeba bisika mpenza oyo biloko wana ekoki kobotama ná molai ya bomoi na yango, mingimingi lolenge biloko yango ezali komoleisa, na kolandaka boyebi ya bato ya mayele ya esika yango mpe biloko minene nini oyo bayebi oyo ememelaka bato maladi.

2 ⟩ Sala ete misala ya kosunga bato mpo na kobundisa biloko ekoki komemela moto bokono eyokana na bibongiseli ya kobundisa biloko ekoki komemela moto bokono ya esika wana, ná mibeko, baprograme na politiki ya ekólo mpe lokola.

3 ⟩ Talá soki ebongi kosalela bankisi ya biloko ya shimi to oyo ezali na yango te mpo na kobundisa biloko ekoki komemela bato maladi libanda ya bandako na kolandaka boyebi bozali na yango ya molai ya bomoi ya biloko yango.

- Yebisa bato bayeba makama nini ekoki koyela bango oyo ezali kouta na kosalelaka bankisi ya biloko ya shimi mpo na kobundisa biloko ekoki komemela bango maladi mpe na ntina etali ngonga nini ya kosalela bankisi yango.
- Lakisa bato nyonso oyo bazosalela bankisi wana mpe pesa bango biloko ya mosala ekobatelaka moto na moto (PPE) ná bilamba.

Elembo ya ntina

Motángo likoló na monkama ya bisika oyo bakati molai ya bomoi ya biloko ememelaka moto bokono na bisika oyo ekendaka kobotama

Makanisi ya kolanda

Bisika bato ebele bafandi: Kopona esika ya kofandisa bato ezali na ntina mingi mpo na kosala ete bato bakweli likama bakwea te na likama ya kozwa maladi ememami na biloko yango. Oyo esengeli kozala moko ya makambo ya ntina ya kotalela ntango bozali kopona bisika ya kotya bato. Na ndakisa, mpo na kobundisa malaria, tya bisika bato ebele bafandi na ntaka ya kilometre 1–2 na ngambo mopepe ezali kouta na kotalaka bisika minene oyo biloko oyo ekoki komemela bato bamaladi ezali kobotama, lokola bisika ya maimai to balaki, kanisa mpe ete esika ya kozwa mai ya peto ya kobakisa ezali. Kanisa nkokoso nini kotya esika ya sika ya kofandisa bato ekoki kozala na yango na kotalaka kozala ya biloko oyo ekoki komemela bato bokono kati ya bafandi ya penepene na esika yango ⊕ talá *Lisengami 2 ya Esika ya komibomba ná esika ya kofanda: Kobongisa esika mpe ndenge bato bakofanda.*

Kososola makambo ekoki kobimisa makama: Zwa bikateli na makambo ya kosala na ntina etali kobundisa biloko ekoki komemela moto bokono na kolandaka bolukiluki esalemi mpo na koyeba maladi nini ekoki kozala mpe makama mosusu ekoki komonana, mpe na kolandaka bilembetelo ya boyekoli ya bamaladi ná oyo ezali komonana na lopitalo ya nkokoso ezali kouta na biloko oyo ekoki komemela moto bokono. Talela lisusu bamaladi oyo bazali kokanisa to oyo esili komonana mpenza na boumeli ya mbula mibale na esika moko boye eyebani. Makambo mosusu oyo ekoki kobakisa makama oyo ezali:

- makasi ya nzoto ya bato yango bafandi wana, bakisa mpe lolenge nini bakutanaki na maladi yango liboso, nkokoso nini bamonaki na makambo etali bilei mpe makambo mosusu;
- kolongwa ya bato bazali na esika oyo maladi wana ezali te na kokende esika maladi wana ezali ntango bazali kotambola;
- lolenge ya mikolobe oyo ezali kopesa maladi na motángo na yango, mpe na kati ya biloko ezali komemela bato bamaladi mpe na kati ya bato bango moko;
- lolenge ya biloko ezali komemela bato maladi, mitángo na yango, bizaleli ná bisika oyo efandaka (na mbula to na elanga, bisika ezali kobotama) ná lolenge oyo ezali kosala yango moko na biloko mosusu; mpe
- komona ebele ya biloko oyo ezali komemela moto bokono mpo bato bafandi penepene na yango, lolenge ya esika bafandi, lolenge ya esika ya komibomba, meko ezwami mpo na kobatela moto na moto to kobengana biloko yango.

Kolongola to kobalola bisika oyo biloko ememelaka moto maladi ezali kobotama ná kolya: Misala mingi ya WASH ekoki kosalisa makasi na ntina etali kobundisa bisika biloko wana ezali kobotama ná kolya, lokola:

- kolongola mai oyo ezali kotyola te to kokausa bisika ya maimai zingazinga na bisika bazali kokabola mai, bisika ya kosokolela ná ya kosukola bilamba;
- kotala bisika bazo bomba biloko ya salite na ndako, na ntango bazali kolokota mpe kokumba yango, ná bisika bazali kobongisa mpe kobwaka yango;
- kopesa mifiniku mpo na bisika ya kobombela mai;
- kolongola nyɛi;
- kosukola mifiniku ya zongo ná biloko etongami mpo na kobengana biloko ekoki komema maladi;
- kokanga malamu mabulu ya zongo mpo na kosala ete nyɛi ezali kokota te na bisika ezali zingazinga ná kotala ete biloko ememaka maladi ezali kokota na mabulu te;
- kotambwisa baprograme ya kolendisa bopeto na ntila etali makambo bakosalaka mikolo nyonso mpo na kozala na bopeto; mpe
- kobatela mabulu ya mai ezala ya kofinika ná/to kotya na kati nkisi ya koboma banyama, na ndikisa bisika oyo fièvre ya dengue ezali komonana epai ya bato ebele.

Ezali na lolenge minene misato ya bangungi oyo epesaka moto maladi:

- Ngungi ya *Culex* (filariose ná virise ya Ouest ya ebale ya Nile), oyo ebotamaka na mai oyo efandi esika moko mpe esangani na biloko mosusu ya bomoi, lokola na kati na zongo;
- Ngungi ya *Anopheles* (malaria ná filariose), oyo ebotamaka na mai ezali likoló ya mabele oyo ebebisami mpenza te lokola oyo ya maziba mike, mai ya bakalamu oyo ezali kotyola malembe malembe ná mabulu ya mai; ná
- Ngungi ya *Aedes* (dengue, fièvre jaune, chikungunya ná virise ya Zika), oyo ebotamaka na bibombelo ya mai lokola milangi, katini ná pine.

Kobundisa na biloko esalemi na biloko ya bomoi ná **oyo ezali ya shimi te:** Kobundisa na biloko ya bomoi oyo ezali kotya biloko oyo ezali kolya lolenge ya biloko oyo ezali komemela moto maladi oyo bozali koluka koboma, biloko oyo ezali kokanga yango, kondongwana na yango to kokitisa mitángo na yango. Na ndakisa, mbisi oyo elyaka misopi ná banyama mikemike ya mbu ekoki kosilisa bangungi ya Aedes (oyo ememaka dengue). Esaleli moko oyo bato bakoki kotyela motema kati ya misusu nde ya kosalela lolenge moko ya bactérie (bactérie endosymbiotique Wolbachia), oyo basaleli mpo na kobundisa kopalangana ya virise ya dengue. Kobundisa biloko wana na biloko oyo esalemi na biloko ya bomoi epesi mbuma malamu na bosali ya misala na bisika mosusu, mpe bilembetelo ezali komonisa ete yango nde bakosalela na eteni monene ya mosala oyo.

Atako kobundisa na biloko esalemi na biloko ya bomoi ezali kopekisa kobebisama ya bisika ezali zingazinga, ekoki kozala na ndelo na kati ya mosala yango mpe kobimisa mbuma mabe na ntina etali kobatela biloko ezali zingazinga. Lolenge ya kosalela biloko esalemi na biloko ya bomoi ezali kobimisa mbuma malamu kaka na ntango oyo bangungi oyo ezali komemela bato maladi ekomeli naino te, mpe bakoki kosalela yango kaka na lolenge mike mpenza na kati ya bibombelo minene ya mai oyo etongami na simá to mabulu minene ya mai. Ezali na ntina mingi ete bato oyo bafandi esika wana bakoka kondima ete batya biloko ya mikemike oyo ezali na bomoi kati na bibombelo ya mai. Ezali malamu ete bana-mboka bakoka komipesa na ntango ya kokabola biloko ya kobundisa na yango biloko oyo ezali komema maladi oyo esalemi na biloko ya bomoi ná kolandela mpe kotondisa bibombelo na ntango esengeli.

Kosalela biloko oyo bato basali mpo na kobatela bisika ezali zingazinga: Mikano ebele ya motuya ezwami mpo na kosalela biloko esalemi na bato mpo na kobatela bisika ezali zingazinga ezali kokitisa kobotama ya biloko ezali komemela bato maladi, lokola:

- lolenge malamu ya kolongola nyɛi ya bato ná ya nyama, bazongo oyo ezali kosala malamu, ná kofinika ntango nyonso mabulu ya zongo;
- lolenge malamu ya kolongola biloko ya makasi ya bosɔtɔ mpo na kokimisa nyamankeke ná bampoko;
- kotala ete bazali kokausa malamu mai na bisika bato bafandi; mpe
- kokausa mai oyo etelɛmi esika moko ná kolongola matiti oyo ezali zingazinga na baterase minene ya mai ná maziba ya mai mpo na koboma bangungi.

Kozwa meko motindo oyo ekokitisa mitángo ya biloko mosusu oyo ezali komemela bato bamaladi oyo ezali na esika wana. Likoki ekoki kozala te ya kosilisa mpenza bisika nyonso oyo biloko yango ezali kobotama, kolya na kopema kati to pembeni ya bisika bato bafandi, ata na boumeli ya mikolo ebele ezali koya. Soki ezali bongo, kanisa kosalela bankisi oyo esalemi na biloko ya shimi oyo ezali komonana na esika wana to zwa meko ya kobatela moto na moto. Kosopa nkisi na bisika biloko wana ezali ekoki kokitisa motángo ya banzinzi esi ekoli ná kolongola maladi ya pulupulu to kosalisa na kokitisa bozito ya maladi yango soki basaleli yango na ntango ya maladi makasi. Kosopa nkisi na kati ya bandako ekokitisa motángo ya bangungi oyo bazali kopesa bato malaria to dengue. Kotya bampoko mitambo oyo ezali na nkisi ekosilisa yango mpe.

Mikanda ya boyokani ya ekólo wana bozali ná ya bikólo ya mokili: OMS esila kobimisa mikanda ya boyokani ná mibeko oyo ekambaka bikólo ya mokili oyo ezali kolobela kopona ná kosalela biloko ya shimi mpo na kobundisa biloko ekoki komemela moto bokono, mpe mpo na kobatela basali ná masengami mpo na koteya. Meko ezwami mpo na kobundisa biloko ekoki komemela moto bokono esengeli kotalela makambo mibale ya ntina: kosala mosala malamu ná kobatela bango bazala kimya. Soki mibeko ya ekólo wana na ntina etali kopona biloko ya shimi ya kosalela ezali na nse ya masengami ya bikólo ya mokili, wana solola na bakonzi ya ekólo yango oyo likambo oyo etali mpe koba kosenga bango nzela mpo na kolanda masengami ya bikólo ya mokili.

Batelá bato nyonso oyo bazali kosalela bankisi ya shimi na kopesaka bango mateya, bilamba ezali kobatela moto ná bisika ya kosokolela, mpe kokitisa mpenza motángo ya ngonga oyo bazali kosimbasimba bankisi yango.

Botambwisi ya mosala elongo na kosalisa malaria: Salela myango ya kobundisa biloko ekoki komemela moto bokono ya malaria ngonga moko na kosalaka ekzame ya liboso ná kopesa nkisi ya malaria ⊕ *talá Lisalisi ya monganga oyo esengeli kopesama – Lisengami 2.1.1 ya Bamaladi oyo epalanganaka: Kopengola.*

Lisengami 4.2 ya Kobundisa biloko ekoki komemela moto bokono:
Makambo mabota ekoki kosala mpe moto na moto mpo na kobundisa biloko oyo

Bato nyonso oyo bakweli likama bayebi mpe bazali na makoki ya komibatela bango moko ná mabota na bango na biloko ekoki komemela moto bokono oyo ezali likama monene ekoki kobebisela bango sante to kozala malamu.

Misala ya ntina

1. Luka koyeba makambo nini bato bazali kosala na bandako na bango mpo na kokimisa to kokima biloko oyo ekoki komemela moto bokono na kati ya programe mobimba ya kolendisa bopeto.

- Luka biloko nini ezali kopekisa kozala na bizaleli na makambo oyo ezali kotinda bato na kosala makambo ya malamu.

2. Sala bakampanye ya kosolola na bato ebele mpe kokutana na bango mpo na koyebisa bato nkokoso ezali kouta na biloko ekoki komemela bato bokono, ntango oyo ezali na likama makasi ya kozwa maladi mpe bisika, ná meko ezwami mpo na Kokima bamaladi mosusu.

- Mingimingi landisa makambo etali bituluku ya bato oyo bakoki mpenza kokwea na likama.

3. Salisa ankete na bawenze ya esika wana mpo na koyeba meko ezwami mpo na kokima malamu bamaladi mosusu.

- Kanisa kokolisa makambo ya mimbongo mpo na kopesa bato meko ya esika biloko ya kokangela na yango nzela ekouta ntango nyonso.

- Sala plan ya kosomba, kokabola na kosalela biloko mpo na kobundisa biloko ekoki komemela moto bokono elongo na bana-mboka, bakonzi ya esika wana na bato ya mosala ya biteni mosusu soki bawenze ya esika wana ezali na makoki te ya kokokisa bonsenga wana.

4 〉 Lakisa masangá ya bato ndenge nini kolandela, kopesa lapolo ná kopesa makanisi na bango na ntina etali nkokoso ya biloko oyo mpe programe ya kobundisa biloko ekoki komemela moto bokono.

Bilembo ya ntina

Motángo ya bato likoló na monkama kati na bato bakweli likama oyo bakoki kolimbola malamu lolenge biloko ekoki komemela moto bokono ezali kotambwisa maladi ná bikateli malamu oyo esili kozwama na ndako mpo na kobundisa biloko yango

Motángo ya bato likoló na monkama oyo basali likambo oyo ebongi kosala mpo na komibatela bango moko na bamaladi oyo euti na biloko ekoki komemela moto bokono

Motángo ya mabota likoló na monkama oyo bazali na libateli malamu mpo na bilei babombi

Makanisi ya kolanda

Bikateli mpo na kobatela moto na moto na malaria: Na ntango ekoki, , bikateli mpo na kobatela bato ntango nyonso lokola kopesa bango bahema, barido oyo ebomaka nyamankeke mpe bamustikεrε ezali kosalisa mpo na kobatela bato na malaria. Bamustikεrε oyo batyá nkisi oyo eumelaka mpo na koboma nyamankeke ezali mpe kobatela bato na nsili ya nzoto ná ya nsuki, banzinzi, banyama ekangaka mbwa, bampese ná binsekwa. Salela myango mosusu ya kobatela bato lokola bilamba ya mabɔkɔ milai, biloko ekotyaka milinga na kati ya ndako, "33 tour", nkisi ya kopompe na ndako ná biloko ekokimisaka bangungi. Tinda bato na kosalela myango oyo mpo na baye bakoki kozala mpenza na makama, lokola bana oyo bakokisi naino mbula mitano te, bato bazali na nzoto makasi te ná basi ya zemi.

Bituluku ya bato oyo bakoki mpenza kokwea na likama: Bato mosusu na kati ya lisangá bakoki kozala na bolembu makasi koleka bato mosusu na ntina etali bamaladi oyo ezali kouta na biloko ememelaka bato maladi, mingimingi bana, mibange, bibosono, bato ya maladi, ná basi ya zemi to oyo bazali komεlisa bana mabεlε. Luka koyeba bituluku ya bato oyo bakoki mpenza kokwea na likama mpe zwa bikateli sikisiki oyo ebongi mpo na kokitisa likama wana. Talá ete kopamela bato mosusu ezala te.

Kosangisa bato ná kosolola na bango: Esengeli bato babongola bizaleli na bango ezala moto na moto to lisangá mobimba mpo na kolongola bisika oyo biloko yango ekendaka kofanda ntango ekomeli naino te ná kobundisa oyo esi ekoli. Misala ya kosangisa bato ná kosolola na bango esengeli kotyama mpenzampenza na kati ya milende oyo ezali kotyama mpo na kokangela biloko yango nzela ná kosilisa yango, na kosalelaka banzela ndenge na ndenge.

Bikateli ya kobatela ya moto na moto mpo na biloko mosusu ememelaka bato maladi: Bopeto malamu ya nzoto ya moto ná kosokola bilamba ntango nyonso ná bilamba ya kotanda na mbeto ezali nzela ya malamu koleka mpo na komibatela na nsili ya nzoto. Bundisa biloko wana na pudre (komisopela pudre), kosala kampanye ya kosukola bilamba ebele na mbala moko to kolongola nsili. Sala mikanda ya boyokani mpo na kosilisa biloko yango mpe salela yango mpo na bato ya sika oyo bauti kokoma na esika wana. Bisika ezingi bato na ndako oyo ezali peto, kolongola malamu bosɔtɔ ná kobomba malamu bilei elambami na oyo elambami naino te ekokimisa bampoko, ná nyamankeke (lokola bampese) mpo na kokota na bandako to na bisika ya komibomba ⊕ *talá Lisengami 1.1 ya Kolendisa bopeto: Kolendisa bopeto.*

5. Kolongola biloko ya makasi ya bosɔtɔ

Kolongola biloko ya makasi ya bosɔtɔ ezali mosala ya kolokota ná kokende kobwaka biloko ya makasi ya bosɔtɔ oyo euti na biloko ya bomoi ná oyo ezali ya bomoi te. Yango ezali kotala:

- kotya bibongiseli ya kolongola biloko ya makasi ya bosɔtɔ;
- kolokota, kokabola, kobomba, kopona ná kosala na yango esika euti;
- kotinda yango na esika oyo bazali kosangisa yango; mpe
- komema yango ná kobwaka yango na nsuka, kosalela yango lisusu, kobongisa yango mpo na misala mosusu to kozongisa yango na ndenge mosusu.

Biloko ya bosɔtɔ ekoki komonana na ndako, na bandako ya minene to na lisangá, tya mpe na kati bosɔtɔ ya bisika bazali kopesa lisalisi ya monganga. Ekoki kozala na makama to te. Kolongola biloko ya makasi ya bosɔtɔ na lolenge oyo ebongi te ekoki kopesa nkokoso na ntina etali sante ya bato, pamba te ekoki kobota bisika malamu oyo nyamankeke, bampoko na biloko mosusu oyo ememelaka bato bamaladi ekoki kofanda ⊕ talá *Lisengami 4.1 ya Kobundisa biloko ekoki komemela moto bokono: Kobundisa biloko ekoki komemela moto bokono na bisika bato bafandi.* Biloko ya bosɔtɔ oyo ebongisami te ekoki kobebisa mai ya likoló ya mabele ná ya nse ya mabele. Bana bakoki kosakana na kati ya biloko ya makasi ya bosɔtɔ, esika bakoki kozoka to kobela. Balokoti ya biloko ya bosɔtɔ, oyo bazwelaka mbongo na kolokotaka biloko oyo bakoki kosalela lisusu oyo bazwaka na fulu, bakoki mpe kozoka to kozwa maladi.

Biloko ya makasi ya bosɔtɔ ekoki kokanga banzela ya mai, kotelemisaka mai ya likoló ya mabele ná kobebisa yango, kokomisa yango esika ekofandaka biloko oyo ekoki komemela bato maladi mpe kobebisa sante ya bato.

Masengami oyo etali lolenge ya kobongisa to kobwaka biloko ya shimi to oyo ebiangami lixiviats te. Mpo na kozwa bisika ezali na toli na ntina etali lolenge ya kolongola mpe kobongisa biloko ya bosɔtɔ oyo ekoki komema makama ⊕ talá *Mitindami mpe mikanda mosusu ya kotánga.* Mpo na kozwa bisika ezali na toli na ntina etali lolenge ya kolongola mpe kobongisa biloko ya bosɔtɔ oyo ekoki komema makama. Mpo na biloko ya bosɔtɔ ya bisika bazali kopesa lisalisi ya monganga ⊕ talá *Lisengami 6 ya WASH: WASH na bisika bazali kopesa lisalisi ya monganga.*

Lisengami 5.1 ya Kolongola biloko ya makasi ya bosɔtɔ:
Biloko ya makasi ya bosɔtɔ ezali zingazinga
na esika bato bafandi te

Biloko ya makasi ya bosɔtɔ ezali kobombama malamu mpo na koboya kobebisa biloko oyo ezalisami, oyo ezali zingazinga na bisika bato bafandi, bazali koyekola, bazali kosala mpe bafandi lisangá.

Misala ya ntina

1 Sala programe ya kolongola biloko ya makasi ya bosɔtɔ na kotalelaka makama ekoki koyela sante ya bato, na kotalaka biloko ya bosɔtɔ oyo ezali kouta na mabota mpe na bandako minene, ná lolenge bato bakosalaka na esika wana.

- Talá soki makoki ezali ya kosalela lisusu biloko yango, kobongisa yango mpo na misala mosusu, kozongisa yango na ndenge mosusu to kosala yango bipoli.
- Sosola misala ya basi, mibali, bana basi ná bana mibali na ntina etali kolongola biloko ya makasi ya bosɔtɔ mpo na koboya kobakisa makama mosusu na libateli.

2 Sala elongo na bakonzi ya esika wana to ya commune ná basali ya misala mpo na kondimisa ete bibongiseli oyo ezali wana ná biloko batongi ezali na bozito makasi te, mingimingi na kati ya bingumba.

- Salá ete bato nyonso bakoka kosalela bisika ya sika ná ya kala ya kobongisela biloko mpe kobwaka yango.
- Salá programe oyo bato basengeli kolanda na lombango mpenza na kolandaka masengami to ebongiseli ya makambo ya sante ya esika wana na ntina etali kolongola biloko ya makasi ya bosɔtɔ.

3 Bongisa bakampanye ka kolongola biloko nyonso ya makasi ya bosɔtɔ, bakampanye oyo ekozonga mbala na mbala to oyo ezali mpo na kolongola biloko songolo, na kotalaka biloko etongami na esika wana oyo esengeli mpo na kosala kampanye.

4 Pesa bilamba ezali kobatela nzoto mpe mangwele na bato oyo bazali kolokota ná kobwaka biloko ya makasi ya bosɔtɔ mpe baoyo bamipesi na kosalela yango lisusu to kobongisa yango mpo na misala mosusu.

5 Kebá ete bisika ya kobongisela biloko wana ekambama na ndenge ebongi, ya malamu mpe ezanga likama.

- Salela myango nyonso oyo ezali malamu mpe oyo ebongi mpo na kobongisa mpe kobwaka biloko, lokola kokunda yango na mabele, etando ya mabele oyo ebongisami mpo na koyamba biloko ya bosɔtɔ ná kotumba yango.
- Kambaka misala na bisika bazali kotya biloko ya bosɔtɔ mpo na kokima to kokitisa mpenza makama ya libateli, mingimingi mpo na bana.

6 Salá ete biloko ya kokangela biloko mosusu ezala mingi te mpe komisa pepele mokumba ya biloko ya makasi ya bosɔtɔ na kosalaka elongo na bibongiseli oyo ezali na mosala ya kopesa bato bilei na biloko mosusu ya ndako.

Elembo ya ntina

Biloko ya makasi ya bosɔtɔ ezali kotondana te zingazinga na bisika ya pembeni to bisika oyo bato ebele bazokende kobwaka matiti

Makanisi ya kolanda

Bato oyo bazali kaka kotambola bakobwaka biloko ya kilo to oyo ezali kosalisa bango lisusu te. Kobimisa biloko ya makasi ya bosɔtɔ na bisika bazali kokabela bato biloko ekoki kokolisa kobendanabendana na bankolo esika. Biloko ya makasi ya bosɔtɔ ekozala mingi soki biloko bazali kokabela mabota ezali kokokisa bamposa na bango mpenza te. Biloko oyo ya makasi ya bosɔtɔ ekoki kozala ya biloko ekeseni na oyo ezalaka na esika wana mpe ekoki kosenga ete babongisa yango to babwaka yango na ndenge mosusu.

Bisika oyo ezali na kati ya bingumba: Bisika ebongisami na kati ya bingumba mpo na kolongola biloko ya makasi ya bosɔtɔ bakoki kotya yango na kati ya bibongiseli mosusu ya misala. Salá elongo na bakonzi oyo bazali wana ná bibongiseli ezali mpo na komema mokumba oyo ebakisami ya biloko ya makasi ya bosɔtɔ.

Kobatela bato oyo balongolaka matiti: Pesa bilamba ekobatelaka nzoto na bato nyonso oyo bamipesi na mosala ya kolongola biloko ya makasi ya bosɔtɔ. Bakoki kozanga bagant na mabɔkɔ te. Ezali malamu mpe kopesa bango bote ná bamaske ekobatela bango. Soki esengeli kosala bongo, pesa bango mangwele ya tetanos ná hepatite B. Kebá ete sabuni ná mai ezanga te mpo na kosokola mabɔkɔ ná elongi. Lakisa basali makambo mpe teya bango lolenge malamu ya kokumba na kobwaka matiti, mpe makama nini ekoki komonana soki bazali komema yango malamu te ⊕ *talá Lisalisi ya monganga oyo esengeli kopesama – Lisengami 2.1.1 ya Bamaladi oyo epalanganaka: Kopengola.*

Bakoki kopamela bato oyo balongolaka matiti mpo bazali na salite to bazali babola. Masolo na bana-mboka ekoki kosalisa mpo na kobongola etaleli wana. Ekoki mpe kosalisa ete otala soki bato oyo balongolaka matiti bazali na biloko ya mosala oyo ebongi mpe bazokoka kotikala peto.

Bisika bato ebele bafandi ná bisika oyo ezali na bamboka: Ezali na likoki ya kobwaka biloko ya makasi ya bosɔtɔ oyo euti na bandako, mpe ata soki bolingi, na bisika oyo bato ebele bafandi ná bisika oyo ezali kaka na bato moke. Monene ya mabulu ya kokundela to kotumbela biloko ya makasi ya bosɔtɔ oyo euti na bandako elanda monene ya mabota ná kotala lolenge oyo matiti wana ezali kokoma mingi. Mabulu ya lopango esengeli kozipama malamu mpo bana na bibwele bakoma kuna te, mpe ezali malamu ezala na ntaka ya metre 15 na bisika bato bafandi.

Mpo na bisika ya kosangisa matiti oyo ezali penepene, bongisa na ebandeli ebombelo moko ya litre 100 mpo na mabota nyonso 40. Pesa ebombelo moko mpo na mabota zomi na boumeli ya ntango, pamba te matiti oyo mabota ezali kobimisa ekoki komata se komata na boumeli ya ntango. Likanisi ya kolanda yango oyo: tya ekipe ya kobongisa misala oyo ezali na bato 2,5 ezala wana mpo na bato 1 000.

Kosalela lisusu biloko yango, kobongisa yango mpo na misala mosusu ná kozongisa yango na ndenge mosusu: Tinda bana-mboka na kosalela lisusu biloko yango, kobongisa yango mpo na misala mosusu to kozongisa yango na ndenge mosusu, kaka soki kosala bongo ezali na likama monene mpo na sante na bango. Kanisa mabaku ya kosala mimbongo moke to kozwa mwa misolo na mosala ya kozongisa biloko yango ya bosɔtɔ na ndenge mosusu, ná likoki ya mabota to lisangá bakoka kosala bipoli na matiti.

Lisengami 5.2 ya Kolongola biloko ya makasi ya bosɔtɔ: Misala mabota ná moto na moto bakoki kosala mpo na kolongola malamu biloko ya makasi ya bosɔtɔ

Bato bakoki kolongola ná kobongisa biloko ya makasi ya bosɔtɔ na bandako na bango.

Misala ya ntina

1 > Pesa mabota bibombelo ebongi, ya monene oyo ekoki mpe oyo ezali na mifiniku mpo na kobomba bosɔtɔ ya ndako to bibombelo ya mwa minene mpo na mwa bituluku ya bandako.

- Talá makambo nini mabota ezali kosepela na yango na ntina etali motángo ná monene ya biloko ya kotya bosɔtɔ mpo na kosalela yango lisusu ná kozongisa yango na ndenge mosusu.

2 > Tya bisika oyo emonisami polele mpe ezingami oyo ezali penepene mpo na mabota ekoka kokende kobwaka matiti kuna mikolo nyonso.

3 > Sala ebongiseli ya kolongola mbala na mbala bosɔtɔ oyo euti na bandako mpe na bisika botye bafulu.

4 > Kebá ete mabulu ya kokundela to kotumbela biloko ya makasi ya bosɔtɔ na bandako to na lisangá ya bato basalela yango malamu.

Bilembo ya ntina

Motángo ya mabota likoló na monkama oyo bakoki kokoma na esika ya mwa pembeni oyo etyami mpo na matiti to na fulu ya bato ebele oyo ezali mpenza mosika te na bisika bafandi

Motángo ya mabota likoló na monkama oyo bazali koloba ete bazali kobomba malamu mpe na ndenge ebongi biloko ya bosɔtɔ na bandako

Likanisi ya kolanda

Kobongisa makambo: Biloko ya makasi ya bosɔtɔ oyo bato bazo bimisa na bandako na bango ekolanda lolenge nini bazali kozwa bilei ná kolamba yango, mpe misala nini bazali kosala na kati to pembeni ya ndako. Makambo ekoki kokesana mpe soki tozali na mbula to na elanga, mpe mbala ebele ezali kolanda bokaboli ya biloko to programe ya bawenze. Yeba ete moto moko akoki kosala kilo 0,5 ya biloko ya makasi ya bosɔtɔ na mokolo. Ekokani na litre 1–3 na moto na mokolo, na kotalelaka lolenge moko ya biloko ya makasi ya bosɔtɔ oyo ezali kosala 200 to 400kg/m³.

Lisengami 5.3 ya Kolongola biloko ya makasi ya bosɔtɔ: Bibongiseli ya kolongola biloko ya makasi ya bosɔtɔ esika bato ebele bafandi

Matiti ezali ya kotondana koleka te na bisika etyami mpo na bato ebele, mpe na nsuka bazali kobongisa yango to kobwaka yango na ndenge ya malamu ezangi likama.

Misala ya ntina

1. Kebá ete bisika minene lokola biteyelo na bisika ya boyekoli ya misala, bisika ya bana kosakana ná babiro ya Leta ezali na bibombelo ya kotya bosɔtɔ oyo ezali kouta na bisika wana, bibombelo oyo elakisami polele, oyo ebongi mpe oyo ekoki ná mufiniku na yango.

2. Pesa bato bisika emonisami polele mpe batyeli lopango mpo na kobwaka matiti na bisika ya bato ebele, mingimingi ya bisika ya bawenze oyo ebongisami to te, bisika bato bazali kofanda mpo na mwa ntango na bisika bazali kokomisa bankombo.

Bilembo ya ntina

Motángo likoló na monkama ya biteyelo ná bisika ya koyekola misala oyo ezali na ebombelo ya malamu mpe oyo ekoki mpo na biloko ya bosɔtɔ

Motángo likoló na monkama ya bawenze oyo ezali na ebombelo ya malamu mpe oyo ekoki mpo na biloko ya bosɔtɔ

Motángo likoló na monkama ya mabulu to bitumbeli ya biloko ya makasi ya bosɔtɔ na biteyelo, bisika ya koyekola misala, bawenze na bisika mosusu ezali kosangisa bato ebele oyo bazo salela malamu

Makanisi ya kolanda

Bosɔtɔ ya bawenze: Esengeli kobenda likebi mpenza na ntina etali bisika ya bawenze, pamba te bisika oyo ezali kosangisa bato ebele mbala mingi ezalaka na nkolo na yango te, mpe moto oyo azali na mokumba ya kolongola biloko ya makasi ya bosɔtɔ azalaka te. Talela mingi likambo ya bosɔtɔ ya bawenze ndenge moko ná biloko ya makasi ya bosɔtɔ ekoutaka na bandako.

Biloko ya bosɔtɔ ya abatware: Kebá ete lolenge bazali koboma nyama ezali peto mpe ezali kotosa mibeko ya esika wana. Biloko mingi ya bosɔtɔ ya makasi oyo ezali kouta na bisika bazali kobomela nyama mpe na bawenze ya mbisi bakoki kosalela yango lokola biloko ya makasi ya bosɔtɔ eutaka na bandako, kadi tya likebi mpenzampenza na biloko na yango ya bosɔtɔ ya maimai. Soki ebongi kosala bongo, bwaka bosɔtɔ yango oyo na libulu oyo ezipami oyo ezali penepene na abatware to na izine ya kolamba mbisi. Sopa makila ná biloko mosusu ya bosɔtɔ ya maimai ekota na libulu na kolekela na terase oyo bafiniki likoló mpo nyamankeke ezwa esika ya kokotela na libulu wana te. Mai mpe ezala wana ntango nyonso mpo na kosokola.

6. WASH na ntango maladi epalangani mpe na bisika bazali kopesa lisalisi ya monganga

Basali ya WASH ná baminganga bango nyonso basalaka mpo na kosilisa makama ekoki kobebisa sante ya bato, kokima kopalangana ya maladi ná kobundisa bamaladi oyo ebimi. Kosala makasi elongo na bibongiseli ya guvernema ná basangani mosusu ya mosala – ya biteni nyonso mibale ya mosala – esengeli kosalema mpo na kosilisa makama ya sante ya bato na kati ya lisangá ná mpe na bisika ya kozwa lisalisi ya monganga. Lisengami oyo etongami likoló ya masengami 1–5 ya WASH mpe na mokapo ya Sante, oyo basengeli kotánga na mobimba na yango mpe kolanda ne esaleli ya misala nyonso ya kopesa lisungi.

Kokimisa na maladi ná kobundisa yango (IPC) ezali mosala moko monene mpo na kokima maladi na sitwasyo nyonso, ata na ntango ya kopesa lisungi soki maladi ebimi. Ezali na motuya mpenza mpo na bato ya maladi, baminganga ná lisangá mobimba. Misala ya kopesa lisalisi ya monganga nde bazali na mokumba ya kotala ete Masengami ya libosoliboso ezali kokokisama na bisika bazali kopesa lisalisi ya monganga, kasi kosala bongo esengaka mbala mingi kosala elongo na ndenge ebongisami malamu ná basali ya WASH bazali mpe kopesa mabɔkɔ.

Misala malamu ya WASH oyo bazali kolanda kosala ntango nyonso, ezala na lisangá to na bisika bazali kopesa lisalisi ya monganga, ekokitisa kopalangana ya bamaladi mpe ekosalisa na kobundisa bamaladi oyo ebimi. Misala ya libosoliboso na kati ya Lisengami oyo ezali kotala kopesa lisungi oyo ezali koumela mpe ezali kolakisa malamu bisika esengeli kobongisa mpenza soki maladi ebimi.

Kosalisa bato na ntango maladi ebimi na lisangá

Ntango nyonso ezalaka malamu te kopesa lisungi na eteni na eteni nyonso ya WASH. Talá mingi likama ekoki kobebisa sante ya bato na mbala moko ná kotonga kondima ya bana-mboka ná likanisi ya koyeba ete ozali na mokumba ya kozongisa monɔkɔ. Tya na esika ya liboso lisungi oyo ezali kolanda makambo oyo bamoni na boyekoli ya bamaladi oyo ebimi, na kotalaka makambo nini ekoki kobimisa makama, banzela maladi ezali koyela (mingimingi koleka nzela ya nyɛi kolekela na monɔkɔ), likambo nini ekoki komonana na mosala moko moko ya kopesa lisungi ná misolo oyo ezali wana.

Komipesa ya bana-mboka ezali eteni moko ya monene kati na mosala ya kopesa lisungi na ntango maladi ebimi mpo na koyeba kokima kopalangana ya maladi. Makambo oyo bana-mboka bakanisaka ná oyo bandimaka ekoki kosalisa to kokweisa lisungi, boye ezali na ntina mingi kososola yango mpe kotala makambo yango. Makambo mosusu bato balandaka na efandeli na bango elongo ekoki kosenga ete babalola yango mpo na kokanga nzela oyo maladi ezali kolekela. Na ndakisa, sala elongo na lisangá ya bato mpo na kozwa lolenge mosusu ya kopesna mbote na esika ya kopesa mbote na lobɔkɔ.

Lendisa lisangá ya bato oyo bakweli lilama basalela na kati na bango bikateli sikisiki oyo ezwami mpo na kokangela maladi nzela ná kosilisa yango. Kosala boye ekoki kosangisa kosalela mustikɛrɛ mpo na kokima malaria, to mai ya mungwa ná zinc oyo bamelaka mpo na kozongisa mai na nzoto (mpo na bana) soki bazali kolekisa libumu.

Soki basali ya mosala ya koyebisa bato makambo na lisangá bazali koluka koyeba likambo songolo na kati ya lisangá to kosala misala ya ndenge moko, esengeli kolakisa bango lolenge ya kosala. Kotisa makambo nyonso oyo eyebani na kati ya bolukiluki nyonso oyo esalemi na kobima ya maladi wana mpe na mosala ya lisungi. Ezali na ntina mingi kolandela nokinoki kopalangana ya maladi oyo ebimi mpe kotala nani oyo azali komona mpasi mpo na kopesa lisungi na ntango na yango, mpe kokotisa bilembo ya mosala oyo emonani na kati ya ebongiseli ya bato ebele ekosalisa mpo na koboya kotánga biloko to makambo mbala mibale, to kobosana biteni ya motuya ⊕ *talá Lisalisi ya monganga oyo esengeli kopesama – Lisengami 2.1.4 ya Bamaladi oyo epalanganaka: Komilεngela mpe kopesa lisungi na ntango maladi mabe ebimi.*

Soki maladi ebimi, landaka ntango nyonso malako ya sika na ntina etali esaleli ya mosala, mpo bamaladi oyo ezali kobima ekozala na makama na makambo ekeseni oyo ekomemela bato. Malako mosusu ebele ya kolanda ezali na ntina etali kosalela IPC mpo na kokima maladi songolo ná kosilisa yango, mpe esengeli kolanda malako oyo lokola likambo ya liboso ya kosala ⊕ *talá Mitindami awa na nse.* Lisengami oyo ezali kolakisa mwa makambo ya kotalela mpe ezali komonisa boyokani kati na misala ya WASH ná ya sante. Elilingi oyo ezali na nse awa ezali komonisa na mokuse misala minene ya lisangá na boumeli ya maladi oyo ebimi. Na oyo etali misala ya lisalisi ya monganga, ⊕ *talá Lisalisi ya monganga oyo esengeli kopesama – Masengami 2.1.1 tii 2.1.4 ya Bamaladi oyo epalanganaka.*

Lisengami 6:
WASH na bisika bazali kopesa lisalisi ya monganga
Bisika nyonso bazali kopesa lisalisi ya monganga ezali kolanda masengami ya libosoliboso ya WASH mpo na kokima maladi ná kobundisa yango, ata na ntango maladi ebimi.

Misala ya ntina

1 ⟩ Pesa bato mai na kantite oyo ekoki mpe ya malamu, oyo ebongi mpo na esika ya kopesa bato lisalisi ya monganga.

- Bomba mai malamu oyo ekoki koumela ngonga 48 (0,5mg/l ya chlore oyo etikalaka na nse) mpo na komona ete ntango nyonso mai ezali kaka.
- **Soki maladi ebimi:** Bakisa kantite ya mai mpe bongisa solisyo ya chlore ya kotya na kati engebene lolenge ya maladi, likama ná mposa oyo ezali.

2 ⟩ Pesa bato bisika oyo ekoki mpo na kolongola nyɛi mpo na kokangela kopalangana ya maladi nzela.

- Pesa bato bakiti oyo ezali na lidusu na nse ná bakatini ya zongo mpo na baoyo bazali na mpasi mpo na kotambola.
- Sokola bisika ya kolongola bosɔtɔ (zongo, ziliba, esika ya kosukolela) na mai na sabuni ya pudre. Kosalela sabuni ya makasimakasi te na zongo.
- **Soki maladi ebimi:** Tya bisika ya kolongolela nyɛi na etando nyonso oyo ezali zingazinga ya esika bazali kopesa lisalisi ya monganga.
- **Soki maladi ebimi:** Bongisa bisaleli na biloko ya kopesa mpo na maladi songolo, lokola bambeto ya bato ya kolera ná bakatini ya kosumbela to kosanzela.

Mitinda etali WASH mpo na kosala mosala na lisangá na ntango maladi ebimi

Kosala mpe kosalela plan ya komilɛngela mpe kopesa lisungi ntango maladi ebimi oyo ezali kosangisa misala ebele

Kolimbola ná koyokana mpo na kolandela makambo ndenge ezali mpe koyebisa yango, na bilembo sikisiki ya kobima ya maladi

Misala ya lisungi ya libosoliboso

Kobundisa malamu biloko minene ekoki komemela moto bokono

Mosala ya nokinoki oyo ezali kobimisa mbuma na yango na lombangu. Talá ete misala ya kobongisa makambo nokinoki ezali kopesa kilo na kalite, ezali kosalema na lombangu mpe ebongi

Kotya nyɛi na esika, komema mpe kosalela yango malamu

Komipesa ya bana-mboka oyo ezali kotalela makama mpe kolendisa bopeto

Kolokota, kokumba mpe kokende kobwaka malamu biloko ya makasi ya bosɔtɔ

Mai ya malamu mpe na kantite ebongi mpe ekoki

Misala mpe mikumba oyo elimbolami mpe endimami (kati na biteni ya mosala mpe kati ya eteni moko ya mosala na misusu)

Kolendisa bato bázala na ezaleli ya koluka liboso lisalisi mpo na sante na bango na bisika bazali kopesa lisalisi ya monganga

Kokoba kozwa bilembo ya sante ya bato nyonso mpo na koyebisa bato mpe kobongisa ndenge ya kosala programe

Mitinda etali WASH mpo na kosala mosala na lisangá na ntango maladi ebimi (Elilingi 5)

- **Soki maladi ebimi:** Yeba kozwa bikateli mosusu nyonso oyo esengeli mpo na kosukola, kokanga libela bisika ya kolongola nyɛi ná kopepa yango ná kotya biloko ya mosala.

3 ⟩ Pesa biloko ya kosokola na yango ná ya kosalela mosala na baminganga, bato ya maladi ná baye bazali koya kotala bango mpo bopeto ezala kaka.

- Tya bisika ya kosokola mabɔkɔ na bisika ebongi ezala na mai malamu, sabuni to solisyo ya alcool. Kokausa mabɔkɔ na mopepe to kosalela biloko ya kopangusela mabɔkɔ "se mbala moko".
- **Soki maladi ebimi:** Tya bisika ya kosokola mabɔkɔ na bisika nyonso.

145

- **Soki maladi ebimi:** Bakisa misala mosusu ya bopeto, lokola kotya makolo na mai ya chlore to kosopela yango mai wana (na kolandaka maladi oyo ezali) ná kosokola mabɔkɔ liboso ya kolata to kolongola bilamba oyo ezali kobatela moto na moto (PPE).
- **Soki maladi ebimi:** Pesa bato ya maladi biloko songolo ya bopeto mpe lakisa bango liboso lolenge ya kobwaka yango.

4 〉 Batela bisika ezingi bato ezala peto.

- Pangusa na nse ná bitando esika bazali kosalela mosala mikolo nyonso na mai ná sabuni ya pudre.
- Sokola mpe tya nkisi na bitando oyo ekoki kozala na mikolobe na kosopelaka yango solisyo ya chlore ya 0,2%.
- Sokola, tya nkisi to tokisa makasi bisaleli ya monganga oyo bakoki kosalela lisusu na kotalelaka likama ntango nyonso liboso ya kosalela yango.
- Tya nkisi na bilamba nyonso ya lin na kotyaka solisyo ya chlore ya 0,1% sima ya kotya bilamba yango na mai soki ezali komonana ete ezali kaka na salite; tya bilamba nyonso ya lin ya bisika ya lipaso na bisika ya moto makasi mpo na koboma mikolobe.
- **Soki maladi ebimi:** Bakisa bokasi ya nkisi ya koboma mikolobe mpo na kopangusa na nse mpe na bitando ekoki kozala na mikolobe. Kanisa na ntina etali banzela sikisiki ya kosalela mpo na koboma mikolobe na bilamba ya lin.

5 〉 Lokota, bongisa mpe bwaka malamu biloko ya bosɔtɔ.

- Kabola bosɔtɔ ya bisika ya lisalisi ya monganga na esika oyo ezali kobimisama na kosalelaka na ndenge ya kosalela bitunga misato.
- Lakisa basali nyonso ya mosala ya kopesa bato lisalisi ya monganga lolenge ya kokabola biloko ya bosɔtɔ ná kolongola yango.
- Talela likambo oyo ete baekipe oyo etyami esengeli kolata bilamba ya PPE mpo na kolokota, kobongisa ná kobwaka biloko ya bosɔtɔ (bazala libosoliboso na bagant ná babote).
- **Soki maladi ebimi:** Bakisa makambo ya kotalela mingi na ntina etali kolongola biloko ya bosɔtɔ, na kosalelaka biloko nyonso ya PPE na kolanda lolenge ya maladi yango.

6 〉 Talela likambo oyo ete bamonganga nyonso, bato ya maladi ná basungi na bango bazali kosalela biloko ya PPE oyo ebongi.

- Pesa biloko ya PPE mpo na lolenge ya maladi moto akoki kozwa ná molɔngɔ ya makambo ya kotalela mpo na kotangola bato.
- Lakisa bamonganga, bato ya maladi ná bato mosusu oyo bazali na esika wana lolenge ya kopona, kosalela ná kolongola biloko ya PPE.
- **Soki maladi ebimi:** Talá lolenge ya maladi bokanisi ete moto akoki kozwa mpe bongisa biloko ya PPE na kolanda lolenge ya nzela ekoki koyela.

7 〉 Bongisa ebembe ya moto awei mpe kunda ye na lolenge ezali kopesa lokumu, oyo ebongi na bizaleli ya bato ya esika wana mpe oyo ezali malamu engebene misala ya sante ya bato.

- Kanisa makambo bato ya esika wana balandaka mpe bonsenga oyo ezali ya koyeba moto yango awei ná kozongisa ebembe yango na libota na ye.

- **Soki maladi ebimi:** Talá makambo mosusu ekoki kosalema elongo na bana-mboka soki esaleli ya mikolo nyonso ezali malamu te.
- **Soki maladi ebimi:** Lakisa baekipe ya mosala makambo ya kosala mpe pesa bango biloko ya PPE oyo ebongi mpo na kokunda bibembe.

Bilembo ya ntina

Baminganga nyonso bazali kosukola mabɔkɔ, kosalela sabuni to solisyo ya alcool, liboso mpe na nsima ya kosimba moto ya maladi

Bato nyonso ya maladi ná basungi na bango bazali kosukola mabɔkɔ liboso ya kosimba to ya kolya bilei, mpe na nsima ya kokota zongo

Bisika nyonso ya kosokola mabɔkɔ ezali na sabuni to solisyo ya alcool (to solisyo ya chlore ya 0,05% soki maladi ebimi)

Motángo ya bisika ya kosokola mabɔkɔ

- Esengeli: esika moko mpo na bato zomi zomi na bato ya maladi oyo bazali na kati ya lopitalo

Ndenge ya mai ya komɛla na esika bazali kozwa yango

- Esengeli: 0,5–1mg/l FRC

Kantite ya mai malamu oyo ezali wana

- Esengeli: litre 5 na moto ya maladi moko ya libanda na mokolo moko
- Esengeli: litre 60 na moto ya maladi moko na mokolo moko na esika bazali kosalisa bato ya kolera
- Esengeli: litre 300–400 na moto ya maladi moko na mokolo moko na esika bazali kosalisa bato bazali na fièvre ya makila *(fièvre hémorragique virale)*

Motángo ya zongo bato bakoki kokota

- Esengeli: minei ya bisika ezali koyamba bato ya bokono ya libanda (ekabolami mpo na mibali, basi, bana ná baminganga)
- Esengeli: 1 mpo na bato ya maladi 20 nyonso oyo bazali na kati ya lopitalo (ekabolami mpo na mibali, basi, bana ná baminganga)

Makanisi ya kolanda

Kobongisa programe ya **kokimisa na maladi ná kobundisa yango** ezali na ntina mingi na bisika nyonso bazali kopesa lisalisi ya monganga, ezala na baambilansi ata na baprograme ya sante ya lisangá. Ezali kosenga kotya malako na ntina etali makambo ya kosala mpo na kokimisa na maladi, makambo oyo ezali kolanda lolenge maladi ezali kotambola ná lolenge ya kosala mpo na koboya kopesa bato mikolobe ya kati ya lopitalo. Tya ekipe ya bato oyo bazali wana kaka mpo na misala ya kokimisa na maladi ná kobundisa yango na esika nyonso mpe lakisa baminganga makambo ya kosala. Bibongiseli ya kotalela makambo esengeli kolandela makambo ya lolenge mikolobe ekoki kozwa bato na esika ya lisalisi ya monganga ná lolenge ya kosilisa mikolobe oyo ezali kokufa na nkisi te. Bisika yango esengeli kozala na motángo ebongi ya bato ya mosala ná ngonga mpe ya kokoka mpo na kosala mosala. Mbeto moko esengeli kozala kaka na moto moko oyo azo bela. Lisalisi ya monganga esengeli kopesama na bisika oyo ebongi mpe ezali na likama te, oyo etongami na biloko ekoki mpo na WASH ná biloko ya mosala mpo na kobatela bizaleli ya bopeto ⊕ *talá Masengami 1.1 ná 1.2 ya Bibongiseli ya sante.*

Kantite ya mai ná ndenge na yango: Na ntango ozali kotya mitángo ya mai oyo esengeli, bwaka liso na mitángo ezali na Apendisi 3 mpe bongisa yango engebene sitwasyo oyo ezali, ⊕ *talá Apendisi 3: Mai bato basengeli kozala na yango.* Balopitalo oyo etongami esika moko te esengeli koluka kokokisa masengami ya WASH ya ndenge moko mpo na bato ya maladi ya libanda, bakisa mpe bisika malamu bakoki kozwa mai mpe kokota zongo. Talela makambo ete na esika nyonso mai ekoka kozala mpo na ngonga 48 (na ya kobomba). Soki maladi ebimi lokola Ebola ná kolera, sala ete mai ya kobomba ezala ya ngonga 72. Mpo na kosala baprograme ya WASH ya lisangá ⊕ *talá Lisengami 2.1 ná 2.2 ya Kopesa bato mai.*

Basolisyo ya chlore oyo elandi basengeli kolanda yango mpo na misala ekeseni na bisika bazali kopesa bato lisalisi ya monganga.

Solisyo ya chlore	Mosala na esika bazali kopesa lisalisi ya monganga
0,05%	Kosokola mabɔkɔ
	Kosokola bilamba (na nsima ya kotelisa yango)
0,2% (kolera)	Kopangusa bitando ya kosalela mosala na nsima ya kosokola (kaka mpo na kolera)
0,5% (Ebola)	Kosokola biloko ya mosala, tabliers, babote, banzungu ya kolambela ná basani
	Kopase biloko ya kosubela, bakatini
	Kopangusa bitando oyo ekoki kozala na mikolobe euti na eloko ya maimai
	Kobongisa nzoto ya bawei (Ebola)
2%	Kobongisa nzoto ya bawei (kolera)
	Ya kobakisa na bakatini ya kosumbela ná ya kosanzela (kolera)
1%	Solisyo monene mpo na kotya chlore na mai

Kolongola nyɛi: ⊕ *Talá Lisengami 3.1 tii na 3.3 ya Kolongola nyɛi* mpo na koyeba makambo ya kosala na ntina etali oyo basalaka mpo na kolongola nyɛi mpe *Lisengami 1.3 ya Kolendisa bopeto: Bopeto mpo na basi bazali na sanza ná bato oyo bazokoka kokanga masuba to nyɛi te* mpo na kozwa makambo sikisiki na ntina etali biloko ya kosalela.

Pesa bazongo oyo ezali malamu mpe endimami na bizaleli ya bato ya esika wana, bazongo oyo bakaboli mpe ekoki kokangama, ezali mpe na miinda, mpe esika ya kokoka mpo bato oyo bazali kosunga bato ya maladi bakoka koyingela mpo na kosalisa bango. Bisika nyonso esalemi mpo na kolongola bosɔtɔ (zongo, ziliba, esika ya kosokola) basengeli kopetola yango na mai mpe na sabuni ya pudre. Botika kosalela bankisi ya makasi ya koboma mikolobe na kati ya bazongo (mingimingi mpo na mabulu ya WC), pamba te ezali kobebisa biloko mosusu oyo ezalaka na mabulu wana na kopola na yango mokemoke ndenge esalemaka.

Soki maladi ebimi, bakisa makambo mosusu ya kotyela likebi liboso na ntango ya kosukola, kokanga libela to kopepa bisika ya nyɛi na kobwaka biloko basaleli (na ndakisa, solisyo ya chlore mpo na kosokola, kobongisa na kosangisaka mabele to chlore).

Mai ya moindo: Esengeli kobwaka mai ya moindo na kosalelaka kinyungulu oyo ezo kanga mafuta ná libulu oyo ezali komɛla mai. Talá ete batyeli yango lopango mpo na kopekisa bato baya kosalela yango te.

Bosɔtɔ ya bisika ya lisalisi ya monganga ezali na mikolobe oyo ekoki kopesa bato maladi lokola oyo ya VIH ná ya hepatite B, oyo ekoki mpe kobebisa mabele ná maziba ya mai.

Landa esaleli ya bitunga misato mpo na kolokota ná kokabola bosɔtɔ kaka na ntango oyo esalemi kozanga koumela:

Lolenge	Na ndakisa	Langi/etikete ya ebombelo
Bosɔtɔ nyonso Ezanga makama	Makasa (papier)	Ya moindo
Ya songe to minu basili kosalela Ezali na makama, ekoki kopesa maladi	Batonga, bambeli ya monganga, biloko ya kozongisa na yango mai na nzoto, milangi epasuki, milangi ya mike oyo ezali na eloko na kati te	Ya mosaka, oyo bakomi "BILOKO YA MINU", ezali kotangisa mai te mpe bakoki kotobola yango te
Ya songe to minu te Ezali na makama, ekoki kopesa maladi	Biloko ya mosala ekoki kozala na mikolobe euti na biloko ya maimai, lokola babrose, bande ya kolinga pota, singa ya kotongela pota, biloko babombaka na balaboratware	Ya mosaka, oyo bakomi likoló mpe ezali kotangisa mai te

Ekoki kosenga ete bakabola lisusu biloko oyo, lokola biloko ya bosɔtɔ euti na biteni ya nzoto ya moto azali kobela (biteni ya nzoto ya moto), bosɔtɔ ya bankisi ná oyo basali na biloko ya shimi (bankisi basalelaka na balaboratware). Tya na esika moko biloko ya bosɔtɔ basili kokabola oyo ezali kouta na esika bazali kopesa lisalisi ya monganga mokolo na mokolo, mpe na mbala moko kozanga koumisa soki biloko ekoki mpenza kopesa bato maladi. Salela bapusupusu mpo na komema biloko ya bosɔtɔ na kolandaka nzela etyami ya kolekela mpo na kokende na bisika esili kotyama oyo kaka bato moke mpenza nde bakoki kokoma kuna. Bibombelo ya bosɔtɔ, bapusupusu na bisika ya kobombela yango esengeli kopetolama mbala na mbala. Pesa bato nyonso oyo balongolaka bosɔtɔ ya bisika ya lisalisi ya monganga mangwele ya hepatite B ná ya tetanos.

Bongisa mpe longola biloko ya bosɔtɔ engebene biloko oyo etongami:

Lolenge	Kobongisa mpe kolongola
Biloko mingi	Kozongela yango, kotumba to kokunda yango Fulu ya bato ebele ya esika wana
Oyo ezali na songe to minu basili kosalela	Libulu ya biloko ya minu to ya songe Kolínga yango mpe kokunda yango na fulu Kotumba (kasi milangi mike te) mpe na nsima kokunda na libulu ezali na putulu (na likebi nyonso, pamba te biloko ya songe to minu ekoki kozala esilaki minu te)
Ezali na mikolobe (eza ya songe to minu te)	Libulu ya kokunda biloko (finika bosɔtɔ yango na mabele) Kotumba mpe na nsima kokunda yango na libulu ezali na putulu Kotumba yango na nzungu yo moto makasi to na kotyaka bankisi ya shimi
Euti na nzoto ya moto ya maladi	Ezali engebene bizaleli ya bato ya esika wana: Mabulu ya kokunda biloko (na ndakisa, libulu ya placenta) to bisika ya kokunda yango Kotumba bibembe
Euti na bankisi ya pharmacie	Landa mibeko ya mboka soki likoki ezali to zongisa yango epai osombaki yango Kolínga yango mpe kokunda yango na fulu Bisika monene ya kotumbela biloko (>1 200 degrés Celsius)
Euti na biloko ya shimi	Landa mibeko ya mboka soki likoki ezali to zongisa yango epai osombaki yango Mwa ndambo moke ekoki kotumbama to kolíngama Ya komema na izine esika bakosalela yango to na etumbelo ya moto makasi

Bitumbelo esengeli kozala na moto eleki 900 degrés Celsius mpe bakaboli yango na biteni mibale. Bitumbelo oyo ezali malamu te ebimisaka milinga mabe na biloko ezali kobebisa mopepe, mpe ebomaka mpenza mpenza mikolobe nyonso te. Mabulu na bitumbelo nyonso esengeli kotongama engebene masengami ya ekólo ná ya bikólo ya mokili mobimba, mpe basengeli kotambwisa misala na yango malamu, kobatela yango na kokanga yango libela.

Bilamba ya kobatela moto na moto (PPE) ezali likambo ya kolanda mpenza mpo na kotosa mikanda esili kokomama ya boyokani na ntina etali IPC mpe kotala ete bato ya maladi, mabota na bango na basali batyami na makama mosusu te.

Meka kotala lolenge oyo okoki komona ete bato bakoki kozwa maladi na nzela na yango (na kopakola, kosopana to kosimba yango) mpe lolenge maladi ekoki kopesama na moto mosusu. Salela bilamba oyo ezali kokoka moto malamu, oyo ezali koumela mpe oyo ebongi (lokola oyo ekoki kopola na mai te to oyo ezali kolekisa mai te).

Biloko ya PPE ya mikolo nyonso ezali kobatela baye balati yango na kozwaka biloko lokola makila, biloko ya maimai to biloko mosusu ezali kobima na nzoto ya moto ete esimba bango te. Na kati ya biloko oyo tokotánga bagant na ntango ya kosimba biloko ekoki kozala na mikolobe ya maladi; bilamba ya milai/batablier soki bilamba to loposo ya moto ekoki kosimba biloko ezali na mikolobe; biloko ya kobatela elongi lokola bamaske, bantalatala ya miso mpo na komibatela na kozwa biloko oyo epakolami, ezali kotanga to oyo esopani. Esengeli mpe kolata biloko mosusu ya PPE (to biloko ya PPE ya mikolo nyonso na kobakisama ya mikolo) na engebene lolenge ya nzela maladi ekoki kozwa bato mosusu: na kosimba (na ndakisa, elamba ya molai na bagant na ntango ozali na bisika bato ya bokono bazali); na matanga mike (bamaske ya kolata ntango ya kopasola moto soki ozali na metre 1 na moto ya maladi); mpe na mopepe (bamasini ya pema ya moto na moto).

Tya biloko ya PPE ya kosalela mbala moko na kati ya bisika ya kobwaka bosɔtɔ (lokola batono ya litre 220) na ekuke na bisika ya kolongolela bilamba. Sangisa biloko yango mpe mema yango na esika esili kobongisama mpo na kobwaka biloko ya bosɔtɔ wana. Tya biloko ya PPE ya kosalela lisusu lokola bagant ná bantalatala ya misala makasi na kati ya bibombelo oyo ezali na solisyo ya chlore ya 0,5%. Sokola yango, petola, bongisa mpe bomba yango na ndenge ya malamu.

Solisyo ya chlore ya 0,5% esengeli kozala wana mpo na kosokola mabɔkɔ oyo etyami na gant na nsima ya mbala nyonso oyo moto azali kolongola bilamba. Pesa solisyo mosusu ya chlore ya 0,05% na esika ya kosokola mabɔkɔ ezala lokola eteni ya nsuka ya bolongoli bilamba.

Ndenge ya kosala na nzoto ya bawei: Lendisa bato mpo na kokunda bawei malamu, na lokumu mpe na kolandaka bizaleli ya bonkɔkɔ, mpe na koyeba bato nyonso oyo bakufi. Tika ete bato bayeba kotala basangani ya libota na bango mpe basala matanga. Kolongola nzoto ya bawei te mpe kokende kobwaka yango na libulu ya bato ebele kozanga milulu. Kokunda bato ebele na esika moko ekoki kozangisa kozwa ya mikanda ya Leta ya kokundela moto oyo esengeli mpo na kosengela ye likambo engebene mibeko. Kanisa nkokoso nini oyo ya makambo ya mibeko ekoki komonana na ntango bozali kokunda bato oyo bawei na mobulu ⊕ *talá Lisengami 1.1 ya Bibongiseli ya sante: Mosala ya kopesa lisalisi ya monganga.*

Ntango mosusu ekosenga kotalela na likebi makambo minene, lokola kobongisa nzoto ya bawei na solisyo ya chlore, soki maladi ebimi, engebene mikolobe nini ezali kopesa maladi mpe ndenge oyo bato bazali kozwa yango. Milulu ya kosokola mpe kolengele bawei ekoki kosala ete maladi ekoka kotambola makasi kati ya bato, kasi kozanga kolanda bonkɔkɔ ya bato ekoki kotinda bato babanda kokunda bawei na bango na nkuku mpe bazali koyebisa yango na bakonzi te.

biloko ya PPE. Salisa bato oyo bakundaka bibembe na lisangá na nzela ya misala ya kosunga bato na makanisi ya kofanda kati ya bato. Sala elongo na bato minene ya lisangá mpo na kokimisa likambo oyo ya kopamela bato bazali kosala mosala wana.

Kokata misala na esika moko boye: Solola na bana-mboka, bakonzi ya esika wana na basali mosusu ya mosala ya kosunga bato mpo na koyeba lolenge nini ya kosala mpo na kokata misala na esika ya kopesa lisalisi ya monganga oyo ebongisamaki mpo na mwa ntango na boumeli ya mosala ya kosunga bato.

Apendisi 1
Liste ya kolanda mpo na kotalela bamposa ya liboso ya kopesa bato mai, kolongola bosɔtɔ mpe kolendisa bopeto

Liste oyo ya mituna ezali ya kosalela libosoliboso mpo na kotala bamposa, koyeba misolo mpe kolakisa makambo nini ezali kozwama na esika wana. Ezali kosangisa mituna oyo ekolakisa misolo ekouta epai mosusu oyo esengeli mpo na kosangisa na oyo ezali wana na mabɔkɔ mbala moko ná oyo ezali esika wana.

Mituna etali makambo nyonso

- Bato boni bakweli likama mpe bazali wapi? Kabola bango mpo na kolakisa soki bazali basi to mibali, mbula na bango, soki bazali bibosono to te, mpe na makambo mosusu.
- Emonani ete bato oyo bakoki kokende wapi? Makambo nini ezali mpo na kobatela bato oyo bakweli likama mpe kopesa bango lisungi oyo ekoki komonana?
- Bamaladi nini oyo ezali wana oyo ezali komonana sikoyo to ekoki koya na misala ya WASH?
- Bato minene nini esengeli kosolola to kokutana ná bango?
- Na kati ya bato yango, banani bazali na bolembu mpe mpo na nini?
- Bato bazali na likoki ya ndenge moko ya kokoma na bisika nyonso oyo ezali, lokola bisika ya bato ebele, bisika ya kozwa lisalisi ya monganga ná biteyelo?
- Makama nini ya sikisiki ezali oyo ekoki kozangisa bato kozala na kimya, ezala basi, bana basi, bana mibali ná mibali? Bituluku ya bato bazali na likama?
- Makambo nini bato bamesanaki na yango liboso ya likama na ntina etali mai, kolongola bosɔtɔ ná kozala na bopeto?
- Nguya nini makambo ya bato oyo eyebani na oyo eyebani te ezali na yango (na ndakisa, bakonzi ya lisangá, bankulutu, bituluku ya basi)?
- Ndenge nini bikateli ezali kozwama na kati ya mabota mpe na kati ya lisangá?
- Likoki ya kokoma na bawenze ya esika wana ezali? Biloko ná misala nini ya ntina ya WASH ezalaki kozwama na wenze liboso ya likama mpe oyo bato bakoki kozwa na boumeli ya likama?
- Bato bakoki kozwa mbongo ná/to kodefa mbongo?
- Na ndakisa, ezali na makambo ebongwanaka na mbula to na elanga oyo esengeli koyeba oyo ekoki kozangisa bato kozwa mosala na ntango ya kobuka mbuma to kosala ete bosenga ya misala wana ekoma makasi?
- Bakonzi minene nini okoki kokutana na bango mpe kosala mosala elongo na bango?
- Basali nini ya mosala ya mboka wana bazali na esika wana, lokola bituluku ya sosiete sivile oyo bazali na makoki ya ndenge moko na kati ya WASH ná komipesa ya bana-mboka?

Kolendisa bopeto

- Makambo nini bato bamesanaki na yango liboso ya likama na ntina etali mai, kolongola bosɔtɔ ná kozala na bopeto?
- Makambo nini bato bazali kosala oyo ekoki kobebisa sante? Nani azali kosala yango mpe mpo na nini?
- Banani bazali se kokoba na bizaleli ya malamu ya bopeto mpe nini ezali kopesa bango makasi mpe kotinda bango na kosala bongo?
- Makambo nini ya malamu na ya mabe emonani na kobongola bizaleli nyonso oyo bosengaki balanda?
- Banzela nini oyo ebongisami to ebongisami ezali wana mpo na kosolola mpe kozwa bato ebele (lokola baminganga na kati ya lisangá, baoyo basalisaka basi na kobota na ndenge ya bonkɔkɔ, banganga-nkisi, moziki, misala, mangomba na moske)?
- Lolenge nini ya koyebisa bato ebele nsango na mbala moko ezali na esika wana (na ndakisa, radio, televisio, video, bazulunalo)?
- Bibongiseli nini ya bapanzi nsango ya esika wana ná/to ba-ONG *(organisations non gouvernementales)* ezali wana?
- Biteni nini ya bato bokoki kolandela makambo na yango mpe bosengeli koluka kolandela (na ndakisa, bamama, bana, bakonzi ya lisangá, bakonzi ya mangomba)?
- Ebongiseli nini ya koyebisa bato makambo ekoki kosala malamu na esika yango (na ndakisa, bato oyo bamipesi bango moko na misala ya bopeto na lisangá, to basali na bateyi ya makambo ya bopeto, bamoziki ya sante ya biteyelo, bakomite ya WASH) mpo na kosangisa bato na mbala moko mpe na mikolo ezali koya?
- Bamposa nini ya koyekola oyo bato ya mosala ya kolendisa bopeto ná basali ya mosala ya koyebisa bato makambo ya lisangá bazali na yango?
- Biloko nini kolongola bilei oyo ezali wana mpe biloko nini bato basengeli na yango mpenzampenza na ntango wana engebene makambo balingi ná bamposa na bango?
- Bisika nini bato bazali kokoka kokoma na bawenze mpo na kosomba biloko basengeli na yango mpo na bopeto? Makambo ebaluki uta likama eye (ntalo, biloko ekeseni, ndenge na yango)?
- Ndenge nini mabota ezali komizwela biloko basengeli na yango mpo na bopeto? Nani azali kozwa bikateli na ntina etali biloko nini esengeli kosomba liboso?
- Ndenge nini bizaleli ya bopeto ezali kosalisa na bisika bazali kopesa lisalisi ya monganga (ezali na ntina mingi mpenza na ntango oyo bamaladi ebimi)?
- Bamposa nini mpe makambo nini oyo basi na bana basi balingi kosala mpo na bopeto ya basi na ntango bazali na sanza?
- Bamposa nini mpe makambo nini oyo bato oyo bazokoka kokanga masuba to nyɛi te bazosepela na yango?

Kopesa bato mai

- Mai bazali kopesa bato sikoyo ezali kouta wapi mpe banani bazali kosalela yango sikoyo?
- Kantite nini ya mai ezali wana mpo na moto na moto mpe na mokolo?
- Mbala boni na mokolo na mokolo mpe poso na poso mai ya kopesa bato ezali wana?
- Mai oyo ezali kozwama na liziba yango ezali ya kokoka mpo na bamposa ya mikolo moke mpe ya mikolo ebele ezali koya mpo na bituluku nyonso ya bato?
- Bisika ya kozwa mai ezali penepene mpenza na bisika bato bafandi? Ezali malamu?

- Bakoki kotyela motema lolenge ya kopesa bato mai sikoyo? Ekoumela ntango boni?
- Bato bazali na bibombelo ya mai ya kokoka ya monene mpe ya lolenge ebongi (mpo na kotoka na kobomba)?
- Liziba ya mai ebebisami to ezali na likama ya kobebisama (na biloko ya bomoi, biloko ya shimi to ya radio)?
- Ebongiseli ya kobongisa mai ezali wana? Esengeli kobongisa yango? Likoki ya kobongisa ezali? Kobongisa ya ndenge nini oyo esengeli?
- Esengeli kotya yango nkisi? Bana-mboka bazali na nkokoso na ntina etali elengi ya mai na lolemo mpe kondima mai batye chlore na nsolo na yango?
- Ezali na bisika mosusu ya kozwa mai na pembeni wana?
- Makambo nini ya bonkɔkɔ na oyo bato bandimaka ezali kotala kotoka, kobomba mpe kosalela mai?
- Makambo nini ezali kopekisa bato kosalela maziba ya mai oyo ezali?
- Likoki ezali ya kolongola bato na esika wana soki bisika ya kozwa mai ezali mabe?
- Makambo mosusu nini ekoki kosalema soki maziba ya mai ezali mabe?
- Ezali na makambo ya bonkɔkɔ na oyo bato bandimaka na ntina etali bopeto (na ndakisa, na ntango kolera ebimaki na Haiti, bato bazalaki kokanisa ete euti na voodoo)? Makambo nyonso oyo bazosala to bazondima ezali malamu to mabe?
- Bankokoso nini minene ezali wana ya bopeto na ntina etali kopesa bato mai?
- Bato bazali kosomba mai? Soki ee, wapi, na ntalo nini mpe mpo na nini? Makambo nini ebongwani mpo na kozwa yango (ntalo, ndenge na yango, kopesama na yango mikolo nyonso)?
- Bato bazali na mwaye ya kosalela mai na ndenge ya bopeto?
- Bisika ya kozwa mai, kosokolela bilamba na kosokola ekausami malamu?
- Mabele ya esika wana ezali malamu mpo na kotalela likambo ya mai ezali kouta na esika wana to mosika na esika bazali kozwa yango, bisika bazali kosokolela bilamba na kosokola? Basali ekzame ya mabele wana mpo na koyeba soki ezali komɛla mai?
- Soko esalemi ete bato balongwe bakei na mboka, mai nini bakopesa bibwele?
- Eza na makambo ekoki kobebisa biloko nyonso ya zingazinga mpo na lisungi ya kopesa bato mai, bazali kotoka mpe kosalela maziba ya mai?
- Banani mosusu bazali kosalela maziba ya mai wana sikoyo? Kobendana kati ya bato ekoki kobima soki babandi kosalela maziba wana mpo na bato mosusu?
- Mabaku nini ezali wana ya kosala elongo na bato bamisalelaka misala ná/to misala ya Leta mpo na kopesa bato mai? Bankokoso nini na mabaku nini ezali oyo ekoki kosalisa mpo na kotala malamumalamu lisungi na toli ya kopesa?
- Misala nini esengeli kosala mpo na kotambwisa mosala na kobatela yango? Makoki nini ezali wana mpo na kokokisa yango na lombango mpe na mikolo ezali koya? Nani basengeli kotuna mpo na yango?
- Ezali na nzela ya kozwa misolo oyo ezali to ekoki kosalema to ebongiseli oyo ekoki kozwa lisusu misolo mpo na kotambwisa mpe kobatela mosala wana?
- Ndenge nini bankolo esika bazali kozwa mai mpe ndenge nini tokondima ete mai na bango ezali malamu na esika bazali kosalela yango?

Kolongola nyɛi

- Bisika ya zingazinga ezali na nyɛi te?
- Soki bato bazali kokende kosumba libanda, ezali na esika etyami mpo na bongo?
- Bazongo etongami ezali? Soki ee, bazali kosalela yango? Ezali ya kokoka? Ezali kosala malamu? Bakoki kokomisa yango monene to kobongisa yango?

- Bazongo ezali malamu mpe ya lokumu: ezali na miinda, bakoki kokanga yango, moto akoki komonana na kati te? Bato bakoki kokota na bazongo yango na butu mpe na moi? Soki bakoki kokota na butu te, makambo mosusu nini ekoki kosalema?
- Bizaleli nini ya kolongola nyɛi oyo bato ya esika wana bazali na yango?
- Ezaleli bazali na yango sikoyo ya kosumba ekoki kobebisa bisika ya kozwa mai (ya likoló ya mabele to ya nse) to mpe bisika ya kofanda ná bisika oyo ezali zingazinga?
- Ezali na mibeko etali kofanda ya bato elongo mpe ya bonkɔkɔ oyo esengeli kolanda na ntango ya kotonga zongo?
- Bato bamesani na kokanisa, kotonga mpe kosalela bazongo?
- Biloko nini ezali komonana na esika wana mpo na kotonga bazongo?
- Bato bandimaka kosala bipoli mpe basalaka yango mpenza?
- Bana babandaka kokota na zongo ntango bakokisi mbula boni?
- Nini bazali kosala na nyɛi ya bana mike?
- Esika bato bafandi ezali na ngomba?
- Mai ya nse ya mabele ezali na nivo nini?
- Mabele ezali malamu mpo na kosala mosala ya kolongola nyɛi?
- Bibongiseli oyo ezali sika mpo na kolongola nyɛi ezali kokomisa ebele biloko ememelaka bato maladi?
- Ezali na biloko to mai mpo na kopangusa na nsima? Ndenge nini bato babwakaka bilongo yango?
- Bato basokolaka mabɔkɔ nsima ya kokota zongo mpe liboso ya kolamba bilei ná kolya? Sabuni to miloko mosusu ya kosukola na yango na mai ezali wana pembeni ya zongo to na kati ya ndako?
- Basi na bana basi basalaka ndenge nini na ntango bazali na sanza? Ezali na biloko to bisika batongi mpo na yango?
- Ezali na bisika sikisiki to bilamba ya mosala mpo na kolongola bosɔtɔ oyo ekoki kozwama mpo na bibosono, bato oyo bazali na VIH, bato oyo bazokoka kokanga masuba to nyɛi te to bato oyo bazali na mpasi mpo na kotambola na bisika ya kozwa lisalisi ya monganga?
- Basili kotalela makambo ya bisika na biloko oyo ezali zingazinga: na ndakisa, mosala ya kotimola biloko ya kotonga na yango lokola zelo na mabanga, mpe ya kobatela bisika ezali zingazinga na kobebisama na nyɛi?
- Ezali na basali bayebi mosala na kati ya lisangá, lokola batongi-ndako to basali-mabaya ná basali mosala oyo bayebi mpenza mosala te?
- Ezali na bato oyo bapepaka mabulu to bakaminyo ya kolongola nyɛi? Nyɛi bazali kolongola sikoyo bazali kokende kobwaka yango na ndenge ebongi mpe ya likama te?
- Esaleli nini ebongi oyo bazolanda mpo na kolongola nyɛi – tya na kati ndenge ya kobomba, kopepa, kobongisa ná kobwaka?

Bamaladi euti na biloko ememaka maladi

- Makama nini ezali ya komona bamaladi euti na biloko ememaka maladi mpe ezali mpenza makasi?
- Biloko nini ememaka maladi mokolo na mokolo to na kolanda mbula to elanga ezali komonana na esika wana na kolandaka kobotama, kopema mpe kolya?
- Ezali na makambo ya bonkɔkɔ ná oyo bato bakanisaka (na ndakisa, kokanisa ete mai ya bosɔtɔ epesaka malaria) na ntina etali biloko ememaka bamaladi na maladi

ezali kouta na biloko yango? Makambo oyo bazali kondima to kokanisa ezali malamu to mabe?

- Soki makama ya kozwa maladi ekoutaka na biloko oyo ememaka maladi ezali makasi, bato oyo bazali na likama ya kozwa yango bazali na mwaye ya komibatela moto na moto?

- Likoki ezali ya kobongola makambo na bisika ya zingazinga (mingimingi, na ndakisa, na kokausa mai, kolongola matiti, kolongola nyɛi, kolongola biloko ya makasi ya bosɔtɔ) mpo na koboma bisika biloko wana ezali kobotama?

- Esengeli kobundisa biloko ememaka maladi na kosopaka bankisi ya shimi? Baprograme nini, mibeko ná misolo nini ezali wana na ntina etali kosalela bankisi ya shimi mpo na kobundisa biloko ekoki komemela moto bokono?

- Makambo nini oyo bato basengeli koyeba mpe kokeba na yango oyo esengeli koyebisa mabota?

Kolongola biloko ya makasi ya bosɔtɔ

- Ezali na nkokoso mpo biloko ya makasi ya bosɔtɔ ezali kotondana?

- Ndenge nini bato bazali kolongola biloko ya bosɔtɔ? Biloko ya makasi ya bosɔtɔ ya ndenge nini mpe na kantite nini bazali kobimisa?

- Bakoki kobwaka biloko ya makasi ya bosɔtɔ na esika oyo bazali to esengeli kolokota yango mpe kokende kobwaka yango na esika mosusu?

- Ezaleli nini ya mikolo nyonso ezala wana mpo na kolongola biloko ya makasi ya bosɔtɔ mpo na bato bakweli likama (na ndakisa, kosala bipoli ná/to fulu, ebongiseli ya kolokota, bisika ya kobwaka matiti)?

- Ezali na bisika bazali kopesa lisalisi ya monganga mpe misala oyo ezali kobimisa bosɔtɔ? Ndenge nini bazali kolongola yango? Nani azali na mokumba ya mosala wana?

- Esika nini bazali kobwaka biloko ya mosala ya monganga oyo basili kosalela (na ndakisa, bilamba ya bana ya nyɛi na masuba, biloko basi bazali kosalela na ntango bazali na sanza mpe oyo baoyo bazali kokoka kokanga masuba to nyɛi te bazo salela)? Bazali kobwaka yango na ndenge ya kobatama mpe ya malamu?

- Kobwaka biloko ya makasi ya bosɔtɔ na bisika ezali zingazinga ezali kosala nini sikoyo na bisika wana?

- Makoki nini bato basalaka bango moko na misala ya Leta ezali na yango mpo na kolongola biloko ya makasi ya bosɔtɔ?

Apendisi 2

Elilingi F: Ndenge moto azali kozwa bamaladi ya libumu soki nyɛi ekoti na monɔkɔ

 **MAI**

S KOLONGOLA
BOSƆTƆ

H BOPETO

Biloko ekoki kokanga nzela mpo maladi eleka epai ya moto mosusu te; biloko yango ekoki kozala ya yambo (oyo ezali kopekisa kosimba tufi liboso) to oyo ya mibale (oyo ezali kopekisa kokota na yango epai ya moto mosusu). Ekoki kobundisama na kosalela mai, kolongola bosɔtɔ mpe kotya bopeto.

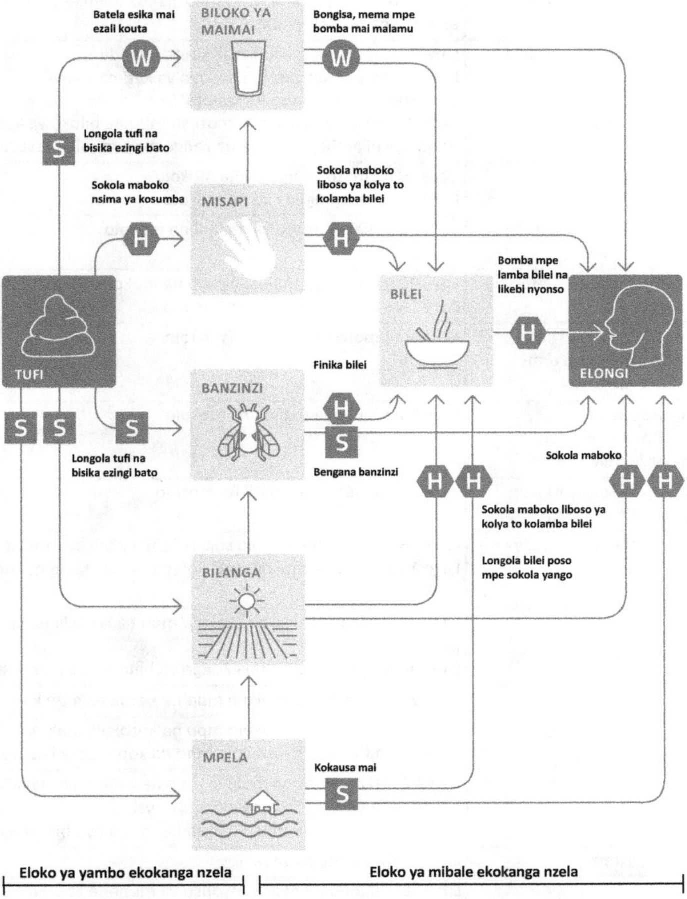

Batela esika mai ezali kouta — **W**

BILOKO YA MAIMAI — **W** Bongisa, mema mpe bomba mai malamu

Longola tufi na bisika ezingi bato — **S**

Sokola maboko nsima ya kosumba — **H** **MISAPI**

Sokola maboko liboso ya kolya to kolamba bilei — **H**

TUFI

S **S** **S**

Longola tufi na bisika ezingi bato

BANZINZI

Finika bilei — **H**

BILEI

Bomba mpe lamba bilei na likebi nyonso — **H**

ELONGI

Bengana banzinzi — **S** **H** **H**

Sokola maboko — **H** **H**

Sokola maboko liboso ya kolya to kolamba bilei

Longola bilei poso mpe sokola yango

BILANGA

MPELA Kokausa mai — **S**

Eloko ya yambo ekokanga nzela | Eloko ya mibale ekokanga nzela

NOTE Elilingi oyo ezali komonisa banzela na mokuse; banzela mosusu ye ndenge moko ekoki kozala minene koleka. Na ndakisa, mai ya komɛla ekoki kobebisama na ebombelo moko ya bosɔtɔ, to bilei ekoki kobebisama na biloko ya kolambela ya bosɔtɔ. ©WEDC

Banzela minene 5: nyɛi, biloko ya maimai, misapi, banzinzi, bilei (Elilingi 6)

Ezwami na: Water, Engineering and Development Centre (WEDC)

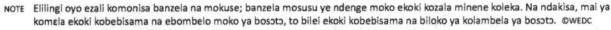

Apendisi 3
Mai bato basengeli kozala na yango: kantite esengeli mpo na kotikala na bomoi mpe lolenge ya kotalisa bamposa ya mai

Mpo na kotikala na bomoi: mai esengeli (komɛla na kolamba bilei)	Litre 2,5–3 na moto na mokolo (na kolanda soki ezali elanga to mbula, mpe nzoto ya moto ndenge ezali kosala)
Misala ya bopeto ya mikolo nyonso	Litre 2–6 na moto na mokolo (na kolanda efandeli ná bizaleli ya bato)
Bamposa ya kolamba ya mikolo nyonso	Litre 3–6 na moto na mokolo (na kolanda lolenge ya bilei, efandeli ná bizaleli ya bato)
Bisika bazali kopesa lisalisi ya monganga mpe na balopitalo	Litre 5 na moto ya maladi azali kouta libanda Litre 40–60 na moto ya maladi oyo ya kati na mokolo Litre 100 na lipaso mpe na kobota Ekoki kosenga kobakisa mai mosusu mpo na biloko ya kosokola na yango bilamba, ya kotya na zongo mpe misala mosusu
Bisika bazali kosalisa mpo na kolera	Litre 60 na moto ya maladi na mokolo Litre 15 na mosungi na ye na mokolo
Esika bazali kosalisa mpo na *fièvre hémorragique virale*	Litre 300–400 na moto ya maladi na mokolo
Bisika bazali koleisa bato mpo na kosalisa bango	Litre 30 na moto ya maladi ya kati na mokolo Litre 15 na mosungi na ye na mokolo
Lopitalo oyo ezali kotambolatambola oyo ezali koyamba bato moke	Litre 1 na moto ya maladi na mokolo
Lopitalo oyo ezali kotambolatambola oyo ezali koyamba bato ebele	Litre 5 na moto ya maladi na mokolo
Bisika bato bazali kozwa mai ya kozongisa na nzoto ya komɛla (PRO)	Litre 10 na moto ya maladi na mokolo
Bisika ya koyambela bapaya/ya kofanda mwa ntango	Litre 15 na moto na mokolo soki kofanda ekoleka mokolo moko Litre 3 na moto na mokolo soki kofanda ekosuka se na mokolo moko
Biteyelo	Litre 3 na mwana kelasi na mokolo mpo na komɛla ná kosokola mabɔkɔ (Awa totye ya zongo te: talá Zongo ya bato ebele na nse awa)
Moske	Litre 2–5 na moto na mokolo mpo na kosokola mpe komɛla
Zongo ya bato ebele	Litre 1–2 na moto na mokolo mpo na kosokola mabɔkɔ Litre 2–8 na kabine na mokolo mpo na kopangusa kabine
Zongo ya kosopa mai	Litre 20–40 na moto na mokolo mpo na kabine ya malamu oyo bakangisi na ebongiseli ya kolongola nyɛi Litre 3–5 na moto na mokolo mpo na zongo oyo babendaka mai
Kopangusa na nsima	Litre 1–2 na moto na mokolo
Bibwele	Litre 20–30 mpo na nyama nyonso ya munene to elandi mwa moke na mokolo Litre 5 mpo na nyama ya moke na mokolo

Apendisi 4
Mitángo ya zongo oyo esengeli: na lisangá, na bisika ya bato ebele mpe na bandako minene

Esika	Mpo na ntango moke	Mpo na mikolo ebele ezali koya
Lisangá	Zongo 1 mpo na bato 50 (ya bato ebele)	Zongo 1 mpo na bato 20 (ya mabota) Zongo 1 mpo na bato 5 to mpo na libota 1
Bawenze	Zongo 1 mpo na mesa 50 ya kotekela	Zongo 1 mpo na mesa 20 ya kotekela
Lopitalo/bisika ya lisalisi ya monganga	Zongo 1 mpo na mbeto 20 to bato ya maladi 50 bakouta libanda	Zongo 1 mpo na mbeto 10 to bato ya maladi 20 bakouta libanda
Bisika bazali koleisa bato	Zongo 1 mpo na mikóló 50 zongo 1 mpo na bana 20	Zongo 1 mpo na mikóló 20 zongo 1 mpo na bana 10
Bisika ya koyambela bato/ya kofanda mwa ntango	Zongo 1 mpo na bato 50 na kati na yango 3 mpo na basi 1 mpo na mibali	
Biteyelo	Zongo 1 mpo na bana basi 30 zongo 1 mpo na bana mibali 60	Zongo 1 mpo na bana basi 30 zongo 1 mpo na bana mibali 60
Babiro		Zongo 1 mpo na basali 20

Ezwami na ndenge ebongisami na: Harvey, Baghri and Reed (2002)

Note: Esika ekoki kosalema, luka kotya zongo ekosangisa mabota to, ata malamu koleka, zongo ya ndako kaka na ebandeli mpo bato bakoka kondima misala ya kolongola bosɔtɔ, kokomisa yango ya bango moko mpe komona yango ete ebongi na kolanda bizaleli na bango.

Na kati ya lisangá, esengeli kopesa motángo ya ndenge moko mpo na bisika ya kosokola mpe zongo mpo na bato 50 (mpo na ntango moke) to bato 20 (mpo na mikolo ebele ezali koya).

Apendisi 5
Maladi oyo ezali na kati ya mai mpe na kolongola bosɔtɔ

1 . Bamaladi eutaka na mai na kolanda biloko ezali zingazinga

Molɔngɔ	Maladi	Eloko ezali kopesa maladi
1) Nyɛi na nzela ya monɔkɔ (ezali kopesama na mai to mai ezali komema)		
a) Pulupulu ná dysenteries	Dysenterie amibienne	Protozoaire
	Balantidiase	Protozoaire
	Entérite à Campylobacter	Bactérie
	Choléra	Bactérie
	Cryptosporidiose	Protozoaire
	Pulupulu euti na E. coli	Bactérie
	Giardiase	Protozoaire
	Pulupulu ya rotavirus	Virus
	Salmonellose	Bactérie
	Shigellose	Bactérie
	Yersiniose	Bactérie
b) Fièvre ezali kouta na misopo	Typhoïde	Bactérie
	Paratyphoïde	Bactérie
	Bukabuka	Virus
	Hépatite A	Virus
	Leptospirose	Spirochète
	Ascaridiase	Misopi
	Trichocéphalose	Misopi
2) Oyo mai ezali komema		
a) Bamaladi ya loposo ná ya miso	Bamaladi ya loposo	Ya ndenge na ndenge
	Bamaladi ya miso	Ya ndenge na ndenge
b) Mosusu	Typhus euti na nsili	Rickettsies
	Fièvre ya ntango nyonso euti na nsili	Spirochète
3) Efandi na mai oyo ebebi		
a) Ezali kokota na loposo	Schistosomiase (bilharziose)	Misopi
b) Emalami	Ver de Guinée	Misopi
	Clonorchiase	Misopi
	Diphyllobothriose	Misopi
	Paragonimiase	Misopi
	Mosusu	Misopi
4) Nyamankeke ememaka biloko na mai		
a) Ezali koswa pembeni ya mai	Bokono ya mpongi	Protozoaire
b) Ezali kobotama na mai	Filariose	Misopi
	Malaria	Protozoaire
	Onchocercose	Misopi
	Virus bangungi bazali komema	Virus
	Fièvre jaune	Virus
	Dengue	Virus
	Mosusu	

Ezwalu ba: ACF: Eau, assainissement et hygiène pour les populations à risque, Apendisi 5, lokasa 675

2. Bamaladi eutaka na nyɛi na kolanda biloko ezali zingazinga

Molɔngɔ	Maladi	Eloko ezali kopesa maladi	Lolenge ezali kopesama makasi kati ya bato	Likambo monene ya kosala mpo na kobundisa yango (makomi elalisami ezali kolakisa biloko oyo esalemi)
1) Nyɛi na nzela ya monɔkɔ (ezali na bactérie te) Ya kobatama te, ya makasi te	Bukabuka Hépatite A Pulupulu ya rotavirus Dysenterie amibienne Giardiase Balantidiase Oxyurose Hyménolépiase	Virus Virus Virus Protozoaire Protozoaire Protozoaire Misopi Misopi	Moto asimbi moto mosusu Maladi ezali na kati ya ndako	Kopesa bato mai na bandako Bandako babongisi Kotongela bato zongo Koteya bato makambo ya sante
2) Nyɛi na nzela ya monɔkɔ (ezali na bactérie) Ya kobatama te, ya mwa makasi to ya makasi mpenza Eumelaka mwa moke mpe ekoki kokoma ebele	Pulupulu ná dysenterie Entérite à Campylobacter Choléra Pulupulu euti na *E. coli* Salmonellose Shigellose Yersiniose Fièvre euti na misopo Typhoide Paratyphoide	Bactérie Bactérie Bactérie Bactérie Bactérie Bactérie Bactérie Bactérie	Moto asimbi moto mosusu Maladi ezali na kati ya ndako Maladi ezali na kati ya mai Maladi ezali na kati ya milona	Kopesa bato mai na bandako Bandako babongisi Kotongela bato zongo Kobongisa nyɛi liboso ya kosala na yango lisusu to kobwaka yango Koteya bato makambo ya sante
3) Ezali kouta na misopi ya mabele Ya kobatama mpe eumelaka ata soki ezali na kati ya eloko ememi yango te	Ascaridiase (ver rond) Trichocéphalose (ver trichocéphale) Ankylostomiase Anguillulose (strongyloïdose)	Misopi Misopi Misopi Misopi	Maladi ezali na kati ya lopango Maladi ezali na kati ya mabele esika bato ebele bazali kokende kosumba Maladi ezali na kati ya milona	Kotongela bato zongo oyo ezali peto na nse Kobongisa nyɛi liboso ya kosangisa yango na mabele
4) Misopi (ténia) ya ngombe ná ngulu Ya kobatama mpe eumelaka soki ezali kati ya ngombe to ngulu	Tæniasis (téniase)	Misopi	Maladi ezali na kati ya lopango Maladi ezali na kati ya bilanga Maladi ezali na kati ya matiti bakausi	Kotongela bato zongo Kobongisa nyɛi liboso ya kosangisa yango na mabele Kolamba mpe kotala malamu mosuni
5) Misopi efandela na mai Ya kobatama mpe eumelaka soki ezali kati ya biloko ezalaka na mai	Schistosomiase (bilharziose) Clonorchiase Diphyllobothriose Paragonimiase	Misopi Misopi Misopi Misopi	Maladi ezali na kati ya mai	Kotongela bato zongo Kobongisa nyɛi liboso ya kobwaka yango Kobundisa nyama oyo ezali komema maladi Kolamba

Molɔngɔ	Maladi	Eloko ezali kopesa maladi	Lolenge ezali kopesama makasi kati ya bato	Likambo monene ya kosala mpo na kobundisa yango (makomi elalisami ezali kolakisa biloko oyo esalemi)
6) Nyamankese ememaka biloko oyo ezopesa maladi kouta na nyɛi	Bamaladi ya filariose (epesami na nzela ya bangungi ya *Culex pipiens*) Bamaladi ya molɔngɔ 1–4, mingimingi I ná II, oyo ekoki kopesama na banzinzi ná mpese	Misopi Ya ndenge na ndenge	Nyamankeke ezali kobotama na bisika ndenge na ndenge oyo etondi na nyɛi	Koluka koyeba mpe kosilisa bisika oyo ekoki kokende kobotama Kosalela bamustikɛrɛ

Apendisi 6
Nzete ya bikateli mpo na kobongisa mpe kobomba mai na ndako

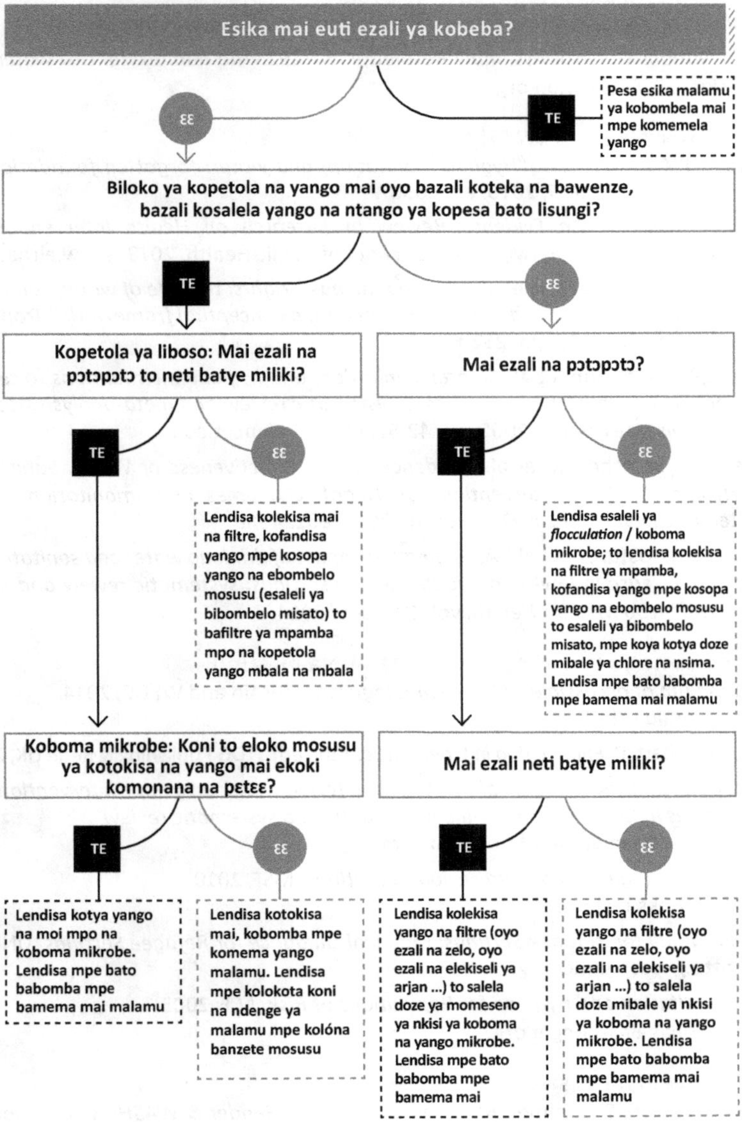

Esika mai euti ezali ya kobeba?

ƐƐ — **TE** → Pesa esika malamu ya kobombela mai mpe komemela yango

Biloko ya kopetola na yango mai oyo bazali koteka na bawenze, bazali kosalela yango na ntango ya kopesa bato lisungi?

TE | **ƐƐ**

Kopetola ya liboso: Mai ezali na pɔtɔpɔtɔ to neti batye miliki?

TE | **ƐƐ** → Lendisa kolekisa mai na filtre, kofandisa yango mpe kosopa yango na ebombelo mosusu (esaleli ya bibombelo misato) to bafiltre ya mpamba mpo na kopetola yango mbala na mbala

Mai ezali na pɔtɔpɔtɔ?

TE | **ƐƐ** → Lendisa esaleli ya *flocculation* / koboma mikrobe; to lendisa kolekisa na filtre ya mpamba, kofandisa yango mpe kosopa yango na ebombelo mosusu to esaleli ya bibombelo misato, mpe koya kotya doze mibale ya chlore na nsima. Lendisa mpe bato babomba mpe bamema mai malamu

Koboma mikrobe: Koni to eloko mosusu ya kotokisa na yango mai ekoki komonana na pɛtɛɛ?

TE → Lendisa kotya yango na moi mpo na koboma mikrobe. Lendisa mpe bato babomba mpe bamema mai malamu

ƐƐ → Lendisa kotokisa mai, kobomba mpe komema yango malamu. Lendisa mpe kolokota koni na ndenge ya malamu mpe kolóna banzete mosusu

Mai ezali neti batye miliki?

TE → Lendisa kolekisa yango na filtre (oyo ezali na zelo, oyo ezali na elekiseli ya arjan ...) to salela doze ya momeseno ya nkisi ya koboma na yango mikrobe. Lendisa mpe bato babomba mpe bamema mai

ƐƐ → Lendisa kolekisa yango na filtre (oyo ezali na zelo, oyo ezali na elekiseli ya arjan ...) to salela doze mibale ya nkisi ya koboma na yango mikrobe. Lendisa mpe bato babomba mpe bamema mai malamu

Ezwami ndenge ebongisami na: FICR (2008):
Traitement et stockage sûr de l'eau à domicile dans des situations d'urgence

163

Mitindami mpe mikanda mosusu ya kotánga

Makambo eyebani/lotomo ya kozwa mai
The Rights to Water and Sanitation (Information Portal). www.righttowater.info

United Nations General Assembly Resolution 64/292: The human right to water and sanitation. 2010. www.un.org

Lolenge makambo ya WASH ezali kosimba sante
Bartram, J. Cairncross, S. "Hygiene, sanitation, and water: forgotten foundations of health." PLoS Med, vol. 7, 2010, e1000367.

Blanchet, K et al. An Evidence Review of Research on Health Interventions in Humanitarian Crises. LSHTM, Harvard School of Public Health, 2013. www.elrha.org

Campbell, O.M. Benova, L. et al. "Getting the basic rights: the role of water, sanitation and hygiene in maternal and reproductive health: a conceptual framework." Trop Med Int Health, vol. 20, 2015, pp. 252-67.

Fewtrell, L. Kaufmann, et al. "Water, sanitation, and hygiene interventions to reduce diarrhoea in less developed countries: a systematic review and meta-analysis." Lancet Infectious Diseases, vol. 5, 2005, pp. 42-52. www.thelancet.com

Ramesh, A. Blanchet, K. et al. "Evidence on the Effectiveness of Water, Sanitation, and Hygiene (WASH) Interventions on Health Outcomes in Humanitarian Crises: A Systematic Review." PLoS One, vol. 10, 2015, e0124688.

Wolf, J. Pruss-Ustun, A. et al. "Assessing the impact of drinking water and sanitation on diarrhoeal disease in low- and middle-income settings: systematic review and meta-regression." Trop Med Int Health, vol. 19, no. 9, 2014.

Kobongisama ya WASH oyo ezali kotambola malamu
Compendium of accessible WASH technologies. WaterAid and WEDC, 2014. www.wateraid.org

Davis, J. Lambert, R. Engineering in Emergencies (2nd ed). ITDG Publishing & RedR UK, 2002.

Efficacy and effectiveness of water, sanitation, and hygiene interventions in emergencies in low- and middle-income countries: a systematic review. https://www.developmentbookshelf.com

Public Health Engineering in Precarious Situations. MSF, 2010. http://refbooks.msf.org

WASH Manual for Refugee Settings: Practical Guidance for Refugee Settings. UNHCR, 2017. http://wash.unhcr.org

Water, Sanitation and Hygiene for Populations at Risk. ACF, 2005. www.actionagainsthunger.org

Kobatela bato ná misala ya WASH
House, S. Ferron, S. Sommer, M. Cavill, S. Violence, Gender & WASH: A Practitioner's Toolkit - Making water, sanitation and hygiene safer through improved programming and services. WaterAid/SHARE, 2014. https://violence-wash.lboro.ac.uk/

Humanitarian Inclusion Standards for older people and people with disabilities. Age and Disability Consortium, 2018. https://www.cbm.org

INEE Minimum Standards for Education: Preparedness, Response, Recovery. INEE, 2010. www.ineesite.org

Jones, H.E. Reed, R. *Water and sanitation for disabled people and other vulnerable groups: Designing services to improve accessibility.* Loughborough University, UK, 2005. www.ircwash.org

Minimum Standards for Child Protection in Humanitarian Action: Alliance for Child Protection in Humanitarian Action, 2012. http://cpwg.net

Kolendisa bopeto/kobongola bizaleli

Curtis, V. Cairncross, S. *"Effect of washing hands with soap on diarrhoea risk in the community: a systematic review."* Lancet Infect Dis, vol. 3, 2003, pp. 275-81.

De Buck, E. Hannes, K. et al. *Promoting handwashing and sanitation behaviour change in low- and middle income countries. A mixed method systematic review. Systematic Review 36.* International Initiative for Impact Evaluation, June 2017. www.3ieimpact.org

Ferron, S. Morgan, J. O'Reilly, M. *Hygiene Promotion: A Practical Manual from Relief to Development.* ITDG Publishing, Rugby, UK, 2000 and 2007.

Freeman, M.C. Stocks, M.E. et al. *"Hygiene and health: systematic review of hand-washing practices worldwide and update of health effects."* Trop Med Int Health, vol. 19, 2014, pp. 906-16.

Harvey, P. Baghri, S. Reed, B. *Emergency Sanitation: Assessment and Programme Design.* WEDC, 2002. https://wedc-knowledge.lboro.ac.uk

Hygiene Promotion in Emergencies. Training package. WASH Cluster. http://washcluster.net

Hygiene Promotion Guidelines. UNHCR, 2017. http://wash.unhcr.org

Rabie, T. Curtis, V. *"Handwashing and risk of respiratory infections: a quantitative systematic review."* Trop Med Int Health, vol. 11, 2006, pp. 258-67.

Watson, J.A. Ensink, J.H. Ramos, M. Benelli, P. Holdsworth, E. Dreibelbis, R. Cumming, O. *"Does targeting children with hygiene promotion messages work? The effect of handwashing promotion targeted at children, on diarrhoea, soil-transmitted helminth infections and behaviour change, in low- and middle-income countries."* Trop Med Int Health, 2017.

Bopeto ya basi na ntango bazali na sanza

Mahon, T. Cavill, S. *Menstrual Hygiene Matters: Training guide for practitioners.* WaterAid. https://washmatters.wateraid.org

Sommer, M. Schmitt, M. Clatworthy, D. *A Toolkit for integrating Menstrual Hygiene Management (MHM) into Humanitarian Response.* Colombia University, Mailman School of Public Health and International Rescue Committee. New York, 2017. www.rescue.org

Kokoka kokanga masuba to nyɛi te

Groce, N. Bailey, N. Land, R. Trani, J.F. Kett, M. *"Water and sanitation issues for persons with disabilities in low- and middle-income countries: a literature review and discussion of implications for global health and international development."* Journal of Water and Health, vol. 9, 2011, pp. 617-27.

Hafskjold, B. Pop-Stefanija. B. et al. *"Taking stock: Incompetent at incontinence - why are we ignoring the needs of incontinence sufferers?"* Waterlines, vol. 35, no. 3, 2016. www.developmentbookshelf.com

Kolongola nyɛi

Clasen, T.F. Bostoen, K. Schmidt, W.P. Boisson, S. Fung, I.C. Jenkins, M.W. Scott, B. Sugden, S. Cairncross, S. *"Interventions to improve disposal of human excreta for preventing diarrhoea."* Cochrane Database Syst Rev, 2010, CD007180.

Freeman, M.C. Garn, J.V. Sclar, G.D. Boisson, S. Medlicott, K. Alexander, K.T. Penakalapati, G. Anderson, D. Mahtani, A.G. Grimes, J.E.T. Rehfuess, E.A. Clasen, T.F. *"The impact of sanitation on infectious disease and nutritional status: A systematic review and meta-analysis."* Journal of Water and Health, vol. 220, 2017, pp. 928-49.

Gensch, R. Jennings, A. Renggli, S. Reymond, Ph. *Compendium of Sanitation Technologies in Emergencies.* WASH-Netzwerk Deutschland und Eidg. Anstalt für Wasserversorgung, Abwasserreinigung & Gewässerschutz (Eawag), Berlin, Deutschland, 2018.

Graham, J.P. Polizzotto, M.L. "Pit latrines and their impacts on groundwater quality: A systematic review." *Environmental Health Perspectives,* vol. 121, 2013. https://hsrc.himmelfarb.gwu.edu/

Harvey, P. *Excreta Disposal in Emergencies: A Field Manual.* An Inter-Agency Publication, WEDC, 2007. http://wash.unhcr.org

Simple Pit Latrines. WASH Fact sheet 3.4. WHO. www.who.int

Kobongisa mai

Branz, A. Levine, M. Lehmann, L. Bastable, A. Imran Ali, S. Kadir, K. Yates, T. Bloom, D. Lantagne, D. *"Chlorination of drinking water in emergencies: a review of knowledge to develop recommendations for implementation and research needed."* Waterlines, vol. 36, no. 1, 2017. https://www.developmentbookshelf.com

Lantagne, D.S. Clasen, T.F. *"Point-of-use water treatment in emergencies."* Waterlines, vol. 31, no. 1-2, 2012.

Lantagne, D.S. Clasen, T.F. *"Use of household water treatment and safe storage methods in acute emergency response: Case study results from Nepal, Indonesia, Kenya, and Haiti."* Environmental Science and Technology, vol. 46, no. 20, 2012.

Rayner, J. Murray, A. Joseph, M. Branz, A.J. Lantagne, D. *"Evaluation of household drinking water filter distributions in Haiti."* Journal of Water, Sanitation and Hygiene for Development, vol. 6, no. 1, 2016.

Ndenge ya mai

Bain, R. Cronk, R. Wright, J. Yang, H. Slaymaker, T. Bartram, J. *"Fecal Contamination of Drinking-Water in Low- and Middle-Income Countries: A Systematic Review and Meta-Analysis."* PLoS Med, vol. 11, 2014, e1001644.

Guidelines for Drinking-Water Quality. WHO, 2017. www.who.int

Kostyla, C. Bain, R. Cronk, R. Bartram, J. *"Seasonal variation of fecal contamination in drinking water sources in developing countries: a systematic review."* PubMed, 2015.

Kobundisa biloko ekoki komemela moto bokono

Dengue: Guidelines for Diagnosis, Treatment, Prevention and Control. New Edition. World Health Organization, Geneva, 2009. Chapter 3, Vector management and delivery of vector control services. www.who.int

Handbook for Integrated Vector Management. WHO, 2012. www.who.int

Lacarin, C.J. Reed, R.A. *Emergency Vector Control Using Chemicals.* WEDC, Loughborough University, 1999. UK.
https://wedc-knowledge.lboro.ac.uk/details.html?id=15336

Malaria Control in Humanitarian Emergencies: An Inter-agency Field Handbook. WHO, 2005. www.who.int

Thomson, M. *Disease Prevention Through Vector Control: Guidelines for Relief Organisations.* Oxfam GB, 1995. https://policy-practice.oxfam.org.uk/

Vector Control: Aedes aegypti vector control and prevention measures in the context of Zika, Yellow Fever, Dengue or Chikungunya: Technical Guidance. WASH WCA Regional Group, 2016. http://washcluster.net/

Kolongola biloko ya makasi ya bosɔtɔ

Disaster Waste Management Guidelines. UNOCHA, MSB and UNEP, 2013. www.eecentre.org

Technical Notes for WASH in Emergencies, no. 7: Solid waste management in emergencies. WHO/WEDC, 2013. www.who.int

WASH na bisika oyo maladi ebimi

Brown, J. Cavill, S. Cumming, O. Jeandron, A. *"Water, sanitation, and hygiene in emergencies: summary review and recommendations for further research."* Waterlines, vol. 31, 2012.

Cholera Toolkit. UNICEF, 2017. www.unicef.org

Essential environmental health standards in health care. WHO, 2008. http://apps.who.int

Guide to Community Engagement in WASH: A practitioners guide based on lessons from Ebola. Oxfam, 2016. https://policy-practice.oxfam.org.uk/

Infection prevention and control (IPC) guidance summary: Ebola guidance package. WHO, 2014. www.who.int

Lantagne, D. Bastable, A. Ensink, J. Mintz, E. *"Innovative WASH Interventions to Prevent Cholera."* WHO Wkly Epid Rec. October 2, 2015.

Management of a Cholera Epidemic. MSF, 2017. https://sherlog.msf.org

Rapid Guidance on the Decommissioning of Ebola Care Facilities. WHO, 2015. http://apps.who.int

Taylor, D.L. Kahawita, T.M. Cairncross, S. Ensink, J.H. *"The Impact of Water, Sanitation and Hygiene Interventions to Control Cholera: A Systematic Review."* PLoS One, vol. 10, e0135676. Doi: 10.1371/journal.pone.0135676, 2015. http://journals.plos.org

Yates, T. Allen, J. Leandre Joseph, M. Lantagne, D. *WASH interventions in disease outbreak response. Humanitarian Evidence Programme.* Oxfam GB, 2017. https://policy-practice.oxfam.org.uk/

Yates, T. Vujcic, J.A. Joseph, M.L. Gallandat, K. Lantagne, D. *"Water, sanitation, and hygiene interventions in outbreak response: a synthesis of evidence."* Waterlines, vol. 37, no. 1, pp. 5–30. https://www.developmentbookshelf.com

Kokimisa na maladi mpe kobundisa yango

Aide Memoire for infection prevention and control in a healthcare facility. WHO, 2011. http://www.who.int

Essential water and sanitation requirements for health structures. MSF, 2009.

Guidelines on Core Components of Infection Prevention and Control Programmes at the National and Acute Health Care Facility Level. WHO, 2016. www.who.int

Guidelines for Safe Disposal of Unwanted Pharmaceuticals in and after Emergencies. WHO, 1999. www.who.int

Hand Hygiene Self-Assessment Framework. WHO, 2010. www.who.int

Incineration in Health Structures of Low-Income Countries. MSF, 2012. https://sherlog.msf.org

Laundries for Newbies. MSF, 2016. https://sherlog.msf.org

Management of Dead Bodies after Disasters: A Field Manual for First Responders. Second Edition. ICRC, IFRC, 2016. https://www.icrc.org

Medical Waste Management. ICRC, 2011. https://www.icrc.org

Safe management of wastes from health-care activities. Second edition. WHO, 2014. www.who.int

Sterilisation Guidelines. ICRC, 2014. http://icrcndresourcecentre.org

WASH in health care facilities. UNICEF, WHO, 2019. www.who.int

Waste Zone Operators Manual. MSF, 2012. https://sherlog.msf.org

WASH na lolenge ya kopesa bilei

Altmann, M. et al. *"Effectiveness of a household water, sanitation and hygiene package on an outpatient program for severe acute malnutrition: A pragmatic cluster - randomized controlled trial in Chad."* The American Journal of Tropical Medicine and Hygiene, vol. 98, no. 4, Apr 2018, pp. 1005-12. https://www.ajtmh.org

BABYWASH and the 1,000 days: a practical package for stunting reduction. Action Against Hunger (ACF), 2017. https://www.actionagainsthunger.org

Null, C. et al. (2018) *"Effects of water quality, sanitation, handwashing, and nutritional interventions on diarrhoea and child growth in rural Kenya: a cluster randomised control trial."* The Lancet: Global Health, vol. 6, no. 3, March 2018, pp. e316-e329. https://www.sciencedirect.com/

Oxfam and Tufts University WASH and Nutrition Series: Enteric Pathogens and Malnutrition. Technical memorandum 1. Oxfam, Tufts. https://oxfamintermon.s3.amazonaws.com/sites/default/files/documentos/files/ Estudio%20Oxfam-Tufts%20University.pdf

WASH'NUTRITION 2017 Guidebook: Integrating water, sanitation, hygiene and nutrition to save lives. Action Against Hunger (ACF), 2017. www.actionagainsthunger.org

WASH, mbongo ná bawenze

CaLP CBA quality toolbox. http://pqtoolbox.cashlearning.org

Mikanda mosusu ya kotánga

Mpo na kozwa makanisi ya mikanda mosusu ya kotánga okoki kokende na www.spherestandards.org/handbook/online-resources

Mikanda mosusu ya kotánga

Makambo eyebani/lotomo ya kozwa mai
2.1 billion people lack safe drinking water at home, more than twice as many lack safe sanitation. WHO, 2017.
www.who.int/mediacentre/news/releases/2017/water-sanitation-hygiene/en/

The Right to Water: Fact Sheet 35. OHCHR, UN-HABITAT and WHO, 2010.
www.ohchr.org/Documents/Publications/FactSheet35en.pdf

Makambo eyebani/Bisika ezali zingazinga
Environment Marker – Guidance Note. UN OCHA & UNEP, 2014.
www.humanitarianresponse.info/sites/www.humanitarianresponse.info/files/documents/files/
Environment%20Marker%2BGuidance%20Note_Global_2014-05-09.pdf

Kobongisama ya WASH oyo ezali kotambola malamu
Disaster risk reduction and water, sanitation and hygiene: comprehensive guidance: a guideline for field practitioners planning and implementing WASH interventions.
www.preventionweb.net/publications/view/25105

WASH ná kobatela bato
Including children with disabilities in humanitarian action. WASH Booklet. UNICEF, 2017. http://training.unicef.org/disability/emergencies/index.html

WASH, Protection and Accountability, Briefing Paper. UNHCR, 2017.

WASH, Protection and Accountability Briefing Paper. UNHCR, 2017.
http://wash.unhcr.org/download/wash-protection-and-accountability/

Kolendisa bopeto/kobongola bizaleli
ABC – Assisting Behaviour Change Part 1: Theories and Models and Part 2: Practical Ideas and Techniques. ACF France. 2013.

Choose Soap Toolkit. London School of Hygiene and Tropical Medicine (LSHTM), 2013.

Communication for Behavioural Impact (COMBI) A toolkit for behavioural and social communication in outbreak response. WHO, 2012. www.who.int/ihr/publications/combi_toolkit_outbreaks/en/

Curtis, V. Schmidt. W. et al. *"Hygiene: new hopes, new horizons."* Lancet Infect Dis, vol. 11, 2011, pp. 312-21.

Guidelines on Hygiene Promotion in Emergencies. IFRC, 2017.
www.ifrc.org/en/what-we-do/health/water-sanitation-and-hygiene-promotion/hygiene-promotion/

Harvey, P. Baghri, S. Reed, B. *Emergency Sanitation: Assessment and Programme Design.* WEDC, 2002. https://wedc-knowledge.lboro.ac.uk/details.html?id=16676 or http://www.unicefinemergencies.com/downloads/eresource/docs/WASH/Emergency%20Sanitation%20(WEDC).pdf

Kittle, B. *A Practical Guide to Conducting a Barrier Analysis.* Helen Keller International, New York, 2013. http://pdf.usaid.gov/pdf_docs/PA00JMZW.pdf

Service, O. et al (The Behavioural Insights Team) *EAST: Four Simple Ways to Apply Behavioural Insights.* In partnership with Cabinet Office, Nesta, 2014. www.behaviouralinsights.co.uk/publications/east-four-simple-ways-to-apply-behavioural-insights/

Bopeto ya basi na ntango bazali na sanza

House, S. *Considerations for selecting sanitary protection and incontinence materials for refugee contexts.* UNHCR Publication, 2016. http://wash.unhcr.org/download/considerations-for-selecting-sanitary-protection-and-incontinence-materials-for-refugee-contexts/

House, S. Mahon, T. Cavill, S. *Menstrual Hygiene Matters; A resource for improving menstrual hygiene around the world.* WaterAid/SHARE, 2012. https://washmatters.wateraid.org/sites/g/files/jkxoof256/files/Menstrual%20 hygiene%20matters%20low%20resolution.pdf

Kolongola nyɛi

Majorin, F. Torondel, B. Ka Saan Chan, G. Clasen, T.F. *"Interventions to improve disposal of child faeces for preventing diarrhoea and soil-transmitted helminth infection."* *Cochrane Database of Systematic Reviews*, 2014.

Simple Pit Latrines. WASH Fact sheet 3.4. WHO. www.who.int/water_sanitation_health/hygiene/emergencies/fs3_4.pdf

Ndenge ya mai

Fewtrell, L. *"Drinking water nitrate, methemoglobinemia, and global burden of disease: A discussion."* *Environ Health Perspectives,* vol. 112, no. 14, Oct 2004, pp. 1371-74. doi: 10.1289/ehp.7216. www.ncbi.nlm.nih.gov/pmc/articles/PMC1247562/

Kostyla, C. Bain, R. Cronk, R. Bartram, J. *"Seasonal variation of fecal contamination in drinking water sources in developing countries: A systematic review."* *Science of The Total Environment,* vol. 514, 2015, pp. 333-43.

Villenueava, C.M. et al. *"Assessing Exposure and Health Consequences of Chemicals in Drinking Water: Current State of Knowledge and Research Needs."* *Environmental Health Perspectives,* vol. 122, 2014, pp. 213-21. pdfs.semanticscholar.org/d037/3e8020adfaa27c45f43834b158cea3ada484.pdf

Kobundisa biloko ekoki komemela moto bokono

Benelli, G. Jeffries, C.L. Walker, T. *"Biological Control of Mosquito Vectors: Past, Present, and Future."* *Insects,* vol. 7, no. 4, 2016. www.ncbi.nlm.nih.gov/pubmed/27706105

Chemical methods for the control of vectors and pests of public health importance. WHO, 1997. http://apps.who.int/iris/handle/10665/63504

Hunter, P. *Waterborne Disease: Epidemiology and Ecology.* John Wiley & Sons Ltd, Chichester, UK, 1997. www.wiley.com/en-us/Waterborne+Disease%3A+Epidemiology+and+ Ecology-p-9780471966463

Malaria Control in Humanitarian Emergencies. Working Group GFATM in Humanitarian Emergencies, 2009. www.unhcr.org/4afacdfd9.pdf

Manual for Indoor Residual Spraying: Application of Residual Sprays for Vector Control, 3rd Ed. WHO, 2007. http://apps.who.int/iris/handle/10665/69664

Malaria vector control policy recommendations and their applicability to product evaluation. WHO, 2017. www.who.int/malaria/publications/atoz/vector-control-recommendations/en/

Rozendaal, J.A. *Vector Control: Methods for use by individuals and communities.* WHO, 1997. www.who.int/whopes/resources/vector_rozendaal/en/

Warrell, D. Gilles, H. (eds). *Essential Malariology.* Fourth Edition. Arnold. London, 2002.

WASH na bisika maladi ebimi

Cholera Outbreak Guidelines: Preparedness, Prevention and Control. Oxfam, 2012. https://policy-practice.oxfam.org.uk/publications/cholera-outbreak-guidelines-preparedness-prevention-and-control-237172

Ebola: Key questions and answers concerning water, sanitation and hygiene. WHO/UNICEF, 2014. http://apps.who.int/iris/bitstream/10665/144730/1/WHO_EVD_WSH_14.2_eng.pdf

Schiavo, R. Leung, M.M. Brown, M. *"Communicating risk and promoting disease mitigation measures in epidemics and emerging disease settings."* Pathog Glob Health, vol. 108, no. 2, 2014, pp. 76-94. www.ncbi.nlm.nih.gov/pubmed/24649867

WASH ná lolenge ya kopesa bilei

Dodos, J. Mattern, B. Lapegue, J. Altmann, M. Ait Aissa, M. *"Relationship between water, sanitation, hygiene and nutrition: what do Link NVA nutritional causal analyses say?"* Waterlines, vol. 36, no. 4, 2017. https://www.developmentbookshelf.com/doi/abs/10.3362/1756-3488.17-00005

Luby, S. et al. (2018) *"Effects of water quality, sanitation, handwashing, and nutritional interventions on diarrhoea and child growth in rural Bangladesh: a cluster randomised control trial."* The Lancet: Global Health, vol. 6, no. 3, March 2018, pp. e302-e315. https://www.sciencedirect.com/science/article/pii/S2214109X17304904

WASH, mbongo ná bawenze

Cash and Markets in the WASH Sector: A Global WASH Cluster position paper. Global WASH Cluster, 2016. www.emma-toolkit.org/sites/default/files/bundle/GWC%20-%20Cash%20and%20Markets%20Position%20Paper%20-%20Dec%202016.pdf

Cash Based Interventions for WASH Programmes in Refugee Settings. UNHCR, 2014. www.unhcr.org/59fc35bd7.pdf

Kokoka komileisa mpe makambo etali bilei

Mobeko-likonzi ya
mosala ya kosunga bato

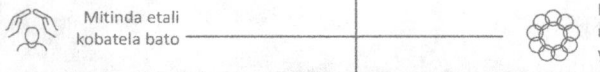
Mitinda etali
kobatela bato

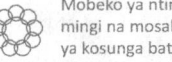
Mobeko ya ntina
mingi na mosala
ya kosunga bato

Kokoka komileisa mpe makambo etali bilei

Kotalela makambo	Ndenge ya kosalisa kozanga kolya malamu	Bozangi biloko ya mikemike oyo etongaka nzoto	Ndenge ya koleisa babebe mpe bana mike	Kokoka komileisa	Lisungi mpo na kozwa bilei	Makoki ya kobikela
LISENGAMI 1.1 Kotalela kokoka komileisa	**LISENGAMI 2.1** Kozanga kolya malamu ya petɛɛ	**LISENGAMI 3** Bozangi biloko ya mikemike oyo etongaka nzoto	**LISENGAMI 4.1** Malako ya kosalela mpe kokamba misala	**LISENGAMI 5** Kokoka komileisa mpo na bato nyonso	**LISENGAMI 6.1** Bamposa ya bato nyonso na makambo etali bilei	**LISENGAMI 7.1** Kobimisa biloko ya ntina ya libosoliboso
LISENGAMI 1.2 Kotalela makambo etali bilei	**LISENGAMI 2.2** Kozanga kolya malamu ya makasi		**LISENGAMI 4.2** Lisungi oyo euti na misala ndenge na ndenge mpo na koleisa babebe mpe bana mike na ntango ya likama		**LISENGAMI 6.2** Koyeba soki bilei ezali malamu, elongobani mpe endimami	**LISENGAMI 7.2** Mbongo mpe mosala
					LISENGAMI 6.3 Kopona bato, kokabola bilei mpe kokende kotikela bato bilei	
					LISENGAMI 6.4 Kosalela bilei	

APENDISI 1 Liste ya kolanda mpo na kotalela kokoka komileisa mpe makoki ya kobikela
APENDISI 2 Liste ya kolanda mpo na kotalela likoki ya kozwa mboto mpe bisaleli mpo na kolóna
APENDISI 3 Liste ya kolanda mpo na kotalela makambo etali bilei
APENDISI 4 Ndenge ya komeka kozanga kolya malamu ya makasi
APENDISI 5 Mimeko oyo emonisaka ntina ya bozangi biloko ya mikemike oyo etongaka nzoto mpo na sante
ya bato nyonso
APENDISI 6 Bamposa na makambo etali bilei

Makambo oyo ezali na kati

Makanisi ya ntina na oyo etali kokoka komileisa mpe makambo etali bilei 172

1. Kotalela makambo etali kokoka komileisa mpe bilei 176

2. Ndenge ya kosalisa kozanga kolya malamu 184

3. Bozangi biloko ya mikemike oyo etongaka nzoto 194

4. Ndenge ya koleisa babebe mpe bana mike 198

5. Kokoka komileisa 206

6. Lisungi mpo na kozwa bilei 210

7. Makoki ya kobikela 224

Apendisi 1: Liste ya kolanda mpo na kotalela kokoka komileisa mpe
             makoki ya kobikela 233

Apendisi 2: Liste ya kolanda mpo na kotalela likoki ya kozwa mboto mpe
             bisaleli mpo na kolóna 235

Apendisi 3: Liste ya kolanda mpo na kotalela makambo etali bilei 237

Apendisi 4: Ndenge ya komeka kozanga kolya malamu ya makasi 239

Apendisi 5: Mimeko oyo emonisaka ntina ya bozangi biloko ya mikemike oyo
             etongaka nzoto mpo na sante ya bato nyonso 242

Apendisi 6: Bamposa na makambo etali bilei..245

Mitindami mpe mikanda mosusu ya kotánga...247

Makanisi ya ntina na oyo etali kokoka komileisa mpe makambo etali bilei

Moto nyonso azali na lotomo ya kokufa nzala te mpe ya kozwa bilei oyo ebongi

Masengami ya libosoliboso na oyo etali komileisa mpe makambo etali bilei emonisi ete kozala na bilei elongobani esengeli kopesama na bisika oyo likama ekwei. Masengami yango esimbami na makonzi lokola mitindo, mikumba mpe ntomo ndenge ekomami na Mobeko-likonzi ya mosala ya kosunga bato. Na kati na yango lotomo ya kozala na bomoi na lokumu; lotomo ya kozwa libateli; mpe lotomo ya kozwa lisungi oyo bapesaka bato.

Mpo na kozwa liste ya mikanda ya ntina mpe malako, mitinda, masengami mpe bibongiseli oyo esimbi Mobeko-likonzi ya mosala ya kosunga bato oyo ezali mpe kolimbola makambo misusu na ntina ya basali ya mosala ya kopesa lisungi, ⊕ *talá Libakisi 1*.

Kozanga kolya malamu na ntango molayi elongolaka makoki na bato bazali na mikakatano. Ebebisaka lolenge na bango ya kososola mpe sante na bango. Elembisaka makoki na bango ya koluka biloko ya kobikela mpe ya kosungana na kati ya lisangá na bango. Suka nango, ekosilisa bokasi na bango ya kozongela bomoi na bango ya liboso mpe bakotikala libela na bosenga ya lisungi.

Makambo oyo esalaka ete bato balya malamu te ezali mindondo

Makambo oyo ememaka na lombango kozanga kolya malamu ezali kolya bilei oyo ebongi te mpe kobela pambapamba ⊕ *talá Elilingi 7*. Makambo misusu oyo ememaka yango ezali kozanga makoki ya komileisa, bosɔtɔ na kati ya ndako mpe kosalisa maladi na ndenge ebongi te.

Ata soki lisungi mpo na kozwa bilei epesami, esengeli mpe kotalela makambo yango nyonso elongo mpo na kopesa ndimbola oyo ekoumela. Misala mpo na kopesa lisungi yango esengeli kosalema ntango moko na misala ya kopesa lisungi mpo na kopesa bato mai, kolongola bosɔtɔ mpe kolendisa bopeto; esika ya komibomba ná esika ya kofanda; mpe sante. Bato basengeli na mai ya malamu mpe ya kokoka mpo na kolamba mpe kolya malamu. Bamaladi oyo epalanganaka elimwaka soki bazali na bisika mpe makoki ya kolongola bosɔtɔ. Bisika ya komibomba mpe ya kofanda ezali na ntina mingi mpo na kopesa bato makusa mpe kobatela bango na moi, mbula to mipepe makasi mpe na bamaladi misusu. Bakoki komipesa na koluka bilei elongobani mpe biloko ya kobikela soki baza na makoki ya sante na bango malamu.

Kotalatala makambo oyo ememaka kolya malamu te epesaka likoki ya kosilisa yango. Na yango, kolendisa lolenge ya bato ya koluka biloko ya kobikela ezali ntina mingi mpo ebakisaka makoki na bango ya kotalela makambo misusu oyo ekoki komemela bango kozanga kolya malamu. Na kati na yango ezali na bisaleli mpe bamasini, mabele mpe biloko bizwami na kati, mimbongo mpe mayele ya kosalela mimbongo. Lisungi mpo na kokoka komileisa mpe makambo etali bilei esengeli kobatela mpe kokolisa biloko ya kobikela wana mpe mayele ya kosalela yango ata kozanga kolya malamu ezali makasi to te.

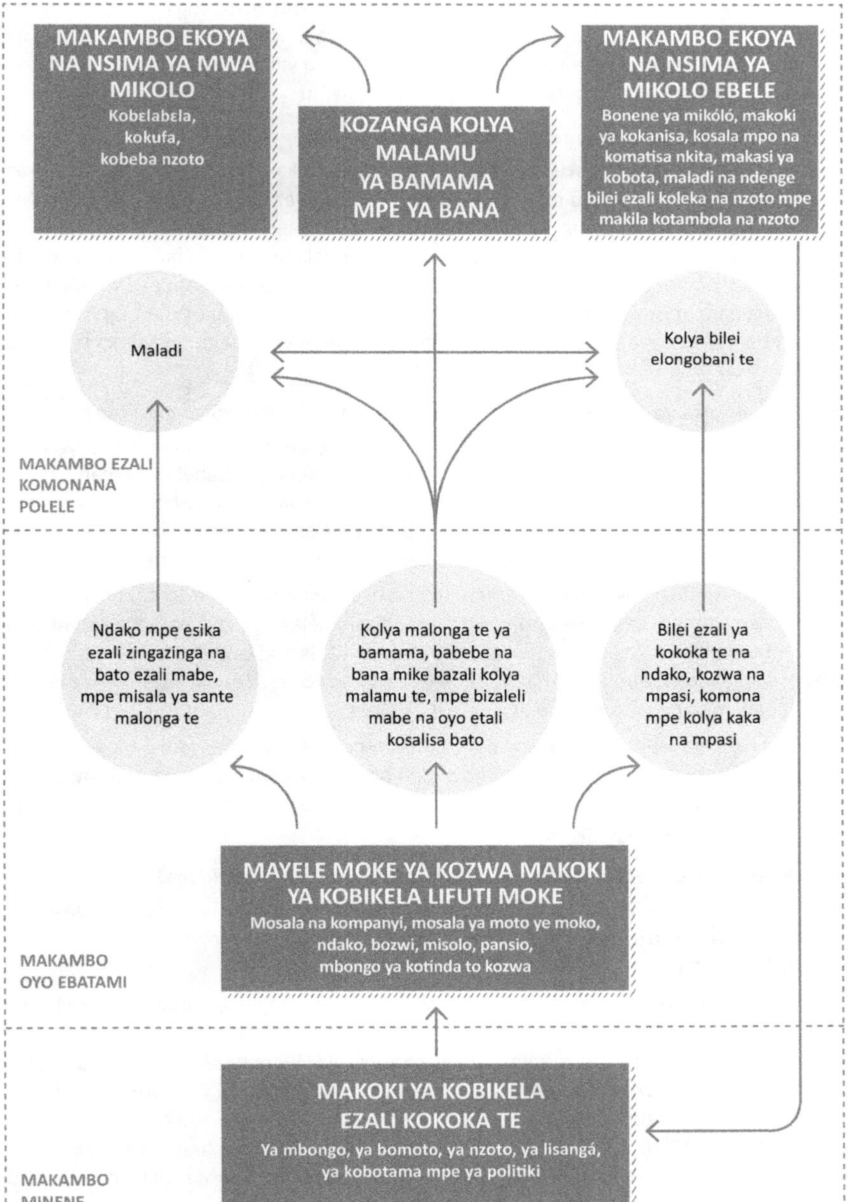

MAKAMBO EKOYA NA NSIMA YA MWA MIKOLO

Kobɛlabɛla,
kokufa,
kobeba nzoto

KOZANGA KOLYA MALAMU YA BAMAMA MPE YA BANA

MAKAMBO EKOYA NA NSIMA YA MIKOLO EBELE

Bonene ya mikóló, makoki ya kokanisa, kosala mpo na komatisa nkita, makasi ya kobota, maladi na ndenge bilei ezali koleka na nzoto mpe makila kotambola na nzoto

Maladi

Kolya bilei elongobani te

MAKAMBO EZALI KOMONANA POLELE

Ndako mpe esika ezali zingazinga na bato ezali mabe, mpe misala ya sante malonga te

Kolya malonga te ya bamama, babebe na bana mike bazali kolya malamu te, mpe bizaleli mabe na oyo etali kosalisa bato

Bilei ezali ya kokoka te na ndako, kozwa na mpasi, komona mpe kolya kaka na mpasi

MAYELE MOKE YA KOZWA MAKOKI YA KOBIKELA LIFUTI MOKE

Mosala na kompanyi, mosala ya moto ye moko, ndako, bozwi, misolo, pansio, mbongo ya kotinda to kozwa

MAKAMBO OYO EBATAMI

MAKOKI YA KOBIKELA EZALI KOKOKA TE

Ya mbongo, ya bomoto, ya nzoto, ya lisangá, ya kobotama mpe ya politiki

MAKAMBO MINENE

Shoke, makambo ekoya, kobongwana ya bileko, efandeli ya bato, makambo ya nkita, ya bonkɔkɔ mpe ya politiki

Kokoka komileisa mpe makambo etali bilei: makambo ememaka kozanga kolya malamu (Elilingi 7)

Bambongwana oyo esalamaka na makambo etali mimeseno, nkita, masano pe politiki na nsima ya makama ebebisaka mayele mabota basalelaka mpo na kobikela mpe lolenge na bango ya koluka biloko ya kobikela. Kolendisa makambo yango ekosalisa bato bamatisa bozwi na bango mpe balongwa na kozanga kolya malamu.

Kosala na bingumba ezali na mikakatano na yango

Kokola ya bingumba ezali bakisa mikakatano mpo na kokoka komileisa mpe na makambo etali bilei. Misala ya malamu mpe oyo ekotisaka mbongo ezali mwa mingi na bingumba; kasi kobakisama ya bato mingi na bingumba esalaka ete bandako mpe misala ezwama na pasi. Ata mayele ya kosalela mpe meko mpo na kolengela bisika bato bafandaka ekoki te kosilisa pasi yango. Bamaladi mabe makasi eyaka nsima ya kobakisama ya motángo ya bato, kobeba ya mopepe, mpe kozanga bisika ya kolongola bosɔtɔ na milako zingazinga ya bingumba. Nyonso wana esalaka ete bato bakoka kozwa litomba te na koluka biloko ya kobikela mpe ememaka kozanga kolya malamu.

Bituluku mosusu ya bato ezali na bolembu makasi na oyo etali kolya malamu te

Mosala ya kopesa lisungi na makambo etali bilei esengeli kosalema na boyebi ya bamposa,ya basi ya zemi mpe oyo bazali komɛlisa bana, ya babebe na bana mike, mibange mpe bibosono. Kobongisa makoki ya komileisa ya mabota ekosalama malamu soki mikumba ya moto moko na moko eyebani polele. Na ndakisa, basi bazalaka na mokumba monene na oyo etali kolengela mpe kolamba biloko ya kolya na libota.

Ezali na ntina mingi kokabola makambo ekomami kolanda bomwasi to bobali, bambula ya kobotama mpe kozala ebosono to te. Ekomonisa polele nani azali na bamposa nini na makambo etali bilei. Kolandela makambo na nsima ya lisungi esengeli kokabolama mpe kaka ndenge moko mpo na komindimisa ete misala ya kopesa lisungi esalemi na ndenge elongobani mpo na bato nyonso.

Kosalisa kozanga kolya malamu ezali na ntina mingi kaka ndenge moko ná kopengola kolya malamu te. Misala ya kopesa lisungi mpo na kokoka komileisa mpe makambo etali bilei esalisaka bato bazala na sante ya malamu na ntango mokuse, mpe kozala na bomoi malamu nsima ya ntango molai.

Masengami ya libosoliboso esengeli kokokisama nyonso na mbala moko

Masengami ya libosoliboso oyo ekomami na mokapo oyo eyokani na mama ya likambo ya ntomo mpo na kozwa bilei. Ezali mpe kokoba kosalisa ntomo yango etosama na mokili mobimba.

Lotomo yango esangani na baoyo ya kozala na mai, bopeto, sante mpe esika ya komibomba. Kokoba kokokisa Masengami ya libosoliboso ya Sphère na misala songolo ya kopesa lisungi ekokolisa misala misusu mpe lokola. Bibongiseli oyo esalaka misala ya sikisiki basengeli kosala na boyokani makasi elongo na bakonzi ya mboka mpe basali na misala misusu mpo na kopesa lisungi oyo ebongi mpenza. Ekosunga bango bakokisa bamposa ya bato, bazongela kosala mosala moko mbala na mbala te na oyo etali kokoka komileisa mpe makambo etali bilei. Buku oyo ezali mpe kotinda na makambo misusu ekoki kozala na ntina.

Soki bamposa ya bato mpo na kolya malamu ekokisami malamu te, bamposa ya WASH ekobakisama mpo sante na bango ekokoma na bolembu. Ezali mpe kaka ndenge moko mpo na bato oyo bazali na VIH, bamibange mpe bibosono. Na bongo esengeli kobongisa malamu ndenge ya kokabola makoki mpo na kotalisa sante. Mikano nyonso mpo na kokokisa bamposa ya bato na lombangu esengeli kozwama na botaleli ya makanisi oyo basali ya misala moko to mosusu bazali kosangisa, mpe esengeli kotalelaka makambo yango lisusu nsima ya mwa ntango soki ezali na makambo mosusu oyo ebongwani.

Soki masengami ya mboka ezali na nse ya Masengami ya libosoliboso ya Sphère, bibongiseli oyo esungaka bato basengeli kosala na guvernema mpo na komatisa yango.

Mibeko oyo ekambaka bikólo ya mokili ebatelaka lotomo ya kozwa bilei oyo ebongi

Mibeko oyo ekambaka bikólo ya mokili ebatelaka ntomo ya bato ya kokufa nzala te mpe ya kozwa bilei elongobani. Esengaka ete bato bazala na makoki mpe bisika ya kozwa bilei esengeli tango nyonso. Baguvernema basengeli kopesa ndanga ete ntomo mpo na kozwa bilei elongobani ya bato to bituluku, bato oyo bakimá mboka na bango, baoyo bakendá bisika mosusu kaka na kati ya mboka na bango, ekotosama ⊕ talá Libakisi 1.

Baguvernema bakoki kosenga lisungi ya mikili misusu soki bazangi makoki. Na ntina yango:

- Kotosa mpe kopesa nzela na bibongiseli etyama mpo na kozwa bilei;
- Kobatela makoki ya bato ya komileisa malamu, mpo ebebisama te na bato to mpe bibongiseli misusu; mpe
- Kopesa mabɔkɔ na bato na kopesaka bango makoki bazali na yango mposa mpo na kokoka komileisa mpe koluka biloko ya kobikela.

Epekisami kopimela bato bilei elongobani lokola myango ya kobundela bitumba, kolanda boyokani ya Genève. Epekisami mpe kobebisa, koboma, to mpe koyiba bilanga, bibwele, bilei, banzela mpo na kobenda mai, bisika mai ya komɛla ebombamaka mpe bisika oyo basalaka bilanga mpo na kozwa bilei.

Soki ekólo moko ekei kobundisa ekólo mosusu, mibeko etali makambo ya kosunga bato na mokili mobimba epesi ekólo yango ndingisa ete ekokisa bamposa ya bilei ya bato ya ekólo ezali kobundisa ata soki ekólo oyo ebundisami ezali lisusu na makoki.

Boyokani na Mitinda etali kobatela bato mpe Mobeko ya ntina mingi na mosala ya kosunga bato

Ntango mosusu, lisungi mpo na kozwa bilei malamu ekoki komema bobuki mikebo soki esalelami nda ndenge elongobani te, mingimingi na oyo etali kosalela lokola mongamba to mpe kobebisama ya bato basengeli na lisungi yango. Baprograme esengeli kobongisma elongo na bato oyo bakweli likama mpe kotombola kobatelama, lokumu mpe valere na bango. Basali nyonso na programe ya kopesa linsungi basengeli koyangelama mpe kotambwisama malamu. Esengeli na bango mpe kondima mpe kokokisa malamumalamu Malako etali etamboli. Esengeli kotya bibongiseli oyo ezali kopesa bato oyo bakweli likama likoki ya koloba mpe kosalisa nokinoki mikakatano nyonso bakokutana nango. Bato basalaka mosala ya kopesa lisungi basengeli koteyama na makambo etali kobatela bana mpe koyeba ndenge batindaka bato mpo bázwa lisungi mosusu soki bakanisi ete bato yango bazali kobundisama, konyokolama, to mpe to kosalisa bango makambo mpo na litomba ya basusu, ata soki bato yango bazali bana ⊕ talá Etinda etali kobatela bato 1 mpe Mobeko ya ntina mingi na mosala ya kosunga bato: Mokumba 5.

Esengeli kolandela na likebi nyonso lolenge ya kosala na boyokani mpe kokamba misala ya basivile ná basoda, ata na ntango na bitumba ⊕ talá Sphère ezali nini mpe Mitinda etali kobatela bato.

Na ntango ya kokokisa Masengami ya libosoliboso, esengeli mpe kotosa Mikumba nyonso ya Mobeko ya ntina mingi na mosala ya kosunga bato mpo ezali moboko ya programe mpo na kokoka komileisa mpe makambo etali bilei oyo emonani ete ezali na mokumba liboso ya bato.

1. Kotalela makambo etali kokoka komileisa mpe bilei

Kotalela makambo etali kokoka komileisa mpe bilei banda ebandeli tii na nsuka ya makama ezali na ntina mingi. Emonisaka lolenge makambo ezali kokende mpe esalisaka koyeba ndenge ya kotya na molongo misala ya kopesa lisungi. Misala ya kotalela kokoka komileisa mpe makambo etali bilei esengeli kosalama mbala moko na misala ya kopesa lisungi mpo na bilei elongobani, na bibongiseli mpo na kozwa mpe kosalela yango. Na bongo, ekosalisa mpo na kobatela misolo mpe kosangisa baprograme mpo na kokoka komileisa mpe makambo etali bilei.

Misala ya kotalela esengeli kotosa mitindo oyo endimami na bato mingi, kosalela mayele eyebani na mokili mobimba mpe na kopona bilongi te. Esengeli kosangisa mpe kokambama malamu na bibongiseli epesaka lisungi mpe baguvernema. Misala ya kotalela esengeli kokokisana, koyokana mpe komikokanisa. Bibongiseli to bato oyo bokosala ná bango basengeli koyokana mpo na lolenge moko ya kosalela oyo ebongi na bango. Lolenge yango ya kosalela esengeli kolobela mwa ndambo ya bato oyo bakweli likama mpe kotya likebi na bituluku to bato oyo bazali na mpenza na likama. Misala ya kotalela misala ya ndenge na ndenge esalisaka mpo na kotalela makama minene mpe bituka minene.

Mokano ya misala ya kotalela kokoka komileisa mpe makambo etali bilei ezali:

- Koyeba mikakatano ná bamposa ya bato bakweli likama mpe koyeba ndenge nini ya kokokisa bamposa yango;
- Koyeba motángo ya bato oyo bazali na mposa ya lisungi;
- Komonisa bituluku to bato oyo bazali na likama; to mpe
- Kotya nivo ya ebandeli mpo na kolandela bopusi bopusi ya mosala ya kopesa lisungi.

Misala ya kotalela ekoki kosalama na mabaku ndenge na ndenge na ntango ya likama. Na ndakisa:

- Nsima ya mikolo mibale to misato ya ebandeli ya likama, mosala ya kotalela mpo na kobanda kopesa nokinoki lisungi mpo na kozwa bilei;
- Nsima ya poso mibale to misato ya ebandeli ya likama, mosala ya kotalela na lombangu, kolanda makanisi mpe mitángo na ntina ya kobongisa makambo ekosalema;
- Nsima ya sanza misato to zomi na mibale, mosala ya kotalela na mozindo soki makambo ezali kokende na kobeba to mpe soki makanisi ya kobakisama esengami mpo na kosala baprograme ya kobongisa makambo.

Misala ya kotalela na mozindo makambo ya kokoka komileisa emonisaka mayele nini bato basalelaka mpo na kobikela, makoki na bango mpe mayele na bango ya komesana na likambe moko to mosusu. Esalisaka mpo na kososola ndenge nini makambo yango ezali kobongwana kolanda mikakatano mpe makama na yango na ndenge ya kokoka komileisa ya libota. Misala ya kotalela na mozindo makambo ya kokoka komileisa esengeli komonisa lolenge nini eleki malamu mpo na kobatela to mpe kotombola mayele nini bato basalelaka mpo na kobikela na ntina ya kosala ete bakoka komileisa.

Misala ya kotalela na mozindo makambo etali bilei esengaka kosangisa mpe kotalela makambo oyo ezali komonisa ndenge nini kozanga kolya malamu ezali kopalangana, mimeseno ya kolya ya babebe na bana, mpe bandenge ya kosalisa sante. Soki tosangisi makambo yango na makambo misusu ememaki kozanga kolya malamu mpe misala ya kotalela makambo etali sante mpe kokoka komileisa, yango nde elakisi kotalela ya makambo ezali kobimisa makambo etali bilei. Yango ezali ntina mingi mpo na kobongisa, kosalela mpe kolandela baprograme ya makambo etali bilei..

Na bingumba to na bamboka, mimbongo ezali na ntina mingi na oyo etali kokoka komileisa mpe makambo etali bilei. Misala nyonso ya kotalela makambo esengeli kosalema na kolanda mitinda ya MISMA *(Minimum Standard for Market Analysis)* to mpe ya MERS *(Minimum Economic Recovery Standard)* ⊕ *talá Kopesa lisungi na nzela ya mimbongo.*

Mokumba 1 ya Mobeko ya ntina mingi na mosala ya kosunga bato (CHS) nde esimbi Masengami oyo etali misala ya kotalela makambo ya kokoka komileisa mpe makambo etali bilei. Masengami yango ezali kobongisa misala oyo ebongi mpo na kopesa lisungi, a bato ba kweli likama na oyo etali kokoka komileisa mpe makambo etali bilei ⊕ *talá Apendisi 1, 2 ná 3* mpe *Buku LEGS* mpo na kozwa baliste ya kosalela mpo na kotalela makambo.

Lisengami 1.1 ya Kotalela kokoka komileisa mpe makambo etali bilei:
Kotalela kokoka komileisa

Bisika bato bakomi pene ya kozanga makoki ya komileisa, esengeli kosala misala ya kotalela makambo yango mpo na koyeba nivo mpe bonene ya kozanga makoki ya komileisa, koyeba moko na moko bato oyo likama ekweli bango makasi mpenza mpe kobongisa mosala ya kopesa lisungi oyo ebongi.

Misala ya ntina

1 ⟩ Kosangisa mpe kotalela makambo etali kokoka komileisa na ebandeli mpe na katikati ya likama.

■ Kotalela miboko oyo esimbi makambo etali kokoka komileisa, ndakisa kobeba ya bisika bato bafandi, kimya mpe kosala mimbongo.

2 ⟩ Kotalela bopusi ya kokoka komileisa na koyeba soki bato bakweli likama balyaka malamu to te.

■ Kotalela makambo misusu oyo ememaka kozanga kolya malamu, ndakisa kosalisa bokono ndenge elongobani te, bosɔtɔ bisika bato bafandi, kozanga bisika to mpe makoki ya kosalisa bokono mpe bibongiseli mpo na kobatelama.

■ Kokongola mbala na mbala makambo etali bingumba. Kuna nde makambo ebongwanaka na lombangu mpe kotalela yango ekomaka pasi pakoleka makambo etali bamboka.

3 〉 Koyeba misala nini ya kopesa lisungi ekosalisa mpo na kobikisa bato, mpe kobatela mpe kolendi makoki na bango ya kobikela.

- Kotalela mimbongo mpe soki guvernema na basali misusu bazali na makoki ya kokokisa ba mposa ya bato.

4 〉 Kotalela makoki mpe bandenge na bango ya kolamba, ndakisa biloko oyo epelaka, bikalungu, banzungu mpe biloko misusu ya kolambela.

- Kotalela ndenge nini bato bazalaki kosomba mpe kobomba bilei na biloko oyo epelaka mpe lisusu ndenge nini bazalaki kosala mimbongo liboso likama ekweya, mpe na nsima na yango.
- Kotya likebi na ndenge nini bato bazalaki kosomba mpe kobomba bilei na biloko oyo epelaka mpe lisusu ndenge nini bazalaki kosala mimbongo liboso likama ekweya, mpe na nsima na yango.

Bilembo ya ntina

Masengami oyo esalelami mpo na kotalela makambo etali kokoka komileisa, makoki ya kobikela ya bato mpe mayele basalelaka mpo na kobikela

Motángo ya balapolo likoló na monkama oyo ezali kotalela mpe kotya na mokuse makambo bomoni nsima ya bolukiluki, ndenge nini bosalaki mosala ya kotalela mpe mikakatano nini bokutani na yango

Makanisi ya kolanda

Makambo ezalaki liboso likama ekweya, sangisa yango na makambo euti ba bisaleli etalaka makambo ya mabele, emonisaka bopusi oyo likama ekoki komema. Kasi makambo yango ekabolami malamu malamu te mpo na komonisa polele makambo etali bingumba.

Bisaleli ná bibongiseli ya makambo mpe bisika makambo eutaka: Bokoki kozwa makambo na balapolo etalelaka kobuka mbuma, bililingi oyo bakangi na satelite, baankete na kati ya mabota, masolo na bituluku mpe mituna-lisolo ná bato oyo bayebi makambo ya ntina. Bisaleli ya ntina bokoki kosalela ezali Mitángo ya biloko oyo libota moko elye na poso moko, Mitángo ya biloko ndenge na ndenge oyo libota moko ekoki kolya, mpe Mitángo ya biloko oyo elakisaka mayele nini mabota esalelaka soki bazangi bilei to mbongo mpo na kosomba yango, mpo na koyeba nokinoki soki mabota ekoki komileisa to te. Bamboka mingi ezali na bibongiseli na yango ya kotalela makambo, ndakisa bisaleli mpo na kokebisa liboso mpenza na makama mpe kokitisa mikakatano ememaka. Bosalela Bisaleli mpo na kotalela mpe koyeba makoki ya bato ya komileisa bango moko mpe ndenge ya kosalisa bango, soki ezali mpe masengami misusu mpo na koyeba mikakatano nini bato bazali na yango na makambo etali kokoka komileisa bisika bozali. Baprograme pona kosalisa bato bakoka komileisa esengeli kosimbama na misala ya kotalela malamu malamu makambo nyonso oyo bozwi nsima ya bolukiluki.

Kobebisama ya mai, mopepe mpe mabele ekoki kosala ete bato bazanga makoki ya komileisa. Mpe soki bato bazali lisusu kokoka komileisa te, bakobebisa bisika bafandi. Ndakisa, banzete epesaka nkoni mpe makala mpo bato balamba mpe bazala na makoki ya kobikela, kasi kokata banzete mingi ekoki mpe kobebisa bazamba. Misala ya kopesa lisungi esengeli kobatela mpe kotombola makoki ya bato ya komileisa, mpe kotya ndelo na nyonso oyo ekoki kobebisa mai, mopepe mpe mabele.

Bituluku ya bato oyo bazali na likama: Bokabola makambo oyo bozwi kolanda bomwasi to bobali, bambula ya kobotama, kozala ebosono to te, molongo ya bozwi, mpe makambo ya ndenge wana ya ntina mingi. Mikumba ya basi ná mibali na makambo etali bilei mpe kolya malamu na libota ekeseni, kasi ekokisanaka. Na yango, soki esengeli, bosolola na basi na ngambo na bango mpe mibali na ngambo na bango mpo na koyeba mimeseno na bango na makambo etali komileisa, kolamba mpe makoki misusu ya mabota na bango. Bosengeli kotya likebi ete mibange ná bibosono batyama mopanzi te na ntango bozali kopesa lisungi mpo na kozwa bilei nakati ya libota.

Botanga mpe bana basi na mpe mibali, mingimingi mpenza bana oyo bakambaka libota, bana oyo bakabwani na baboti to mpe bazangi mokengeli, bana oyo bazali bibosono mpe bana oyo bakambami na bibongiseli misusu. Botalela mpe mikakatano ya bana na ntango likama ndenge na ndenge ekweyi. Ndakisa, na ntango bamaladi epalanganaka eyaka, botanga mpe bana oyo bazali na bisika ya kosalisa babeli to bisika ya koyamba bato; na ntango ya bitumba botanga mpe bana oyo bazali na bisika bayambaka bana mpo na kolongola bango na mosala ya soda.

Mayele ya kosalela mpo na kobikela: Botya likebi na bolamu mpe makama ya mayele nini bana-mboka basalelaka mpo na kobikela. Ndakisa koteka lopango, kokende ekólo mosusu libota mobimba to kobebisa bazamba ekoki kobakisela bango pasi na mikolo ekoya mpo na makambo etali kokoka komileisa. Basi na bana basi mpe mibali basalelaka, to mpe bandimisami na makasi kosalela, mayele yango misusu oyo ekoki komemela bango bamaladi, mitungisi na makanisi na bango mpe mikakatano na kofanda na kimya na bato mosusu. Kati na mayele yango tokoki kotanga: kosangisa nzoto ba bato misusu mpo na kozwa kaka bilei to mwa mbongo ya kobikela, kobalisa bana ya basi na makasi mpo na mbongo ya libala, kosala ete basi mpe bana basi balya bato ya nsuka, kosalisa bana misala ya makasi, kosala mibembo ya makama makasi, mpe koteka bana to kopesa bango na boombo.

Bilembo ya komekela: Ndenge bato balyaka elakisaka makasi na bango mpe soki bazali kokoka kolya malamu to te. Esengeli kosalela bilembo misusu ya komekela mpo emekeli mpo na koyeba motuya ya makasi na bango mpe motuya ya kolya malamu na bango esalaka malamumalamu te. Ndakisa bituluku ya bilei oyo balyaka mpe mbala boni na ntango moko epesami ezali bilembo oyo emonisaka soki bato bazali kolya bilei ekeseni mpe ekoka. Bambongwana na mbala boni mabota elyaka mpe biloko nini bazali kolya ezali bilembo malamu ya komekela makambo etali kokoka komileisa, mingimingi soki esalami na boyokani na mimeseno mpe nkita ya libota.

Na kati ya bisaleli mpo na koyeba ndenge nini bilei ezali kolyama, ezali na Mitángo oyo emonisaka soki libota moko ekoki kozwa bilei ndenge na ndenge, Mitángo oyo emonisaka nivo nini libota ekoki komileisa, mpe Mitángo oyo esalisaka mpo na koyeba bilei nini libota moko elye na poso moko. Mitángo oyo emonisaka ndenge libota ezali konyokwama na nzala ezali elembo mosusu ya malamu mpo na komeka makambo etali kokoka komileisa. Bilembo mosusu oyo esalelamaka mingimingi lokola Mitángo ya biloko oyo libota moko elye na poso moko emonisaka malamu te makambo etali kokoka komileisa na bingumba. Esengeli koyokanisa mimeko oyo boponi ná mimeko ya mayele ya kosalela mpo na kobikela mpo na koyeba malamu mikakatano nini mabota ezali kokutana na yango mpo na kozwa bilei.

Ezalaka mindondo mingi kosalela motángo ya mbongo likoló na monkama oyo mabota ebimisaka mpo na kosomba bilei mpe mitángo-mindelo na yango oyo eyebani na mabota oyo ezali na bingumba, mpo ete bato mingi na kati ya libota bakoki kozala na mokumba ya kosomba bilei, bakoki kolya libanda ya ndako mpe bakoki kopesa mbongo mpo na bamposa ya libota.

Kotalela mimbongo mpe ntalo ya biloko ya kolya: Makambo etali mimbongo, mbongo mpo na kosala mimbongo, makoki ya kobikela mpe nkita ya kolemba eyokanaka na ntalo ya biloko, bandenge ya kokotisa mbongo mpe banivo ya lifuti, mpe ekoki kobongola makoki ya komileisa. Bibongiseli mpo na mimbongo ya ndenge na ndenge esengeli kobatela makoki ya kobikela ya bana-mboka mpe kopesa bango mboto mpe bisaleli ⊕ *talá Kokoka komileisa mpe makambo etali bilei – Masengami 7.1 ná 7.2 ya Makoki ya kobikela.*

Misala ya kotalela mimbongo esengeli kolakisa soki mimbongo oyo esalemaka bisika likama ekweyi ekoki kosunga mpo na kokokisa bamposa ya bana-mboka na makambo etali bilei to te, mpe komonisa ntalo ya moke koleka mpe soki bilei oyo ezali komonana ezali kokokisa bamposa na makambo etali bilei ya libota ⊕ *talá Kopesa lisungi na nzela ya mimbongo.*

Ezala na bamboka to bingumba, misala ya kopesa lisungi na bato oyo bakweli likama esimbami na mimbongo. Bosengeli kosalela bateki, bawenze, bilei oyo euti kaka bisika bozali, misala ya komema mpe ya bisika yango mpo na kokokisa bamposa ya bato oyo bakweli likama. Yango wana ezali mpe na ntina mingi koyeba makoki ya kosala mimbongo ya bituluku ya bato oyo bazali na likama ⊕ *talá Buku MISMA.*

Lisengami 1.2 ya Kotalela kokoka komileisa mpe makambo etali bilei:
Kotalela makambo etali bilei
Misala ya kotalela makambo etali bilei mpe kolya malamu, esengeli kosalela mayele oyo endimami na mokili mobimba mpo na komonisa ndenge oyo kozanga kolya malamu ezali mpenza, bato oyo bakoki kokutana na yango mingimingi, mpe kopesa lisungi oyo ebongi.

Misala ya ntina

1 › Bosangisa makambo oyo ezalaki liboso likama ekweya oyo bokongolaki, mpe bosala mosala ya kotalela ya ebandeli mpo na koyeba.

- Botalela makoki ya mboka mpe ya ekólo mpo na oyo etali kokamba mpe kolendisa mosala ya kopesa linsungi, mpe makoki ya basali misusu na misala ya makambo etali bilei.

2 › Bomeka na lombangu monene ya loboko (MUAC) ya bana mpe botalela ndenge ya koleisa babebe mpe bana mike na ntango ya likama (IYCF-E) mpo na koyeba ndenge oyo kozanga kolya malamu ezali mpenza mpe ndenge ekomi makasi uta ebandeli ya likama.

3 › Boyeba bituluku nini ya bato oyo bazali mpenza na mposa makasi ya lisungi mpo na makambo etali bilei.

- Boluka koyeba nini ezali komema kozanga kolya malamu kolanda makambo bokongoli na nzela ya libosoliboso mpe na nzela oyo elandi, ndakisa makanisi ya bana-mboka.

- Bosolola na bana-mboka mpo na koyeba bituluku ya bato oyo bazali na likama, na kotyaka likebi kolanda bambula ya kobotama, bomuasi to mobali, kozala ebosono to te, kobela maladi oyo ezali kosila te, mpe makambo misusu ya ndenge wana.

4 ⟩ Boluka koyeba lisungi nini ebongi kopesa na kotalela esika mpe ntango oko likama ekweyi.

- Botalela ndenge nini makambo etali bilei ezali kobongwana na boumeli ya ntango, na esika ete botalela kaka mitángo ya bato bazali kolya malamu te na ntango moko oyo eyebani, mpo na koluka koyeba soki makambo ezali malamu to ezali kobeba.
- Botalela ndenge bokoki kosala misala ya kopengola mpe ya kosalisa kozanga kolya malamu.

··

Bilembo ya ntina

Masengami oyo esalelami mpo na kotalela makambo etali kozanga kolya malamu mpe koyeba nini ememaka yango

Mitángo ya balapolo oyo ezali komonisa misala ya kotalela, ndenge nini bosalaki mosala ya kotalela mpe mikakatano nini bokutani na yango

··

Makanisi ya kolanda

Makambo oyo ezali zingazinga: Bokoki kosangisa makambo oyo ememaka kozanga kolya malamu kolanda soki euti na nzela ya libosoliboso to nzela mosusu elandi. Ndakisa, makambo etali sante mpe bilei, balapolo ya bolukiluki, makambo etali makoki mpe lolenge ya kosalela mpo na kopengola makama, makambo etali balopitalo, balapolo ya makambo etali kokoka komileisa mpe makambo misusu ya ndenge wana. Ekoki kozala:

- baankete mpo na koyeba mitángo ya bato mpe sante na bango;
- baankete ya makambo etali bituluku ya bato mpo na bilembo ndenge na ndenge;
- makambo etali bilei mpe kolya malamu na ekólo mobimba oyo ebombami na ordinatere;
- baankete misusu na ekólo mobimba mpo na makambo etali sante mpe bilei;
- bibongiseli ya ekólo mpo na kotalela makambo etali bilei;
- mitángo ya bato oyo bazali na makoki ya kondimama na baprograme mpo na kosalisa kozanga kolya malamu mpe ya kozwa lisalisi; mpe
- Motángo ya bato bazali na VIH, mitángo oyo ezali komonisa ndenge bato bakoki kozwa maladi ná ya bato oyo bakufi, bakisa bituluku ya bato oyo bazali na bolembu makasi to mpe oyo bazali na mikumba monene ⊕ *talá Lisalisi ya monganga oyo esengeli kopesama – Lisengami 2.3.3 ya Sante ya binama ya kosangisa nzoto mpe ya kobotela: VIH.*

Ntango nyonso likoki ezuami, bosengeli kozwa makanisi ya bana-mboka mpe bibongiseli na bango mpo na makambo etali misala ya kotalela, kolimbola makambo bomoni nsima ya bolukiluki mpe kobongisa misala ya kopesa lisungi.

Lisungi ya nokinoki: Ntango likama ezali naino na ebandeli, bikateli nyonso bokozwa mpo na kokabola biloko na bato to mpe kosalisa baoyo babeli mpo na kozanga kolya malamu esengeli kosimbama na misala ya kotalela na lombangu, makambo bomoni nsima ya bolukiluki ya libosoliboso mpe makoki ya kopesa lisungi oyo bozali na yango. Bosengeli kosala mosala ya kotalela na mozindo nsima ya mwa ntango. Kasi mosala yango eumisa te lisungi oyo bosengeli kopesa na ntango likama ezali mpenza makasi.

Monene ya mosala ya kotalela: Misala ya kotalela na mozindo esengeli kosalema ntango bomoni ete bozangi makambo mingi, to mpe bozali na bosenga ya makambo misusu mpo na kobongisa programe na bino, komeka makambo oyo programe ebimisi mpe misala ya bolobeli. Boluka koyeba soki esengeli bosala misala ya kotalela lokola mimeko ya mitángo mpe bolamu ya bato nyonso mpo boyeba mimeko ya nzoto na bango mobimba, soki bazali na biloko ya mikemike oyo etongaka nzoto, ndenge ya koleisa babebe mpe bana mike, ndenge babokolaka mpe babatelaka bana mike, mpe makambo misusu oyo ememaka kozanga kolya malamu. Bosala na bomoko na basali misala ya Sante, WASH, mpe Kokoka komileisa mpo na kobongisa misala ya kotalela.

Baankete ya mimeko ya nzoto mobimba: Bosalela yango mpo na koyeba mimeko ya nzoto mobimba ya bato mpe kobimisa mitángo ya bato babeli mpo na kozanga kolya malamu makasi to na ntango molai. Mpo na kosala yango, bokoki kotuna bato ndenge na ndenge to bato ya bituluku moko oyo bokopona. Baankete esengeli komonisa bokeseni oyo ezali na mitángo Z oyo etali molai mpe monene ya bato na kolanda masengami ya OMS (Ebongiseli ya mokili mobimba mpo na makambo ya sante). Botalela bokeseni ya mitángo Z ná ba makambo oyo euti na ebongiseli ya NCHS *(National Center for Health Statistic)* mpo na kokokanisa yango na baankete oyo esalama kala. Bobakisa makambo oyo bomoni nsima ya komeka MUAC mpo na koyeba bato oyo bakondi mpe baoyo bakondi makasi mpenza. Ndenge ya kosala oyo endimami mingi ezali kotalela banivo ya kozanga kolya malamu ya bana kobanda na sanza 5 kino 59 lokola elembo ya komekela mpe mpo na bato nyonso. Soki bituluku misusu ya bato oyo bazali na likama mingi mpo na makambo etali bilei ezali, esengeli botanga bango mpe na ntango bokosala mosala ya kotalela ⊕ *talá Apendisi 4: Ndenge ya komeka kozanga kolya malamu ya makasi.*

Bomonisa mitángo ya bato oyo bazali na nzoto kovimbavimba mpo balyaka malamu te mpe bokabola yango ntango bokobomba yango. Bomonisa ete ankete esali malamu mpenza mpe mitángo ya makambo oyo etali kozanga kolya malamu ezali na katikati ya mitángo oyo ekoki kondimama. Bosalela bisaleli oyo ebongisama kala, ndakisa buku SMART *(Standardised Monitoring and Assessment of Relief and Transitions)*, buku SENS *(Standardised Expanded Nutrition Survey)* mpo na bato bakima mboka, esaleli ya ordinatere ya ENA *(Emergency Nutrition Assessment)* to mpe ya *Epi Info.*

Misala ya kotalela ndenge ya koleisa babebe mpe bana mike: Botalela bamposa na makambo ya motuya mingi mpo na IYCF-E (ndenge ya koleisa babebe mpe bana mike na ntango ya likama) mpe bolandela bopusi ya mosala ya kosunga bato likoló ya mimeseno ya koleisa babebe mpe bana mike. Bokoki kotala makambo ezalaki liboso likama ekweya liboso ya kozwa mikano nokinoki. Bosala na basali ya misala misusu mpo na kokotisa makambo etali IYCF-E na misala ya kotalela na bango mpe kotala makambo ya misala ndenge na ndenge mpo na kobongisa mosala ya kotalela na bino ⊕ *talá Apendisi 3: Liste ya kolanda mpo na kotalela makambo etali bilei.*

Botanga mitángo ya bapesi-toli na makambo etali komɛlisa bana, ya minganga, ya basali misusu oyo bapesaka mabɔkɔ mpe makoki na bango. Mpo na mosala ya kotalela ya mozindo, bosalela ndenge ya kopona mwa bato epai na epai, ya kopona bato nyonso to na bituluku mpo na koyeba bizaleli na bango. Mpo na yango, bokoki kosala ankete mpo na IYCF-E yango moko to mpe na ankete mususu oyo ekotalela makambo ebele na mbala moko, yango ekomonisa malamumalamu te makambo nyonso.

Bilembo misusu: Makambo misusu oyo bosengeli kotalela na likebi mpo na misala ya kotalela makambo etali bilei mpe kolya malamu ezali: Baprograme ya kolya malamu na kokatisa mangwele ya kintuntu, vitamini A na biloko misusu mpe mitángo ya bato bazali kozwa lisalisi na baprograme yango; mitángo ya bato bazali kokufa na bamaladi mpe mimeseno ya malamu na makambo etali sante; Mitángo ya babebe na bana ya mibu na nse ya 5 oyo bazali kokufa mpe makambo oyo ezali komema liwa yango.

Kolimbola banivo ya kozanga kolya malamu: Mpo na koyeba banivo nini ya kozanga kolya malamu ezali na ntina mingi ya lisungi, botalela malamumalamu: mitángo ya bato oyo bozali kolandela, mitángo ya bamaladi ebomaka mpe ya bato oyo bazali kokufa na yango. Boluka mpe koyeba sante na bango, bileko bisika bafandi, bilembo ya IYCF-E, banivo ya kozanga kolya malamu liboso likama ekweya, mitángo ya bato oyo bazali na kozanga kolya malamu ya makasi mpenza mpe kozanga ya biloko ya mikemike oyo etongaka nzoto ⊕ talá *Lisalisi ya monganga oyo esengeli kopesama – Lisengami 2.2.2 ya Sante ya mwana: Ndenge ya kosilisa maladi ya babebe ná ya bana mike* mpe *Apendisi 5: Mimeko oyo emonisaka ntina ya bozangi biloko ya mikemike oyo etongaka nzoto mpo na sante ya bato nyonso.*

Mpo na kobatela misolo ntango bozali kolandela ndenge makambo ezali kobongwana, bokoki kosangisa bibongiseli ndenge na ndenge ya makambo. Bokoki mpe kotala makambo etali kokoka komileisa, makoki ya kobikela, sante mpe makambo etali bilei mpo na kozwa mikano oyo ebongi mpenza ⊕ talá *Lisengami 1.1 ya Kotalela kokoka komileisa mpe makambo etali bilei: Kotalela kokoka komileisa.*

2. Ndenge ya kosalisa kozanga kolya malamu

Kopengola mpe kosalisa kozanga kolya malamu ezali na ntina mingi na ntango bato bakweli likama. Kozanga kolya na boumeli ya ntango ekoki kopengolama, kasi emonisami te polele ete bakoki kosalisa yango. Kozanga kolya malamu eyaka ntango likama ekweyi ekoki kopengolama mpe kosalisama na nzela ya kopesa lisungi na makambo etali bilei oyo ebongi mpenza.

Misala ya kopesa lisungi na makambo etali bilei ezali na ntina mingi mpo na kokitisa mitángo ya bamaladi ebomaka mpe ya bato oyo bazali kokufa na yango bisika bato bakweli likama. Kasi esengaka koyeba malamumalamu makambo ndenge na ndenge mpe ya mindondo oyo ememaka kozanga kolya malamu. Kotala penepene makambo mpe misala ndenge na ndenge ezali ntina mingi mpo na makambo wana nyonso mpe ndenge etambolaka.

Kosalisa kozanga kolya malamu ya petɛɛ: Na ntango makama ekweyaka, mingimingi mayele ya liboso ya kosalela mpo na kopengola mpe kosalisa kozanga kolya malamu ya petɛɛ ezali kobakisela bato biloko.

Baprograme mibale ya kobakisela bato biloko esalelamaka mingi: programe ya kobakisela bato nyonso biloko (BSFP), mpo na kopengola kozanga kolya malamu ya petɛɛ mpe programe ya kobakisela bato oyo bazali na bolembu biloko (TSFB) mpo na kosalisa kozanga kolya malamu ya petɛɛ mpe kopengola kozanga kolya malamu ya makasi. Bokosalela moko to mosusu na yango kolanda banivo ya kozanga kolya malamu, bolembu ya bituluku ya bato mpe soki kozanga kolya malamu epalangani.

Bosengeli kosalela baprograme BSFP bisika oyo bato bazali kokoka komileisa te mpe ntango bomoni ete esengeli mpe kopesa lisungi ata na baoyo nanu bakweli kozanga kolya malamu ya petɛɛ te. Esengeli kosalama ntango moko na kokabola bilei na mabota oyo bakeleli. Atako bilembo oyo emonisaka polele bopusi ya baprograme BSFP ezali te, ezalaka ntina mingi kolandela bisika mpe ndenge nini bato bazali kozwa lisungi na nzela ya baprograme yango mpe bilei oyo ekabolami. Bilembo ya kosalisa kozanga kolya malamu ya petɛɛ etindaka mingimingi na mayela ya kobakisela bato oyo bazali na bolembu biloko.

Mokano ya libosoliboso ya programe TSFB ezali kopengola ete bato oyo bakweli kozanga kolya malamu ya petɛɛ bakwela kozanga kolya malamu ya makasi te, mpe kosalisa bango bakoma kolya malamu. Na baprograme ya ndenge yango, babakisaka mwa biloko likoló ya bilei oyo ekabolami na bato nyonso mpo na bato bakweli kozanga kolya malamu ya petɛɛ, basi ya zemi mpe oyo bazali komɛlisa, mpe bato misusu oyo bazali na bolembu.

Kosalisa kozanga kolya malamu ya makasi: Ezali na mitindo ndenge na ndenge mpo na kobikisa kozanga kolya malamu ya makasi. Kosalisa kozanga kolya malamu na lisangá (*CMAM*) ezali oyo esalelamaka mingimingi soki makoki epesameli. Mpo na yango:

- bato oyo sante na bango ezali mindondo mingi mpe bakweli kozanga kolya malamu ya makasi basengeli kokota lopitalo;
- bana mike nyonso na nse ya sanza 6 oyo bakweli kozanga kolya malamu ya makasi basengeli kokota lopitalo;

- bato oyo sante na bango ezali mindondo te mpe bakweli kozanga kolya malamu ya makasi bakosalisama na ndako;
- bokebisa lisangá na makama ya kozanga kolya malamu ya makasi; mpe
- misala to baprograme misusu oyo ebongi kolanda bisika oyo bato bazali konyokwama na kozanga kolya malamu ya petɛɛ bazali.

Baprograme mpo na kobundisa kozanga kolya malamu ya makasi esengeli kosalama na lisungi ya baprograme ya kobakisela bato biloko mpe lisangá mobimba esengeli kotya mabɔkɔ mpo na misala ya kokebisa lisangá na makama ya kozanga kolya malamu ya makasi, koluka koyeba bato bakweli yango, kotinda bango bisika ya kozwa lisungi mpe kolandela bango.

Lisengami 2.1 ya Ndenge ya kosalisa kozanga kolya malamu: Kozanga kolya malamu ya petɛɛ

Esengeli kopengola mpe kosalisa kozanga kolya malamu ya petɛɛ.

Misala ya ntina

1 > Uta ebandeli ya programe, bondima mpe bomonisa polele mayele bokosalela, mikano mpe masengami mpo na kobanda mpe kosilisa misala ya kopesa lisungi.

2 > Soki bato na lisangá basangani mpe bamipesi, bokosalisa bato mingi bakoka kozwa lisungi mpo na oyo etali kozanga kolya malamu ya petɛɛ.

- Bosala elongo na basali ya lisangá mpo na koyeba bato nini to mpe mabota nini ezali na bolembu koleka.

3 > Botya masengami mpo na kondima mpe kobimisa bato na baprograme oyo eyokani na masengami ya mimeko ya nzoto mobimba na ekólo mpe mokili mobimba.

- Bomonisa polele masengami ya kobimisa bato na baprograme ntango bokosala lapolo ya bilembo oyo ezali komonisa mosala oyo esalemi.
- Boluka koyeba makambo nini ezali kosala ete bato balongwa na baprograme mpe batyela yango likebi te, to mpe komata ya mitángo ya bato bazali kokufa.

4 > Boyokanisa misala ya kosalisa kozanga kolya malamu ya petɛɛ na oyo kosalisa kozanga kolya malamu ya makasi mpe na misala misusu etali sante oyo ezalaka na.

5 > Bopesa bato bilei ya kokauka to mpe oyo bakoki kolamba nokinoki, soki ntina ete balya bisika bozali kokabola biloko ezali te.

- Bokabola bilei na nsima ya poso moko to mibale. Mpo na koyeba ndenge nini ya kokabola biloko, Bosengeli kotya likebi na bato boni mpe ya ndenge nini bazali na libota moko na moko, makoki na bango ya komileisa mpe soki ekosenga bakabola na bato misusu.
- Bolakisa bato polele ndenge nini basengeli kolamba mpe kobomba na bopeto nyonso bilei oyo bopesi bango, mpe lisusu ntango nini mpe ndenge nini ya kolya yango.

6 ⟩ Bobenda likebi mingimingi likoló na kobatelama mpe kolendisama ya komɛlisa bana mabɛlɛ, ya bilei ya kobakisela bana oyo bazali na ntina ya biloko mosusu mpo na kokola malamu mpe ya bopeto.

■ Bomonisa polele ete ezali na ntina mingi komɛlisa bana na nse ya sanza 6 kaka mabɛlɛ yango moko. Mpo na bana ya sanza 6 tii 24, ezali mpe na ntina mingi komɛlisa bango atako bakomi kolya biloko misusu. Bizaleli yango ekosalisa mama na muana bazala na sante ya malamu na nzoto mpe makanisi.

■ Esengeli bokotisa na baprograme ya kobakisela bato biloko bamama oyo bana na bango bazali konyokwama na kozanga kolya malamu atako bango moko bazali malamu.

Bilembo ya ntina

Motángo ya bato likoló na monkama oyo bakoki kozwa lisungi ya bilei ya kokauka na bisika bozali kokabola yango mpe kozonga epai na bango kaka na mokolo moko (bakisa mpe ntango ya kozwa lisalisi ya monganga)

■ Koleka 90 %

Motángo ya bato likoló na monkama oyo bakoki kokoma bisika baprograme ezali na ngonga moko

■ Koleka 90 %

Motángo ya bato bakweli kozanga kolya malamu ya petɛɛ (MAM) likoló na monkama oyo bazali na makoki ya kozwa lisalisi ya monganga

■ Koleka 50 % na bamboka
■ Koleka 70 % na bingumba
■ Koleka 90 % na bakaa oyo eyebani

Motángo ya bato oyo babimisami na baprograme mpo ete bakufi, babiki to mpe balongwe bango moko

■ Bakufi: na nse ya 3 %
■ Babiki: koleka 75 %
■ Balongwe bango moko: na nse ya 15 %

Makanisi ya kolanda

Kosala programe: Makambo bokosala esengeli kosimbama mpe kolendisa makoki ya bibongiseli ya sante ya bana-mboka mpe kotya likebi na makoki na bango ya kokoma bisika ezali, na ndenge bapalangani na mboka mpe makambo etali libateli. Bozala ntango nyonso na boyokani na misala oyo epesaka lisalisi ya monganga na bato oyo esengeli bakota lopitalo to te, na basi ya zemi, na misala ya kopengola malaria, ya kotalela bamaladi ya bana mpe kolandela yango, na misala ya kobundisa VIH mpe maladi ya ntolo (tiberkiloze, TB), mpe na baprograme ya kokoka komileisa, ndakisa oyo ya kokabola bilei, mbongo to mpe bajeton ya bilei.

Baprograme ya kobakisela bato bilei esengeli te kozwa esika ya mimeseno ya kolya ya bato, kasi kosalisa bango bakoka kolya malamu. Ezali na ntina mingi kosala baprograme oyo etalaka penepene misala misusu ndenge na ndenge mpe kokokisana na misala lokola

WASH, sante, IYCF na misala ya kokabola bilei na bato nyonso. Boluka koyeba soki bilei ya kobakisela bato ezali komonana na bawenze ya ekólo to ya mikili misusu mpe botya likebi na mikakatano oyo bokoki kokutana na yango na ntango ya kosala programe yango ⊕ *talá Kopesa lisungi na nzela ya mimbongo.*

Kopengola to kosalisa: Bokoki kosalela BSFP mpo na kopengola kozanga kolya malamu, to TSFP mpo na kosalisa yango. Mokano bokozwa esengeli etalela:

- banivo ya kozanga kolya malamu mpe mitángo ya bato oyo bazali konyokwama na;
- makambo oyo ekoki kobakisa bamaladi oyo ebomaka;
- makambo oyo esilisaka makoki ya bato ya komileisa;
- bato bazali kolongwa na esika moko mpo na kokende na esika mosusu mpe mitángo ya bato na esika moko;
- makoki ya kotalela mpe kolandela bato na nzela masengami ya mimeko ya nzoto mobimba; mpe
- makoki oyo bozali na yango mpe likoki ya kokoma esika bato bakweli likama bazali.

Baprograme ya TSFP ezwaka ntango mingi mpe esengaka kosala mosala makasi mpo na kolandela bato nyonso oyo bakweli kozanga kolya malamu. Kasi esengaka mpenza makoki mingi te ya kozwa bilei misusu ya ntina. Nzokande, baprograme ya BSFP esengengaka te ete basali bazala na mayele mitindo na mitindo, kasi esengaka kozala na makoki mingi ya kozwa bilei misusu ya ntina.

Kosangana mpe komipesa ya bana-mboka: Kosangana mpe komipesa ya bana-mboka ekosalisa bango bayeba makambo oyo ekosalema mpe mpo na makambo yango esalama malamumalamu. Boyokana na bato oyo bokopesa lisungi mpo na kopona bisika bokosalela misala mpe baprograme. Botya likebi na makoki ya bato oyo bazali na bolembu, bakoki kozala na mikakatano mpo na kokoma bisika yango. Boyebisa bango polele makambo ya ntina esengeli bayeba kolanda makoki oyo bozali na yango na minɔkɔ oyo elobamaka bisika yango. Bokoki kosala yango na nzela ya audio, video to ya makomi.

Mitángo ya bato oyo bazwi lisalisi kati na bato oyo basengeli na yango ekoki kobongwana kolanda:

- ndenge bato bazali kondima programe, bisika programe ezali kosalema mpe makoki ya kokoma bisika yango;
- makambo etali libateli;
- mbala boni biloko ekokabolama;
- ngonga boni bato basengeli kozela mpo na kozwa lisalisi;
- bonene ya misala ya kosangisa bato mpo na mosala, mbala boni bokokende na bandako na bango mpe misala mpo na kotalela mpe kolandela bamaladi;
- basali ya basi mpe mibali oyo bakosala na misala ya makambo etali bilei;
- koyokanisa masengami mpo na kondima bato na baprograme mpe kopesa bango lisalisi na nzela na yango; mpe
- makoki ya minganga ya koluka bilembo ya kozanga kolya malamu.

Esengaka mbongo mingi mpe basali oyo bazwi formasyo oyo ebongi mpo na kosala misala ya kotalela mitángo ya bato oyo bazwi lisalisi kati na bato oyo basengeli na yango. Soki bozali na makoki ya kosala yango te, bolanda malako ya ekólo mpo na koyeba makambo misusu nini bosengeli kosala. Bokoki mpe kosalela makambo euti na misala mpo na kotalela mpe kolandela bamaladi, na misala ya kotinda bato bisika ya kozwa lisungi mpe ya kondima bato na baprograme mpo na koyeba mitángo ya bato oyo bazwi lisalisi kati na bato oyo basengeli na yango.

Ezali ntina te kosala misala ya kotalela yango mbala na mbala. Kasi bokoki kosala yango soki bambongwana minene esalemi ndakisa soki bato balongwe esika moko mpo bakende esika mosusu, to mpe soki nkisi ya sika ebimi to ndenge ya sika ya kosalisa bato na minganga emonani.

Masengami mpo na kondimama esengeli eyokana na malako oyo esalelamaka na ekólo mpe mokili mobimba. Masengami mpo na kondima bana mike na nse ya sanza 6 mpe bituluku ya bana oyo mimeko ya nzoto mobimba na bango ezali pasi mpo na koyeba esengeli kotalela sante na bango mpe ndenge nini bazalaki komelisama ⊕ *talá Apendisi 4: Ndenge ya komeka kozanga kolya malamu ya makasi* mpe *Mitindami mpe mikanda mosusu ya kotánga.*

Bosengeli koboya kotya mopanzi bato oyo bazali na VIH – to baoyo bokanisi ete bakoki kozala na yango –, bato oyo bazali na TB mpe baoyo bazali kobela bamaladi oyo esilaka te. Bosengeli kopesa bango lisungi to mpe lisalisi ndenge moko na bato nyonso soki bakokisi masengami mpo na kondimama. Bato misusu oyo bakokisi masengami ya mimeko ya nzoto mobimba te mpo na kotalela kozanga kolya malamu bakoki mpe kozwa matomba ya baprograme ya kobakisela bato bilei. Ndakisa, bato oyo bazali na VIH, TB to mpe bamaladi misusu oyo esilaka te, bato oyo babimaki lopitalo kasi esengeli na bango kokoba kozwa lisalisi ya monganga mpo bakweya te lisusu, to mpe bibosono. Bosengeli kobongola mwa moke bibongiseli na bino ya kolandela mpe kosala balapolo soki bato yango bazali kokokisa masengami ya mimeko ya nzoto mobimba te.

Mingimingi bato oyo bazali na VIH oyo bazali kokokisa masengami ya kondimama te bazali na bosenga ya lisungi na makambo etali bilei. Lisungi yango epesamaka malamumalamu na bantango oyo bozali kosalisa kozanga kolya malamu ya makasi te na ntango makama ekweyi. Bopesa bango makoki ya kozwa lisalisi ya monganga na lisangá to mpe na bandako na bango; bobongisela bango bisika mpo na kozwa nkisi mpe kosalisa maladi ya TB mpe baprograme mpo kopengola maladi ya bamama epayi ya bana.

Masengami mpo na kobimisama mpe misala ya kolandela: Na kati ya mitángo ya bato oyo babimisami na programe, totangi bato oyo babikisami, baoyo bakufi, baoyo balongwaki bango moko to mpe babikisami te. Bokotanga te bato oyo botindi bisika mosusu mpo na lisungi mosusu mpo basilisi kozwa lisalisi te. Esengeli na bango kokoba kozwa lisalisi ntango bazongi to mpe nsima ya mwa ntango. Botanga mpe te bato oyo botindi kozwa lisungi oyo bozali kopesa na esika mosusu ya programe mpe baoyo bazwi lisalisi tii na suka te.

Soki bato bandimami na programe mosusu ya makambo etali bilei nsima ya kobimisama na programe moko ya kozwa lisalisi ya monganga, bosengeli kotanga bango esika moko na bato misusu te mpo na kobebisa matomba ya misala na bino te. Soki moto oyo amonisi bilembo ya kozanga kolya malamu mpo ete azali ebosono, mpo na libulu na monɔkɔ na mbanga ya likoló to mpe mikakatano mpo na lipaso, bokoma yango mpe na lapolo na bino ya programe. Botalela makoki ya bato ya kozwa lisalisi, ndenge bazali kosundola lisalisi mpe ndenge bazali kobikisama kolanda bomwasi to bobali.

Bosalela ndenge oyo mpo na kotanga mitángo etali kobimisama:

- Motángo ya bato likoló na monkama oyo babimisami mpo babikisami = mitángo ya bato babikisami / mitángo ya bato nyonso babimisami x 100
- Motángo ya bato likoló na monkama oyo babimisami mpo bakufi = mitángo ya bato oyo bakufi / mitángo ya bato nyonso babimisami x 100

- Motángo ya bato likoló na monkama oyo babimisami mpo balongwaki bango moko = Mitángo ya bato balongwaki bango moko / mitángo ya bato nyonso babimisami x 100
- Motángo ya bato likoló na monkama oyo babimisami atako babikisami te = Mitángo ya bato babikisami te /mitángo ya bato nyonso babimisami x 100

Longola bilembo oyo euti kotangama, bibongiseli mpo na misala ya kolandela esengeli komonisa:

- ndenge bana-mboka bapesi mabɔkɔ na misala;
- ndenge bato bayambi programe (bosalela mitángo ya bato oyo balongwe bango moko mpe ya bato oyo bazwi lisalisi kati na bato oyo basengeli na yango lokola emekeli);
- soki bilei ezali ya kokoka mpe malamu;
- mitángo ya bato oyo bazwi lisalisi kati na bato oyo basengeli na yango;
- ntina oyo botindi bato na baprograme misusu (mingimingi bana oyo bakomi konyokwama na kozanga kolya malamu ya makasi); mpe
- mitángo ya bato oyo bandimami mpe bazali kozwa lisalisi.

Bosengeli mpe kotya likebi na:

- ndenge bato bazali kokufa na bamaladi;
- ndenge nini bato bazali kolya malamu te;
- koyeba makoki ya bato mpe mabota ya kokoka komileisa;
- misala misusu ya kopesa lisungi na bato (ndakisa kokabola biloko na bato nyonso to baprogame misusu ya ndenge wana); mpe
- makoki ya bibongiseli ya bana-mboka ya kosala misala.

Boyokani ná sante mpe misala misusu: Bokoki kosalela baprograme ya BSFP na TSFP mpo na kosala misala misusu mpo na kokokisa lisungi. Mbala mingi programe ya BSFP oyo etyami mpo na kopengola kozanga kolya malamu ekoki kolendisa misala ya kopesa lisungi ntango likama ekweyi. Ndakisa ekoki kosunga misala misusu ekomela bana-mboka na nzela na misala ya kotanga mitó ya bato, kotalela mpe kolandela bamaladi na lisangá mpe kotinda bato bisika ya kozwa lisalisi mpo na kozanga kolya malamu ya petɛɛ to ya makasi. Ekoki mpe kosala ete misala ya kopesa lisungi mpo na kobikisa bomoi ya bana esalama. Na ndakisa:

- kopesa bango bankisi ya banyama;
- kobakisela bango vitamini A;
- kopesa bango fer mpe acide folique ntango bozali koluka koyeba maladi mpe kosalisa malaria;
- kopesa bango zinc mpo na kosalisa pulupulu; mpe
- kokata bango mangwele.

⊕ *Talá Lisalisi ya monganga oyo esengeli kopesama – Masengami 2.1.1 tii 2.1.4 ya Bamaladi oyo epalanganaka* mpe *Lisalisi ya monganga oyo esengeli kopesama – Masengami 2.2.1 ná 2.2.2 ya Sante ya mwana.*

Bisika oyo bato bazali na bolembu makasi, ndakisa mitángo minene ya bato bazali na VIH mpe baoyo bazali na mikakatano mpo na kotambola to kolya, ekoki kosenga bobongola programe mpo na kokokisa bamposa na bango. Mpo na yango, bokoki kosala bambongwana na ndenge ya kokabola bilei ya kobakisela bato ⊕ *talá Lisengami 4.1 ya Ndenge ya koleisa babebe mpe bana mike.*

Lisengami 2.2 ya Ndenge ya kosalisa kozanga kolya malamu: Kozanga kolya malamu ya makasi

Esengeli kosalisa kozanga kolya malamu ya makasi.

Misala ya ntina

1. Uta ebandeli ya programe, bondima mpe bomonisa polele mayele bokosalela, mikano mpe masengami mpo na kobanda mpe kosilisa misala ya kopesa lisungi.

- Bozala na basali, makoki mpe mayele ya kosalela misala oyo ebongi.

2. Na kati ya misala ya kopesa lisungi na bato bakweli kozanga kolya malamu ya makasi, bokotisa mpe misala ya kopesa lisalisi ya monganga na kati ya lopitalo mpe na bandako, bibongiseli mpo na kotinda bato na misala misusu mpo na kozwa lisungi, mpe misala ya kosangisa bato mpo na mosala.

3. Bopesa lisalisi mpo na kolya malamu mpe lisalisi ya monganga kolanda malako oyo endimami na ekólo mpe mokili mobimba mpo na kosalisa kozanga kolya malamu ya makasi.

4. Botya masengami mpo na kobimisa bato nabaprograme oyo ezali kosalela mimeko ya nzoto mobimba mpe bilembo misusu.

5. Boluka koyeba makambo nini ezali kosala ete bato balongwa na baprograme mpe batyela yango likebi te, to mpe komata ya mitángo ya bato bazali kokufa.

6. Bobenda likebi mingimingi likoló na kobatelama mpe kolendisama ya komɛlisa bana mabɛlɛ, ya bilei ya kobakisela bana oyo bazali na ntina ya biloko mosusu mpo na kokola malamu mpe ya bopeto, mpe bizaleli ya malamu kati na mama na muana.

- Bomonisa polele ete ezali na ntina mingi komɛlisa bana na nse ya sanza 6 kaka mabɛlɛ yango moko. Mpo na bana ya sanza 6 tii 24, ezali mpe tina mingi komɛlisa bango atako bakomi kolya biloko misusu. Bizaleli yango ekosalisa mama na muana bazala na sante ya malamu na nzoto mpe na makanisi.

Bilembo ya ntina

Motángo ya bato likoló na monkama oyo bakoki koya esika programe ezali, kozwa lisalisi ya monganga mpe kozonga epayi na bango kaka na mokolo moko

- koleka 90 % ya bato oyo baponami

Motángo ya bato likoló na monkama oyo bazali konyokwama na kozanga kolya malamu ya makasi (SAM) mpe bazali na makoki ya kozwa lisalisi ya monganga

- koleka 50 % na bamboka
- koleka 70 % na bingumba
- koleka 90 % na bakaa

Motángo ya bato oyo babimisami na baprograme mpo ete bakufi, babiki to mpe balongwe bango moko

- Bakufi : na nse ya 10 %

- Babiki: koleka 75 %
- Balongwe bango moko: na nse ya 15 %

Makanisi ya kolanda

Biteni ya programe: Bokoki kopesa lisalisi ya monganga bisika bozali to mpe bokoki kotinda bato bisika mosusu oyo ezali kopesama. Bosengeli kopesa lisalisi ya monganga na bandako mpo na bana oyo sante na bango ezali mindondo te. Bisika boponi mpo na kosalisa bato oyo bazali na bosenga ya kokota lopitalo te esengeli kozala mosika mingi te na bandako ya bato, mpo na kobatela misolo, kokima makama oyo ekoki kokwela bango soki bazali kotambola nzela molai na bana mike mpe makama misusu ekoki kokweya soki bato mingi bazali koya bisika bozali. ⊕ *Talá Lisengami 2.2.2 ya Sante ya mwana: Ndenge ya kosilisa maladi ya babebe ná ya bana mike.*

Oyokanisa baprograme na misala misusu lokola misala ya:

- kobakisela bato bilei misusu;
- kobundisa VIH mpe maladi ya ntolo (TB);
- kosunga bato mpo bazongela bomoi lokola ya bato nyonso;
- kopesa lisalisi ya monganga ya libosoliboso; mpe
- baprograme mpo bato bakoka komileisa bakisa kopesa lisalisi ya bilei to mbongo.

Misala mpo na koyeba **mitángo ya bato oyo bazwi lisalisi kati na bato oyo basengeli na yango** ntango bozali kosalisa kozanga kolya malamu ya makasi ezali kaka ndenge moko lokola oyo etali kosalisa kozanga kolya malamu ya petɛɛ ⊕ *talá Lisengami 2.1 ya Ndenge ya kosalisa kozanga kolya malamu: Kozanga kolya malamu ya petɛɛ.*

Masengami mpo na kondimama esengeli koyokana na malako oyo esalelamaka na ekólo mpe mokili mobimba. Masengami mpo na kondima bana mike na nse ya sanza 6 mpe bituluku ya bana oyo mimeko ya nzoto mobimba na bango ezali pasi mpo na koyeba esengeli kotalela sante na bango mpe ndenge nini bazalaki komɛlisama ⊕ *talá Apendisi 4: Ndenge ya komeka kozanga kolya malamu ya makasi ná Mitindami mpe mikanda mosusu ya kotánga.*

Bosengeli koboya kotya mopanzi bato oyo bazali na VIH – to baoyo bokanisi ete bakoki kozala na yango –, bato oyo bazali na TB mpe baoyo bazali kobela bamaladi oyo esilaka te. Bosengeli kopesa bango lisungi to mpe lisalisi ndenge moko na bato nyonso soki bakokisi masengami mpo na kondimama. Bato misusu oyo bakokisi masengami ya mimeko ya nzoto mobimba te mpo na kotalela kozanga kolya malamu bakoki mpe kozwa matomba ya baprograme ya kobakisela bato bilei. Ndakisa bato oyo bazali na VIH, TB to mpe bamaladi misusu oyo esilaka te, bato oyo babimaki lopitalo kasi esengeli na bango kokoba kozwa lisalisi ya monganga mpo bakweya te lisusu, to mpe bibosono. Bosengeli kobongola mwa moke bibongiseli na bino ya kolandela mpe kosala balapolo soki bato yango bazali kokokisa masengami ya mimeko ya nzoto mobimba te.

Mingimingi bato oyo bazali na VIH oyo bazali kokokisa masengami ya kondimama te bazali na bosenga ya lisungi na makambo etali bilei. Lisungi yango epesamaka malamumalamu na bantango oyo bozali kosalisa kozanga kolya malamu ya makasi te na ntango makama ekweyi. Bopesa bango makoki ya kozwa lisalisi ya monganga na lisangá to mpe na bandako na bango; bobongisela bango bisika mpo na kozwa nkisi mpe kosalisa maladi TB mpe baprograme mpo kopengola maladi ya bamama epai ya bana.

Masengami mpo na kobimisama mpe kobikisama: Bato oyo bokobimisa na programe basengeli kozala na sante ya malamu. Basengeli kozongela mposa ya kolya mpe kokoma monene, kozala na kilo oyo ebongi mpe komonisa bilembo ya nzoto kovimbavimba te (ndakisa soki bomeki kilo na bango mbala mibale ya kolandana). Bokabola mwayene ya motángo ya kilo bato oyo bamonisaki bilembo ya nzoto kovimbavimba babakisi na mwayene ya motángo ya kilo bato bamonisaki na yango te babakisi. Ezali na ntina mingi bamama bamɛlisa mabɛlɛ na bana ya sanza 24 tii na nse. Bosengeli kolandela penepene babebe oyo bamelisami mabɛlɛ te. Botosa masengami mpo na kobimisama na ntina ya kokima makama oyo eyaka soki bato babimisami mbangumbangu.

Malako mpo na kosalisa kozanga kolya malamu na lisangá emonisaka mwayene ya ntango ya kopesa lisalisi mpe mokano na yango ezali kokomisa ntango oyo ezwaka mpo bato babikisama mokuse. Botosa malako oyo ezali kosalelama na ekólo ntango bozali kotanga mwayene ya ntango ya kopesa lisalisi mpo ebongwanaka kolanda bikólo. Kozala na VIH, TB mpe bamaladi misusu oyo esilaka te ekoki kosala ete bato oyo bazali kozwa lisalisi mpo na kozanga kolya malamu babikisama te. Bosala na boyokani na misala ya sante mpe misala misusu ya kolendisa lisangá mpo na koyeba lisalisi nini na boumeli ya ntango ebongi na bato yango ⊕ *talá Lisalisi ya monganga oyo esengeli kopesama – Lisengami 2.3.3 ya Sante ya binama ya kosangisa nzoto mpe ya kobotela: VIH.*

Bilembo oyo ekomonisaka mosala oyo esalemi mpo na kosalisa kozanga kolya malamu ya makasi: Na kati ya bato oyo babimisami na programe ya kosalisa kozanga kolya malamu ya makasi, ezali na baoyo babiki, baoyo bakufi, baoyo balongwaki bango moko to babikisami te ⊕ *talá Makanisi ya kolanda ya Lisengami 2.1 ya Ndenge ya kosalisa kozanga kolya malamu: Kozanga kolya malamu ya petɛɛ.*

Bilembo oyo ezali komonisa mosala oyo esalemi mpo na kosalisa kozanga kolya malamu ya makasi esengeli kosangisa mbuma ya misala ya kopesa lisalisi ya monganga na lopitalo mpe libanda na yango mpe kotya likebi na kotánga mbala mibale te bato oyo batindami esika moko to mpe mosusu. Soki bokoki kosala bongo te, ekosenga bosembola ndenge na bino ya kolimbola mbuma ya misala. Na ndakisa, baprograme esengeli kobimisa mbuma malamu mpenza soki ezali kopesa lisalisi ya monganga kaka na bato na kati ya lopitalo. Soki lisalisi yango epesami kaka na bato libanda ya lopitalo, baprograme ekotalela esika moko mbuma ya masalisi wana mibale.

Bato oyo botindi kozwa lisungi bisika mosusu lokola misala misusu ya sante basilisi kozwa lisalisi te. Ntango bozali kotalela misala ya kopesa lisalisi na bato libanda ya lopitalo, bolakisa mpe bato oyo botindaki bazwa lisalisi na kati ya lopitalo mpo na komonisa malamumalamu misala oyo esalemi na programe.

Bilembo oyo etalaka te makambo oyo liboke ya bilembo ndenge na ndenge oyo VIH ememaka. Nzokande makambo yango ekoki kobongola mitángo ya bato bazali kokufa. Bosengeli kotya likebi na yango ntango bozali kolimbola misala oyo esalemi na programe.

Ntango bozali kolandela misala oyo esalemi, botala mpe, likoló ya bilembo ya kobimisama, makambo ya bato bandimami sika oyo ekabolami (kolanda bomwasi to bobali, bambula ya kobotama, kozala ebosono to te), mitángo ya bana oyo bazali kozwa lisalisi mpe mitángo ya bato oyo bazwi lisalisi kati na bato oyo basengeli na yango. Boluka koyeba mpe bokoma ntango nyonso mitángo ya bato bondimi na programe mbala ya mibale mpe makambo oyo ememaka yango, oyo esalaka liboke ya bilembo oyo emonisaka maladi ekoma ebele, oyo esalaka ete bato balongwa bango moko to mpe batya likebi te na programe. Boyokanisa ndimbola na bino ya makambo yango na malako oyo bozali kosalela.

Matombá likoló ya sante: Baprograme nyonso ya kosalisa kozanga kolya malamu ya makasi esengeli kozala na misala ya kopesa lisalisi ntango nyonso kolanda malako ya ekólo mpe mokili mobimba. Ezali ntina mingi kotya mpe bibongiseli mpo na kotinda bato kozwa lisungi bisika mosusu ya malamumalamu mpo na kosalisa bamaladi misusu lokola TB mpe VIH. Bisika motángo ya bato bazali na VIH ezali monene, baprograme mpo na kozanga kolya malamu esengeli koluka misala ya kopesa lisungi oyo ekosala ete VIH epalangana te mpe oyo ekolendisa bomoi ya mama na mwana. Bisika oyo VIH epalangani (motángo ya bato likoló na monkama oyo bazali na VIH koleka 1 %), bomeka bana oyo bazali kolya malamu te mpo na koyeba soki bazali na VIH to te mpe mpo na koyeba soki basengeli na bankisi mpe lisalisi ya monganga.

Kolendisa komɛlisa bana mabɛlɛ: Bamama ya bana mike oyo bazali kozwa lisalisi ya monganga na kati ya lopitalo basengeli mpe na lisalisi ya malamu na makambo etali komɛlisa bana mpo yango ekosalisa bana babikisama mpe bazongela bomoi lokola ya bana nyonso. Yango ezali mpenza na ntina mingi mpo na bana oyo bazali na sanza 6 tii na nse mpe bamama oyo bazali kobunda na mikakatano ya nzoto to bazali bibosono. Bopesa ntango mpe makoki oyo ebongi mpo na misala yango, na ndakisa kobongisa na mopanzi esika moko mpo na bamama oyo bakomɛlisa bana mabɛlɛ, mpo na kopesa lisalisi ya malamumalamu na makambo etali komɛlisa bana mpe bamama balendisana bango na bango. Bosengeli kobakisa bilei misusu na bamama oyo bazali komɛlisa bana na nse ya sanza 6 oyo bazali konyokwama na kozanga kolya malamu ya makasi atako bango moko bazali malamu. Soki mpe bamama yango bakokisi masengami ya mimeko ya nzoto mobimba ya kozanga kolya malamu ya makasi, bosengeli kokotisa bango na programe mpo bazwa lisalisi ya monganga.

Kobondisa bato oyo babulungani: Konyomitisa nzoto mpe makanisi ya bana na nzela ya masano ezali ntina mingi na boumeli ya mwa ntango oyo elekaka mpo ete bana oyo bazali konyokwama na kozanga kolya malamu ya makasi babikisama. Yango esalaka ete bana bamesana mingi na bamama na bango mpe bamama bazala na esengo. Bato oyo bazali kobokola bana yango basengeli kozwa lisungi mpe libondisi mpo bakoba komema bana yango mpo na kozwa lisalisi ya monganga. Bosengeli mpe kopesa lisungi na bamama misusu oyo bazali konyokwama na makanisi na sima ya kobota mpo bakoka kozwa lisalisi ya monganga. Bokoki kosala yango na nzela ya misala ya kosangisa bato mpo na mosala. Baprograme esengeli kobenda likebi likoló na ntina ya konyomitisama mpe kosakana mpo na kosalisa mpe kopengola makambo oyo ekoki kosala ete bana bakoma bibosono to mpe babulungana. Bopesa nzela na bandeko oyo bazali kobokola bana oyo bazali konyokwama na kozanga kolya malamu ya makasi bakoka koleisa mpe kosalisa bana na bango moko mpe ntango misala ya kopesa lisalisi ya monganga ezali kosalema na kopesaka bango batoli, bilakiseli mpe mateya mpo na makambo etali sante mpe bilei. Botya likebi na ndenge misala ya kopesa lisalisi ya monganga ezali kosimba bandeko mpe baoyo bazali kobokola bana mpo ete bana bakoba kokola malamu, mabota ekabolama te, mitungisi na makanisi ekita, mpe komatisa kondimama ya lisalisi.

Boyokani na basali misusu: Boyokana na basali misala ya kobatelama ya bana mpe ya makambo etali kobundisa moto mpo azali mwasi to mobali mpo na kotya bibongiseli mpo na kotinda bato bazwa lisungi mosusu mpe malako mpo na kokabola makambo kati na bino. Bopesa formasyo na basali misala ya makambo etali bilei mpo bayeba ndenge ya kosala na sekele mpo na kotinda bana oyo bazali kobundisama na nzoto to na makanisi, oyo bazali kosangisa na bango nzoto na makasi, oyo bazali kosala mpo na litomba na bango te to lokola baombo, bazwa lisungi mosusu.

3. Bozangi biloko ya mikemike oyo etongaka nzoto

Kozanga biloko ya mikemike oyo etongaka nzoto ezali mokakatano moko bikólo mingi ezali kokutana na yango na makambo etali bato mpe nkita na yango. Ezali kobebisa sante ya bato, mpe kosilisa makoki na bango ya koyekola mpe ya kobimisa mbuma malamu na misala na bango. Yango nde ezali kosala ete kozanga kolya malamu na bobola esila te na mikili oyo ezali na bozwi mingi te mpe kobakisa mpasi na bituluku ya bato oyo bakelela.

Mbala mingi ezalaka mpasi mpo na koyeba soki moto azali kozanga biloko ya mikemike oyo etongaka nzoto. Minganga bakoki koyeba na petɛɛ bilembo oyo emonisaka bamaladi oyo eutaka na kozanga biloko mingi ya ntina mpo na sante. Nzokande kozanga biloko misusu oyo bilembo na yango emonanaka na mpasi etyaka sante mpe bomoi ya bato na likama mpenza. Botya na motó ete likama nyonso oyo ekweyi ekobakisa bozangi ya biloko ya mikemike oyo etongaka nzoto ya bato oyo likama yango ekweli. Bosalisa bozangi yango na nzela ya misala ya kopesa lisungi na bato nyonso mpe ya kopesa lisalisi ya monganga na moto na moto.

Ezali na mayele misato bokoki kosalela mpo na kolonga bozangi biloko ya mikemike oyo etongaka nzoto:

- **Kobakisela bato biloko ya mikemike oyo bazangi:** Bokolonga bozangi yango na lombangu soki bozali kopesa bato biloko ya mikemike oyo etongaka nzoto na bango na ndenge ya nkisi ya komɛla to bilei. Ekoki kozala baprograme ya kobakisela bato oyo basilaka makila nokinoki fer, ya kobalisela basi ya zemi acide folique mpe ya kobakisela bana na nse ya mbula 5 vitamini A.
- **Kobakisa biloko ya mikemike na bilei:** Kobakisa biloko ya mikemike na bilei ezali mpe moko ya mayele oyo bokoki kosalela mpo na kolonga bozangi biloko ya mikemike oyo etongaka nzoto. Na ndakisa mungwa oyo ezali na iode, biloko ya mikemike oyo etongaka nzoto na ndenge ya putulu, mafuta oyo ezali na vitamini A.
- **Mayele mosusu na makambo etali kolya:** Bilei ndenge na ndenge ezali na bavitamini mpe biloko mosusu ya ntina na nzoto oyo esalisaka na kopengola bozangi ya biloko ya mikemike oyo etongaka nzoto. Baprograme mpe malako bokosalela esengeli kosala ete bato balya bilei ndenge na ndenge ya kokoka mpe ya malamu oyo ezali mpenza na biloko ya mikemike oyo etongaka nzoto na boumeli ya mbula mobimba.

Na mayele wana nyonso misato, oyo esalelamaka mingimingi mpe na bato ebele ezali kobakisela bato biloko ya mikemike oyo bazangi.

Lisengami 3 ya Bozangi biloko ya mikemike oyo etongaka nzoto:
Bozangi biloko ya mikemike oyo etongaka nzoto
Bozangi biloko ya mikemike oyo etongaka nzoto esembolami.

Misala ya ntina

1 > Bosengeli kokongola makambo oyo ezalaki liboso likama ekweya mpo na koyeba biloko ya mikemike oyo etongaka nzoto nini ezangaka mingimingi esika bozali.

2 > Bopesa formasyo na basali misala ya sante mpo bakoka koyeba mpe kosalisa bozangi ya biloko ya mikemike oyo etongaka nzoto.

3 > Botya malako ya kolanda mpo na kolonga makama ya bozangi biloko ya mikemike oyo etongaka nzoto.

4 > Boyokanisa misala ya kopesa lisalisi na makambo etali bozagi biloko ya mikemike oyo etongaka nzoto na misala ya kopesa lisungi na makambo etali sante ya bato nyonso mpo na kosilisa bamaladi oyo eyaka mingimingi na ntango ya makama, ndakisa kopesa vitamini A mpo na kosalisa kintuntu mpe zinc mpo na kosalisa pulupulu.

Bilembo ya ntina

Bozali lisusu te na bato oyo bazali kobela maladi ya scorbut, ya pellagre, ya beriberi to mpe baoyo bazali na riboflavine te

- ⊕ *Talá Apendisi 5: Mimeko oyo emonisaka ntina ya bozangi biloko ya mikemike oyo etongaka nzoto mpo na sante ya bato nyonso* ezali kolimbola ntina mpo na sante ya bato nyonso ya bituluku ya bato kolanda bambula ya kobotama mpe mpo na bato nyonso ya ekólo.
- Bosalela bilembo oyo esalelamaka na ekólo to mpe oyo ebongi na bisika bozali.

Bosalela bilembo oyo esalelamaka na ekólo to mpe oyo ebongi na bisika bozali

- ⊕ *Talá Apendisi 5: Mimeko oyo emonisaka ntina ya bozangi biloko ya mikemike oyo etongaka nzoto mpo na sante ya bato nyonso* ezali kolimbola ntina mpo na sante ya bato nyonso ya bituluku ya bato kolanda bambula ya kobotama mpe mpo na bato nyonso ya ekólo.
- Bosalela bilembo oyo esalelamaka na ekólo to mpe oyo ebongi na bisika bozali.

Makanisi ya kolanda

Koyeba bozangi biloko ya mikemike oyo etongaka nzoto oyo emonisi bilembo: Minganga kaka nde basengeli koluka koyeba bamaladi oyo euti na bozangi biloko ya mikemike oyo etongaka nzoto. Soki bilembo mpo na koyeba bamaladi oyo eutaka na bozangi biloko yango ezali na kati ya bibongiseli mpo na kolandela sante mpe makambo etali bilei, bokoki kopesa formasyo na basali mpo bango mpe bakoma kosala misala ya kotalela ya libandeli oyo bokoki kozongela na nsima. Ezalaka mindondo mingi kokesenisa malamu bilembo ya bamaladi oyo bato bazali kobela; ekosenga kolimbola yango na nzela ya misala ya kobakisela bato biloko ya mikemike oyo bazangi.

Bozangi biloko ya mikemike oyo etongaka nzoto oyo emonisi bilembo te ezali oyo ekomi naino makasi te. Nzokande ekoki kobebisa sante. Mpo na koyeba yango esengaka baekzame oyo ebongi, longola kaka maladi ya makila kosila mpo yango ekoki kosalema nokinoki bisika bozali.

Bokoki kosalela bilembo misusu mpo na kotalela likama nini kozanga biloko ya mikemike yango ekoki komema mpe mpo na koyeba ntango nini bosengeli kobakisela bato biloko misusu to kobongisa bizaleli na bango na makambo etali bilei. Misala ya kotalela misusu ekosenga boluka koyeba ndenge nini bato balyaka bilei oyo ezali na biloko ya mikemike oyo etongaka nzoto mpo na koyeba nini bakoki kozanga mpe makama na yango. Mpo na yango, botala makambo etali kozwa bilei mpe koselela yango, mpe lisusu soki ezali kokoka.

Kopengola: Mayele ya kosalela mpo na kopengola bozangi ya biloko ya mikemike oyo etongaka nzoto ezali na eteni 6 oyo elandi (⊕ talá *Lisengami 6.1 ya Lisungi mpo na kozwa bilei: Bamposa ya bato nyonso na makambo etali bilei*). Kolongola bamaladi misusu ezali na ntina mingi mpo na kopengola bozangi biloko ya mikemike oyo etongaka nzoto. Bamaladi ya ntolo, kintuntu, malaria mpe pulupulu ezali ndakisa ya bamaladi oyo esilisaka biloko ya mikemike ya ntina na nzoto. Esengeli kokesenisa bilembo ya bamaladi, kotya malako mpo na kopesa lisalisi ya monganga, mpe kotya bibongiseli mpo na koyeba bato oyo bazali kokolisa bilembo ya bamaladi yango ⊕ talá *Lisalisi ya monganga oyo esengeli kopesama – Masengami 2.2.1 ná 2.2.2 ya Sante ya mwana.*

Kosalisa bozangi biloko ya mikemike oyo etongaka nzoto: Koyeba bato oyo bazali kokolisa bilembo ya bamaladi euti na bozangi biloko yango mpe kopesa bango lisalisi ya monganga esengeli kosalema na bibongiseli oyo etalaka makambo ya sante mpe baprograme mpo na kopesa bilei. Soki mitángo ya bato oyo bazangi biloko ya mikemike ya ntina na nzoto eleki bandelo oyo etyama na misala ya sante ya bato nyonso, ekozala malamu kosalisa bato nyonso na nzela ya bavitamini mpe biloko misusu oyo etongaka nzoto. Bozangi biloko ya mikemike oyo etongaka nzoto ememaka bamaladi lokola ya scorbut (bozangi vitamini C), ya pellagre (bozangi vitamini B3), ya beriberi (bozangi vitamini B1) mpe maladi ya ariboflavinose (bozangi vitamini B2 ⊕ talá *Apendisi 5: Mimeko oyo emonisaka ntina ya bozangi biloko ya mikemike oyo etongaka nzoto mpo na sante ya bato nyonso.*

Makambo bosengeli kosala na oyo etali sante ya bato nyonso mpo na kolonga bozangi biloko ya mikemike oyo etongaka nzoto ezali:

- kopesa vitamini A ntango bozali kokata mangwele na bana oyo bazali na sanza 6 tii 59;
- kopesa bankisi ya banyama na bana ya sanza 12 tii 59;
- kobakisa mungwa oyo ezali na iode, mafuta oyo elendisami na vitamini A mpe D na kitunga ya biloko ya kolya, mpe kopesa putulu oyo ezali na biloko ya mikemike oyo etongaka nzoto to mpe biloko misusu oyo ezali na mafuta ya iode;
- kopesa biloko ndenge na ndenge oyo etongaka nzoto oyo esangisami na fer na bana ya sanza 6 tii 59;
- kopesa basi ya zemi mpe oyo bazali komɛlisa bana biloko ndenge na ndenge oyo etongaka nzoto oyo esangisami na fer mpe na acide folique.

Soki biloko ndenge na ndenge oyo etongaka nzoto oyo esangisami na fer mpe na acide folique ezali te, bopesa mikolo nyonso fer mpe acide folique na basi oyo bauti kobota koleka mikolo 45.

Bosalela bilembo oyo ekabolami kolanda bomwasi to bobali mpo na koyeba makama oyo bozangi biloko ya mikemike oyo etongaka nzoto ekoki komemela bato mpe boluka koyeba bamposa na oyo etali kobongisa bizaleli ya kolya mpe kosalela biloko misusu ya ntina na nzoto. Na ndakisa, bilembo misusu oyo emonisaka bozangi ya vitamini A ezali kobotama na kilo ya muke, kokonda makasi to mpe kokola malamu te ⊕ *talá Lisengami 1.2 ya Kotalela makambo etali kokoka komileisa mpe bilei: Kotalela makambo etali bilei.*

4. Ndenge ya koleisa babebe mpe bana mike

Kopesa lisungi oyo ebongi mpe na ntango ebongi na ndenge ya koleisa babebe mpe bana mike na ntango ya likama (IYCF-E) ekobikisa bana mpe ekobatela kolya malamu na bango, sante mpe kokola na bango. Bizaleli ya mabe na oyo etali ndenge ya koleisa babebe mpe bana mike ematisaka bolembu na bango na kozanga kolya malamu, bamaladi mpe liwa, mpe kobebisa sante ya bamama. Mikakatano yango ekomaka mingi ntango makama ekweyi. Babebe mpe bana mike misusu bazalaka na bolembu mingimingi, na ndakisa:

- babebe oyo babotami na kilo moke;
- bana oyo bakabwani na baboti mpe oyo bazangi mokengeli;
- babebe mpe bana ya bamama oyo batungisami na makanisi;
- bana na nse ya mbula 2 oyo bazali komɛla mabɛlɛ te;
- bana oyo bauti bisika motángo ya bato oyo bazali na VIH ezali mwa monene to mpe monene;
- bana oyo bazali bibosono, mingimingi baoyo bazali na mikakatano mpo na kolya; mpe
- babebe mpe bana mike oyo bazali konyokwama na kozanga kolya malamu, bozangi biloko ya mikemike oyo etongaka nzoto mpe baoyo bazali kokola malamu te.

IYCF-E emonisaka makambo mpe misala ya kopesa lisungi ya kosala mpona kobatela mpe kokokisa bamposa na makambo etali bilei ya babebe oyo bazali komɛla mabɛlɛ to te, mpe ya bana mike na nse ya sanza 23. Misala ya kosala libosoliboso ezali:

- kobatela mpe kolendisa komɛlisa bana mabɛlɛ;
- kopesa bilei ya kobakisa ya kokoka mpe ya malamu; mpe
- kokamba ndenge ya koleisa babebe oyo bazali na makoki ya komɛla mabɛlɛ te.

Kosunga basi ya zemi mpe baoyo bazali komɛlisa ezali ntina mingi mpo ete bana na bango bazala malamu. "Koleisa bana bobele na nzela ya komɛlisa mabɛlɛ" elakisi ete bebe akoki komɛla mpe kolya eloko mosusu te, longola biloko ya mikemike oyo etongaka nzoto oyo babakisi to mpe bankisi. Yango ekosala ete babebe bakoka kozala na bilei mpe mai ya kokoka mpe ya malamu tii bakoma na sanza 6, mpe nzoto na bango ebatelama na bamikrobe. Komɛlisa esalaka ete bɔɔngo ya bana ekola malamu mpe ebatelaka sante ya babebe oyo bapusani mpe bana, mingimingi bisika oyo WASH ezali malamu te. Komɛlisa ebatelaka mpe sante ya bamama mpo ekosala ete amona sanza noki te mpe abatelama na kansɛr ya libɛlɛ. Esalaka ete bazala malamu na makanisi na bango mpo bakomesana mingi na bana na bango mpe makoki na bango ya koyeba mpe kokokisa bamposa na bango.

Misala ya ntina na eteni oyo ezali komonisa Malako ya kosalela na ntina etali ndenge ya koleisa babebe mpe bana mike na ntango ya likama (Malako ya kosalela). Malako ya kosalela oyo ezali mbuma ya misala ya etuluku moko ya bibongiseli oyo bakani kopesa malako ya malamu mpe ya sikisiki mpo na kotosa malamu IYCF-E oyo ebongi mpe kotosa Mibeko ya mokili mobimba mpo na mimbongo ya biloko oyo ezwaka esika ya miliki ya mabɛlɛ ("Mibeko").

Lisengami 4.1 ya Ndenge ya koleisa babebe mpe bana mike: Malako ya kosalela mpe kokamba misala

Malako ya kosalela mpe kokamba misala ekosala ete babebe na bana bakoka kozwa bilei ya malamu oyo ebongi mpe na ntango ebongi.

Misala ya ntina

1 > Botya mokonzi mpo na kokamba IYCF-E na kati ya ebongiseli oyo ezali kokamba misala nyonso na ntango ya likama, mpe bosala na boyokani na misala misusu.

- Ntango nyonso likoki epesameli, boyeba ete Leta nde azali mokonzi mpo na kokamba misala.

2 > Bokotisa mateya ya Malako ya kosalela oyo ebongi na kati ya malako ya ekólo mobimba mpe ya ebongiseli ya kopesa bato lisungi mpo na oyo etali komilengele.

- Botya matambwisi mpe bokoma makambo oyo boyokani na yango na bakonzi ya ekólo bisika oyo malako ya kosalela ezali te.
- Bolendisa malako ya ekólo ntango nyonso likoki epesameli.

3 > Bolendisa kosolola ya kimya, ya malamu mpe na ntango ebongi na misala nyonso ya IYCF-E.

- Ntango botye malako mpe mimeseno ya kosalela mpo na IYCF-E, boyebisa yango nokinoki na bibongiseli ya kopesa bato lisungi, na bapesi-mbongo mpe na bapanzi-nsango.
- Bosolola na bato oyo bakweli likama mpe boyebisa bango misala oyo bozali kosala, mimeseno ya IYCF-E mpe ndenge oyo bakoki kopesa makanisi likoló ya misala oyo esalemi.

4 > Boboya kondima mpe kosenga makabo ya biloko oyo ezwaka esika ya miliki ya mabɛlɛ, ya miliki misusu ya mai, ya babibero mpe biloko oyo ezali lokola motó ya libele.

- Mokonzi oyo botyaki nde asengeli kotala ndenge ya kosalela makabo oyo ezali koya, na kolanda Malako ya kosalela mpe Mibeko.
- osala misala ya kopona, kosalela, kosomba, kokamba mpo na kokabola biloko oyo ezwaka esika ya miliki ya mabɛlɛ na bosikisiki mpe likebi nyonso. Esengeli esalema kolanda misala ya kotalela bamposa mpe makama, misala ya kotalela makambo ndenge na ndenge mpe malako ya tekiniki.

Bilembo ya ntina

Motángo ya malako ya IYCF-E oyo endimami likoló na monkama oyo ezali komonisa makambo mpe mateya ya Malako ya kosalela

Malako nyonso ya Mibeko etosami

Motángo ya makabo ya biloko oyo ezwaka esika ya miliki ya mabɛlɛ, miliki misusu ya mai, babibero mpe biloko oyo ezali lokola motó ya libele likoló na monkama oyo bosaleli na ntango ebongi

Makanisi ya kolanda

Kosolola na bato oyo bakweli likama, basali mpe bapanzi-nsango: Kosolola makambo etali misala oyo bozali kosala mpe bizaleli ya malamu mpo na oyo etali koleisa babebe mpe bana mike ekosenga koyebisa makambo oyo ebongi na bituluku oyo ezali kopesa lisungi mpe na bato nyonso.

Ntango bozali kopesa nsango, botya likebi na bamposa ya bakengeli oyo bazali bankoko, moboti kaka moko, bana oyo bakambaka mabota to bandeko, bazali bibosono, mpe ya bato oyo bazali na VIH.

Mibeko ya mokili mobimba mpo na mimbongo ya biloko oyo ezwaka esika ya miliki ya mabɛlɛ: Ezali kobatela bana oyo bamɛlisami mabɛlɛ te na kosalaka ete biloko oyo ezwaka esika ya miliki ya mabɛlɛ esalelama malamu. Esimbami na makambo ya solosolo, oyo ezali na bokatikati mpe ekoki kosalelama bisika nyonso mpe na ntango nyonso. Esengeli kotyama na mibeko na ntango ya kobongisama, mpe kotosama ntango ya kopesa lisungi na ntango ya likama. Soki mibeko yango ezali te na kati ya mibeko ya ekólo, bosalela mabongisi ya Mibeko.

Mibeko epekisi te ete biloko oyo ezwaka esika ya miliki ya mabɛlɛ, babiberon mpe biloko oyo ezali lokola motó ya libele ezala to mpe esalelama. Ezali nde kotalela mpe kokamba kotekisama, kosombama mpe kokabolama ya biloko yango. Mitinda ya Mibeko oyo ebukamaka mingimingi ntango ya makama ezali oyo etali baetiketi mpe kokabola biloko na bato oyo basengeli na yango te. Na ntango ya makama, bolandela mpe boyebisa na UNICEF, OMS mpe bakonzi ya ekólo mitinda ya Mibeko oyo etosami te.

Bosalela bilembo oyo baselelaka bo momeseno bisika yango ezali mpe botya bilembo oyo ebongi na kolanda bisika mpe ntango bozali soki ezali te. Botya masengami ya IYCF-E mpo na koyeba ndenge nini misala ezali kotambola mpe mbuma na yango na kolanda ntango oyo misala yango esengeli kosalema. Bolendisa kosalela bilembo ya IYCF-E na baankete mpe epai ya basali misala misusu. Bosala mbala na mbala misala ya kotalela to mpe biteni ya mosala ya kotalela ya programe mobimba mpo na kolandela misala ya IYCF-E. Bosala mpe baankete ya nsuka ya mbula mpo na koyeba matomba ya misala yango.

Koleisa bana oyo bazali komɛla mabɛlɛ te: Biloko oyo ezwaka esika ya miliki ya mabɛlɛ esengeli kolanda Codex Alimentarius mpe Mibeko. Esengeli kozala na misala ya WASH ya malamu mpo na kokitisa makama oyo koleisa bana na ndenge wana ekoki komema. Ebongiseli mpo na kokabola biloko oyo ezwaka esika ya miliki ya mabɛlɛ ekotalela ntango, bisika mpe bonene ya misala ya kopesa lisungi. Miliki ya babebe mpe biloko oyo ezwaka esika ya miliki ya mabɛlɛ esengeli te kotyama na biloko ya kokabola na bato nyonso. Bokabola mpe miliki ya putulu to ya mai bobele yango moko te. Mitindo ya kosalela mpo na koleisa bana oyo bazali komɛla mabɛlɛ te esengeli kolanda Malako ya kosalela na Mibeko, na nse ya litambwisi ya mokonzi oyo aponami mpo na kokamba makambo ya IYCF-E.

Lisengami 4.2 ya Ndenge ya koleisa babebe mpe bana mike: Lisungi oyo euti na misala ndenge na ndenge mpo na koleisa babebe mpe bana mike na ntango ya likama

Bamama mpe bakengeli ya babebe mpe bana mike bakoka kozwa lisungi mpo na kozwa bilei na ntango ebongi mpe ya malamu oyo ekokitisa mikakatano, ekolanda mimeseno ya mboka mpe ekobongisa matomba na makambo etali bilei, sante, mpe kobika.

Misala ya ntina

1 Bopesa lotomo na basi ya zemi mpe oyo bazali komɛlisa na misala ya kopesa lisungi na makambo etali kozwa bilei, kopesa misolo to bajeton mpe biloko misusu.

2 Bopesa batoli mpe mateya ya malamu mpe oyo ebongi ya makambo etali komɛlisa bana na basi ya zemi mpe oyo bazali komɛlisa.

3 Boluka bamama oyo bauti kobota sika mpo na kolendisa bango ete baleisa bana na bango bobele na komɛlisaka bango mabɛlɛ.

- Bopesa mateya ya petɛɛ mpo na oyo etali koleisa bana bobele na komɛlisaka bango mabɛlɛ na bisika babotisaka basi.
- Bobatela, bolendisa mpe bosunga koleisa bana na nse ya sanza 5 bobele na komɛlisaka bango mabɛlɛ, mpe kokoba komɛlisa bana ya sanza 6 tii 24.
- Bisika bamama bapesaka bilei mosusu na bana na nse ya sanza 5 oyo bazali komɛla mabɛlɛ, bosalisa bango bakoma koleisa bana na bango bobele na komɛlisaka bango mabɛlɛ.

4 Bopesa biloko oyo ezwaka esika ya miliki ya mabɛlɛ, bisaleli mpo na koleisa mpe lisungi oyo ebongi na bamama mpe bakengeli ya bana oyo bazali komɛla mabɛlɛ te.

- Botalela kobatelama mpe makoki ya kosalisa basi bakoka kobimisa lisusu miliki ya mabɛlɛ mpe ya kopesa babebe epai ya bamama misusu mpo bamelisama soki bamama na bango bakoki komɛlisa bango te. Mpo na yango, botya likebi na mimeseno ya mboka mpe boluka koyeba soki misala yango ekoki kosalema.
- Soki oyo endimami ezali bobele biloko oyo ezwaka esika ya miliki ya mabɛlɛ, bobakisela bato mwa lisungi ya moboko mpo na oyo etali bisaleli mpo na kolamba mpe koleisa bana, lisungi ya WASH mpe makoki ya kosalisa sante.

5 Bosala ete biloko ya kobakisela bana oyo bazali komɛla mabɛlɛ ezala ya malamu, ya kokoka mpe oyo ebongi.

- Boluka koyeba soki bilei oyo mabota ezali na yango ebongi mpo na bana oyo bazali komɛla mabɛlɛ mpe bopesa bango toli mpe lisungi oyo ebongi mpenza na bango.
- Bosala ete bato bakoka kozwa bisaleli mpo na koleisa bana mpe kolamba, na kotyaka likebi na bana oyo bazali na mikakatano mpo na kolya.

6 Bopesa lisungi mpo na koleisa babebe mpe bana mike oyo bazali na bolembu makasi.

- Bolendisa misala ya konyomitisa bana mpe misala ya kopesa lisalisi mpo na kokolisa bana noki na baprograme ya makambo etali bilei.

7 Bobakisa biloko ya mikɛmike oyo etongaka nzoto soki esengeli.

- Bobakisela basi ya zemi mpe oyo bazali komɛlisa bana biloko mususu ya ntina mpo na nzoto mikolo nyonso, mpe bopesa bango mokolo na mokolo biloko ndenge na ndenge ya mikɛmike oyo etongaka nzoto mpo na kobatela mabɛlɛ mpe miliki na yango, atako bazali kozwa bilei oyo ezali na biloko ya mikɛmike ya ntina na kati to te.
- Bokoba kobakisela bango fer mpe acide folique soki bobandaki kosala yango.

Bilembo ya ntina

Motángo ya bamama likoló na monkama oyo bazali komɛlisa bana mpe bazali na makoki ya kozwa mateya ya malamu

Motángo ya bakengeli likoló na monkama oyo bazali na makoki ya kozwa biloko oyo ezwaka esika ya miliki ya mabɛlɛ kolanda malako ya Mibeko mpe lisungi oyo ebongi mpo na bana oyo bazali komɛla mabɛlɛ te

Motángo ya bakengeli likoló na monkama oyo bazali na makoki ya kozwa bilei mosusu ya kobakisela bana oyo bazali komɛla mabɛlɛ oyo ebongi, na ntango ebongi, ya malamu mpe malonga mpo na bana ya sanza 6 tii 23

Makanisi ya kolanda

Kotalela mpe kolandela IYCF-E: Botalela bamposa mpe makambo eleki motuya mingi mpo na misala ya IYCF-E mpe bolandela mbuma ya misala yango ⊕ _talá Lisɛngami 1.2 ya Kotalela makambo etali kokoka komileisa mpe bilei: Kotalela makambo etali bilei._

Kosala na boyokani na misala misusu ndenge na ndenge: Kati na bisika ya misala misusu mpo na koyeba mpe kolendisa IYCF-E, ezali na:

- lisalisi ya monganga liboso ya kobota mpe nsima ya kobota;
- bisika ya kokata mangwele;
- misala ya kolandela bokoli;
- ndenge bana mike bazali kokola;
- misala ya kosalisa VIH (bakisa mpe kopengola maladi ya bamama epai ya bana);
- misala ya kosalisa kozanga kolya malamu;
- sante ya lisangá, sante ya motó mpe kobondisa bato oyo babulungani;
- misala ya WASH;
- bisika ya kozwa misala; mpe
- misala ya koteya makambo mpe batekiniki ya sika na basali bilanga.

Bituluku oyo bokotalela: Misala ya kotalela nyonso mpe makambo nyonso ya baprograme mpo na bana na nse ya mbula 5 esengeli kokabolama kolanda bomwasi to bobali mpe kolanda bambula ya kobotama na eteni ya basanza 0 tii 5, 6 tii 11, 12 tii 23 mpe 24 tii 59. Kokabolama kolanda kozala ebosono to te ekosalema se mpo na bana ya sanza kobanda 23 tii likoló.

Boluka koyeba mpe kotya misala mpo na kokokisa bamposa ya bana oyo bazali bibosono, bana oyo bakabwani na baboti mpe oyo bazangi mokengeli. Botinda bana oyo bakabwani na baboti mpe oyo bazangi mokengeli epai ya bato oyo basalaka misala ya kobatela bana. Boluka koyeba motángo ya basi ya zemi mpe oyo bazali komɛlisa bana.

Botalela bato bisika mitángo ya bato oyo bazali na VIH ezali mwa monene mpe monene, bana oyo bakabwani na baboti mpe oyo bazangi mokengeli, bana oyo babotami na kilo moke, bano oyo bazali bibosono mpe oyo bazali na mikakatano mpo na kolya, bana na nse ya mbula 2 oyo bazali komɛla mabɛlɛ te, mpe baoyo bazali konyokwama na kozanga kolya malamu. Botya na motó ete bana oyo bamama na bango batungisami na makanisi bazali na likama makasi ya konyokwama na kozanga kolya malamu.

Basi ya zemi mpe oyo bazali komɛlisa bana mabɛlɛ: Soki bamposa ya basi ya zemi mpe ya baoyo bazali komɛlisa bana na oyo etali bilei, misolo to mpe bajeton mpo na kozwa lisalisi ya baprograme ekokisami te, bopesa bango bilei oyo babakisi biloko misusu ya mikemike ya ntina na kati. Bopesa bango mpe biloko ndenge na ndenge ya mikemike oyo etongaka nzoto kolanda malako ya OMS.

Bobongisa misala ya kobondisa bato oyo babulungani mpo na bamama oyo batungisami na makanisi, bokoki mpe kotinda bango na misala etalaka sante ya motó soki esengeli. Bobongisa mpe lisungi oyo ebongi mpo na bamama oyo bazali bibosono. Bobongisa bisika ya malamu na bakaa to mpe bisika misusu ya bato nyonso mpo basi bakoka komɛlisa bana bisika yango, ndakisa bisika ya malamu mpo na babebe oyo ezali mpe na mwa esika moko kaka mpo na komɛlisa bana.

Bana oyo bazali komɛla mabɛlɛ: Lisungi oyo ebongi mpenza mpo na oyo etali komɛlisa bana esengeli kozala na likanisi ntango ya kobongisa mpe kokabola biloko mpe makoki na bantango ya mikakatano. Lisungi yango ekoki kopesama na bana na nse ya sanza 6 oyo bazali konyokwama na kozanga kolya malamu, na bisika oyo bapesaka bilei misusu na bana oyo bazali komɛla mabɛlɛ, mpe na bisika oyo bato bazali na VIH bazali mingi.

Bana oyo bazali komɛla mabɛlɛ te: Ntango nyonso likama ekwei, esengeli kobatela babebe mpe bana mike oyo bazali komɛla mabɛlɛ te mpe kokokisa bamposa na bango na makambo etali bilei. Makama oyo ekoki kokomela mwana oyo azali komɛla mabɛlɛ te ekesenaka kolanda bambula na ye ya kobotama. Bana mike nde bazali na bolembu mingi ya kozwa bamaladi. Bazali ntango nyonso na bosenga ya bilei oyo ezwaka esika ya miliki ya mabɛlɛ oyo ebongi mpe ya malamu, ya bisaleli mpo na koleisa mpe kolambela bango, mpe ya WASH.

Miliki ya babebe mpe bilei misusu oyo ezwaka esika ya miliki ya mabɛlɛ: Miliki ya babebe ebongi mpo na koleisa babebe na nse ya sanza 5. Boluka kosalela mingimingi miliki ya babebe oyo ya kosalela mbala moko ya mai mpo esengaka te kolamba yango lisusu mpe ememaka makama mingi te lokola miliki ya babebe ya putulu.

Kosalela na ndenge ebongi, kobomba malamu mpe bopeto ya bisaleli mpo na koleisa ezali ntina mingi mpo na miliki ya babebe oyo ya kosalela mbala moko. Nzokande ezalaka ntalo mingi mpo na komema mpe kobomba yango mpo ete ezalaka kilo to mpe monene mingi. Mpo na bana oyo baleki sanza 6, bosalela miliki mosusu ya mai. Na kati na yango ezali na miliki ya ngombe, ntaba, mpate, kamela to mpe mpakasa oyo epetolami na mɔtɔ mpo ebombama malamu; miliki ya mai oyo epetolami na mɔtɔ makasi mpo ebombama ntango molai; miliki ya mai oyo ekomi ngai to mpe yaourt.

Botalela mimeseno ya bato liboso likama ekweya, makoki oyo ezali, miliki ya mai misusu, soki bilei mosusu ya kobakisela bana oyo bazali komɛla mabɛlɛ ebongi mpenza mpe malako ya bibongiseli oyo epesaka bato lisungi mpo na kobanda kosalela miliki ya babebe epai ya bana na nse ya sanza 6. Mitindo mpo na kosalela bilei oyo ezwaka esika ya miliki ya mabɛlɛ ekoki kozala mpo na ntango mokuse to mpe ntango molai. Ezali ntina mingi te kosalela miliki misusu mpo na bana oyo baleki sanza 6, miliki ya mai mpo na kokolisa bana, mpe miliki misusu mpo na bana oyo baleki sanza 9 oyo ezali kotekama.

Mosali moko ya misala ya sante to ya makambo etali bilei oyo ayebi mosala malamu akoki koluka koyeba bosenga ya miliki ya babebe na nzela ya misala ya kotalela, ya kolandela mpe ya kosunga bato oyo basengeli moko na moko. Soki makoki ya kosala bongo ezali te, bozwa toli epai ya Mokonzi oyo boponaki mpo na kokamba mpe bibongiseli ya tekiniki mpo na kopesa bato lisungi mpo na oyo etali masengami mpo na misala ya kotalela mpe kopona. Bopesa miliki ya babebe na bano kino bakozongela komεla mabεlε to mpe bakokokisa sanza 6. Ntango bozali kopesa bilei oyo ezwaka esika ya miliki ya mabεlε, bosala keba ete bamama balendisama te na kosalelaka yango.

Bosalela babiberon te mpo ezalaka mpasi mpo na kopetola yango. Bolendisa mpe bosunga kosalela kopo mpo na koleisa bana.

Botya likebi mingi na pulupulu ntango bozali kokoba kotalela bamaladi oyo ebomaka bana, ata soki bazwami moko moko to bango nyonso.

Kobakiselaka bana oyo bazali komεla mabεlε bilei misusu ebandaka ntango bamposa ya bana na makambo etali bilei ezali kokokisama lisutu te na miliki ya mabεlε yango moko mpe ntango bilei misusu ya kokauka to mpe ya maimai ekomi mpenza na ntina mingi ya kobakisama likoló na miliki ya mabεlε. Bilei ya kobakisela bana oyo bazali komεla mabεlε, ezala ya kokauka to ya maimai, esalama na baizini to na bana-mboka bango moko, esengeli kopesama na bana ya sanza 6 tii 23.

Ezali na ntina mingi kotalela ndenge nini bana bazalaki kozanga biloko ya mikemike oyo etongaka nzoto liboso likama ekweya mpe ntango likama ekwei mpo na koyeba lisungi ya ndenge nini esengeli kopesa na makambo etali kobakiselaka bana oyo bazali komεla mabεlε bilei misusu. Makambo misusu ya kotalela ezali: ntalo mpe komonana ya bilei ya malamu, kozwa bilei kolanda kobongwana ya bileko mpe makoki ya kozwa bilei ya kobakisela bana oyo bazali komεla mabεlε ya malamu oyo esalami na bana-mboka. Lisungi ya kopesa na makambo etali kobakiselaka bana oyo bazali komεla mabεlε bilei misusu ekoki kozala:

- lisalisi ya mbongo mpo na kosomba bilei oyo ezali na biloko ya mikemike ya ntina na kati oyo esalemi na bana-mboka;
- kokabola bilei oyo ezali na biloko ya mikemike ya ntina na kati;
- kopesa bilei oyo ezali na biloko ya mikemike ya ndenge na ndenge ya ntina na kati na bana ya sanza 6 tii 23;
- kopesa bato biloko ya mikemike oyo etongaka nzoto na ndenge ya putulu to mpe biloko misusu ya ntina mpo na nzoto mpo basalela yango na bilei na bango na ndako;
- baprograme mpo na makoki ya kobikela; mpe
- baprograme mpo na kosunga mabota ya bozwi moke mpo bakelela te na ntango ya mpasi to mpe bakoma babola te.

Bokanisa mpe kopesa formasyo mpe mayebisi ntango bozali kopesa lisalisi ya mbongo, mpo ete bato oyo bakwoli likama bayeba lolenge ya malamu.

Kobakisa biloko ya mikemike oyo etongaka nzoto: Bana ya sanza 6 tii 59 oyo bazali kozwa te bilei oyo ezali na biloko misusu ya ntina na kati basengeli kozwa biloko ya mikemike ya ndenge na ndenge oyo etongaka nzoto mpo na kokokisa bamposa na bango na makambo etali bilei. Ezali malamu kopesa bango bilei oyo ezali na vitamini A. Bisika oyo malaria ezalaka ntango nyonso, bopesa bango fer na ndenge nyonso, biloko ya mikemike oyo etongaka nzoto na ndenge ya putulu elongo na kosalela mayele mpo na koyeba, kopengola mpe kosalisa malaria ntango nyonso. Mpo na kopengola malaria, bokoki kopesa bamustikere oyo etyamá nkisi ya koboma ngungi mpe baprograme mpo na koboma to kotya ndelo na ngungi, koluka koyeba nokinoki bato oyo bazali kobela yango mpe kosalisa yango na bankisi ya sikisiki. Bopesa fer te na bana oyo bazwi makoki ya kozwa matomba na misala ya kopengola malaria te. Bopesa fer mpe acide folique, to mpe biloko ya mikemike ya ndenge na ndenge oyo etongaka nzoto na basi ya zemi mpe oyo bazali komɛlisa bana kolanda malako ya sika.

Koleisa bana mpe kotala baoyo bazali na VIH: Bosengeli kolendisa bamama oyo bazali na VIH bakoka komɛlisa bana na bango kino bakoma na sanza 12, mpe koleka ata sanza 24 soki bazali komɛla bankisi mpo na VIH. Soki bankisi yango ezali te, bosalela mayele oyo ekopesa bana makoki mingi koleka ya kokola na VIH te. Elakisi ete bosengeli kotalela mpe kokokanisa makama oyo ekoki kokoma soki bana bazwi VIH na makama oyo ekoki kokomela bango soki bazwi yango te mpe bamɛlisami mabɛlɛ te. Bopesa lisungi oyo ebongi na bamama mpe bakengeli. Bopesa lotomo na makoki ya kozwa bankisi mpo na VIH ⊕ *talá Lisalisi ya monganga oyo esengeli kopesama – Lisengami 2.3.3 ya Sante ya binama ya kosangisa nzoto mpe ya kobotela: VIH.*

Bopesa toli na bamama oyo bazali komɛlisa bana mpe baoyo bazali komɛlisalana oyo bazali na VIH te, mpe baoyo bayebani te soki bazali na yango to te, baleisa bobele na miliki ya mabɛlɛ bana na bango na sanza 6 ya ebandeli ya bomoi na bango. Nsima na yango bakoki kopesa bana bilei misusu mpe kokoba komɛlisa bango kino bakokoma na sanza 24 to koleka. Bosengeli koluka koyeba mpe kosunga nokinoki babebe oyo bazali kolya bilei mosusu oyo ezwi esika ya miliki ya mabɛlɛ.

Botala malako oyo ezali na ekólo to na mboka esika bozali mpe boluka koyeba soki eyokani na malako ya sika ya OMS. Botala soki malako yango ebongi mpenza kolanda mikakatano oyo bozali kokutana na yango, mpe botya likebi na makama oyo bamaladi misusu oyo ezali VIH te ekoki komema, na boumeli ya ntango oyo bokanisi ete likama ekozwa, na makoki oyo ezali to te ya kopesa bilei mosusu oyo ezwaka esika ya miliki ya mabɛlɛ, mpe na makoki ya kozwa to te bankisi ya VIH. Ekoki kosenga kobimisa malako ya sika mpo na ntango mokuse mpe kopesa yango na bamama mpe bakengeli ya bana.

Kobundisa moto mpo azali mwasi to mobali, kobatela bana mpe makambo etali bilei: Kobundisa moto mpo azali mwasi to mobali, bokeseni kati na basi ná mibali mpe makambo etali bilei esanganaka mbala mingi. Mobulu kati na ndako ekoki kobebisa sante mpe kozala malamu ya basi mpe bana. Basali misala ya makambo etali bilei basengeli kosunga mpe kotinda na sekele bakengeli to bana oyo bazali kobundisama mpo bazali basi to mibali to bazali konyokwama. Makambo misusu ya kosala ezali kopesa toli, kobongisa bisika ya malamu mpo na basi mpe bana ya kozwa lisalisi mpe kolandela mbala na mbala motángo ya baoyo batiki koya kozwa lisalisi mpe ya baoyo babikisami te. Bokanisa mpe kosala na basali misala etali kobundisa moto mpo azali mwasi to mobali mpe misala ya kobatela bana lokola basali na misala ya makambo etali bilei ⊕ *talá Mitinda etali kobatela bato 3 mpe 4.*

Sante ya bato nyonso ntango makama ekwei: Ntango makama etali sante ya bato nyonso ekwei, bosala oyo esengeli mpo misala ya sante mpe ya kopesa lisungi mpo na bilei ekoba kosala, mpo mabota ekoka komileisa mpe kozala na biloko ya kobikela, mpe mpo na kokitisa makama oyo bamaladi elekaka na nzela ya mabɛlɛ ememaka mpe kokitisa mitángo ya bamaladi oyo ebomaka bamama mpe ya bamama oyo bazali kokufa. Soki esengeli, bolanda malako ya OMS mpo na maladi ya kolera, ya Ebola to mpe ya Zika.

5. Kokoka komileisa

Kokoka komileisa elakisi ete bato bazali na makoki, kotala nzoto mpe nkita na bango, ya kozwa bilei ya kokoka, ya malamu mpe ya ntina mpo na nzoto na bango, oyo ezali kokokisa bosenga mpe bamposa na bango ya bilei mpo ete bazala na bomoi ya malamu.

Makambo etali nkita ya minene, bomoi ya bato, politiki mpe bisika bato bafandi ekoki kobongola kokoka komileisa. Malako, ndenge ya kosalela to mpe bibongiseli ya ekólo to mokili mobimba ekoki kobongola makoki ya bato bakweli likama mpo bakoka kozwa bilei ya malamu oyo ebongi na bango. Kobeba ya mai, mopepe mpe mabele esika bazali mpe ndenge bambula, mipepe mpe bileko ya elanga ya makasi oyo euti na kobongwana ya klima ezali mpe ekoki mpe kosala ete bato bakoka komileisa te.

Na ntango ya likama, lisungi mpo na kokoka komileisa esengeli liboso kokokisa bamposa ya bato oyo bakweli likama mpe kosala ete batika kosalela mayele mpo na kobikela oyo ezali mabe mpo na bango. Na nsima ya mikolo, misala ya kopesa lisungi esengeli kobatela mpe kobongisa makoki ya bato ya kobikela, kolendisa to kopesa misala mpe kosala ete bato bakoka komileisa lisusu na boumeli ya ntango. Esengeli te kobebisa bisika bato bafandi mpe zingazinga na yango, mpe biloko misusu ya motuya ya mabele.

Kozanga makoki ya komileisa na mabota ezali moko ya makambo oyo ememaka kozanga kolya malamu, elongo na mimeseno ya kolya mpe komisalisa ya mabe, bosɔtɔ na kati ya ndako mpe kosalisa bokono na ndenge elongobani te.

Masengami ya eteni oyo ezali kotalela makambo ya kosala mpe makoki mpo na kokokisa bamposa ya bato nyonso mpe ya bato oyo bazali na bolembu makasi na makambo etali bilei lokola bana na nse ya mbula 5, bato oyo bazali na VIH to SIDA, mibange, bato oyo kobelaka bamaladi oyo esilaka te mpe bibosono.

Lisungi mpo na kosalisa kozanga kolya malamu ekosunga bato malamumalamu te soki bamposa na bango ya bilei ezali kokokisama te. Bato oyo bazali kokoka komileisa malamu te nsima ya kobikisama na kozanga kolya malamu bakozongela yango lisusu.

Mpo na kopona lisungi ya sikisiki oyo ebongi mpenza na ntango ya likama esengeli kotalela malamumalamu bamposa ya basi mpe mibali ngambo na ngambo, biloko oyo mabota esepeli na yango, kobatela mpe kosalela misolo malamu, mikakatano na makambo etali kobatelama mpe kobongwana ya bileko. Esengeli mpe komonisa bilei nini ezali mpe na motángo nini esengami, ná mpe ndenge ya malamu ya kokabola yango.

Kozwa bilei ebimisaka mbongo mingi na mabota oyo ezali na bolembu. Lisalisi ya mbongo ekoki kosunga bato oyo bazali kozwa lisungi basalela malamu bozwi mpe makoki nyonso ya bango atako nyonso wana ekotalela motuya ya lisungi bakozwa. Misala ya kotatela na boyokani ná basali misusu mpe mikano ya baprograme ekotambwisa bino na kopona bato, kopona motuya ya lisungi mpe masengami misusu mpo na kopesa lisungi yango.

Misala ya kopesa lisungi mpo na makambo etali kokoka komileisa esengeli koluka mokemoke kosala mpe kosunga mimbongo ya mboka. Mikano mpo na oyo etali kosomba biloko na mboka, ekólo to bikólo misusu zingazinga esengeli kosimbama na boyebi ya mimbongo, ya basali misala ya misolo mpe mimbongo. Baprograme oyo esalemi kolanda mimbongo, lokola lisungi ya mbongo na bateki mpo na kosomba biloko, ekoki mpe kolendisa mimbongo yango ⊕ *talá Kopesa lisungi na nzela ya mimbongo* mpe *Buku MERS*.

Lisengami 5 ya Kokoka komileisa:
Kokoka komileisa mpo na bato nyonso

Bato bazwi lisungi mpo na kozwa bilei oyo bakobikela, ekotombola bomoto na bango, ekobatela biloko na bango misusu mpe ekosalisa bango bayika mpiko.

Misala ya ntina

1 > Kolanda makambo euti na misala ya kotalela kokoka komileisa, bobongisa lisungi oyo bokopesa mpo na kokokisa bamposa oyo esengeli kokokisa nokinoki, mpe bokanisa makambo ya kosala mpo na kosunga, kobatela, kolendisa mpe kobongisa makoki ya komileisa ya bato.

- Kotala soki bokoki kopesa lisungi na ndenge ya biloko to mpe ya mbongo.

2 > Kokolisa nokinoki mayele ya kosalela mpo na kolekana mpe kobimisama na baprograme nyonso ya kokoka komileisa.

- Bokotisa misala ya baprograme na misala misusu ya kopesa lisungi.

3 > Kosala ete bato oyo bazali kozwa lisungi bazala na makoki ya kozwa boyebi oyo esengeli, makoki mpe misala mpo na komesana na makambo oyo bakutani na yango mpe kolendisa makoki na bango ya kobikela.

4 > Kobatela, kobomba, mpe kobongisa bisika bato bafandi mpo ebeba makasi te.

- Kotya likebi na bopusi ya biloko ya kopelisela mɔtɔ mpo na kolambela likoló na bisika bato bafandi.
- Kokanisa mayele ya kosalela mpo na kobikela oyo ezali kobebisa bazamba te to mpe oyo ezali kosala ete mai emema mabele.

5 > Kolandela ndenge bato bazali kondima mpe bazali na makoki ya kozwa lisungi na makambo etali kokoka komileisa na bituluku mpe bato ndenge na ndenge.

6 > Kosala ete bato oyo bazali kozwa lisungi mpo na bilei bapesa mpe makanisi na bango likoló na misala ya kopesa lisungi mpe kosalela bango makambo na limemya mpe kobatela lokumu na bango.

- Kotya ebongiseli mpo ete bato bakoka kopesa makanisi likoló ya misala oyo esalemi.

Bilembo ya ntina

Motángo ya mabota oyo eponami likoló na monkama oyo ezali na Bilembo ya kolya ya kokoka (FDS)

- koleka 35 %; soki mafuta mpe sukali epesami, koleka 42 %

Motángo ya mabota oyo eponami likoló na monkama oyo ezali na Bilembo ya kokoka ya kolya bilei ndenge na ndenge (DDS)

- Koleka bituluku 5 ya bilei oyo elyamaka mbala na mbala

Motángo ya mabota oyo eponami likoló na monkama oyo ezali na Index ya kokoka ya mayele ya komilukela bilei

Motángo ya bato oyo bazali kozwa lisungi likoló na monkama oyo bazali komilelalela to mpe bazali koloba ete babatelaki lokumu na bango te na ndenge basalelaki bango makambo

- Kolelalela ya motindo nyonso esengeli elandelama mbala na mbala mpe ezwa eyano nokinoki.

Makanisi ya kolanda

Bisika mpe ntango oyo misala ezali kosalema: Kolandela mpenza makambo etali kokoka komileisa mpo na koyeba soki lisungi oyo ezali kopesama elongobani to te. Koluka koyeba ntango nini ebongi kotika misala misusu, ya kosala bambongwana to kobanda misala misusu mpe soki ntina ezali ya kolobelela bato.

Na bingumba, kosala ete bilembo oyo emonisaka mbongo oyo mabota ebimisaka mpo na kosomba bilei etalelama kolanda bisika mpe ntango esalemi na mabota yango, mingimingi bisika mabota mingi oyo ezali na bozwi moke bafandi. Na ndakisa, Motángo ya mbongo likoló na monkama oyo mabota ebimisaka mpo na kosomba bilei mpe bandelo na yango oyo endimami ekoki kozala mpenza na ntina mingi te na bingumba, mpo ete kuna mabota ebimisaka mbongo mingi mpo na makambo misusu oyo etali bilei te lokola kofutela ndako mpe kotya biloko oyo epesaka malili mpe mɔtɔ na bandako.

Mayele ya kosalela mpo na koleka na makambo mosusu mpe kokanga programe: Kotya yango uta ebandeli ya programe. Liboso ya kokanga programe moko to kolekana na misala misusu, esengeli komonisa polele ete makambo ebongi to mpe ebongiseli mosusu ezwi mokumba ya kosala misala. Na oyo etali lisungi mpo na kozwa bilei, ekoki kolakisa koyeba malamu makambo etali kobatela bato to mpe bibongiseli mpo na kosunga mabota ya bozwi moke mpo bakelela te na ntango ya mpasi to mpe bakoma babola te na boumeli ya ntango oyo ezali to oyo ebongisami.

Baprograme ya kopesa lisungi mpo na bilei esengeli kosala na boyokani ná bibongiseli etalaka kobatelama ya bato to kotya moboko mpo na bibongiseli yango. Bibongiseli oyo esungaka bato ekoki mpe kolobelela bato mpo ete bakoka kozala na bibongiseli oyo esungaka bato bakoka komileisa, kolanda misala ya kotalela makambo etali kokoka komileisa oyo ezali kosila te soki ezali ⊕ talá Buku MERS.

Bituluku ya bato oyo bazali na likama: Kosalela mbuma ya misala ya kotalela makama ya lisangá mpe misala ya kolandela na lisangá mpo na kotemela mimeseno to bizaleli oyo ekomi kotya bato to bituluku ya bato na likama. Na ndakisa, kokabola biloko oyo epelaka to mpe matuká oyo ebatelaka biloko epelaka ekoki kokitisa makama ete basi mpe bana basi babetama to mpe basangisa na bango nzoto na makasi te. Kobakisa mbongo, mingimingi na mabota to bato oyo bazali na bolembu lokola mabota oyo ekambami na basi mpe bana to mabota oyo ezali na bibosono, ekoki kokitisa makama ete basangisa ná bango nzoto na litomba na bango te mpe básalisa bango misala oyo eleki mabe oyo basalisaka bana te.

Bibongiseli mpo na kosungana na lisangá: Kobongisa yango elongo ná bana-mboka, mpo ete bakoka kobatela bibongiseli yango malamumalamu mpe ekoba kosala ata soki programe ekomi na nsuka. Kotya likebi na bamposa ya bato oyo bazali na bolembu ntango ya kobongisama. Na ndakisa, bana basi to mibali oyo bakabwani na baboti to bazangi mokengeli bakoki kozanga makanisi misusu mpe kokolisama ya makoki oyo ezwamaka na kati ya libota ⊕ *talá Mobeko ya ntina mingi na mosala ya kosunga bato: Mokumba 4.*

Kolendisa makoki ya kobikela: ⊕ *Talá Kokoka komileisa mpe makambo etali bilei – Masengami 7.1 ná 7.2 ya Makoki ya kobikela,* Buku MERS *mpe* Buku LEGS.

Bopusi likoló ya bisika bato bafandi mpe zingazinga na yango: Bato oyo bafandaka na bakaa basengeli na nkoni mpo na kolamba, yango ekoki kosala ete bazamba ebebisama. Kokanisa kokabola biloko epelaka, matuka oyo ebatelaka biloko epelaka mpe biloko misusu mpo na kopelisa mɔtɔ. Kotalela matomba oyo ezali na kopesaká bajeton oyo epesaka makoki ya kozwa biloko to misala oyo ebatelaka bisika bato bafandi mpe zingazinga na yango. Kotya likebi na mabaku ya kobongola mimeseno etali kolya mpe kolamba oyo ezali kobebisa bisika bato bafandi mpe zingazinga na yango. Kotalela mpe ndenge nini klima ezali kobongwana. Kopesa lotomo na misala oyo ekopesa lisalisi nokinoki na nsima ya ntango mokuse, mpe kokitisa mikakatano misusu na ntango ya makama na nsima ya ntango molai. Na ndakisa, kokitisa motángo ya bibwele ekoki kosalisa ete bisika ya matiti ebeba te na ntango ya elanga makasi ⊕ *talá Lisengami 7 ya Esika ya komibomba ná esika ya kofanda: Kobatela esika bato bafandi mpe zingazinga na yango mpo na ntango molai.*

Likoki ya kokóma esika lisungi ezali kopesama mpe kondimama na yango: Bato basepelaka kotya mabɔkɔ na misala ya programe oyo ezali na bisika ya mpasi te mpo na kokóma mpe ezali na misala oyo endimami. Bobongisa misala elongo na bato oyo bakweli likama mpo ete bango nyonso bakoka kozwa lisalisi kozanga kopona bilongi. Misala ya kopesa lisungi esengeli kozala mpo na bato nyonso, atako misala misusu ya kopesa lisungi mpo na makambo etali kokoka komileisa ezali kaka mpo na bato oyo basalaka. Mpo na kolonga mikakatano oyo bituluku ya bato oyo bazali na likama bakutanaka na yango, esengeli kobongisa misala elongo na bango mpe kotya bibongiseli mpo na lisungi oyo ebongi na bango.

6. Lisungi mpo na kozwa bilei

Lisungi mpo na kozwa bilei ezali na ntina mingi ntango bilei ya malamu oyo ezali to makoki mpo na kozwa yango ezali kokoka te kosalisa mpo na kopengola bamaladi oyo ebomaka, kozanga kolya malamu to liwa oyo euti na makambo yango. Ezali na misala ya kosunga bato oyo bakweli likama oyo ekosala ete bilei ezala mpe bato bakoka kozwa yango, ekosalisa bato bayeba makambo etali bilei mpe ekobongisa mimeseno na oyo etali kolya. Misala yango esengeli mpe kobatela mpe kolendisa makoki ya kobikela ya bato oyo bakweli likama. Misala yango ekoki kozala: kokabola bilei, kopesa mbongo, kosunga mimbongo mpe misala misusu ya kobimisa bilei. Atako kokokisa bamposa oyo esengeli kokokisama nokinoki esengeli kozala na esika ya liboso na ebandeli ya likama oyo ekwei, misala ya kopesa lisungi esengeli kobomba mpe kobatela biloko, kosalisa mpo na koluka mpe komona biloko oyo ebungaki ntango likama ekwei mpe kosala ete bato bayika mpiko liboso ya bampasi na mikolo ezali koya.

Lisungi mpo na kozwa bilei ekoki mpe kosala ete bato batika kosalela ba ndenge ya mabe ya kobundana na mikakatano na bango lokola koteka biloko oyo ekotisaka mbongo, kosalela na ndenge ya mabe to kobebisa biloko ya motuya oyo ezalaka na mabele mpe kokota nyongo mingi.

Bisaleli ndenge na ndenge ekoki kosalelama na baprograme ya lisungi mpo na kozwa bilei, na ndakisa:

- kokabola bilei na bato nyonso (kopesa bilei, kopesa mbongo mpo na kosomba bilei);
- baprograme ya kobakisela bato nyonso biloko;
- baprograme ya kobakisela bato oyo bazali na bolembu biloko; mpe
- kopesa misala mpe makoki oyo ebongi, bakisá boyebi mpe mayele ya mosala.

Kokabola bilei na bato nyonso esungaka bato oyo basengeli mpenza na bilei. Botika kokabola yango ntango bato oyo bazali kozwa lisungi bakomi kozwa to kobimisa biloko ya kolya na makoki na bango moko. Ekoki kosenga ete misala misusu ya ntango mokuse esalema, lokola lisalisi ya mbongo oyo ezali na masengami to lisungi na makoki ya kobikela.

Mpo na bato oyo bazali na bamposa misusu na makambo etali bilei, ekoki kosenga ete bobakisela bilei mosusu likoló na biloko oyo bopesi bato nyonso. Kati na bango ezali na bana ya sanza 6 tii 59, mibange, bibosono, bato oyo bazali na VIH mpe basi ya zemi to oyo bazali komelisa bana. Mbala mingi, kobakisela bato biloko ebikisaka bomoi ya bato. Kolya bisika misala ezali kosalema ekoki kobongisama kaka soki bato bazali na makoki ya kolamba bango moko te. Ekoki kozala na ntina mingi mbala moko nsima ya likama, ntango bato balongwe bisika bazalaki mpo na kokima bisika mosusu to na bisika oyo libateli ezali te mpo bato bamemaka na ndako biloko oyo bazwi. Ekoki mpe kosalelama ntango ya koleisa bana na kelasi, atako bilei ya komema na ndako ekoki kokabolama na nzela ya kelasi. Boyeba ete bana oyo bakendaka kelasi te bazali na makoki ya kozwa bilei yango te, bobongisa lolenge ya kokómisa lisungi na bana na bango.

Lisungi mpo na kozwa bilei esengaka misala ya malamu ya koyeisa biloko mpe makoki ya kokómisa yango na bisika oyo esengeli mpo na kosalela biloko malamumalamu.

Misala ya kotambwisa bibongiseli mpo na kokabola mbongo esengeli ezala makasi mpe malamu, mpe esengeli kolandelamaka ntango nyonso ⊕ *talá Kopesa lisungi na nzela ya mimbongo.*

Lisengami 6.1 ya Lisungi mpo na kozwa bilei:
Bamposa ya bato nyonso na makambo etali bilei

Bamposa ya libosoliboso na makambo etali bilei ya bato oyo bakweli likama, ata mpe ya bato oyo bazali na bolembu mingi, ekokisami.

Misala ya ntina

1 Komeka makoki ya bato ya kozwa bilei ya kokoka mpe ya malamu.

- Kotalela makoki yango mbala na mbala mpo na koyeba soki ezali malamu to ebandi kobeba.
- Kotalela makoki ya bato oyo bakweli likama ya kosala mimbongo.

2 Kobongisa lisalisi ya bilei mpe ya mbongo mpo na kokokisa bamposa ya masengami ya ebandeli na oyo etali makasi, proteini, mafuta mpe biloko ya mikemike oyo etongaka nzoto.

- Kobongisa biloko ya kolya na ndenge ete ekokisa bamposa oyo bato bazangi kokokisa na makoki na bango.

3 Kobatela, kolendisa mpe kosalisa bato oyo bakweli likama bazala na likoki ya kozwa bilei ya malamu oyo etongaka nzoto mpe bazwa lisungi na makambo etali bilei.

- Kosala ete bana ya sanza 6 tii 24 bazala na likoki ya kozwa bilei ya kobakisela bana oyo bazali komɛla mabɛlɛ mpe basi ya zemi ná oyo bazali komɛlisa bana bazala na likoki ya kozwa lisungi ya kobakisa na makambo etali bilei.
- Kosala ete mabota oyo ezali na bato oyo babelaka maladi oyo esilaka te, bato oyo bazali na VIH mpe maladi ya ntolo, mibange mpe bibosono bazwa bilei ya malamu oyo etongaka nzoto mpe bazwa lisungi oyo ebongi na makambo etali bilei.

Bilembo ya ntina

Motángo ya bana oyo bazali konyokwama na kozanga kolya malamu kati na bana nyonso na nse ya mbula 5 oyo ekabolami kolanda bomwasi to bobali, mpe ekabolami kolanda kozala ebosono to te mpo na bana kobanda na sanza 24

- Bosalela bibongiseli mpo na kokesenisa bana oyo ya OMS (MAD, MDD-W).
- Mpo na kokabola makambo kolanda kozala ebosono to te, bosalela makanisi ya UNICEF mpo na ndenge ya kotalela bana *(UNICEF/Washington Group on Child Functioning)*.

Motángo ya mabota oyo eponami likoló na monkama oyo ezali na Bilembo ya kolya ya kokoka (FDS)

- koleka 35 %; soki mafuta mpe sukali epesami, koleka 42 %

Motángo ya mabota oyo eponami likoló na monkama oyo ezali na Bilembo ya kokoka ya kolya bilei ndenge na ndenge (DDS)

- koleka bituluku 5 ya bilei oyo elyamaka mbala na mbala

Motángo ya mabota oyo eponami likoló na monkama oyo ezali kokokisa bamposa na bango ya libosoliboso ya kozwa makasi na bilei (2 100 kCal na moto mpe na mokolo) mpe ya biloko ya mikemike oyo etongaka nzoto oyo esengami na mokolo

Makanisi ya kolanda

Kolandela likoki ya kozwa bilei: Kotalela makambo ndenge na ndenge oyo ebongwanaka na oyo etali kokoka komileisa, likoki ya kosala mimbongo mpe bawenze, makoki ya kobikela, sante mpe bilei. Yango ekosalisa mpo na koyeba soki makambo ezali malamu to ebandi kobeba, mpe soki misala ya kopesa lisungi mpo na bilei esengelami to te. Kosalela bilembo ya komekela lokola FDS to DDS.

Bandenge ya lisalisi: Kosalela ndenge ya lisalisi oyo ebongi (mbongo, bajeton to bilei) to kosangisa yango mpo na kosala ete bato bakoka komileisa. Bisika oyo lisalisi ya mbongo ezali kopesama, kokanisa kokabola bilei ya kobakisela bana oyo bazali komεla mabεlε mpe bilei misusu ya kobakisela bato mpo na kokokisa bamposa ya bituluku misusu ya bato. Kotalela makoki ya mimbongo to bawenze oyo ebongi na kokokisa bamposa misusu etali bilei mpe kosalela bisaleli mpe mayele oyo ebongi lokola esaleli mpo na koyeba 'ntalo ya nse makasi mpo na kolya malamu'.

Kobongisa bilei ya kokabola mpe litomba ya bilei na nzoto: Ezali na bisaleli ndenge na ndenge mpo na kobongisa bilei ya kokabola, na ndakisa NutVal. Mpo na bilei ya kokabola mpo na bato nyonso ⊕ *talá Apendisi 6: Bamposa na makambo etali bilei*. Soki biloko ya kokabola ebongisami na ntina ete bato bazwa makasi oyo esengeli na kolya, ebongi ete ezala na biloko ya ntina mpo na nzoto ya kokoka mpe oyo ebongi. Soki biloko ya kokabola ezali kopesa bato kaka mwa ndambo ya makasi oyo esengeli bazwa na kolya, esengeli kosalela moko ya bameyele oyo:

- Soki biloko ya ntina mpo na nzoto oyo ezali na kati ya bilei oyo bato bazali na yango eyebani te, kobongisa bilei ya kokabola na ndenge ete biloko ya ntina oyo ekozala na kati ekokana na makasi oyo epesamaka na nzoto nsima ya kolya yango.
- Soki biloko ya ntina mpo na nzoto oyo ezali na kati ya bilei oyo bato bazali na yango eyebani, kobongisa bilei ya kokabola na ntina ya kokokisa bamposa ya biloko ya ntina mpo na nzoto oyo ekokisami te.

Mitángo oyo elandi esengeli kosalelama mpo na kobongisa bilei ya kokabola mpo na bato nyonso na oyo etali bamposa ya libosoliboso na makambo etali bilei, mpe kobongisama kolanda bisika mpe ntango ezali kosalelama.

- 2 100 kCal na moto mpe na mokolo. Kati na yango, 10% - 12% ekouta na baproteini mpe 17% ekouta na mafuta ⊕ *talá Apendisi 6: Bamposa na makambo etali bilei* mpo na makambo mosusu.

Kosala ete bilei ya kokabola ezala na biloko ya ntina mpo na nzoto ekoki kozala mpasi bisika oyo bilei ndenge na ndenge ezali mingi te. Kotya likebi na likoki ya kozwa mungwa oyo ezali na iode, mpe bavitamini lokola niacine (vitamini B3), thiamine (vitamini B1) mpe riboflavine (vitamini B2). Kati na makambo ya kosala mpo na kolendisa litomba ya bilei na nzoto ezali na makambo lokola kobakisa biloko ya mikemike na bilei oyo bato balyaka mingi, mpe kolendisa bato basomba bilei ya sika oyo ebimisami na bana-mboka na nzela ya bajeton. Kokanisa kobakisela bato bilei oyo ezali na mafuta, na biloko ya ntina mpo na nzoto, ya kosalela na lombangu, to mpe biloko ya mikemike oyo etongaka nzoto na ndenge ya nkisi ya mbuma to ya putulu. Kopesa mayebisi ya IYCF-E mpo na kolendisa mimeseno ya komεlisa bana mabεlε malamu mpe ya kobakisela bana oyo bazali komεla mabεlε bilei misusu ⊕ *talá Masengami 4.1 ná 4.2 ya Ndenge ya koleisa babebe mpe bana mike.*

Na ntango ya kobongisa bilei ya kokabola, bosolola na bana-mboka mpo ete botya likebi na mimeseno na bango mpe nini basepelaka na yango. Bopona bilei oyo esengaka kolambama na ntango molai te bisika oyo nkoni to biloko epelaka emonanaka na mpasi. Soki bambongwana esalami na bilei ya kokabola, boyebisa lisangá mobimba nokinoki mpo ete bato babomba nkanda na motema te, mpe ete basi babetama te na bandako na bango mpo bato bakoki kokanisa ete bango nde bazali kokondisa bilei oyo bapesi bango. Boyebisa bato polele ndenge nini bakobimisama na programe uta ebandeli mpo na kosalisa bango batya elikya koleka ndelo te, bamitungisa mpe koleka ndelo te mpe mpo ete mabota ezwa mikano oyo ebongi.

Boyokani na baprograme ya sante: Lisungi mpo na kozwa bilei ekoki kosala ete bato oyo bakweli likama bazala malamu, mingimingi soki esangisami na meko ya sante ya bato nyonso mpo na kopengola bamaladi lokola kintuntu, malaria mpe banyama ya libumu ⊕ *talá Lisengami 1.1 ya Bibongiseli ya sante: Kopesa bato misala ya sante mpe Lisalisi ya monganga oyo esengeli kopesama – Lisengami 2.1 ya Bamaladi oyo epalanganaka : Kokima bamaladi mosusu.*

Kolandela ndenge bilei ezali kosalelama: Bilembo ya ntina ya lisungi mpo na kozwa bilei emonisaka likoki ya bato ya kozwa bilei kasi emonisaka te ndenge nini bato basaleli yango. Komeka mbala moko biloko ya ntina mpo na nzoto oyo bato bazali kolya emonisaka makambo ndenge mpenza ezali te. Ndenge ya malamu ya kosala ezali komeka na nzela ya makambo lokola koyeba bilei nini ezali mpe ndenge nini mabota esalelaka yango, mpe kotalela ntálo ya bilei, koyeba bilei nini mpe biloko nini epelaka mpo na kolambela ezali na bawenze. Bandenge misusu ya kosala ekoki kosenga kotalela myango mpe mikanda ya kala ya misala ya kopesa lisungi mpo na kozwa bilei, kotalela matombá ya bilei oyo ebimaka yango moko mpe kosala misala ya kotalela makambo etali kokoka komileisa.

Bituluku ya bato oyo bazali na likama: Ntango ya kotya masengami ya kokokisa mpo na kozwa lisungi mpo na kozwa bilei, esengeli kosolola na bituluku ndenge na ndenge mpo na koyeba bamposa nyonso oyo ekoki kotyama likebi te. Kokotisa bilei ya malamu mpe oyo ebongi lokola bilei esangisami oyo babakisi biloko misusu ya ntina mpo na nzoto mpo na bana mike (ya sanza 6 tii 59) na bilei ya kokabola na bato nyonso. Bituluku misusu ya bato oyo esengeli kotyela likebi ezali mibange, bato oyo bazali na VIH, bibosono mpe bakengeli bana.

Mibange: Kobela maladi oyo esilaka te to kozala ebosono, kozala kaka yo moko, kozala na libota monene, malili mpe bobola ekoki kokitisa likoki ya bato ya kozwa bilei mpe komatisa bamposa na bango ya biloko ya ntina mpo na nzoto. Mibange basengeli kozala na likoki ya kozwa bilei mpe biloko mosusu na petɛɛ. Bilei yango esengeli kolambama mpe kolyama na petɛɛ nyonso, mpe esengeli kokokisa bamposa ya mibange na oyo etali baproteini mpe biloko ya mikemike oyo etongaka nzoto.

Bato oyo bazali na VIH: Bato oyo bazali na VIH bazali na likama mingi ya konyokwama na kozanga kolya malamu. Yango eutaka na makambo lokola kolya bilei ya kokoka te, kozanga makoki ya malamu mpo bilei esala mosala kati na nzoto, kobongwana ya makoki ya nzoto ya kozwa makasi na bilei, mpe bamaladi oyo esilaka te. Bamposa oyo etali makasi na nzoto ya bato bazali na VIH ebongwanaka kolanda bokóli ya maladi. Konika bilei mpe kotya biloko misusu ya ntina mpo na nzoto na kati, to mpe kopesa bilei misusu oyo esangisami ezali mwa mayele ya kosalela mpo na kosala ete bakoka kolya malamu na ndenge elongobani. Ntango mosusu ekosenga kobakisela bango bilei nyonso oyo ekabolami. Botinda bato oyo bazali konyokwama na kozanga kolya malamu mpe bazali na VIH na baprograme ya TSFP soki ezali.

Bibosono, bakisá bato oyo babulungani, bakoki kozala na likama monene ya kokabwana na libota na bango mpe bato oyo bakengelaka bango ntango likama ekwei. Ekoki kokoma ete basalela bango makambo na bosembo te. Kosala ete bazala na likoki ya kozwa bilei bango moko, ya kozwa bilei oyo epesaka makasi mingi na nzoto mpe oyo ezali na biloko misusu ya ntina mpo na nzoto mingi, mpe kotya bibongiseli mpo na kosunga bango na kolya. Ekoki kosenga kokabola bamasini oyo enikaka bilei ya kosalela na mabɔkɔ, balutu mpe biloko ya komelela, mpe kotya bibongiseli mpo na kotala bango na bandako to penepene. Lisusu, kotya likebi ete bana oyo bazali bibosono mingimingi bakendaka kelasi te, mpe bakoki kozanga baprograme etali bilei oyo esalemaka na kelasi.

Bakengeli: Ezali na ntina mingi kosunga bato oyo bazali kokengela bato oyo bazali na bolembu. Bango ná bato oyo bazali kokengela bakoki kokutana na mikakatano misusu na makambo etali bilei. Na ndakisa, bakoki kozala na ntango mingi te mpo na kozwa bilei mpo bazali kobela to mpe bazali kokengela babeli. Bakoki kozala na bosengá mingi ya kobatela mimeseno mingi mpo na bopeto. Bakoki kozala na biloko mingi te ya kopesa mpo na kozwa bilei, mpo babimisi mbongo mpo na kosalisa bandeko to mpe kokunda bawei. Bato bakoki kotala bango na liso ya mabe mpe ekoki kosalama ete bazala na likoki moke ya kozwa lisungi na bibongiseli mpo na kosungana na lisangá. Bosalela bibongiseli ya boyokani ya bato oyo ezali mpo na kopesa formasyo na bato misusu na ntina ete balendisa bakengeli.

Lisengami 6.2 ya Lisungi mpo na kozwa bilei:
Koyeba soki bilei ezali malamu, elongobani mpe endimami

Bilei oyo epesami ezali malamu mpe elongobani, endimami mpe ekoki koselama malamumalamu.

Misala ya ntina

1 ⟩ Kopona bilei oyo ezali kokokisa masengami ya ekólo esika bozali mpe masengami misusu oyo endimami na mokili mobimba.

- Komeka mwa bilei oyo eponami na mbalakaka kati na bilei nyonso oyo ezali.
- Koyeba mpe kotosa malako ya ekólo na makambo etali kozwa mpe kosalela bilei oyo ebongolami na baselile na yango ntango bozali kokanisa kosalela bilei euti bikólo misusu.

2 ⟩ Kopona ebombelo oyo ebongi mpo na bilei.

- Kopesa baetiketi oyo ekomonisa mokolo ebimisamaki, esika euti, na ntango nini ekobeba, biloko nini ya ntina mpo na nzoto ezali na kati mpe ndenge ya kolambela yango. Makambo yango esengeli kokomama kolanda mimeseno mpe monɔkɔ ya bana-mboka, mingimingi mpo na bilei oyo eyebani mingi te to mpe oyo elyamaka mpenza te.

3 ⟩ Kotatela likoki ya bato ya kozwa mai, biloko epelaka, matuka mpe bibombelo.

- Kopesa bato bilei oyo ekoki kolyama ata soki elambami te ntango oyo makama esali ete bazanga makoki ya kolamba.

4 Kopesa bato likoki ya kosalela bamasini mpo na konika mpe kobongola bilei soki mbuma ya mobimba ya kosalela farini epesami.

- Kopesa bato mbongo to bajeton mpo bakoka kofuta ntalo mpo na konikisa mbuma, to mpe kobakisela bango mbuma mosusu to bamasini mpo na konika mbuma.

5 Komema mpe kobomba bilei na ndenge ebongi mpenza.

- Kolanda mitinda na makambo etali kobomba mpe kosalela biloko, mpe koluka koyeba ntango nyonso soki ezali malamu to ebebi.

- Komeka biloko na bimekeli oyo elongobani, koboya kobongolabongola bimekeli mpe ndenge ya komekela na boumeli ya misala.

Bilembo ya ntina

Motángo ya bato oyo bakweli likama likoló na monkama oyo ezali komonisa ete bilei oyo epesami ezali ya malamu mpe oyo ekokisi bamposa mpe elandi mimeseno na bango

Motángo ya bato oyo bakweli likama likoló na monkama oyo ezali komonisa ete ebongiseli oyo etyamaki mpo bazwa bilei ezalaki oyo ebongi mpenza

Motángo ya mabota likoló na monkama oyo ezali komonisa ete bilei oyo epesamaki ezalaki mpasi te na kolamba mpe kobomba

Motángo ya bato oyo bazali kozwa lisungi likoló na monkama oyo bazali komilelalela to oyo bazongisi maloba ete bilei ezali malamu te

- Kolelalela ya motindo nyonso esengeli elandelama mbala na mbala mpe ezwa eyano nokinoki.

Motángo ya bilei oyo ebebi likoló na monkama oyo programe emonisi

- Ezala na nse ya 0,2 % ya kilo ya bilei nyonso.

Makanisi ya kolanda

Ndenge bilei ezali: Bilei esengeli eyokana na mitinda ya guvernema ya ekólo esika misala ezali kosalema. Esengeli mpe kolanda mitinda ya Codex Alimentarius na oyo etali kozala malamu to te, kotya ebombelo, kotya baetiketi, mpe kokokisa ntina na yango. Bilei ekokisi ntina na yango te ntango ezali ya malamu te mpo na ntina ezwamaki, ata soki bato bakoki kolya yango. Na ndakisa, farini oyo ebongi te na kosalela limpa na mabota, atako bakoki kolya na bandenge mosusu. Bilei oyo esombami na mboka to na biloko misusu esengeli kozala na mikanda oyo emonisi ete bilei ya matiti to banzete ekoki kotekisama na bikólo misusu to oyo emonisi ete biloko ezali ya malamu, ya kokoka mpe oyo ebongi. Esengeli kosalela biloko oyo ebongi mpe kolanda malako ya sikisiki mpo na kotumba biloko na milinga. Kosala elongo ná bato oyo basalaka baankete na mitindo na bango moko soki biloko ya kotalatala ezali ebele mingi to mpe ntango ntembe to matata etyami likoló na ndenge biloko yango ezali.

Kosala ete guvernema ya ekólo ezala komikotisa na makambo mingi mpenza. Kozwa makambo oyo etali ntango bilei ebimisamaki mpe ndenge ezaleli na mikanda oyo bateki bapesaka, na balapolo mpo na kotalatala soki bilei ezali malamu to te, na baetikiti ya ebombelo mpe balapolo ya depo. Kobomba esika moko mikanda nyonso oyo ezali komonisa soki eloko ezali malamu mpe peto.

Koluka koyeba soki bilei ezali komonana na bawenze ya mboka, ekólo to mokili mobimba. Soki lisungi mpo na kozwa bilei ezali kouta na biloko ya mboka, esengeli ezala oyo ekoumela mpe oyo ekobakisa te mikakatano likoló ya biloko ya motuya oyo ezali na mboka to kobebisa mimbongo. Kotya mpe mikakatano oyo ekoki kokoma ntango ya kosomba bilei na myango ya programe.

Kotya bilei na kati ya bibombelo: Ekoki kosalama ete bilei ebeba na badepo to bisika ya kokabola yango. Bilei ekoki kobeba ntango ezali kokabolama soki ebombami malamu te. Bibombelo to biloko ya kokangela bilei esengeli ezala ya makasi mpe ya malamu mpo na komemama, kobombama mpe kokabolama. Mibange, bana mpe bibosono basengeli kozala na makoki ya kosalela yango. Soki likoki epesameli, kokabola bilei kaka na bibombelo etyami na esika ete emekama lisusu mpo etyama na ebombelo mosusu.

Biloko ya kokangela bilei esengeli te kozala na mayebisi oyo etali makambo ya politiki, ya mangomba, to oyo ekoki kotya bokabwani kati na bato.

Ebongi te ete biloko bokangeli bilei emema likama, mpe bibongiseli oyo epasaka bato lisungi ezali na mokumba ya kosala ete bisika bato bafandi mpe zingazinga na yango ebebisama te na bibombelo oyo ekabolami na biloko to oyo esombami na mbongo to bajeton. Kosalela bimbobelo ya mike (oyo epolaka mpe ezongaka na mabele soki likoki ezali) mpe oyo esalami na biloko ya malamu oyo ezali na mboka, na nzela ya kolendisa boyokani kati na bakonzi ya mboka mpe bakompanyi oyo esalaka biloko ya kosalela bibombelo. Kopesa biloko ya kotyela bilei oyo ekoki kosalelama mbala mingi, kobongolama na eloko ya sika to kobongolama mpo na ntina mosusu. Kolongola bosɔtɔ oyo euti na bibombelo na ndenge oyo ekobatela bisika bato bafandi mpe zingazinga na yango. Bibombelo misusu lokola oyo ya aluminium esengaka kozwa meko misusu mpo na kolongola bosɔtɔ oyo euti na yango na ndenge ya malamu.

Bisika bosɔtɔ etondi, kobongisa mbala na mbala bakampanye ya kolongola bosɔtɔ na lisangá. Bakampanye yango ezali moko ya misala oyo bana-mboka basengeli kotya mabɔkɔ mpe moko ya banzela ya kokebisa bato na bosɔtɔ, esengeli kofutama na mbongo te ⊕ talá Masengami 5.1 tii 5.3 ya Kolongola biloko ya makasi ya bosɔtɔ.

Kopona bilei: Atako esengeli libosoliboso kotalela biloko ya ntina mpo na nzoto oyo ezali na bilei ntango ya kopesa lisungi mpo na kozwa bilei, esengeli mpe na bato oyo bazali kozwa lisungi bamesana na bilei yango. Esengeli bilei yango etosa mimeseno ya mangomba mpe bonkɔkɔ na bango, bakisá mpe bikila mpo na basi ya zemi ná oyo bazali komɛlisa bana. Kosolola na basi mpe bana basi na oyo etali kopona bilei, mpo bango nde bamemaka mokumba ya kolamba na bisika mingi. Kosunga bankoko, mibali oyo bazali kokamba mabota bango moko, mpe bana oyo bazali kokengela bandeko na bango mpo bakoki kokutana na mikakatano mpo na kozwa bilei.

Na bingumba, mabota ekoki kozwa bilei ndenge na ndenge koleka mabota oyo ezali na bamboka, kasi bakoki kozala na mikakatano mpo na kolya malamu mpe ekosenga bazwa lisalisi na makambo etali bilei ya ndenge mosusu.

Koleisa babebe: Miliki ya babebe, miliki ya putulu, miliki ya mai to bilei mosusu esalemi na miliki ya mai oyo bozwi lokola likabo to lisungi esengeli kokabolama esika na yango moko te ntango bozali kokabola bilei mpo na bato nyonso. Esengeli mpe kokabolama te na baprograme ya kobakisela bato biloko mpo ememama na bandako ⊕ talá Lisengami 4.2 ya Ndenge ya koleisa babebe mpe bana mike.

Mbuma ya mobimba ya kosalela farini: Kokabola yango bisika oyo bato bakoki konika mbuma na bandako na bango to bisika oyo bazali na makoki ya kokende na bamasini ya konikisa mbuma. Mbuma ya mobimba ya kosalela farini ezalaka malamu ata soki ebombami ntango molai koleka mbuma misusu mpe ezalaka na matomba mingi mpo na bato oyo bazali kati na programe.

Kopesa bisaleli mpo na mombongo ya konikisa mbuma na ndenge oyo elongolaka biloko ya ntina mingi te na kati ekoki kolongola bamikrobe, mafuta mpe baenzyme oyo ekomisaka farini ngai mpe solo mabe. Konikisa mbuma ndenge wana esalaka ete farini ebombama malamu ntango molai, atako elongolaka mwa ndambo ya baproteini. Masango oyo enikisami ebombamaka malamu kaka poso 6 to 8, yango wana esengeli konikisa yango pene ya ntango esengeli kolyama. Mbuma oyo enikisami esengaka ntango moke mpo na kolamba yango. Masengami mpo na konikisa mbuma ntango mosusu ematisaka makama ete basi mpe bana basi basalelama mpo na litomba na bango te. Bosala elongo na bango mpo na koyeba mikakatano mpe ndenge ya kosilisa yango, na ndakisa kosunga misala ya konikisa mbuma oyo ekambami na basi.

Kobomba mpe kolamba bilei: Mpo na kopona bilei nini ya kopesa esengeli koyeba makoki ya mabota ya kobomba bilei. Bomindimisa ete bato oyo bazali kozwa lisalisi bayebi malamu ndenge nini kokima makama mpo na sante ya bato nyonso oyo eutaka na kolamba bilei. Bopesa matuka oyo ebatelaka biloko epelaka to biloko misusu mpo na kopelisa mɔtɔ oyo ekobebisa bisika bato bafandi mpe zingazinga na yango te.

Bisika ya kobomba bilei esengeli kozala ya kokauka mpe peto, esengeli kobatelama malamu na mbula, mipepe, mpe biloko misusu ya mabe mpo na nzoto. Bisika ya kobomba bilei esengeli kobatelama na banyama mabe lokola nyamankeke mpe bampuku. Soki likoki ezali, kobenga basali ya Ministere ya sante oyo bakomonisa ete bilei oyo bateki bamemi ezali malamu.

Misala ya ntina

1 > Koluka koyeba mpe kopona bato oyo basengeli na lisungi mpo na kozwa bilei kolanda bamposa na bango mpe masolo na bato oyo makambo yango etali.

- Kosalela mayele oyo emonisi makambo polele, eyebani na bato nyonso mpe endimami na bato oyo bazali kozwa lisungi to te mpo na koboya kobotisa mindondo mpe kopesa mpasi.

- Kobanda kokoma nkombo ya mabota oyo esengeli kozwa bilei ntango kaka likoki epesameli, mpe kobongola yango ntango nyonso makambo ya sika ebakisami.

2 > Kobongisa bandenge ya kokabola bilei to bibongiseli mpo na kopesa mbongo/ bajeton oyo ezali ya sikisiki, oyo eponaka bilongi te, oyo ebatelami, ya malamu mpe oyo bato nyonso bazali na likoki ya kozwa.

- Kosolola na basi mpe mibali, bakisa bilenge ná bana, mpe kolendisa bato oyo bakoki kozala na bolembu to bituluku ya bato oyo batyami pembeni bakoka kotya mpe mabɔkɔ.

3 〉 Kotya bisika ya kokabola mpe ya kotikela esika oyo bato bakozala na likoki ya kokoma na petɛɛ, oyo ebatelami mpe oyo ebongi mpo na bato oyo bazali kozwa lisungi.

- Kolandela mbala na mbala bisika ya kolekisa bato mpe ndenge makambo etali libateli ezali kobongwana mpo na kokitisa makama oyo bato bakoki kokutana na yango ntango bazali kokende bisika ya kokabola.

4 〉 Koyebisa bato oyo bazali kozwa lisungi makambo nyonso etali ndenge mpe ntango ya kokabola, bilei ya ndenge nini ekokabolama, to motuya ya mbongo to jeton mpe biloko nini bakoki kozwa na nzela na yango.

- Kotosa mimeseno ya bato na oyo etali ntango ya kosala misala mpe ya kotambola mpo na kotya ntango ya kokabola biloko, mpe kotya na liboso bituluku ya bato oyo bazali na likama.
- Kobongisa mpe kotya bibongiseli ya kozongisa monɔkɔ elongo na bana-mboko liboso ya kobanda kokabola biloko.

Bilembo ya ntina

Motángo ya bambeba ya kopona bato likoló na monkama oyo etali kokotisa to kobimisa bato oyo ezali mpenza na motuya te

- Esengeli kozala na nse ya 10 %

Molai ya nzela kobanda na ndako tii esika ya kokabola ya nsuka to bawenze (soki mbongo to bajeton epesamaki)

- Esengeli kozala na nse ya 5 kilometre

Motángo ya bato oyo bazwi lisungi (ekabolami kolanda bomwasi to bobali, bambula ya kobotama mpe kozala ebosono to te) likoló na monkama oyo bakutani na mikakatano ntango bazali kokende bisika programe ezali kosalema to ntango bazali kozonga ndako

Motángo ya bato oyo balobi ete basalisaki bango mpo na litomba na bango te to ya basali oyo basaleli bokonzi na bango na ndenge ya mabe na makambo etali kokabola to kokenda kotikela bato biloko

Motángo ya makambo likoló na monkama oyo ya kosalela bato mpo na litomba na bango te mpe ya kosalela bokonzi na ndenge ya mabe na makambo etali kokabola to kotikela bato biloko oyo elandelami

- 100 %

Motángo ya mabota oyo eponami likoló na monkama oyo bakoki koloba ntomo na bango ya kozwa lisungi mpo na kozwa bilei

- Esengeli koleka 50 % ya mabota oyo eponami

Makanisi ya kolanda

Kopona bato: Bosenzela ete mayele ya kosalela mpo na kopona bato ezala oyo ebongi kosalelama na bisika mpe ntango bozali. Kopona bato esengeli kaka te kosalema na ebandeli ya misala, esengeli mpe kosalema na boumeli nyonso ya misala ya kopesa lisungi. Koluka bokatikati na oyo etali bambeba ya kobimisa bato na programe, oyo ekoki kotya bomoi na bango na likama, mpe bambeba ya kokotisa bato na programe, oyo ekoki kobebisa misala to biloko, ezali mpasi mingi. Ntango likama ekwei na mbalakaka, bambeba ya kokotisa bato ekondimama mingi koleka bambeba ya kobimisa bango. Kokabola bilei mpo na bato nyonso ekoki kozala malamu bisika oyo makama esali ete mabota mingi babungisa biloko ya ndenge moko to bisika oyo makoki ya kosala misala ya kopona bato malamumalamu ezali te.

Bana ya sanza 6 tii 59, basi ya zemi mpe oyo bazali komɛlisa bana, bato oyo bazali na VIH mpe bituluku misusu ya bato oyo makama ezwaka nokinoki bakoki koponama mpo na kobakisela bango bilei mosusu, to mpe bakoki kotindama na misala ya kozwa lisalisi ya monganga mpo na kozanga kolya malamu mpe mayele ya kopengola yango. Ekosala ete bato oyo bazali na VIH balya biloko oyo epesaka makasi na nzoto mikolo nyonso mpe bakoka kokoba kozwa lisalisi ya monganga mpe komɛla bankisi.

Na programe nyonso oyo esengi kopona bato, esengeli kosala keba ete bato batalama na liso ya mabe te to mpe básalela bango makambo na nko te. Na ndakisa, bato oyo bazali na VIH bakoki kotyama na liste mpo na kokabola ya "bato oyo bazali kobela bamaladi oyo esilaka te" mpe kozwa lisungi na bango na balopitalo esika bazwaka lisalisi ya monganga ná bankisi. Baliste ya bato oyo bazali na VIH esengeli ata moke te koyebana na bato nyonso to kokabolama na bato misusu, mpe na bisika mingi bakonzi ya lisangá basengeli te kosala misala ya kopona bato oyo bazali na VIH.

Basali misala/Komite ya kopona bato: Boluka kokutana bino moko ná bato to bituluku ya bato oyo bakweli likama na kosálaká nyonso mpo na koboya koleka na nzela ya basinzili ya lisangá. Kotya bakomite ya kopona bato oyo ezali na kati ná bamonisi ya:

- basi ná bana basi, mibali ná bana mibali, mibange mpe bibosono;
- bakomite oyo eponamaki na bana-mboka, bituluku ya basi mpe bibongiseli oyo esungaka bato;
- ba-ONG ya mboka na mboka mpe ba-ONG oyo esalaka na mikili mingi;
- bibongiseli ya bilenge; mpe
- bibongiseli ya Leta oyo ezali na mboka.

Ndenge ya kokoma nkombo: Kokoma nkombo ekoki kozala mpasi mingi na bakaa, mingimingi bisika oyo bato bakimaki mboka na bango bazali na mikanda te. Ekoki kozala ntina mingi kosalela baliste oyo euti na bakonzi ya mboka mpe baliste ya mabota oyo ebimisami na bana-mboka soki emonani ete ezali ya solosolo mpe sembo. Kolendisa basi oyo bakweli likama bamipesa na misala ya kobongisa ndenge ya kokoma nkombo. Kokotisa bato oyo makama ezwaka nokinoki na baliste ya kokabolela bato biloko, mingimingi bato oyo bakoki kotambola mingi te.

Soki likoki ya kokoma nkombo na ebandeli ya likama ezali te, esengeli kosalema soki kaka makambo ebandi kobonga. Kotya ebongiseli ya kozongisa monɔkɔ na makambo etali ndenge ya kokoma nkombo oyo bato nyonso oyo bakweli likama bakoki kosalela ata soki bazali basi, bana basi, mibange mpe bibosono. Basi bazali na lotomo ya kokomisa nkombo na bango moko. Bisika oyo likoki ezali, kosolola ná basi mpe mibali, ya kokabwana soki esengi bongo, mpo na koyeba nani nde asengeli kokende kozwa lisungi ya bilei to ya mbongo oyo epesami na libota. Masolo yango esengeli kotya likebi na misala ya kotalela makama oyo ekoki kokweya.

Esengeli kotya bibongiseli misusu mpo na mabota oyo ekambami kaka na moboti moko ya muasi to mobali, oyo ekambami na bana mpe bana oyo bakabwani na baboti mpe oyo bazangi mokengeli, na ntina ete bakoka kozwa lisungi na kimya mpo na mabota na bango. Bobongisa bisika ya kosalisa bana pembeni na bisika ya kokabola biloko mpo ete mabota oyo ezali na moboti kaka moko mpe basi oyo bazali na bana mike bakoka kokengela bana na bango ata ntango oyo bazali kozwa lisungi. Bisika oyo mibali bazalaka na basi ebele, bozwa mwasi moko na moko ná bana na ye lokola libota moko.

Kokabola bilei "ya kokauka": Bilei oyo bakabolelaka bato nyonso ezalaka kaka oyo ya kokauka, mpo bato balamba yango na bandako na bango. Ekoki kopesama na bato oyo bazali na mokanda mpo na kozwa bilei na bango moko to ya libota, na bamonisi ya etuluku moko ya mabota, na bakambi ya mboka to ya basi, to mpe na bakambi ya misala ya kokabola biloko na bato oyo baponami na kati ya lisangá. Esengeli kotalela kilo ya biloko mpe makoki ya bato ya komema yango malamu tii na ndako mpo na koyeba mbala boni esengeli kokabola biloko. Ekoki kosenga lisungi ya ndenge mosusu na ntina ete mibange, basi ya zemi ná oyo bazali komelisa bana, bana oyo bakabwani na baboti ná oyo bazangi mokengeli, mpe bibosono bakoka kozwa mpe kobatela biloko na bango. Bokanisa mpe koyebisa na bato misusu ya lisangá ete basalisa bango, to bopesa bango mwa biloko moke kasi mbala mingi koleka.

Kokabola bilei "oyo ezali na mwa mai": Na mabaku misusu, lokola na ebandeli ya likama oyo ekwei na mbalakaka, bilei oyo elambami to mpe oyo ekoki kolyama ata soki elambami te ekoki kosalelama ntango ya kokabola bilei mpo na bato nyonso. Bilei yango ebongi kokabolama bisika bato bazali kotambolatambola mpo na koluka esika to mpe soki bato oyo bazali komema bilei na ndango bakoki kokutana na makama ya miyibi, bitumba, boombo to kosala na litomba ya bato misusu. Kosalela bilei ya kopesa na kelasi mpe bilei ya kopesa mpo na kolendisa balakisi lokola ebongiseli mpo na kokabola bilei kaka soki likoki mosusu emonani te.

Bisika ya kokabola biloko: Ntango ya kopona bisika ya kokabola biloko, esengeli kotalela mabele mpe komeka kosala ete bato bakoka kozwa na mpasi te bandenge misusu ya lisungi lokola mai ya malamu mpe ya peto, zongo, misala ya sante, elili mpe esika ya kobombana, mpe bisika ya kimya mpo na bana mpe basi. Ensengeli kotya likebi soki mapinga bazali bisika ya kolekisa bato mpe soki mapinga bazali na misala mpo na kokitisa makama oyo basivile bakoki kokutana na yango mpe kosala ete bato bakoka kozwa lisungi na kimya. Banzela mpo na kokende, to kouta bisika yango esengeli eyebana polele, kozala oyo bato nyonso bakoki kotambola mpe oyo bato misusu ya lisangá basalelaka. Kotya likebi na makambo misusu ya kosala mpe na ntalo esengaka mpo na komemisa biloko ⊕ *talá Etinda etali kobatela bato 2*.

Bobongisa bandenge misusu ya kokabola biloko mpo na bato oyo bafandi mosika ná bisika ya kokabola biloko to oyo bazali na mikakatano mpo na kotambola. Kozwa likoki ya kokoma bisika ya kokabola biloko ezali motungisi ya mbala mingi mpo na bato oyo batyami pembeni to oyo bakipaka bango te na ntango ya likama. Bokabola biloko bino moko na bato oyo bazali na bibongiseli ya Leta.

Kotya ntango ya kokabola biloko: Bokabola biloko na ntango oyo ekopesa bato likoki kokende bisika ya kokabola biloko mpe kozonga ndako na pole ya moi. Boboya kosala makambo oyo ekosenga ete balala libanda, mpo ekoki komema makama misusu. Botya ntango ya kokabola biloko na ndenge ete ekutana te na ntango ya kosala misala misusu ya mikolo nyonso. Bokanisa kotya molongo oyo ekendaka mabangu to milongo oyo etye na esika ya liboso bituluku ya bato oyo bazali na likama, mpe buro moko na mosali oyo akobanda kokoma nkombo ya bana oyo bakabwani na baboti mpe oyo bazali na mokengeli te. Boyebisa bato libela ntango nini bokokabola biloko mpe nini bokokabola na bibongiseli ya kopanza nsango ndenge na ndenge.

Libateli ntango ya kokabola bilei, bajeton mpe mbongo: Esengeli kozwa meko mpo na kokitisa makama oyo ekoki kokweyela bato na ntango ya misala ya kokabola. Ekosenga kotalatala malamumalamu bato ebele oyo baye, kopesa basali oyo bazwaki formasyo mokumba ya kokamba misala ya kokabola, mpe na bato misusu kati na bato oyo bakweli likama mokumba ya kokengela bisika ya kokabola biloko. Kokotisa mpe bapolisi ya mboka soki esengeli. Boyebisa bapolisi mpe bakonzi na bango mikano ya misala oyo bozali kosala. Bobongisa na likebi mpenza bisika nyonso biloko ekokabolama mpo ete ezala ya kimya mpe esika oyo mibange, bibosono mpe bato oyo bazali na mikakatano mpo na kotambola. Boyebisa na bituluku nyonso ya basali misala ya kokabola etamboli nini basengeli kozala na yango, bakisa bitumbu mpo na makambo ya kosangisa nzoto na bato mpo na litomba na bango te to na makasi. Bopesa na basi mikumba ya kokengela misala ya kokitisa biloko, ya kokoma nkombo, ya kokabola biloko mpe ya kolandela makambo nsima ya bokaboli bilei ⊕ *talá Mobeko ya ntina mingi na mosala ya kosunga bato: Mokumba 7.*

Koyebisa bato makambo: Bomonisa polele makambo etali biloko ya kokabola na bisika ya kokabola biloko na minɔkɔ mpe na ndenge oyo bato bakoyoka ata baoyo bayebi kotanga te to oyo bazali na mikakatano mpo na kosolola. Bokoki koyebisa bato makambo na nzela ya mikanda, mikanda oyo batangi kotanga, SMS mpe mayebisi oyo ezali kolobela:

- ndenge biloko ekokabolama, boyebisa mpe bilei ya ndenge nini ekokabolama, to motuya ya mbongo to jeton mpe biloko nini bakoki kozwa na nzela na yango;
- ntina esali ete bosala bambongwana na oyo bokanaki liboso (ngonga, kilo, biloko, ...);
- mwango ya mosala ya kokabola biloko;
- matomba ya bilei na nzoto mpe, soki esengeli, makambo nini basengeli kosala mpo na kobatela matomba yango;
- masengami ya kokokisa mpo na kosalela bilei malamu;
- makambo misusu ya ntina mpo na kosalela bilei ya bana na ndenge ebongi; mpe
- ndenge ya kosala mpo na koyeba makambo mosusu to kozongisa monɔkɔ.

Mpo na oyo etali lisalisi ya mbongo, motuya nango esengeli eyebisama na kati ya makambo etali biloko ya kokabola. Ekoki komonisama esika ya kokabola biloko, esika ya kozwa mbongo to esika ya kozwa biloko na nzela ya jeton, to mpe na nkasa ya mayebisi oyo ekomami na monɔkɔ ya mboka.

Bambongwana na bilei oyo epesami: Bambongwana na bilei ya kokabola to motuya ya mbongo ya kopesa na lisalisi esalemaka soki bilei ezali komonana lisusu te, soki mbongo ezali kokoka te to mpo na ntina mosusu. Soki ekomi, botalisa bambongwana yango na bato oyo bazali kozwa lisungi na nzela ya bakomite mpo na kokabola biloko, bakambi ya lisangá mpe bamonisi ya bibongiseli. Bosala elongo mwango ya misala ya kosala liboso ya kobanda misala ya kokabola biloko. Komite mpo na kokabola biloko esengeli koyebisa bato bambongwana nini esalemi, na ntina nini, mpe ntango nini makambo ekozonga ndenge ezalaki liboso. Bambongwana ya kosala ekoki kozala:

- kokondisa biloko ya kokabola mpo na bato nyonso;
- kopesa bato oyo bazali na bolembu biloko ya kokoka mpe na bato nyonso oyo batikali biloko ya ndambu; to
- kozelisa misala ya kokabola biloko (soki ndenge mosusu ya kosala ezali te).

Kolandela misala ya kokabola mpe kokende kotikela bato biloko: Esengeli kolandela mbala na mbala bilei ya kokabola. Ekoki kosalama na nzela ya komeka kilo ya bilei oyo ekopesama na mabota na mbalaka mpo na koyeba soki ezali ya kokoka mpe ndenge moko mpo na bato nyonso. Bósolola na bato oyo bazali kozwa lisungi mpe bosala ete masolo yango esalama motuya ya basi ndenge moko na mibali, bakisá bilenge mpe bana, bibosono mpe mibange. Ekipi ya basali ya mwasi moko mpe mobali moko mpo na kosolola na bato bakoki kokende kotala bato na mbalakaka mpo na koyeba soki basepeli na biloko bazali kozwa mpe litomba na yango. kotala bato ndenge wana ekoki kosala ete boyeba bato oyo bazali kokokisa masengami mpo na koponama kasi bazali kozwa lisungi mpo na kozwa bilei te. Ekoki mpe kosala ete boyeba bilei oyo bato bazwaka bisika mosusu, bisika eutaka mpe ndenge ya kosalela yango. Ekoki mpe lisusu kosala ete boyeba soki bato misusu bazali kosalela makasi na bango mpo na kobotola biloko ya bato misusu, kozwa bango na mosala na makasi, to kosangisa nzoto na bango mpo na litomba na bango te to mpe makambo misusu ya ndenge wana ⊕ *talá Kopesa lisungi na nzela ya mimbongo*.

Lisengami 6.4 ya Lisungi mpo na kozwa bilei: Kosalela bilei

Bilei, ebombami, elambami mpe elyami na ndenge ya malamu mpe oyo ebongi ezala na libota to na lisangá.

Misala ya ntina

1 › Kobatela bato oyo bazali kozwa lisungi na mbeba ya kosalela to kolamba bilei na ndenge oyo ebongi te.

- Koyebisa bato ntina ya bopeto na bilei pe kolendisa mimeseno ya malamu ya bopeto na makambo etali kosalela bilei.
- Bisika bilei oyo elambami ekokabolama, esengeli kopesa basali formasyo na makambo etali kobomba, kosalela mpe kolamba bilei na ndenge ya malamu mpe makama nini mimeseno ya mabe ekoki komema na sante ya bato.

2 › Kosolola na bato oyo bazali kozwa lisungi mpe kopesa bango toli mpo na oyo etali kobomba, kobongisa, kolamba mpe kolya bilei.

3 › Kolandela ete mabota bazala na likoki ya kozwa bisaleli ya kolambela, biloko epelaka, matuká oyo ebatelaka biloko epelaka, mai ya peto mpe bisaleli mpo na kotya bopeto oyo ebongi mpenza.

4 › Komindimisa ete bato oyo bakoka komilambela to komileisa te bazala na bakengeli oyo bakoki kosunga bango soki likoki epesami mpe soki ebongi mpenza.

5 › Kolandela ndenge nini mabota bazali kosaleli biloko ya kolya.

Bilembo ya ntina

Motángo ya makama na sante ya bato oyo euti na bilei oyo ekabolamaki

Motángo ya mabota likoló na monkama oyo bakoki kobomba mpe kolamba bilei na ndenge ya malamu

Motángo ya maboto oyo eponami likoló na monkama oyo bakoki kolimbola to kolobela mayebisi ya bakampanye misato to koleka na oyo etali bopeto

Motángo ya maboto oyo eponami likoló na monkama oyo balobi ete bazali na likoki ya kozwa bisaleli ya kolambela, biloko epelaka, matuká oyo ebatelaka biloko epelaka, mai ya peto ya komɛla mpe bisaleli mpo na kotya bopeto oyo ebongi mpenza

Makanisi ya kolanda

Bopeto na makambo etali kolya: Makama ekoki kobebisa mimeseno ya bopeto oyo bato bazalaka na yango. Bolendisa mimeseno ya bopeto na makambo etali kolya oyo eyokani na makambo ya mboka mpe na ndenge bamaladi ezwaka bato. Bobenda likebi ya bato na ntina ya koboya kobebisa mai na bosɔtɔ, kobundisa banyama mabe mpe kosokola ntango nyonso mabɔkɔ liboso ya kosasalela bilei. Boyebi bato oyo bazali kozwa lisungi ndenge nini ya malamu basengeli kobomba bilei na mabota na bango ⊕ *talá Masengami ya WASH ya Kolendisa bopeto.*

Kobongola mpe kobomba bilei: Kozala na likoki ya kosalela bisaleli oyo ebongolaka bilei, lokola bamasini oyo enikaka mbuma, ekosala ete bato bálamba bilei na ndenge oyo basepeli mpe babatela ntango mpo na kosala misala misusu ya ntina. Soki biloko ya kolya oyo ebebaka ekopesama, esengeli kobongisa bisaleli ya malamu mpo na kobomba yango, na ndakisa bibombelo oyo ekotisaka mai te, bafrigo mpe bakonjelatere. Molunge, malili to mpe mai na mopepe bisika biloko ezali ekoki kosala ete bilei oyo ebebaka ebombama malamu to te.

Bato oyo basengeli na lisalisi mpo na kobomba bilei, kolamba mpe kolya ezali bana mike, mibange, bibosono mpe bato oyo bazali na VIH. Baprograme ya kosalisa penepene to mpe lisungi mosusu ekoki kozala ntina mingi mpo na bakengeli oyo bazali na mikakatano mpo kopesa bilei na bato oyo bazali kokengela, lokola baboti oyo bazali bibosono.

Kolandela ndenge bilei ezali kosalelama na bandako: Bibongiseli oyo esungaka bato esengeli kolandela ndenge nini bato bazali kosalela bilei na bandako mpo na koyeba soki ezali na ndenge ya malamu mpe ebongi to te. Mabota ekoki kolya kaka ndenge ezali, koteka to kosombitinya biloko ya kolya. Mokano ya kosombitinya ekoki kozala ete bazwa biloko mosusu ya kolya oyo basepeli na yango koleka, kozwa biloko misusu ya kolya te to mpe kozwa mbongo ya kofuta na kelasi to lopitalo. Misala ya kotalela ndenge biloko ekabolami na kati ya libota esengeli mpe kolandela bilei ezali kosalelama kolanda bomwasi to bobali, bambula ya kobotama mpe kozala ebosono to te.

Kosalela mbongo mpe bajeton: Ezali na ntina mingi kotalela likama oyo ekoki kokoma soki mabota babulungani mpo na kosomba biloko ntango bazwi mbongo to bajeton. Bolengela bateki mpe bato oyo bazali kozwa lisungi liboso mosala ya kokabola biloko ebanda, ntango ezali kosalema mpe nsima na yango. na ndakisa, botala soki bilei oyo bokaboleli bato ekoumela sanza mobimba to soki kokabola yango ndambondambo na boumeli ya sanza ekozala malamu koleka. Bokoki kobimisa bajeton ya motuya moke mbala moko na poso soki ebongi mpenza. Esengeli kosala kaka ndenge moko mpo na mbongo, oyo bato bakoki kozwa na bamasini oyo ebimisaka mbongo to na ndenge mosusu na mabɔkɔ to na nzela ya baapareyi.

7. Makoki ya kobikela

Bolembu ya bato na ntango ya makama eutaka mingimingi na ndenge bazali kobatela makoki na bango ya kobikela. Kososola bolembu ya bato liboso likama ekweya, na boumeli mpe na nsima na yango ekosala ete lisalisi oyo ekopesama ezala oyo ebongi mpenza, mpe koyeba ndenge nini bato bakoki kozongisa mpe kobongisa makoki na bango ya kobikela.

Makama ekoki kobebisa biloko mingi oyo bato batyelaka motema mpo na kobikela. Bato oyo bakweli likama bakoki kobungisa misala na bango to mpe kotika mabele na bango to maziba ya mai. Biloko ekoki mpe kobebisama na bato to na bosɔtɔ, to mpe koyibama na ntango ya bitumba to makama mosusu. Mimbongo ekoki kokangama.

Na ebandeli ya likama, esengeli libosoliboso kokokisa bamposa ya libosoliboso ya bato mpo na kobika. Na nsima ya mwa ntango, kozongisa bibongiseli, mayele mpe makoki oyo elendisaka biloko ya kobikela ya bato ndenge ezalaki liboso ekosalisa bango bazongela lokumu na bango. Ntango mingi, kolendisa makoki ya kobikela ya bato bakimá mboka na bango ezalaka mikakatano na yango oyo ekeseni na misusu lokola kozala na bakaa to mibeko mpe malako ya makasimakasi ya ekólo epai bazali kobombama.

Bato oyo babimisaka bilei basengeli kozala na likoki ya kozwa mabele, mai, bibwele, misala ya kopesa lisungi mpe mimbongo oyo ekoki kolendisa misala na bango. Basengeli kozala na makoki ya kokoba kosala mosala na bango kozanga kobebisa makoki misusu, bato misusu to bibongiseli ⊕ *talá Buku LEGS*.

Bopusi ya likama likoló ya makoki ya kobikela na bingumba ekeseni na oyo ya bamboka. Komipesa ya bato na mimbongo ekolanda ndenge nini bazali na kati ya mabota, makoki na bango, soki bazali bibosono to te, mpe kelasi oyo batángi. Mingimingi babola oyo bazali na bingumba bazalaka na makoki ya kosalela mpo na kolongá mikakatano mingi te lokola baoyo bazali na bamboka na oyo etali makoki ya kobikela. Na ndakisa, na bikólo misusu bazali na likoki te ya kozwa mabele mpo na kolona.

Kotya esika moko bato oyo babungisi biloko na bango ya kobikela mpe baoyo bazali na bopusi malamu likoló na ndenge ya kobimisa mabaku ya sika ekosalisa mpo na koyeba makambo ya kotya na esika ya liboso na misala ya kopesa lisungi mpo na biloko ya kobikela. Esengeli koyokana ná misala ya kotalela ndenge nini mosala, misala misusu mpe makambo misusu lokola yango ezali. Misala nyonso ya kopesa lisungi mpo na biloko ya kobikela esengeli kotya likebi na ndenge ya kosalela to mpe kolendisa mimbongo ya mboka ⊕ *talá Buku MERS*.

Lisengami 7.1 ya Makoki ya kobikela:
Kobimisa biloko ya ntina ya libosoliboso
Bibongiseli ya kobimisa biloko ya ntina ya libosoliboso ezali kobatelama mpe kozwa lisungi.

Misala ya ntina

| 1 | Kopesa na bankolo ferme makoki to mpe biloko mpo na misala ya kobimisa biloko. |

- Ezali malamu kopesa lisalisi ya mbongo to bajeton bisika oyo mimbongo ezali kosalama mpe ekoki kozonga ndenge ezalaki liboso, mpo na kopesa na bankolo ferme likoki ya kopona biloko oyo basepelaka na yango, mboto, mbisi to mitindo ya bibwele.
- Bokotisa batekiniki ya sika nsima ya likama kaka soki batekiniki yango emekamaki bisika misusu oyo ekokani to eyokanisamaki na makambo oyo ekokani na oyo bokutani na yango.

2 〉 Bopesa biloko oyo endimami na bana-mboka, ya malamu kolanda mibeko, mpe oyo ebongi mpenza kosalelama na eleko oyo bozali.

- Kopesa biloko ya kosalela mpo na kobokola bibwele mpe miloná ndenge na ndenge oyo bana-mboka basalelaka uta kala mpe oyo bato bokozala na mposa na yango na eleko oyo ezali koya.

3 〉 Komindimisa ete biloko ya kosalela mpe misala misusu ekoka te kobakisa bolembu ya bato oyo bazali kozwa lisungi to kobimisa matata na kati ya lisangá.

- Kotalela kowelana oyo ekoki kokoma likoló ya biloko misusu ya motuya lokola mabele to mai mpe makambo oyo ekoki kobebisa bibongiseli ya boyokani ya bato oyo ezalaka na mboka.

4 〉 Kokotisa ndenge moko mibali mpe basi oyo bakweli likama ntango ya kobongisa misala, kokata mikano, kotya na misala mpe kolandela misala ya kopesa lisungi mpo na kobimisa biloko ya ntina ya libosoliboso.

5 〉 Kopesa formasyo na makambo etali mimeseno ya oyo ebatelaka biloko ya motuya na misala ya kobimisa biloko mpe ya kokamba misala na babimisi oyo basalaka misala ya bilanga, koloba mbisi, babokola banyama ya mai, kolona bazamba mpe kobokola bibwele.

6 〉 Kotalela mimbongo mpe kotinda bato basomba miloná, ndunda mpe biloko misusu oyo ebimisami na mboka.

Bilembo ya ntina

Mbongwana ya motángo ya bobimisi (bilei to mbongo) likoló na monkama ya bato oyo bakweli likama soki ekokanisami na oyo ya mbula oyo likama ezalaki te

Motángo ya mabota likoló na monkama oyo balobi ete bazali na likoki ya kozwa bisaleli mpo na kobomba malamu biloko babimisi

Motángo ya mabota oyo eponami likoló na monkama oyo ezwi likoki malamu koleka ya kokoma na mimbongo to bawenze na nzela ya misala ya kopesa lisungi ya programe

Makanisi ya kolanda

Mayele ya kosalela mpo na kobimisa biloko: Esengeli kozala ata na mwa libaku ya kokola mpe kolonga na bisika ezali kosalelama. Yango esimbami na makambo mingi, lokola kozala na likoki ya kozwa:

- biloko ya motuya oyo ezalaka na mabele, bato ya misala, biloko ya kosalela na baferme mpe mbongo ya kobandela;
- mboto ndenge na ndenge ya malamu mpenza, oyo eyokani na makambo ya mboka; mpe
- banyama oyo ebimisaka misuni, miliki to biloko misusu, oyo bazali ntina mingi mpo bato bakoka komileisa ⊕ talá Buku LEGS.

Longola yango, mayele ya kosalela esengeli kotya likebi na mayele ya kobikela ya bato, makambo oyo basepelaka na yango, bisika bafandi mpe zingazinga na yango mpe makoki ya kokolisa makambo.

Esengeli kosala ete biloko ya motuya oyo ezalaka na mabele esalelama na ndenge ya mabe te ntango bozali kolendisa misala ya kobikela ndenge na ndenge kati na mboka. Kobebisama ya bisika bato bafandi mpe zingazinga na yango ebakisaka makama oyo ekoki kokwela bango, mpe ememaka matata kati na masangá. Misala ya kopesa lisungi mpo na biloko ya kobikela esengeli kosala ete bato bamesana na mbongwana ya klima soki likoki ezali, na ndakisa kopona mboto ndenge na ndenge oyo ebongi na klima yango.

Esengeli kopengola makoki ya kobikela oyo esalisaka bana misala ya makasi. Esengeli koyeba bopusi ya baprograme mpo na makoki ya kobikela likoló na bana, ntango mosusu ekosenga ete bakende kelasi te mpo na kosunga libota ntango moko ya baboti akei kosala.

Lotiliki: Esengeli koyebela bamposa ya lotiliki mpo na misala oyo esalemaka na bamasini, kobongola bilei, kosolola na nzela ya baapareyi, bisaleli oyo epesaka malili mpo na kobomba bilei mpe bisaleli ya malamu oyo epesaka mɔtɔ.

Bambongwana ya malamu: Bokanisa kokotisa miloná ndenge na ndenge oyo ebongisami, bibwele to mbisi, bisaleli ya sika, biloko oyo ebongisaka mabele mpo na miloná to mimeseno ya sika mpo na kokamba mislala. Bolendisa misala ya kobimisa bilei na nzela ya kosalela makoki bato bazalaki kosalela liboso likama ekweya to mpe koyokanisa yango na mwango ya kokolisa makambo ya ekólo.

Batekiniki ya sika: Bana-mboka basengeli koyeba mpe kondima bandimbola ya batekiniki ya sika likoló na bibongiseli ya kobimisa biloko ya mboka, mimeseno na bango mpe bisika bafandaka liboso ya kobanda kosalela yango. Na ntango ya kokotisa batekiniki ya sika, esengeli kosolola malamu na bana-mboka, koyebisa bango makambo mpe kopesa formasyo. Komindimisa ete bituluku ya bato oyo bazali na likama ete basalela bango makambo na nko bazali na likoki ya kozwa matomba ya batekiniki yango (bato lokola basi, mibange, bato ya motindo moko oyo bazali moke makasi to bibosono). Soki likoki ezali, kosala elongo na bato ya mayele ya makambo etali makoki ya kobikela mpe bibongiseli ya Leta. Esengeli kosala ete lisungi ya tekinika ekoba kopesama, batekiniki ekoka kosalelama na mikolo ezali koya, mpe kotalela soki ekobatela makoki mpe ekokotisa mbongo.

Lisalisi ya mbongo to nyongo: Bato bakoki kozwa yango mpo na kosalela yango na ba zando minene ya mboto mpe bibwele. Esengeli kososola matomba ya mayele oyo boponi kosalela likoló na mimeseno ya bato na makambo etali bilei, na kotalaka soki ekopesa bango to te likoki ya kobisima bilei oyo ezali na biloko mingi ya ntina mpo na nzoto bango moko to soki ekopesa bango mbongo mpo na kosomba bilei. Botalela soki likoki ezali ya kopesa lisalisi ya mbongo mpo na kosomba biloko ya kosalela mpo na misala ya kobimisa biloko, kolanda komonana ya biloko, makoki ya bato ya kosala mimbongo mpe kozala ya ebongiseli ya kotinda mbongo oyo ya malamu, ya ntalo malamu mpe oyo etalelaka bomwasi to bobali ⊕ talá Buku MERS mpe Buku LEGS.

Mbongwana kolanda bileko mpe komata to kokita ya ntalo: Bopesa biloko ya kosalela mpo na misala ya kobimisa biloko ya bilanga mpe misala ya kosalisa banyama oyo eyokani na bileko ya bilanga mpe ya kobokola bibwele oyo ebongi. Na ndakisa, mboto mpe bisaleli bisengeli kopesama liboso eleko ya kolóna eya. Misala ya kolongola ndambo ya bibwele na eleko ya elanga esengeli kosalema liboso ete bibwele mingi ebanda kokufa na mbala moko. Misala ya kobakisa bibwele esengeli kobanda ntango bomoni ete makambo ekomi kozonga malamu, na ndakisa ntango eleko ya mbula ebandi. Soki esengeli, bopesa lisungi mpo na kozwa bilei na ntina ya kobatela mboto mpe biloko ya kosalela mpo na misala ya kobimisa biloko. Esengeli komindimisa ete biloko ya kosalela mpo na misala ya kobimisa biloko ezali kotalela makoki, bamposa mpe mikakatano ya bituluku ndenge na ndenge ya bato, lokola basi mpe bibosono. Mikakatano mingi ekomelaka basali bilanga oyo bazali babola na bileko oyo ntalo ya biloko emati makasi, mpo bango batekaka biloko babimisi mbala moko nsima ya kobuka mbuma ntango ntalo ekitaka makasi. Bambomgwana yango ezali mpe na bopusi mabe likoló na bankolo bibwele oyo basengeli koteka yango na eleko ya elanga. Nzokande, bato oyo bazali na mbongo mingi te ya kosalela bazalaka na makoki te ya kosomba bilei ya kobomba. Basomba biloko ndambondambo kasi mbala mingi. Yango esalaka ete basomba bilei ata soki ntalo emati makasi, lokola na eleko ya elanga. Mpo na malako na makambo etali bibwele ⊕ *talá Buku LEGS.*

Mboto: Basali bilanga mpe bato ya mayele ya mboka na mosala ya bilanga basengeli kondima mitindo ndenge na ndenge ya mboto. Mboto esengeli koyokana ná lolenge ya kosala mosala ya bilanga oyo ebatelaka mabele, mai mpe mopepe na mboka mpe lolenge ya kokamba misala ya bankolo ferme. Esengeli mpe kotemela maladi mpe kokola ata soki makambo etali klima ekomi makasi mingi mpo na mbongwana ya klima. Bomeka mboto oyo euti libanda ya etúka mpo na koyeba soki ezali malamu mpe soki ebongi na makambo ya mboka. Mpo na mosala nyonso ya kopesa lisungi na makambo etali mboto, bopesa basali bilanga likoki ya kozwa miloná ndenge na ndenge. Yango ekosala ete bakoka kopona oyo ebongi mpenza na ndenge na bango ya kosala misala ya bisala. Na ndakisa, basali bilanga ya masango bakoki kosepela na mboto oyo esangisami na esika ya mboto ya mboka. Bolanda malako ya Leta na makambo etali mboto oyo esangisami. Boboya kokabola mboto oyo ebongolami na baselile na yango soki bozwi ndingisa ya bakonzi ya mboka te. Boyebisa basali bilanga soki bokaboli mboto yango. Soki basali bilanga bakosalela bajeton to bazando minene ya mboto, botinda bango basomba mboto na bango na bateki oyo bandimami mpe bazali bana-mboka. Basali bilanga bakoki kosepela kosalela mboto ya mboka mpo yango nde ebongi mpenza na bisika yango. Yango ekozwama mpe na ntalo moke, mpe ekosala ete bazwa mboto ebele koleka mpo na motuya kaka moko wana ya jeton.

Matata kati na lisangá mpe makama mpo na libateli: Matata kati na bapaya mpe bana-mboka to kati na bana-mboka moko oyo ekweli likama ekoki kobima soki misala ya kobimisa biloko esengi ete likoki ya kozwa biloko ya motuya oyo ezali mpo na misala yango ebongwana. Kowela mai to mabele ekoki komema mikakatano mingi mpo na kosalela yango. Kobimisa bilei ya ntina ya libosoliboso ekosalama ntango molai te soki biloko ya motuya ya ntina mingi oyo ezalaka na mabele ezangi. Ekosalama mpe te soki bato misusu bazangi likoki ya kosala yango, na ndakisa bato oyo bazali bazangi mabele. Kopesa ofele biloko ya kosalela mpo na misala ya kobimisa biloko ekoki kobebisa bibongiseli ya kolendisana kati na bato oyo ezalaka uta kala, to mpe misala ya bakompanyi oyo ezali ya Leta te. Yango ekoki kobimisa matata mpe kokitisa likoki ya kozwa biloko ya kosalela na mikolo ezali koya ⊕ *talá Etinda etali kobatela bato 1.*

Ebongiseli mpo na komema biloko: Bosalela bibongiseli mpo na komema biloko oyo ezalaka na mboka mpo na kozwa biloko ya kosalela mpo na misala ya kobimisa biloko mpe misala mpo na kobimisa bilei, lokola mboto mpe misala ya kosalisa banyama. Mpo na kolendisa misala ya bakompanyi oyo ezali ya Leta te, bosalela bibongiseli lokola mbongo to bajeton oyo ekokutanisa mbala moko bateki na babimisi biloko. Esengeli kotya likebi na biloko ya kosalela oyo ezali mpe na makoki ya bateki ya kobakisa biloko yango. Botalela likama ete motuya ya mbongo ekita mpe boumeli ya biloko ya kosalela. Bolandela mpe bokitisa mpasi oyo misala ya kopesa lisungi ememi na oyo etali ntalo ya biloko, bakisa na misala minene ya kosomba mpe kokabola bilei na mboka. Botya likebi na matomba ya kosomba bilei na kati mpe libanda ya mboka likoló na nkita ya mboka. Soki esengeli kosala na bakompanyi oyo ezali ya Leta te, esengeli koluka koyeba mpe kosilisa bokeseni oyo ezalaka kati na makambo oyo basalelaka mibali to basi, mpo na kokabola matomba na bosembo ⊕ *talá Buku MERS*.

Kolandela soki babimisi bazali kosalela biloko oyo bazwi ndenge ekanamaki kosalelama. Kotalela soki biloko ya kosalela ezali malamu na oyo etali ndenge ezali kosalelama, kondimama mpe soki babimisi basepeli na yango. Botalela bopusi ya misala likoló ya ndenge bilei ezali komonana na kati ya mabota. Na ndakisa, bilei boni mpe ya ndenge nini oyo ebombami, elyami, etekami to ekabami. Esika mosala ekani komatisa makoki ya kobimisa motindo moko ya bilei (nyama, mbisi to ndunda oyo ezali na proteini mingi), esengeli koluka koyeba ndenge nini mabota esalelaka yango. Bakisa misala ya kotalela matomba oyo bato na kati ya libota bazwi lokola basi, bana, mibange mpe bibosono.

Kobomba nsima ya kobuka mbuma: Biloko mwa mingi oyo ebimisami (pene na 30% na mwayene) esalelamaka te mpo ebebaka. Bosalisa bato oyo bakweli likama babungisa biloko mingi te na nzela ya kokamba malamumalamu misala ndenge na ndenge ya kosalela, kobomba, kobongola, kotya na kati ya bibombelo, komema, kotekisa biloko mpe misala misusu oyo esalemaka nsima ya kobuka mbuma. Bopesa bango toli mpe bosunga bango bakoka kobomba mbuma babuki na ndenge ete ebeba te na mai na mopepe mpe na ngɛngɛ oyo eutaka mayebo. Bosala ete bakoka kobongola bango moko miloná na bango, mingimingi mbuma ya kosalela farini.

Lisengami 7.2 ya Makoki ya kobikela: Mbongo mpe mosala

Basi mpe mibali bazali kozwa likoki ndenge moko ya kozwa misala oyo ekotisaka mbongo oyo ebongi, bisika makambo ekotisaka mbongo mpe mosala ezali mayele ya kobikela oyo esalelamaka.

Misala ya ntina

1 Kozwa mikano na makambo etali misala oyo ekotisaka mbongo oyo esimbami na ankete moko ya mimbongo oyo ezali kotya likebi na bomwasi to bobali.

- Kokitisa makama na oyo etali kozanga kolya malamu mpe makama misusu na oyo etali sante ya bato nyonso na kosalaka ete misala oyo ekotisaka mbongo eleka te liboso ya mokumba ya kobatela bana mpe mikumba misusu etali libateli.
- Koyeba lifuti ya bana-mboka mpe lifuti ya moke makasi oyo Leta atya mpo na misala ya mabɔkɔ mpe misala ya mayele.

2 Kopona motindo nini ya kofuta bato (na biloko, mbongo, jeton, bilei to kosangisa yango) kolanda ankete moko oyo esalami na lisangá.

- Koyeba makoki ya bana-mboka, matomba na oyo etali kimya mpe libateli, bamposa ya kokokisa nokinoki, likoki ndenge moko ya kozwa biloko, bibongiseli ya mimbongo oyo ezali mpe makambo ná biloko oyo bato bakweli likama basepela na yango.

3 Kofuta bato kolanda motindo ya mosala, mibeko ya mboka, mikano ya kozongisa makoki ya kobikela mpe lifuti oyo endimami mpe epesamaka mingimingi na etúka.

- Kozwa meko ya bibongiseli ya libateli mpo mabota ekweya na bobola te lokola kotinda mbongo mpe bilei na mabota oyo bakoki kosala na baprograme ya misala.

4 Kotya mpe kofandisa bisika ya kosala mosala oyo ezali ya malamu, ya kimya mpe mpo na bato nyonso.

- Kolandela likama na oyo etali kotungisa moto mpo na kosangisa nzoto, koponapona, kosalela moto mpo na litomba ya bato misusu mpe kobebisa moto na esika ya mosala, mpe kopesa eyana nokinoki na kolelalela nyonso.

5 Kolendisa boyokani kati na bakompanyi oyo ezali ya Leta te ná bato misusu oyo makambo yango etali mpo na kopesa bato misala oyo ekoumela.

- Kopesa mbongo ndenge moko na bato mpo na kosalisa ete makoki ya kobikela ebonga.

6 Soki likoki ezali, kopona misala oyo ekotisaka mbongo oyo ebatela bisika bato bafandi mpe zingazinga na yango.

Bilembo ya ntina

Motángo ya bato baponami likoló na monkama oyo bamatisi motuya ya mbongo bazwaka na misala na bango na boumeli ya ntango moko boye

Motángo ya mabota likoló na monkama oyo bazali na likoki ya kozwa nyongo

Motángo ya bato baponami likoló na monkama oyo bazali kosala misala ndenge na ndenge oyo ekotisaka mbongo

Motángo ya bato baponami likoló na monkama oyo bazwi (to basalaka mpo na bango moko) mosala kati na misala mpo na kobikela oyo ebatelaka bisika bato bafandi mpe zingazinga na boumeli ya ntango moko boye (sanza 6 tii 12)

Motángo ya bato oyo bakweli likama likoló na monkama oyo bazali na likoki mpe nkita ya kosala mimbongo to mpe misala misusu ya kolendisa makoki ya kobikela (eyebana na Leta to te)

Makanisi ya kolanda

Kotalela: Ankete moko na oyo etali misala mpe mimbongo oyo ezali kotya likebi na bomwasi to bobali ezali ntina mingi mpo na kondimisa mpe kotya misala, kolendisa kobonga mpe kozonga ya makambo ndenge ezalaki, mpe kosala ete mbuma na yango eumela. Koyeba ntina ya libota mpe mikumba na yango ezali ntina mingi mpo na kolandela makambo oyo ekoki kosenga mbongo lokola kobatela bana to kosalisa mibange, to lisusu kozala na makoki mpo na oyo etali kelasi mpe kosalisa nzoto na lopitalo.

Bosalela bisaleli oyo ezali mpo na koyeba bibongiseli ya mbimbongo mpe nkita. Misala ya kopesa lisungi na oyo etali kokoka komileisa esengeli kosimbama na botambwisi ya mimbongo liboso likama ekweya mpe nsima yango eleki, mpe na makoki na yango ya kobongisa bomoi ya babola. Bosolola makambo etali bandenge misusu ya kosala to makambo ya kokokanisa ná mimeseno ya bituluku ya bato oyo bakoki kokwela likama nokinoki (lokola bilenge, bibosono, basi ya zemi to mibange) na bato yango. Botalela mayele, boyebi ná makoki na bango, mpe makama nini ekoki kokomela bango mpe ndenge ya kosilisa yango. Boluka koyeba soki bato kati na mabota bazali na momeseno ya kokende libanda ya mboka mpo na misala oyo esalemaka kolanda bileko. Boyeba mikakatano nini bituluku ndenge na ndenge ya bato oyo bakweli likama bazali kokutana na yango mpo na kosala mimbongo mpe misala mpo na kobikela, mpe bosunga bango bazwa likoki ya kosala yango.

Meko ya bibongiseli ya libateli mpo mabota ekweya na bobola te: Basi mpe mibali misusu, lokola mibange oyo bazali na libala, bakokoka te kosala misala oyo ekotisaka mbongo. Likama oyo ekwei ekoki mpe kosala ete bato misusu bazwa likoki te ya kosala mosala mpo na mikumba oyo bakomi na yango to sante oyo bakomi na yango. Meko ya bibongiseli ya libateli mpo mabota ekweya na bobola te mpo na ntango mokuse ekosunga bato yango, na boyokani na bibongiseli mpo na kobatela bato ya ekólo. Bolendisa bato batya bibongiseli ya libateli mpo mabota ekweya na bobola te ya sika soki esengeli. Kotya meko ya bibongiseli ya libateli mpo mabota ekweya na bobola te esengeli kolendisa kokabola biloko na bosembo, na kosalaka ete basi mpe bana basi bazwa likoki ya kozwa biloko bango moko soki ebongi. Bosala mbala moko na bato oyo bakozwa matomba ya bibongiseli yango mpo na kolukela bango ndenge nini ya kosala mpo bakoma kosala misala oyo ekotisaka mbongo oyo ya malamu mpe oyo eumelaka. Soki likoki ezali, misala ya kopesa lisalisi ya mbongo esengeli koyokana na baprograme ya bibongiseli ya libateli yango mpo eumela mpe ezala lokola mayele ya kosalela mpo na kobatela bato.

Kofuta mbongo: Bosala Bosala misala ya kotalela mimbongo liboso ya kobandisa programe nyonso ya misala oyo ekofutama. Lifuti ekoki kozala ya mbongo, ya bilei to kosangisama na yango mpe esengeli kosala ete mabota oyo bazali kokoka komileisa te bakokisa bamposa na bango. Boyebisa bato mikano ya misala, makambo nini ebongiseli na bino elingi basali bakoka kosala, ndenge nini bato bakosala mpe motuya ya lifuti mpe ndenge ekofutama.

Bosala ete lifuti epesa bato likoki ya kobongisa bomoi na bango moko, na esika ya kofuta bango mpo na misala oyo basali mpo na litomba ya lisangá. Botya likebi na bamposa ya biloko ya kosomba ya bato mpe na bopusi ya kopesa mbongo to bilei likoló na makoki na bango ya kozwa mbongo na libota mpo na kokokisa bamposa ya ntina mingi lokola kelasi, kosalisa nzoto mpe mikumba misusu. Botalela likambo ya moto moko na moko mpoa na kokata mokano na oyo etali ndenge ya kofuta bato mpe motuya ya lifuti. Bolandela makambo mpo na kosala ete basi ná mibali bazwa lifuti ndenge moko mpo na mosala boyokanaki, mpe ete koponapona ezali te likoló na bituluku misusu ya bato.

Soki lifuti ezali ya biloko mpe epesami lokola mbongo oyo etindami, botya likebi na bopusi ya motuya ya kotekisa biloko yango likoló na mimbongo ya mboka. Misala ya sika oyo ekotisaka mbongo esengeli kotombola misala oyo ekotisaka mbongo uta kala kasi ezwa esikana yango te. Kofuta bato esengeli te kozala na bopusi mabe likoló na misala oyo ezali na mboka, na ndakisa na nzela ya komatisa motuya ya lifuti ya bato, kokimisa bato misala na bango misusu to kobebisa misala ya ntina mingi ya Leta.

Likoki ya kosomba biloko: Kokabolela bato mbongo ezali na matomba malamu mpo na nkita ya mboka, kasi ekoki mpe kosala ete ntalo ya biloko ya ntina mingi emata makasi. Kokabola bilei mpe ekoki kobongola likoki ya kosomba biloko ya bato oyo bazali kozwa lisungi. Likoki ya kosomba eloko ya kolya moko boye to mwa bilei ndenge na ndenge ekoki kosala ete libota oyo ezwi lisungi elya to eteka bilei yango. Biloko moko (lokola mafuta) etekamaka na petɛɛ na ntalo malamu koleka bilei misusu (lokola bilei oyo basangisi). Esengeli koyeba malamu ndenge nini mabota etekaka mpe esombaka bilei mpo na kotalela bopusi nyonso ya baprograme ya kokabola bilei.

Libateli na esika ya mosala: Bosalela malako oyo eyebani mpo na kokima makama mpo na sante ya bato nyonso mpe kosalisa bampota. Na ndakisa, bopesa bato formasyo, bilamba oyo ebatelaka mpe bisaleli mpo na kopesa lisalisi ya libosoliboso soki esengeli. Bokitisa makama ya kozwa bamaladi oyo epalanganaka mpe VIH. Bosala ete banzela mpo na kokende to kouta mosala esengeli kozala na makama te, na kopesaka basali ba-torche bisika nzela ezali yango ezali na miinda te. Bosalela bangonga, bipiololo mpe baradios mpo na kokebisa bato na makama. Kolendisa bato batambolaka na bituluku mpe baboya kotambola na butu. Bosala ete bato nyonso bayeba malako ya kolanda ntango likama ekweina mbalakaka mpe bazala na likoki ya koyeba bisaleli mpo na kokebisa liboso mpenza na makama mpe mkokitisa mikakatano ememaka. Basi mpe bana basi basengeli kobatelama ndenge moko, mpe mitindo na oyo etali koponapona na esika ya mosala esengeli kotalelama..

Kolandela mikumba ya ndako mpe libota: Bosolola na bato oyo bakweli likama, basi ná basi mpe mibali ná mibali, mpo na koyeba makambo oyo basepelaka na yango mpe makambo ya kotya na esika ya liboso na oyo etali kokotisa mbongo, mabaku ya kosala mpo na kozwa mbongo, mpe bamposa misusu ya ndako mpe libota. Bolobela kilo ya misala mpe matata nyonso oyo ebimi na ndako likoló na bambongwana na ntina ya basi to mibali bazalaka na yango na libota mpe na ndenge basi bakomi mpenza kotalela biloko ya ndako.

Manáka ya misala mpo na kozwa mbongo esengeli kotya likebi na bokasi ya nzoto ya bato mpe mimeseno ya mikolo nyonso ya basi ná mibali mpe esengeli koyokana na bonkɔkɔ ya mboka. Na ndakisa, ekoki kotya likebi na ngonga ya losambo mpe mikolo ya bopemi. Manáka ya misala esengeli kozwa ntango nyonso ya bato te. Baprograme esengeli te kolongola makoki ya mabota oyo etyami na misala ekotisaka mbongo uta kala, mpe esengeli te kobebisa likoki na bango ya kozwa mosala mosusu to kelasi. Kosala na misala oyo ekotisaka mbongo esengeli kotosa mibeko ya ekólo na oyo etali bambula ya kobotama ya moke makasi mpo na kozwa mosala. Mingimingi ekokanaka na bambula ya kobotama ya bana oyo bauti kosilisa kelasi oyo esɛngisami na mibeko. Ezalaka malamu kotya bisika ya kobatela bana oyo ezali na makoki ebongi na oyo etali mbongo bisika ya mosala soki bakengeli oyo bazali na bana mike bakosala misala na kati ya programe.

Kolandela bisika bato bafandi mpe zingazinga na yango: Kosunga bato oyo bamipesi na misala oyo ebatelaka bisika ya kofanda lokola kolona nzete, kolongola bosɔtɔ na kaa mpe kobongisa bisika yango na nzela ya baprograme ya bilei mpe misala mpo na kozwa mbongo. Atako misala yango ezalaka mpo na ntango moko kaka, esalaka ete bato bamipesa koleka mpo na bisika bafandi mpe zingazinga na yango.

Esengeli kotya likebi na libateli esika ya mosala mpe na likoki ya bato ya kokoma esika yango. Bosala ete bosɔtɔ nyonso oyo esengeli kolongolama ezala na biloko mabe na kati te. Baprograme ya misala mpo na kozwa mbongo esengeli te kosalisa misala ya kopetola bisika ya baizini to bisika ya kotya biloko ya bosɔtɔ.

Botombola kobimisa ya biloko mpo na misala ya kotonga oyo ekoumela lokola misala oyo ekotisaka mbongo mpe bosalisa baformasyo mpo na kosala misala yango. Bopesa bato formasyo mpe bolendisa bango basalela mayele ya kopolisa biloko ya bosɔtɔ ya makasi oyo epolaka mpo ebongisa mabele mpo na miloná.

Bakompanyi oyo ezali ya Leta te: Ekoki kozala na ntina mingi mpo na kobatela mpe kobongisa makoki ya kobikela. Soki likoki ezali, bosala boyokani na bango mpo na kopesa bato misala. Boyokani yango ekoki mpe kosalisa mpo na komibisa mpe kokolisa mimbongo ya mikemike mpe ya monene mingi te. Bibongiseli oyo esungaka mpo na kokolisa mimbongo mpe batekiniki ekoki kopesa mbongo mpe mabaku ya kokabola boyebi ⊕ *talá Buku MERS*.

Apendisi 1
Liste ya kolanda mpo na kotalela kokoka komileisa mpe makoki ya kobikela

Kotalela Kotalela makoki ya komileisa ya bato oyo bakweli likama mingimingi ekesenisaka bango na kotyaká bango na bituluku ya makoki ya kobikela ndenge moko kolanda bisika mbongo ya kobikelaka to bilei eutaka mpe mayele oyo basalelaka mpo na kozwa yango. Bakoki mpe kokesenisama kolanda bituluku to molongo ya bozwi. Ezali ntina mingi kokokanisa makambo oyo ezali kolekana sikoyo ná oyo elekana liboso likama ekweya na makambo etali kokoka komileisa. Bosalela "mwayene ya mbula oyo likama ezalaki te" lokola nivo ya ebandeli. Botya likebi na ntina mpe bolembu ya basi ná mibali, mpe komipesa na bango mpo na kokoka komileisa ya libota.

Mituna ya liste oyo ezali kolobela makambo minene ya kotyela likebi mpo na kotalela makambo etali kokoka komileisa.

Makoki ya komileisa ya bituluku ya makoki ya kobikela
- Ezali na bituluku ya bato oyo bazali na mayele ndenge moko ya kosalela mpo na kobikela? Ndenge nini ekoki kokesenisama kolanda bisika ya ntina oyo mbongo ya kobilekala to bilei eutaka?

Kokoka komileisa liboso likama ekweya (nivo ya ebandeli)
- Ndenge nini bituluku ndenge na ndenge ya makoki ya kobila ezalaki kozwa bilei to mbongo ya kobikela liboso likama ekweya? Soki botali mwayene ya mbula moko oyo eleki kala mingi te, bisika nini bazali kozwa bilei mpe mbongo ya kobikela?
- Ndenge nini bisika yango ndenge na ndenge ya kozwa bilei mpe mbongo ya kobikela ezali kobongwana kolanda bileko mpe bitúká na mbula oyo likama ezali te? Kosala manáka ya bileko ekoki kozala na ntina.
- Bituluku nyonso bazalaki kozwa bilei ya kokoka mpe ya malamu mpo na kolya malamu?
- Bituluku nyonso bazalaki kozwa mbongo ya kobikela na kokoka na ba nzela ya mabe te mpo na kokokisa bamposa na bango ya ntina mingi? Botalela bilei, kelasi, sante, sabuni ná biloko misusu ya ndako, bilamba mpe biloko ya kosalela mpo na misala ya kobimisa biloko misusu lokola mboto ná bisaleli. (Mituna mibale ya nsuka ekomonisa soki mikakatano oyo esilaka te ezalaki. Mikakatano oyo ezali ekoki kokomisama makasi ntango likama ekwei. Misala ya kopesa lisungi oyo ebongi ekotalela soki mikakatano yango ezali oyo esilaka to te.)
- Soki bozongi nsima ya bambula 5 to 10, ndenge nini makambo etali kokoka komileisa ezalaki kokola mbula na mbula? Kosala manáka ya ndenge makambo ebandaki na oyo etali kokoka komileisa ekoki kozala na ntina.
- Motindo nini ya biloko, kobomba mbongo to biloko misusu bituluku ndenge na ndenge ya makoki ya kobikela bazali na yango? Na ndakisa: biloko ya kolya, mbongo, bibwele, mimbongo, kodefa mpe banyongo oyo nanu bakongoli te.
- Na boumeli ya poso to sanza moko, libota ebimisi mbongo mpo na biloko nini? Motuya nini ebimisami mpo na eloko moko na moko?

- Nani azali na mokumba ya kokamba ndenge ya kosalela mbongo na kati ya libota mpe mbongo ezali kobimisama mpo na nini?
- Bato bazali na likoki ya kokoma na wenze oyo ezali penepene mpo na kosomba biloko ya ntina? Botalela makambo lokola molai ya nzela, libateli, kotambola na petεε, makambo etali mimbongo ná likoki ya kozwa yango, mpe makoki na bisaleli ya komema bato to biloko.
- Biloko ya ntina mingi, bakisa bilei, ezali? Ntalo na yango ezali boni?
- Liboso likama ekweya, mwayene ya motuya nini bato bazalaki kosalela mpo na kosombitinya biloko ya ntina mingi (bilei, biloko mpo na bilanga, sante, ...) ná biloko oyo ekotisaka mbongo (miloná ya koteka, bibwele, lifuti, ...)

Kokoka komileisa na ntango ya makama

- Ndenge nini likama ebebisaki bisika bilei mpe mbongo ya kobikela eutaka mpo na bituluku moko na moko ya makoki ya kobikela oyo eyebani?
- Ndenge nini likama ebongolaki mimeseno mpo na kokoka komileisa kolanda bileko ya bituluku ndenge na ndenge?
- Bopusi nini ememaki likoló na basali misala ya mbongo, mimbongo, likoki ya kosala mombongo mpe ntalo ya biloko ya ntina?
- Kolanda bituluku ndenge na ndenge ya makoki ya kobikela, mayele ndenge na ndenge nini ya kosalela mpo na kobikela na makama bazali kosalela mpe motángo nini ya bato bamipesi na yango? Ndenge nini ebongwani soki bokokanisi yango na makambo oyo ezalaki liboso likama ekweya?
- Etuluku nini ya bato ekutanaki na mikakatano mingi koleka?
- Mayele ya kosalela mpo na kobikela ezali na bopusi nini likoló na mbongo mpe biloko misusu ya bato na nsima ya ntango mokuse mpe ntango molai?
- Kolanda bituluku nyonso ya makoki ya kobikela mpe ya bato oyo makama ezwaka nokinoki, bopusi nini mayele ya kosalela mpo na kobikela ezali na yango likoló na sante, bolamu mpe lokumu na bango? Mayele yango ezali na makama to te?

Apendisi 2
Liste ya kolanda mpo na kotalela likoki ya kozwa mboto mpe bisaleli mpo na kolóna

Na nse awa ezali na mwa mituna mpo na misala ya kotalela likoki ya kozwa mboto mpe bisaleli mpo na kolóna. Misala yango esengeli kosalema na kotyaká likebi na mibeko ya ekólo na oyo etali mboto ndenge na ndenge oyo esangisami mpe oyo ebongolami na baselile na yango.

Likoki ya kozwa mboto mpe bisaleli mpo na kolóna liboso likama ekweya (nivo ya ebandeli)

- Miloná nini ezali mpenza ntina mingi mpo na basali bilanga? Esalelamaka na ntina nini: kolyama, kotekisama to nyonso mibale? Ekolaka na biloko nyonso? Miloná nini misusu ekoki kozala na ntina mingi na ntango ya likama?
- Ndenge nini basali bilanga bazwaka mboto mpe bisaleli misusu mpo na miloná yango? Bokanisa banzela nyonso ekoki kosalelama.
- Makambo nini esengeli kotalela mpo na kolona miloná nyonso ya ntina? Mwayene ya etando nini elonami? Mitángo boni ya mboto elonami na hectare moko? Mitángo boni ya mboto ebakisami (motángo ya mboto to mbuma oyo ebukami likoló na oyo elonamaki)?
- Miloná misusu nini ya ntina to oyo basepelaka na yango ezali (ya ndenge oyo ebongi na klima ya mboka)?
- Biloko nini ya kosalela ezali mpenza ntina mingi mpo na miloná misusu?
- Nani na kati ya libota azali na mokuma ya kozwa mikano, kotamwisa esaleli ya miloná mpe kolongola mbuma ya miloná na biteni nyonso ya misala ya kobimisa biloko mpe nsima na yango?

Likoki ya kozwa mboto mpe bisaleli mpo na kolóna nsima ya likama

- Bato oyo bazali kozwa lisalisi bakanisi ete mosala ya kopesa lisungi na misala ya bilanga ekoki kosalema?
- Miloná nini ebebisamaki koleka na likama? Esengeli komipesa mingi na miloná yango? Mpo na nini to mpo na nini te?
- Basali bilanga bandimi ete makambo ekomi malamu mpe kimya mpe bakanisi ete bakoki kolóna, kobúka mbuma mpe koteka to kolya miloná na bango?
- Bazali na likoki ya kozwa bitando ya bilanga mpe biloko misusu ya kosalela (bipoli, bisaleli, banyama oyo basalelaka misala)?
- Babongisami mpo na komipesa lisusu na misala ya bilanga?

Kotalela lipesi mpe bosengá ya mboto: oyo ebombami na ndako

- Mboto ya malamu oyo ebimisami na ndako ekokoka mpo na misala ya kolóna? Kati na yango ezali na mboto ya mosali bilanga oyo abukaki ye moko mpe oyo akoki kozwa na nzela ya lisangá ya boyokani ya bato (na ndakisa bato ya zingazinga).
- Ezali milona moko oyo basali bilanga balingi kokoba kolóna? Ebongi na makambo ya mboka to te? Ezali kosengama kaka to te?

- Mboto ndenge na ndenge oyo mosali bilanga abimisi ye moko ebongi kaka kolonama na eleko ezali koya? Mboto ezali mpenza malamu mpo na kokokisa masengami ya mosali bilanga?

Kotalela lipesi mpe bosengá ya mboto: bawenze ya mboka

- Bawenze ezali kosala ndenge elongobani atako likama ekwei (mikolo ya kosala wenze ezali, basali bilanga bakoki kotambola, koteka mpe kosomba na bonsomi nyonso)?
- Motángo ya mboto to mbuma oyo ezali sikawa ekokani na oyo ezalaka soki likama ezali te na ntango lokola oyo bozali ya bileko oyo eleki?
- Miloná ndenge na ndenge oyo basali bilanga bamoni ete ebongi kolona ezali komonana na bawenze?
- Ntalo ya mboto to mbuma ya sikawa ekokani na oyo ezalaka na ntango lokola oyo bozali ya bileko oyo eleki? Soki ntalo ebongwani, motuya ya mbongwana yango ekokoma mokakatano mpo na basali bilanga?

Kotalela lipesi mpe bosengá ya mboto: misala oyo eyebani na Leta

- Miloná ndenge na ndenge oyo misala oyo eyebani na Leta ezali kopesa ebongi na bitúka oyo ekweli likama makasi? Nini emonisi ete basali bilanga bakosalela yango solo?
- Mboto oyo misala oyo eyebani na Leta ezali na yango ekokokisa bosengá oyo ekoya na ntango ya likama? Soki te, motuya nini ya bamposa ya basali bilanga bakokokisa?

Apendisi 3
Liste ya kolanda mpo na kotalela makambo etali bilei

Na nse awa ezali na mwa mituna mpo na misala ya kotalela makambo oyo ememaka kozanga kolya malamu, likama oyo ekoki kokwela makambo etali bilei mpe misala nini ya kopesa lisungi ekoki kosalema. Mituna euti na ebongiseli mpo na kokanisa makambo oyo ememaka kozanga kolya malamu. ⊕ *Talá Elilingi 7: Kokoka komileisa mpe makambo etali bilei: makambo ememaka kozanga kolya malamu.* Makambo ekouta bisika ndenge na ndenge. Ekosenga kosalela bisaleli ya kotalela makambo mpo na kokongola yango, lokola mituna-lisolo ná bato oyo bayebi makambo ya ntina, kotala mpe kotalela makambo misusu oyo eyaka na nsima.

Makambo oyo ezaliki liboso likama ekweya

Makambo nini eyebani uta kala na oyo etali mitindo, monene mpe makambo oyo ememaka kozanga kolya malamu na bato oyo bakweli likama? ⊕ *Talá Lisengami 1.1 ya Kotalela kokoka komileisa mpe makambo etali bilei.*

Likama oyo ekoki komema kolya malamu te sikawa

Likama nini ekoki komema kolya malamu te mpo ete likoki ya kozwa bilei ekiti? ⊕ Talá Apendisi 1: Liste ya kolanda mpo na kotalela kokoka komileisa mpe makoki ya kobikela.

Likama nini ekoki komema kolya malamu te oyo euti na mimeseno ya koleisa mpe kobatela babebe ná bana mike?

- Mbongwana moko oyo esalami na ndenge ya kosala mosala to mimeseno ya bato (oyo ememami na makambo lokola mibembo, kokima mboka to bitumba) esali ete ntina mpe mikumba ya bato na libota ebongolama?
- Mbongwana esalemi na ndenge bato bazalaka na kati ya mabota? Mitángo ya bana oyo bakawani na baboti ekomi minene?
- Lolenge mpe bisika ya kozwa lisalisi ebulunganaki (na ndakisa na nsima ya kokima bamboka), mpe ebebisaki likoki ya bato ya kozwa bakengeli bana, bilei to mai?
- Babebe oyo bamelisami mabɛlɛ te bazali? Babebe oyo baleisami na nzela ya biloko oyo ezwaka esika ya miliki ya mabɛlɛ bazali?
- Bomoni to bokanisi ete mimesenno ya koleisa bana ebebaki na ntango ya likama? Motángo ya basi likoló na monkama oyo babandi komɛlisa bana mabɛlɛ to motángo ya bana likoló na monkama oyo bazali komɛlisama bobele mabɛlɛ ekiti? Motángo ya bana likoló na monkama oyo baleisami baleisami na nzela ya biloko oyo ezwaka esika ya miliki ya mabɛlɛ to mpe ya bana oyo bamelisami mabɛlɛ te emati?
- Likoki ya kozwa mpe kosalela na bopeto nyonso bilei mosusu ya kobakisela bana oyo bazali komɛla mabɛlɛ ya malamu, oyo ebongi na mbula ya bana, mpe kolamba yango ezali?
- Bomoni to bokanisi ete biloko oyo ezwaka esika ya miliki ya mabɛlɛ lokola miliki ya babebe, biloko misusu oyo euti na miliki, babiberon mpe biloko oyo ezali lokola motó ya libele ekabolamaki ya ofele to te na bato nyonso?

- Bitonga ya bibwele ezalaki mosika ya bana mike na boumeli ya ntango molai na masangá oyo ebokolaka bibwele? Likoki ya kozwa miliki ebongwani?
- VIH ezalaki na bopusi likoló na mimeseno ya komisalisa ya mabota?
- Biloko oyo ekebolami na bato nyonso ezalaki oyo ebongi na bamposa ya mibange mpe ya bato oyo bazali mikakatano ya kolya? Koluka koyeba makasi oyo bilei yango epesaka na nzoto mpe biloko ya mikemike ya ntina mpo na nzoto oyo ezali na kati na yango. Kotalela soki biloko ya kolya ekoki kondimama (soki ezali elengi, kotafunama mpe konikama na libumu).

Likama nini ekoki komema kolya malamu te mpo ete makambo etali sante ya bato nyonso ezali mabe?

- Emonisami ete bamaladi epalanganaka oyo ekoki kosala ete bato bazala malamu te na nzoto, lokola kintúntu to pulupulu ya makasi ebimi? Likama ete bamaladi yango epalangana ezali? ⊕ *Talá Lisalisi ya monganga oyo esengeli kopesama – Lisengami 2.1 ya Bamaladi oyo epalanganaka.*
- Motángo boni ya bato bakatami mangwele ya kintúntu kati na bato oyo bakweli likama ekanisami? ⊕ *Talá Lisalisi ya monganga oyo esengeli kopesama – Lisengami 2.2.1 ya Sante ya mwana.*
- Vitamini A epesami nzela moko na mangwele ya kintuntu lokola momeseno? Motángo boni ya bato bazwi vitamini A kati na bato oyo bakweli likama ekanisami?
- Motángo ya bato oyo bakufi na mbula moko ekanisamaki (ezala bato nyonso to bana na nse ya mbula 5)? Motángo yango ezali boni mpe ndenge nini etangamaki? ⊕ *Talá Makanisi ya ntina na oyo etali sante.*
- Malili bisika bato bafandi ezali makasi to ekokoma makasi kino ebongola motángo ya bato babeli maladi makasi ya mpema to makasi na nzoto oyo bato bakweli likama basengeli na yango?
- Motángo ya bato oyo bazali na VIH ezali ya komata makasi?
- Bato bakomi na bolembu na kozanga kolya malamu likoló na bobola to sante ya mabe?
- Bato bakomi na bolembu na kozanga kolya malamu likoló na bobola to sante ya mabe?
- Emonisami ete bato babeli bamaladi oyo epalanganaka te lokola diabete, maladi ya mingai, bamaladi ya motema mpe maladi oyo esilisaka makila?
- Bato mingi bazali kobela malaria?
- Bato balekisaki ntango molai na kati ya mai, ya bilamba oyo epoli na mai to baumelaki ntango molai bisika oyo makambo ezali makasimakasi?

Bibongiseli nini ya bana-mboka, oyo eyebani na Leta to te, ekoki kosalelama lokolo nzela mpo na misala ya kopesa bato lisungi?

- Makoki nini Ministere ya sante, mangomba, bituluku mpo na kosungana na lisangá, bituluku mpo na kolendisa komɛlisa bana mabɛlɛ to ba-ONG ya koumela ntango mokuse to molai ezali na yango esika yango?
- Misala nini ya kopesa lisungi na makambo etali bilei to bituluku nini ya kosungana kati na lisangá ezalaki esika yango mpe ebongisamaki na masangá ya bana-mboka, bato kati na bana-mboka, ba-ONG, bibongiseli ya Leta, bibongiseli ya ONU to mangomba? Malako nini ya makambo etali bilei (ya kala, oyo ezali kosalema to oyo esalelamaka lisusu te), mpe misala nini ya kopesa bato lisungi ebongisami mpo na ntango molai, mpe baprograme nini ezali kosalelama to kobongisama mpo na kosilisa mikakatano?

Apendisi 4
Ndenge ya komeka kozanga kolya malamu ya makasi

Ntango makama minene na makambo etali bilei ekomaka, ekoki kozala na ntina kokotisa babebe na nse ya sanza 6, basi ya zemi mpe oyo bazali komɛlisa bana, bana oyo bakoli, bilenge, mikólo mpe mibange ntango bozali kotalela makambo etali bilei mpe na baprograme na yango.

Babebe na nse ya sanza 6

Atako bolukiluki mpo na makambo etali bana yango ezali kokoba kaka, mwa bilembeteli moke esimbi ndenge ya kotalela mpe kotambwisa makambo yango. Malako mingi etindaka kolimbola mimeko ya nzoto mobimba na oyo etali kozanga kolya malamu mpo na babebe kaka ndenge moko mpe mpo na bana ya sanza 6 tii 59 (longola kaka meko ya monene ya loboko (MUAC) mpo ebongi te kosalela yango na babebe na nse ya sanza 6). Masengami mpo na kondimama esengeli kotya likebi na molai ya mwana ntango emekami na esika ya kotalela bokoli na ye.

Kotika mitindami mpo na bokoli ya bana ya ebongiseli moko *(National Center for Health Statistics, NCHS)* mpo na kobanda kosalela masengami mpo na bokoli ya bana ya OMS ya 2006 esali ete motángo ya babebe na nse ya sanza 6 oyo emonani ete bazali ya kokonda emata. Yango ekoki komatisa motángo ya babebe oyo basengeli kokota na baprograme oyo etali kolya, to ete bakengeli bana bamitunatuna soki koleisa bana bobele na nzela ya mabɛlɛ ebongi mpenza. Ezali ntina mingi kotalela mpe kolandela makambo oyo:

- Kokola na molai ya babebe – bokoli ezali malamu, atako nzoto ezali moke (babebe misusu bakoki "kokola na lombangu" nsima ya kobotama na kilo moke)?
- Mimeseno ya koleisa babebe – bebe aleisami bobele na nzela ya komɛla mabɛlɛ?
- Liboke ya bilembo oyo emonisaka maladi – bebe azali na mindondo na sante to maladi oyo esengeli kosalisama to ekoki kotya bomoi na ye na likama?
- Makambo etali bomama – na ndakisa, mama azangi lisungi na libota to azali konyokwama na makanisi? Kopesa lisalisi ya monganga na kati ya lopitalo na baprograme oyo etali kolya mpo na kosalisa nzoto esengeli ezwa esika ya liboso mpo na babebe oyo bakoki kokutana na makama mingi.

Bana ya sanza 6 tii 59

Tablo oyo ezali awa na nse emonisi bilembo oyo esalelamaka mingimingi mpo na koyeba ndenge kozanga kolya malamu ezali konyokola bana ya sanza 6 tii 59. Botánga bilembo ya kilo mpo na molai (WFH) na nzela ya masengami mpo na bokoli ya bana ya OMS ya 2006. Motángo Z ya WFH (kolanda masengami ya OMS) ezali elembo oyo esalelamaka mingimingi mpo na komonisa mbuma ya baankete ya mimeko ya nzoto mobimba. MUAC ezali Lisengami moko mpo na komeka kozanga kolya malamu mpe moko ya bilembo ya malamu koleka oyo esakolaka motángo ya bato oyo bakoki kokufa. MUAC ya nse oyo ezali mingi ekoki mpe kosalelama mpo na koyeba motángo ya bato oyo basengeli kosalisama na nzela ya baprograme ya kobakisela bato bilei mpe ya kopesa lisalisi ya monganga na nzela ya bilei. Mitángo-mindelo oyo esalelamaka mingimingi ezali na nse ya 11,5 cm mpo na kozanga kolya malamu ya makasi, mpe 11,5 cm tii 12,5 cm mpo na kozanga kolya malamu ya petɛɛ. MUAC esalelamaka mpe lisusu mingimingi, na mitángo-mindelo ya likoló makasi, na kati ya misala mpo na koluka koyeba babeli na eteni mibale. Esengeli kosalelama yango moko te mpo na baankete ya mimeko ya nzoto mobimba, kasi ekoki kosalelama lokola Lisengami kaka moko mpo na kondima bato na baprograme oyo etali kolya.

	Kozanga kolya malamu	Kozanga kolya malamu ya petɛɛ	Kozanga kolya malamu ya makasi
Bana ya sanza 6 tii 59	Motángo Z ya WFH < -2 to/mpe MUAC <12,5 cm to/mpe kovimbavimba ya nzoto mpo na kozanga kolya malamu	Motángo Z ya WFH −3 tii na −2 to/mpe MUAC 11,5–12,5 cm	Motángo Z ya WFH <−3 to/mpe MUAC <11,5 cm to/mpe kovimbavimba ya nzoto mpo na kozanga kolya malamu
Mibange	MUAC 21 cm	MUAC 18,5–21,0 cm	MUAC 18,5 cm
Basi ya zemi mpe oyo bazali komɛlisa bana	MUAC <23 cm (bantago mpe bisika mosusu ekoki kozala <210mm)	MUAC 18,5–22,9 cm	MUAC <18,5 cm
Mikólo (ata bato oyo bazali na VIH to maladi ya ntolo)	IMC <18,5	IMC 16–18,5	IMC <16

Bana ya mbula 5 tii 19

Bosalela masengami mpo na bokoli ya bana ya OMS ya 2007 mpo na koyeba soki bana ya mbula 5 tii 19 bazali malamu na oyo etali kolya. Mindelo ya mitindami mpo na bokoli ezali koyokana mpenza na etambweli na yango na masengami mpo na bokoli ya bana ya sanza 6 tii 59 ya OMS mpe mitángo-mindelo oyo esengami mpo na mikólo. Botya likebi na MUAC ya bana oyo bakoli mpe bilenge, mingimingi bisika oyo VIH ezali. Lokola ezali makambo etali tekiniki oyo ezali naino kokola, ezali na ntina mingi koluka kosalela malako mpe batekiniki oyo ezali kobima sika.

Mikólo (mbula 20 tii 59)

Ezali na ndimbola te ya kozanga kolya malamu ya mikólo oyo endimami na bato nyonso, kasi makambo emonisi ete motángo-ndelo mpo na kozanga kolya malamu ya makasi ekoki kozala IMC (indice de masse corporelle) na nse ya 16, mpe mpo na kozanga kolya malamu ya petɛɛ ná ya mwa petɛɛ IMC na nse ya 18,5. Baankete mpo na koyeba kozanga kolya malamu ya mikólo esengeli kokongola makambo etali kilo, molai ná molai ya kofanda mpe mimeko ya MUAC. Makambo yango ekoki kosalelama mpo na koyeba IMC. IMC ekoki kobongisama mpo na Cormic index (molai ya kofanda likoló na molai ya kotelema) bobele mpo na kokokanisa bato. Kobongisama ya ndenge wana ekoki kobongola mpenza motángo ya mikólo oyo bazali konyokwama na kozanga kolya malamu mpe kozala na bopusi makasi likoló na baprograme. Ntango nyonso esengeli komeka MUAC. Soki esengi kozwa biyano na lombangu to makoki ezali ya kokoka te, baankete ekoki kosalelama kaka na mimeko ya MUAC.

Kozanga makambo oyo endimami kolanda mbuma oyo ebimisi nsima ya kosalela yango mpe nivo mpo na komeka etyaka mindondo ntango ya kolimbola mimeko ya nzoto mobimba. Bosalela makambo misusu oyo etali ntango mpe bisika mimeko yanngo ezwamaki mpo na kolimbola yango. Mpo na makanisi ya kolanda mpo na mosala ya kotalela ⊕ talá *Mitindami mpe mikanda mosusu ya kotánga.*

Bosangisa bilembo ya mimeko ya nzoto mobimba, bilembo oyo emonisaka maladi (mingimingi kolembalemba, kokonda) mpe makambo etali ezaleli ya bato (lokola likoki ya kozwa bilei, bakengeli, bisika ya komibomba) mpo na koluka koyeba bato oyo basengeli kondimama to kobimisama na baprograme ya kosalisa nzoto na nzela ya bilei. Boyeba ete kovimbavimba na nzoto ya mikólo ememamaka na makambo misusu longola kozanga kolya malamu, mpe minganga basengeli kotalela yango mpo na koyeba nini nde ememi yango. Ebongiseli moko na moko oyo esunga bato ekopona elembo nini esengeli kosalela mpo na kopona bato oyo bakozwa lisalisi. Ekotya likebi na mabungá ya IMC, kozanga mimeko ya MUAC mpe bopusi ya kosalela bilembo na baprograme. Lokola ezali makambo etali tekiniki oyo ezali naino kokola, ezali ntina mingi koluka kosalela malako mpe batekiniki oyo ezali kobima sika.

MUAC ekoki kosalelama lokola esaleli mpo na koluka koyeba na basi ya zemi, na ndakisa lokola Lisengami mpo na kokota na programe oyo etali kolya. Lokola bamposa na bango na oyo etali bilei ebakisamaka, basi ya zemi bakoki kozala na likama makasi koleka bituluku misusu ya bato. MUAC ebongwanaka mpenza te na boumeli ya zemi. MUAC oyo ezali na nse ya 20,7 cm emonisi likama monene mpo na bebe oyo aza na libumu akola malamu te, mpe na nse ya 23 cm emonisi likama ya mwa moke. Motuya ya mitángo-mindelo ebongwanaka kolanda ekólo moko to mosusu, kasi ebandaka na 21 tii 23 cm. Bozwa MUAC nyonso na nse ya 21 cm lokola motángo-ndelo oyo ebongi mpo na kopona basi oyo bazali na likama na ntango ya makama.

Mibange

Ezali na ndimbola te ya kozanga kolya malamu ya mibange oyo endimami na bato nyonso, kasi etuluku ya bato yango ekoki kozala na likama ya konyokwama na kozanga kolya malamu na ntango ya makama. OMS emonisi ete mitángo-mindelo mpo na mikólo ekoki mpe kozala oyo ebongi mpo na bato ya mbula koleka 60. Nzokande, kongumbama ya mokuwa ya mokongo mpe kolemba ya biteni na yango ekoki kobimisa mikakatano mpo na komeka molai ya mibange. Mimeko ya molai ya mabako to ya loboko moko ekoki kosalelama na esika ya meko ya molai, kasi motángo ya kobakisa mpo na kotanga molai ekeseni mpo na bato ndenge na ndenge. Esengeli kotalela makambo yango na miso na bino moko. MUAC ekoki kozala esaleli ya malamu mpo na komeka kozanga kolya malamu epai ya mibange, kasi bolukiluki mpo na koyeba mitángo-mindelo oyo ebongi ezali kokoba.

Bibosono

Malako mpo na kozwa mimeko ya bibosono ezali te kino sikoyo. Kozanga malako yango ezali kosala ete bibosono batyama pembeni ntango ya baakente ya mimeko ya nzoto mobimba. Esengeli kotalela makambo yango na miso na bino moko. Mimeko ya MUAC ekoki komema na libungá soki misuni ya mabɔkɔ ekoli na ndenge ezali kosalisa ebosono mpo na kotambola. Ezali na bandenge misusu ya kozwa mimeko mpo na koyeba kozanga kolya malamu epai ya bibosono, lokola molai ya mabɔkɔ to ya makolo, na esika ya komeka molai. Ezali ntina mingi kotalatala mbuma ya bolukiluki oyo ezali kosalema mpo na koyeba ndenge nini mpenza ebongi kozwa mimeko ya nzoto ya bibosono.

Apendisi 5
Mimeko oyo emonisaka ntina ya bozangi biloko ya mikemike oyo etongaka nzoto mpo na sante ya bato nyonso

Esengeli kosalisa lombango bato moko na moko oyo banyokwami na kozanga biloko ya mikemike oyo etonganka nzoto oyo esengi lisalisi ya monganga. Yango emonisaka soki ezali na mikakatano oyo ezali komema kozanga biloko ya mikeke oyo etongaka nzoto epai ya bato nyonso. Komeka mpe kotya na molongo ndenge kozanga biloko ya mikemike oyo etongaka nzoto ezali konyokola bato ezali ntina mingi mpo na kobongisa mpo kolandela misala ya kosunga bato mpo na yango.

Komeka makambo ya biochimie epesaka meko oyo ebongi mpenza mpo na koyeba soki bato bazali malamu to te na oyo etali biloko ya mikemike oyo etongaka nzoto. Kasi, kokongola mwa ndambo ya biloko ya nzoto oyo ekomekama ekutanaka na mikakatano mingi na oyo etali komemama, formasyo ya basali misala, kobomama na malili mpe ntango mosusu kondimama na yango. Nzokande, ata mimeko ya makambo ya biochimie ezalaka ntango nyonso na bokengi mpe bosikisiki oyo esengeli kaka te. Kaka ndenge esalemaka mpo na oyo etali kozanga kolya malamu, makambo ekoki kobongwana kolanda ngonga ya mokolo to eleko ya mbula oyo mwa ndambo ya biloyo ya nzoto oyo ekomekama ekongolamaki. Kotalatala soki biloko yango ezali malamu ezali ntina mingi mpe esengeli kotyela yango likebi ntango ya kopona laboratware oyo ekomeka biloko yango.

Botya likebi ete bato bakoki kolya mingi koleka to kozanga biloko ya mikemike oyo etongaka nzoto, ntango bozali kotalela soki bato bazali malamu to te na makambo yango. ezali mpenza eloko ya kosala ntango bilei mingi oyo ezali na biloko ya ntina mpo na nzoto na kati to biloko misusu ya kobakisela bato ezali kosalelama mpo na kopesa bato biloko ya mikemike oyo etongaka nzoto.

Kozanga biloko ya mikemike oyo etongaka nzoto ezali na makama makasi likoló na sante ya nzoto ná ya motó ya mibange, ebongiseli oyo ebundisaka maladi na nzoto na bango mpe makoki na bango ya kosala makambo.

Tablo oyo ezali awa na nse etye na molongo bozangi biloko ya mikemike oyo etongaka nzoto ndenge na ndenge oyo ezali ntina mingi mpo na sante ya bato nyonso na nzela ya bilembo ndenge na ndenge. Mpo na koyeba makambo mosusu na oyo etali komeka makambo ya biochimie mpe mitángo-mindelo ya sante ya bato nyonso, botala mikanda oyo ebimisami sika to bapesi toli na makambo yango.

Elembo ya bozangi biloko ya mikemike oyo etongaka nzoto	Etuluku ya mbula ya kobotama ya bato mpo na baakente ya koyeba motángo ya bato ya maladi	Ndimbola ya likama mpo na sante ya bato nyonso	
		Meko	Motángo ya bato ya maladi (%)
Bozangi vitamini A			
Komona malamu te na molili (XN)	Sanza 24 tii 71	Petɛɛ	0 ≤ 1
		Katikati	1 ≤ 5
		Makasi	5
Litɔnɔ ya Bitot (X1B)	Sanza 6 tii 71	Eyebani te	>0,5
Bokauki ya loposo ya liso/Kovimba na yango/Kokuba na yango (X2, X3A, X3B)	Sanza 6 tii 71	Eyebani te	>0,01
Elembo likoló na loposo ya liso (XS)	Sanza 6 tii 71	Eyebani te	>0,05
Maimai ya retinol (≤ 0,7µmol/l)	Sanza 6 tii 71	Petɛɛ	2 ≤ 10
		Katikati	10 ≤ 20
		Makasi	20
Bozangi iode			
Limeu (oyo emonani mpe ekoki kosimbama)	Bana oyo bakendaka kelasi	Petɛɛ	5,0–19,9
		Katikati	20,0–29,9
		Makasi	30,0
Mwayene ya iode na kati ya masuba (mg/l)	Bana oyo bakendaka kelasi	Elyami mingi koleka	>300
		Elyami ya kokoka	100–199
		Ezangi moke	50–99
		Ezangi mwa ndambo	20–49
		Ezangi mingi	<20
Bozangi fer			
Kosila makila (hemoglobine ya basi oyo bazali na zemi te <12,0 g/dl; bana ya sanza 6 tii 59 <11,0 g/dl)	Basi, bana ya sanza 6 tii 59	Petɛɛ	5–20
		Katikati	20–40
		Makasi	40

Elembo ya bozangi biloko ya mikemike oyo etongaka nzoto	Etuluku ya mbula ya kobotama ya bato mpo na baakente ya koyeba motángo ya bato ya maladi	Ndimbola ya likama mpo na sante ya bato nyonso	
		Meko	Motángo ya bato ya maladi (%)
Maladi oyo eutaka na kozanga vitamini B1 *(beriberi)*			
Bilembo oyo emonisaka maladi	Bato nyonso	Petεε	Moto 1 ná <1%
		Katikati	1–4
		Makasi	5
Oyo ezali na kati ya bilei (<0.33mg/l,000kCal)	Bato nyonso	Petεε	5
		Katikati	5–19
		Makasi	20–49
Motángo ya babebe oyo bakufi	Babebe ya sanza 2 tii 5	Petεε	Motángo emati te
		Katikati	Motángo emati moke
		Makasi	Motángo emati
Maladi oyo eutaka na kozanga vitamini B3 *(pellagre)*			
Bilembo oyo emonisaka maladi (kovimba ya loposo ya nzoto) kati na etuluku ya mbula ya kobotama	Bato nyonso to basi > mbula 15	Petεε	≥ Moto 1 ná <1%
		Katikati	1–4
		Makasi	5
Biloko oyo ezali kokokana na vitamini B3 *(niacine)* oyo ezali na kati ya bilei <5 mg/na mokolo	Bato nyonso to basi > mbula 15	Petεε	5–19
		Katikati	20–49
		Makasi	50
Maladi oyo eutaka na bozangi vitamini C *(scorbut)*			
Bilembo oyo emonisaka maladi	Bato nyonso	Petεε	Moto 1 ná <1%
		Katikati	1–4
		Makasi	5

Apendisi 6
Bamposa na makambo etali bilei

Bosalela tablo oyo elandi mpo na kosala myango na ebandeli ya likama. Esengeli kosalela bamposa ya libosoliboso na makambo etali bilei oyo emonisami na tablo mpo na kotalela biloko ya kolya oyo ekabolami na bato nyonso. Ebongi te kosalela yango mpo na koluka koyeba soki bilei ya kobakisela bato to kosalisa nzoto na zela ya bilei ezali malamu to mpo na kotalela bilei ekabolami mpo na bituluku misusu ya bato lokola bato oyo bazali na maladi ya ntolo to oyo bazali na VIH.

Biloko oyo etongaka nzoto	Bamposa ya libosoliboso ya bato
Makasi ya nzoto	2 100 kCal
Proteini	53 g (10% ya makasi nyonso ya nzoto)
Mafuta	40 g (17% ya makasi nyonso ya nzoto)
Vitamini A	550 µg oyo ekokani na mosala ya retinol (RTE)
Vitamini D	6,1 µg
Vitamini E	8,0 mg oyo ekokani na alpha-tocopherol (alpha TE)
Vitamini K	48,2 µg
Vitamini B1 (thiamine)	1,1 mg
Vitamini B2 (riboflavin)	1,1 mg
Vitamini B3 (niacin)	13,8 mg oyo ekokani na niacine (NE)
Vitamini B6 (pyridoxine)	1,2 mg
Vitamini B12 (cobalamin)	2,2 µg
Vitamini B9 (acide folike)	363 µg oyo ekokani na acide folike (DFE)
Vitamini B5 (Pantothenate)	4,6 mg
Vitamini C	41,6 mg
Fer	32mg
Iode	138 µg
Zinc	12,4 mg
Motako (Cuivre)	1,1 mg
Selenium	27,6 µg
Calcium	989 mg
Magnesium	201 mg

Euti na: RNI basaleli mpo na koyeba mitángo esengeli mpo na bavitamini ná biloko ezwami na mabele nyonso, longola kaka motako, ezwami na buku Vitamin and Mineral Requirements in Human Nutrition, ebimeli ya mibale, FAO/OMS, 2004. Masengami mpo na motako ezwami na buku Trace Elements in Human Nutrition and Health, OMS, 1996.

Bamwayene oyo ya mituya ya bamposa ya libosoliboso ezali komonisa bamposa ya basi ná mibali ya bambula nyonso. Ezali kaka te mpo na etuluku moko ya bato kolanda bomwasi to bobali, to mpe bambula ya kobotama mpe esengeli te kosalelama mpo na koyeba bamposa ya moto moko na moko. Esimbami na mitángo oyo emonisaka ezaleli ya bato, molunge to malili ya mopepe mpe mitángo oyo emonisaka ndenge nini bato bazali kosalela nzoto na misala. Ezali mpe lisusu kotya likebi na bamposa misusu ya basi ya zemi ná baoyo bazali komɛlisa bana.

Bamposa yango emonisami lokola mitindami mpo na kolya biloko oyo etongaka nzoto *(reference nutrient intakes – RNI)* oyo etali biloko yango nyonso longola makasi ya nzoto mpe motako.

Bolukiluki oyo ezali kokoba kosalema mpe makambo ya sika oyo etali biloko ya minene ná ya mikemike oyo etongaka nzoto ezali na basite Internet ya Ebongiseli ya ONU mpo na bilei mpe mosala ya bilanga (FAO) mpe ya OMS.

Esengeli komatisa to kokitisa bamposa ya bato na oyo etali makasi na nzoto kolanda:

- mitángo oyo ezali komonisa bato ya mboka ndenge bakabwani na bambula ya kobotama, mingimingi motángo likoló na monkama ya bana na nse ya mbula 5, ya basi oyo bakomi mibange, mpe ya bilenge;
- mwayene ya kilo ya nzoto oyo ya mikólo mpe kilo ya nzoto oyo bazali na yango sikawa, oyo bazalaka na yango mpe oyo esengeli bazala na yango;
- mitángo oyo emonisaka ndenge nini bato bazali kosalela nzoto na misala mpo bazala na bomoi ya malamu (bamposa esengeli komata soki mitángo yango eleki "light", to mpe kobakisa mbala 1,6 motángo ya kalori oyo ezali ntina mpo na kozala na bomoi);
- mwayene ya molunge to malili na mopepe, mpe makoki ya kozwa esika ya komibomba mpe bilamba ya kolata (bamposa esengeli komata soki mwayene yango ezali na nse ya 20°C);
- Ndenge bato bazali na oyo etali sante mpe makambo etali bilei (bamposa esengeli komata soki bato bazali kolya malamu te mpe basengeli soki bazali kokola malamu te. Motángo ya bato bazali na VIH ekoki kobongola mwayene ya bamposa ya bato. Bobongisa bilei ya kokabola na bato kolanda ndenge makambo ezali bisika yango mpe mitindo oyo endimami na mokili mobimba mpo na kokisa bamposa yango).

Mpo na koyeba ndenge ya kotanga mitángo oyo esengeli kobongola, ⊕ *talá* UNHCR, UNICEF, WFP and WHO (2002), *Food and Nutrition Needs in Emergencies* mpe WFP (2001), *Food and Nutrition Handbook*.

Soki likoki ya kozwa makambo yango na nzela ya misala ya kotalela ezali te, bosalela mitángo oyo ezali na batablo oyo ezali likoló lokola bamposa ya libosoliboso.

Mpo na koyeba ndenge bato ya mboka bakabwani kolanda bomwasi to bobali, bambula ya kobotama mpe masengami misusu soki esengeli, bosalela mitindami ya ekólo to botala World Population Prospects: https://esa.un.org/unpd/wpp/

Mitindami mpe mikanda mosusu ya kotánga

Makambo eyebani

Child Protection Minimum Standards (CPMS). Global Child Protection Working Group, 2010. http://cpwg.net

Emergency Preparedness and Response Package. WFP, 2012. http://documents.wfp.org

Harvey, P. Proudlock, K. Clay, E. Riley, B. Jaspars, S. *Food Aid and Food Assistance in Emergencies and Transitional Contexts: A Review of Current Thinking.* Humanitarian Policy Group, 2010.

Humanitarian inclusion standards for older people and people with disabilities. Age and Disability Consortium, 2018. https://reliefweb.int

IASC Framework on Durable Solutions for Internally Displaced Persons. IASC, 2010.

Lahn, G. Grafham, O. *Heat, Light and Power for Refugees: Saving Lives, Reducing Costs.* Chatham House, 2015. https://www.chathamhouse.org

Livestock Emergency Guidelines and Standards (LEGS). LEGS Project, 2014. https://www.livestock-emergency.net

Minimum Economic Recovery Standards (MERS). SEEP Network, 2017. www.seepnetwork.org

Minimum Standards for Child Protection in Humanitarian Assistance. CPWG, 2016. http://cpwg.net

Minimum Standards for Education: Preparedness, Recovery and Response. The Inter-Agency Network for Education in Emergencies [INEE], 2010. www.ineesite.org

Minimum Standard for Market Analysis (MISMA). The Cash Learning Partnership (CaLP), 2017. www.cashlearning.org

Pejic, J. *The Right to Food in Situations of Armed Conflict: The Legal Framework.* International Review of the Red Cross, 2001. https://www.icrc.org

Safe Fuel and Energy Issues: Food Security and Nutrition. Safe Fuel and Energy, 2014. www.safefuelandenergy.org

The Right to Adequate Food (Article 11: 12/05/99. E/C 12/1999/5, CESCR General Comment 12). United Nations Economic and Social Council, 1999. www.ohchr.org

The Sendai Framework for Disaster Risk Reduction. UNISDR. https://www.unisdr.org

Kotalela makambo

RAM-OP: Rapid Assessment Method for Older People. www.helpage.org

SMART (Standardized Monitoring and Assessments of Relief and Transition) Guidelines and Methodology. SMART. http://smartmethodology.org

Makambo etali bilei

Castleman, T. Seumo-Fasso, E. Cogill, B. *Food and Nutrition Implications of Antiretroviral Therapy in Resource Limited Settings, Food and Nutrition Technical Assistance, technical note no. 7*. FANTA/AED, 2004.

Chastre, C. Duffield, A. Kindness, H. LeJeane, S. Taylor, A. *The Minimum Cost of Diet: Findings from piloting a new methodology in Four Study Locations*. Save the Children UK, 2007. https://resourcecentre.savethechildren.net

Codex Alimentarius. Standards, Guidelines and Advisory Texts. FAO and WHO. www.fao.org

Food and Nutritional Needs in Emergencies. WHO, UNHCR, UN Children's Fund, WFP, 2004. www.who.int

International Code of Marketing of Breast-Milk Substitutes. WHO, 1981. www.who.int

Ndenge ya kosalisa kozanga kolya malamu

Black, RE. Allen, LH. Bhutta, ZA. Caulfield, LE. de Onis, M. Ezzati, M. Mathers, C. Rivera, J. *Maternal and child undernutrition: global and regional exposures and health consequences. The Lancet*, vol. 371, no. 9608, 2008, pp. 243–260. https://doi.org

Mayele mpo na kosala elongo na bato ya mboka

Bonino, F. *What Makes Feedback Mechanisms Work*. ALNAP, 2014.

Ndenge ya koleisa babebe mpe bana mike

Child Growth Standards and the Identification of Severe Acute Malnutrition in Infants and Children. WHO, 2009.

Early Childhood Development in Emergencies: Integrated Programme Guide. UNICEF, 2014. https://www.unicef.org

Integrating Early Childhood Development Activities into Nutrition Programmes in Emergencies: Why, What and How? UNICEF & WHO Joint statement, 2010. www.who.int

Operational Guidance on Infant and Young Child Feeding in Emergencies. IFE Core Group, 2017. https://www.ennonline.net

Bana

Growth reference for school-aged children and adolescents. WHO, 2007. www.who.int

Kokoka komileisa

Coping Strategies Index: CSI Field Methods Manual. CARE, 2008.

Caccavale, O. Flämig, T. *Collecting Prices for Food Security Programming*. World Food Programme, 2015. http://documents.wfp.org

Coates, J. Swindale, A. Bilinsky, P. *Household Food Insecurity Access Scale (HFIAS) for Measurement of Food Access, Indicator Guide, Version 3*. FANTA, 2007.

Food Safety and Quality. FAO and WHO. www.fao.org

Food Security Cluster Urban Group Tools and Pilot Projects. Food Security Cluster. http://fscluster.org

Food Security Cluster Core Indicator Handbook. Food Security Cluster. http://fscluster.org

Humanitarian, Impact areas. Global Alliance for Clean Cookstoves, 2018. http://cleancookstoves.org

Integrated Food Security Phase Classification (IPC) 2018 – Technical Manual Version 3. IPC Global Partners, 2018.

Save Food: Global Initiative on Food Loss and Waste Reduction – Extent, Causes and Reduction. FAO and WHO. http://www.fao.org

Swindale, A. Bilinsky, P. *Household Dietary Diversity Score (HDDS) for Measurement of Household Food Access: Indicator Guide, Version 2.* FANTA, 2006.

Technical Guidance Note: Food Consumption Score Nutritional Quality Analysis (FCS-N). WFP, 2015. https://www.wfp.org

Tier ranking from the IWA interim ISO standards. Global Alliance for Clean Cookstoves. http://cleancookstoves.org

Voluntary Guidelines to Support the Progressive Realization of the Right to Adequate Food in the Context of National Food Security. Committee on World Food Security, 2005.

Lisungi mpo na kozwa bilei

Guide to Personal Data Protection and Privacy. WFP, 2016. https://docs.wfp.org

Integrated Protection and Food Assistance Programming. ECHO-DG, Final Draft. https://reliefweb.int

NutVal 2006 version 2.2: The planning, calculation, and monitoring application for food assistance programme. UNHCR, WFP, 2006. www.nutval.net

Protection in Practice: Food Assistance with Safety and Dignity. UN-WFP, 2013. https://reliefweb.int

Revolution: From Food Aid to Food Assistance – Innovations in Overcoming Hunger. WFP, 2010. https://documents.wfp.org

Misala ya kopesa lisungi na oyo etali mboto

Seed System Security Assessment (SSSA). CIAT and DEV, 2012. https://seedsystem.org

Seeds in Emergencies: A Technical Handbook. FAO, 2010. www.fao.org

Mimbongo mpe lisalisi ya mbongo

CaLP CBA quality toolbox: http://pqtoolbox.cashlearning.org

Cash and Vouchers Manual. WFP, 2014. https://www.wfp.org

E-Transfers in Emergencies: Implementation Support Guidelines. CaLP, 2013. www.cashlearning.org

Emerging Good Practice in the Use of Fresh Food Vouchers. ACF International, 2012. www.actionagainsthunger.org

Bomwasi to bobali

Guidelines for Integrating Gender-Based Violence Interventions in Humanitarian Action. IASC, 2015. www.gbvguidelines.org

Researching Violence Against Women: A Practical Guide for Researchers and Activists. WHO and Program for Appropriate Technology in Health (PATH), 2005. www.who.int

Bibosono
Including Children with Disabilities in Humanitarian Action, Nutrition booklet. UNICEF. http://training.unicef.org

Module on Child Functioning and Disability. UNICEF, 2018. https://data.unicef.org

Makoki ya kobikela
CLARA: Cohort Livelihoods and Risk Analysis. Women's Refugee Commission, 2016. https://www.womensrefugeecommission.org

Sustainable Livelihoods Guidance Sheets. DFID, 2000. http://www.livelihoodscentre.org

Bisika bato bafandi mpe zingazinga na yango
Flash Environmental Assessment Tool. UNOCHA. www.eecentre.org

Handbook on Safe Access to Firewood and Alternative Energy. WFP, 2012.

Integrated Food Security Phase Classification (IPC) 2018 – Technical Manual Version 3. IPC Global Partners, 2018.

Lahn, G. Grafham, O. *Heat, Light and Power for Refugees: Saving Lives, Reducing Costs.* Chatham House, 2015. https://www.chathamhouse.org

Moving Energy Initiative. Chatham House, 2018. https://mei.chathamhouse.org

Mikanda mosusu ya kotánga
Mpo na koyeba mikanda nini mosusu okoki kotánga, talá na www.spherestandards.org/handbook/online-resources

Mikanda mosusu ya kotánga

Misala ya kotalela ya ebandeli

Joint Assessment Mission (JAM): Guidelines Second Edition. UNHCR/WFP, 2009.

Multi-sector Initial Rapid Assessment (MIRA) Tool. IASC, 2015.

Technical Guidance for the Joint Approach to Nutrition and Food Security Assessment (JANFSA). WFP and UNICEF, 2016.

Kotalela makambo etali kokoka komileisa

Alternative Sampling Designs for Emergency Settings: A Guide for Survey Planning, Data Collection and Analysis. FANTA, 2009.
https://www.fsnnetwork.org/sites/default/files/alternative_sampling_designs_for_emergency_settings.pdf

Comparing Household Food Consumption Indicators to Inform Acute Food Insecurity Phase Classification. FANTA, 2015.
https://www.fantaproject.org/sites/default/files/resources/HFCIS-report-Dec2015.pdf

Crop and Food Security Assessment Mission (CFSAM) Guidelines. FAO and WFP, 2009.
https://www.wfp.org/publications/faowfp-joint-guidelines-crop-and-food-security-assessment-missions-cfsams

Comprehensive Food Security and Vulnerability Analysis (CFSVA) Guidelines. WFP, 2009.

Emergency Food Security Assessment Handbook (EFSA) – second edition. WFP, 2009.

Household Livelihood Security Assessments: A Toolkit for Practitioners. CARE, 2002.

Vulnerability and Capacity Assessment Guide. IFRC. www.ifrc.org/vca

The Household Economy Approach: A Guide for Programme Planners and Policy-makers. Save the Children, 2008.

Kotalela likoki ya kozwa mboto mpe bisaleli mpo na kolóna (seed security)

Longley, C. Dominguez, C. Saide, M.A. Leonardo, W.J. *Do Farmers Need Relief Seed? A Methodology for Assessing Seed Systems.* Disasters, NCBI, 2002.

Sperling, L. *When Disaster Strikes: A guide to Assessing Seed System Security.* International Center for Tropical Agriculture, 2008.

Kotalela makoki ya kobikela

Jaspers, S. Shoham, J. *A Critical Review of Approaches to Assessing and Monitoring Livelihoods in Situations of Chronic Conflict and Political Instability.* ODi, 2002.

Matrix on Agency Roles and Responsibilities for Ensuring a Coordinated, Multi-Sectoral Fuel Strategy in Humanitarian Settings. Version 1.1. Task Force on Safe Access to Firewood and Alternative Energy in Humanitarian Settings. IASC, 2009.

Mimbongo

Adams, L. *Learning from Cash Responses to the Tsunami: Final Report*, HPG background paper. HPG, 2007.
https://www.odi.org/sites/odi.org.uk/files/odi-assets/publications-opinion-files/4860.pdf

Cash, Local Purchase, and/or Imported Food Aid? Market Information and Food Insecurity Response Analysis. CARE, 2008.

Creti, P. Jaspars, S. *Cash Transfer Programming in Emergencies.* Oxfam GB, 2006.

Delivering Money: Cash Transfer Mechanisms in Emergencies. Save the Children UK, Oxfam GB and British Red Cross, with support from ECHO, CaLP, 2010.

Harvey, P. *Cash and Vouchers in Emergencies, HPG background paper.* ODI, 2005.

Implementing Cash-Based Interventions: A guide for aid workers. Action contre la faim, 2007.

Minimum Standard for Market Analysis (MISMA). CaLP, 2013.

Mike, A. *Emergency Market Mapping and Analysis (EMMA) toolkit.* Oxfam GB, 2010.

Multi-Sector Initial Rapid Assessments (MIRA) Guidance. IASC, 2015.

Bilei oyo ezali kolyama

Food Consumption Analysis: Calculation and Use of the Food Consumption Score in Food Security Analysis. Technical Guidance Sheet. WFP, 2008. https://fscluster.org/sites/default/files/documents/WFP%20FCS%20Guideline%20%281%29.pdf

Household Dietary Diversity Score (HDDS). Food and Nutrition Technical Assistance Project, 2006.

Reference Nutrient Intake (RNI) publications. WHO.
www.who.int/nutrition/publications/nutrient/en/ and www.who.int/elena/nutrient/en/

Mayele mpo na kosala elongo na bato ya mboka

Climate Vulnerability and Capacity Analysis Handbook. CARE, 2009.

Climate Change and Environmental Degradation Risk and Adaptation Assessment (CEDRA). Tearfund, 2009.

How to do a Vulnerability and Capacity Assessment (VCA), a step-by-step guide for Red Cross and Red Crescent Staff and Volunteers. IFRC, 2007.

Participatory Vulnerability Analysis. ActionAid, 2004.

Bibongiseli mpo na makambo etali kokoka komileisa mpe bilei

Famine Early Warning Systems Network. USAID. www.fews.net

Food Insecurity and Vulnerability Information and Mapping Systems (FIVIMS). FIVIMS, 2013. www.fao.org/3/a-x8346e.pdf

Global Information and Early Warning System on Food and Agriculture. FAO.
www.fao.org/ES/giews/english/index.htm

Integrated Food Security Phase Classification, Technical Manual. Version 1.1. IPC Global partners and FAO, 2008.h www.fao.org/docrep/010/i0275e/i0275e.pdf

Shoham, J. Watson, F. Dolan, C. *The Use of Nutrition Indicators in Surveillance Systems, Technical paper 2.* ODI, 2001.
https://www.odi.org/sites/odi.org.uk/files/odi-assets/publications-opinion-files/3970.pdf

Kotalela mimeko ya nzoto mobimba
A Manual: Measuring and Interpreting Malnutrition and Mortality. Centers for Disease Control and Prevention and WFP, 2005.

Assessment of Adult Undernutrition in Emergencies. Report of an SCN working group on emergencies special meeting, pp. 49–51. UN ACC Sub Committee on Nutrition, 2001.

Collins, S. Duffield, A. Myatt, M. Adults: *Assessment of Nutritional Status in Emergency-Affected Populations.* ACC, Sub-Committee on Nutrition, 2000.
https://www.unscn.org/web/archives_resources/files/AdultsSup.pdf

Emergency Nutrition Assessment and Guidance for Field Workers. Save the Children UK, 2004.

Young, H. Jaspars, S. *The Meaning and Measurement of Acute Malnutrition in Emergencies: A Primer for Decision Makers.* HPN, 2006.
https://odihpn.org/resources/the-meaning-and-measurement-of-acute-malnutrition-in-emergencies-a-primer-for-decision-makers/

Kotalela biloko ya mikemike oyo etongaka nzoto
Gorstein, J. Sullivan, K.M. Parvanta, I. Begin, F. *Indicators and Methods for Cross Sectional Surveys of Vitamin and Mineral Status of Populations.* Micronutrient Initiative and CDC, 2007.
www.who.int/vmnis/toolkit/mcn-micronutrient-surveys.pdf

Kotalela ndenge ya koleisa babebe mpe bana mike
Infant and young child feeding practices, Collecting and Using Data: A Step-by-Step Guide. CARE, 2010. www.ennonline.net/resources

Ndenge ya koleisa babebe mpe bana mike
Baby Friendly Spaces Manual, Chapter 4 Feeding of the Non-Breastfed Infant. ACF International, 2014.

ECHO Infant and Young Children Feeding in Emergencies: Guidance for Programming.
https://ec.europa.eu/echo/files/media/publications/2014/toolkit_nutrition_en.pdf

Global Strategy for Infant and Young Child Feeding. UNICEF and WHO, 2003.

Guidance on Infant Feeding and HIV in the Context of Refugees and Displaced Populations. UNHCR, 2009. www.ibfan.org/art/367-6.pdf

Guiding Principles for Feeding Infants and Young Children during Emergencies. WHO, 2004.

Global Nutrition Targets 2025, Breastfeeding Policy Brief. WHO/UNICEF, 2014
www.who.int/nutrition/publications/globaltargets2025_policybrief_breastfeeding/en/

HIV and Infant Feeding: Principles and Recommendations for Infant Feeding in the Context of HIV and a Summary of Evidence. WHO, 2010.

IFE Module 1: Orientation package on IFE. IFE Core Group and collaborators, 2009. www.ennonline.net/ifemodule1

Indicators for Assessing Infant and Young Child Feeding Practices. USAID, AED, FANTA, IFPRI, UNICEF und WHO, 2007.

Infant and Young Child Feeding Practices: Standard Operating Procedures for the Handling of Breast Milk Substitutes in Refugee Children 0–23 months and the Libakisi. UNHCR, 2015. www.unhcr.org/55c474859.pdf

Module 2 on Infant Feeding in Emergencies for health and nutrition workers in emergency situations. IFE Core Group and collaborators, 2007. www.ennonline.net/ifemodule2

Protecting infants in emergencies, Information for the media. IFE Core Group, 2009. www.ennonline.net//ifecoregroup

UNICEF Programming Guide on Infant and Young Child Feeding 2011. www.unicef.org/nutrition/files/Final_IYCF_programming_guide_2011.pdf

Makambo eyebani na oyo etali kokoka komileisa

Barrett, C. Maxwell, D. *Food Aid After Fifty Years: Recasting Its Role.* Routledge, New York, 2005.

Food and Nutrition Needs in Emergencies. UNHCR, UNICEF, WFP and WHO, 2002.

Food Assistance Manual Series, General Distribution. World Vision International, 2017.

Guidelines for Gender-based Violence Interventions in Humanitarian Settings – Focusing on Prevention of and Response to Sexual Violence in Emergencies, Chapters 1–4, Action Sheet 6.1 Food Security and Nutrition. IASC, 2005.

Minimum Standards for Child Protection in Humanitarian Action. Alliance for Child Protection in Humanitarian Action, 2012. https://resourcecentre.savethechildren.net/library/minimum-standards-child-protection-humanitarian-action

Maxwell, D. Sadler, K. Sim, A. Mutonyi, M. Egan, R. Webster, M. *Emergency Food Security Interventions, Good Practice Review #10.* Relief and Rehabilitation Network, ODI, 2008. https://www.ennonline.net/attachments/882/hpn-emergency-food-security-interventions.pdf

The Right to Adequate Food: Fact Sheet No.34. OHCHR and FAO, 2010. www.ohchr.org/Documents/Publications/FactSheet34en.pdf

Kopona bato mpe kokabola bilei

Catalogue and Standard Operating Procedures. UN Humanitarian Response Depot, 2010. https://partners.unhrd.org/media/4/download

Food Quality Control. WFP, 2010. http://foodqualityandsafety.wfp.org/

Food Storage Manual. Natural Resources Institute and WFP, 2003.

Food Assistance Main Manual, Third edition. World Vision International, 2017.

Food Assistance in the Context of HIV: Ration Design Guide. WFP, 2008.

Food Resource Management Handbook. CARE.

Jaspars, S. Young, H. *General Food Distribution in Emergencies: From Nutritional Needs to Political Priorities, Good Practice Review 3.* Relief and Rehabilitation Network, ODI, 1995.

Logistics Operational Guide. WFP, Logistics Cluster, 2010.

School Feeding Quality Standards. WFP, 2009.

Targeting in Emergencies. WFP, 2006.

UNHCR Handbook for Registration. UNHCR, 2003.

Misala ya kopesa lisungi na oyo etali mboto
Seed Vouchers and Fairs: A Manual for Seed-Based Agricultural Recovery in Africa. CRS with ODI and the International Crops Research Institute for the Semi-Arid Tropics, 2002.

Sperling, L. Remington, T. Haugen, JM. *Seed Aid for Seed Security: Advice for Practitioners, Practice Briefs 1-10.* International Centre for Tropical Agriculture and CRS, 2006.

Babuku ya makambo etali bilei ntango likama ekwei
A Toolkit for Addressing Nutrition in Emergency Situations. IASC, 2008.

Food and Nutrition Needs in Emergencies. UNHCR, UNICEF, WFP and WHO, 2002.

Food and Nutrition Handbook. WFP, 2001.

Guidelines for Selective Feeding the Management of Malnutrition in Emergencies. UNHCR and WFP, 2009.

Harmonised Training Package (HTP). IASC Nutrition Cluster's Capacity Development Working Group, 2006.

Khara, T. Dolan, C. *Technical Briefing Paper: The Relationship between Wasting and Stunting, Policy, Programming and Research Implications.* ENN, 2014.

Moderate Acute Malnutrition: A Decision Tool for Emergencies. GNC MAM Task Force, 2014.

Prudhon, C. *Assessment and Treatment of Malnutrition in Emergency Situations.* ACF, 2002.

The Management of Nutrition in Major Emergencies. WHO, 2000.

Bato oyo bazali na bolembu
Addressing the Nutritional Needs of Older People in Emergency Situations in Africa: Ideas for Action. HelpAge International, 2001.
http://nutritioncluster.net/wp-content/uploads/sites/4/2015/06/Nutrition-FINAL.pdf

Food Assistance Programming in the Context of HIV. FANTA and WFP, 2007.

Living Well with HIV and AIDS. A Manual on Nutritional Care and Support for People Living with HIV and AIDS. FAO und WHO, 2002.

Older People in Disasters and Humanitarian Crisis. HelpAge and UNHCR, 2007.

Women, Girls, Boys and Men: Different Needs – Equal Opportunities. IASC, 2006.

Winstock, A. *The Practical Management of Eating and Drinking Difficulties in Children.* Winslow Press, 1994.

Ndenge ya kosalisa kozanga kolya malamu

Community Based Therapeutic Care (CTC): A Field Manual. VALID International, 2006.

Community-Based Management of Severe Acute Malnutrition. WHO, WFP, UNSCN and UNICEF, 2007.

Integration of IYCF support into CMAM. ENN, IFE Core Group and collaborators, 2009. https://www.ennonline.net/integrationiycfintocmam

MAMI Report, Technical Review: Current Evidence, Policies, Practices & Program Outcomes. ENN, CIHD and ACF, 2010.

Management of Severe Malnutrition: A Manual for Physicians and Other Senior Health Workers. WHO, 1999.

Navarro-Colorado, C. Mason, F. Shoham, J. *Measuring the Effectiveness of SFP in Emergencies.* HPN, 2008.

Navarro-Colorado, C. Shoham, J. *Supplementary Feeding Minimum Reporting Package.* HPN, Forthcoming.

Training Guide for Community-based Management of Acute Malnutrition. FANTA, 2008.

Bozangi biloko ya mikemike oyo etongaka nzoto

Guiding Principles for the Use of Multiple Vitamin and Mineral Preparations in Emergencies. WHO and UNICEF, 2007.

Iron Deficiency Anaemia: Assessment, Prevention and Control. A Guide for Program Managers. UNICEF, UNU and WHO, 2001.

Pellagra and Its Prevention and Control in Major Emergencies. WHO, 2000.

Seal, A. Prudhon, C. *Assessing Micronutrient Deficiencies in Emergencies: Current Practice and Future Directions.* UN Standing Committee on Nutrition, 2007. https://www.ennonline.net/attachments/893/micronutrientssup.pdf

Scurvy and Its Prevention and Control in Major Emergencies. WHO, 1999.

Thiamine Deficiency and Its Prevention and Control in Major Emergencies. WHO, 1999.

Vitamin A Supplements: A Guide to Their Use in the Treatment and Prevention of Vitamin A Deficiency and Xeropthalmia, Second Edition. WHO, 1997.

Esika ya komibomba ná esika ya kofanda

Mobeko-likonzi ya
mosala ya kosunga bato

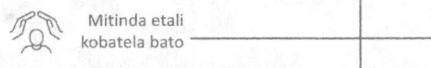 Mitinda etali
kobatela bato

Mobeko ya ntina
mingi na mosala
ya kosunga bato

Esika ya komibomba ná esika ya kofanda

Kobongisa	Kobongisa esika mpe ndenge bato bakofanda	Esika bato bazali kofanda	Biloko ya ndako	Lisalisi na oyo etali tekiniki	Libateli ya bafándi	Kobatela esika bato bafandi mpe zingazinga na yango mpo na ntango molai
LISENGAMI 1	LISENGAMI 2	LISENGAMI 3	LISENGAMI 4	LISENGAMI 5	LISENGAMI 6	LISENGAMI 7
Kobongisa	Kobongisa esika mpe ndenge bato bakofanda	Esika bato bazali kofanda	Biloko ya ndako	Lisalisi na oyo etali tekiniki	Libateli ya bafándi	Kobatela esika bato bafandi mpe zingazinga na yango mpo na ntango molai

APENDISI 1 Liste ya kolanda mpo na kotalela esika ya komibomba ná esika ya kofanda
APENDISI 2 Kolimbola bandakisa ya ndenge bato bafandi
APENDISI 3 Bizaleli mosusu ya bandakisa ya ndenge bato bafandi
APENDISI 4 Mitindo ya lisungi
APENDISI 5 Mitindo ya kosala
APENDISI 6 Mitindo ya lisungi mpe ya kosala oyo eyokani na bandakisa ya ndenge bato bafandi

Makambo oyo ezali na kati

Makanisi ya ntina na oyo etali esika ya komibomba ná esika ya kofanda 254

Masengami ya esika ya komibomba ná esika ya kofanda:

1. Kobongisa 260

2. Kobongisa esika mpe ndenge bato bakofanda 263

3. Esika bato bazali kofanda 268

4. Biloko ya ndako 272

5. Lisalisi na oyo etali tekiniki 276

6. Libateli ya bafándi 280

7. Kobatela esika bato bafandi mpe zingazinga na yango mpo na ntango molai .. 284

Apendisi 1: Liste ya kolanda mpo na kotalela esika ya komibomba ná
esika ya kofanda 288

Apendisi 2: Kolimbola bandakisa ya ndenge bato bafandi 292

Apendisi 3: Bizaleli mosusu ya bandakisa ya ndenge bato bafandi 294

Apendisi 4: Mitindo ya lisungi 296

Apendisi 5: Mitindo ya kosala... 299

Apendisi 6: Mitindo ya lisungi mpe ya kosala oyo eyokani na bandakisa ya ndenge
bato bafandi 300

Mitindami mpe mikanda mosusu ya kotánga 303

Makanisi ya ntina na oyo etali esika ya komibomba ná esika ya kofanda

Moto nyonso azali na lotomo ya kozwa esika ya kofanda ya malamu

Masengami ya libosoliboso ya Sphère mpo na esika ya komibomba ná esika ya kofanda ezali komonisa polele ete bato bazali na lotomo ya kozwa esika ya kofanda ya malamu bisika oyo likama ekwei. Masengami oyo etongami likoló ya makambo tondimaka, mitinda, misala mpe ntomo oyo balobeli na kati ya Mobeko-likonzi ya mosala ya kosunga bato. Na kati na yango tozali na lotomo ya kozala na bomoi na lokumu, lotomo ya kozwa libateli na kozala kimya, mpe lotomo ya kozwa lisalisi ya mosala ya kosunga bato engebene mposa oyo ezali.

Mpo na kozwa liste ya mikanda ya ntina mpe malako, mitinda, masengami mpe bibongiseli oyo esimbi Mobeko-likonzi ya mosala ya kosunga bato oyo ezali mpe kolimbola makambo misusu na ntina ya basali mosala ya kopesa lisungi, ⊕ *talá Libakisi 1.*

Bisika ya komibomba mpe bisika ya kofanda etambolaka elongo mpe esengeli kotala yango lokola likambo kaka moko. "Esika ya komibomba" ezali esika to ndako oyo libota ezali mpe biloko nyonso oyo ezali na ntina mpo na misala ya mokolo na mokolo. "Esika ya kofanda" ezali bitando minene wapi bato mpe lisangá ezali kofanda.

Kopesa lisungi na oyo etali esika ya komibomba ná esika ya kofanda ezali na mokano ya kopesa bato esika ya kofanda ya malamu mpe kimya

Lisungi na oyo etali bisika ya komibomba pe ya kofanda oyo epesami na ntango ebongi ekoki kobikisa bomoi ya bato na ebandeli ya likama. Longola kobatela na mbula, mopepe mpe moi, bisika ya komibomba ezali na ntina mingi mpo na kolendisa sante, bomoi kati na libota mpe lisangá, mpe kopesa bato lokumu, libateli mpe likoki ya kozwa biloko ya kobikela ⊕ *talá Elilingi 8 awa na nse.*

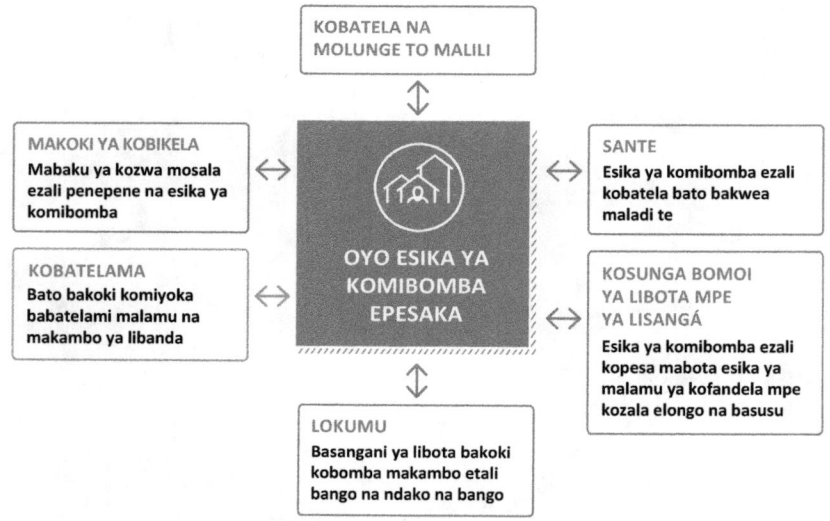

Oyo esika ya komibomba epesaka (Elilingi 8)

Ntina ya esika ya komibomba na lombangu oyo ebongi. Baprograme ya bisika ya komibomba esengeli kosunga mabota bakokisa bamposa yango.

Mwayene ya ntango oyo bato bakimaka bamboka ezali kokoba kobakisama nsima ya mbula na mbula. Lokola ntango yango ekoki koumela bambula mingi, ezali ntina mingi kotya likebi na bitando oyo ekoyamba esika ya komibomba ná esika ya kofanda, mpe na kobongisa zingazinga na bisika yango mpo na kolendisa lokumu mpe kobikisama ya bato oyo bakweli likama.

Lisalisi na oyo etali esika ya komibomba ná esika ya kofanda esengeli kosunga mpe kolendisa bizaleli malamu ya mabota, masangá, bato mpe guvernema oyo ekweli likama. Yango ekomatisa libaku ya kokolisa mayele ya kosalela oyo ebongi na mboka mpo na kolendisa bato oyo bakweli likama bakoka kokokisa bango moko bamposa na bango mpe kolandela bango moko makambo na bango. Ezali ntina mingi bato bamiyoka ete babatelami, bazali lisangá mpe na boyokani mpo bakoka kobanda kozongela bomoi bazalaki na yango liboso.

Kopesa lisungi na oyo etali esika ya komibomba ná esika ya kofanda esuki kaka te na kopesa biloko ná bisaleli ya ndako to kotónga bisika ya komibomba. Esengeli mpe kosunga mpo na kobatela mabele mpe kozwa bisika ya komibomba, bandako to biloko ya ndako. Kati na yango ezali na lisalisi na oyo etali tekiniki mpe misala mpo na koyeba soki makambo esalemi malamu. Yango ekoki kopesa makasi na bato oyo bakweli likama mpe kosangisa bango mpo bakoka kotonga na ndenge ya malamu koleka mpe na libateli koleka. Ezali na ntina mingi koyeba mibeko ya mboka na oyo etali kozwa mabele mpe bisika ya komibomba. Ezali mpe lisusu na ntina mingi koyeba mibeko ya mboka na oyo etali bato bakimá mboka na bango mpe malako ya kolanda mpo na koyeba kokesenisa bango.

Ezali na ntina mingi kotosa ntango nyonso bibongiseli ya lisangá mpe kolendisa bomoko kati na bato atako bandenge ya kopesa lisungi ekeseni.

Lisungi ya ndenge na ndenge mpe motindo na motindo ekoki kopesama kolanda bamposa ya libota mpe lisangá moko na moko. Libateli ya bafándi mpe mikanda ya malamu oyo etali basivile ezali masengami ya liboso mpo na kozwa bisika ya komibomba ya malamu. Nzokande, ekoki kozala mindondo mingi kopesa lisungi mpo na kozwa bisika ya komibomba bisika oyo matata ezali to bisika oyo mikakatano oyo etali kozwa mabele esili te ⊕ *talá Lisengami 6 ya Esika ya komibomba ná esika ya kofanda: Libateli ya bafándi.*

Mingimingi, esengeli kotalela kokima mboka na ntango molai mpe na kozongela bomoi ya malamu ntango ya kobongisa bisika ya kofanda. Ntango bato oyo bakimá mboka na bango bakomi esika moko, ekoki kotungisa mwa makoki oyo ezali na esika yango, mpe ekoki kobimisa matata na masangá ya bato oyo bazali zingazinga. Mpo na kosala baprograme ya malamu, esengeli koyeba, kopengola mpe kokitisa bopusi mabe likoló na bisika bato bafandi mpe zingazinga na yango. Soki likebi etyami te na likambo yango, baprograme ya esika ya komibomba ná esika ya kofanda ekozala na litomba te nsukansuka mpo ete mbuma malamu oyo ebimi na ntango moke ekoki kobimisa mikakatano ya sika misusu oyo ekosenga mbongo ebimisama mpo na yango ⊕ *talá Lisengami 7 ya Esika ya komibomba ná esika ya kofanda: Kobatela esika bato bafandi mpe zingazinga na yango mpo na ntango molai.*

Kopesa lisungi na oyo etali esika ya komibomba ná esika ya kofanda na bingumba esengaka boyebi mpe makoki misusu

Kosalisa bato na bingumba ekoki kozala mindondo mingi likoló na kotonda ya bato mingi, bamposa ya bandako, malako ya Leta mpe bokeseni ya bato kati na lisangá. Na ntango mpe nsima ya likama, kosolola mpe kosalisa bato oyo batambolaka mingi ezalaka mpasi, mingimingi ntango ya koluka bisika ya kofanda oyo ekokoka. Soki likama ekwei bisika ya bandako ya mineneminene (lokola babuldingi ya milai), ekosenga lisusu ete bibongiseli oyo esungaka bato esalalela boyokani ya mindondo na bakolo ndako, bato oyo bafutelaka to bato oyo bafandaka kaka bongo.

Esengeli kozala na boyebi makasi na oyo etali kosala myango mpe kobongisa bingumba, mpe koyeba ntomo ya bato, mibeko mpe malako oyo etali bandako, mabele mpe mapango. Ezali mpe na ntina mingi koyeba malamumalamu ndenge ya kozwa ndako bisika yango mpe mimbongo. Esengeli komibongisa mpo na kosala elongo na ebongiseli ya bato mpe bakompanyi oyo ya Leta te. Bakompanyi yango ekoki kozala na ntina mpo na kopesa basolisyo oyo esimbami na mimbongo oyo ekoumela. Misala ya kopesa lisungi esengeli kosalela mitindo ná misala ya mboka, mpe koboya kosala bibongiseli misusu oyo ekosala kaka misala yango. Kopesa lisungi oyo etye likebi na makambo nyonso na oyo etali esika ya kofanda, kartye to bitando ekoki kopesa matomba oyo ekoumela mpo na bolamu ya bato oyo bakweli likama na bingumba ⊕ *talá Kopesa lisungi na nzela ya mimbongo*.

Esengeli kokanisa bandakisa ndenge na ndenge ya ndenge bato bakofanda na nsima ya likama

Likoki ya bato oyo bakweli likama ya kotikala bisika bazali to mposa na bango ya kokende esika mosusu nde ekobongola ndenge nini mpe wapi bakozwa bisika ya komibomba. Kotalatala malamu makambo oyo ezali nsima ya likama ezali eloko ya liboso ya kosala mpo na kobongisa bandenge ya kopesa lisungi mpo na kozwa esika ya komibomba ná esika ya kofanda. Ezali na ntina mingi koyeba mayele ndenge na ndenge oyo ebongi mpo na bato bakima bamboka na bango, baoyo bakweli likama bango moko kasi batiki bamboka na bango te, to baoyo bakweli likama na ndenge mosusu ⊕ *talá Elilingi 9 awa na nse.*

Soki likoki epesami, bato bakoki kopona ete batikala kaka bisika bazalaki lokola bankolo-mabele to bato oyo bazali kofutela to mpe oyo bazali kofanda kaka bongo. Lisungi mpo na mabota oyo ekimi mboka te ezali kobongisa to kotonga lisusu bandako oyo ezali.

Bato oyo bakima bamboka na bango bakoki kopalangana pene ya mboka na bango, bisika misusu na kati ya ekólo na bango to na mikili misusu. Yango ekosala ete baluka kofutela esika ya kofanda, babongisa esika ya kofanda bango moko to mpe bafanda lokola bapaya na bandako ya bato mosusu. Bato mosusu oyo bakima mboka na bango bakoki kopona kosangana bisika ya kofanda mpo na bato ebele to oyo ebongisami mpo na koyamba bato, to mpe komibomba bisika oyo ebongisami te mpo na koyamba bato.

Koyeba likama na nzela ya mitindo ya kopesa bato esika ya kofanda ekosalisa mpo na kobongisa mayele ya kosalela mpo na kopesa lisungi. Kati na yango ezali na: kopona motindo ya lisungi oyo ya malamu mpe oyo ebongi mpo na lolenge moko ya bato oyo bakweli likama, mpe kopona ndenge ya kopesa lisungi. Lisungi esengeli kosala ete bato bazongela bomoi bazalaki na yango liboso mokemoke tii solisyo oyo ekoumela ekozwama. Masengami mpe baApendisi ya mokapo oyo ezali kolanda makanisi yango mpe esengeli kosalelama nyonso na mbala moko ⊕ *talá Apendisi 2: Kolimbola bandakisa ya ndenge bato bafandi* mpe *Apendisi 3: Bizaleli mosusu ya bandakisa ya ndenge bato bafandi*.

Masengami ya libosoliboso oyo esengeli kokokisama nyonso na mbala moko

Masengami ya libosoliboso oyo ezali na mokapo oyo ezali komonisa mpenza makambo oyo etali lotomo ya kozwa esika ya komibomba ya malamu mpe ezali kosalisa mpo na lotomo yango etosama malembe malembe na mokili mobimba.

Makambo oyo bato bafandi wana bazalaki na yango liboso lika-ma ekwea

↓

Likama ebongoli lolenge bisika oyo bato bafandi ezalaki liboso

↓

Bandakisa ya ndenge bato bafandi na nsima ya likama

BATO BAKIMÁ TE

1. Bandako to mabele oyo bankolo na yango bafandi
2. Bandako to mabele ya kofutela
3. Bandako to mabele oyo bato bafandi kozanga ndingisa

BATO BAKIMÁ BISIKA NA BANGO

BAPALANGANI

1. Boyokani ya kofutela
2. Boyokani mpo na koyamba
3. Boyokani ya mbalakaka

LISANGÁ

4. Ndako ya bato ebele
5. Bisika ya kofanda oyo ebongisami
6. Bisika ya kofanda oyo ebongisami te

BATO BAKWELI LIKAMA NA NDENGE MOSUSU

1. Bato bayambi bapaya

↓   ↓   ↓

Kopona mitindo ya lisungi mpe ya kosala mosala

↓

BASOLISYO OYO EZALI KOUMELA

Kotonga lisusu

Kopesa lisusu bato esika ya kofanda

Kokotisa bato na esika moko boye

Mitindo ya kopesa bato esika ya kofanda na nsima ya likama (Elilingi 9)

Lotomo ya kozwa esika ya komibomba ezali na boyokani na ntomo ya kozwa mai ná bopeto, bilei mpe sante. Kokende liboso na kokokisa Masengami ya libosoliboso ya Sphère na misala songolo esalaka ete ekoba kokokisama na misala misusu mpe lokola. Mpo ete mosala ya kopesa lisungi ezala ya sikisiki, esengeli katambwisa makambo mpe kosala na boyokani na misala misusu. Kosala na boyokani ná bakonzi ya mboka mpe bibongiseli misusu ya kosunga bato ekosalisa ete bamposa ya bato ekokisama, mosala moko te ezongelama mbala na mbala, mpe misala ya kopesa lisungi na oyo etali kokoka komileisa mpe makambo etali bilei ezala malamu. Mitindami oyo ezali na kati ya buku oyo ekoki kotinda bisika mosusu.

Na ndakisa, bisaleli ya malamu mpo na kozwa mai mpe bopeto bisika bato bafandaka ezali ntina mingi mpo na sante mpe lokumu ya bato oyo bakweli likama. Bisaleli ya ntina mingi mpo na kolamba mpe kolya ná biloko oyo epelaka mpo na kolambela ekosala ete bato bakoka kosalela lisungi ya bilei oyo bazwi mpe bakokisa bamposa na bango na makambo etali bilei.

Bisika oyo masengami ya mboka ezali na nse ya Masengami ya libosoliboso ya Sphère, bibongiseli oyo esungaka bato esengeli kosala na gurvernema mpo na komatisa yango mokemoke.

Mibeko oyo ekambaka bikólo ya mokili ebatelaka lotomo ya kozwa esika ya komibomba ya malamu

Lotomo ya kozala na likoki ya kozwa esika ya komibomba ya malamu ebatelami na mibeko oyo ekambaka bikólo ya mokili. Ezali lotomo ya kofanda na libateli, kimya mpe lokumu. Lotomo yango ezali na bonsomi ya moto ya kopona esika ya kofanda mpe ntomo misusu lokola libateli ya bafándi. Ezali mpe kobatela mitinda etali kobatela bato lokola kobatela bato ete babenganama na makasi te. Bikólo esengeli kopesa ndanga ete ekobatela lotomo yango ntango bato to bituluku ya bato, ezala bato oyo bakimá mboka to oyo bakendá bisika mosusu na mboka na bango, bazangi likoki ya kozwa esika ya kofanda ya malamu, ata mpe na ntango ya makama ⊕ *talá Libakisi 1: Mibeko oyo esimbi* Sphère.

Esika ya kofanda "ya malamu" elakisi kaka te bifelo minei mpe nsamba likoló na yango. Ezali nde kobenda likebi na makambo misusu oyo etali kopesa bato bisika ya komibomba lokola bomoto ná mimeseno na bango mpe kozala ya misala misusu na lisungi oyo epesami. Esika ya kofanda "ya malamu" to bisika ndenge misusu ya komibomba esengeli kopesa libateli na bafándi mpe kozala:

- na ntalo malamu, mpo ete libota ekoka kozwa biloko mpe misala misusu ya ntina mingi na ntina ete bazala na bomoi ya lokumu;
- malamu mpo bato báfanda, oyo ezali kobatela bato, esika ya kofanda ya malamu mpe oyo ebatelami, oyo ezali na likoki ya kozwa mai ya peto mpo na komɛla, ná bisaleli ya WASH mpe bisika ya kolambela mpe kobomba bilei;
- oyo endimami kolanda mimeseno ya bato;
- epai bato bakoki kokoma mpe oyo bakoki kosalela, ata mpo na bato oyo bazali na mikakatano mpo na kotambola; mpe
- esika oyo mabaku ya kozwa biloko ya kobikela mpe misala misusu ya ntina ya lisangá ezali.

Boyokani ná Mitinda etali kobatela bato mpe Mobeko ya ntina mingi na mosala ya kosunga bato

Makama ekoki komatisa makasi bokeseni na kati ya bato. Na yango, ezali na ntina mingi kopesa lisungi kolanda bisika bato bazali mpe kozanga kopona bilongi, mingimingi na bato oyo bazali na makoki moke ya kozongela bomoi na bango ya kala nsima ya likama ⊕ *talá Etinda etali kobatela bato 2.*

Bato mosusu bakoki kozala na mikakatano mpo na kozwa lisungi na oyo etali esika ya komibomba ná esika ya kofanda likoló na mikakatano misusu ya nzoto, mimeseno, nkita mpe kozala na bato. Mpo na koyeba mpe kopesa lisungi na mikakatano yango, esengeli kotya likebi na:

- **Ndenge bato batalelami kolanda mibeko** (na ndakisa bazali bato bakimá mboka, bakendá bisika misusu na mboka na bango, bazangi mboka, bauti mboka mopaya, oyo bazali koluka esika ya komibomba, bazangi ndako to mabele, mpe mosusu oyo bapimelami bonsomi mpe likoki ya kozwa matomba ya misala mpo na bato nyonso to bibongiseli ya libateli mpo mabota ekweya na bobola te); mpe
- **Bato oyo libateli na bango ezali na likama na ndenge moko mpe bituluku oyo ezali na likama ete baselela bango makambo na koponapona mpe batya bango mopanzi** likoló na:
  - ekólo, mboka, molongo, etuluku ya bana-mboka, lingomba ya kosambela to ya politike na bango;
  - ndenge bafandi bisika bazali, soki bazali bato bakimá mboka, soki bazali kofanda esika moko kaka bongo to soki bazali kofutela;
  - mikakatano mpo na kokoma bisika bandako ezali, bisika ya makama, bisika ezangi libateli, bisika ya kofanda na bingumba to oyo bato bafandi kaka bongo; mpe
  - bolembu na bango mpe ndenge batalelami na kati ya mboka ⊕ *talá Sphère ezali nini* mpe *Mitinda etali kobatela bato.*

Basali ya mosala ya kosunga bato basengeli kozwa formasyo na makambo etali kobatela bana mpe koyeba kosalela bibongiseli mpo na kotambwisa bato soki bokanisi ete bazali kobundisama, kobebisama to konyokolama, ata soki ezali bana.

Na kosalela Masengami ya libosoliboso, basengeli kotosa mikumba nyonso libwa ya Mobeko ya ntina mingi na mosala ya kosunga bato, kozwa yango lokola moboko mpo na programe ya esika ya komibomba ná esika ya kofanda oyo etosi mikumba wana.

1. Kobongisa

Kobongisa ezali na ntina mingi mpo na kozwa mbuma malamu na misala ya kopesa lisungi ezala na kati etúka, ekólo, ebongiseli to lisangá. Koyeba makambo ezalaki liboso likama ekweya mpe oyo eyei nsima na yango epesaka likoki ya kotalela bopusi ndenge na ndenge ya likama likoló na bomoi ya bato mpe makama na yango na makambo etali bato, nkita mpe politiki. Koluka koyeba bamposa mpe kobimisa mitindo ya kopesa lisungi ezali moboko ya mosala ya kopesa lisungi na oyo etali esika ya komibomba ná esika ya kofanda oyo ebongisami mpe etambwisami malamu.

Lisengami 1 ya Esika ya komibomba ná esika ya kofanda: Kobongisa

Misala ya kopesa lisungi na oyo etali esika ya komibomba ná esika ya kofanda ezali kobongisama mpe kotambwisama malamu mpo na libateli ná bolamu ya bato oyo bakweli likama mpe kolendisa bango bakoka kozongela bomoi na bango ya liboso.

Misala ya ntina

1. ⟩ Kosala na bato oyo bakweli likama mpe bakonzi ya ekólo mpe mboka mpo na kotalela bamposa ná makoki na oyo etali esika ya komibomba ná esika ya kofanda.

- Kotalela bambongwana ya makambo oyo ezalaki liboso likama ekweya, koluka koyeba bamposa mpe makoki oyo bato bakimá mboka to te bazali na yango na ntango wana, mpe kotya likebi na bamposa misusu ya bituluku ya bato oyo bakwelaka likama nokinoki.

- Koluka koyeba soki mabele, babuldingi, bandako mpe bashambre esika bato bakoki kofanda ezali na mimbongo ya kofutelisa bandako mpe mabele bisika bazali.

2. ⟩ Kosala na bato oyo makambo yango etali mpo na koyeba mitindo nini ya lisungi ezali malamu mpe ebongi mpe ndenge ya kopesa yango.

3. ⟩ Kosala mwango na oyo etali esika ya komibomba ná esika ya kofanda na boyokani ná bakonzi oyo batalaka makambo yango mpe masangá oyo ekweli likama.

- Kopesa lisungi oyo eyokani na bamposa mpe makambo oyo bato bakweli likama ná bakonzi basepelaka na yango.

- Kosala na ndenge ete mbongo ebatelama, mpe kobongisa ndenge ya misala ya tekiniki, lombangu mpe manaka, ndenge misala epalangani mpe komékolama na yango.

....

Bilembo ya ntina

Myango ya esika ya komibomba ná esika ya kofanda ekokisi bamposa ya ntina ya bato mpe endimami na bato mpe bakonzi batalaka makambo yango

Motángo ya bato bakweli likama likoló na monkama oyo bamonisi ete lisungi na oyo etali esika ya komibomba ná esika ya kofanda ekokani na bamposa ná makambo na bango oyo eleki ntina mpe esali ete bazwa solisyo oyo ekoumela

Makanisi ya kolanda

Kotalela: Ntango bozali kosala mosala ya kotalela, bolandela bambongwana oyo esalemi na makambo oyo ezali nsima ya likama na oyo etali esika ya komibomba ná esika ya kofanda, mpe botya likebi na makama oyo ekoki kokweya na oyo etali libateli ya bato uta ebandeli. Ekoki kozala ndenge nini lisangá etalekala makambo yango, makama na oyo etali kozwa esika ya komibomba, likoki ya kozwa matomba ya misala misusu ya malamu to makama ya kobimisama.

Botya likebi na bopusi ndenge na ndenge ya likama likoló na bomoi ya bato mpe makama na yango na makambo etali bato, nkita mpe politiki.

Makama ekwelaka bato ndenge moko te, bato oyo bakeseni bakozala mpe na bamposa oyo ekeseni na oyo etali esika ya komibomba ná esika ya kofanda. Bosala elongo ná bato oyo bakoki kokutana na mikakatano ya ndenge moko boye mpo na kozwa esika ya komibomba lokola bibosono, basi oyo bakambaka mabota, mibange to bituluku mike ya bato kolanda ekólo to monɔkɔ ⊕ *talá Apendisi 1: Liste ya kolanda mpo na kotalela esika ya komibomba ná esika ya kofanda, Etinda etali kobatela bato 2* mpe *Mobeko ya ntina mingi na mosala ya kosunga bato: Mokumba 4.*

Mitindo ya lisungi mpe ndenge ya kotya yango na misala: Bopona mitindo ya lisungi oyo ekobatela mbongo mingi kolanda bisika, makoki oyo ezali, mitindo ya kopesa esika ya kofanda mpe eteni ya mosala ya kopesa lisungi. Botya lisusu likebi na makambo lokola esika, motindo ya bandako (ata mpe batekiniki ya kotonga ya bisika bozali), mibeko ya boyangeli, mpe makambo etali mimbongo ná mibeko. Botya na esika ya liboso misala ya kosunga bato bazongela bandako na bango ya kala (to bisika bazalaki kofanda) soki likoki ezali. Bosalisa baoyo bazangi makoki to baboyi kozongela bandako na bango ya kala bakoka kozwa mitindo ya lisungi oyo eyokani na bamposa na bango ⊕ *talá BaApendisi 2 tii 6.*

Botya manaka mpo na kokokisa bamposa oyo esengeli kokokisa nokinoki na kotyaka likebi na lolenge malamu ya misala, lolenge ya misala ya tekiniki, ndenge misala epalangani, makoki oyo ezali mpe komekolama ya makambo. Botalela mitindo yango mpo na komatisa na boumeli ya ntango makoki ya masangá ya kozongela bomoi na bango ya liboso mpe ya kolenda liboso na makama oyo ekoya.

Bokanisa ndenge nini bokopesa mitindo ya lisungi oyo boponi, na ndakisa kosangisa:

- lisungi ya mbongo;
- kopesa biloko oyo bazali na yango mposa;
- bakontra ya misala/kosalisa misala na bato mosusu;
- lisalisi na oyo etali tekiniki/lisungi na misala ya koyeba soki makambo esalemi malamu; mpe
- kokolisa makoki.

Bozongela mpe bobongisa ndenge bosangisi mitindo yango na boumeli ya ntango kolanda ndenge makambo ezali kobongwana.

Bato batiká bandako na bango: Longola bamposa na bango ya kozwa esika ya komibomba na lombangu, bato batiká bandako na bango basengeli na lisungi oyo ebongi mpo na kozwa bikateli ya malamu na oyo etali bisika ya komibomba. Na ndakisa ekoki kozala makanisi na oyo etali mabaku mpe ntango ya kozongela bandako na bango, ndenge bakoki komesana bisika bazali to soki bakoki kokende kofanda esika mosusu.

Mabota etiká bandako na bango te bakozala na mposa ya lisungi mpo na kozongela bomoi na bango ya liboso mpe basengeli kozwa lisungi oyo ebongi na oyo etali esika ya komibomba. Soki kotonga lisusu ekozwa ntango mingi to soki bato babatelami te, botala likoki ya kopesa mitindo ya lisungi ya ntango moke lokola lisungi ya mabota eyambaka bato, lisungi mpo na kofutela, to kozwa esika ya komibomba mpo na ntango mokuse. Soki likama esali ete makambo etali libateli mpe kimya ebongwana, ekoki kosenga komema bato na bisika mosusu ya kofanda.

Masangá oyo eyambi bato ekutanaka mpe na mikakatano oyo makama ememaka, mpo bazali kokabola ná bato bisika na bango ya kofanda ntango bayambi bango mpe kokabola ná bango matomba ya misala lokola balopitalo mpe bakelasi. Bakoki kokanisa to kobanda kowelana misala, bisaleli mpe makoki na bato batiká bandako na bango. Basolisyo esengeli kotya likebi ete lisungi ebakisa makama misusu te to ebimisa matata te kati na lisangá ⊕ *talá Etinda etali kobatela bato 1.*

Kotalela mimbongo: Koyeba malamu makambo etali mimbongo na nivo ya mboka, ekólo mpe etúka ezali ntina mingi mpo na kopesa lisungi ya malamu na oyo etali bisika ya komibomba. Ekosala ete bopona malamu mitindo ya bisika ya komibomba mpe boyeba makambo misusu ya ntina na oyo etali kofutela mpe bisika ya kofanda ⊕ *talá Kopesa lisungi na nzela ya mimbongo, Buku MISMA mpe Buku MERS.*

Kolongola bitiká: Esengeli kolandela bitiká nokinoki nsima ya likama. Bitiká ekoki kosalelama lisusu, kobongolama na eloko ya sika to kokesenisama mpo na kokabola, kokongola to mpe kobongisa yango. Ekoki kozala libaku mpo na baprograme ya kopesa bato misala mpo na mbongo. Mikakatano ezalaka makasi soki bibembe ezali na kati, soki ezali bisika oyo epikami mabe mpe soki biloko mabe ezali na kati. Kolongola bitiká ekoki kosenga mayele mpe bisaleli ya ndenge moko boye, na yango ekosenga kobongisa yango na bato oyo bayebi malamumalamu kosala yango ⊕ *talá Lisengami 7 ya Esika ya komibomba ná esika ya kofanda: Kobatela esika bato bafandi mpe zingazinga na yango mpo na ntango molai, Masengami ya Sante mpe Masengami ya WASH.*

Mabaku ya makoki ya kobikela: Makoki ya kobikela oyo bato bazalaki kosalela liboso likama ekweya, mpe mabaku na yango oyo ebimi na nsima ya likama ezali na ntina mingi mpo na koyeba mitindo ya bisika ya kofanda. Bato bakoki kopona esika ya kofanda, ata mpo na ntango moke, kolanda likoki ya kozwa mabele, ya kozwa milóna mpe bisobe ya malamu, ya kosala mimbongo mpe ya kozwa mabaku ya kozwa misala misusu ⊕ *talá Kokoka komileisa mpe makambo etali bilei – Masengami 7.1 mpe 7.2 ya Makoki ya kobikela, Buku LEGS mpe Buku MERS.*

Kozonga: Mokano ya liboso ya bato bakweli likama ezali ete bazongela mabele mpe bandako na bango. Basengeli kozala na likoki ya koyeba soki bandako to esika ya komibomba na bango esengeli kobongisama. Kozonga ekoki kolendisa mayele masangá esalelaka mpo na kobikela mpe kosalela lolenge ya bisika ya kofanda mpe bandako. Kobongisa to kotonga lisusu bisaleli ya lisangá lokola bakesali, bibonsigesili mpo na mai, balopitalo to bawenze ezali na ntina mpo ete bato batiká bandako na bango bazonga. Makambo lokola mitungisi na libateli, kofanda ya mapinga ya basoda bisika yango, kokoba ya bitumba, matata kati na bikólo to mangomba ya bato, kobanga konyokolama, to mpe bamine oyo ekundami na mabele ná babombi oyo epanzani te ekoki kosala ete bato bakoka kozonga epai na bango nsima ya ntango molai to te. Mibeko ya makambo etali mabele mpe mapango ná mitinda ya bonkɔkɔ oyo ezali malamu te mpe koponapona ekoki kopekisa mabota oyo ekambami na basi, basi bakufeli mibali to bana bakomi bitike likoló na likama, to mpe bibosono bazonga epai na bango. Bato batiká bandako na bango oyo bazangi makoki ya kosala misala ya kotonga lisusu bakoki mpe kolemba to koboya kozonga epai na bango.

2. Kobongisa esika mpe ndenge bato bakofanda

Kobongisa esika mpe ndenge bato bakofanda esengeli kotombola bisika ya kofanda oyo endimami mpe epai bato bakoki kokoma. Bisika yango esengeli kopesa bato likoki ya kozwa matomba ya misala misusu ya ntina, makoki ya kobikela mpe makoki ya kokoma bisika misusu ya monene koleka.

Lisengami 2 ya Esika ya komibomba ná esika ya kofanda: Kobongisa esika mpe ndenge bato bakofanda

Esika ya komibomba ná esika ya kofanda ezwami bisika oyo ebatelami mpe ya malamu, oyo ezali kopesa mpe likoki ya kozwa matomba ya misala misusu ya ntina mpe makoki ya kobikela.

Misala ya ntina

1 > Kosala na kolandaka mitinda mpe malako ya kobongisa mpe koyokana makambo oyo ekosalema ná masangá oyo eyambi bato mpe bakonzi oyo batalaka makambo yango.

- Kosala ete bisika ya kofanda ya sika ezwama mosika ya makama mpe kokitisa makama oyo ekoki kouta na biloko mabe oyo ezali bisika yango.
- Kokanisa boumeli ya bisika ya kofanda mpo na koyeba misala nini ya ntina mingi esengeli kotyama mpe kopalanganisa.

2 > Kokotisa bato ndenge na ndenge oyo makambo yango etali, ata mpe bituluku kati na bato bakweli likama, mpo na kopona mpe kopongisa bisika ya kofanda.

- Koluka koyeba makambo oyo ekoki kobebisa esika to ndenge ekobongisa, na kotalelaka bomwasi to bobali, bambula ya kobotama, kozala ebosono to te, ekólo to monɔkɔ, mpe ntina ná mikumba ya basi mpe mibali.
- Na bingumba, esengeli kosalela mayele kolanda esika na esika mpo na koyeba malamumalamu ndenge lisangá ezali kotambola.

3 > Kosala ete bato bakweli likama bazala na likoki ya kozwa matomba ya misala misusu ná bisaleli ya ntina mingi, bakisa mabaku ya kozwa makoki ya kobikela.

- Kosala elongo ná misala etalaka makambo misusu mpo na koyokana molai ya nzela oyo endimami mpe nzela (to makoki ná bisaleli ya komema bato to biloko) ya malamu mpo na kokende esika misala misusu ná bisaleli ya ntina mingi ezali.
- Kosala na boyokani na basali misusu mpo na kotya liboso mpe kopesa bato matomba ya misala yango ya ntina mingi ná mabaku ya kozwa makoki ya kobikela bisika ezali te.

4 > Kobongisa ndenge nini mabele ekosalelama mpo na kozwa bisika oyo ekokoka koyamba misala nyonso, likoki ya kokoma na bisika ya komibomba ná misala nyonso, mpe meko mpo na libateli ya malamu bisika ya kofanda.

- Kobongisa ndenge ya kokabola biloko bato nyonso bakabolaka lokola mai ná bisaleli ya bopeto, bisaleli ya kolamba na lisangá, bisika oyo ebongi na bana, bisika ya kosangana, bamposa na makambo etali mangomba mpe bisika ya kokabola bilei.
- Kosala ete esika ya misala ya ntina mingi bisika ya kofanda etyama kolanda masengami na oyo etali libateli mpe lokumu ya bato.

> 5 > Kobongisa ndenge ya kokausa mai ya mbula ná mpela na ntango ya kopona mpe kotya bisika ya kofanda.

- Kopesa bisaleli ya malamu ya kokongola mai mpo ete bisika ya kofanda ná ya misala etondisama na mai te mpe ete nzela ya mai oyo ekongolaka mai ya mbula ezala polele.
- Kokanisa libela mpe kolandela bisika oyo biloko ekoki komemela bato bokono ebotamaka.

Bilembo ya ntina

Motángo ya bisika ya komibomba to/mpe bisika ya kofanda likoló na monkama oyo ezali esika makama ná biloko mabe, oyo ezalaka esika yango to oyo ememami na bato, ezali moke mpenza to te

Motángo ya bisika ya komibomba to/mpe bisika ya kofanda likoló na monkama oyo ezali na likoki ya kokoma malamu esika misala ya ntina mingi ezali kosalema na ngonga mpe molai ya nzela oyo ekoki kondimama

Motángo ya bato bazali kozwa lisungi likoló na monkama oyo bazali komiyoka na libateli na esika ya komibomba ezali to esika ya kofanda

Motángo ya bisika ya kofanda likoló na monkama oyo ezali na etanda ya kosalela oyo ekokoka mpo na misala ya kati na ndako mpe ya bato nyonso na libanda kolanda ndenge makambo ezali esika yango

- 45 m² mpo na moto moko bisika ya kofanda lokola bakaa, na kati ná lopango mpo na libota
- 30 m² mpo na moto moko, na kati ná lopango mpo na libota, esika oyo misala mpo na ntina ya lisangá ekoki kopesa libanda ya bisika oyo ebongisami mpo na kofanda
- Motángo ya moke makasi na yo etali etando ya esika ya kofanda likoló na monene ya lopango ezali 1:2; soki likoki epesami esengeli komata na 1:3 to mpe koleka yango.

Makanisi ya kolanda

Ndenge ya kosala mpe mitinda mpo na kobongisa: Baguvɛrnema to bakonzi ya mboka bakotisaka mbala na mbala malako ya sika na oyo etalisi bisika oyo epekisami kotonga, bisika ya malamu to bisika ya bokatikati. Bolobelela ete batya likebi na makama mpe mitindo ya lisungi oyo ebongi ntango bazali kobongisa makambo yango. "Esika epekisami kotonga" elakisi te "epekisami kosunga bato esika yango", mpe esengeli te kozelisa misala ya kopesa lisungi na oyo etali esika ya komibomba ná esika ya kofanda.

Esengeli koyeba makambo nyonso etali kokoma nkolo mabele to nkolo ndako ⊕ *talá Lisengami 6 ya Esika ya komibomba ná esika ya kofanda: Libateli ya bafándi.*

Bosolola na bato bakweli likama na oyo etali kotánga mpe kobongisa esika, mpo na kolendisa mimeseno mpe bizaleli oyo bazalaka na yango. Bokotisa mpe basi ná bituluku misusu ya bato likama ezwaka nokinoki ntango ya kobongisa mpe kotya na misala makambo etali esika ya komibomba ná esika ya kofanda.

Misala misusu mpe bisaleli ya ntina mingi: Bato oyo bazali kozonga na bandako na bango mpe baoyo bazali kofanda bisika oyo ebongisamaki mpo na kofanda ya ntango mokuse basengeli kozala na likoki ya malamu, oyo ebatelami mpe ya ndenge moko mpo na bato nyonso, ya kozwa misala misusu mpe bisaleli ya ntina mingi lokola:

- bisaleli ya WASH ⊕ *talá Masengami ya WASH ya Kopesa bato mai*;
- mwinda mpo na libota mpe lisangá;
- esika ya kobomba bilei mpe bisaleli ya kobongola yango (bakisa matuka ná biloko epelaka) ⊕ *talá Lisengami 1.1 ya Kotalela kokoka komileisa mpe makambo etali bilei* mpe *Lisengami 6.4 ya Lisungi mpo na kozwa bilei*;
- balopitalo ⊕ *talá Lisengami 1.1 ya Bibongiseli ya sante: Kopesa misala ya sante*;
- kolongola biloko ya makasi ya bosɔtɔ ⊕ *talá Masengami ya WASH ya Kolongola biloko ya makasi ya bosɔtɔ*;
- bakelasi ⊕ *talá Buku INEE*;
- bisika ya kosambela, bitando mpo na kosangana mpe kosakana;
- esika ya kokunda bibembe mpe makambo nyonso etali yango oyo eyokani na mimeseno mpe bizaleli na bango; mpe
- esika ya kobomba bibwele (oyo ekabwani malamu na esika bato bafandaka) ⊕ *talá Buku LEGS*.

Kobongisa esika ya kofanda mpo na ntango mokuse: Ndenge ya kobongisa esika esengeli kolanda mitinda etali kobongisa bingumba, mpe koyokana na biloko lokola bisika ya kokotela, bisika banzela ekutanaka mpe bisika ya bato nyonso. Biloko yango, oyo ezali kotya likebi na makambo etali nzoto, bato, bisika bafándi mpe zingazinga ná nkita, ezali mwango ya esika ya kofanda ya sika. Kobongisa bisika ya kofanda esengeli kolendisa masangá ya bituluku ya bato oyo ezalaka, kopesa nzela ete masangá yango ya sika esalema, kobakisa libateli, mpe kosala ete bato bakweli likama batambwisa bango moko makambo na bango.

Bobatela sekele mpe lokumu ya mabota ekeseni ntango ya kokata mapango bisika ya kofanda mpo na ntango mokuse. Esika ya komibomba ya liboto moko na moko esengeli kofongwama na esika ya bato nyonso to esika oyo ezipami, kasi esengeli te kofongwama liboso ya ekoteli ya esika ya komibomba mosusu. Bopesa bisika ya kofanda ya malamu mpo na bituluku oyo ekoki kozala na bolembo, kasi esengeli te kokangisakangisa bango mpo ekoki komatisa bolembu na bango. Bosangisa mabota, mabota ya minene mpe bituluku oyo bazali na makambo ndenge moko, mpo na kolendisa boyokani kati na bango. Botalela bamposa, makambo esepelisaka mpe mimeseno ya bituluku ndenge na ndenge kolanda bambula ya kobotama, bomwasi to bobali mpe kozala ebosono to te.

Etando ya esika oyo ebongisami mpo na koyamba bato to bisika bato bafandi kaka bongo: Bisika ebongisami mpo na kofanda, etando ya moke makasi mpo na moto moko, na bisika ya kofanda lokola bakaa, ezali 45 m^2, na kati ná lopango ya libota. Na kati na yango esengeli kotanga banzela ná banzela ya makolo, bisika ya kolamba libanda to kolamba na lisangá, balopitalo, esika ya bopeto, bisika ya kobatelama na mɔtɔ, babiro, esika ya kobomba mai, bisika ya kokongola mai, mangomba, bisika ya kokabola bilei, bawenze, bisika ya kobomba biloko mpe mwa bilanga moke mpo na libota (longola misala makasi ya bilanga mpe kobokola bibwele). Bisika misala mpo na lisangá ekoki kozwama na bisaleli oyo ezali libanda ya bisika ebongisami mpo na kofanda, etando ya moke makasi esengeli kozala 30 m² mpo na moto moko. Soki likoki ya kopesa etando ya moke makasi ezali te, esengeli kozwa meko mpo na komilengela na bopusi ya bisika bato batondani. Esengeli mpe kotya likebi na bambongwana oyo etali bato ntango ya kobongisa bisika ya kofanda.

Na bingumba, bosalela misala misusu mpe bandako oyo ezali bisika yango. Bosala ete bokeseni ezala mpe sekele ebatelama mpo na libota moko na moko, mpe botika mopanzi esika mpo na biselaleli oyo esengeli.

Monene ya lopango mpo na bisika ya komibomba: Motángo ya moke makasi na oyo etali etando ya esika ya kofanda likoló na monene ya lopango ezali 1:2 to 1:3, mpo ete mabota ezala na esika mpo na misala misusu ya ntina libanda. Nzokande, ekozala malamu soki motángo yango ezali pene ya 1:4 to 1:5. Esengeli kotya likebi na malako etali mimeseno ná bizaleli ya bato mpe monene ya esika oyo ekoki kosalelama.

Kokausa mai ya mbula ná mpela: Soki mai ya mbula ná mpela ekausami malamu te, ekoki kobebisa mpenza bisika bato bafandi mpe kokitisa makoki na bango ya kotambola mpe ya kokoma esika misala misusu esalemaka. Mingimingi, bibongiseli minene mpo na kokausa mabele eyebanaka kolanda ndenge esika eponami mpe ndenge bandako etongami. Esengeli koboya kopona esika oyo etondaka mai ntango ya mbula, mpo ekoki kotya libateli ya bato na likama, mingimingi bisika oyo bato bakanganikangani. Bisika ya kofanda, koyekola mpe kosala oyo mai ekotaka mpe efandaka ezali likama mpo na sante, lokumu mpe bolamu ya bato.

Esengeli kobatela bazongo mpe banzela ya mai ete etondisama na mai te, mpo ete ebebisama te mpe biloko ezali na kati ebima te. Likama monene mpo na sante ya bato nyonso oyo bisika mai ekauki mabe ekoki komema ezali bamaladi ya pulupulu oyo eutaka na mai oyo ebebisami.

Mai oyo etyami na nzela te ekoki kobebisa bandako misusu, bandako ya kofanda mpe biloko mosusu, ekoki kokitisa mabaku ya kozwa makoki ya kobikela mpe komema mitungisi. Biloko ekoki komemela bato bokono ebotamaka mpe bisika oyo mai ekauki malamu te ⊕ *talá Masengami 4.1 ná 4.2 ya WASH ya Kobundisa biloko ekoki komemela bato bokono.*

Banzela: Botalela ndenge nini banzela ezali mpe soki bisika bazwaka transport ezali pembeni mpo na kopesa lisungi mpe biloko misusu. Botalela mikakatano oyo eyaka kolanda bileko mpe makama mpo na libateli. Mituka ya minene esengeli kozala na likoki ya kokoma esika ya kofanda mpe esika ya liboso ya kobomba bilei na nzela ya malamu ntango nyonso. Mituka ya pepele esengeli kozala na likoki ya kokoma na bandako misusu na banzela misusu. Botya banzela ya malamu mpe oyo ebatelami ná babalabala kati na bisika ya kofanda. Bato nyonso basengeli kozala na likoki ya kokoma na bandako ya kofanda mpe bandako misusu ya lisangá ntango nyonso. Botya likebi na bamposa ya bato oyo bazali na mikakatano mpo na kotambola to ya kokoma bisika mosusu.

Kobatelama na mɔtɔ: Esengeli kotya likebi na misala ya kotalela likama ya mɔtɔ ntango ya kobongisa makambo. Esengeli kotya 30 metre ya bisika ya kobatelama na mɔtɔ nsima ya 300 metre nyonso oyo etongami na kaa. Esengeli kotika ntáká ya 2 metre katikati ya bandako. Ebongi mpenza ezala nde mbala mibale molai ya ndako mpo na kopekisa bandako oyo ekoki kokweya etuta oyo ezali pembeni.

Botalela mimeseno ya kolamba mpe koyotola mɔtɔ ya mboka (lokola motindo ya matuka mpe bisika basepelaka kolambela). Bokanisa kopesa matuka ya malamu, bisaleli mpo na komibatela na mɔtɔ mpe formasyo mpo bayeba kosalela yango. Ekozala malamu kosalela bitongeli mpe biloko ya ndako oyo ezikaka na mɔtɔ te. Boyebisa bato (ata mpe baoyo bazali na mikakatano mpo na kotambola to ya kokoma bisika misusu) makambo ya kosala mpo na kopengola mpe koboma mɔtɔ, mpe ndenge ya kokima yango.

Kokitisa mobulu: Esengeli kobongisa bisika ya kofanda na ndenge ete ekitisa mobulu mpe makambo etali kobundisa moto mpo azali mwasi to mobali. Botalela esika ya kotya mpe likoki ya kokoma na bisika ya komibomba, bandako ya kofanda mpe misusu, miinda ya butu, molai ya nzela kobanda esika ya komibomba tii na zongo mpe esika ya kosokola, to bandelo oyo ezali komonana mpo na bokengeli. Bandako oyo esalelamaka na bato nyonso esengeli kozala na banzela misusu ya kokimela.

Ndenge makama ezali kobongwana: Botalela mbala na mbala bisika mpe makama, kolanda ndenge makambo ezali kobongwana. Kati na yango ezali na makama oyo eutaka na bileko, bambongwana na makambo etali libateli, babombi oyo epanzani te bisika bitumba ezalaki to ezali, to bopusi ya mbongwana ya motuya ya bato.

Libateli na bisika ya bato nyonso mpe bandako mpo na lisangá: Bato ya mayele ya tekiniki basengeli kotalela makasi mpe kopikama ya bandako mpo na lisangá, bisika ya bato nyonso mpe bandako misusu oyo ezali bisika ya kofanda epai wapi makama ekwei. Botya likebi na makama oyo ezali to oyo ekoki kokomela sante ya bato.

Kolendisa makoki ya kobikela: Botalela misala etali nkita oyo ezalaki liboso likama ekweya mpe mabaku oyo ekoki komonana ya kozwa makoki ya kobikela nsima ya likama. Boluka koyeba mabele oyo ekoki kosalelama mpo na milona ná koleisa bibwele, to likoki ya kosala mimbongo to mpe mabaku ya kozwa misala. Misala ya kopesa lisungi na oyo etali esika ya komibomba ná esika ya kofanda ekoki kopesa bana-mboka misala, lokola misala na lisalisi na oyo etali tekiniki, komema biloko mpe misala misusu. Bosalela baprograme ya koteya mpe kopesa formasyo mpo na kolendisa makoki ya bana-mboka na ntina ete bozwa mbuma ya misala na ntango oyo bokanaki ⊕ *talá Lisengami 5 ya Esika ya komibomba ná esika ya kofanda mpe Kokoka komileisa mpe makambo etali bilei – Masengami 7.1 ná 7.2 ya Makoki ya kobikela.*

Kosalela mpe kobongisa: Bosala myango ya kosalela mpe kobongisa mpo na komindimisa ete bandako, misala misusu mpe bisaleli (lokola mai, esika ya bopeto, kokausa mai, kolongola bosɔtɔ, bakelasi) ezali kosalelama mpe kotambwisama malamu. Makambo ya ntina ya myango ezali komipesa ya lisangá, kosala bituluku ya basaleli, komonisa misala mpe mikumba, mpe kozala na myango ya ndenge ya kozongisa mbongo ebimisamaki mpe kokabola motuya na yango.

Kopanza bisika ya kofanda mpe kopesa yango na bakambi misusu: Meko mpo na kobongisa esika mpe zingazinga na yango ekoki kosala ete ezonga yango moko ndenge ezalaki liboso na kati mpe zingazinga ya bisika ya kofanda mpo na ntango moke. Esengeli kozala na myango ya kopanza esika, oyo esalami ntango lisungi ezali kopesama ⊕ *Lisengami 7 ya Esika ya komibomba ná esika ya kofanda: Kobatela esika bato bafandi mpe zingazinga na yango mpo na ntango molai.*

Koteya bato batekiniki ya kosalela mabele na ndenge ya malamu ekosala ete esika bato bafandaki mpe zingazinga na yango ebonga mpe ezonga ndenge ezalaki. Bozwa bana-mboka mpo na misala ya kopetola mpe kopanza soki likoki ezali.

3. Esika bato bazali kofanda

Esika bato bazali kofanda ezali na ntina mingi mpo na bolamu ya bato. Ezali mposa ya liboso mpe lotomo ya bato ete bazala na esika ya kofanda na libota, bamiyoka ete babatelami mpe basala misala ndenge na ndenge ya ntina mpo na ndako.

Lisengami 3 ya Esika ya komibomba ná esika ya kofanda: Esika bato bazali kofanda

Bato bazali na bisika ya kofanda ya malamu, oyo ebongi, mpe oyo ekosala ete bakoka kosala misala ya ntina ya ndako mpe ya kozwa makoki ya kobikela na lokumu nyonso.

Misala ya ntina

1 > Kosala ete libota nyonso ekweli likama ezala na esika ya kofanda ya malamu mpo na kosala misala ya ntina ya ndako.

- Kopesa esika ya kofanda oyo eyokani na bamposa ndenge na ndenge ya bato ya libota na oyo etali kolala, kolamba mpe kolya, kotosa mimeseno mpe bomoi ya mboka.
- Kopesa nsamba, bifelo ná biloko ya ndako na bafándi, mpo ete babatelama na nzoto na bango, babatelama na moi, mbula mpe mipepe, mpe bafanda na lokumu mpe sekele.
- Kosala ete ndako ezala na miinda, mopepe ná malili to molunge ya malamu mpe oyo ebongi.

2 > Kosala ete bisika oyo ezali zingazinga ya esika ya kofanda elendisa likoki ya kosala misala ya ntina mpenza.

- Kotya bisika oyoebongi mpo na kolamba, zongo, kosokola bilamba, kosokola nzoto, kosala misala ya kobikela, kosolola mpe kosakana.

3 > Kosalela basolisyo na oyo etali bisika ya komibomba, batekiniki ya kotonga mpe bitongeli oyo endimami na bato ná mimeseno na bango, mpe oyo ekoumela.

Bilembo ya ntina

Motángo ya bato bakweli likama likoló na monkama oyo bazali na esika ya kofanda ya malamu na kati mpe libanda zingazinga ya bisika ya komibomba mpo na kosala misala ya mikolo nyonso

- 3,5 m² ya esika ya kofanda na moto moko, longola bisika ya kolamba, kosokola mpe zongo
- 4,5 tii 5,5 m² ya esika ya kofanda na moto moko bisika ya malili makasi to na bingumba epai wapi bisika ya kolamba, kosokola to/mpe ya zongo ezalaka na kati ya ndako

- Molai ya kati ya ndako kobanda mabele tii plafo esengeli kozala 2 metre (2,6 metre bisika molunge ezalaka makasi) na esika ya likoló makasi

Motángo ya bisika ya komibomba likoló na monkama oyo ezali kokokisa masengami oyo endimami ya tekiniki mpe ntina, mpe oyo endimami kolanda mimeseno ya bato

Motángo likoló ya bato likoló na monkama oyo bazwi lisungi etali esika ya komibomba oyo bazali komiyoka ete babatelami na esika na bango ya komibomba

Makanisi ya kolanda

Esika bato bazali kofanda: Esika bato bazali kofanda esengeli kozala oyo ebongi mpo na misala ya mikolo nyonso lokola kolala, kolamba mpe kolya, kosokola, komilatisa, kobomba bilei ná mai, mpe kobatela biloko misusu ya ntina ya ndako. Esengeli kobatela sekele mpe komonisa bokeseni ndenge esengeli kati na basi mpe mibali, bato ya bambula ya kobotama ekeseni mpe mabota oyo efandi na ndako moko, kolanda mimeseno mpe malako ya bana-mboka ⊕ *talá Lisengami 2 ya Esika ya komibomba ná esika ya kofanda: Kobongisa esika mpe ndenge bato bakofanda.*

Bokanisa kopesa esika ya kofanda mpo na kosangisa libota, mpe kokengela babebe, bana ná babeli to bato bazoki. Botya likebi na mbongwana ya esaleli ya bisika na moi mpe butu, mpe na bisika ya kotya maninisa, baporte mpe bifelo ya bokabwani mpo na kosalela malamu monene nyonso ya kati ya ndako mpe bisika misusu ya pembeni libanda lokola kuku to bisika ya kosakana.

Mpo na kosala misala nyonso wana na lokumu, bisika ya komibomba esengeli kozala ya kokanga (bifelo, maninisa, baporte mpe nsamba) ná pavema ya malamu. Soki bato batondani to babatelami te na mbula, moi to mipepe, ematisaka likama ya bokono mpe bamaladi oyo epalanganaka. Esika ya moke ekoki komema makama na oyo etali libateli, mpe kokitisa kimya ná sekele.

Esika bato bazali kofanda oyo esengami esengeli koyokana ná mimeseno ya bato, bisika bazali, eteni ya misala ya kopesa lisungi, mpe malako ya bakonzi ya mboka to misala ya kosunga bato. Esengeli botalela na likebi bopusi ya kopona ndenge ya kotánga etando ya moke makasi (3,5 m² na moto moko, 4,5 m² bisika ya malili makasi) mpe boyokana na bato mosusu oyo bokosala na bango mbongwana nyonso oyo ekosalema, mpo na kokokisa oyo esengami.

Bisika oyo esengeli kosala nokinoki mpe kobikisa bomoi ya bato, bokanisa kopesa lisungi ya ebandeli mpo na:

- kotonga nsamba mpo na esika ya kofanda oyo esengami mpe kokoba kopesa lisungi mpo na bifelo, baporte mpe; to
- kotonga esika ya komibomba ya moke mpe nsima kokomisa yango monene.

Bisika misusu, esika oyo esengami ekoki kotyama ndelo likoló na mikakatano misusu. Ekoki kozala bisika bandako ekanganakangana, bingumba etondana na bato to bisika oyo makambo etali klima ezali makasi makasi mpe bitongeli mpo na esika ya komibomba emonanaka mingi te. Etando ya esika oyo esengami esengeli kosalelama ntango likama ekwei na ebandeli mpe na basolisyo mpo na esika ya komibomba ya ntango moke. Soki bato bakoumela bisika yango, esengeli kotanga lisusu etando ya esika ya kofanda. Esengeli kotya likebi na masengami oyo endimami na mboka mpe mayele ya kosalela mpo na kokanga prorograme ntango bokomi na eteni ya kozongisa bato epai na bango.

Bokotisa masangá ná mabota nyonso oyo ekweli likama soki likoki ezali mpo na koyeba motindo nini ya lisungi esengeli kopesama. Bosolola na bato oyo balekisaka ntango mingi na bisika ya kofanda oyo bozali kolandela mpe baoyo bazali na mikakatano mpo na kotambola to kokoma bisika misusu. Bosala ete bibosono mpe bato bafandaka na bango bazala na likoki ya kokoma esika ya kofanda. Bibosono, mpe mingimingi baoyo babulungani, bakoki kozala na mposa ya esika ya mwa monene.

Mimeseno, libateli mpe sekele: Botosa mimeseno ná bonkɔkɔ ya bato mpe ndenge oyo ezali na bopusi likoló na mposa ya bokaboli na kati ya ndako (barido, bifelo). Na ndakisa, bobongisa ndako na ndenge ete eyokana ná bibongiseli ya kopesa bato bisika ya kolala mpo na mabota ekeseni oyo ezali kofanda na ndako moko.

Banzela oyo ebongisami malamu mpe ezali na miinda kati na esika ya kofanda ná bifelo ya bokabwani mpo na kobomba esika ya moto to libota ekoki kopesa libateli mpe sekele na bandako ya bato ebele.

Bopesa nzela ete bituluku ya ndenge moko bafanda esika moko na bandako ya bato ebele. Na ndakisa, ba-LGBTQI bakoki kosepela kofanda ná baninga to bato ya ndenge na bango na esika ete bafanda ná mabota na bango.

Kobatela: Bosala ete bandako ezala na banzela ebele ya kobimela, mpe ete bisika ya kati ekoka kofongwama na bitango ya bato nyonso. Bomindimisa ete basali bayebi ndenge ya kolobela makambo etungisaka libateli lokola mobulu to monyokoli na libota, kobundisa bato, konyokola to kosundola bana. Mbala mingi basi, bana basi mpe bato oyo basengeli na lisungi mpo na bopeto ya nzoto bazalaka na mposa ya esika ya mwa monene ⊕ *talá Lisengami 1.3 ya Kolendisa bopeto: Bopeto mpo na basi bazali na sanza ná bato oyo bazokoka kokanga masuba to nyei te.*

Bisika bandako mpo na bato ebele ya ndako moke ezali kosalelama, bozwa meko oyo ebongi mpo na kopengola makambo ya kosangisa nzoto na bato mpo na litomba na bango te to na makasi. Bosala na bato ya lisangá mpo na koyeba makama mpe kosilisa yango, mpe kotya bibongiseli ya sikisiki ya koyoka komilelalela ya bato, oyo ezali na misala ezali komonana mpe ya nokinoki.

Makambo etali mayoki ya bato: Esengeli kobongisa bandako na ndenge ete ezala na esika ya polele ya kofanda mpo ete bato basanganaka mpe basololaka mingimingi.

Bisika ya molunge mpe mai, bosengeli kosala mpe kotalisa bisika ya komibomba na ndenge ete mopepe ekota mingi mpe moi ekota moke. Plafo ya likoló ekosunga mopepe eleka malamu. Veranda oyo efinikami esalaka ete moi ekota moke mpe ebateleka na mbula. Bokanisa kosalela libanda ya ndako to veranda mpo na kolamba, ná esika mosusu ekeseni mpo na kosala makambo misusu. Nsamba esengeli ezala ya kotengama mpo na kokongola mai ya mbula mpe eleka bifelo ya libanda, longola bisika mipepe ezalaka makasi. Bitongeli ya esika ya komibomba esengeli kozala pepele mpe oyo ebombaka molunge to malili ntango mokuse, lokola libaya. Botombola bapavema mpo na kopesika mai ekota bisika ya kofanda oyo ⊕ *talá Lisengami 2 ya Esika ya komibomba ná esika ya kofanda: Kobongisa esika mpe ndenge bato bakofanda.*

Bisika ya molunge mpe kokauka, bitongeli ya kilo (lokola mabele to mabanga) esalaka ete molunge to malili ezala malamu na kati ya esika ya komibomba atako ebongwanaka na moi mpe butu libanda. Soki bokosalela bitongeli ya pepele, esengeli ebatelama malamu na molunge to malili. Botya likebi na ndenge ya kotongela bitongeli ya kilo bisika mabele ekoki koningana. Bosala ete bisika ya mpiɔ mpe mopepe ezala soki esengeli mpe likoki ezali. Soki bozali bobele na bakapo to bahema, botya mibale, ná ntáká na katikati, lokola nsamba mpo na kokitisa molunge oyo eutaka na moi. Porte mpe lininisa efongwama esika mopepe ya mɔtɔ elekaka te. Pavema ya kati esengeli kokoma tii na bifelo mpe kozanga ntáká, mpo na kopekisa putulu mpe biloko ekoki komemela bato maladi ekota te.

Bisika ya malili, ezali malamu kotya plafo ya mokuse mpo na kobatela molunge. Mpo na bisika ya komibomba oyo esalelamaka na boumeli ya mokolo, esengeli kosalela bitongeli ya kilo oyo ebombaka molunge ntango molai. Mpo na bisika ya komibomba oyo esalelamaka kaka na butu, esengeli kosalela bitongeli ya pepele oyo ebombaka molunge to malili ntango mokuse mpe ekosenga kobatelama malamu na molunge mpe malili. Bosala ete mopepe eleka mingi te bisika porte mpe lininisa ezali kofongwama mpo ete bato bazala malamu na kati ya esika ya komibomba, wana bozali mpe kosala ete baapareyi oyo etyaka molunge mpe matuka ezwa mopepe ndenge ebongi.

Mopepe ya malamu esungaka mpo na kobatela esika ya kofanda ya malamu mpo na sante, kopekisa mai etondana na mopepe mpe kokitisa bamaladi oyo epalanganaka. Ekitisaka bopusi ya milinga ya matuka ya kati ya ndako, oyo ekoki komema bamaladi ya mpema mpe ya misu. Botalela likoki ya kokotisa mopepe kozanga kosalela baapareyi.

Kobundisa biloko ekoki komemela moto bokono: Bitando oyo ezali na nse mpenza, bitiká mpe bandako oyo esundolami ekoki kokoma bisika oyo ebimisaka biloko oyo ekoki komema makama na sante ya bato nyonso. Mpo na bisika ya kofanda na lisangá, kopona esika mpe kokitisa makambo ememaka biloko yango ezali na ntina mingi mpo na kokitisa bopusi ya bamaladi oyo biloko yango ezali na yango ⊕ *talá Lisengami 4.2 ya WASH ya Kobundisa biloko ekoki komemela moto bokono: Makambo mabota ekoki kosala mpe moto na moto mpo na kobundisa biloko oyo.*

4. Biloko ya ndako

Lisungi na oyo etali biloko ya ndako esalisaka mpo na kozongela mpe kobatela sante, lokumu ná libateli mpe mpo na kosala misala ya ndako ya mokolo na mokolo na kati mpe penepene na ndako. Lisengami oyo elobeli biloko ya kosalela mpo na kolala, kolamba mpe kobomba bilei, kolya mpe komɛla, kotya molunge to malili, kotya miinda mpe kolata. Mokapo ya WASH epesi makanisi misusu na oyo etali biloko lokola bamustikɛrɛ, bakatini, bibombelo ya mai mpe biloko ya bopeto.

Lisengami 4 ya Esika ya komibomba ná esika ya kofanda: Biloko ya ndako

Lisungi na oyo etali biloko ya ndako esali mpo na kozongela mpe kobatela sante, lokumu ná libateli mpe mpo na kosala misala ya ndako ya mokolo na mokolo na kati mpe penepene na yango.

Misala ya ntina

1 > Kotalela mpe kopesa mabota likoki ya kozwa biloko oyo ekosala ete bazongela mpe babatela misala ya ntina ya ndako.

- Kotalela bamposa ndenge na ndenge kolanda bambula ya kobotama, bomwasi to bobali, kozala ebosono to te, mimeseno ya bato, mpe motángo ya bato kati na mabota.
- Kotya likoki ya kozwa biloko mpo na misala ya ndako, kolata, bopeto, mpe mpo na kolendisa libateli ná sante na esika ya liboso.

2 > Kopona ndenge ya kopesa lisungi na oyo etali biloko ya ndako na ndenge ya malamu mpe ebongi.

- Kotala biloko nini ekoki kozwama na mboka na nzela ya lisalisi ya mbongo to bajeton mpe oyo ekoki kosombama na mboka, etúka to mikili misusu mpo ekabolama.
- Kotalela bopusi ya ndenge biloko etyami na bibombelo mpe ememami likola na bisika bato bafandi mpe zingazinga.

3 > Kolandela soki biloko ya ndako ezali mpe ezali ya malamu, mpe kozwa meko oyo esengeli.

- Kosala mwango ya kozwa biloko soki bato bakoumela ntango.
- Kolandela bawenze eponami mpo na koyeba soki biloko ezali, ezali ya malamu mpe ntalo na yango. Kobongola ndenge lisungi ezali kopesa kolanda ndenge makambo ezali kobongwana.

....

Bilembo ya ntina

Bato bazali na bilamba ya kokoka mpe ya malamu

- Bilamba ya mibimba mibale to koleka, oyo ekoki na monene mpe molai mpe ebongi na mimeseno, bileko ná klima, mpe eyokani na bamposa misusu mpo na moto

Bato bazali na biloko ya kokoka, ya malamu mpe oyo ebongi mpo na kolala malamu, na libateli mpe na sekele

- Bolangeti mpe mbeto (etoko, matela, bilamba ya mbeto) moko na moto. Esengeli kobakisa babolangeti to kobatela pavema na malili bisika ya malili
- Bamustikɛrɛ oyo batyá nkisi oyo eumelaka bisika oyo esengeli

Bato bazali na biloko ya kokoka mpe oyo ebongi mpo na kolambela, kolya mpe kobomba bilei

- Mpo na libota to etuluku ya bato 4 to 5: banzungu mibale oyo ezali na bisimbeli mpe mifiniku, saani ya monene moko mpo na kobongisa to kokabola bilei, mbeli moko mpe lutu mibale ya kokabolela biloko
- Mpo na moto moko: saani moko, bisaleli mpo na kolya mpe mbeki moko mpo na komɛla

Motángo ya bato bakweli likama likoló na monkama oyo bazali na likoki ya kozwa lotiliki ya kokoka, ya malamu mpe ntalo moke mpo na kotya molunge to malili, kolamba bilei mpe kotya miinda

Motángo ya bato oyo bazoki mpo na kosalela matuka, to kobomba to kozwa biloko epelaka mɔtɔ

- Kotya nivo ya ebandeli mpe komeka bokóli tii 0

....

Makanisi ya kolanda

Biloko ya ndako ya ntina mingi esengeli kozala ya kokoka mpe ya malamu mpo na:

- kolala, kotya molunge to malili mpe kolata;
- kobomba mai, kolamba mpe kobomba bilei, kolya mpe komɛla;
- kotya miinda;
- kolamba, kotokisa mai mpe kotya molunge, bakisa biloko epelaka mɔtɔ to lotiliki ⊕ *talá Lisengami 5 ya Kokoka komileisa mpe makambo etali bilei: Kokoka komileisa mpo na bato nyonso*;
- bopeto, bakisa bopeto mpo na basi bazali na sanza ná bato oyo bazokoka kokanga masuba to nyei te ⊕ *talá Masengami 1.2 ná 1.3 ya WASH ya Kolendisa bopeto*;
- kobatelama na biloko oyo ememelaka bato bokono; na ndakisa, bamustikɛrɛ ⊕ *talá Lisengami 4.2 ya WASH ya Kobundisa biloko ekoki komemela moto bokono*; mpe
- kobatelama na mɔtɔ mpe milinga.

Kopona biloko ya ndako oyo ebongi: Biloko ya ndako esengeli kopesama lokola eteni ya mwango moko ya makambo nyonso. Botya na esika ya liboso biloko ya ntina mingi mpo na bomoi na ntango ya kokesenisa motindo, kantite mpe kalite ya biloko. Botya likebi na:

- misala ya mokolo na mokolo ya ntina mingi ya moto moko na moko, libota to lisangá;
- mimeseno ya bato, soki biloko yango ebongi mpenza mpe bonkɔkɔ;
- libateli mpe kosalelama na pɛtɛɛ (ná malako to makanisi ya tekiniki ya kolanda ya moke);
- boumeli, ndenge biloko yango ezali kosalelama mpe ntina ya kozwa yango lisusu;
- bomoi bato bazali na yango sikawa mpe bibongiseli;

- soki biloko yango ezali na mboka;
- bamposa ndenge na ndenge ya mitindo ya bato bakweli likama, bakisa basi, bana basi, mibali, bana mibali, babebe, mibange, bibosono mpe bato mpe bituluku misusu oyo bazali na bolembu; mpe
- bopusi ya biloko oyo eponami likoló na bisika bato bafandi mpe zingazinga ⊕ *talá Lisengami 7 ya Esika ya komibomba ná esika ya kofanda: Kobatela esika bato bafandi mpe zingazinga na yango mpo na ntango molai.*

Libateli: Biloko nyonso ya plastike esengeli kozala oyo esalemi na plastike ya malamu mpo na bilei. Oyo nyonso ya ebende esengeli kozala ebende oyo ebebaka na mai te to oyo engengisami.

Bosala ete matuka ezala mosika ya biloko mosusu ya esika ya komibomba. Botya matuka ya kati ya ndako likoló ya moboko oyo epelaka mɔtɔ te. Bobakisa mposo ya libateli likoló na batiyo to basinga ya matuka bisika eleki na ndako mpo ekende libanda. Botya yango mosika ya bikotelo mpo ete bato bazala na likoki ya kosalela yango malamu. Biloko epelaka mɔtɔ esengeli kobombama mosika ya lituka yango moko, mpe biloko nyonso ya mai oyo epelaka, na ndakisa petrole, esengeli kotyama esika bana to babebe bakokoma te.

Molunge to malili ya malamu elakisi ete bazali malamu na molunge to malili, bafinikami mpe bazali ya kokauka. Bato bamiyokaka malamu soki bazali na bilamba, babolangeti mpe mbeto. Bitoko mpe baapareyi oyo etyaka molunge to malili ebongisaka bomoi bato bazali na yango. Esengeli kozwa meko nyonso mpo na moto moko na moko mpe libota mpo na kopekisa molunge ya nzoto ekita makasi to mpe emata makasi.

Kozwa biloko epelaka mɔtɔ mpe lotiliki ya ntalo malamu mpo na mabota: Biloko epelaka mɔtɔ ná biloko mosusu epesaka lotiliki ezali na ntina mpo na miinda, kolamba, kotya molunge to malili mpe kosolola. Kokongola to kosomba biloko epelaka mɔtɔ to lotiliki ebimisaka mbongo mbala na mbala mpe esengeli kosalela yango mwango. Bolendisa mimeseno ya kobatela lotiliki to biloko epelaka na kolamba, na ndakisa kosalela matuka oyo ebatelaka biloko epelaka to lotiliki, kobongisa mabaya ya kopelisa, kolandela mɔtɔ, batekiniki ya kolamba bilei mpe kuku oyo esalelami na bato mingi. Bosolola na bato bakweli likama mpe lisangá oyo eyambi bato mpo na koyeba esika mpe makoki ya kozwa biloko epelaka na ntina ya kosilisa mikakatano ya libateli mpo na bato mpe kobatela bisika bafandi mpe zingazinga.

Miinda esengeli kopesama ndenge esengami mpo na kobakisa libateli ya bato na kati mpe zingazinga ya bisika ya kofanda oyo ezali na pole te. Longola baalimɛti mpe babuji, bokanisa kosalela miinda oyo ebatelaka lotiliki lokola miinda ya LEDs mpe pano solɛr.

Programe oyo esimbami na mombongo na oyo etali biloko ya ndako: Kotalela mombongo na oyo etali biloko ya ndako esengeli kozala eteni moko ya mosala monene ya kotalela ebongiseli ya mombongo. Kozwa biloko ya ndako esengeli kolendisa mimbongo ya mboka soki likoki ezali. Botalela mbongo oyo ebimaka mpo na biloko yango lokola eteni moko ya makambo nyonso oyo libota ebimiselaka mbongo. Bolandela yango na boumeli ya ntango mpo na koyokanisa mpe kobongisa yango ⊕ *talá Kopesa lisungi na nzela ya mimbongo.*

Kokabola: Bobongisa mayele ya malamu mpe ya sembo mpo na kokabola biloko elongo na bakonzi ya mboka mpe bato bakweli likama. Bomindimisa ete bato to mabota oyo bazali na bolemu bakotisami na baliste ya kokabola biloko mpe bakoki koyeba yango mpe kozwa biloko na bango. Esengeli kopona bisika ya kokabola biloko na kotyaka likebi na ntáká ya kotambola, ndenge mabele ezali mpe makoki ya komema biloko ya minene lokola bitongeli ya esika ya komibomba. Bokanisa kosalela bakɔntɛnɛrɛ mpo na kobomba mpe komema biloko ya bato to ya ndako.

Kolandela nsima ya kokabola biloko: Botalela soki misala ya kokabola biloko mpe biloko esalamaki na ndenge ebongi mpe soki biloko yango ebongi mpenza. Soki biloko yango ezali kosalelama te to ezali kotekama na wenze, to mpe soki ntango ezali koleka mingi mpo na kozwa yango, bobongola ndenge ya kosala mpe biloko ya kokabola. Boyeba ete bamposa ya bato ekobongwana na boumeli ya ntango mpe baprograme esengeli koyokana ná bambongwana yango.

5. Lisalisi na oyo etali tekiniki

Lisalisi na oyo etali tekiniki ezali eteni mpenza ya misala ya kopesa lisungi na oyo etali esika ya komibomba ná esika ya kofanda. Esungaka bato bakweli likama bakoka kozongela bomoi ya malamu bango moko mpe babongisa bisika ya komibomba ná bisika ya kofanda na bango mpe libateli na yango. Ezali na ntina mingi ete mabota to masangá ekweli likama emipesa mpenza na kopona ndako na bango, ndenge bisika ya komibomba ezali kosalama, ndenge esika ya kofanda ebongisami ná bitongeli, mpe na kotambwisa to kosala misala ya kotonga bisika ya komibomba mpe bandako misusu.

Lisengami 5 ya Esika ya komibomba ná esika ya kofanda: Lisalisi na oyo etali tekiniki

Bato bazali na likoki ya kozwa lisalisi oyo ebongi na oyo etali tekiniki mpe na ntango ebongi.

Misala ya ntina

1. Koyeba mimeseno ya kobongisa mpe kotonga, bitongeli, mayele mpe makoki ya bato liboso likama ekweya.

- Kosolola ná bato bakweli likama, bana-mboka oyo basalaka mosala ya kotonga mpe bakonzi mpo na koyokana na oyo etali mimeseno ya kotonga ná bitongeli mpe kozwa mayele esengami mpo na koyeba soki misala esalami malamu.

2. Kokotisa mpe kosunga bato bakweli likama, bakonzi ya mboka mpe basali na misala ya kotonga.

- Kotosa mibeko etali kobongisa mpe kotonga, mitindo ya bitongeli ná masengami ya kalite ndenge esengeli mpo na boumeli ya lisungi na oyo etali esika ya komibomba, esika ya kofanda mpe mabota.
- Kobongisa mimeseno ya kotonga mpe mabaku ya kozwa makoki ya kobikela na mboka.

3. Kolendisa mimeseno ya malamu ya kotonga mpo na kokokisa bamposa ya sika ya bisika ya komibomba mpe kokitisa makama oyo ekoki koya.

- Mpo na bandako to bisika ya komibomba oyo ebebi to ebukani, koluka koyeba makama, makambo oyo ememaki bambeba to mabunga oyo ekoki koya.
- Koyekola, kobongisa mpe kokotisa makanisi ya sika na mimeseno mpe batekiniki ya kotonga ya bana-mboka soki likoki ezali; koyeisa pɛtɛɛ ndenge ya kopesa boyebi na bana-mboka mpo na kolendisa mimeseno ya kotonga oyo ebongi.

4. Komindimisa ete bato bazali na likoki ya kozwa lisalisi oyo ebongi na oyo etali tekiniki.

- Botala soki esengeli kozwa basali oyo bazali na boyebi mingi, ndenge ya kotosa mibeko mpe masengami, mpe ndenge ya komatisa makoki na oyo etali tekiniki ya bato bakweli likama.

- Kotya likebi na bato oyo bazali na makoki moke ya kosala misala etali kotonga na ndenge ya malamu mpe oyo elongobani, to koyokana mpo na kotya bato na ndako ya malamu mpe oyo elongobani.

5 > Komonisa ndenge oyo ebongi kosalela bitongeli, mbongo, basali misala, lisalisi na oyo etali tekiniki mpe makambo ya kosala mpo na kozwa ndingisa oyo esengami mpo ete mbuma ya misala ezala malamu.

- Kolanda lolenge ya kosalela malamu mpe malako etali etamboli oyo ebongi na oyo etali kopesa misala, kokakola, kosomba, kosala kɔntra mpe kotonga.
- Kolendisa bato basalela teknoloji, bisaleli ná bitongeli oyo bameseni na yango mpe ya malamu, mpe kozwa bana-mboka na mosala mpo na kobongisa bisika ya kofanda.

Bilembo ya ntina

Motángo ya baprograme likoló na monkama oyo bakonzi ya mboka bamipesi na yango mpo na komonisa masengami ya kotonga mpe kolandela misala ya kotonga

Motángo ya misala ya kotonga likoló na monkama oyo emonisi ete bato bakweli likama bamipesi mpenza

Motángo ya bisika ya komibomba likoló na monkama oyo etongami, ebongisami, ekomisami sika to ebatelami kolanda mimeseno ya malamu ya kotonga oyo endimami mpo na bisika mpe makama yango

Motángo ya mabota likoló na monkama oyo balobi ete bazwaki lisalisi na oyo etali tekiniki ná litambwisi oyo ebongi

Makanisi ya kolanda

Kopesa mabɔkɔ mpe komipesa ya bato bakweli likama: Kopesa mabɔkɔ na misala etali esika ya komibomba mpe kotonga esengeli koyokana na mimeseno ya mboka. Baprograme ya formasyo mpe boyekoli ekoki kobimisa mabaku mingi ete bato bakweli likama bapesa mabɔkɔ (ezala bato bakweli likama bango moko to lisangá oyo eyambi bango) na misala ya kotonga. Bopesa basi mpe bibosono mabaku ya kopesa mabɔkɔ. Bato oyo bazali na makoki ya kosala misala ya makasi ya nzoto te bakoki kosala misala lokola kolandela esika ya kofanda, kolandela biloko ebombami, kopesa lisungi na misala ya biro, kokengela bana to kolamba bilei mpo na bato oyo bamipesi na misala ya kotonga. Boyeba ete bato bakweli likama bakoki kozala na makambo misusu oyo ezwaka bango ntango. Bituluku ya basali ya lisangá oyo bamipesi na bolingo na bango to bato bazwami na mosala bakoki kosunga milende ya kotonga oyo mabota misusu ezali kosala, mingimingi mabota oyo ekambami na basi, bana, mibange to bibosono. Lisungi yango ezali na ntina mingi mpo ete bato yango bakoki kokutana na likama ya kosangisa nzoto na makasi ntango bazali koluka lisungi mpo na kotonga.

Kokotisa bilenge na misala ya kotonga: Kosala mosala ya kotonga ekoki kopesa bilenge makoki ya motuya, kosala ete bamindima, bamimona ete bazali na ntina mpe bayokana malamu ná lisangá.

Bomindimisa ete bana oyo bazali na mbula ya kosala mosala te bandimama te na misala ya kotonga bisika ya komibomba to baprograme ya kopesa mbongo mpo na mosala oyo etali kotonga bisika ya komibomba. Bana oyo bazali na bambula 14 tii 18 basengeli kopesa mabɔkɔ na ndenge oyo ebongi mpo na mbula ná bokóli na bango. Bosala ete bapesa mabɔkɔ kolanda mibeko ya ekólo. Bozwa meko mpo na komindimisa ete masengami ya mokili mobimba mpe mibeko ya ekólo na oyo etali misala ezali kotosama mpo na koboya mosala ya mabe mpe mosala ya bana. Mikakatano nyonso oyo ekoki kobima to mituna na oyo etali mosala ya bana esengeli koyebisama na bato basalaka misala ya kobatela bana to na misala oyo ezalaka na mokano ya kosunga bato ⊕ talá Buku CPMS.

Boyebi ya misala: Bopesa toli na makambo lokola kobongisa esika, batekiniki ya kotonga ya mboka, kotalela ndenge bandako ebebi, kobuka mpe kolongola bitiká, kotonga, ndenge ya kosalela esika, kotalela bandako oyo ezali mpe libateli ya bafándi. Ekoki kosala ete bisika ya komibomba ekokisa masengami oyo etyama. Boyebi ya bitongeli mpe mabaku ya kozwa misala ezali mpe na ntina mingi, ndenge moko ná lisungi na oyo etali mibeko mpe mikanda ⊕ talá Lisengami 6 ya Esika ya komibomba ná esika ya kofanda: Libateli ya bafándi.

Kotosa mibeko ya kotonga: Boluka koyeba soki mibeko ya kotonga ya mboka to ya ekólo etosamaka to esalelamaka. Soki te, bolobelela yango mpo etosama mpe esalelama. Mibeko esengeli koyokana na mimeseno ya mboka na oyo etali bandako, makambo etali klima, makoki ya mabele, makoki ya kotonga mpe kobatela, likoki ya kozwa mpe na ntalo malamu. Bosala ete baprograme ya esika ya komibomba epesa nzela na mabota ekokisa to ekoma moke moke na mibeko mpe masengami oyo endimami, mingimingi na baprograme oyo esalelaka lisalisi ya mbongo mpo na kokokisa bamposa na oyo etali esika ya komibomba. Bisika oyo masengami ezali te, botya Masengami ya libosoliboso na boyokani ná bakonzi ya mboka mpe na bato oyo makambo yango etali mpenza (bakisa bato bakweli likama soki likoki ezali) mpo na komindimisa ete bakokisi masengami ya libateli mpe misala.

Kolendisa makoki na oyo etali tekiniki: Bolendisa makoki ya lisangá na kopesaka baformasyo mpe mayebisi ya kokebisa na bato bakweli likama, bakonzi ya mboka, basali misala ya kotonga, basali ya mayele to te, bankolo mabele, bato ya boyebi na mibeko mpe basali misusu.

Bisika oyo ezali na bolembu mpo na bileko to makama oyo ezongaka mbala na mbala, esengeli kokitisa bato ya mayele ya tekiniki mpe bana-mboka oyo bazali na boyebi ya basolisyo to mimeseno ya malamu koleka mpo na mboka. Bakoki kosunga mpo na misala ya kobongisa ná mimeseno ya kotonga, mpe kobimisa basolisyo ya malamu.

Kozwa bitongeli: Bato bakweli likama bakoki kotonga bisika ya komibomba bango moko bisika oyo bitongeli ekoki kozwama nokinoki. Basolisyo yango mpo na komibomba ekoki kozala biteni bikeseni to liboke ya biloko oyo ebongisama libela, ná bisaleli ya kotonga oyo ebongi. Kotalelaka na lombangu mimbongo mpe kotalela bopusi likoló na esika ya kofanda mpe zingazinga ekosalisa mpo na kopona bitongeli.

Kozwa bitongeli na mboka ekoki kozala na bopusi malamu likoló na nkita ya mboka, basali mpe esika ya kofanda mpe zingazinga na yango. Bantango mosusu, bitongeli ya malamu ekoki komonana te na mboka. Na ntango yango, bosalela bitongeli to bandenge ya kobimisa yango misusu, to bibongiseli mpo na komibomba ya koteka, kasi botalela bopusi ya kosalela bitongeli oyo bato bayebi te likoló na mimeseno ya bana-mboka. Boboya bitongeli oyo ebimisami na nzela ya konyokola basali mpe bana.

Bandako ya malamu ya bato ebele: Botonga to bobongisa bandako mpo na bato ebele lokola biteyelo mpe balopitalo, ezala ya ntango moke to ya libela, na ndenge ete ezala likama mpo na sante ya bato nyonso te mpe elenda ata na makama. Bandako yango esengeli kotosa masengami mpe bandenge ya kotonga oyo endimami. Bosala ete bato nyonso, ata mpe bato bazali na mikakatano mpo na kotambola mpe kosolola (kosala elongo na bibongiseli elobelaka bibosono soki likoki ezali) babatelama mpe bazwa likoki ya kokoma bisika yango. Bosolola na bakonzi oyo esengeli ntango bozali kobongisa to kotonga bandako yango. Botya mayele ya kosalela mpo na kosalela mpe kobatela bandako yango mpo na bato nyonso.

Kosomba biloko mpe kokamba misala ya kotonga: Bosala manaka mpo na misala ya kotonga oyo ezali na makambo ya ntina oyo ekanami lokola badati ya kobanda mpe kosilisa misala, mpe badati ná boumeli ya misala ya kozongisa bato bakimá bandako na bango. Esengeli kosalema ata soki misala ya kotonga etambwisami na nkolo na yango to bakompanyioyo etongaka. Manaka esengeli kotya likebi na mikakatano oyo etali klima na bileko mpe kozala na mwango ya kolandela makambo oyo ekanamaki te. Botya ebongiseli ya kokamba mpe kolandela misala ya kotonga mpo na bitongeli, basali mpe kokengela esika ya misala. Esengeli kotala makambo lokola kozwa, kosomba, komema, kosalela biloko mpe makambo ya biro ndenge misala ezali kokende.

Bozwa bana-mboka mingi na mosala soki likoki ezali mpo na kolendisa mayele na bango ya mosala mpe makoki ya kobikela ya bato bakweli likama. Bozwa na mosala bato ya mayele ya tekiniki (na ndakisa bato ya misala ya tekiniki, bayemi-ndako, babongisi bingumba, bakambi misala to baavoka) mpo na kosala misala moko ya sikisiki.

Komindimisa ete likebi etyami na mitungisi nyonso etali esika ya kofanda mpe zingazinga na yango. Bolendisa bato basalela lisusu bitongeli oyo euti na bitiká soki ezali malamu mpe lotomo ya kosalela yango emonisami ⊕ talá *Lisengami 7 ya Esika ya komibomba ná esika ya kofanda: Kobatela esika bato bafandi mpe zingazinga na yango mpo na ntango molai.*

Kobongisa mpe kobatela: Misala ya kopesa lisungi ya ebandeli na oyo etali bisika ya komibomba epesaka mingimingi kaka mwa esika moke ya kofanda ya kofinikama to ya kokangama. Nzokande, mayele ya kotonga mpe bitongeli ya ebandeli esengeli kopesa mabota makoki ya kobatela, kobongola to kobongisa esika ya komibomba mpo na kokokisa bamposa na bango na boumeli ya ntango. Bambongwana esengeli kosalama na libateli nyonso, na nzela ya bisaleli mpe bitongeli ya ntalo malamu oyo ezali mpe eyebani na mboka soki likoki.

Bisaleli ya lisangá: Bolakisa ndenge nini esengeli kosalela, kobatela mpe kobomba malamu bisaleli ná bitongeli ya lisangá to oyo esalelami na bato mingi.

6. Libateli ya bafándi

Libateli ya bafándi elimboli ete bato bakoki kofanda na bandako na bango kozanga kobanga ete babenganama na makasi, ata soki bazali na bisika ya kofanda na lisangá, bisika bafandi kaka bongo, na masangá oyo eyambi bango to nsima ya kozonga epai na bango. Ezali moboko ya lotomo ya kozwa esika ya komibomba ya malamu mpe ntomo misusu ya bato. Esika bato bazali na mposa ya lisungi, ekozala malamu mingi kozala na mayele ya kosala likambo mokomoko. Yango ekomonisa ete bato bakimá bandako bakoki kozwa lisungi mpo na kobongisa bomoi na bango bandako ekeseni ya ndenge na ndenge. Elakisi te kotya na esika ya liboso bankolo mabele mpo na lisungi, elimboli mpe te ete bato bakofanda libela to bakokoma bankolo mabele. Basali na makambo etali esika ya komibomba bazali koluka koyeba "nini ezali mpenza malamu" na ntina ya kosala mitinda ya esika ya komibomba oyo ekosunga bato oyo bazali na bolembu makasi mpe kofanda na bango ebatelami te. Mpo na makanisi misusu etali kotalela makambo ya ntina ya liboso mpe oyo ezali "mpenza malamu" ⊕ talá Mitindami: Payne and Durand-Lasserve (2012).

Lisengami 6 ya Esika ya komibomba ná esika ya kofanda: Libateli ya bafándi

Bato bakweli likama bazwi libateli ya bafándi na oyo etali mitindo ya esika ya komibomba ná esika ya kofanda.

Misala ya ntina

1. Kotalela makambo ya ntina liboso ya ntango ya kobongisa programe mpe kotya yango na misala.

- Kozwa libateli na oyo etali mibeko mingi mpo na makambo etali kofanda soki likoki ezali (mayele ya koyeba "nini ezali mpenza malamu"), kolanda esika mpe mikakatano na yango.
- Kotambwisa mpe kosala elongo ná bakonzi ya mboka, bato ya mibeko mpe mayangani ya bibongiseli ya mboka.

2. Koyeba ebongiseli ya mibeko mpe makambo oyo ezali kolekana bisika bato bazali.

- Kosala karte ya bibongiseli ya makambo etali mabele mpo na mitindo ndenge na ndenge ya kopesa bato esika ya komibomba ná esika ya kofanda na nsima ya likama; koyeba ndenge nini enyokoli bituluku oyo ekwelaka mpenza likama nokinoki.
- Kosala ná bakonzi ya mboka mpo na koyeba malako nini esengeli kosalela mpe oyo esengeli kosalela te, mpe na ntango nini.
- Koyeba ndenge nini boyokani esalemaka mpe kowelana ebongisamaka na makambo etali mabele, mpe ndenge ebongwani uta likama ebandi.

3. Koyeba ndenge nini bibongiseli mpe mimeseno ya makambo etali mabele ebongoli libateli ya bafándi mpo na bituluku oyo ekwelaka likama nokinoki.

- Kokotisa libateli ya bafándi na kati ya bilembo ya bolembu.

- Koyeba mikanda oyo bato bazali kotya mabɔkɔ na programe bazali nango mposa, na koyebaka ete bato oyo bazali na bolembu mingi bakoki kozanga mikanda yango to likoki ya kozwa yango.
- Komindimisa ete misala ya kopesa lisungi esalami na koponapona te mpo na bolamu ya bibongiseli kati na nkolo mabele ná mofándi to ya bonsomi ya kozwa mpe kosalela mabele.

4 ⟩ Kosala baprograme etali esika ya komibomba ná esika ya kofanda na ntina ya kolendisa libateli ya bafándi.

- Kosalela boyebi mpe makoki ya mboka mpo na koyokanisa baprograme ná mitindo ndenge na ndenge ya kofanda, mingimingi mpo na bituluku oyo ezali na bolembu.
- Kosala ete mikanda lokola boyokani mpo na kofanda ebongisama na ndenge esengeli mpe emonisa bantomo ya bato nyonso oyo basali yango.
- Kokitisa makama ete programe ya esika ya komibomba ebimisi to ebakisa matata kati na lisangá mpe ná masangá misusu oyo ezali.

5 ⟩ Kolendisa libateli mpo na bato oyo babenganami na makasi.

- Kotuna bato mosusu mpo na koyeba basolisyo mosusu na oyo etali bisika ya komibomba mpe misala misusu ya kopesa lisungi soki bato babenganami to soki likama ete esalama ezali.
- Kopesa lisungi mpo na kosilisa matata.

Bilembo ya ntina

Motángo ya bato bazwi esika ya komibomba likoló na monkama oyo bazali na libateli ya bafándi mpo na motindo ya esika ya komibomba mpe esika ya kofanda na bango ata na boumeli ya programe kaka moko boye ya kopesa lisungi

Motángo ya bato bazwi esika ya komibomba likoló na monkama oyo bazali na mokanda ya boyokani oyo ebongi mpe ekopesa bango libateli ya bafándi mpo na esika ya komibomba na bango

Motángo ya bato bazwi esika ya komibomba likoló na monkama oyo bazali na mikakatano na oyo etali kofanda mpe bazalaki na likoki ya kozwa matomba ya misala ya mibeko to mpe bibongiseli ya kosilisa matata bango moko to na nzela ya bato mosusu

- ⊕ *Talá Etinda etali kobatela bato 4.*

Makanisi ya kolanda

Kozwa mabele ya kofanda ezali boyokani kati na bato to bituluku na oyo etali bandako mpe mabele, oyo esalemi na nzela ya mibeko, bonkɔkɔ, boyokani eyebani na Leta te to bibongiseli esalemi na mangomba. Bibongiseli ya kozwa mabele ya kofanda emonisaka nani asengeli kosalela makoki ya mabele nini, mpo na ntango boni kolanda masengami nini. Bibongiseli ya kozwa mabele ya kofanda ezali ebele ndenge na ndenge, kobanda na kokoma nkolo mabele mpe kofutela na ndenge elongobani tii na esika ya komibomba ya nokinoki mpe kofanda kozanga ndingisa ya Leta. Bato nyonso basengeli kobatela ntomo na bango oyo etali esika ya komibomba, mabele mpe kokoma nkolo ndako to mabele. Bato bafandaka bisika kozanga ndingisa ya Leta, oyo mbala mingi bazalaka bato bakimá bandako na bango, bakoki kozanga lotomo ya kokoma nkolo mabele kolanda mibeko kasi bazali kaka na lotomo ya kozwa esika ya komibomba ya malamu mpe kobatelama na kobenganama na makasi na bandako na bango. Mpo na koyeba soki libateli ya bafándi oyo ebongi ezali, esengeli kosalela mikanda ya kozwa mabele ya kofanda mpe mayele ya kotalela liboso makambo ya ntina.

Libateli ya bafándi ezali eteni mpenza ya lotomo ya kozwa esika ya komibomba ya malamu. Ezali ndanga ete bato babatelami kolanda mibeko na kobenganama na makasi, mitungisi ná makama misusu mpe epesaka bato likoki ya kofanda na ndako na bango na libateli, kimya mpe lokumu. Bato nyonso, ezala basi, basengeli kozala na libateli ya bafándi. Ezali na ntina mingi koyeba ndenge bato bazalaki kokamba mpe kosalela boyokani ya kozwa mabele ya kofanda, bakisa bibongiseli ya kosilisa matata, mpe ndenge nini ebongolami uta ebandeli ya likama. Makambo mpo na kotalela libateli ya bafándi ekoki kozala mitángo ya bowelani, ya bato babenganami mpe ndenge bato kososola libateli ya bafándi.

Komatisa libateli ya bafándi moke moke: Moko ya bandenge ya kolendisa libateli ya bafándi ezali kotonga bisika bibongiseli ya kozwa mabele ya kofanda esi endimama na ⊕ talá Mitindami: UN Habitat and GLTN Social Tenure Domain Model, ná Payne and Durand-Lasserve (2012).

Makambo etali bingumba: Bato mingi oyo bakimá bandako na bingumba bafandaka na bisika kozanga ndingisa ya Leta to bandako ya kofutela kozanga boyokani ya kozala nkolo mabele, kofutela to mpe kosalela oyo eyebani na Leta. Yango esalaka ete likama ya kobenganama na makasi mpe bandenge mosusu ya monyokoli ezala lokola elembo mpenza ya bomoi na bango. Mitindo ya lisungi na oyo etali esika ya komibomba ná esika ya kofanda mpo na bingumba esengeli kotalela makambo ya mindondo ya kozwa mabele ya kofanda mpe kokanisa kosalela mayele ya komatisa libateli ya bafándi mokemoke mpo na bafuteli, bato bafandi na bisika kozanga ndingisa ya Leta mpe basusu.

Kosala mabe te: Bisika mosusu, mosala ya kopesa lisungi na oyo etali esika ya komibomba ekoki kosala ete bituluku ya bolembu ebenganama na makasi. Bisika mosusu, kolobela mingi mikakatano ya libateli ya bafándi ekoki komatisa makama ya kobenganama na makasi mpo na bituluku ya bolembu. Mayele ya kotalela liboso makambo ya ntina ekomonisa makama ya libateli ya bafándi oyo bituluku ndenge na ndenge ekutanaka na yango. Bisika mosusu oyo makama ya libateli ya bafándi ezali minene, ekoki kozala malamu kosala eloko te.

Makambo esalaka mbala mingi ete bato babenganama: Likama ya kobenganama eutaka na kosangisama ya mindondo ya makambo ebele oyo mingi mpe ememaka monyokoli mpe kobebisama. Kati na yango ezali na:

- kozanga likoki ya kofuta ndako, mbala mingi mpo na bipekiseli likoló na makoki ya kobikela lokola lotomo ya kozwa mosala;
- kozanga boyokani oyo ekomami ná bankolo mabele, yango ekosala ete bazanga nguya ya komibatela na komata ya ntalo mpe kobenganama;
- matata na bankolo mabele;
- kosalela bato bakweli likama makambo na bosembo te;
- bipekiseli mpo na kobongisa makambo etali esika ya komibomba, oyo esalaka ete bato bazangi ndingisa ya kotonga bazala ntango nyonso na likama ya kobenganama;

- basaleli to bafándi ya bisika ekoki kotongama oyo bazangi makoki ya komikomisa mpe kozwa mikanda ya Leta;
- boyokani na oyo etali bisika ya komibomba oyo esalemi na bonkɔkɔ to mangomba, yango wana endimami te kolanda mibeko, to bonkɔkɔ to mangomba eboyi kondima oyo ya Leta;
- mpo na basi: koboma libala, kobetama na molongani to bandenge mosusu ya mobulu kati na libota, to liwa ya mibali na bango; mpe
- kozanga mikanda ya Leta mpo na basi (nkombo na bango ekoki kokoma na mikanda ya batata to mibali na bango) mpe bituluku oyo etyami mpembeni te.

Kobengana bato mpe komema bango esika mosusu: Kotya lisusu bato na esika mosusu ya kofanda ekoki koyokana ná ntomo ya bato ya kobatela sante mpe libateli ya bato oyo bafandi bisika makama minene ekwei, bisika ya kofanda oyo ebebi mpe zingazinga na yango to kobatela makoki mpe biloko ya motuya ya mabele ya ntina mpenza. Nzokande, kosalela malako oyo etyami mpo na kobatela sante ná libateli ya bato nyonso to bisika ya kofanda mpe zingazinga na ndenge ya mabe mpo na kolongisa kobengana bato ata soki likama ezali te, to soki mitindo mosusu ya kosala ezali, eyokani te na Mibeko oyo ekambaka bikólo ya mokili ya ntomo ya bato.

7. Kobatela esika bato bafandi mpe zingazinga na yango mpo na ntango molai

Kobatela esika ya kofanda mpe zingazinga na yango ezali kolobela kobongisa baprograme ya malamu na ndenge ete ekokisa bamposa ya bato sikawa kozanga kobebisa likoki ya mabota oyo ekoya na nsima ya kokokisa bamposa na bango. Koboya kotalela mikakatano na oyo etali esika ya kofanda mpe zingazinga na yango na ntango mokuse ekoki kobebisa likoki ya kozongela bomoi ya malamu, koyeisa minene mikakatano oyo ezali to kobimisa misusu ya sika ⊕ *talá Etinda etali kobatela bato 1* mpe *Mobeko ya ntina mingi na mosala ya kosunga bato: Mikumba 3 ná 9.*

Lisengami 7 ya Esika ya komibomba ná esika ya kofanda: Kobatela esika bato bafandi mpe zingazinga na yango mpo na ntango molai

Lisungi na oyo etali esika ya komibomba ná esika ya kofanda ekitisi bopusi nyonso ya mabe likoló na esika bato bafandi mpe zingazinga na yango.

Misala ya ntina

1 ⟩ Kokotisa mosala ya kotalela mpe kolandela bopusi likoló na esika ya kofanda mpe zingazinga na yango na misala nyonso ya kobongisa esika mpe ndenge bato bakofanda.

- Kotalela bopusi ya likama likoló na esika bato bafandi mpe zingazinga na yango, mpe makama ná bolembu etali esika yango, mpo na kokitisa bopusi mabe likoló na mitindo ya kopesa esika ya komibomba ná esika ya kofanda.
- Kokotisa mwango ya kolandela esika bato bafandi mpe zingazinga na yango na kati ya ndenge ya kosala mpe kolandela misala.

2 ⟩ Kopona bitongeli mpe batekiniki oyo eumelaka koleka kati na mitindo nyonso oyo ezali.

- Kopona oyo ekosilisa te biloko ya motuya ya mabele ya mboka to oyo ekobebisa esika bato bafandi mpe zingazinga na yango na nsima ya ntango molai.
- Kolokota mpe kosalela lisusu, kobongola na eloko ya sika to mpo na ntina mosusu bitongeli nyonso oyo ezali, bakisa na bitiká.

3 ⟩ Kolongola biloko ya makasi ya bosɔtɔ bisika nyonso ya kofanda na ndenge ya malamu, na ntango ebongi, mpe na bokengi nyonso na oyo etali mimeseno ya bato mpe kobatelama ya esika bafandi mpe zingazinga.

- Kosala na boyokani na misala ya WASH, ya sante, ya Leta mpe bakonzi misusu, misala ya Leta te mpe bato mosusu oyo makambo yango etali mpo na kotya to kozongisa lisusu mimeseno ya malamu ya kolongola bosɔtɔ.

4 Kotya, kozongisa mpe kolendisa bibongiseli ya malamu, ya solosolo, ya ntalo malamu mpe oyo ebatelaka bisika bato bafandi mpo na kozwa lotiliki.

- Koluka koyeba soki bibongiseli oyo ezali mpo na kozwa lotiliki ezali na bopusi mabe likoló na biloko ya motuya ya mabele, likoló na mai, mopepe ná mabele, sante mpe libateli.

- Komindimisa ete mitindo nyonso ya kozwa lotiliki oyo etalelami lisusu ezali kokokisa bamposa ya bato, mpe kopesa formasyo mpe kolandela yango soki esengeli.

5 Kobatela, kozongisa mpe kobongisa motuya ya makoki ya kobatela bomoi ya bisika ya kofanda (na ndakisa bisika ya kofanda mpo na ntango moke) liboso mpe nsima ya kosalela yango.

- Kotalela nivo ya ebandeli ya makambo etali esika bato bafandi mpe zingazinga ná biloko ya motuya ya mabele na mboka mpo na esika ya kofanda moko na moko mpe koluka koyeba makama oyo ekoki kobebisa esika bato bafandi mpe zingazinga, bakisa makama oyo euti na ndenge basalelaki esika yango liboso mpo na mombongo to izini.

- Kolongola makama minene mpe oyo emonani na esika ya kofanda, mpe kobongisa kobebisama nyonso ya esika bato bafandi mpe zingazinga na yango, na kotyaka likebi ete matiti ná banzete elongolama mingi te mpe ndenge mabele ekausaka mai ebebisama te.

- Kotika esika bato bafandaki na ndenge ete bana-mboka bakoka kosalela yango nokinoki, to kotika yango ezala na ndenge ya malamu koleka soki likoki ezali.

Bilembo ya ntina

Motángo ya misala etali esika ya komibomba ná esika ya kofanda likoló na monkama oyo esalamaki nsima ya kotalela esika mpe zingazinga na yango

Motángo ya malako euti na mwango ya kosalela mpe kolandela esika bato bafandi mpe zingazinga na yango oyo etosamaki

Motángo ya misala ya kotonga bisika ya komibomba likoló na monkama oyo ezali kosalela bitongeli mpe mayele ya kozwa biloko ná bitongeli oyo ebimisaka carbone

Motángo ya biloko ya makasi ya bosɔtɔ likoló na monkama esika ya kofanda oyo esalelami lisusu, ebongolami mpo na ntina mosusu to na eloko ya sika

- Mokano ezala koleka 70 % ya volimi

Motángo ya bisika ya kofanda mpo na ntango moke likoló na monkama oyo ebongisami mpo ekoma esika ya malamu mpo na kofanda liboso esalelama

Makanisi ya kolanda

Kotalela bopusi likoló na esika bato bafandi mpe zingazinga na yango ezali na makambo misato: nivo ya ebandeli ya esika bato bafandi mpe zingazinga na yango oyo ekokokanisama na oyo ekotalelama; boyebi ya mosala ekanisami kosalelama mpe likama ekoki komema esika yango; mpe boyebi ya bopusi ya likama yango soki ekwei.

Ekoki kozala ntina mingi kosolola na bibongiseli ya malamu oyo etalaka esika bato bafandi mpe zingazinga na yango. Kati na makanisi ya ntina ya kotala mpo na kotalela bopusi likoló na esika bato bafandi mpe zingazinga na yango, ezali na:

- likoki ya kozwa mpe kosalela biloko ya motuya ya mabele na mboka liboso likama ekweya, bakisa biloko epelaka ná bitongeli, kozwa mai mpe kolongola bosɔtɔ;
- bonene ya biloko ya motuya ya mabele oyo ezali na mboka mpe bopusi ya likama oyo ekwei likoló na yango; mpe
- makambo etali bizaleli, nkita mpe mimeseno ya bato (bakisa bantina ya bato kolanda bomwasi to bobali) oyo ekoki kozala na bopusi likoló na boumeli ya misala ya kopesa lisungi mpe kobongisa yango ekoma malamu mpe sikisiki koleka.

Kozwa bitongeli: Ntango bozali kozwa biloko ya motuya ya mabele lokola mai, mabaya, zelo, mabele ná matiti, mpe biloko epelaka mpo na kotumba babriki ná batwili ya nsamba, boyeba bopusi na yango likoló na esika bato bafandi mpe zingazinga na yango. Bolendisa bato bazwa yango bisika bikeseni, basalela lisusu bitongeli oyo euti na bitiká mpe babimisa biloko mosusu. Kolóna banzete ekoki kozala ndenge ya malamu ya kobimisa bitongeli oyo eumelaka. Boboya kosalela bitongeli oyo ebimisamaki na nzela ya konyokola bato mpe bana ⊕ talá *Kopesa lisungi na nzela ya mimbongo*.

Kopona esika: Kotalela bopusi likoló na esika bato bafandi mpe zingazinga na yango esengeli kotambwisa ndenge ya kopona esika. Na ndakisa, kotya bisika ya kofanda penepene ya bandako oyo esi etongama ekoki kokitisa makama ya misala ya kotonga bandako ya sika likoló na esika mpe zingazinga na yango. Botalela makama oyo ekoki kouta na klima ⊕ talá *Lisengami 2 ya Esika ya komibomba ná esika ya kofanda: Kobongisa esika mpe ndenge bato bakofanda*.

Kolyama ya mabele: Bobatela banzete mpe matiti mpo na kopikisa mabele mpe kobakisa bisika ya malili ná libateli na klima. Kolanda ndenge mabele ezali mpo na kosala banzela ya mituka ná ya makolo, mpe bibongiseli ya kokausa mai ekitisaka kolyama ya mabele mpe kotondana ya mai. Soki esengeli, bosala banzela ya kokongola mai, batiyo ya kokausa mai na nse ya banzela to mabele oyo elonami mpo na kopengola kolyama ya mabele. Bisika oyo kotengama ya mabele eleki 5%, esengeli kosalela batekiniki ya sikisiki mpo na kopengola kolyama ya mabele.

Kolongola bitiká mpe kosalela lisusu bosɔtɔ to kobongola yango mpo na tina mosusu: Kobongisa ndenge ya kolongola bitiká nokinoki nsima ya likama esalisaka mpo na kolendisa kosalela lisusu bitongeli oyo euti na bitiká, kobongola yango mpo na ntina mosusu to kolongola yango na ndenge ya malamu.

Libaku ya kosalela lisusu to kobongola mpo na ntina mosusu biloko ya makasi ya bosɔtɔ ezali bisika oyo likama ekwei. Kosalela lisusu bitongeli na bisika oyo likama ekwei lokola mayele ya kosalela ntango nyonso mpo na kolongola bosɔtɔ elandaka ndenge bana-mboka batalelaka kosalela bosɔtɔ mpe soki bakompanyi oyo endimaka kosomba bitongeli oyo ekesenisami ezali penepene. Ntango likama ekwei, ebimisaka mabaku ya kosalela na ndenge ya sika bitongeli ⊕ talá *Lisengami 3.1 ya WASH ya Kolongola nyei* mpe *Masengami 5.1 ná 5.3 ya WASH ya Kolongola biloko ya makasi ya bosɔtɔ*.

Lotiliki: Esengeli kotya likebi na klima, biloko ya motuya ya mabele oyo ezali, kobebisama ya kati to libanda ya ndako, bopusi likoló na sante, libateli mpe kopona ya basaleli ntango bozali kosala mpo na koyeba ndenge lotiliki ezali kosalelama. Soki likoki ezali, baprograme esengeli kokitisa bamposa ya mabota mpo na lotiliki. Mpo na kokitisa ntalo mpe bopusi likoló na esika bato bafandi mpe zingazinga, bokoki kobongisa makambo na ndenge ete ebatela lotiliki, kosalela mayele oyo ebatelaka lotiliki mpo na kotya molunge to malili na bandako, mpe kosalela biloko ya ndako oyo ebatelaka lotiliki lokola miinda oyo esalaka na nguya ya moi ⊕ *talá Lisengami 5 ya Kokoka komileisa mpe makambo etali bilei.*

Boluka koyeba makama oyo ekweli bato likoló na kozanga kozwa lotiliki, na ndakisa bansinga ya lotiliki ebeba mpe bibombelo ya gaz to esansi oyo etoboka. Bosala elongo ná bakonzi ya mboka mpe bateki lotiliki mpo na kozongisa, kopesa mpe kobatela misala etali lotiliki. Kopesa mbongo to bambano mosusu ekoki kozala motindo moko ya kolendisa libateli, kokitisa kobebisama to bamposa ya biloko ya motuya ya mabele.

Kosalela biloko ya motuya ya mabele: Bisika oyo biloko ya motuya ya mabele ezali mingi te mpo na kosalisa ntango bato bakomi ebele bisika ya kofanda, ezali ntina mingi kosala mwango ya kosalela biloko yango. Bosolola ná bato ya mayele mosusu soki esengeli. Mwango ya kosalela biloko yango ekoki komonisa bisika mosusu ya kozwa esansi mpe mitindo mosusu ya kozwa matiti mpo na bibwele, ya kobimisa mbuma ya bilanga mpe ya biloko mosusu ekotisaka mbongo oyo etalelaka biloko ya motuya ya mabele. Bisika ya kofanda ya monene mpe oyo esalelami malamu ekoki Kobatela esika bato bafandi mpe zingazinga na yango mpo na ntango molai malamu koleka bisika ya kofanda ya mike mpe ya kopalangana oyo elandelamaka na mpasi. Nzokande, bisika ya kofanda na lisangá ya minene ekoki kotya masangá zingazinga oyo eyambi bato mpanzi-likoló koleka oyo ya mike mpe ya kopalangana. Basali misala etali esika ya komibomba basengeli ntango nyonso kotalela bopusi ya misala na bango likoló na bamposa ya biloko ya motuya ya mabele ya bato oyo bayambi bapaya ⊕ *talá Mobeko ya ntina mingi na mosala ya kosunga bato; Mokumba 9* mpe *Buku LEGS*.

Bingumba mpe bamboka: Bato bafandi na bamboka babikelaka mingimingi na biloko ya motuya ya mabele oyo ezali penepene na bango, koleka bato bafandi na bingumba. Nzokande, bingumba esalelaka mingi mpenza biloko ya motuya ya mabele lokola mabaya, mabele ná simá, babriki mpe bitongeli mosusu, oyo eutaka bisika bipalangani. Bikateli oyo ebongi esengeli kozwama soki bosengeli kosalela bitongeli ebele mpenza na bingumba to na baprograme mosusu ya minene oyo etali esika ya komibomba, mpo ete bopusi likoló ya esika mpe zingazinga ekoki kokoma mosika koleka bisika baprograme yango esalami.

Apendisi 1
Liste ya kolanda mpo na kotalela esika ya komibomba ná esika ya kofanda

Liste ya mituna oyo ezali liste ya kolanda mpo na komindimisa ete makambo oyo ebongi mpenza ezwami na ntina ya kosalisa misala ya kopesa lisungi nsima ya likama. Kosalela liste ya mituna yango esengami na makasi te. Ekoki kosalelama mpe koyokanisama ná bamposa.

Esengeli kozwa na bisika bikeseni makambo oyo ememaka makama, makambo etali libateli, oyo etali mitángo ya bato bakimá bandako mpe ya bato bayambi bapaya, mpe oyo etali bato esengeli kokutana mpe kosolola na bango.

Kotalela mpe kotambwisa

- Ebongiseli ya kotambwisa oyo endimami etyamaki na bakonzi oyo batalaka makambo yango mpe bibongiseli oyo esungaka bato?
- Makambo nini ya ebandeli oyo etali bato bakweli likama ezali? Makama nini eyebani mpe makama ná bolembu nini eyebani na oyo etali esika ya komibomba mpe bisika ya kofanda?
- Mwango ya makambo esengeli kosala soki likama ekwei na mbalakaka ya kosalela mpo na mosala ya kopesa lisungi ezali?
- Makambo oyo euti na mosala ya kotalela ya ebandeli ezali?
- Mosala ya kotalela makambo ya bibongiseli ndenge na ndenge to mpe misala ndenge na ndenge ebongisami? Ekotalela mpe makambo etali esika ya komibomba, bisika ya kofanda mpe biloko ya ndako?

Mitángo ya bato

- Libota moko ya mwayene ezali na bato boni na kati?
- Bato bakweli likama boni bazali kofanda na mabota ndenge na ndenge? Botalela bituluku oyo ezali kofanda mosika na libota, lokola bituluku ya bana oyo bazangi bakengeli, mabota oyo ezali na bato moke to ebele makasi, to misusu. Bokabola makambo kolanda bomwasi to bobali, bambula ya kobotama, kozala ebosono to te, ekólo, monɔkɔ ya mboka to mangomba, ndenge esengeli kolanda esika na esika.
- Mabota ekweli likama boni ezangi esika ya komibomba ya malamu? Mabota yango ezali wapi?
- Bato boni, oyo bakabolami kolanda bomwasi to bobali, bambula ya kobotama mpe kozala ebosono to te, oyo bazali kati na libota moko te bazangi esika ya komibomba to bazali na yango ya mabe? Bato yango bazali wapi?
- Mabota ekweli likama boni oyo ezangi esika ya komibomba ya malamu ekimaki bandako na bango te mpe ekoki kosalisama kaka esika bandako na bango ezali?
- Mabota ekweli likama boni oyo ezangi esika ya komibomba ya malamu ekimaki bandako na bango mpe ezali na mposa ya lisungi na oyo etali esika ya komibomba na mabota oyo eyambi bapaya to na bisika ya kofanda mpo na ntango moke?
- Bato boni, bakabolami kolanda bomwasi to bobali mpe bambula ya kobotama, bazangi likoki ya kokoma na bandako ya lisangá lokola biteyelo, balopitalo mpe bisika ya bato nyonso ya lisangá?

Makama

- Makama minene nini kozanga esika ya komibomba ya malamu ekoki komema na bomoi, sante mpe libateli ya bato? Bato boni bakoki kokwela makama yango?
- Makama mosusu nini kozanga esika ya komibomba ya malamu ekoki komema na bomoi, sante mpe libateli ya bato?
- Ndenge nini bibongiseli, boyokani mpe mimeseno etali kozwa esika ya kofanda ezali na bopusi likoló na libateli ya bafándi ya bato bazali na bolembu to batyami mopanzi?
- Makama nini mpenza kozanga esika ya komibomba ya malamu ekoki komemela bato bazali na bolembu, bakisa basi, bana, bana oyo bazangi bakengeli mpe bibosono to bato babelaka bamaladi esilaka te, mpe mpo na nini?
- Kozala ya bato bakimá bandako na bango ezali na bopusi nini likoló na bato nyonso oyo bayambi bango?
- Makambo nini ekoki kobimisa matata to koponapona na ndenge ya mabe kati na bituluku ya bato bakweli likama, mingimingi basi mpe bana basi?

Makoki mpe mikakatano

- Bato bakweli likama bazali na makoki nini na oyo etali biloko, mbongo mpe bato, oyo ekosala ete bakokisa nokinoki ndambo to bamposa nyonso na bango na oyo etali esika ya komibomba?
- Mikakatano nini na oyo etali kozala ya mabele, kokoma nkolo mabele mpe kosalela ezali na bopusi likoló na likoki ya bato bakweli likama ya kokokisa nokinoki bamposa na bango na oyo etali esika ya komibomba, bakisa na oyo etali bisika ya kofanda na lisangá mpo na ntango moke soki esengeli?
- Makama nini ekoki kokomela bato bayambi bapaya ntango bayambi bato yango na bandako na bango to na mabele ezali penepene?
- Mabaku mpe mikakatano nini ezali na bopusi likoló na likoki ya kosalela bandako etongama to oyo ebebisamaki te mpo na kotya bato bakimá bandako na bango mpo na ntango moke?
- Mabele ya polele oyo ebongi mpo na kotya bisika ya kofanda mpo na ntango moke, na kotalelaka ndenge mabele yango ezali mpe mikakatano na makambo etali esika mpe zingazinga, ezali?
- Masengami mpe bandelo nini ekoki kozala na bopusi likoló na misala ya kobimisa basolisyo na oyo etali bisika ya komibomba?

Bitongeli, kobongisa mpe kotonga

- Basolisyo nini ya ebandeli na oyo etali bisika ya komibomba mpe bitongeli bato bakweli likama to basali misusu babimisaki?
- Bitongeli nini ekoki kokongolama bisika bandako ebebaki mpo na kosalelama na misala ya kotonga lisusu bisika ya komibomba?
- Mimeseno nini ya kotonga bato bakweli likama basalelaka mingimingi? Bitongeli nini basalelaka mpo na makonzi, nsamba mpe bifelo ya libanda?
- Basolisyo mosusu nini na oyo etali kobongisa to bitongeli ekoki kozala mpe oyo bato bakweli likama bamesana to bakondima kosalela yango?
- Lolenge nini ya kobongisa makambo ekosala ete basolisyo etali bisika ya komibomba ezala malamu mpe esalelama nokinoki na bato nyonso bakweli likama?
- Ndenge nini basolisyo etali bisika ya komibomba oyo emonani ekoki kokitisa makama mpe bolembu oyo ekoki kobima na mikolo ezali koya?

- Ndenge nini bisika ya komibomba etongamaka mingimingi? Banani batongaka yango?
- Ndenge nini bitongeli ezwamaka mingimingi? Banani bazwaka yango?
- Ndenge nini basi, bilenge, bibosono mpe mibange bakoki kozwa formasyo to kosalisama mpo ete bapesa mabɔkɔ na misala ya kotonga bisika ya komibomba na bango moko? Mikakatano nini ezali?
- Bisika bato to mabota bazangi makoki to mabaku ya kotonga bisika ya komibomba na bango moko bazali, lisalisi mosusu ekosengama mpo na kosunga bango? Na ndakisa ekoki kozala kopesa bato ya misala oyo bamipesi na bolingo na bango to oyo bakofutama, to lisalisi na oyo etali tekiniki.

Misala ya ndako mpe ya kobikela

- Misala nini ya ndako mpe ya kobikela esalemaka na kati to penepene ya bisika ya komibomba ya bato bakweli likama? Ndenge nini biloko mpe ndenge ya kobongisa esika emonisi misala yango?
- Mabaku nini ya lisungi mpo na makoki ya kobikela oyo etosaka mibeko mpe ebatelaka esika bato bafandi mpe zingazinga na yango ekoki kopesama na nzela ya kozwa bitongeli mpe kotonga basolisyo etali bisika ya komibomba mpe bisika ya kofanda?

Misala mpe bandako ya ntina ya lisangá

- Mai mpo na komɛla mpe bopeto ya nzoto ezali sikawa? Makoki mpe mikakatano nini ezali mpo na kokokisa bamposa ekanamaki na oyo etali bamposa ya bopeto?
- Bandako nini mpo na makambo etali bato (lokola balopitalo, biteyelo mpe bisika ya losambo) ezali sikawa? Mikakatano mpe mabaku nini ezali mpo na kokoma bisika yango?
- Bisika oyo bandako ya lisangá, mingimingi bakelasi, esalelami mpo na kobomba bato bakimá bandako na bango, makambo mpe manáka nini esalelami mpo na kozongela kosalela yango na ndenge esengelaki kosalela yango liboso?

Bato oyo bayambi bapaya mpe bopusi likoló na esika bato bafandi mpe zingazinga

- Makambo nini ezali kotungisa bato oyo bayambi bapaya?
- Mikakatano nini , na oyo etali bibongiseli mpe bisika, euti na ndenge bato bakimá bandako na bango bafandi kati na bato bayambi bango to kati na bisika ya kofanda mpo na ntango moke?
- Mitungisi nini, na oyo etali libateli ya esika bato bafandi mpe zingazinga, euti na ndenge ya kozwa bitongeli na kati ya mboka?
- Mitungisi nini, na oyo etali libateli ya esika bato bafandi mpe zingazinga, euti na bamposa ya bato bakimá bandako ya biloko epelaka, bopeto, kolongola bosɔtɔ mpe matiti mpo na bibwele na ndakisa?

Bamposa ya biloko ya ndako

- Biloko nini ya kolya te oyo ya ntina mingi bato bakweli likama bazali na yango mposa?
- Biloko yango ekoki kozwama na kati ya mboka?
- Likoki ya kosalela mbongo to bajeton ezali?
- Ekozala ntina kopesa lisalisi na oyo etali tekiniki mpo na kokokisa lisungi ya kopesa biloko ya ndako?

Bilamba mpe mbeto

- Mitindo nini ya bilamba, babolangeti mpe mbeto basi, mibali, bana ná babebe, basi ya zemi ná oyo bazali komɛlisa bana, bibosono mpe mibange basalelaka mingimingi? Ezali na mimeseno to bonkɔkɔ moko boye esengeli kotalela?
- Motángo boni ya basi ná mibali ya bambula nyonso, bana mpe babebe bazali na bilamba, babolangeti to mbeto ya kokoka te to oyo ebongi te mpo na kobatela bango na bambula, malili to moi makasi mpe kobatela sante, lokumu mpe bolamu na bango?
- Makama nini ekoki kokomela bomoi, sante mpe libateli ya bato soki bamposa na bango ya kozwa bilamba, babolangeti to mbeto ya malamu ekokisami te?
- Meko nini ya kobundisa biloko ememelaka bato bokono, mingimingi kopesa bamustikɛrɛ, esengeli kozwa mpo na kobatela sante mpe bolamu ya mabota?

Kolamba mpe kolya, matuka mpe biloko epelaka

- Bisaleli nini mpo na kolamba mpe kolya mabota ezalaki na likoki ya kozwa liboso likama ekweya?
- Mabota boni ezangi likoki ya kozwa bisaleli mpo na kolamba mpe kolya ya kokoka?
- Ndenge nini bato bakweli likama bazalaki kolamba mpe koyotola mɔtɔ na bandako na bango liboso likama ekweya? Bazalaki kolamba wapi?
- Biloko nini epelaka ezalaki kosalelama mingimingi mpo na kolamba mpe koyotola moto liboso likama ekweya? Ezalaki kozwama wapi?
- Mabota boni ezangi likoki ya kozwa lituka mpo na kolamba mpe koyotola mɔtɔ? Mpo na nini?
- Mabota boni ezangi likoki ya kozwa ndenge ebongi biloko epelaka mpo na kolamba mpe koyotola mɔtɔ?
- Mabaku mpe mikakatano nini (mingimingi mitungisi na oyo etali libateli ya esika bato bafandi mpe zingazinga) ya kozwa ndenge ebongi biloko epelaka ezali mpo na bato bakweli likama mpe bato bazali penepene?
- Kozwa na ndenge ebongi biloko epelaka ezali na bopusi nini likoló na bato bakweli likama, mingimingi basi ya bambula nyonso?
- Ezali na mimeseno ya bato na oyo etali kolamba mpe kolya oyo esengeli kotalelama?

Bisaleli

- Bisaleli nini ya libosoliboso mpo na kobongisa, kotonga to kobatela esika ya komibomba mabota ezali na yango?
- Misala nini ya kobikela ekoki mpe kosalela bisaleli ya libosoliboso mpo na misala ya kotonga, kobatela mpe kolongola bitiká?
- Formasyo to misala nini ya kokebisa bato ekosala ete bisaleli esalelama malamu?

Apendisi 2
Kolimbola bandakisa ya ndenge bato bafandi

Bandakisa ya kopesa bato bisika bakofanda epesaka nzela ya kosala bokeseni ya nivo ya liboso ya bisika nde ndenge bato bakweli likama bazali kofanda. Koyeba malamu likama na nzela ya bandakisa yango ekosalisa mpo na kobongisa mayele ya kosalela mpo na kopesa lisungi. Bosangisa makambo mosusu mpo na kosala mwango oyo ezali na makambo mingi ⊕ *talá Apendisi 3: Bizaleli mosusu ya bandakisa ya ndenge bato bafandi.*

Etuluku ya bato	Ndakisa ya kopesa bato esika ya kofanda	Ndimbola	Bandakisa
Bato bakimá te	Bandako to mabele oyo bankolo na yango bafandi	Mofándi azali nkolo ndako to mpe mabele (Leta ayeba to te) to ezali ya ye elongo na moto mosusu.	Bandako, mabele
	Bandako to mabele ya kofutela	Kofutela epesi nzela na moto to libota esalela ndako to mabele mpo na ntango mpe ntalo eyebani, kozanga ete ekoma ya moto mosusu, kolanda boyokani oyo etyami na makomito te ná nkolo na yango, ezala Leta to te.	
	Bandako to mabele oyo bato bafandi kozanga ndingisa	Mabota efandi na ndako to mabele kozanga ndingisa ya nkolo na yango to ya momonisi oyo ye aponi.	Bandako mpe mabele ya polele
Bato bakimá bisika na bango Bapalangani	Boyokani ya kofutela	Kofutela epesi nzela na moto to libota esalela ndako to mabele mpo na ntango mpe ntalo eyebani, kozanga ete ekoma ya moto mosusu, kolanda boyokani oyo etyami na makomito te ná nkolo na yango, ezala Leta to te. Ekoki kofutama na moto ye moko to lisangá to na lisungi ya Leta to bibongiseli esungaka bato.	Bandako mpe mabele oyo ezali bisika yango

Etuluku ya bato	Ndakisa ya kopesa bato esika ya kofanda	Ndimbola	Bandakisa
Bato bakimá bandako na bango	Boyokani mpo na koyamba	Bato oyo bayambi bapaya bapesi esika ya komibomba mpo na bato bakimá bandako na bango,to mabota.	Bandako mpe mabele esika bato oyo bayambi bapaya bafandaka
	Boyokani ya mbalakaka	Mabota ekimá bandako na bango efandi na esika kozanaga boyokani na bato oyo makambo yango etali (lokolankolo na yango, Leta, bibongiseli esungaka bato to mpe bana-mboka).	Bandako ya polele, mabele ya polele, mpebeni ya banzela
Lisangá	Ndako ya bato ebele	Bandako ezala banda kala esika mabota ebele ebombami. Bandako mpe misala ya ntina epesami na lisangá to likoki mpo na kozwa yango.	Bandako ya Leta, bisika ya kosangisa, koyamba to kolekisa bato, bandako esundolama, bandako esili kotongama te
	Bisika ya kofanda oyo ebongisami	Bisika ya kofanda oyo etongami mpo na bato bakimá bandako na bango esika oyo ebongisamaki mpe elandelamaki, mpe wapi bandako mpe misala mosusu ezali.	Bisika ya kofanda oyo elandelami na Leta, ONU, ba-ONG to ebongiseli ya basivile. Ekoki kozala bisika ya kolekisa, koyambato kosangisa bato
	Bisika ya kofanda oyo ebongisami te	Mabota ebele eyei kofanda na mabalakaka mpe liboke esika moko, esali esika ya kofanda ya sika. Mabota to lisangá ekoki kosala boyokani na nkolo mabele. Yango esalemaka kozanga boyokani na bato oyo batalaka makambo yango (lokola nkolo mabele, Leta to mpe bana-mboka). Misala mosusu ya libosoliboso ebongisamaki te esika yango.	Bisika ya kofanda kozanga ndingisa ya Leta to nkolo esika

Apendisi 3
Bizaleli mosusu ya bandakisa ya ndenge bato bafandi

Tablo oyo ezali komonisa bizaleli mosusu oyo ekomelaka bandakisa ya ndenge bato bafandi oyo elobelamaki na ⊕ *Apendisi 2 Kolimbola bandakisa ya ndenge bato bafandi*. Kosalela yango mpo na koyeba malamumalamu likama ekwei ekosala ete mwango ya ndenge ya kosala makambo ebongisama na bosikisiki.

Liyebisi: Kopona bizaleli mpe ndimbola na yango ebongwanaka kolanda esika na esika mpe esengeli koyokana na malako oyo ebongi mpenza. Bobakisa bizaleli mosusu kolanda ndenge esengami na esika moko na moko.

Motindo	Bandakisa	Makanisi
Mitindo ya bato bakimá bisika na bango	Bato bakimá bamboka, bato bazali koluka esika ya komibomba, bato bakimá bandako na bango, bato bazongi na mboka nsima ya kokima yango, bato bazongeli bandako nsima ya kokima yango, bato mosusu oyo makamboyango etali (na ndakisa bapaya)	⊕ *Talá* *Humanitarian profile support guidance (www.humanitarianresponse.info).*
Oyo bakweli mpenza likama te	Bato oyo bazalaka esika yango, bato oyo bayambaka bapaya	Bato bakweli likama bazalaka na bopusi makasi likoló na bato oyo bayambaka bango. Na ndakisa, esengaka ete bayamba bapaya na ndako na bango to bakabola na bango matomba ya misala mosusu ya lisangá lokola bakelasi.
Esika bato bafandi	Bingumba, zingazinga ya bingumba, bamboka	Zingazinga ya bingumba: bitando oyo ezali katikati na bingumba ebongisama mpe bamboka.
Nivo ya kobebisama	Ebebi te, ebebi ndambo, ebebi nyonso	Kokesenisa nivo ya kobebisama ekosalisa mpo na koyeba soki ndako to esika ya komibomba ezali malamu mpona kofanda.
Boumeli/eteni	Ya ntango mokuse, ya mwa ntango molai, ya ntango molai, ya libela Ya lombangu, ya kolekana, ya kozongela, ya koumela	Bandimbola ya maloba yango ebongwanaka mpe esengeli koponama ntango ya kopesa lisungi.
Bibongiseli ya kozwa esika	Mibeko, bonkɔkɔ, lingomba, esangani	Boyokani mpo na ndako to mabele oyo eyebanina Leta te ezali kofanda oyo ebongisami to te kolanda malako, kokabola mabele zanga ndigisa na nkolo na yango oyo ayebani na Leta, mpe boyokani ndenge na ndenge ya kofutela oyo eyebani na Leta te. Na bisika mosusu, bandenge ebele ya kozwa esika ekoki kozala na kati ya lopango moko, mpe moto na moto azali na ntomo na ye.
Bandenge ya kozwa ndako	Kokoma nkolo ndako, kosalela, kofutela, kofanda na lisangá	

Motindo	Bandakisa	Makanisi
Bandenge ya kozwa mabele	Ya moto na moto, ya lisangá, efongwami na moto nyonso, ya Leta	
Motindo ya esika ya komibomba	Bahema, bisika ya komibomba ya bongobongo, bisika ya komibomba mpo na ntango moke, bisika ya komibomba ya makasi, bandako, esika ya kofutela na kati ya ndako monene, bisika ya kobomba mituka, makalo, bakontenɔre	⊕ Talá Apendisi 4: Mitindo ya lisungi.
Kokamba esika	Ekambami, ekambami na mosika, ekambami yango moko, ekambami te	Ekambami: na ndingisa ya nkolo na yango, mpe endimami na bakonzi. Ekambami na mosika: bisika oyo etuluku ya basali ezali kokamba bisika ebele. Ekambami yango moko: na ebongiseli ya kokamba to bakomite ya lisangá.

Apendisi 4
Mitindo ya lisungi

Mitindo ya lisungi ndenge na ndenge kolanda esika moko na moko ekoki kosangisama mpo na kokokisa bamposa ya bato bakweli likama. Botalela bolamu mpe mabe ya motindo moko na moko mpe bosala programe oyo ebongi mpenza.

Motindo ya lisungi	Ndimbola
Biloko ya ndako	⊕ Talá Lisengami 4 ya Esika ya komibomba ná esika ya kofanda: Biloko ya ndako.
Biloko mpo na esika ya komibomba	Bitongeli, bisaleli mpe biloko esengami mpo na kotonga to kobongisa esika yakofanda. Koluka koyeba soki esengeli kopesa bitongeli oyo ebongisami lokola makonzi, to soki mabota yango moko ekoki kopesa yango. Kotalela ntina ya kobakisa formasyo, ya kolendisa, ya koteya to kokebisa.
Bisaleli mpo na esika ya komibomba	Bitongeli mpe bisaleli mpo na kotonga oyo esengami mpo na kotonga to kobongisa esika ya kofanda.
Bahema	Bibimbamelo ya komema oyo ezali na nsamba mpe likonzi.
Lisungi mpo na kokende esika mosusu to kozonga esika ya kala	Lisungi mpo na bato bakweli likama oyo baponi kozonga esika na bango ya liboso to kokende esika mosusu. Lisungi yango ekoki kozala na misala ndenge na ndenge lokola kopesa transport, kopesa tike, to biloko lokola bisaleli, bitongeli et mboto.
Kobongisa	Kobongisa elimboli kosala ete ndako oyo ebebisamaki ezonga ndenge ezalaki malamu, ekokisa masengami mpe ezala ndenge ebongi mpenza kozala. Soki ndako ebebisamaki moke mpenza, ekoki kobongisama kozanga kozongisa yango uta sika. Ekoki kosenga kobongisa bisika ya bato nyonso to bandako oyo ezalaka uta kala lokola bakeslasi mpo kobomba bato ebele.
Kozongisa sika	Kozongisa bandako sika elakisi kolendisa to mpe kobongola makonzi na yango. Mokano ezali kokomisa yango makasi mpe kotya bisaleli mpo na libateli mpo etemela makama oyo ekoki kokoma na mikolo ezali koya. Bandako oyo ebebisamaki na likama ekoki kosenga kozongisama sika atako ebongisami. Mpo na bato bakima bisika na bango, ekoki kozala ntina kozongisa sika bandako ya bato oyo bayambi bapaya soki bandako yango ekoki kokwela likama.
Lisungi mpo na bato bayambi bapaya	Mbala mingi bato oyo bazangi likoki ya kozonga na bandako na bango bafandaka epai ya bandeko mpe baninga, to masangá oyo bazali na yango boyokani na oyo etali bonkɔkɔ, lingomba to makambo mosusu. Kosunga bato bayambi bapaya bakoba kopesa bato bakweli likama esika ya kofanda ekoki kozala lisungi mpo na koyeisa monene to kobongola esika ya komibomba na bango, to mpe lisungi ya mbongo to biloko mosusu mpo na makambo oyo ebimisaka mbongo mbala mingi.

Motindo ya lisungi	Ndimbola
Lisungí mpo na kofutela	Lisungi mpo na kofutela ndako to mabele mpo na mabota ekweli likama ekoki kozala makabo ya mbongo, lisungi mpo na kozwa boyokani ya sembo to mpe toli na oyo etali masengami ya bandako mpe mabele. Esengeli kobongisa mayele ya kosalela mpo na kobimisama, kolendisa bato bakoka kokokisa bamposa na bango bango moko to kokutanisa nokinoki misala ya kobikela mpo ete kofutela ndako ebimisaka mbongo ntango ⊕ talá Talá Lisengami 3 ya Esika ya komibomba ná esika ya kofanda: Esika ya kofanda mpe Lisengami 6: Libateli ya bafándi. (Liyebisi: Lisungi mpo na kofutela ekoki kosala ete mbongo ekoma mingi na mabɔkɔ ya bato bayambi bapaya to ekoki kolembisa mimbongo mpe kokweisa motuya ya mbongo.)
Bisika ya komibomba mpo na ntango moke	Basolisyo ya ntango moke na oyo etali bisika ya komibomba oyo esengeli kolongolama ntango solisyo mosusu naoyo etali bisika ya komibomba emonani. Mbala mingi etongamaka na ntalo moke.
Bisika ya komibomba ya kobongola	Ezali bisika ya komibomba oyo etongami nokinoki na nzela ya bitongeli mpe batekiniki oyo ebongisami mpo na kobongolama na bandako oyo ekoumela libela. Bisika ya komibomba yango esengeli kozala oyo ekoki kobongisama, kosalelama mbala mingi, kotekisama to komemama kolongwa bisika ezalaki mpo na ntango moke kino bisika ekoumela libela.
Ndako ya moboko	Biteni ya ndako oyo ebongisami, esalami mpe etongami mpo ete ekoma lokola ndako oyo ekoumela libela, atako ezali yango mpenza te. Bandako ya moboko epesaka nzela, na mikolo ezali koya, ete eyeisama monene na nzela ya biloko mpe makoki ya libota yango moko. Mokano ezali ya kosala esika ya kofanda ya malamu mpe ebatelami na eteni moko to mibale ya ndako, oyo ezali na mai ná bisika ya bopeto, mpe biloko ya ndako oyo esengeli ⊕ talá Talá Lisengami 3 ya Esika ya komibomba ná esika ya kofanda: Esika bato bazali kofanda mpe Lisengami 4: Biloko ya ndako.
Kotonga lisusu	Kobuka mpe kotonga lisusu bandako oyo ekoki kobongisama te.
Bisika ya kozwa mayebisi	Bisika ya kozwa mayebisi epesaka toli mpe malako na bato bakweli likama. Mayebisi oyo ezwami bisika ya bongo ya mboka ekoki kolimbola polele ntomo ya kozwa toli mpe lisalisi, mitindo mpe ndenge ya kozonga, lotoma ya kozwa mabele, likoki ya kozwa mbongo to lifuti, toli mpe lisalisi na oyo etali tekiniki, kozonga, komikotisa mpe kokende kofanda esika mosusu; mpe banzela ya kosalela mpo na kozongisa monɔkɔ mpe koluka bosembo, ata ezali kokabola matata to lisungi na oyo etali mibeko.
Mayele ya mibeko mpe ya kotambwisa makambo	Kopesa mayele ya mibeko mpe kotambwisa makambo esalisaka bato bakweli likama bayeba ntomo na bango mpe bazwa lisungi oyo bazali na yango mposa ya ofele to na ntalo moke na oyo etali litambwisa ya makambo. Esengeli kotya likebi mingi na bamposa ya bituluku oyo bazali na bolembu mingi koleka.
Libateli ya bafándi	Lisungi mpo na kobatela ntomo ya bato bakweli likama ya kofanda na ndako to mabele ezali ndanga ete mibeko ekobatela bato na kobenganama na makasi, kotungisama mpe makama mosusu, mpe ezali kopesa libateli, kimya mpe lokumu ⊕ Talá Lisengami 6 ya Esika ya komibomba ná esika ya kofanda: Libateli ya bafándi.
Kobongisa bandako mpe bisika ya kofanda	Lisungi mpo na kobongisa bandako mpe bisika ya kofanda esalelamaka mpo na kobongisa matomba ya misala mpo lisangá mpe kolendisa kobongisama ya bisika ya kofanda oyo ekobongolamaka oyo ekoumela mpe basolisyo ya kotonga. Lisungi mpo na kobongisa bandako mpe bisika ya kofanda ekoki kokabolama na mitindo mibale: oyo etambwisami mpenza na basali ya misala ya bisika ya komibomba mpe oyo etambwisami mpenza na basili ya misala mosusu.

Motíndo ya lisungi	Ndimbola
Lisungi mpo na bisika ya bato nyonso	Bandako oyo ezalaka uta kala ekoki kosalelama lokola bisika mpo na bato nyonso to bisika ya kosangisa bato mpe kopesa esika ya komibomba nokinoki. Ekoki kozala bakelasi, bandako ya lisangá, bisika ya kosakana oyo efinikami, bisika ya losambo to bandako ezangi bato. Bandako yango ekoki kosenga kobongisa to kobongola yango liboso bato bakoma kofanda wana ⊕ *Talá Lisengami 3 ya Esika ya komibomba ná esika ya kofanda: Esika bato bazali kofanda*. Ntango bosaleli bakelasi mpo na kobomba bato bakweli likama, boluka koyeba mpe bosalela bandako mosusu mpo na kosala ete kelasi ekoba ⊕ *talá Malako mpo na bisika ya bato nyonso mpe Buku INEE*.
Kokamba bisika ya kofanda mpe bisika ya bato nyonso	⊕ *Talá Malako mpo na bisika ya bato nyonso*.
Kolongola bitiká mpe kolandela bakufi	Kolongola bitiká ematisaka libateli ya bato nyonso mpe likoki ya kokoma epai bato bakweli likama bazali. Kotya mpe likebi na bopusi likoló na esika bato bafandi mpe zingazinga ⊕ *Talá Masengami 2 ná 7 ya Esika ya komibomba ná esika ya kofanda.* Komema mpe koluka koyeba bakufi na ndenge ebongi ⊕ *talá Sante 1.1 mpe WASH 6.*
Kobongisa to/mpe kotya bisika ya bato nyonso	Kobongisa to kotonga bisika lokola esika ya kozwa mai, bopeto, banzela, banzela ya mai, bagbagba mpe lotiliki ⊕ *Talá Mokapo ya WASH mpo na kozwa litambwisi, mpe Lisengami 2 ya Esika ya komibomba ná esika ya kofanda: Kobongisa esika mpe ndenge bato bakofanda.*
Kobongisa to/mpe kotonga bisika ya lisangá	***Kotánga:*** Biteyelo, bisika ya bana, bitando malamu ya kosakana ⊕ *talá Buku INEE*; ***Misala ya sante:*** Balopitalo ⊕ *talá Lisengami 1.1 ya Bibongiseli ya sante: Kopesa misala ya sante;* ***Libateli:*** Babiro ya bapolisi to bibongiseli mpo na kokengela lisangá; ***Misala ya lisangá:*** Bisika ya kosangana mpo na kozwa bikateli, kosakana mpe kosambela, kobomba biloko epelaka, bisika ya kolambela mpe kolongola biloko ya makasi ya bosɔtɔ; mpe ***Misala etali nkita:*** Bawenze, mabele mpe bisika mpo na bibwele, bisika mpo na makoki ya kobikela mpe bakompanyi.
Kobongisa mpe kokata bingumba/ bamboka	Kokotisa bakonzi ya mboka mpe basali na myango ya bingumba ntango ya kobongisa lisusu bisika bato bakofanda na nsima ya likama, mpo malako mpe matomba ya bato nyonso etosami ⊕ *Talá Lisengami 2 ya Esika ya komibomba ná esika ya kofanda: Kobongisa esika mpe ndenge bato bakofanda.*
Kokende kofanda esika mosusu	Kokende kofanda esika mosusu elakisi kotonga lisusu bandako, biloko mpe bisika ya bato nyonso na esika mosusu.

Apendisi 5
Mitindo ya kosala

Ndenge ya kopesa lisungi ezali na bopusi likoló na kalite, manáka, bonene ya misala mpe ntalo. Bopona mitindo ya kosala oyo esimbami na boyebi ya mimbongo ya mboka, bakisa mimbongo ya biloko, misala ya kozwa mpe bandako ya kofutela, mpo na kolendisa kozongela ya nkita ⊕ *talá Kopesa lisungi na nzela ya mimbongo*. Botalela ndenge nini mitindo ya kosala boponi ezali na bopusi likoló na ndenge bato bapesi mabɔkɔ mpe ndenge bamipesi, nguya ya basi mpe mibali, bomoko kati na bato mpe mabaku ya kozwa makoki ya kobikela.

Motindo ya kosala	Ndimbola
Lisalisi na oyo etali tekiniki mpe kolandela kalite	Lisalisi na oyo etali tekiniki ezali eteni mpenza ya mosala nyonso ya kopesa lisungi na oyo etali esika ya komibomba ná esika ya kofanda, ezala ata soki lisungi ya lolenge nini epesami ⊕ *talá Lisengami 5 ya Esika ya komibomba ná esika ya kofanda: Lisalisi na oyo etali tekiniki.*
Lisungi ya mbongo	Na nzela ya lisungi ya mbongo, mabota mpe masangá ekozala na likoki ya kozwa biloko to matomba ya misala to kokokisa bamposa na bango na oyo etali esika ya komibomba ná esika ya kofanda. Bobakisa lisalisi na oyo etali tekiniki mpe kokolisa makoki likoló na lisungi ya mbongo kolanda likama to mindondo ya mosala. Ndenge ya kosalela mimbongo mpo na kotinda ekoki kozala mitindo oyo: **Kotinda mbongo ná masengami:** Ntina mingi soki esengeli kokokisa masengami moko ya ntina mingi, na ndakisa ebongiseli ya kopesa ndambo ndambo. **Mbongo to bajeton ná bipekiseli:** Ntina mingi mpo na biloko ya lolenge moko boye to mpo na kozwa bateki. **Ezanga masengami, Ezanga bipekiseli to ya misala ndenge na ndenge.** **Likoki ya kozwa matomba ya misala ya mbongo** lokola bituluku ya kobomba mbongo, kodefa, kodefa ya mikemike, bandanga. ⊕ *talá Kopesa lisungi na nzela ya mimbongo.*
Lisungi ya biloko	Kopesa mpe kokabola biloko mpe bitongeli na mabota ekweli likama ezali motinda ya kosala soki mimboko ezangi makoki ya kopesa biloko ya malamu to ya kokoka to mpe na ntango oyo ebongi ⊕ *talá Kopesa lisungi na nzela ya mimbongo.*
Misala ya kotinda to ya kosalisa	Kotinda to kosalisa misala mpo na kokokisa mikano na oyo etali esika ya komibomba ná esika ya kofanda na nzela ya bamodele oyo ekambami na bankolo misala, na baoyo bazwami mpo kosala to bibongiseli ⊕ *talá Lisengami 5 ya Esika ya komibomba ná esika ya kofanda: Lisalisi na oyo etali tekiniki.*
Kokolisa makoki	Kokolisa mayele ya mosala mpe kopesa formasyo epesaka na bato oyo makambo yango etali mabaku ya kokolisa makoki na bango ya kopesa lisungi, ezala moto na moto to ná lisangá, mpe lisusu kosolola mpe kotalela elongo mikakatano na bango mpe bisaleli lokola kosala mpe kotya na misala masengami mpe mibeko mpo na kotonga ⊕ *talá Lisengami 5 ya Esika ya komibomba ná esika ya kofanda: Lisalisi na oyo etali tekiniki.* Kokolisa makoki oyo ekokisi mokano na yango esengeli kopesa nzela na bato ya mayele bamipesa na kokamba misala esalami na bana-mboka oyo makambo yango etali mpe kopesa lisalisi na bango na motángo monene ya bato oyo bazalo kozwa lisungi.

Mpo na tablo ya mitindo ya lisungi mpe ya kosala oyo eyokani na bandakisa ya ndenge bato bafandi, talá na www.spherestandards.org/handbook/online-resources

Apendisi 6
Mitindo ya lisungi mpe ya kosala oyo eyokani na bandakisa ya ndenge bato bafandi

Mitindo ya lisungi			Ndakisa ya ndenge bato bafandi									
			Bato bakimá te			Bato bakimá bisika na bango						
						Bapalangani				Bazali lisangá		
			Ndako to mabele epai na bankolo na yango bafandi	Ndako to mabele ya kofutela	Ndako to mabele oyo bato bafandi zanga ndingisa	Boyokani ya kofutela	Boyokani ya koyamba	Boyokani ya mbalakaka	Ndako ya bato nyonso	Esika ya kofanda ebongisami	Esika ya kofanda ebongisami te	Oyo bakweli mpenza likama te
Emekeli ya esika ya komibomba ya libota		Biloko ya ndako	X	X	X	X	X	X	X	X	X	X
		Biloko mpo na esika ya komibomba	X	X	X	X	X	X	X	X	X	X
		Bisaleli mpo na esika ya komibomba	X	X	X	X	X	X	X	X	X	X
		Bahema	X	X	X	X	X	X		X	X	
		Lisungi mpo nakokende esika mosusu to kozonga esika ya kala				X	X	X	X	X	X	
		Kobongisa	X	X	X	X	X		X			X
		Kozongisa sika	X	X	X	X	X					X
		Lisungi mpo na bato bayambi bapaya					X			X	X	X
		Lisungi mpo na kofutela				X						
		Bisika ya komibomba mpo na ntango moke	X	X	X			X		X	X	
		Bisika ya komibomba ya kobongola	X	X	X			X		X	X	
		Ndako ya moboko	X	X	X					X		
		Kotonga lisusu	X							X		

Ndakisa ya ndenge bato bafandi

Mitindo ya lisungi — Emekeli ya esika ya kofanda	Bato bakimá te — Ndako to mabele epai bankolo na yango bafandi	Bato bakimá te — Ndako to mabele ya kofutela	Bato bakimá te — Ndako to mabele oyo bato bafandi zanga ndingisa	Bapalangani — Boyokani ya kofutela	Bapalangani — Boyokani ya koyamba	Bapalangani — Boyokani ya mbalakaka	Bapalangani — Ndako ya bato nyonso	Bazali lisangá — Esika ya kofanda ebongisami	Bazali lisangá — Esika ya kofanda ebongisami te	Bazali lisangá — Oyo bakweli mpenza likama te
Bisika ya kozwa mayebisi	X	X	X	X	X	X	X	X	X	X
Mayele ya mibeko mpe ya kotambwisa makambo	X	X	X	X	X	X	X	X	X	X
Libateli ya bafandi		X	X	X	X	X	X	X	X	
Kobongisa bandako mpe bisika ya kofanda			X			X		X	X	X
Kobongisa mpe kokata bingumba/bamboka		X	X	X	X	X		X	X	
Lisungi mpo na bisika ya bato nyonso							X			X
Kokamba bisika ya kofanda mpe bisika ya bato nyonso							X	X	X	X
Kolongola bitiká mpe kolandela bakufi	X	X	X	X	X	X	X	X	X	X
Kobongisa to/mpe kotya bisika ya bato nyonso	X	X	X	X	X	X	X	X	X	X
Kobongisa to/mpe kotonga bisika ya lisangá	X	X	X	X	X	X	X	X	X	X
Kobongisa mpe kokata bingumba/bamboka	X	X	X	X	X	X	X	X	X	X
Kokende kofanda esika mosusu	X	X	X	X	X	X	X	X	X	X

Mitindo ya kosala	Ndakisa ya ndenge bato bafandi									
	Bato bakimá te			Bato bakimá bisika na bango						
				Bapalangani			Bazali lisangá			
	Ndako to mabele epai bankolo na yango bafandi	Ndako to mabele ya kofutela	Ndako to mabele oyo bato bafandi zanga ndingisa	Boyokani ya kofutela	Boyokani ya koyamba	Boyokani ya mbalakaka	Ndako ya bato nyonso	Esika ya kofanda ebongisami	Esika ya kofanda ebongisami te	Oyo bakweli mpenza likama te
Lisalisi na oyo etali tekiniki mpe kolandela kalite	X	X	X	X	X	X	X	X	X	
Lisungi ya mbongo	X	X	X	X	X	X	X	X	X	
Lisungi ya biloko	X	X	X	X	X	X	X	X	X	
Misala ya kotinda to ya kosalisa	X	X	X	X	X	X	X	X	X	
Kokolisa makoki	X	X	X	X	X	X	X	X	X	

Mitindami mpe mikanda mosusu ya kotánga

Bisaleli ya mibeko ya mokili mobimba

Article 25 Universal Declaration of Human Rights. Archive of the International Council on Human Rights Policy, 1948. www.claiminghumanrights.org

General Comment No. 4: The Right to Adequate Housing (Art. 11.1 of the Covenant). UN Committee on Economic, Social and Cultural Rights, 1991. www.refworld.org

General Comment 7: The right to adequate housing (Art. 11.1 of the Covenant): forced evictions. UN Committee on Economic, Social and Cultural Rights, 1997. www.escr-net.org

Guiding Principles on Internal Displacement. OCHA, 1998. www.internal-displacement.org

Pinheiro, P. *Principles on Housing and Property Restitution for Refugees and Displaced Persons.* OHCHR, 2005. www.unhcr.org

Refugee Convention. UNHCR, 1951. www.unhcr.org

Makambo eyebani

Camp Closure Guidelines. Global CCCM Cluster, 2014. www.globalcccmcluster.org

Child Protection Minimum Standards (CPMS). Global Child Protection Working Group, 2010. http://cpwg.net

Emergency Handbook, 4th Edition. UNHCR, 2015. https://emergency.unhcr.org

Humanitarian Civil-Military Coordination: A Guide for the Military. UNOCHA, 2014. https://docs.unocha.org

Humanitarian inclusion standards for older people and people with disabilities. Age and Disability Consortium, 2018. www.refworld.org

Livestock Emergency Guidelines and Standards (LEGS). LEGS Project, 2014. https://www.livestock-emergency.net

Minimum Economic Recovery Standards (MERS). SEEP Network, 2017. https://seepnetwork.org

Minimum Standards for Education: Preparedness, Recovery and Response. The Inter-Agency Network for Education in Emergencies [INEE], 2010. www.ineesite.org

Minimum Standard for Market Analysis (MISMA). The Cash Learning Partnership (CaLP), 2017. www.cashlearning.org

Post-Disaster Settlement Planning Guidelines. IFRC, 2012. www.ifrc.org

UN-CMCoord Field Handbook. UN OCHA, 2015. https://www.unocha.org

Bandakisa ya ndenge bato bafandi

Humanitarian Profile Support Guidance. IASC Information Management Working Group, 2016. www.humanitarianresponse.info

Shelter after Disaster. Shelter Centre, 2010. http://shelterprojects.org

Esika ya kofanda ya lisangá mpo na ntango moke
Collective Centre Guidelines. UNHCR and IOM, 2010. https://www.globalcccmcluster.org

Mbongo, bajeton, kotalela mimbongo/bibosono
All Under One Roof: Disability-inclusive Shelter and Settlements in Emergencies. IFRC, 2015. www.ifrc.org

CaLP CBA quality toolbox. http://pqtoolbox.cashlearning.org

Bomwasi to bobali mpe kobundisa moto mpo azali mwasi to mobali
Guidelines for Integrating Gender-Based Violence Interventions in Humanitarian Action. Inter-Agency Standing Committee (IASC), 2015. Part 3, section 11: Shelter, Settlement and Recovery. https://gbvguidelines.org

IASC Gender Handbook for Humanitarian Action. IASC, 2017. https://reliefweb.int

Security of Tenure in Humanitarian Shelter Operations. NRC and IFRC, 2014. www.ifrc.org

Kobatela bana
Minimum Standards for Child Protection in Humanitarian Action: Standard 24. Alliance for Child Protection in Humanitarian Action, Global Protection Cluster, 2012. http://cpwg.net

Biteyelo mpe bandako ya Leta
Guidance Notes on Safer School Construction (INEE Toolkit). INEE, 2009. http://toolkit.ineesite.org

Bingumba
Urban Informal Settlers Displaced by Disasters: Challenges to Housing Responses. IDMC, 2015. www.internal-displacement.org

Urban Shelter Guidelines. NRC, Shelter Centre, 2010. http://shelterprojects.org

Libateli ya bafándi
Land Rights and Shelter: The Due Diligence Standard. Shelter Cluster, 2013. www.sheltercluster.org

Payne, G. Durand-Lasserve, A. *Holding On: Security of Tenure – Types, Policies, Practices and Challenges.* 2012. www.ohchr.org

Rapid Tenure Assessment Guidelines for Post-Disaster Response Planning. IFRC, 2015. www.ifrc.org

Securing Tenure in Shelter Operations: Guidance for Humanitarian Response. NRC, 2016. https://www.sheltercluster.org

The Right to Adequate Housing, Fact Sheet 25 (Rev.1). OHCHR and UN Habitat, 2014. www.ohchr.org

The Right to Adequate Housing, Fact Sheet 21 (Rev.1). OHCHR and UN Habitat, 2015. www.ohchr.org

Mikanda mosusu ya kotánga
Mpo na koyeba mikanda nini mosusu okoki kotánga, talá na www.spherestandards.org/handbook/online-resources

Mikanda mosusu ya kotánga

Evictions in Beirut and Mount Lebanon: Rates and Reasons. NRC, 2014. https://www.alnap.org/help-library/evictions-in-beirut-and-mount-lebanon-rates-and-reasons

Housing, Land and Property Training Manual. NRC, 2012. www.nrc.no/what-we-do/speaking-up-for-rights/training-manual-on-housing-land-and-property/

Land and Conflict: A Handbook for Humanitarians. UN Habitat, GLTN and CWGER, 2012. www.humanitarianresponse.info/en/clusters/early-recovery/document/land-and-conflict-handbook-humanitarians

Rolnik, R. *Special Rapporteur on Adequate Housing (2015) Guiding Principles on Security of Tenure for the Urban Poor.* OHCHR, 2015. www.ohchr.org/EN/Issues/Housing/Pages/StudyOnSecurityOfTenure.aspx

Security of Tenure in Urban Areas: Guidance Note for Humanitarian Practitioners. NRC, 2017. http://pubs.iied.org/pdfs/10827IIED.pdf

Social Tenure Domain Model. UN Habitat and GLTN. https://stdm.gltn.net/

Kokamba misala ya kotonga

How-to Guide: Managing Post-Disaster (Re)-Construction projects. Catholic Relief Services, 2012. https://www.humanitarianlibrary.org/resource/managing-post-disaster-re-construction-projects-1

Esika bato bafandi mpe zingazinga na yango

Building Material Selection and Use: An Environmental Guide (BMEG). WWF Environment and Disaster Management, 2017. http://envirodm.org/post/materialguide

Environmental assessment tools and guidance for humanitarian programming. OCHA. www.eecentre.org/library/

Environmental Needs Assessment in Post-Disaster Situations: A Practical Guide for Implementation. UNEP, 2008. http://wedocs.unep.org/handle/20.500.11822/17458

Flash Environmental Assessment Tool. OCHA and Environmental Emergencies Centre, 2017. www.eecentre.org/resources/feat/

FRAME Toolkit: Framework for Assessing, Monitoring and Evaluating the Environment in Refugee-Related Operations. UNHCR and CARE, 2009. www.unhcr.org/uk/protection/environment/4a97d1039/frame-toolkit-framework-assessing-monitoring-evaluating-environment-refugee.html

Green Recovery and Reconstruction: Training Toolkit for Humanitarian Action (GRRT). WWF & American Red Cross. http://envirodm.org/green-recovery

Guidelines for Rapid Environmental Impact Assessment (REA) in Disasters. Benfield Hazard Research Centre, University College London and CARE International, 2003. http://pdf.usaid.gov/pdf_docs/Pnads725.pdf

Shelter Environmental Impact Assessment and Action Tool 2008 Revision 3. UNHCR and Global Shelter Cluster, 2008.
www.sheltercluster.org/resources/documents/shelter-environmental-impact-assessment-and-action-tool-2008-revision-3

Quantifying Sustainability in the Aftermath of Natural Disasters (QSAND). IFRC and BRE Global. www.qsand.org

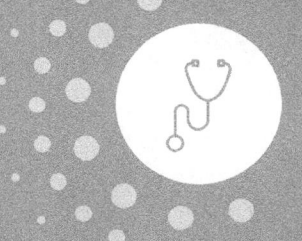

Sante

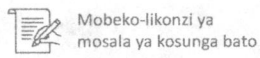

Mobeko-likonzí ya mosala ya kosunga bato

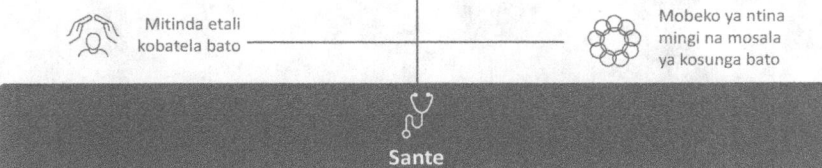

Mitinda etali kobatela bato

Mobeko ya ntina mingi na mosala ya kosunga bato

Sante

Bibongiseli ya sante	Lisalisi ya monganga oyo esengeli kopesama							
	Bamaladi oyo epalanganaka	Sante ya mwana	Sante ya binama ya kosangisa nzoto mpe ya kobotela	Kosalisa bampota ná batromatisme	Sante ya motó	Bamaladi oyo epalanganaka te	Lisalisi ya bilakisi ya maladi
LISENGAMI 1.1 Kopesa bato misala ya sante	LISENGAMI 2.1.1 Kopengola	LISENGAMI 2.2.1 Kopesa mwana mangwele mpo na kokima bamaladi mosusu	LISENGAMI 2.3.1 Lisalisi ya monganga mpo na kobota, mpo na bamama mpe babebe	LISENGAMI 2.4 Kosalisa bampota ná batromatisme	LISENGAMI 2.5 Lisalisi ya sante ya motó	LISENGAMI 2.6 Lisalisi ya bamaladi oyo epalanganaka te	LISENGAMI 2.7 Lisalisi ya bilakisi ya maladi
LISENGAMI 1.2 Basali ya mosala ya sante	LISENGAMI 2.1.2 Bokɛngeli, komona maladi ntango ebimi mpe kopesa lisalisi ya liboso	LISENGAMI 2.2.2 Ndenge ya kosilisa maladi ya babebe ná ya bana mike	LISENGAMI 2.3.2 Kobebisama na makambo ya kosangisa nzoto mpe lolenge ya kosalisa baye basangisi bango nzoto na makasi				
LISENGAMI 1.3 Nkisi oyo esengeli kozanga te mpe baapareyi ya minganga	LISENGAMI 2.1.3 Kosala baekzamɛ mpe ndenge ya kosilisa maladi		LISENGAMI 2.3.3 VIH				
LISENGAMI 1.4 Kopesa mbongo na makambo ya sante	LISENGAMI 2.1.4 Komilɛngela mpe kopesa lisungi na ntango maladi mabe ebimi						
LISENGAMI 1.5 Koyebisa makambo etali sante							

APENDISI 1 Liste ya kolanda mpo na kotalela makambo ya sante
APENDISI 2 Ndakisa ya baformilɛre mpo na lapolo ya bokɛngeli ya pɔsɔ na pɔsɔ
APENDISI 3 Ndenge ya kosala mimeko mpo na kozwa bilembo ya ntina ya sante
APENDISI 4 Biloko ya ngenge

Makambo oyo ezali na kati

Makanisi ya ntina na oyo etali sante 308

1. Bibongiseli ya sante 313

2. Lisalisi ya monganga oyo esengeli kopesama 329

    2.1 Bamaladi oyo epalanganaka 329

    2.2 Sante ya mwana 341

    2.3 Sante ya binama ya kosangisa nzoto mpe ya kobotela 347

    2.4 Kosalisa bampota ná batromatisme 356

    2.5 Sante ya motó 360

    2.6 Bamaladi oyo epalanganaka te 365

    2.7 Lisalisi ya bilakisi ya maladi 368

Apendisi 1: Liste ya kolanda mpo na kotalela makambo ya sante 372

Apendisi 2: Ndakisa ya baformilɛre mpo na lapolo ya bokɛngɛli ya pɔsɔ na pɔsɔ 374

Apendisi 3: Ndenge ya kosala mimeko mpo na kozwa bilembo ya ntina ya sante ...379

Apendisi 4: Biloko ya ngɛngɛ 381

Mitindami mpe mikanda mosusu ya kotánga 383

Makanisi ya ntina na oyo etali sante

Moto nyonso azali na lotomo ya kozwa lisalisi ya monganga na ntango esengeli mpe oyo ebongi

Masengami ya libosoliboso ya Sphère mpo na lisalisi ya monganga ezali komonisa polele lotomo ya bato ya kozwa lisalisi ya monganga na ntango bazali kozwa lisungi. Masengami oyo etongami likoló ya makambo tondimaka, mitinda, misala mpe ntomo oyo balobeli na kati ya Mobeko-likonzi ya mosala ya kosunga bato. Na kati na yango tozali na lotomo ya kozala na bomoi na lokumu, lotomo ya kozwa libateli na kozala kimya, mpe lotomo ya kozwa lisalisi ya mosala ya kosunga bato engebene mposa oyo ezali.

Mpo na kozwa liste ya mikanda ya ntina ya mibeko mpe ya lolenge ya kotambwisa makambo, mikanda oyo ezali kolimbola Mobeko-likonzi ya mosala ya kosunga bato, ata oyo ezali kolimbola makambo mpo na basali ya mosala ya kosunga bato, ⊕ *talá Libakisi 1: Mibeko oyo esimbi* Sphère.

Mokano ya lisalisi ya monganga na likama ezali kokitisa motángo ya bamaladi mpe ya bato bazali kokufa

Sante mpe bolamu ya bato bakweli likama ebebaka makasi mpo na bampasi oyo ezwaka bango. Kozala na likoki ya kozwa lisalisi ya monganga oyo ekoki kobikisa moto ezali na ntina mingi na ebandeli ya likama yango. Kati na lisalisi ya monganga ezali mpe na misala ya kolendisa makambo ya sante, kokima bamaladi mosusu, kosalisa nzoto, kobongisa na kopesa lisalisi ya bilakisi ya maladi na biteni nyonso ya mosala ya kopesa bato lisungi.

Kobeba ya sante ya bato ebele ekoki kouta na likama oyo ezwi bango na mbala moko (bampota to liwa oyo euti na likama) to na makambo ekoki koya na nsima ya likama yango (bambongwana ya bomoi, kokimisama esika na makasi, kozanga libateli ya mibeko to likoki ya kozwa lisalisi ya monganga).

Kotondana ya bato esika moko, ebombamelo oyo ebongi te, bosɔtɔ, bozangi mai ya peto, mpe makoki moke ya komileisa nyonso wana ematisaka likama ete bato bakweya na kozanga kolya malamu mpe ete bamaladi oyo epalanganaka ebimabima. Mitungisi ya makasi ekoki mpe komema bamaladi ya motó. Kobeba ya bibongiseli ya Leta mpo na kosunga bato mpe ya oyo bato basali mpo na kosungana bango na bango ekoki komema bato basalela mayele ya mabe mpo na kobikela mpe kobongola ezaleli na bango ya koluka lisungi. Kozwa lisalisi ya monganga na mpasi mpe kozanga bankisi ekoki kokata kolanda lisalisi moto azalaki kozwa ntango molai, na ndakisa lisalisi ya monganga mpo na bamama, bato bazali na VIH, oyo bazali na diabɛti na bamaladi ya motó.

Mokano ya libosoliboso ya mosala ya kopesa lisungi na oyo etali sante na ntango ya likama ezali ya kokima bamaladi mosusu mpe kokitisa mitángo ya bato ebele bazali kokufa mpe bazali kobɛlabɛla. Lolenge bato bazali kokufa mpe bamaladi ezali kobima, ndenge moko ná bamposa na oyo etali lisalisi ya minganga, ebongwanaka kolanda lolenge mpe bonene ya likama moko na moko.

Bilembo ya ntina mingi mpo na kolandela mpe kotalela bonene ya likama ezali motángo ya bato nyonso bazali kokufa (CMR) mpe motángo mobimba ya bana bakufi kati na bana nyonso na nse ya mbula mitano (U5CMR), motángo oyo ezalaka mwa monene. Soki CMR to U5CMR ya momeseno ebakisami mbala mibale to koleka, elakisi ete sante ya bato nyonso ezali na likama monene mpe esengeli kopesa lisungi nokinoki ⊕ talá Apendisi 3: Ndenge ya kosala mimeko mpo na kozwa bilembo ya ntina ya sante.

Na bozangi ya motángo ya momeseno oyo eyebana, mitángo oyo elandi emonisaka ete likama ekomi pene:

- CMR >1/10 000/mokolo
- U5CMR >2/10 000/mokolo

Esengeli ete mitángo oyo emonisaka ete likama ekomi pene elimbolama na nivo ya ekólo. Na ndakisa, na ntango oyo U5CMR ya momeseno esili koleka mitángo oyo emonisaka ete likama ekomi pene, kozela ete ebakisama mbala mibale koleka ekozala eloko oyo ezali koyokana na mibeko te.

Kopesa mabɔkɔ mpe kokolisa bibongiseli ya sante oyo ezali lelo oyo

Kotalela bibongiseli ya sante ekosalisa mpo na kotya na misala malembemalembe lotomo ya kozala na sante na ntango oyo ya likama mpe ya kobonga. Ezali na ntina mingi ya koyekola makoki oyo ekosalisa mpo na kopesa mabɔkɔ na bibongiseli oyo ezali wana lelo. Kozwa bato na mosala (bato ya ekólo wana mpe ya mikili mosusu) ekozala na makambo mosusu mpo na bibongiseli ya sante ya ekólo na boumeli ya ntango ya mokuse mpe ya mwa molai. Na nsima ya kotalela makambo, misala ya kopesa lisungi oyo ebongisami mpenza malamu na ntina etali sante ekoki kobongisa bibongiseli ya sante oyo ezali lelo oyo, mpe na mikolo ezali koya, kozongisama mpe kokolisama na yango.

Na ebandeli ya likama, esengeli kotya na esika ya liboso misala ya kotalela na lobango oyo ebongi mpenza na oyo etali sante mpe misala misusu ya ndenge na ndenge. Kozanga koyeba makambo mpe likoki ya kokoma bisika misusu esengeli te kopekisa kozwa bikateli nokinoki na oyo etali sante. Soki likoki epesami, sala misala ya kotalela makambo na mozindo.

Makama ya bingumba ezali kosenga kotalela makambo na ndenge mosusu na oyo etali sante

Misala ya kopesa lisungi na bingumba esengeli kotya likebi na motángo ya bato, na malako oyo etali bisika oyo etongami, bibongiseli mpe misala oyo etalaka makambo ya bato. Ezalaka mpasi koluka koyeba bato oyo bakwelaka likama nokinoki, to baoyo bazangi likoki ya kozwa lisalisi ya monganga. Bonene ya bamposa ekoki koleka nokinoki biloko ekoki kopesama. Bato oyo bakimela na bingumba mpe na bamboka bayebaka mpenza te misala oyo etali sante to nzela ya kozwa yango, likambo oyo ekoki kobakisa lisusu makasi bamaladi oyo epalanganaka. Bakampanye ekosalisa bato bakoka kolonga mikakatano ya sika na bingumba, na ndakisa kozanga ebombamelo ya malamu, bilei, lisalisi ya monganga, misala ya kosala to mpe etuluku ya misala ya kosalisa bato.

Banungunungu mpe bansango ya lokuta epalanganaka nokinoki na bingumba. Esengeli kosalela tekiniki mpo na kopesa bansango ya solosolo na oyo etali sante mpe misala na yango. Baoyo basalisaka bato na esika ya mibale to ya misato bazalaka na misala mingi na bingumba. Esengeli bongo kolendisa makoki na bango ya kopesa lisalisi ya monganga ya libosoliboso. Senga bango bapesa mabɔkɔ na bibongiseli esalemi mpo na kokebisa mpe kopesa lisungi na ntina etali bamaladi oyo epalanganaka, mpe kolisa makoki na bango ya kopesa misala na bango ya sikisiki ya momeseno.

Masengami ya libosoliboso oyo esengeli kokokisama nyonso na mbala moko

Masengami ya libosoliboso oyo ezali na mokapo oyo ezali komonisa polele makambo oyo elimboli mpenza lotomo ya kozwa lisalisi ya monganga oyo ebongi mpe ezali kosunga mpo ete lotomo yango etosama mokemoke na mokili mobimba. Lotomo yango ezali na boyokani na ntomo ya kozala na mai mpe bopeto, bilei mpe ebombamelo. Kokokisa Masengami ya libosoliboso ya Sphère ya misala songolo ekozala na bopusi malamu likoló na misala mosusu. Esengeli kotambwisa makambo mpe kosala na boyokani makasi mpenza ná misala mosusu.

Kosala na boyokani ná bakonzi ya mboka mpe bibongiseli misusu ya kosunga bato ekosalisa ete bamposa ya bato ekokisama, mosala moko te ezongelama mbala na mbala, mpe misala ya kopesa lisungi ezali ya malamu mpenza. Kosala na boyokani kati na basali ya misala ya sante ezali mpe na ntina mingi mpo na kokokisa ndenge moko bamposa ya bato mpe kosala ete bato oyo bafandi bisika ya mpasi mpo na kokoma, baoyo bakwelaka likama nokinoki to mpe baoyo bayami pembeni bakoka mpe kozala na likoki ya kozwa lisalisi. Mitindami oyo ezali na kati ya Buku oyo ezali kopesa makanisi oyo ekoki kozwama na bisika mosusu ya ntina.

Bisika oyo masengami ya ekólo songolo ezali na nse ya masengami ya libosoliboso ya Sphère, sala elongo na guvernema mpo na komatisa yango mokemoke.

Mikano na oyo etali makambo ya kosala na esika ya liboso esengeli kozwama na botaleli ya makanisi ya malamu oyo basali ya misala ya ndenge na ndenge bazali kopesa, mpe esengeli kotalela lisusu makambo yango nsima ya mwa ntango soki makambo ebongwani.

Mibeko oyo ekambaka bikólo ya mokili ezali kobatela mpenza lotomo ya kozwa lisalisi ya monganga

Lisalisi ya monganga esengeli kopesama kozanga kopona bilongi mpe kozwama na petεε. Elingi koloba ete esengeli kozala ntango nyonso, kondimama, ya ntalo mpe ya ndenge ya malamu. Bikólo esengeli kosala ete lotomo yango etosama na ntango ya makama ⊕ *talá Libakisi 1: Mibeko oyo esimbi* Sphère.

Lotomo ya kozwa lisalisi ya monganga ekoki kotosama kaka soki:

- bato babatelami;
- bakambi ya bibongiseli ya sante bazwi formasyo ya malamu mpe bamipesi na kotosa mibeko ya libosoliboso ya mɔlóngɔ́ mobimba mpe masengami etali mosala na bango;
- ebongiseli ya sante ekokisi Masengami ya libosoliboso; mpe
- Leta ezali na makoki mpe mokano ya kotya mpe kolendisa makambo malamu mpe ya sikisiki mpo ete lisalisi ya monganga ekoka kopesama.

Kobundisa, kobangisa mpe mobulu mosusu nyonso mpo na kopekisa mosala ya minganga, na balopitalo mpe mituka to biloko ememaka bato ya maladi ezali kobuka mibeko etali makambo ya kosunga bato na mokili mobimba. Libateli oyo ezali kouta na mokumba monene ya kotosa mpe kobatela bato oyo bazoki to babeli.

Bibongiseli oyo esungaka bato esengeli kotalela na likebi mpenza lolenge ya makama mpe ndenge ya kolonga yango. Na ndakisa, basengeli kotalela lolenge moko te kobundisama euti na mapinga ya ekólo ná kobangisa euti na bana-mboka ya esika wana ⊕ *talá Makambo ya kotyela mpenza likebi mpo na kobatela lisalisi ya monganga* awa na nse.

Boyokani ná Mitinda etali kobatela bato mpe Mobeko ya ntina mingi na mosala ya kosunga bato

Minganga basengeli kosalisa bato oyo bazoki mpe babeli na motema ya bomoto, kosalisa bango na kozanga koponapona na kolandaka mposa oyo bazali na yango. Ezali na ntina mingi kobatela sekele ya bato, makambo oyo ekomami na makambo mosusu etali moto ye moko mpo na kobatela bango na kobundisama, konyokolama mpe na nkokoso mosusu.

Mingimingi baminganga nde bazalaka bato ya liboso kopesa bato babundisami, ezala kobundisama mpo ete moto azali mobali to mwasi mpe konyokola mpe kosundola bana. Esengeli kopesa bango formasyo mpo bakoka koyeba bato oyo bakoki kotinda epai na basali ya misala oyo etalaka bolamu ya bato to ya kobatela bato na kosalelaka bibongiseli ya koyebisa makambo ya kobombama mpe kotinda bato na esika mosusu. Ezali matata mingi kopesa lisalisi ya monganga oyo esengeli mpenza epai ya mwana oyo azali ye moko to akabwani na libota na ye, kasi azali na mokengeli oyo ayebani te. Esengeli kosolola na mwana yango mpe na bakonzi ya mboka oyo batalelaka makambo ya bana soki likoki ezali. Lotomo ya kozala na bomoi mpe ya kozwa lisalisi ya monganga ezali ntina mingi mpo na kokokisa oyo ezali na litomba malamu koleka mpo na mwana mpe ezali likoló ya lotomo ya kondima likambo. Bikateli esengeli kozwama kolanda esika na esika mpe kolanda bonkɔkɔ mpe mimeseno ya mboka. Komema na ekólo mosusu mwana oyo azali ye moko mpo na kozwa lisalisi ya monganga, kotinda ye na mboka mosusu mpe kobimisa ye na mboka esengaka mikanda kilikili oyo ebongi mpenza mpe basali ya misala ya libateli na bakonzi ya mboka bakota likambo yango.

Bosengá ya kopesa lisalisi ya monganga na mbu, ata na mai ya mikili mingi to ntango bato basɛmi ezali se kobakisama. Yango ezali komema mikakatano mingi na oyo etali libateli ná mpe mindondo mingi na oyo etali politiki, mpe esengaka kobongisama ya sikisiki, komilɛngɛla malamu mpe kokitisa mpasi ya makama na oyo etali libateli.

Botalela na likebi mpenza kosala na boyokani kati na basivile mpe basoda, mingimingi bisika bitumba ezali. Basoda na bituluku ya basimbi minduki bakoki mpe kozala bapesi ya lisalisi ya monganga, ata mpo na basivile. Bibongiseli esungaka bato ekoki mpe kosalela makoki ya basoda lokola lisungi (soki mwaye mosusu ya kosala ezali te) mpo na kozongisa lotiliki na balopitalo, komema biloko na oyo etali sante to komema babeli bisika bakozwa lisalisi ya minganga. Nzokande, kosalela makoki ya basoda esengeli kotalelama kolanda likoki ya bato ya kozwa lisalisi ya minganga mpe bokatikati to kozanga koponapona ⊕ *talá Mobeko-likonzi ya mosala ya kosunga bato* mpe *Bisika ya kosala oyo ezali na mampinga ya basoda ya mboka to ya bikólo mosusu* na kati ya Sphère *ezali nini*?

Na ntango bozali kokokisa Masengami ya libosoliboso, esengeli kotosa Mikumba libwa nyonso ya Mobeko ya ntina mingi na mosala ya kosunga bato. Esengeli kotya banzela ya koyebisela makambo ezali kosalema na boumeli ya misala ya kopesa lisungi na ntina etali lisalisi ya monganga ⊕ *talá Mobeko ya ntina mingi na mosala ya kosunga bato: Mokumba 5.*

Makambo ya kotyela mpenza likebi mpo na kobatela lisalisi ya monganga

Kopekisa kobundisama ya balopitalo, baambilansi mpe minganga esengaka milende makasi mpe ya solosolo ezala kati na mboka, na ekólo to na mokili mobimba. Lolenge ya makama ekeseni mpenza makasi kolanda esika na esika, mpe esengeli kotalela yango mpe kolobela yango. Mpo na kobatela lisalisi ya monganga, basali ya misala ya sante basengeli kotya likabi na makambo oyo elandi na misala na bango mpe na kopesaka mabɔkɔ na baministere ya sante to bato mosusu oyo makambo yango etali.

Na ntango nyonso oyo makama ekweyi – mpe mingimingi na ntango ya bitumba – basali misala ya sante basengeli komimonisa ete bazali na bokatikati mpe bazali na koponapona te, mpe bazali kosala na boyokani na mitinda oyo, noki te bato bazali na bitumba, banamboka to babeli bazwela bango likanisi mosusu.

Ntango ya kopesa lisalisi ya ntina mingi mpe oyo ebikisaka bomoi, esengeli kolanda mitinda ya mosala ya kosunga bato mpe kopesa lisalisi ya minganga kozanga koponapona kotalela kaka bamposa ya bato. Mpo na kotombola bokatikati, esengeli kosalisa bato bazoki mpe babeli kozanga kokesenisa, kosala ete babatelama mpe kobomba sekele ya makambo ya lisalisi ya moto ye moko.

Lisalisi ya monganga ekoki kobatelama soki endimami na bana-mboka, bakambi mpe bangámbo oyo ezali na bitumba. Basali misala ya sante basengeli koteya bato bazali zingazinga na bango mpe kokoba komonisa bokatikati mpe kozanga koponapona na bango. Lolenge ya lisalisi oyo epesamaka na lopitalo, ya misala na yango mpe esika ezwami (na ndakisa mpebeni ya kaa ya basoda) ekoki kobongola makanisi ya bato likoló na yango.

Balopitalo etosaka malako oyo elobi 'mandoki te', oyo elakisi ete mandoki esengeli kotikala libanda ya lopitalo to ya ambilansi. Yango esalaka ete esika yango ezala mpo na moto nyonso, ekoka kopekisa matata mpe bitumba kati na lopitalo, mpe kosala ete bato bakoka koluka kobebisa esika yango moko te.

Esengeli kozwa meko mpo na kobatela lopitalo mpe basali na makama. Mpe koluka koyeba na mbala moko ndenge nini meko yango ya bobateli ekoki kobongola makanisi ya bato ebele likoló na yango mpe kosala ete bandima esika wana bazali kopesa lisalisi ya monganga.

Bibongiseli oyo esungaka bato esengeli kotalela makama mpe matomba ntango bazali kobongisa misala na bango mpe ndenge nini ekoki kozala na bopusi na ndenge mboka ekotyela bango motema mpe ekondima bango. Bisika mosusu ekoki kosenga kosala na ekenge (na ndakisa koboya kotya bilembo na biloko to bisika), bisika mosusu ekoki kozala malamu mingi komonisa polele bilembo minene na biloko to bisika oyo ezali kosalelama.

1. Bibongiseli ya sante

Ebongiseli ya sante oyo ezali kosala malamu ekoki kopesa biyano na bamposa nyonso ya lisalisi ya monganga na ntango ya likama, na ndenge ete ata soki tozali na kati ya likama oyo epalangani makasi lokola maladi ya Ebola, misala mosusu ya lisalisi ya monganga ekoki se kokoba na kosalema. Bakokoba kosalisa bato na bamaladi oyo ezali makasi te, mpe baprograme ya libosoliboso mpo na bamama na sante ya bana ekokoba se kokoba, na kokitisaka motángo ya bato nyonso oyo bazali kokufa to kobɛlabɛla na kati ya bato nyonso. Mosali nyonso ya mosala oyo azali kolendisa, kozongisa to kobongisa makambo ya sante azali kosalisa ebongiseli mobimba ya sante. Ebongiseli ya sante ezali kosangisa banivo nyonso, kobanda na nivo ya ekólo, ya provensi, ya etúká tii na nivo ya lisangá ná baoyo basalisaka mabota, bakisa mpe basoda na bato bamisalelaka misala bango moko.

Na ntango ya likama, babebisaka mbala mingi bibongiseli ya sante mpe likoki ya kopesa lisalisi ya monganga, ata liboso ya bonsenga ebanda kokola se kokola. Baminganga bakoki kobunga, biloko ya kosalisa na yango ekoki mpe kozanga to bakoki kobebisa bisika ya kopesela lisalisi yango. Ezali na ntina mingi kotalela malamu bopusi oyo likama ezali na yango na oyo etali bibongiseli ya sante mpo na koyeba makambo esengeli kosala liboso mpo na kopesa bato lisungi.

Bato oyo basalaka mosala ya kosunga bato basalaka mingimingi te na ntango ya likama soki ebongiseli ya sante etyami naino te na esika wana. Ne bisika oyo ebongiseli ezali petɛɛ, ekosenga kokolisa yango to kobongisa yango (na ndakisa, na myango ya kotindaka bato bisika mosusu, koluka mpe kotalela malamumalamu bakambo etali sante).

Masengami oyo ezwami na eteni oyo ezali kolobela lolenge mitano ya moboko ya ebongiseli ya sante oyo ezali kosala malamu:

- kopesa bato misala ya sante ya malonga;
- kozala na basali ya mosala ya lisalisi ya monganga oyo bazwi formasyo mpe bazali na motema ya kosala mosala na bango;
- kosomba, kobomba mpe kosalela malamu bankisi, biloko na bamasini ya kosala na yango baekzamɛ;
- kopesa misolo oyo ebongi mpo na lisalisi ya monganga; mpe
- kopesa nsango mpe kotalela makambo etali sante ya malamu.

Makambo oyo totangi ezali na boyokani moko na mosusu na banzela ebele. Na ndakisa, soki basali ya mosala ya lisalisi ya monganga bazali moke to soki bankisi oyo esengeli kozala ezangi, lisalisi ekozala mwa mpasi.

Ezali na ntina mingi koyeba kotambwisa mpe kokamba misala mpo na kosala ete bamposa ekokisama na lolenge oyo ezali ya koponapona te. Mbala mingi, ministere ya sante nde etambwisaka mpe ekambaka mosala ya kopesa lisungi, mpe ekoki kosenga ete basali mosusu ya misala ya sante bakoka kopesa bango mabɔkɔ. Mbala mosusu ministere ekoki kozanga makoki to motema ya kokokisa mokumba oyo na ndenge elongwebani mpe ya bokatikati. Soki bongo, ebongiseli mosusu esengeli kozwa mokumba oyo. Soki ministere ya sante ekoki kokoma te to bakoki kondima yango te na bisika nyonso na kati ya mboka, bato oyo basalaka mosala ya kosunga bato basengeli koluka kopesa mabɔkɔ na ebongiseli oyo ezali wana mpe oyo bato bazali kondima, mingimingi na ntango ya likama ya makasi.

Yeba na likebi nyonso lolenge ya kosala elongo na basali oyo bazali ya Leta te mpe na bato mosusu, mpe makoki bazali na yango ya kopesa bato lisalisi ya monganga to kokamba misala yango.

Kokoma esika bato bazali ezali na ntina mingi, kasi esengeli kotalela yango na lisosoli malamu na kolandaka mitinda ezali kotambwisa mosala ya kosunga bato mpe oyo ezali kotala bopesi lisungi kozanga koponapona mpe oyo ezali ya bokatikati. Bokambemi esengeli komonana na nivo nyonso mpe na kati ya misala nyonso ya lisalisi ya monganga, kobanda na nivo ya ekólo tii na nivo ya masangá, mpe na kati ya biteni mosusu lokola WASH, koleisa bato mpe koteya bango, ndenge moko mpe na bituluku ya basali ya misala mosusu lokola baoyo basungaka bato oyo babeli motó mpe babulungani, baoyo babundisami mpo bazali basi to mibali ná baoyo bazali na VIH.

Lisengami 1.1 ya Bibongiseli ya sante:
Kopesa bato misala ya sante
Bato bazali na likoki ya kozwa lisalisi ya monganga ya malonga oyo efandisami oyo ezali ya malamu, ya malonga mpe ezali kotala mingi se moto oyo azali kobɛla.

Misala ya ntina

1 ⟩ Pesa bato lisalisi ya monganga oyo ekoki mpe oyo ebongi na nivo nyonso ya ebongiseli ya sante.

- Tya ya liboso misala ya sante na nivo ya ekólo to na nivo oyo ekoki mpenzampenza mpo na kosala, na kotalaka lolenge ya likama, monene ya kopalangana ya maladi mpe makoki ya ebongiseli ya sante.
- Luka koyeba lolenge ekeseni ya lisalisi oyo esengeli kozala na nivo nyonso (na ndako, na lisangá, na centre to na lopitalo).

2 ⟩ Tya to bongisa makasi bibongiseli oyo ezosalisa kopona bato mpe kotinda bango bisika mosusu.

- Sala mikanda ya boyokani oyo basengeli kolanda mpo na kopona bato na bisika ya kozwa lisalisi ya monganga to bisika oyo bafandi na ntango ya bitumba, na ndenge ete bato oyo basengeli kotyela bango likebi kozanga koumela bayebana mpe basalisa bango nokinoki, to basunga bango moke liboso ya kotinda bango mpe komema bango esika mosusu mpo bazwa lisalisi ya koleka.
- Talá ete bazali kotinda bato bisika mosusu na nivo nyonso ya lisalisi mpe ya misala, ata misala ya komema bato oyo ezali kobatela bango mpe na lombango, mpe kati ya basali ya misala lokola oyo ya koleisa to kobatela bana.

3 ⟩ Bongisa to salela mikanda ya boyokani oyo endimami mpo na lisalisi ya monganga, lolenge ya kosalisa na bamaladi ekeseni mpe lolenge malamu ya kosalela bankisi.

- Salela masengami ya ekólo wana, na ndakisa baliste ya bankisi oyo esengeli, mpe bongisa makambo na kolandaka lolenge ya likama oyo ekwei.
- Landa malako oyo etambwisaka bikólo ya mokili mobimba soki malako oyo ya mboka wana ezali ya kalakala to mpe soki ezali te.

4 Pesa bato lisalisi ya monganga oyo ezali kotosisa ntomo ya bakoni ya kozala na lokumu, kobomba makambo oyo etali bango moko, kobatela makambo na bango, kozala kimya mpe kondima makambo bindimela te.

- Sala ete kozala kimya mpe kobomba makambo ya bato ezala wana mpo moto nyonso akoka kozwa lisalisi, ata bato oyo balakisaka bango misapi ntango nyonso na lisangá, lokola baoyo bazali na VIH to bamaladi oyo ekotambolaka na nzela ya kosangisa nzoto (IST).

5 Pesa bato lisalisi ya monganga ya malamu mpe batela bango na mabe, lisalisi mabe to kobebisama epai ya minganga.

- Tya ebongiseli ya koyebisela makambo mpe kotalela lisalisi ya mabe kouta epai ya minganga.
- Sala nzela oyo bato bakolanda mpo na koyebisa likambo nyonso ya mabe to ya kosangisa nzoto na makasi.

6 Salela myango ebongi mpo na kopengola mpe kobundisa bamaladi (IPC), lokola masengami ya libosoliboso ya WASH mpe bamwaye ya kolongola bosɔtɔ na bisika nyonso bato bazali kozwa lisalisi ya monganga.

- Na boumeli ya bamaladi mabe lokola kolera to Ebola, luka makanisi malamu ya kolanda epai ya bituluku ya bayebi ya misala lokola OMS *(Organisation mondiale de la santé)*, UNICEF mpe MSF *(Médecins Sans Frontières)*.

7 Longola nzoto ya bawei to kunda yango na lolenge oyo ebongi ya malamu, ya lokumu, ya bonkɔkɔ, na kolandaka esaleli malamu mpo na sante ya bato ebele.

Bilembo ya ntina

Motángo ya bato likoló na monkama oyo bakoki kozwa lisalisi ya monganga ya liboso na boumeli ya ngonga moko ya kotambola uta bisika bafandi

- Bato 80 to koleka likoló na monkama

Motángo ya balopitalo likoló na monkama oyo ezali kopesa misala ya sante oyo esengeli kopesama liboso

- Balopitalo 80 to koleka likoló na monkama

Motángo ya bambeto ya bakoni oyo bazali na kati ya lopitalo (kolongola bambeto ya esika ya kobotela) mpo na bato 10 000

- Esengeli kozala 18 to koleka

Motángo ya bato likoló na monkama oyo basengeli kotalisa nzoto na nivo mosusu ya lisalisi ya monganga

Motángo ya bakoni likoló na monkama oyo batindami bisika mosusu na ngonga ebongi

Makanisi ya kolanda

Bato bakozwa lisalisi ya monganga soki lisalisi yango ezali, bazali na mwaye ya kokoma na esika yango, bazali kondima yango mpe ezali na makoki ya bato nyonso.

Kozala na yango: Bakoki kopesa lisalisi ya monganga na kosangisaka bisika ebele epai wapi bazali kopesa lisalisi yango, ezala na nivo ya lisangá, na balopitalo oyo bakoki komema epai na epai mpe oyo etongami na esika moko. Motángo ya balopitalo, lolenge na yango mpe bisika na yango ekozala engebene sitwasyo oyo ezali wana. Likanisi monene ya kolanda mpo na kobongisa balopitalo oyo etongami na esika moko ezali boye:

- Esika moko ya kozwa lisalisi ya monganga mpo na bato 10 000; mpe
- Lopitalo ya distrike to ya mboka moko mpo na bato 250 000.

Atako bongo, motángo oyo ezali kolakisa te ete bisika nyonso bato bazali kozwa lisalisi ya monganga ya malonga. Na kati ya bamboka, ekoki kozala malamu kotya esika moko mpo na bato 50 000, bakisa mpe baprograme ya kosalisa nzoto na lisangá na balopitalo oyo bakoki komema epai na epai. Na bingumba, balopitalo ya molongo oyo elandeli ekoki kozala esika ya liboso ya kozwela lisalisi, mpe ekoki boye kosalisa motángo monene ya bato oyo ekoleka ata 10 000.

Na ntango ya makama, ezalaka na ntina mingi kozala na makoki ya kopesa bato lisalisi ya monganga. Bokomisa ebele ebele misala oyo ezali wana te, mpo ekoki kobungisa misolo mpe kosala ete bato ebele bakoka kondima lisusu te balopitalo oyo ezali wana. Bato basengeli kozongela na motema mobimba balopitalo oyo na ntango bakokanga balopitalo oyo etongamaki mpo na mwa ntango moke.

Luka koyeba motángo ya bato bazali kosalela misala yango. Soki bazali moke, ekoki kolakisa ete misala yango ezali ya mabe, bato bazangi mbongo ya kofuta to makambo mosusu, to bazali kosepela na misala misusu. Ekoki kozala mpe ete balekisaki motángo yango ya bato to ezali na nkokoso mosusu oyo ezali kopekisa bango kozwa lisalisi. Soki bato bazali ebele koleka, ekoki kolakisa ete ezali na nkokoso na ntina etali sante ya bato ebele, to bakanisaki ete bato yango ya kosalisa bazalaki moke, to mpe kolakisa ete ezali na nkokoso na bisika mosusu. Esengeli kolandela malamu bilembo nyonso oyo ekomami na kolandaka soki ezali kotala basi to mibali, mbula ya moto, azali ebosono to te, azali moto ya ekólo nini mpe makambo mosusu oyo ekoki kozala na ntina na kolandaka makambo ezali na esika wana. Mpo na koyeba motángo ya bato bazali kosalela misala yango ⊕ *talá Apendisi 3.*

Kondimama na yango: Solola na bato ya biteni nyonso ya lisangá mpo na koyeba bipekiseli mpe kolongola yango mpo bato ya ndenge na ndenge na kati ya bana-mboka bakoka kozwa misala yango. Ekosangisa mpe bato ya ngambo nyonso na kati ya baoyo bazali kobunda bitumba, mingimingi bituluku ya bato oyo bazali na likama. Sala elongo na basi, mibali, bana, bato oyo bazali na VIH mpe oyo bakoki kozwa yango, bibosono, mpe mibange mpo na koyeba bizaleli nini bato basengeli kozala na yango mpo na kozala nzoto kolongono. Kosolola na bato na kotalisa lolenge ya kozwa lisalisi ya monganga ekolendisa moto ya bokono mpe ekobongisa lolenge ya kosalisa bato oyo ezali koumela.

Makoki ya bato: ⊕ *Talá Lisengami 1.4 ya Bibongiseli ya sante: Kopesa mbongo na makambo ya sante.*

Lisalisi na nivo ya lisangá: Lisalisi ya libosoliboso ezali kosangisa oyo epesami na ndako mpe na lisangá. Ekoki kozwama na nzela ya basali ya mosala ya sante na kati ya lisangá *(agents de santé communautaires, ASC)* to bato oyo bamipesi bango moko, bateyi ya bato mosusu, to na kosalaka elongo na bakomite ya sante ya mboka mpo na kolendisa komipesa ya bato ya bokono mpe lisangá na misala. Lisalisi ekoki kobanda uta na baprograme ya kopengola kino kolendisa makambo ya sante to lolenge ya kosalisa moto, mpe ezali kolanda sitwasyo oyo ezali wana. Baprograme nyonso esengeli kotya boyokani kati na yango na esika ya kozwa lisalisi ya libosoliboso mpo na kotya na kati na yango lisalisi yango, kobongisa ya lopitalo mpe kolandisa makambo ya programe. Soki ba-ASC bazali kosala baekzamε mpo na koyeba banani bazali na kati ya kozanga kolya malamu ya makasi, ekosenga ete batinda bato na esika ya misala ya makambo etali bilei na bisika bato bazali kozwa lisalisi ya monganga to na bisika mosusu ⊕ *talá Lisengami 1.2 ya Kotalela kokoka komileisa mpe makambo etali bilei: Kotalela makambo etali bilei.* Sangisa yango elongo na baprograme ya lisangá na biteni mosusu lokola WASH mpe makambo etali bilei ⊕ *talá Lisengami 1.1 ya WASH ya Kolendisa bopeto* mpe *Kokoka komileisa mpe makambo etali bilei – Lisengami 2.1 ya Ndenge ya kosalisa kozanga kolya malamu.*

Bibongiseli ya **kotinda bato esika mosusu na lombangu** oyo ezali na bamwaye esili kotyama ya malamu mpe oyo ebatelami ya komema bato esengeli kozala wana butu moi, mikolo nyonso. Esengeli kozala na monganga moko katikati ya monganga oyo azali kotinda moto ya maladi ná monganga oyo akoyamba moto yango mpo na kosalisa ye.

Ntomo ya bato ya maladi: Sala ete bisika mpe misala ya kopesa bato lisalisi ya monganga ekoka kobomba sekele to makambo oyo etali moto ye moko, na kosalaka ndakisa babiro oyo ekabolami mpo na kotalisa nzoto. Luka kozwa kondima ya bamaladi oyo ezali ya bindimela te epai na bango moko to epai ya bakengeli na bango liboso ya kosala to kopesa lisalisi to kopasola moto. Talela makambo ya sikisiki oyo ekoki kobongola kondima ya moto bindimela te mpe kozala malamu, na ndakisa mbula ya moto, soki azali mobali to mwasi, azali eboso to te, lokota na ye mpe ekólo na ye. Tya banzela moto ya maladi akoki koyebisela makambo ezali kosalema na lombangu mpenza. Batela makambo ekomami oyo ezali kotala moto ya maladi ⊕ *talá Lisengami 1.5 ya bibongiseli ya sante: Koyebisa makambo etali sante.*

Bisika ebongi mpe ya malamu: Landa mikanda esengeli kolanda mpo na kosalela malamu nkisi mpe kobomba malamu nkisi na baapareyi ya minganga ⊕ *talá Lisengami 1.3 ya Bibongiseli ya sante: Nkisi oyo esengeli kozanga te mpe baapareyi ya minganga.*

Talela ete bisika yango ezala malamu, ata na ntango makama ekwei. Talela ete bisika ezala mpo na kobomba makambo ya bato na ntango bazali kosala bango ekzamε, kolandana oyo ebongisami ya bato ya maladi, ntaka ya metre 1 kati ya mbeto moko na mosusu, mopεpε ezali koleka malamu, esika ya kotya bisaleli mpo na koboma mikrobe (oyo ezali libanda te) na balopitalo, lotiliki ya kokoka mpo na kosalisa bisaleli ya mosala ya motuya, mpe bibongiseli ya malonga ya WASH. Na ntango maladi ya mabe ebimi, talela makambo esengeli kokokisama na ntina etali bisika mpe makambo ya kolanda, na ndakisa, bisika ya koponela bato kati na bamosusu, kotala bango mpe kotya bango na esika na bango moko.

Kanisa makambo ya kosala mpo na kokomisa bisika ya kopesa lisalisi ya monganga ezala malamu, ebatelami mpe ezala esika moto nyonso akoki kokoma na ntango ya likama lokola kotondana ya mai to bitumba.

Kopengola mpe kobundisa bamaladi (IPC) ezali na ntina mingi na bisika nyonso mpo na kokima bamaladi mpe kopikama ya mikrobe oyo ezali kokufa lisusu na nkisi te. Ata na ntango oyo likama ezali te, bato lokola 12 likoló na monkama na kati ya bato ya maladi nyonso bakozwa maladi moko lisusu na ntango bazali kozwa lisalisi ya monganga, mpe bamaladi 50 likoló na monkama ya bamaladi nyonso oyo bazali kozwa nsima ya lipaso ezali kosila te na kozwaka bankisi oyo eyebani malamu ete ebomaka mikrobe.

Biteni minene ya IPC ezali kosangisa kobimisa mpe kosalela malako (na ntina etali makambo oyo esengeli kofungolela misu, makambo ya kosala mpo na kopekisa kopalangana ya maladi mpe bisaleli mpo na kopetola lopitalo), kozala na ekipe ya IPC esika na esika, kopesa basali ya mosala ya sante formasyo, kolandela makambo ya baprograme mpe kokotisa na kati ya bibongiseli ya kokengela na yango mosala likoki ya komona bamaladi ezali kozwama na esika ya kozwa lisalisi mpe kopikama ya mikrobe oyo ezali kokufa lisusu na nkisi te. Bisika ya kozwa lisalisi ya monganga esengeli kozala na motángo ekoki ya basali mpe bangonga ya mosala oyo ekoki, motángo ekoki ya bambeto (na mbeto moko moto ya maladi kaka moko). Esengeli kobatela biloko ezali zingazinga mpe kokoba se kokoba na kolandaka ezaleli malamu ya bopeto ⊕ *talá Lisengami 1.2 ya bibongiseli ya sante: Basali ya mosala ya sante,* ⊕ *talá Bisika ebongi mpe ya malamu likoló awa*, mpe mpo na bisika na biloko ya mosala ya WASH, ⊕ *talá Lisengami 6 ya WASH: WASH na bisika bazali kopesa lisalisi ya monganga.*

Kosala makambo na ekenge ezali kati na meko ya IPC mpe ezali kosangisa makambo lokola:

- *Kopengola bato na kozokisama na biloko ya songe to ya minomino:* Zala na ekenge na kosalelaka bantonga, bambeli ya monganga to biloko mosusu ya minomino, na ndakisa ntango ozali kosukola bisaleli oyo basaleli to kobwaka bantonga oyo basaleli. Moto nyonso oyo azokisami na eloko ya songe to ya minomino asengeli kozwa lisalisi ya nsima ya kozokisama (PEP) mpo na kopengola na VIH na boumeli ya bangonga 72 oyo ezali kolanda ⊕ *talá Lisalisi ya monganga oyo esengeli kopesama – Lisengami 2.3.3 ya sante ya binama ya kosangisa nzoto mpe ya kobotela: VIH.*
- *Kosalela biloko ya mosala oyo ezali kobatela moto (PPE):* Pesa bato ba PPE ebongi na kolandaka likama oyo ezali mpe mosala oyo moto asengeli kosala. Yebela lolenge ya likama moto akoki kozwa liboso (na ndakisa, na kosopana, kopanzana, kozwa to kosimba moto) mpe lolenge oyo maladi epalanganaka, bolai ya ntango esalaka mpe biloko ya PPE oyo ebongi mpo na mosala yango (lokola bilamba ya makadi to oyo ekotaka mai te), mpe kokoka ya biloko yango ya mosala. Biloko mosusu ya PPE ekoki kobakisama na kolandaka lolenge maladi ekoki kokota epai ya moto: soki na kosimba (na ndakisa, robe ya molai to bagan), matanga mikemike (monganga asengeli kolata maske soki azali na metre 1 pembeni ya moto ya maladi) to ezali kotambola na moρερε (kolata eloko esalemi mpenza mpo na kopemela). ⊕ *Talá Lisengami 6 ya WASH: WASH na bisika bazali kopesa lisalisi ya monganga.*
- Meko mosusu ya kozwa ekoki kosangisa kosokola mabɔkɔ, kolongola bosɔtɔ na bisika bazali kopesa lisalisi, kobatela biloko ezali zingazinga ezala peto, kosokola baapareyi ya minganga, bopeto na makambo etali kopema mpe kokosola, mpe kotalela malamu malamu mitinda etali kobundisa mikrobe ⊕ *talá Lisengami 6 ya WASH: WASH na bisika bazali kopesa lisalisi ya monganga.*

Makambo mabe oyo esalemi: Na mokili mobimba, bato 10 likoló na monkama na kati ya bato nyonso ya maladi na kati ya lopitalo bakutanaka na likambo moko ya mabe (ata na ntango oyo likama monene ezwi bato te), mingimingi soki basaleli biloko ya malamu te mpo na lipaso, ezali na mbeba na lolenge ya kosalela baapareyi mpe kozwa bamaladi oyo ezali kouta na esika ya kozwa lisalisi ya monganga. Esengeli kozala na buku ya kokomela bamakambo nyonso ya mabe oyo esalemi na esika nyonso ya kozwela lisalisi ya monganga, mpe basengeli kotalela yango mpo na koyekola makambo mosusu.

Ndenge ya kolongola nzoto ya bakufi: Landa bizaleli ya esika wana mpe makambo bazali kondima na boyambi na bango mpo na kolongola na limemya nyonso nzoto ya bawei.

Esengeli mpe koyeba nani azali nani kati na baye bakufi mpe kozongisela libota nzoto ya mowei na bango. Ezala na ntango ya maladi mabe, ya likama euti na biloko ekelami, bitumba to koboma ya bato ebele, kolongola bibembe ezali kosenga boyokani kati ya bato ya mosala ya sante, ya WASH, ya mibeko, ya libateli mpe baoyo bayekoli makambo etali bibembe.

Mingimingi, bibembe ebimisaka likama ya sante na mbala moko te. Bamaladi mosusu (na ndakisa kolera to Ebola) ezali kosenga lolenge ya sipesiale ya kolongola bibembe. Ekoki kosenga kolata bilamba ya PPE, bisaleli ya mosala mpo na kolokota bibembe, komema yango mpe kobomba yango, mpe kosalela yango mikanda. ⊕ *Talá Lisengami 6 ya WASH: WASH na bisika bazali kopesa lisalisi ya monganga.*

Lisengami 1.2 ya Bibongiseli ya sante: Basali ya mosala ya sante

Bato bakoki kozwa basali ya mosala ya sante oyo bayebi mpenza mosala na bango na nivo nyonso ya lisalisi ya monganga.

Misala ya ntina

1 > Talá nivo ya basali ya mosala oyo bazali wana mpe ndenge batiami engebene lolenge ya kotya basali na milongo oyo bazali kolanda na mboka wana mpo na koyeba bisika ezangi basali to bipai oyo ezali na basali moke.

- Talá motángo ya basali mpo na bato 1 000 nyonso na kolandaka molongo na esika ya mosala.

2 > Pesa basali formasyo mpo na misala na bango na kolandaka masengami ya ekólo to mibeko ekotambwisaka bikólo ya mokili mobimba.

- Yebaka ete basali ya mosala na ntango ya makama makasi bakoki kozala na misala misusu mpe bazali na bonsenga ya kozwa formasyo mpe bapesa bango mabɔkɔ.
- Na esika mosala ebakisami makasi, bongisa formasyo mosusu oyo ekolendisa basali.

3 > Pesa mabɔkɔ na basali ya mosala ya sante mpo básala na esika ya mosala oyo ezali malamu.

- Zwa meko nyonso okoki kozwa mpe lobela yango mpo na kobatela basali ya mosala ya sante na ntango ya bitumba.
- Pesa basali oyo bazali kosala na balopitalo formasyo ya mosala na bango mpe mangwele mpo na kobatela bango na bokono ya hepatite B ná ya tetanos.
- Somba biloko ebongi ya IPC mpe ya PPE mpo bákoka kosala mosala na bango.

4 > Bongisa makambo oyo ezali kotinda bato na kosala mpe makambo etali lifuti oyo ezali kosala ete bokeseni ezala makasi te na ntina etali lifuti mpe kokabolama ya mabe ya basali ya mosala ya sante kati na ba oyo ya Ministere ya Sante ná basali mosusu ya mosala ya sante oyo bazali ya Leta te.

5 > Yebisa Ministere ya Sante mpe bibongiseli mosusu ya esika wana to ya ekólo wana makambo oyo ekomami mpe oyo etali komilengele na ntina etali basali ya mosala ya sante.

- Yeba mpe kotambola mpe kolongwa ya basali ya mosala ya sante na ntango ya bitumba.

Bilembo ya ntina

Motángo ya basali ya mosala ya sante na kati ya lisangá mpo na bato 1 000

- Basali ya mosala ya sante na kati ya lisangá koleka 1–2

Motángo ya kobotama ya bana oyo esalisami na basali oyo bayebi mosala na bango (minganga, balufulume, basalisi ya basi mpo na kobota)

- bato 80 to koleka likoló na monkama

Motángo ya basali oyo bayebi mosala etali kobotisa (minganga, balufulume, basalisi ya basi mpo na kobota) mpo na bato 10 000

- koleka 23 na bato 10 000

Basali nyonso ya mosala ya sante oyo bazali kosala na balopitalo bazwi formasyo na makambo etali malako ya kolanda mpo na kosalisa bato mpe makambo ya kosala mpo maladi na maladi

Makanisi ya kolanda

Basali ya mosala ya sante bazali wana: Na kati ya basali ya mosala ya sante tozali kotanga baminganga, balufulume, basi basalisaka mpo na kobota, bakambi ya lopitalo, basali ya laboratware, bapesi nkisi mpe ba-ASC, bakisa mpe bato ya mosala ya kokamba mpe kopesa mabɔkɔ. Motángo ya basali mpe lolenge bazali esengeli kokokana na bato mpe misala oyo basengeli kozwa. Soki bazali moke ekoki kopesa mosala monene mpe lisalisi ya monganga ya malamu te. Sangisa basali ya mosala ya sante kati na misala ya kopesa lisungi na lombangu.

Na ntango ozali kozwa bato ya esika wana na mosala mpe kopesa bango formasyo, landa malako ya ekólo wana (to ya bikólo ya mokili soki ya ekólo wana ezali te). Kozwa bato ya mosala ya bikólo mosusu esengeli kolanda mibeko ya ekólo wana mpe ya Ministere ya sante (na ndakisa, mikanda oyo elakisi ete moto ayebi mosala yango, mingimingi na mosala etali kosalisa bato na lopitalo).

Kanisela bato oyo bazali na bisika ezali mpasi mpo na kokoma mpe na bingumba bakoka kozwa lisalisi, ata baoyo bazali na bisika ya bitumba. Basali basengeli kopesa lisalisi epai na bato ya bikólo nyonso, minɔkɔ nyonso mpe bituluku nyonso. Zwa na mosala basali ya mosala ya sante oyo bayebi moke mosala na bango mpe pesa bango formasyo po bakoka kokende na lisangá, kotala bamaladi ya ndenge na ndenge na kotindaka bango na bituluku ya basali oyo bazali kotambola bipayi na bipayi to bafandi esika moko mpo na kopesa lisalisi, mpe bongisa banzela malamu ya kosalela mpo na kotinda bakoni bisika mosusu. Ekoki kosenga kobongisa mwa makambo oyo ekosalisa bato bandima kokende kosala na bisika na mwa mpasi.

Basali ya mosala ya sante na kati ya lisangá (ba-ASC): Kobongisa makambo ya lisangá elongo na ba-ASC (bakisa mpe bavolontere) ezali kosalisa mingi mpo na kokoma epai ya bato oyo bazali mosika mpo na kozwa bango, bakisa bato oyo bayinani to batyami pembeni na bato mosusu. Soki ezali na makambo lokola ntaka ya esika bato bafandi to bazali kondima na bango te lisalisi kati na masangá ndenge na ndenge, moto moko kaka na kati na ba-ASC nde akokoka kosalisa bato 300 na esika ya bato koleka 500.

Misala ya ba-ASC ezali ndenge na ndenge. Bakoki kozwa formasyo ya kopesa bato lisalisi ya libosoliboso, kotala maladi ndenge na ndenge, to bakoki kosala baekzamε ya bato ya maladi. Basengeli kotyama penepene mpenza na lopitalo moko ya pembeni mpo na bokεngeli oyo ebongi mpe lisalisi ya malonga na kati. Mbala ebele bakoki kokotisa ba-ASC na kati ya ebongiseli ya sante te mbala moko nsima ya kosila ya likama. Na bisika mosusu, ba-ASC bakoki kosala kaka na bamboka, boye ekosenga kolanda esaleli mosusu na makama oyo ezali na bingumba.

Kondimama: Komipesa ya bato ya maladi ekozala makasi mingi soki bolandi makambo bazali kondima na efandeli na bango. Na kati ya bato ya mosala basengeli komona bato ya ndenge na ndenge, ya bikólo, ya minɔkɔ mpe ya lolenge ekeseni ya bituluku ya bato oyo bazali na bizaleli ekeseni na ntina etali kosangisa nzoto. Esengeli mpe komonisa bokatikati malamu na oyo etali kozwa na mosala mibali mpe basi.

Kalite: Bibongiseli esengeli kopesa formasyo mpe kokamba bato ya mosala mpo na kotala ete boyebi na bango ezali ya kalakala te, mpe esaleli na bango ezali malamu. Tambwisa baprograme ya formasyo elongo na mibeko ya mboka (oyo ebongisami mpo na makama) to malako oyo endimami na bikólo ya mokili mobimba.

Pesa formasyo na oyo etali:

- bikateli basengeli kolanda na lopitalo mpe lolenge ya kopesa lisalisi;
- esaleli ya mosala oyo endimami (na ndakisa kosalela ba-IPC, kolongola bosɔtɔ na lopitalo);
- kimya mpe libateli (oyo ekokani na nivo ya likama); mpe
- malako etali etamboli (lokola malako etali minganga, ntomo ya bato ya maladi, mitinda etali kopesa lisungi, kobatela bana, kobatela bato na kotinda bango básala kindumba to kobebisama) ⊕ *talá Lisengami 2.3.2 ya Lisalisi ya monganga oyo esengeli kopesama – Sante ya binama ya kosangisa nzoto mpe ya kobotela: Kobebisama na makambo ya kosangisa nzoto mpe lolenge ya kosalisa baye basangisi bango nzoto na makasi* mpe *Mitinda etali kobatela bato.*

Kotambwisa makambo mbala na mbala mpe kolandela bolamu na yango ekolendisa bizaleli malamu. Koteya bato kaka na mbala moko ekosalisa te mpo na kozwa ezaleli malamu. Yebisa na Ministere ya Sante bato nini oyo bazwi formasyo, na nini, nani apesi bango formasyo, ntango nini mpe na esika nini.

Lisengami 1.3 ya Bibongiseli ya sante:
Nkisi oyo esengeli kozanga te mpe baapareyi ya minganga

Bato bazali na likoki ya kozwa nkisi oyo esengeli kozanga te mpe baapareyi ya minganga oyo ezali malamu, ezali kosalisa mpe oyo eyebani solo ete ezali malamu.

Misala ya ntina

1 ⟩ Sala baliste oyo endimami ya nkisi oyo esengeli kozanga te mpe baapareyi ya minganga mpo na lisalisi ya monganga esengeli kopesama libosoliboso.

- Talá baliste ya mboka ya nkisi oyo esengeli kozanga te mpe ya baapareyi ya minganga na ebandeli ya lisungi mpe bongisa yango kolandana na likama ekweli bato.
- Tya likebi ya sikisiki na ntina etali nkisi batalelaka makasi oyo ekoki kosenga likebi ya solosolo mpo na kozwa yango.

2 > Tya bibongiseli ya kosalela makambo malamu mpo na kotala ete nkisi malamu oyo esengeli kozanga te mpe baapareyi ya minganga ezali wana.

- Bakisa mpe makambo ya komema, kobomba mangwele mpe kotika yango se na esika ya malili, ndenge moko mpe na kosangisa ná kobomba biloko ya makila.

3 > Ndima kozwa makabo ya nkisi mpe baapareyi ya minganga kaka soki ezali kolanda malako oyo endimami na bikólo ya mokili mobimba.

Bilembo ya ntina

Motángo ya mikolo oyo nkinsi oyo esengeli kozanga te ezali te
- Eleka mikolo 4 na mikolo 30 te

Motángo ya balopitalo likoló na monkama oyo ezali na nkisi oyo esengeli kozanga te
- Balopitalo 80 to koleka likoló na monkama

Motángo ya balopitalo likoló na monkama oyo ezali na baapareyi ya minganga oyo esengeli kozanga te mpe oyo ezali kosala malamu
- Balopitalo 80 to koleka likoló na monkama

Bankisi nyonso bazali kopesa bato ya maladi esili koleka mikolo na yango te

Makanisi ya kolanda

Ndenge ya kosalela nkisi oyo esengeli kozanga te: Nkisi oyo esengeli kozanga te ezali kosangisa bankisi, mangwele na biloko ya makila. Kosalela nkisi na ndenge ya malamu ezali kotala ete nkisi yango ezala, kasi eboyi nkisi ya mabe to oyo esili kolekisa mikolo na yango. Biteni minene ya mosala ya kotalela nkisi ezali kopona, komona makambo liboso, kosomba, kobomba mpe kokabola yango.

Kopona esengeli kolanda liste ya nkisi oyo esengeli kozanga te oyo esalemi na ekólo. Landa yango mpo na kozipa bisika oyo ezangi lokola nkisi mpo na bamaladi oyo epalanganaka te, sante ya binama ya kobotela, nkisi ya kosilisa mpasi mpo na lisalisi ya bilakisi ya maladi mpe ya lipaso, kolalisa mpongi, sante ya motó, nkisi batalelaka makasi (talá awa na nse) to nkisi mosusu.

Komona makambo liboso esengeli kolanda ndenge bazali kosalela nkisi yango, mitángo ya bato bazali kobɛlabɛla mpe na kotalela makambo oyo ezali wana. Mwaye ya kozwa nkisi na mboka wana ekoki kozanga soki, na ndakisa, bakati kosala yango na baizine ya esika wana, babebisi badepo to mikolo eleki mpo na kosomba yango na bamboka mosusu.

Ndenge ya kosala mpo na ***kosomba*** esengeli kolanda mpenza mibeko ya mboka, mibeko ya dwane mpe bisaleli oyo ezali kotala ndenge ya kozala malamu na ntina etali kosomba biloko na mboka bapaya. Talela bisaleli oyo ebongisami soki mikolo esi eleki (na nzela ya Ministere ya sante, ebongiseli monene ya mosala, bakonzi ya mboka oyo batalaka makambo ya makama to mokambi ya mosala ya kopesa bato lisungi). Soki bibongiseli ezali te, somba biloko oyo basili komonisa bolamu na yango, oyo elekisi naino mikolo na yango te mpe oyo bakomí na monɔkɔ ya mboka wana mpe ya basali ya mosala ya kosalisa bato.

Kobomba: Nkisi esengeli kobombama malamu na nzela mobimba uta na kosombama na yango kino komɛlama. Makambo oyo esengami mpo na kobatela yango ekeseni mpo na nkisi na nkisi. Basengeli kobomba nkisi na kotyaka yango mbala moko na nse te. Talá ete ezali na bisika ekabwani mpo na biloko oyo esili kolekisa mikolo na yango (ezala ya kokanga), biloko oyo ekoki kopela moto (mopɛpɛ ezali koleka malamu, mpe ebatelami na kopela moto), biloko oyo bazali kotalela makasi (ezala ya kobatela lisusu makasi) mpe biloko oyo ezali kosenga ebombama kaka na malili to na mwa moto moke.

Kokabola: Bongisa banzela malamu ya kosalela mosala ya malamu, oyo ebatelami, oyo esili kobongisama mpe ekomami malamu na mikanda ya komema biloko uta na badepo minene kino bisika ya kozwela lisalisi ya monganga. Baoyo bazali kosala na biso elongo bakoki kolanda ebongiseli ya "push" (komisombela biloko) to ya "pull" (kosomba biloko kaka soki basengi).

Lolenge malamu ya kobwaka nkisi oyo mikolo na yango esili koleka: Batela biloko ezali zingazinga na kobebisama mpe batela bato na makama. Landa mibeko ya mboka (oyo ekokani na misala ya kopesa lisungi) to mibeko ezali kokamba bikólo ya mokili. Kotumba biloko na moto makasi ebimisaka mbongo ebele, mpe kosala bibombelo ya nkisi esalaka kaka mpo na mwa mikolo ⊕ talá Lisengami 6 ya WASH: WASH na bisika bazali kopesa lisalisi ya monganga.

Baapareyi ya minganga oyo esengeli kozanga te: Lakisa mpe somba baapareyi mpe bisaleli ya mosala oyo esengeli (lokola nkisi ya laboratware, bamasini ya minene) na nivo nyonso ya lisalisi ya monganga oyo ezali kolanda mibeko ya ekólo to ya bikólo ya mokili. Bakisa mpe baapareyi esalisaka bato mpo na baoyo bazali na mbeba. Talá ete bazali kosalela malamu baapareyi, lokola mpe momeseno ya kotala yango malamu mpe kosomba biteni ya kozongisa na esika ya oyo ebebi, oyo esombami mingimingi kaka na esika wana. Bwaka baapareyi na ndenge ya malamu. Kaba baapareyi oyo ezo salisa moto oyo ebungaki to pesa mosusu na esika na yango mpe lakisa malamu malamu lolenge ya kosalela yango mpe kobatela yango. Solola na bato ya misala a kobongisa biloko mpo na kozwa oyo ezali ya monene oyo ebongi, oyo ekoki, lolenge ya kosalela mpe kobatela eloko. Kokabola biloko ebele na mbala moko te.

Biloko oyo esi etangami ete ezali malamu ezali kosalisa na ebandeli ya likama to na ntango liboso ya komilengele. Ezali na nkisi oyo esengeli kozanga te mpe baapareyi ya minganga oyo esi etangami ete ezali malamu, mpe ezali ndenge na ndenge na kolandaka lolenge ya lisungi ezali kopesama. Ebongiseli ya OMS nde mopesi monene ya biloko na misala ya kopesa lisalisi ya monganga na ntango ya likama mpe biloko ya kosalela mpo na bamaladi oyo epalanganaka te, kobakisa na biloko ya kosalela mpo na pulupulu, batromatisme mpe bampasi mosusu. Ebongiseli ya FNUAP *(Fonds des Nations Unies pour la population)* nde mopesi monene ya biloko ya kosalela mpo na sante ya binama ya kosangisa nzoto mpe ya kobotela.

Nkisi balandelaka makasi: Nkisi mpo na kosilisa mpasi, sante ya motó mpe kosukisa kobima makila nsima ya kobota ezali nkisi oyo balandelaka makasi. Lokola bikólo 80 likoló na monkama ya bikólo oyo eza na bobola ezalaka na mwaye ya kozwa nkisi ya malamu oyo ekoki kosilisa mpasi te, solola na Ministere ya sante mpe na guvernema mpo na kobongisa makambo ete nkisi oyo balandelaka makasi ezala wana.

Biloko ya makila: Tambwisa misala elongo na mosala ezali kotala kozongisa bato makila na mboka wana, soki ezali. Zwa makila kaka epai ya bato oyo bazali kopesa bango moko.

Sala ekzamɛ ya biloko nyonso mpo na kotala libosoliboso VIH, hepatite B na C, mpe maladi ya sofisi, lokola mpe baekzamɛ mpo na koyeba grupe ya makila ná grupe oyo ezali kokokana. Bomba mpe kabola biloko na ndenge ya malamu. Lakisa basali ya lopitalo lolenge ya mayele ya kosalela makila ná biloko ya makila.

Lisengami 1.4 ya Bibongiseli ya sante:
Kopesa mbongo na makambo ya sante

Bato bazali kozwa ofele lisalisi ya monganga ya libosoliboso na boumeli ya likama mobimba.

Misala ya ntina

1 > Bongisa makambo mpo bápekisa to bákata moke kofutisa bato mbongo na bisika oyo bibongiseli ya guvernema ezali kofutisa bango.

2 > Sala ete misolo bazali kobimisa na nzela mosusu to nkokoso ya mbongo mpo na kokoma to kosalela misala ezala mike mpenza.

Bilembo ya ntina

Motángo ya balopitalo likoló na monkama oyo ezali kofutisa bato mbongo te mpo na kozwa lisalisi ya monganga ya libosoliboso (tya na kati kotalisa nzoto, kosalisama, kosalisa baekzamɛ mpe kopesa nkisi)

- Esengeli kozwa 100 likoló na monkama

Motángo ya bato likoló na monkama oyo bazali kofuta ata likuta moko te na ntango bazali kozwa to kosalela lisalisi ya monganga (tya na kati kotalisa nzoto, kosalisama, kosalisa baekzamɛ mpe kopesa nkisi)

- Esengeli kozwa 100 likoló na monkama

Makanisi ya kolanda

Mbongo bato bazali kofuta: Kosenga bato bafuta mbongo mpo na misala na boumeli ya likama ekopekisa bato mpe kozangisa bango koluka lisalisi ya monganga.

Kokata kofutisa bato mbongo mpo na basali ya mosala ya sante ya Leta ekoki ya solo kobenda nkokoso ya mbongo. Kanisa kopesa mabɔkɔ na balopitalo ya guvernema to oyo ya bato mosusu na kopesaka lifuti mpe misolo ekolendisaka basali, nkisi mosusu, baapareyi ya minganga mpe baapareyi ekosalisaka bato ya maladi. Soki bakati moke kofutisa bato mbongo, talá ete bato bazali kozwa mayebisi ya polele na ntina etali boumeli ya ntango mpe mpo na nini basali bongo, mpe talela makambo etali kozwa misala ya lolenge ya malamu.

Misolo ezali kobima na nzela mosusu ekoki kokoma moke soki bazali kopesa bato misala oyo ebongi na kati ya bana-mboka mpe bazali kosalela bibongiseli basili kozwa mpo na komema mpe kotinda bato na bisika mosusu.

Lisungi na nzela ya mbongo: Mikano ya Sante malamu mpo na mokili mobimba na 2030 ezali koloba ete bato basengeli kozwa lisalisi ya monganga kozanga mikakatano na mpamba ya mbongo. Eloko moko te ezali komonisa polele ete kosalela lisungi na nzela ya mbongo mingimingi mpo na kopesa lisungi na makambo ya sante na ntango bato bazwi makama ezali na bopusi malamu na mbuma ezali kobima na lisalisi wana, ndenge emonisami na ebimeli ya mokanda oyo ⊕ *talá* Sphère *ezali nini? bakisa mpe Kopesa lisungi na nzela ya mimbongo.*

Eksperiansi ezali komonisa ete kosalela lisungi na nzela ya mbongo mpo na kosilisa makambo ya sante *ekoki* kosalisa soki:

- batelemisi likama yango;
- ezali na mosala moko oyo ebongisami mpo na kopesa lisungi, lokola kosalisa basi ya zemi to mpe kosunga bato ya maladi oyo ezali koumela;
- ezali na ezaleli malamu ya koluka sante mpe bosengi na yango makasi; mpe
- bamposa mosusu ya ntina ya mabota lokola bilei ná esika ya komibomba esiki kokokisama.

Lisengami 1.5 ya Bibongiseli ya sante:
Koyebisa makambo etali sante

Lisalisi ya monganga etambwisami na makambo ezali komonana na nzela ya kozwa makambo etali sante ya bato nyonso, kotalela yango mpe kosalela yango.

Misala ya ntina

1 > Kolisa to sala ebongiseli ya koyebisa makambo etali sante oyo ezali koyebisa makambo ebongi, ya sikisiki mpe ya mikolo oyo mpo na lisungi ya malamu mpe sante ya kokoka.

- Talá ete ebongiseli ya koyebisa makambo etali sante ezali kosangisa basali nyonso, ezali pepele kosala yango mpe pepele mpo na kosangisa, kotalela mpe kolimbola makambo mpo na kotambwisa lisungi.

2 > Kolisa to sala mayele ya kolanda mpo na kokebisa bato liboso mpe kosalisa bango (EWAR) mpo na makama nyonso oyo ezali kosenga kopesa lisungi na mbala moko.

- Zwa ekateli na oyo etali bamaladi nini ná makambo nini esengeli kozala ya liboso mpo na kotala na kolandaka likama ezali komonana na boyekoli ya bopalangani ya maladi mpe na makambo etali likama oyo ebimi.
- Tya na kati biteni ya bilembo mpe ya makambo esalemi oyo emonani.

3 > Bóyokana na ntina etali bilembo ya mosala esangisi bato oyo emonani ná ndimbola na yango, mpe bosalela yango.

- Bótalela mitángo minene ya moboko, lokola mitángo ya bato, bonene ya libota mpe kokabolama ya bato engebene mbula na bango.
- Bongisa bato na bituluku mpo na kotambwisa bango mpe mibeko na ntina etali bisika na bango.

4 > Bóyokana na ntina etali lolenge endimami ya kosala mosala mpo na basali nyonso ya mosala ya sante na ntango bozali kosalela boyebisi ya makambo etali sante.

5 ⟩ Tya nzela ya kosalela mpo na kobatela makambo mpo bato bátosa ntomo mpe kozala kimya ya moto na moto, misala oyo ezali kopesa lapolo mpe/to bato.

6 ⟩ Pesa mabɔkɔ na mosali monene mpo na kosangisa, kotalela malamu, kolimbola mpe kopanza nsango na oyo etali koyebisa makambo etali sante epai ya basali nyonso na ntango ebongi mpe na mbala na mbala, mpe mpo na kosalisa lolenge ya kozwa bikateli na baprograme ya sante.

- Bakisa mpe kotánga mpe kosalela misala nyonso ya sante, mpe kotalela malamu ná kolimbola makambo emonani na boyekoli ya bamaladi minene.

Bilembo ya ntina

Motángo ya balapolo mibimba ya kokebisa bato liboso mpe kosalisa bango (EWAR)/ bokɛngɛli oyo epesamaki na ntango ekoki

- Esengeli kozala 80 % to koleka

Mbala boni mosali monene ya sante apesi lapolo na ntina etali koyebisa makambo etali sante

- Esengeli kozala sanza na sanza nyonso

Makanisi ya kolanda

Ebongiseli ya koyebisela makambo etali sante: Ebongiseli ya koyebisela makambo etali sante oyo ezali kotambola malamu ezali kosalisa kobimisa, kotalela malamu, kopanza nsango mpe kosalela makambo ya koyebisa bato oyo bakoki kondima mpe na ntango ekoki na ntina etali makambo minene etali sante, etamboli malamu ya bibongiseli ya sante mpe lolenge ya sante. Makambo emonani ekoki kolakisa lolenge malamu to motángo ya bilembo, mpe ekoki kowuta na bisika ekeseni lokola bolukiluki mpo na koyeba mitángo, bokomisi bato na mikanda ya Leta, bolukiluki na kati ya bato, bolukiluki mpo na koyeba bamposa ekoki kozala, makambo ekomami ya moto na moto mpe balapolo ya balopitalo (lokola bibongiseli ya koyebisa makambo ya sante). Ebongiseli yango esengeli kozala pete mpenza mpo na kokotisa mpe komonisa nkokoso oyo ekoki komonana lokola kobima ya bamaladi to kobebisama ya ebongiseli mobimba to misala ya sante. Makambo ya koyebisa esengeli komonisa nkokoso mpe bamposa oyo ezali na banivo nyonso ya ebongiseli ya sante.

Luká makambo oyo ezangi na nzela ya kotalela makambo mosusu to bolukiluki. Kanisa kotambola ya bato oyo bazali kokatisa mindelo ya mboka, mpe makambo esengeli koyebisa to oyo ezali wana. Zalaka na ezaleli ya kotalela malamu nani azali kosala nini mpe na esika nini.

Bibongiseli ya koyebisela makambo oyo etali sante (HMIS) to balapolo ya mbala na mbala ezali kosalela makambo ya sante oyo bayebisi oyo ezali kouta na balopitalo mpo na kotalela ete lisalisi ya monganga ezali kopesama malamu. Ebongiseli ya HMIS ezali kolandela lolenge bazali kopesa lisungi ya sikisiki, lolenge bazali kobongisa makambo, biloko oyo ezali lokola kolandela nzela oyo nkisi ezali kozwama, bato ya mosala mpe motángo ya biloko basaleli.

Bokɛngɛli ya mosala ya sante ezali mosala oyo ezali kosalema ntango nyonso mpo na kozwa, kotalela malamu mpe kolimbola bilembo ekomami ya mosala ya sante. Bokɛngɛli ya bamaladi ezali kolandela mingimingi bamaladi ndenge na ndenge mpe lolenge nini ezali kopalangana, mpe mbala mingi ezwamaka na nzela ya balapolo ekoutaka na HMIS.

Kokebisa bato liboso mpe kosalisa bango (EWAR) ezali kati na ebongiseli ya bokɛngɛli ya mosala ya sante ya mikolo nyonso. Ezali komona mpe kokebisa bato na ntina etali likambo nyonso ekoki kokomela sante ya bato oyo ezali kosenga ete batala yango nokinoki, lokola biloko ya ngɛngɛ ya shimi to bamaladi oyo epalanganaka makasi ⊕ *talá Lisalisi ya monganga oyo esengeli kopesama – Lisengami 2.1.2 ya Bamaladi oyo epalanganaka: Bokɛngɛli, komona maladi ntango ebimi mpe kopesa lisalisi ya liboso.*

Lolenge ya kosala makambo oyo endimami: Tya makambo elimbolami ya bato nyonso mpe banzela mpo na kopesa nsango na bisika oyo esi eyebani ndelo na yango, banivo ya lisalisi mpe basali ya mosala ya sante. Esengeli koyokana na makambo lokola:

- lolenge ya kolimbola bamaladi;
- bilembo ya nini esengeli kolandela;
- misala oyo ekopesa lapolo (lokola balopitalo bakoki komema epai na epai, balopitalo ya mboka, baposte ya sante);
- banzela ya kopesela lapolo; mpe
- bambala oyo esengeli kopesa bilembo oyo ekomami, kotalela yango malamu mpe kopesa lapolo.

Kokabolama ya bilembo oyo ekomami: Makambo ya koyebisa na ntina etali sante esengeli kokabolama na kolandaka soki moto azali mwasi to mobali, mbula na ye, soki azali ebosono to te, soki bato yango bazali oyo balongwá esika bazalaki to mpe baoyo bayambi bato mosusu, makambo mosusu (lokola kofanda na kaa to libanda ya kaa) mpe nivo ya mosala ya Leta (provensi, etúká) mpo na kotambwisa lolenge ya kozwa ekateli mpe komona kozanga bokatikati mpo na bituluku ya bato oyo bakoki kokwela makama mingi.

Mpo na EWAR, kabola bilembo epesami ya mitángo ya bana oyo bazali kokufa mpe kobɛlabɛla mpo na bana ya mbula na nse ya mitano mpe baoyo bazali na mbula koleka mitano. Kosala boye ezali mpo na kosalisa na kobimisa likebisi na lombangu; tokoki kondima bilembo mike oyo esosolami. Bilembo epesami ya bolukiluki ya kobima ya maladi, kolandela bato oyo bazalaki elongo, kosala liste ya molongo mpe kolandela lisusu bamaladi esengeli kozala na bilembo oyo ekomami na ndenge ya kokabolama.

Kobatela bilembo ekomami, kimya mpe makambo etali se moto ye moko: Zwa meko ebongi mpo na kobatela kozala kimya ya bato mpe makambo etali moto na moto. Basali basengeli ata moke te kopanza nsango na makambo ya moto ya maladi na koyebisaka yango moto mosusu oyo azali kosalisa moto yango te, soki moto yango ya maladi apesi nzela te. Kanisa malamu mpo na bato oyo bazali na mwa mbeba na ntina etali mayele, makanisi to biyokeli na bango ezali kosala malamu te oyo bakoki kozala na mwa nkokoso ya komonisa ete bazali kondima makambo bindimela te. Yeba ete bato ebele oyo bazali na maladi lokola VIH bakoki kozala babombeli basangani ya libota na bango ete bazali na yango. Tya likebi wana ozali kosalela bilembo ekomami oyo ezali kolobela mabe basali moto oyo euti na minyoko to na kobebisama mosusu ya ntomo ya moto, na ndakisa kosangisa nzoto na makasi. Talá malamu ete ozali kopesa nsango ya boye na basali oyo babongi na koyeba yango to na misala oyo ebongi soki moto ye moko andimi bindimela te ete boyebisa yango ⊕ *talá Etinda etali kobatela bato 1* mpe *Mokumba 4 ya Mobeko ya ntina mingi na mosala ya kosunga bato*.

Makama ekoki koyela lisalisi ya monganga: Basengeli koyebisa makama ekoki koyela basali oyo bazali kopesa lisalisi ya monganga to makambo ya mobulu ekoki kokomela bango na kosalelaka bibongiseli oyo endimami na esika wana mpe na ekólo wana ⊕ *talá Makanisi ya ntina na oyo etali sante (mwa likoló awa)* ná *Mitindami* mpe *mikanda mosusu ya kotánga (na nse awa)*.

2. Lisalisi ya monganga oyo esengeli kopesama

Lisalisi ya monganga oyo esengeli kopesama ezali kotala makambo minene oyo ezali koboma mpe kobelisa bato ebele kati na bato oyo bakweli likama. Sala mosala elongo na baministere ya sante mpe na basali mosusu ya Leta oyo bazali kotala makambo ya sante mpo na koyokana na oyo etali misala nini bosengeli kotya liboso, na ntango nini mpe na esika nini. Bopona oyo esengeli kosalema liboso na kolandaka makambo oyo ezali wana, kotala makama ekoki kozala mpe makambo oyo ezali komonisa yango polele.

Bato oyo bakweli likama bakozala na bamposa ya sika mpe ekeseni, oyo ekokoba na kobongwana. Bato bakoki kokutana na kotondana ya bato esika moko, kotambolatambola mingi, komileisa malamu te, kozanga mai, to bitumba oyo ezali se kokoba. Makambo mosusu lokola mbula ya moto, soki azali mwasi to mobali, soki azali ebosono to te, soki azali na VIH to te, monɔkɔ na ye to ekólo na ye, ekoki kobongola bamposa na ye. Ekoki mpe kozala makambo minene oyo ekoki kozangisa ye kozwa lisalisi yango. Kanisa bamposa ya baoyo bafandi na bisika oyo ezali na misala mingi te to baoyo bazali na bisika ezali mpasi mpo na kokoma.

Boyokana na ntina etali misala esengeli kosala liboso elongo na Ministere ya sante mpe na basali mosusu ya mosala ya sante, na kotyaka likebi na makama oyo ekoki mpenzampenza koya mpe kobelisa to mpe koboma bato ebele koleka. Baprograme ya sante esengeli kopesa lisalisi oyo ebongi, ya malamu mpenza, na kolandaka sitwasyo, biloko ya komemela mpe misolo oyo ekosengama. Makambo ya kosala liboso ekoki kobongwana soki sitwasyo ebongi to eye kobeba makasi. Esengeli kosala mosala oyo mbala na mbala, na kolandaka makambo oyo bayebisi mpe na kolandaka makambo oyo ebongwani.

Mbala moko soki mitángo ya bato bazali kokufa ekiti to sitwasyo ebongi, bokoki kokanisa kotya misala ya sante oyo ezali na makambo mwa mingi koleka. Na basitwasyo oyo mikakatano ezali se kozala, oyo ekoki kozala liboke ya misala ya sante oyo esengeli kozala, oyo basili komonisa na nivo ya ekólo.

Mokapo oyo ezali komonisa lisalisi ya monganga ya ntina oyo esengeli kopesama na bisika minene na ntango ya kopesa bato lisungi: bamaladi oyo epalanganaka, sante ya mwana, sante ya binama ya kosangisa nzoto mpe ya kobotela, kosalisa bampota ná batromatisme, sante ya motó, bamaladi oyo epalanganaka te mpe lisalisi ya bilakisi ya maladi.

2.1 Bamaladi oyo epalanganaka

Likama oyo ekweli bato, ezala oyo euti na biloko ekelama, na bitumba to na nzala, mbala ebele ematisaka motángo ya bato bazali kobɛlabɛla na baoyo bazali kokufa na bamaladi oyo epalanganaka. Bato oyo bazokende kofanda na bisika ya bato ebele to na bibombelo ya bato ebele bakokutana na bamaladi lokola pulupulu na kintuntu, bamaladi oyo ekopalangana nokinoki. Kobeba ya batwalete to kozanga mai ya peto ekoki kosala ete bamaladi oyo ekoyaka na mai mpe na biloko oyo ememaka yango epalangana nokinoki. Lokola bato bakozala lisusu nzoto makasi te mpo na kobundisa bamaladi, ekozala pete mpenza mpo bakoma kozwa bamaladi yango. Kobeba ya bibongiseli ya sante ekoki kokata lisalisi moto azali kozwa na ntango molai, na ndakisa ya VIH mpe maladi ya ntolo (TB), momeseno ya kopesa bato mangwele, mpe kosalisa bamaladi ya pete lokola oyo ya pema.

Bamaladi makasi ya pema, pulupulu, kintuntu mpe malaria ezali se kati na bamaladi minene oyo ezali kozwa bato ebele mpenza kati na bato bakweli likama. Komileisa mabe makasi ezali kokomisa lisusu bamaladi oyo mabe makasi, mingimingi mpo na bana ya mbula na nse ya mitano, mpe na kati ya mibange.

Na ntango ya likama, mokano ezali ya kopengola na bamaladi oyo epalanganaka kaka na ebandeli, kotala makambo ya maladi nyonso, mpe kotala ete lisungi ya lombangu mpe oyo ebongi ezali kopesama soki maladi makasi ebimi. Kopesa lisungi mpo na kosilisa bamaladi oyo epalanganaka esengeli kosangisa kopengola, kokengela, komona kobima na yango, kosala baekzamɛ na yango mpe kosalisa, mpe kopesa lisungi na ntango maladi ebimi.

Lisengami 2.1.1 ya Bamaladi oyo epalanganaka: Kopengola

Bato bakoki kozwa lisalisi ya monganga mpe koyeba makambo mpo na kopengola bamaladi oyo epalanganaka.

Misala ya ntina

1 ⟩ Yeba likama ya maladi oyo epalanganaka kati na bato oyo bazali na mpasi.

- Talá makambo ya koyebisa bato oyo esalemi na ntina etali sante soki ezali wana mpe bilembo oyo ekomami ya bokɛngeli, ndenge moko mpe na sitwasyo ya bato ya komileisa ná kozwa mai ya peto mpe bisika malamu.
- Sala misala elongo na bato bakweli likama mpo na koyeba makama oyo ekoki kozala, bakisa mpe bankumu ya esika wana na basali ya mosala ya sante.

2 ⟩ Sala elongo na basali ya misala mosusu mpo na kozwa meko na ntina etali makambo ebongisami mpo na kopengola mpe tya na kati baprograme ya kolendisa sante na nivo ya bana-mboka.

- Talela makambo ya sikisiki oyo ezali kobangisa, banungunungu ná bindimeli oyo ekoki kobebisa ezaleli ya sante malamu.
- Tambwisa misala elongo na bato ya misala mosusu mpo na koyebisa bato makambo, lokola baoyo balendisaka makambo ya bopeto to basali ya mosala ezali kotala komileisa na kati ya lisangá, mpo na kotala ete boyokani malamu ezali kati na bansango bazali kopesa bato.

3 ⟩ Zwa meko na ntina etali kopesa mangwele mpo na kokima maladi.

- Luka koyeba mposa kampanye ya kopesa mangwele mpo na bamaladi sikisiki oyo epalanganaka na kotalaka likama, soki ekoki kosalema mpe makambo oyo ezali wana.
- Zongela kopesa mangwele ya momeseno na nzela ya programe ya kopesa mangwele oyo esili kosalema wana na lombangu soki likoki ezali.

4 Sala bikateli oyo esengeli kosala mpo na kopengola bamaladi sikisiki.

- Pesa mpe talá ete bamaladi nyonso oyo bazali kati na lopitalo bazali kosalela bamustikɛrɛ oyo batyá nkisi oyo eumelaka (LLINs) na bisika nyonso malaria ezali.

5 Sala bikateli mpo na kopengola mpe kobundisa bamaladi (IPC) na banivo nyonso ya lisalisi ya monganga na kolandaka likama oyo ezali ⊕ talá *Lisengami 1.1 ya Bibongiseli ya sante* ná lisalisi ya WASH na kati ya *Lisengami 6 ya WASH: WASH na bisika bazali kopesa lisalisi ya monganga.*

Bilembo ya ntina

Motángo ya bato likoló na monkama oyo bandimi ezaleli malamu oyo bazali kolendisa na kati ya misala mpe makambo kolakisa bato na ntina etali sante

Motángo ya mabota likoló na monkama oyo eza na mpasi oyo bazali kopesa lapolo ete bazwaki makambo ebongi na ntina etali makama ezali kouta na bamaladi oyo epalanganaka mpe mosala ya kopengola bamaladi

Motángo ya mabota likoló na monkama oyo eza na mpasi oyo bakoki kolimbola bikateli misato oyo ezwami na bango mpo na kokima bamaladi mosusu oyo epalanganaka

Bato ya maladi nyonso oyo bazali kati na bisika ya kozwa lisalisi ya monganga bazali kosalela bamustikɛrɛ oyo batyá nkisi oyo eumelaka (LLIN) na bisika nyonso malaria ezali

Bamaladi minene oyo epalanganaka etelemi to ezali lisusu kobakisama te na ndenge ezalaki liboso likama ekweya

Makanisi ya kolanda

Kotalela makama oyo ekoki kozala: Meka kotalela makama nini ekoki kozala elongo na bato bazali na mpasi, bakonzi ya esika wana ná basali ya mosala ya sante. Talela makama oyo ezali kouta na sitwasyo eza wana mpe biloko ezali zingazinga, lokola na bisika bato ebele batondani mpe na kati ya bingumba. Kanisela mpenza bituluku ya bato mpo na makambo ekoki kobimisa bamaladi moko boye, nzoto kolemba na makama mosusu.

Bikateli ya kopengola oyo ezali kosangisa misala ebele: Zwa bikateli ya kopengola ya makambo ebele lokola oyo ezali kotala bopeto oyo ebongi, kolongola bosɔtɔ, kozwa mai malamu mpe oyo ekoki, ná kobundisa biloko ekoki komemela bato bokono. Kozala na esika ya komibomba ya malamu, kotya ntaka kati ya esika moko na mosusu mpe kosala ete mwa mopɛpɛ eleka na kati ekoki kosalisa mpo na kokitisa kopalangana ya maladi. Komɛlisa mwana kaka mabɛlɛ yango moko mpe kozwa bilei ya kokoka ekoki kosalisa mpenza mpo na kozwa sante malamu ⊕ talá *Mobeko ya ntina mingi na mosala ya kosunga bato: Mokumba 3, Lisengami 1.1 ya WASH ya kolendisa bopeto, Masengami 2.1 ná 2.2 ya WASH ya kopesa bato mai, Masengami 5.1 kino 5.3 ya WASH ya Kolongola biloko ya makasi ya bosɔtɔ, Lisengami 2 ya Esika ya komibomba ná esika ya kofanda ná Kokoka komileisa mpe makambo etali bilei – masengami 4.1 ná 4.2 ya Ndenge ya koleisa babebe mpe bana mike.*

331

Kolendisa sante: Senga bana-mboka bapesaka makambo ya koyebisa na lolenge mpe na minɔkɔ oyo ekoki kokomela mibange, bibosono, basi mpe bana. Zwa ntango ya komeka mpe kondima makambo ya koyebisa na ntina etali makambo minene.

Kopesa mangwele: Ekateli ya kosala kampanye ya kopesa mangwele ekotalela makambo oyo misato:

- **Kotalela makama minene oyo ezali** lokola kozanga kolya malamu, mokumba monene ya maladi oyo ezali kosila te, kotondana ya bato esika moko, biloko ya WASH oyo elongobani te, mpe makama ya bamaladi sikisiki lokola esika bato bafandi, moi to malili, mbula to elanga, mpe kotonga nzoto ya bato.
- Soki **kampanye yango ekoki kosalama,** na kolandaka makambo ya kotalela lokola lolenge ya mangwele, kozala na yango, kotala soki ezali makasi mpe malamu, soki ezali na bitongi ya nzoto se moko to ebele, ezali ya komɛla to ya kotobola ntonga, mpe soki ezali kopikama. Talela makambo ya kosala lokola mwaye ya kozwa bato, mpasi ya kozwa ntango, komema biloko, makambo biloko yango ezo senga, ntalo ná likoki ya kozwa kondima ya bato oyo ezali ya bindimela te.
- **Sitwasyo mobimba ndenge ezali,** bakisa nkokoso ya kolanda etamboli ná esaleli ya malamu na ndakisa botemeli ya lisangá, makambo ezali komonisa bato mosusu mpasi mpo na kozanga biloko mpe nkokoso ya makambo ya politiki to kozanga kimya, to makambo eyebani oyo ezali kobangisa bapesi mangwele.

⊕ *Talá Lisalisi ya monganga oyo esengeli kopesama – Lisengami 2.2.1 ya sante ya mwana: Kopesa mwana mangwele mpo na kokima bamaladi mosusu* mpe *Kopesa mangwele na ntango makama minene ekweli bato: Lolenge ya kozwa bikateli, OMS, 2017,* oyo ezali kolobela bitongi ya nzoto 23, mpe kolera, kobɛla bɔɔngo *(méningite),* kintuntu ná rotavirus.

Kopengola malaria: Bisika malaria ezali kopalangana makasi to mwa moke, kabola bamustikɛre ya LLINs epai ya bato ná mabota oyo ezali na kozanga kolya malamu ya makasi, basi ya zemi, bana na nse ya mbula mitano, bana oyo bazali bango moko mpe bato oyo bazali na VIH. Na nsima, tya liboso bato na baprograme ya kobakisela bato biloko, mabota oyo ezali na bana na nse ya mbula mitano ná mabota oyo ezali na basi ya zemi. Pesa basi ya zemi nkisi mpo na kokima bamaladi na kolandaka mitinda ya ekólo mpe na kotalaka nkisi oyo ezali lisusu kosalisa te. Na bisika oyo ezali na kozanga kolya malamu makasi mpe bato bazali kokufa mingi na kintuntu, kanisa mpo na kopesa bato nkisi ya kokima malaria oyo ezali kolanda mbula na mbula.

Bamaladi oyo bangungi ya Aedes ezali kopesa: Ngungi ya *Aedes* nde ezali kopesa fievre ya dengue, chikungunya, virus ya Zika ná fievre jaune. Pengola maladi na nzela oyo etyami ya kobundisa biloko ekoki komemela bato maladi. Bato basengeli kolata bilamba mpo na komibatela baswama te, mpe mabota esengeli kosalela mai malamu ná bizaleli ya kobwaka bosɔtɔ, mpe kosalela nkisi oyo ebenganaka ngungi to bamustikɛre ya LLINs mpo na bana mike ná babebe oyo bazolala na moi ⊕ *talá Lisengami 4.2 ya WASH ya Kobundisa biloko ekoki komemela moto bokono: Makambo mabota ekoki kosala mpe moto na moto mpo na kobundisa biloko oyo.*

Lisengami 2.1.2 ya Bamaladi oyo epalanganaka: Bokɛngɛli, komona maladi ntango ebimi mpe kopesa lisalisi ya liboso

Bibongiseli ya bokɛngɛli mpe koyebisa makambo ezali komona liboso kobima ya maladi mpe ezali kopesa lisungi liboso.

Misala ya ntina

1 Kolisa to tya nzela oyo ezali kolanda makambo oyo ezali wana mpo na Kokebisa bato liboso mpe kosalisa bango (EWAR).

- Zwa ekateli na oyo etali bamaladi mpe makambo nini esengeli kotalela liboso, na kolandaka boyekoli ya makama ya bamaladi minene.
- Lakisa basali ya mosala ya kopesa lisalisi ya monganga na nivo nyonso makambo etali bamaladi ya kotalela liboso mpe myango ya kosalela mpo na koyebisa bakonzi ya sante makambo mpe kokebisa bato.
- Tinda balapolo ya EWAR ya pɔsɔ na pɔsɔ epai ya basali nyonso mpo basala likambo oyo esengeli kosala.

2 Tya baekipe ya bolukiluki ya kobima ya maladi.

- Talá ete bazali kosala makambo na lombangu mpenza na ntango bakebisi bato.
- Salisa bolukiluki mosusu na esika oyo baekipe ezali na likoki ya kokomela bato bakweli likama, lokola na bisika oyo bitumba ezali kopela makasi.

3 Talá ete bakoki kosala baekzamɛ ya lombangu ya maladi to na balaboratware mpo na kondima solo ete maladi makasi ebimi ⊕ *talá Lisalisi ya monganga oyo esengeli kopesama – Lisengami 2.1.3 ya Bamaladi oyo epalanganaka: Kosala baekzamɛ mpe ndenge ya kosilisa maladi.*

Bilembo ya ntina

Motángo ya makebisi likoló na monkama oyo bazali kopesa na boumeli ya bangonga 24

- 90 %

Motángo ya makebisi likoló na monkama oyo epesami mpe bazali kolandela solo na boumeli ya bangonga 24

- 90 %

Motángo ya makebisi likoló na monkama oyo balandeli solo oyo bazali kotalela makambo na yango na boumeli ya bangonga 24

- 90 %

Makanisi ya kolanda

Kokebisa bato liboso mpe kosalisa bango (EWAR): Na boyokani na basali nyonso, bakisa mpe Ministere ya sante, basalisi ná lisangá, kolisa to tya ebongiseli ya EWAR oyo ezali komonisa bato oyo bakweli likama ⊕ *talá Lisengami 1.5 ya bibongiseli ya sante: Koyebisa*

makambo etali sante. Ebongiseli yango esengeli kozala na likoki ya koyoka banungunungu, makambo oyo esalemaka mikolo nyonso te mpe balapolo euti na lisangá.

Bokɛngɛli na kopesa likebisi liboso: Kolisa ebongiseli ya EWAR elongo na basali mosusu, mpe boyokana na oyo etali misala esengeli kopesa lapolo, kolandana ya bilembo ekomami, bisaleli mpo na kopesa lapolo, bisaleli mpo na kotalela bilembo ekomami, kolimbola likambo na likambo mpe mbala oyo lapolo ezali kopesama.

Kobimisa mpe kopesa likebisi: Makebisi ezali makambo ya momeseno te ya sante oyo ekoki kolakisa ebandeli ya maladi makasi. Lakisa makambo sikisiki ya kotalela mpo na maladi na maladi nyonso mpe pesa lapolo na lombangu mpenza. Salela balapolo oyo ezali kolobela makambo euti kosalama oyo basali ya mosala ya lisalisi ya monganga bapesi to talela balapolo oyo ezali kolanda bilembo (ya pɔsɔ na pɔsɔ to ya mbala na mbala). Koma makebisi nyonso na mbala moko mpe tinda yango epai ya baekipe ya bolukiluki mpo na kotala soki ezali ya solo.

Kotala soki likebisi ezali ya solo: Talá makambo bakebisi na boumeli ya bangonga 24. Kotala soki likambo ezali ya solo ekoki kosalama ata na mosika, na ndakisa na nzela ya telefone, mpe ezali kosenga koluka koyeba bilembo mosusu oyo ekomami ná kotalela likambo to makambo na kolandaka bilembo ezali kolakisa maladi, mokolo ebandaki, esika nini, bobali to bomwasi, mbula, mbuma oyo emonani na sante mpe baekzamɛ ndenge na ndenge.

Koyeba ete maladi ebandi: Soki likebisi emonani ete ezali ya solo, sala ankete na esika wana na boumeli ya bangonga 24. Talá ete baekipe ezali na boyebi ya kokoka mpo na kotala soki makebisi ezali ya solo, kosala ankete na esika yango, koyeba kobima ya maladi oyo bazali kokanisela mpe kozwa baeshantiyo ya laboratware. Ankete yango ekomonisa solo soki maladi ezali soki motángo ya mondelo ya komonisa maladi makasi ekokisami to luka koyeba soki likebisi yango ezali komonisa bamaladi mike to kobɛla ya bato oyo emonanaka mbula na mbula.

Talá makambo oyo ezali, zwa baeshantiyo mpe talela makama oyo ekoki kozala. Ekoki koya komonana ete:

- ezali yango te;
- ezali yango mpenza, kasi ezali kobima ya maladi makasi te; to
- ezali yango mpenza mpe bazali kokanisa ete maladi ya makasi ebimi to bandimi ete ezali.

Kobima ya bamaladi mosusu ekoki kondimama kaka na kotalela yango na laboratware; nzokande, ata bamaladi oyo bakanisi ete ebimi ekoki kosenga kaka kosala likambo moko kozanga koumela.

Mitángo ya mondelo mpo na kopesa likebisi ná ya kobima ya maladi

	Motángo ya mondelo mpo na kopesa likebisi	Motángo ya mondelo mpo na kobima ya maladi
Kolera	Bato 2 bazali na pulupulu makasi ya maimai mpe basili makasi mai na nzoto kati na bato ya mbula 2 to koleka, to bakufi na pulupulu makasi ya maimai na esika moko na pɔsɔ moko moto na moto Moto 1 ya mbula mitano to koleka akufi na pulupulu makasi ya maimai Moto 1 azali na pulupulu makasi ya maimai ntango basali na esika wana ekzamɛ ya mbangumbangu oyo ezali komonisa ete azali na kolera	Endimisami solo ete moto 1 azali na yango
Malaria	Etyami na nivo ya ekólo na kolandaka sitwasyo nini oyo ezali	Etyami na nivo ya ekólo na kolandaka sitwasyo nini oyo ezali
Kintuntu	Moto 1	Etyami na nivo ya ekólo
Kobɛla bɔɔngo (méningite)	Bato 2 na pɔsɔ moko (kati na bato <30 000) Bato 3 na pɔsɔ moko (kati na bato 30 000–100 000)	Bato 5 na pɔsɔ moko (kati na bato <30 000) Bato 10 kati na bato nyonso 100 000 na pɔsɔ moko (kati na bato 30 000–100 000) Bato 2 bandimisami solo ete bazali na yango na pɔsɔ moko kati ya kaa
Fievre ezo bimisa makila	Moto 1	Moto 1
Fievre jaune	Moto 1	Moto 1

Kosala bolukiluki ya kobima ya maladi mpe kopesa lisungi liboso: Sala bolukiluki mosusu soki kobima ya maladi moko endimisami to bazali kokanisela yango. Luka koyeba nini esali yango to euti wapi, nani azali kobɛla yango, lolenge nini ezali kopalangana mpe nani azali na likama ya kozwa yango, mpo na kozwa bikateli ebongi mpo na kobundisa yango.

Sala bolukiluki oyo ezali kolimbola bamaladi mabe ya ndenge na ndenge, oyo ekosangisa:

- motángo ya babeli, bakufi mpe moto abandaki, ntango ná esika ebandaki, mpo na kobimisa mokoloto ezali komonisa komata na kokita ya maladi yango, mpe karte ezali kolakisa bisika maladi ezalaki;
- liste ya milongo oyo ezali kolanda maladi moko na moko, mpe talela bonene ya maladi oyo ebimi, na ndakisa motángo ya bato bakoti na lopitalo, ya baoyo bazwi nkokoso, ya baoyo bakutani na liwa; mpe
- koyeba mitángo ya kobanda na yango na kolandaka mitángo endimami ya bato oyo bazali.

Salela lolenge ya kokanisa makambo oyo ezali kolimbola maladi ná ndenge moto akoki kozwa yango. Kanisa mikrobe, esika ezali kouta mpe nzela ezali kolekela.

Talá mbuma lolenge ya kokanisa wana ebimisi mpe boyokana na ntina etali kolimbola ya kobima ya maladi yango. Kolimbola oyo ekoki kozala ya sikisiki koleka kolimbola ya likambo oyo bazali kosalela mpo na bokɛngɛli. Mbala moko soki bolukiluki ya laboratware esili kondimisa ete maladi ebimi kouta na bisika ebele, landa kolimbola ya maladi yango; ekoki kozala ete mposa ya kokoba kozwa baeshantiyo ezali lisusu te.

Mbuma oyo emonani yebisa yango bato nokinoki mpe mbala na mbala, mpe bongisaka yango ntango nyonso. Tya bikateli ya kobundisa na yango maladi oyo ezali kotalela bato na lombangu mpenza.

Misala nyonso oyo ekoki kosalema na ngonga moko, mingimingi na ntango ya kobima ya maladi oyo ezali se kobakisama ⊕ talá Lisalisi ya monganga oyo esengeli kopesama – Lisengami 2.1.4 ya Bamaladi oyo epalanganaka: Komilɛngɛla mpe kopesa lisungi na ntango maladi mabe ebimi.

Lisengami 2.1.3 ya Bamaladi oyo epalanganaka: Kosala baekzamɛ mpe ndenge ya kosilisa maladi

Bato bazali kozwa baekzamɛ malamu mpe lisalisi ya malamu na bamaladi oyo epalanganaka oyo ezali kosalisa mpo na kokitisa makasi motángo ya bato bazali kobɛlabɛla na baye bazali kokufa.

Misala ya ntina

1 ⟩ Salá mayebisi ya polele oyo ezali kolendisa bato mpo na koluka lisalisi mpo na bilembo ya maladi lokola fievre, kosukosu ná pulupulu.

- Bongisa maloba oyo ya kokoma, kopanza na radio to koyebisa na nzela ya telefone na kosalelaka lolenge nyonso mpe minɔkɔ nyonso okoki kosalela.

2 ⟩ Saleá malako oyo esili kondimama mpo na kosalisa maladi mpo na kopesa lisalisi ya monganga.

- Kanisá kosala lolenge ya kosalisa maladi na kati ya lisangá lokola malaria, pulupulu ná maladi ya pumɔ (pneumonie).
- Tindá bato ya maladi makasi na lisalisi ya nivo ya likoló to tangola bango na bamosusu.

3 ⟩ Pesa bato makoki, bisaleli malamu ya laboratware mpe ya baekzamɛ oyo ebongi.

- Lakisa ndenge ya kosalela baekzamɛ ya mbangumbangu to baekzamɛ ya laboratware mpo na koyeba mikrobe oyo epesi maladi, mpe na nivo nini ya lisalisi ya monganga esengeli kopesama (na ndakisa, baekzamɛ ya mbangumbangu epesama na lisangá).

4 ⟩ Talá ete bazali kokata lisalisi te mpo na bato bazali kozwa lisalisi ya ntango molai mpo na bamaladi oyo epalanganaka lokola TB ná VIH.

- Lakisa epai ya bato baprograme ya kobundisa TB kaka na nsima ya komona bilembo oyo endimami ya maladi wana.
- Sala elongo na baprograme ya VIH mpo na kotala ete bato oyo bazali na maladi ya VIH–TB bazali kozwa bankisi ya bamaladi nyonso mibale.

Bilembo ya ntina

Motángo ya bisika ya sante likoló na monkama oyo ezali kopesa mabɔkɔ na bato bakweli likama na kosalelaka malako oyo esili kondimama mpo na kosalisa maladi sikisiki

- Salela kotala makambo ya sanza na sanza mpo na kolandela lolenge makambo ekoki kotambola

Motángo ya bato likoló na monkama oyo bakanisaki ete bazali na maladi mpe lolenge ya kosala baekzamɛ ndenge ezali kolanda malako oyo endimami eye komonisa solo ete bazali na maladi

Makanisi ya kolanda

Malako mpo na kopesa lisalisi: Malako oyo esengeli kosangisa na liboke moko baekzamɛ, lolenge ya kopesa lisalisi ná kotinda bato esika mosusu. Soki na ntango ya likama liboke ya boye ezali te, kanisa kolanda malako ya bikoló mosusu ya mokili. Luká koyeba lolenge ya bamaladi oyo ezo koka lisusu kosila na nkisi te (mpe na kotalela kotambola ya bato epai na epai), mingimingi mpo na malaria, TB ná typhoïde. Kanisa mpo na bituluku ya bato oyo bakoki kokweya mpenza na makama ya maladi lokola bana ya nse ya mbula mibale, basi ya zemi, mibange, bato oyo bazali na VIH mpe bana oyo bazali na kozanga kolya malamu ya makasi, baoyo bazali na likama makasi ya kozwa bamaladi mosusu oyo epalanganaka.

Bamaladi makasi ya pema: Na ntango ya makama, bolembu ebakisamaka na kotondana ya bato esika moko, milinga na kati ya ndako mpe mopɛpɛ ezali koleka malamu te, ná kozanga kolya malamu mpe/to kozanga vitamini A. Kitisa motángo ya bamaladi oyo ekoki koboma na nzela ya koyeba libosoliboso banani bazali kobɛla, kozwa baantibiotike ya komɛla mpe koyeba kotinda na bisika mosusu baoyo bazali kobɛla makasi.

Pulupulu ná pulupulu ya makila: Bundisa motángo ya baye bakoki kokufa na kosalaka ete bato bazwa mpenza likoki ya kozwa mpe kosalela bozongisi ya mai na nzoto na nzela ya monɔkɔ mpe kobakisaka zinc na bilei na nivo ya libota, ya lisangá to ya lisalisi ya monganga ya libosoliboso. Lisalisi ekoki kozwama na bisika ya bozongisi mai na nzoto oyo etyami na lisangá.

Lolenge ya kosalisa bamaladi na lisangá: Bato oyo bazali kobɛla malaria, pneumonie to pulupulu bakoki kozwa lisalisi epai ya ba-ASC oyo bazwi formasyo. Talá ete baprograme nyonso ezali na boyokani mpe lopitalo ya penepene mpenza ezali kotala makambo na yango. Talá ete bato nyonso bakoki kozwa lisalisi kozanga koponapona.

Kosala baekzamɛ na laboratware: Sala ebongiseli ya kotinda baeshantiyo mpo na kosala baekzamɛ na kati ya mboka, na etúká mpe na bamboka ya libanda. Talá ete bazali kosala baekzamɛ ya mbangumbangu mpo na malaria, kolera mpe fièvre ya dengue, bakisa mpe komeka ya nivo ya hemoglobine ya makila. Pesa biloko oyo ebongi mpo na komema baeshantiyo mpo bakende komeka yango mpo na bamaladi mosusu (lokola mwa Cary-Blair mpo na kolera).

Lakisa basali ya mosala ya sante lolenge ya kosala baekzamɛ, koyeba bolamu mpe kosangisa baeshantiyo, komema yango mpe kokoma makambo na mikanda. Bongisa makambo basengeli kolanda mpo na ekzamɛ ya nsuka kati na balaboratware minene na mboka, na etúká to na bamboka ya libanda. Kosala ekzamɛ ya nsuka ezali kosangisa kosala ekzamɛ oyo ezali koumela mikolo ebele, kotala biloko ya maimai ya nzoto mpe mikrobe to kosala ekzamɛ ya ARN mpo na fievre jaune, fievre ya makila ná hepatite E. Tya malako ya kolanda na ntina etali lolenge malamu ya komema baeshantiyo bakokende kotala, mingimingi mpo na fievre ya makila, maladi mabe to mosusu ya ndenge moko. Talela mibeko etali komema biloko na pepo mpe na komemisa baeshantiyo na pepo.

Ezalaka mwa mpasi mpo na kobundisa *tiberkiloze (TB)* mpo nkisi ezo koka lisusu koboma mikrobe te. Tya kaka baprograme soki bato bazali kokoba na kozwa lisalisi, mpe lisalisi yango ekoki kopesama na boumeli ya sanza 12–15 to koleka. Basili koyeba maladi ya TB oyo ezali kotemela bankisi ebele (TB MR, ezali kotemela bankisi mibale ya minene ya TB, isoniazide ná rifampicine) mpe TB oyo ezali kotemela makasi mpenza bankisi (XDR TB, ezali kotemela bankisi minei ya minene ya TB). Nyonso mibale ezali kosenga kopesa lisalisi ya makasi mpo na ntango molai koleka, mpe kobimisa misolo ebele. Na ntango ya makama, mbala mingi ezalaka mpasi mpo na kozwa mwaye ya kosala baekzamɛ mpe kolandela yango malamu mpo na koyeba kopona mpe kosalela bankisi ya TB oyo esengeli.

Lisengami 2.1.4 ya Bamaladi oyo epalanganaka: Komilɛngɛla mpe kopesa lisungi na ntango maladi mabe ebimi

Bato bamilengeli malamu mpo na kobima ya maladi mabe mpe kobundisa yango malamu na ntango ebongi.

Misala ya ntina

1 ⟩ Salá plan ya kokotisa na misala ya komilɛngɛla mpe kopesa lisungi na ntango maladi mabe ebimi elongo na bato nyonso mpe misala nyonso oyo ezali kosala elongo na biso mpe kabola yango.

- Pesa formasyo mingimingi na basali minene na bisika oyo ezali na makama makasi.
- Bongisa liboso nkisi oyo esengeli kozanga te, baapareyi ya minganga, baekzamɛ ya mbangumbangu, biloko ya PPE ná bisaleli mosusu (lokola oyo ya kolera ná pulupulu) na bisika oyo bamaladi wana ekoki mpenza kobima mpe na bisika oyo ezali mwa mpasi mpo na kokoma.

2 ⟩ Zwa mikano ya kobundisa na yango maladi songolo mbala moko soki ebimi.

- Luka koyeba mposa ya kosala kampanye ya kopesa mangwele na bato baponami.
- Kolisa mikano ya IPC, bakisa mpe bisika ya kotangola bato na bamosusu mpo na kolera, hepatite E to bamaladi mosusu oyo ebimi.

3 ⟩ Sala mpe tambwisa misala ya komema biloko soki maladi sikisiki ebimi mpe likoki ya kopesa lisungi.

- Talá ete likoki ezali ya komema biloko mpe kobomba yango na ntina etali bankisi na biloko mosusu, bakisa mpe molongo ya malili mpo na kobatela mangwele.
- Bakisa makoki ya esika ya kozwa lisalisi ya monganga, lokola kopesa bahema mpo na kolera to meningite.
- Talá ete bato bazali na likoki ya kozwa balaboratware mpe komema kuna baeshantiyo ya ekzamɛ na esika oyo bazali, na mboka na bango mpe na bamboka mosusu.

4 〉 Tambwisa misala elongo na bato ya misala mosusu soki esengeli kosala bongo, ata bato ya mosala ya kobatela bana.

Bilembo ya ntina

Motángo ya basali ya sante likoló na monkama na bisika ya makama makasi oyo bazwi formasyo na ntina etali plan mpe malako ya kopesa lisungi na ntango maladi ebimi

Motángo ya bato bazali komona mpasi makasi ekiti na nivo oyo ekoki kondimama

- Kolera <1 %
- Meningite <15 %
- Hepatite E <4 % kati na bato nyonso, 10–50 % kati na basi ya zemi oyo ekomi na sanza misato ya suka
- Difteri (ya kopema) <5–10 %
- Kokelishe <4 % kati na bana ya mbula moko, <1 % kati na baoyo bazali na mbula moko tii minei
- Dengue <1 %

Makanisi ya kolanda

Plan ya komilεngεla mpe kopesa lisungi na ntango maladi mabe ebimi: Sala yango elongo na basali mosusu ya sante, Ministere ya sante, bayi lisangá mpe bakonzi. Esengeli mpe kokotisa na kati basali ya WASH, ya kopesa bato bilei, esika ya komibomba ná mateya oyo bazali kosala elongo na biso, guvernema oyo eyambi biso, basali ya boloko mpe basoda (soki esengeli). Talá ete misala mosusu ya ntina mpenza ezali kobebisama te na ntango bozali kopesa lisungi mpo maladi ebimi.

Plan yango esengeli komonisa:

- lolenge ya kotambwisa lisungi na ntango maladi ebimi na nivo ya mboka, na kati ya mboka mpe na nivo ya lisangá;
- lolenge bayi lisangá bakoki komipesa mpe lolenge ya koyebisa makama oyo ezali;
- kokolisa ebongiseli ya EWAR: kokengela maladi, koyeba kobima na yango, kosala bolukiluki (boyekoli ya bamaladi minene);
- ndenge ya kosala mpo na maladi moko na moko;
- bikateli sikisiki ya kobundisa maladi mpe makambo oyo ezali;
- bikateli oyo ezali kosangisa misala ebele;
- malako ya kolanda na ntina etali bomemi malamu ya biloko mpe kotinda baeshantiyo mpo na bolukiluki na kati ya laboratware;
- baplan mosusu ya kolanda mpo na kokolisa misala na banivo ndenge na ndenge ya lisalisi, bakisa mpe kotya bisika ya kotangola bato na bamosusu kati na bisika bato bazali kozwa lisalisi;
- makoki baekipe ya kobundisa maladi oyo ebimi mpe makambo basali ya mosala ya kopesa lisungi basengeli kokokisa ntango nyonso; mpe
- kozala na nkisi oyo esengeli kozanga te, mangwele, baapareyi ya minganga, biloko ya laboratware ná ya PPE mpo na basali bazali kopesa lisalisi ya monganga, ata kosomba biloko oyo ezali kouta na libanda ya mboka (na ndakisa, nkisi nyonso oyo babombi ya mangwele).

Kobundisa kobima ya maladi ezali kolanda koyebisa likama oyo ezali na ndenge ebongi mpe baekipe ya bato bamipesi mpo na kobundisa maladi yango. Telemisa maladi oyo ebimi na ndenge ekoki mpo epalangana te na bisika mosusu, mpe sala ete motángo ya bamaladi ya sika ebakisama te na esika oyo maladi ebimi. Yango ekosenga koluka mpenza maladi na maladi mpe kosala baekzamɛ na lombangu mpe ndenge ya kosilisa maladi. Pesa bisika ya kotangola bato na bamosusu na ndenge esengeli (na ndakisa, mpo na kolera to hepatite E). Bongisa lolenge ya kobundisa biloko ememelaka bato maladi mpo na kokitisa motángo ya bato bakoki kozwa maladi, salela bamustikɛre ya LLIN mpe bizaleli ya bopeto oyo ezali malamu.

Bakampanye ya mangwele

Meningite: Bato oyo bazali na grupe A, C, W ná Y ya biloko ya maimai ya nzoto bakoki kobimisa bamaladi na ntango ya makama. Mangwele ya A ná C ezali wana mpo na kosalela yango na ntango bamaladi mabe ebimi. Esengami te kopesa mangwele ya momeseno na ntango ya makama, mpe ekoki te mpo na bato ya grupe C ná W. Pesa mangwele na bato baponami kati na bituluku ya bato ya mbula sikisiki na kolandaka mitángo ya ebandeli oyo eyebani, to na baye bazali kobanda na sanza motoba kino mbula 30. Lokola esengaka kobenda mai ya mokongo mpo na kosala ekzamɛ ya nsuka, limbola malamu maladi nini oyo esengeli kosalela bongo.

Fievre oyo ezali kobimisa makila: Ndenge ya kosalisa mpe kosala ekzamɛ ya fievre oyo ezali kobimisa makila, lokola Ebola to fievre ya Lassa, ezali kolanda malako ya ekólo mpe ya bikólo ya mokili mobimba oyo bazali kolandela na lisu makasi. Yango ezali kosangisa malako na ntina etali mangwele ya sika mpe lolenge ya sika ya kosalisa bato. Komipesa na ndenge ya malamu ya bayi lisangá na ntango bamaladi oyo ebimi ezali mpenza na motuya.

Fievre jaune: Esengeli kopesa bato nyonso mangwele mbala moko soki endimisami ete moto moko azali na yango kati na bato oyo bakimi bisika na bango mpe bato oyo bayambi bango. Sangisa yango elongo na bikateli ya kobundisa biloko ya Aedes oyo ekoki komemela bato bokono mpe kotangola mpenza bato ya maladi na bamosusu.

Bukabuka: Bukabuka ezali kati ya Programe monene ya kopesa mangwele(PEV) ya OMS, mpe basengeli kozongela kopesa bato mangwele na nsima ya ebandeli ya likama. Banda kopesa bato nyonso mangwele soki bazwi moto moko azali na bukabuka.

Kolera: Malako ya polele na ntina etali kosalisa mpe kobima ya maladi esengeli kozala wana mpe kotambwisama na kati ya misala ndenge na ndenge. Salela mangwele ya kolera na kolandaka epeseli ya OMS mpe bakisa lolenge ya kosalela makambo na oyo ezali wana mpo na kobundisa kolera.

Hepatite A ná E: Bamaladi oyo ezali na likama monene, mingimingi na bakaa ya bato bakimá mboka. Pengola mpe bundisa kobima ya bamaladi na kosalelaka esika oyo ezali peto, kolendisa bopeto mpe kopesa bato mai ya malamu.

Kintuntu: ⊕ *Talá Lisalisi ya monganga oyo esengeli kopesama – Lisengami 2.2.1 ya sante ya mwana: Kopesa mwana mangwele mpo na kokima bamaladi mosusu.*

Kokelishe to difteri: Mbala mingi maladi ya kokelishe ebimaka na ntango bato bazali kolongwa na mboka. Lokola nkokoso ezali na ntina etali makama kati na bato oyo basila kozwa mangwele ya bamaladi oyo nyonso misato diphthérie, kokelishe ná tétanos (DCT), zala na likebi na ntina etali kosala kampanye ya kopesa bato mangwele ya kokelishe. Salela kobima ya maladi mpo na kosembola bisika oyo bokasi ya nzoto ya momeseno ezangi. Kosalisa maladi ezali kosangisa kopesa bato baantibiotike mpe bankisi mosusu oyo epesami mpo na kopengola na maladi na bato ya mabota esika wapi mwana to mwasi ya zemi azali.

Maladi ya diphthérie ebimaka mingimingi te kasi ezali kaka likama kati na bato oyo batondani esika moko oyo nzoto na bango ekolisami te mpo na kobundisa diphthérie. Kati na bakaa, mbala mosusu basalaka bakampanye ya kopesa bato nyonso mangwele ya diphthérie na mbala misato ya nkisi ekeseni. Kosalisa maladi ezali kosangisa kopesa bato na mbala moko nkisi ezali kosilisa ngenge ya mikrobe ná koboma yango.

Motángo ya bato bazali komona mpasi makasi: Motángo ya bato bazali komona mpasi makasi oyo ekoki kondimama mpo na bamaladi sikisiki ekeseni na kolandaka makambo oyo ezali mpe bokasi ezali na nzoto. Luka na ndenge nyonso kokitisa motángo ya bato bazali komona mpasi makasi. Soki motángo ya bato bazali komona mpasi makasi ezali monene ekoki kolakisa ete bato bazali kozwa lisalisi ya monganga oyo ebongi te, maladi eyebani na nsima mpe lisalisi eye na nsima, kobεlabεla bamaladi minene ezali kati na bato, to lisalisi ya monganga ezali ya mabe. Landela motángo ya bato bazali komona mpasi makasi mbala na mbala mpe zwa bikateli esengeli kozwa mpo na kosembola makambo soki motángo wana emati mingi koleka.

Kosalisa bana: Na ntango maladi mabe ebimi, zwa bana lokola etuluku sikisiki wana ozali kokanisa mpe kosala baprograme. Tambwisa misala mpe tinda bana na bisika ekeseni ya sante mpe ya kobatela bango. Talela makama ezali ya kokabola bana ná baboti na bango. Makama oyo ekoki kowuta na kobεlabεla mpe kokufakufa ya baboti to na ndenge programe esalemi. Sala manso mpo mabota ekabwana te mpe talá ete baboti to bana bazali kondima lisalisi bindimela te. Zwa bikateli mpo na kotika biteyelo kaka ya kofungwama, wana ozali kokanisa bikateli nini osengeli kozwa mpo na kotala makambo ya sante mpe koteya yango.

2.2 Sante ya mwana

Na ntango ya makama, bana bakomaka kutu na bolembu makasi na ntina etali kozwa bamikrobe, bamaladi mpe makama mosusu oyo ekoki kobebisa sante to bomoi na bango. Ezali kaka makambo ya bomoi nde ebebi te, kasi baprograme ya kokolisa nzoto ekoki mpe kokatana. Makama ezali kutu makasi mpo na bana oyo bazali bango moko mpe oyo bakabwani na baboti na bango.

Esengeli kopesa lisungi oyo ekanisami malamu na ntina ya bana. Na ebandeli, lisungi oyo ekotala mingi lisalisi ekosunga bomoi, kasi na nsima ekosenga ete lisungi ekopesama ekoka mpe kokitisa bampasi mpe kolendisa kokola na bango bákoma bato. Baprograme esengeli kotalela makambo minene oyo ezali kosala ete bato bázala kobεlabεla mpe kokufakufa. Mingimingi makama oyo ezali bamaladi makasi ya pema, pulupulu, kintuntu, malaria, kozanga kolya malamu mpe makambo ya nsima ya kobotama oyo ezali kosala ete bana bábelabela to bákufakufa.

Lisengami 2.2.1 ya Sante ya mwana: Kopesa mwana mangwele mpo na kokima bamaladi mosusu

Bana ya kobanda sanza motoba kino mbula 15 babatelami na maladi mpe bazali na likoki ya kozwa misala ya momeseno ya Programe monene ya kopesa mangwele (PEV) na ntango ya makama.

Misala ya ntina

1 > Talá soki ezali kosenga kopesa mangwele, mpe lolenge ebongi ya kopesa lisungi na ntango oyo ya lombango.

- Kosala boye ekolanda likama nini ezali (na ndakisa bato, mbula to elanga), likoki ya kosala kampanye (bakisa mpe mposa ya kopesa badoze ebele, soki ezali), mpe makambo mosusu oyo ezali wana (lokola kimya, bamposa oyo ezali kowelana). Esengeli kosala boye na kotalaka ndenge likama yango ezali kokende ⊕ talá *Lisalisi ya monganga oyo esengeli kopesama – Lisengami 2.1.1 ya Bamaladi oyo epalanganaka: Kopengola.*

2 > Sala kampanye ya kopesa bana nyonso mangwele ya kintuntu, mpo na bana ya kobanda sanza motoba kino mbula 15, ata soki basilaki kozwa mangwele ya kintuntu, na ntango ezali komonana ete motángo ya bato nyonso oyo bazwaki mangwele ya kintuntu ezali na nse ya bato 90 likoló na monkama to eyebani te.

- Bakisa mpe vitamini A mpo na bana ya sanza kobanda 6 kino 59.
- Talá ete bana mike nyonso ya sanza motoba kino libwa oyo bazwaki mangwele bázwa doze mosusu ya mangwele ya kintuntu ntango bazali kokokisa sanza libwa.

3 > Zongela lisusu Programe monene ya kopesa mangwele mbala moko soki ekoki kosalema.

- Luká kosala ete balopitalo oyo ezali kopesa lisalisi ya libosoliboso to bibongiseli ya baekipe oyo ezali kotambolatambola to koluka bato ekoka kopesa bato programe ya ekólo ya mangwele mpo na kopengola na bamaladi, básala mosala wana mikolo koleka 20 sanza na sanza nyonso.

4 > Talá bana oyo bazali kokende na bisika ya kozwa lisalisi ya monganga to na balopitalo bakoki komema epai na epai soki basili kozwa mangwele mpe kopesa bango yango soki basengeli na yango.

Bilembo ya ntina

Motángo ya bana ya sanza motoba kino mbula 15 likoló na monkama oyo bazwi mangwele ya kintuntu, na nsuka ya kampanye ya mangwele ya kintuntu

- >95 %

Motángo ya bana ya sanza motoba kino 59 likoló na monkama oyo bazwi doze ebongi ya vitamini A, na nsuka ya kampanye ya mangwele ya kintuntu

- >95 %

Motángo ya bana ya sanza 12 likoló na monkama oyo bazwi doze misato ya DCT

- >90 %

Motángo ya balopitalo ya lisalisi ya monganga ya libosoliboso likoló na monkama oyo ezali kopesa misala ya ntina ya PEV mikolo koleka 20 na sanza nyonso

....

Makanisi ya kolanda

Kopesa mangwele: Mangwele ezali na ntina mingi mpo na kosala ete bato bákufa mingi te na ntango ya makama minene. Mibeko ya mboka ekoki kolobela makambo nyonso ya lombangu te, to bato oyo bakatisi mindelo ya mboka; boye sala nokinoki mpo na koyeba mangwele nini esengeli kopesa mpe sala plan ya kosalela mosala oyo ezali kolobela lolenge ya komisombela yango. ⊕ *Talá Lisalisi ya monganga oyo esengeli kopesama – Lisengami 2.1.1 ya Bamaladi oyo epalanganaka mpo na koyeba makambo ya kosala na ntina etali makama mpe bikateli ya kozwa na ntina etali kopesa mangwele, mpe Lisengami 1.3 ya bibongiseli ya sante: Nkisi oyo esengeli kozanga te mpe baapareyi ya minganga na ntina etali kosomba mpe kobomba nkisi ya mangwele.*

Kopesa mangwele ya kintuntu: Kopesa mangwele ya kintuntu ezali lisungi ya liboso esengeli kopesama na ntango ya makama.

- *Motángo ya bato:* Talá mitángo ekomami ya bato oyo bakimi mboka na bango ná bato oyo bayambi bango mpo na kotala soki bato nyonso bazwi mangwele ya momeseno ya kintuntu to kampanye ya kopesa mangwele ya kintuntu ezwi bato koleka 90 % na boumeli ya mbula misato eleki. Sala kampanye ya mangwele ya kintuntu soki kopesa mangwele ezwaki bato na nse ya 90 %, eyebani te to endimami te. Na mbala moko pesa mpe vitamini A. Talá ete bato koleka 95 % kati na baoyo baye sika na mboka oyo bazali na sanza motoba kino mbula 15 basili kozwa mangwele.

- *Mbula ya kobotama ya bana:* Ekoki kozala ete bana mosusu oyo basi bakoli bazangaki kozwa mangwele ya momeseno, bakampanye ya mangwele ya kintuntu mpe maladi yango moko ya kintuntu. Bana oyo bazali na likama ya kobɛla kintuntu mpe bakoki kopesa maladi wana na babebe mpe na bana mosusu ya mike, baoyo bazali na likama makasi ya kokufa na bokono wana. Na yango, pesa mangwele na bana tii oyo ya mbula 15. Soki ekoki kosalema te, tya na esika ya liboso bana ya sanza 6 kino 59.

- *Pesa lisusu mangwele:* Bana nyonso ya sanza libwa kino mbula 15 basengeli kozwa doze mibale ya mangwele ya kintuntu ndenge baprograme ya momeseno ya mboka ya kopesa mangwele ezali kosenga. Bana ya kobanda sanza motoba kino libwa oyo bazwi mangwele ya kintuntu (na ndakisa na kampanye ya lombangu) basengeli kozwa doze mibale mosusu na ntango bakokisi mibu oyo esengeli engebene program ya ekólo (mingimingi sanza libwa ná sanza 15 na bisika likama ezali makasi).

Bukabuka: Kanisa kosala bakampanye ya bukabuka na bisika maladi yango ebimi, to ezali komonana ete ekoki kobebisa baprograme ya kosilisa yango, ndenge etalisami na mokanda *Kopesa mangwele na ntango makama minene ekweli bato: Lolenge ya kozwa bikateli* ⊕ *talá Lisalisi ya monganga oyo esengeli kopesama – Lisengami 2.1.1 ya Bamaladi oyo epalanganaka: Kopengola.*

343

Programe ya PEV ya ekólo: Zongisa na lombangu programe ya PEV mpo na kobatela bana na kintuntu, difteri ná kokelishe, mpe kosilisa likama ya bamaladi ya pema. Baprograme ya PEV ya ekólo ekoki kosenga kobakisama ya mangwele ⊕ *talá Lisalisi ya monganga oyo esengeli kopesama – Lisengami 2.1.4 ya Bamaladi oyo epalanganaka: Komilɛngɛla mpe kopesa lisungi na ntango maladi mabe ebimi.*

Bolamu ya mangwele: Talá ete mangwele ezali malamu na ntango nyonso. Landá malako ya basali na yango mpo na koyeba lolenge ya kobomba yango mpe kotya yango na esika ya malili ⊕ *talá Lisengami 1.3 ya bibongiseli ya sante: Nkisi oyo esengeli kozanga te mpe baapareyi ya minganga.*

Kondima likambo bindimela te: Mpo na kopesa mangwele, zwa ndingisa ya baboti to bakengeli ya mwana oyo bandimi bindimela te. Kosala boye ezali kosenga koyeba makama nini ezali mpe mbuma nini mosusu ekoki kobimisama.

Lisengami 2.2.2 ya Sante ya mwana:
Ndenge ya kosilisa maladi ya babebe ná ya bana mike
Bana bakoki kozwa lisalisi ya monganga ya libosoliboso oyo ezali kobundisa makambo minene oyo esalaka ete babebe ná bana bábelakabelaka mpe bákufaka.

Misala ya ntina

1 ⟩ Pesa lisalisi ya monganga ebongi na banivo ekeseni (lopitalo, balopitalo bakoki komema epai na epai to baprograme ya lisangá).

▪ Salela malako ezwami na mokanda 'Newborn Health in Humanitarian Settings' (Sante ya babebe na ntango ya bampasi) mpo na lisalisi esengeli kopesa na babebe ⊕ *talá Mitindami.*

▪ Kanisa kozwa Lolenge ya kosilisa maladi oyo endimami kati na lisangá (iCCM) mpe Lolenge ebongisami na kati ya lisangá ya kosilisa maladi ya bana (IMCI).

2 ⟩ Tya ebongiseli endimami ya kotalela makambo mpe kopona bisika nyonso ezali kopesa lisalisi epai ya babebe to bana oyo bazali kobɛla.

▪ Talá ete mwana oyo azali kolakisa bilembo ya likama makasi (azokoka komɛla to kobenda mabɛlɛ te, azali kosanza biloko nyonso, kokangama, mpe mpongi makasi to kobungisa makanisi) ázwa lisalisi na lombangu.

▪ Ezali mpe malamu kotalela batromatisme ná biloko ya ngɛngɛ ya shimi na bisika oyo emonani ete likama makasi ezali.

3 ⟩ Sala ete nkisi oyo esengeli kozanga te ezala wana na badoze oyo ebongi mpe ekomami malamu mpo na kosalisa bamaladi ya bana oyo eyebani na nivo nyonso ya kopesa lisalisi.

4 ⟩ Talá bana soki bazali kokola malamu mpe bazali kolya malamu.

▪ Tinda bana nyonso oyo bazali kolya malamu te na bisika bazali kosalisa bango mpo na bilei.

▪ Pesa lisalisi ya kati ya lopitalo mpo na bana oyo bazali konyokwama na kozanga kolya malamu ya makasi mpenza.

5 〉 Zwa bikateli ebongi oyo basengeli kolanda mpo na bamaladi mpo na kosalisa bana mpe bamaladi oyo bakoki kokima na kopesaka bango mangwele, lokola diphthérie ná kokelishe, na basitwasyo oyo likama ezali monene ya komona maladi mabe ebima.

- Salela bikateli oyo ezali wana soki likoki ezali.

6 〉 Kanisa kosala maloba ya koteya na ntina etali sante mpo na kolendisa mabota ekoka komipesa na bizaleli malamu mpo na sante mpe oyo ezali kopengola na bamaladi.

- Teya makambo basengeli kosala lokola komɛlisa mwana kaka mabɛlɛ, koleisa babebe, kosokola mabɔkɔ, kobatela babebe bazwa malili te mpe kolendisa bokoli ya bana mike.

7 〉 Kanisa kosala maloba ya koteya na ntina etali sante mpo na kolendisa bato mpo na koluka lisalisi ya liboso mpo na maladi nyonso lokola fievre, kosukosu to pulupulu kati na bana ná babebe.

- Zwa bikateli ya koluka bana oyo bazali na mokolo to moboti oyo azali kosalisa bango.

8 〉 Luka koyeba bana nini bazali na mbeba to bazali kokola malamu te.

- Pesa toli na ntina etali likambo yango mpe tinda bango na misala ya kopesa lisalisi to kobongisa.

- -

Bilembo ya ntina

Motángo ya bana ya nse ya mbula 5 oyo bazali kokufa

- Na nse ya bana 2 kati na bana 10 000 bazali kokufa na mokolo ⊕ *talá Apendisi 3 mpo na koyeba kosala mimeko*

Lisalisi malamu ya malaria ezali kopesama na ntango ebongi epai ya bana nyonso ya nse ya mbula 5 oyo bazali na malaria

- Na bangonga 24 ya komona ebandeli ya bilembo ya maladi
- Kolongola bana ya nse ya mbula 5 oyo bazali na kozanga kolya malamu ya makasi mpenza

Mungwa ya kotya na mai ya komɛla mpo na kozongisa mai na nzoto (SRO) mpe kobakisama ya zinc oyo epesami na ntango ebongi na bana nyonso na nse ya mbula 5 oyo bazali na pulupulu

- Na bangonga 24 ya komona ebandeli ya bilembo ya maladi

Lisalisi malamu epesami na ntango ebongi na bana nyonso na nse ya mbula 5 oyo bazali na maladi ya pema *(pneumonie)*

- Na bangonga 24 ya komona ebandeli ya bilembo ya maladi

- -

Makanisi ya kolanda

Lisalisi esengeli kopesama na babebe: Pesa babebe nyonso lisalisi malamu na kobotama na bango, mpe ekozala malamu mingi kati na lopitalo mpe engebene ⊕ *talá* 'Makambo ebongisami mpo na kozala na zemi mpe kobota' (IMPAC) **mpe** malako kati na mokanda

'Newborn Health in Humanitarian Settings'. **Ezala kobotama esalemi na lisalisi ya sipesiali to te, lisalisi esengeli kopesama na babebe ezali boye:**

- kobatela mwana na kozwa mɔtɔ to malili (kozala mbangu te na kosokola bebe, kobatela ye azala ya kopola te mpe kopesa ye mwa mɔtɔ na komemaka ye loposo ezali kosimba loposo);
- kapengola na bamaladi (lendisa bizaleli ya bopeto ya kobota, kosokola mabɔkɔ, kosokola malamu motolu, loposo ná miso ya mwana);
- lisungi mpo na koleisa (komɛlisa mwana na mbala moko mpe kaka mabɛlɛ yango moko, kozanga kofina mabɛlɛ ya liboso *(colostrum)* mpe kobwaka yango);
- kolandela makambo (kotala bilembo ya likama ya bamaladi to basitwasyo ekoki kosenga kotinda bango na esika mosusu); mpe
- lisalisi ya nsima ya kobotama (pesa yango na ndako to pene na ndako na pɔsɔ ya liboso ya bomoi na ye, na koyebaka ete bangonga 24 ya liboso ezali na ntina mingi mpenza mpo na koya kopesa lisalisi ya nsima ya kobotama; bongisa koya kotala mbala misato na ndako na pɔsɔ ya liboso ya bomoi).

Lolenge ebongisami na kati ya lisangá ya kosilisa maladi ya bana (IMCI) ezali kotala mingi lisalisi ya bana na nse ya mbula 5 na nivo ya ebandeli ya lisalisi ya monganga. Na nsima ya kotya IMCI, kotisa malako oyo ezali kotambwisa balopitalo na kati ya malako endimami mpe lakisa yango malamu epai ya basali ya mosala ya sante.

Lolenge ya kosilisa maladi oyo endimami kati na lisangá (iCCM) ezali lolenge ya kopesa lisalisi malamu na ntango ebongi mpo na kosilisa malaria, maladi ya pema ná pulupulu kati na bato oyo bazali mpenza na makoki te ya kokoma na balopitalo, mingimingi mpo na bana ya nse ya mbula 5.

Kosalisa baoyo bazali na pulupulu: Salisa bana oyo bazali na pulupulu na kopesaka bango mai ya mungwa ya komɛla mpo na kozongisa mai na nzoto (SRO) oyo ezali kosangana mpenza noki te na biloko mosusu, bakisa mpe zinc. Zinc ezali kokata boumeli ya pulupulu na mokuse, mpe ba SRO ezali kopekisa kosila ya mai na nzoto. Lendisa bapesi lisalisi bákoba na kopesa mabɛlɛ to babakisa kopesa yango na boumeli ya ntango nyonso oyo, mpe na nsima bámatisa ndenge nyonso ya kopesa bilei.

Kosalisa baoyo bazali na maladi ya pema (pneumonie): Soki bana bazali na kosukosu, talá soki bazali kopema mbangumbangu to na mpasi mpe soki ntolo ezali kokota makasi. Soki ezali bongo, salisa bango na antibiotike ya komɛla oyo ebongi. Tinda baoyo bazali na bilembo ya likama to na pema makasi mpo bazwa lisalisi ya libosoliboso.

Mitángo ya mbala moto azali kopema makasi ezali kolanda bambula na ye ya kobotama:

Kobotama – sanza 2: >60/min	Sanza 12: >50/min
Mbula 1–5: >40/min	Mbula 5: >20/min

VIH: Esika motángo ya bato bazali na VIH eleki 1 %, sala baekzamɛ ya bana nyonso oyo bazali na kozanga kolya malamu ya makasi mpenza. Bamama ná basalisi ya babebe oyo bakoki kozwa VIH basengeli na lisalisi ebongi mpe kozwa toli ⊕ *talá Masengami ya Kokoka komileisa mpe makambo etali bilei.*

Koleisa bana oyo bakabwani na baboti na bango: Bongisa lolenge oyo etambwisami malamu ya koleisa bana oyo bakabwani na baboti to oyo bazali na moto ya kokengela bango te.

Makambo etali kobatela bana: Salela misala ya sante ya momeseno mpo na koyeba bana oyo basundolami, babebisami mpe bazali konyokwama. Tinda bana ya boye na misala oyo ezali kobatela bana. Kotisa na kati ya misala ya sante ya momeseno myango ya kolanda mpo na kosilisa makambo etali koyeba nani azali nani mpe makambo ya bomwasi to bobali mpo na bamama ná babebe, bana mpe bilenge.

Kotinda bana na bisika bakoleisa bango: ⊕ Talá Lisengami 3 ya Kokoka komileisa mpe makambo etali bilei: Bozangi biloko ya mikemike oyo etongaka nzoto, mpe Lisengami 2.2 ya Ndenge ya kosalisa kozanga kolya malamu: Kozanga kolya malamu ya makasi.

Kobeba ya mopɛpɛ ya ndako: Kanisa kopesa matuka mosusu ya kolambela mpo na kolongola milinga ná bamaladi ya pema oyo ezali komemela bato ⊕ talá Lisengami 3 ya Esika ya komibomba ná esika ya kofanda: Esika ya kofanda ná Lisengami 4: Biloko ya ndako.

Biloko ya ngɛngɛ: ⊕ Talá Apendisi 4.

2.3 Sante ya binama ya kosangisa nzoto mpe ya kobotela

Uta ebandeli ya likama, esengeli ete lisalisi oyo ekobikisa bato na ntina etali kosangisa nzoto mpe kobota ezala wana. Tya misala ya kokoka na lombangu soki likoki ezali.

Misala oyo ya ntina ezali kati na lisungi ezali kopesama mpo na sante mpe ezali kosalisama na kosalelaka biloko epesami mpo na sante ya binama ya kobotela ⊕ talá Lisengami 1.3 ya bibongiseli ya sante: Nkisi oyo esengeli kozanga te mpe baapareyi ya minganga.

Kati na lisalisi oyo mobimba ya sante ya binama ya kosangisa nzoto mpe ya kobotela tozali na oyo etali kobongisa misala oyo ezali, kobakisa misala oyo ezangi mpe kobongisa ezaleli na yango. Koyoka lolenge nini bibongiseli ya sante etongami ekosalisa mpo na koyeba ndenge nini kopesa yango mabɔkɔ ⊕ talá Masengami 1.1 tii 1.5 ya Bibongiseli ya sante.

Bato nyonso, ata baoyo bazali na basitwasyo ya mpasi, bazali na lotomo ya kozwa sante ya binama ya kosangisa nzoto mpe ya kobotela. Lisalisi ya sante ya binama ya kosangisa nzoto mpe ya kobotela esengeli kozwa na motuya bonkɔkɔ ya bato ya esika wana mpe bindimeli na bango kaka ndenge mpe bozali kotosa ntomo ya bato oyo endimami na mokili mobimba. Talela bamposa ya bilenge, mibange, bibosono mpe bato oyo bazali na makama, ata soki bazali komonisa makanisi ya ndenge nini to komilakisa soki bazali basi to mibali na likambo ya kosangisa nzoto.

Na ntango ya makama, esalemaka mingi ete bato ebele bábebisama na makambo ya kosangisa nzoto, ata kosalisa bango mpo na litomba ya basusu mpe konyokola bango. Basali nyonso basengeli kosala elongo mpo na kopekisa yango mpe kopesa lisungi, na boyokani makasi ná bato ya mosala ya kobatela bato. Sangisa malamu makambo ya koyebisa na bato mpe oyo ezali ya bizaleli malamu. Lakisa na basusu makambo oyo ekomami kaka na kolandaka bikateli endimami oyo esili kozwama ⊕ talá Mitinda etali kobatela bato mpe Lisengami 1.5 ya bibongiseli ya sante: Koyebisa makambo etali sante.

Lisengami 2.3.1 ya sante ya binama ya kosangisa nzoto mpe ya kobotela:
Lisalisi ya monganga mpo na kobota, mpo na bamama mpe babebe

Bato bazali na likoki ya kozwa lisalisi ya monganga mpe ya kobota malamu oyo ezali kosalisa mpo kobɛlabɛla ná kokufakufa ezala mingi koleka te mpo na bamama ná babebe.

Misala ya ntina

1 > Talá ete misala ya kobotisa ya malamu mpe ya peto, ya lisalisi esengeli mpo na babebe, mpe ya lisalisi ya lombangu ya zemi ná kobota mpe ya mwana oyo auti kobotama ezala wana ntango nyonso.

- Tya ebongiseli ya kotinda bato epai mosusu ná koyebisa makambo mpe komema bango uta esika bafandi kino esika ya kozwa lisalisi ya monganga to na lopitalo oyo ezali kosala ntango nyonso.

2 > Pesa basi nyonso ya zemi oyo ezali komonana biloko ya peto ya kobotela soki emonani ete bakoki kozwa basali ya sante oyo bayebi mpenza mosala na bango to kokoma na balopitalo te.

3 > Solola na bayi lisangá mpo na koyeba makambo nini bato ya esika wana basepelaka na yango, bizaleli na bango mpe lolenge batalelaka kosalela bipekisi ya zemi.

- Solola na mibali, basi, bilenge mibali mpe basi etuluku na etuluku mpe moto na moto.

4 > Bongisa makambo mpo bato bakoka kozwa lolenge ya bipekisi zemi oyo esalaka ntango molai mpe bakoki kolongola yango na nsima mpo na kopesa lisusu bokasi ya kozwa zemi, ná lolenge ya bipekisi zemi oyo ezali kosala mpo na mwa ntango moke na balopitalo na kolanda kosenga ya bato, ezala wana mpo moto ye moko akoka kozwa yango na ndenge ezali komonana na bato nyonso te.

- Pesa mateya oyo ezali kobeta sete na likambo ya kopona biponela te mpe bolamu ya kosalela yango.

Bilembo ya ntina

Lisalisi ya bato bayebi mosala ezali wana mpo na kopesa lisalisi ya lombangu na basi ya zemi to bauti kobota ná bana bauti kobotama na ntango nyonso

- Lisalisi ya lombangu oyo esengeli mpo na basi ya zemi to bauti kobota ná bana oyo bauti kobotama: bisika mitano to koleka mpo na bato 500 000
- Lisalisi nyonso oyo ekoki mpo na basi ya zemi to bauti kobota ná bana bauti kobotama: esika moko to koleka mpo na bato 500 000

Motángo ya bana likoló na monkama oyo babotami na lisalisi ya basali oyo bayebi mosala malamu

- Esengeli eleka: 80 %

Ebongiseli ezali wana ya kotinda esika mosusu mpe kosalisa na lombangu basi ya zemi to bauti kobota ná bana bauti kobotama

- Ezali wana butu moi mpe mikolo nyonso

Motángo ya basi likoló na monkama oyo bazali kobotisa na balopitalo na kosalaka bango lipaso

- Esengeli kozala: 5–15 %

Bisika nyonso bato bakoki kozwa lisalisi ya libosoliboso ezali kolakisa ete ezali na lolenge koleka minei ya bipekisi zemi kobanda sanza misato kino motoba ya ebandeli ya likama.

....

Makanisi ya kolanda

Kosalisa na lombangu basi ya zemi to bauti kobota ná bana bauti kobotama: Bato soki 4 likoló na monkama kati ya bato nyonso ekozala basi ya zemi, mpe bato soki 15 likoló na monkama kati na bango bakokutana na nkokoso oyo bakanaki te na oyo etali kobota na boumeli ya zemi to na ntango ya kobota, oyo ekosenga ete bazwa lisalisi na lombangu. Ekosenga ete bana soki 5–15 likoló na monkama bábotama na kosalaka bamama na bango lipaso *(césarienne).* Ekosenga lisalisi ya lombangu mpo na kobikisa bana oyo bauti kobotama kobanda 9 kino 15 likoló na monkama. Bana oyo bauti kobotama 5 kino 10 likoló na monkama bazali kopema na mbala moko te nsima ya kobotama, mpe esengeli kopemisisa bango, mpe ekosenga kozongisela ndambo na bango bokasi ya bomoi. Kozanga kopema malamu ezali kouta mingimingi na makambo minene lokola kobotama matsombe mpe makambo mosusu mabe eyelaki bango liboso ya kobotama oyo ekataki bango pema ⊕ *talá Lisalisi ya monganga oyo esengeli kopesama – Lisengami 2.2.2 ya sante ya mwana: Ndenge ya kosilisa maladi ya babebe ná ya bana mike.*

Kosalisa ya malonga ya lombangu ya basi ya zemi to bauti kobota ná bana bauti kobotama ezali kosangisa kopesa baboti baantibiotike, nkisi ezali kokolisa esika mwana afandaka na libumu (nkisi ya kotobola ya oxytocine, misoprostol), nkisi ya kotobola mpo moto akangama te (sulfate de magnésium), kolongola biloko basaleli mpo na kopekisa zemi na kosalelaka baapareyi oyo ebongi, kolongola kɔku na mabɔkɔ, kosalisa mwasi abotela na nzela ya nse (kobenda mwana na vantuze), mpe kopesa bokasi ya bomoi na bamama ná bana bauti kobotama.

Kosalisa oyo ekoki ya lombangu ya basi ya zemi to bauti kobota ná bana bauti kobotama ezali kosangisa nyonso touti kolobela likoló awa, bakisa mpe lipaso ya kolalisa moto mobimba mpongi (kosala césarienne, kopasola na nse ya libumu), mpe kozongisa makila na ndenge ya mayele mpe ya malamu na kotosaka makambo esengeli kolanda na bokebi nyonso. Lisalisi bakopesaka mwasi nsima ya kolongola zemi ezali lisalisi ebikisaka bomoi oyo etangami kati na lisalisi ya lombangu ya zemi mpe kobota ná ya bana bauti kobotama, mpe ezali koluka kokitisa kokufa na komona mpasi ezali kouta na nkokoso ya kolongwa ya zemi (zemi elongwe yango moko) mpe kolongola zemi na ndenge ya mabe. Kosalisa oyo ezali kosenga koyeba kokanga makila oyo ezali kobima (ntango mosusu na kosalaka lipaso mpe kotonga) ná makila oyo ebebisami na mikrobe, mpe kopesa lisalisi mpo na kobundisa tétanos.

Ezali na ntina mingi ete misala nyonso mibale, ezala oyo ekoki to oyo ya malonga, ya kopesa lisalisi ya lombangu na basi ya zemi to bauti kobota ná bana bauti kobotama ezala wana na ntango nyonso.

Ebongiseli ya kotinda bato epai mosusu esengeli kotala ete basi to bana oyo bauti kobotama bazali na makoki ya kokende mpe kozonga na esika ya kozwa lisalisi ya monganga ya libosoliboso, esika oyo ezali na lisalisi oyo esengeli mpo na basi ya zemi to bauti kobota ná bana bauti kobotama, mpe na lopitalo moko oyo ezali na lisalisi oyo ekoki ya lombangu mpo na basi ya zemi to bazali kobota ná bana bauti kobotama.

Kobota malamu: Solola na bituluku ekeseni ya bayi lisangá mpo na koyeba makambo nini basepelaka na yango mpe mimeseno na bango. Talá soki bayi lisangá bayebi esika ya kozwa bipekisi ya zemi mpe ndenge nini bakoki kozwa yango. Yebisa bango makambo na mitindo ebele mpe na minɔkɔ ekeseni mpo na kondima ete bazali na likoki. Senga bankumu ya lisangá bakoka kopanza nsango wana.

Basali oyo bazwi formasyo oyo bazali koyeba makambo oyo baklia na bango basepelaka na yango, mimeseno na bango mpe sitwasyo na bango basengeli kopesa toli na ntina etali bipekisi zemi. Toli yango esengeli kobeta sete na kobomba makambo ya bato, komipesa ya moto ye moko, kondima likambo bindimela te mpe kopona biponela te, mbano nini ezali komonana ya kosalela biloko ya monganga ná oyo ezali ya monganga te, bankokoso ekoki komonana na nsima, ndenge ya kosala mpe kolandela makambo, mpe kolakisa ndenge ya kolongola biloko yango soki esengi kolongola yango.

Esengeli kozala na lolenge ya bipekisi zemi ya ndenge na ndenge na mbala moko liboso ete bato basenga yango. Basali basengeli kozwa formasyo mpo na kolongola bipekisi zemi oyo ezali kosala na ntango molai mpe koya kopesa lisusu bokasi ya kozwa zemi soki balongoli yango.

Misala mosusu: Bandisa lisalisi mosusu ya bamama ná bana bauti kobotama mbala moko soki likoki ezali, bakisa mpe lisalisi ya liboso ya kobota na ya nsima ya kobota.

Kosala misala elongo na bato ya misala mosusu: Sala elongo na bato ya mosala ya kopesa bilei mpo na kotala ete basi ya zemi ná baoyo bazali komɛlisa bana mabɛlɛ bazali kotindama na ndenge ebongi na misala ya kopesa bato bilei, na ndakisa mpo na kozwa bilei oyo bazali kobakisela bato oyo baponami ⊕ talá *Kokoka komileisa mpe makambo etali bilei – Masengami 2.1 ná 2.2 ya Ndenge ya kosalisa kozanga kolya malamu*.

Lisengami 2.3.2 ya Sante ya binama ya kosangisa nzoto mpe ya kobotela:
Kobebisama na makambo ya kosangisa nzoto mpe lolenge ya kosalisa baye basangisi bango nzoto na makasi

Bato bakoki kozwa lisalisi ya monganga oyo ezali malamu mpe oyo ezali kokokisa bamposa ya bato oyo babebisamaki na makambo ya kosangisa nzoto.

Misala ya ntina

1 ⟩ Luka koyeba ebongiseli monene nini ezali mpo na kotambwisa lolenge ya kosala makambo oyo ezali kosangisa bato ya misala ndenge na ndenge mpo na kobundisa likama ya kobebisama na makambo ya kosangisa nzoto, talá ete bato bazali kotindama na bisika mosusu mpe pesa mabɔkɔ na makambo nyonso ezali kotala bato wana.

▪ Sala mosala elongo na bato ya misala mosusu mpo na kokolisa mosala ya kopengola mpe kopesa lisungi.

2 ⟩ Yebisa bato ya lisangá misala nini oyo ezali wana mpe motuya ya koluka na mbala moko lisalisi ya minganga nsima ya kobebisama na makambo ya kosangisa nzoto.

- Pesa lisalisi esengeli kopesama nsima mpo na VIH mbala moko soki likoki ezali (na boumeli ya bangonga 72 nsima ya kokutana na likambo yango).
- Pesa bipekizi zemi ya lombangu na boumeli ya bangonga 120.

3 ⟩ Tya bisika ya malamu kati na balopitalo mpo na koyamba bato oyo bauti kobebisama na makambo ya kosangisa nzoto mpe pesa lisalisi bazwaka na lopitalo ná kotinda bango esika mosusu.

- Lakisa mpe salela bikateli ya polele ná liste ya ntomo ya bato ya maladi.
- Pesa formasyo na basali ya mosala ya sante bayeba makambo etali kosolola na ndenge ya kolendisa, kobomba sekele na makambo ya moto mpe kobatela makambo etali moto ye moko.

4 ⟩ Sala ete lisalisi bazwaka na lopitalo mpe mosala ya kotinda bato na bisika mosusu ekoka kozala na misala mosusu ya kolendisa bato mpo na bato oyo bauti kobebisama na makambo ya kosangisa nzoto.

- Talá ete esaleli ya kotinda bato na bisika mosusu ezali mpo na kolongola bango na basitwasyo oyo ekoki komemela bango liwa, ya mpasi to ya makasi.
- Tya bisaleli ya kotinda bato bisika mosusu kati na misala ya sante, ya mibeko, ya kobatela bato, ya kimya, ya kosalisa baye babulungani mpe ya lisangá.

Bilembo ya ntina

Balopitalo nyonso ezali na basali oyo bazwi formasyo, biloko mpe baapareyi ekoki mpo na misala ya lolenge ya kosalisa baye basangisi bango nzoto na makasi engebene bikateli bazali kolanda na ekólo wana to na bikólo ya mokili mobimba

Bato nyonso oyo bauti kobebisama na makambo ya kosangisa nzoto bazali koloba ete bazwaki lisalisi ya monganga na ndenge ya malamu oyo ezali kobomba makambo na bango moko

Baoyo nyonso baponami kati na bato bauti kobebisama na makambo ya kosangisa nzoto bazali kozwa:

- Lisalisi bakopesaka na nsima na boumeli ya bangonga 72 nsima ya likambo to ya bokutani na yango
- Bipekisi zemi ya lombangu na boumeli ya bangonga 120 nsima ya likambo to ya bokutani na yango

Makanisi ya kolanda

Kopengola kobebisama na makambo ya kosangisa nzoto mpe na kosangisa nzoto na makasi ezali kosenga ete misala nyonso ekoka kosala likambo elongo ⊕ *talá Lisengami 2.1 ya WASH ya Kopesa bato mai* ⊕ *talá Lisengami 3.2 ya WASH ya Kolongola nyei* ⊕ *talá Kokoka komileisa mpe makambo etali bilei – Lisengami 6.3 ya Lisungi mpo na kozwa bilei* ná *Lisengami 7.2 ya Makoki ya kobikela; Masengami 2 ná 3 ya Esika ya komibomba ná esika ya kofanda* ⊕ *talá Etinda etali kobatela bato 1* mpe *Mobeko ya ntina mingi na mosala ya kosunga bato: Mokumba 4 ná 8.* ⊕ *Talá Lisengami 1.1 kino 1.3 ya Bibongiseli*

ya sante mpo na koyeba makambo mosusu na ntina etali kokomisa bisika ya lisalisi ya monganga ezala ya malamu mpe oyo ezali kopesa lisalisi ya malamu.

Lisalisi bakopesaka na lopitalo, ata ya sante ya motó ná kotinda bato oyo babebisamaki na bisika mosusu mpo bazwa lisalisi, esengeli kozala wana na balopitalo nyonso oyo ezali kopesa lisalisi ya libosoliboso mpe na baekipe oyo ezali kokende bipai na bipai ⊕ *talá Lisengami 1.2 ya Bibongiseli ya sante* ná *Lisengami 2.5 ya Lisalisi ya monganga oyo esengeli kopesama.* Likambo oyo ezali kosangisa kozala na basali oyo bayebi mosala na bango malamu mpo na kopesa lisalisi na koyokela bato mawa, na ntango ebongi mpe na kobomba makambo etali bato, mpe kopesa toli na bana nyonso, mikólo mpe mibange na makambo etali:

- bipekisi zemi ya lombangu;
- kosalisa ekzamɛ ya zemi, makambo ndenge na ndenge ya koyebisa bato na ntina etali zemi mpe na koyebisa kolongola zemi oyo ezali mpenza kolanda mibeko;
- kosalisa bato oyo esili kobongisama mpo na bamaladi moto akoki kozwa na kosangisa nzoto;
- mikano basili kozwa mpo na kobundisa VIH epalangana te na nsima ⊕ *talá Lisengami 2.3.3 ya Sante: VIH*
- kopengola na hepatite B;
- kosalisa bampota ná kopengola na tétanos; mpe
- kotinda bato na misala mosusu mpo bazwa lisalisi, lokola misala mosusu ya sante, ya kosalisa baye babulungani, ya mibeko mpe ya lolenge ya kofanda na lisangá.

Talá ete motángo ya basi to mibali kati na basali ya lisalisi ya monganga ezala ya kokokana; bazala bato bayebi koloba malamu minɔkɔ ya esika wana mpe minɔkɔ ya babeli. Lakisa mpe basi ná mibali oyo bazali kotika basuku mpe babongoli ya minɔkɔ mpo basala misala na bango na kozanga kopona bilongi mpe na lolenge ya kotengama te. Pesa foramasyo na basali ya lisalisi ya monganga na ntina etali lisalisi bakopesaka na lopitalo mpo na bato oyo bauti kobebisama na makambo ya kosangisa nzoto, na kotalelaka mingi kosolola na ndenge ya kolendisa bango, istware mpe baekzamɛ, kopesa lisalisi mpe toli. Na esika oyo ekoki kosalema mpe mposa ezali, pesa bango formasyo na ntina etali ebongiseli ya mibeko etali bibembe mpe lolenge ya kosangisa bilembeteli na makambo etali bibembe.

Bana oyo bauti kobebisama na makambo ya kosangisa nzoto: Bana basengeli kosalisama na basali ya mosala ya kopesa lisalisi oyo bazwi formasyo na makambo etali lolenge ya kosalisa bana nsima ya bosangisi nzoto na makasi. Tika bana bápona mosali mwasi to mobali oyo akosalisa bango. Kotisa na lombangu basali ya mosala ya kobatela bato na makambo nyonso.

Komipesa ya bana-mboka: Sala elongo na babeli mpe lisangá mpo na kobongisa lolenge ya kozwa mpe kondima lisalisi, mpe kopesa baprograme ya kokima bamaladi mosusu na boumeli mobimba ya likama. Talá ete myango ya koyebisa makambo ezali koleka na ndenge ya kobomba makambo ya bato ezali, mpe ezali kosalema nokinoki. Kotisa na likambo oyo basi, mibali, bilenge basi ná mibali, mpe bato oyo bazali na makama lokola bibosono mpe bituluku ya ba-LGBTQI.

Kolanda nzela ya mibeko: Yeba ebongiseli ya mibeko etali lisalisi ya monganga ya ekólo mpe mibeko mosusu oyo etali kobebisama na makambo ya kosangisa nzoto. Yebisa baye bauti kobebisama mibeko oyo ezali kosengisa bango bayebisa likambo nyonso oyo ekoki kotya mindelo na kobombama ya makambo etali moto ye moko kati na makambo babeli bazali koyebisa na basali ya mosala ya lisalisi ya monganga. Likambo oyo ekoki kobongola ekateli na bango mpo bakoba to batika koluka lisalisi yango, kasi esengeli kotosa yango.

Na bamboka ebele, kolongola zemi endimami na mibeko soki moto akutani na makambo lokola kosangisa nzoto na makasi. Na esika oyo ezali bongo, bato basengeli kozwa lisalisi yango to kotindama na bisika mosusu mpo bazwa yango kozanga kopona bilongi.

Atako kotalela kobebisama na makambo ya kosangisa nzoto ezali na ntina makasi, lolenge mosusu ya kobundisa moto mpo azali mwasi to mobali, lokola konyokwama na molongani, kobalisa bana ná kobalisa na makasi, mpe kobebisa nzoto ya bomwasi emonanaka mingi kaka na ntango makama ekweli bato te, kasi na basitwasyo mosusu ekoki kobakisama na boumeli ya likama mpe ezali kobebisa makasi sante (ya nzoto, ya kosangisa nzoto, ya motó) ya bato oyo basengeli kozwa lisungi ya sikisiki. Malako mosusu ekotambwisaka bikólo ya mokili ezali kondima se kondima ete kaka kobebisama na makambo ya kosangisa nzoto te nde ezali kobebisa sante, kasi lolenge mosusu oyo ya kobundisa moto mpo azali mwasi to mobali ezali mpe kobebisa sante ⊕ talá *IASC Guidelines for Integrating Gender-Based Violence Interventions in Humanitarian Action*.

Lisengami 2.3.3 ya Sante ya binama ya kosangisa nzoto mpe ya kobotela:
VIH

Bato bazali kozwa lisalisi ya monganga oyo ezali kopekisa kopesa bato maladi mpe kokitisa motángo ya bato bazali kobɛlabɛla mpe kokufakufa na VIH.

Misala ya ntina

1 ⟩ Tya makebisi mpe lolenge ya kosalela oyo ekoki mpe landela yango mpo bato basalela malamu mpe na mayele kozongisa bato makila.

2 ⟩ Pesa na bato nyonso oyo basili kobanda kozwa yango lisalisi ya bankisi oyo ezali kozongisa bibundisi ya virus na nzoto (ART), bakisa mpe basi kati na baprograme oyo ya kopengola mama na kopesa mwana maladi.

- Luka mpenza kolandela bato oyo bazali na VIH bakoba kozwa lisalisi.

3 ⟩ Pesa bakondome ya mwa mafutamafuta mpo na mibali, mpe bakondome mpo na basi na bisika oyo bazali kosalela yango uta kala.

- Sala elongo na bakonzi mpe na bato bakweli likama mpo na koyeba ndenge basalelaka yango na esika wana, ndimisa bato mingi basalela yango mpe talá ete kokabola ya bakondome yango ebongi na mimeseno ya bato.

4 ⟩ Sala ete basi nyonso ya zemi bazwa ekzamɛ na bisika oyo motángo ya kopalangana ya VIH eleki 1 %.

5 ⟩ Bandisa lisalisi ya nsima ya bokutani (PEP) na mbala moko soki likoki ezali, kasi ezala na boumeli ya bangonga 72 ya bokutani mpo na baoyo bauti kobebisama na makambo ya kosangisa nzoto mpe na kati ya mosala na bango.

6 Pesa bato lisalisi ya co-trimoxazole mpo na bamaladi oyo ezelaka mabaku mpo na kokotela moto mpo na:

a. babeli oyo bazali na VIH; mpe
b. bana oyo babotami na bamama oyo bazali na VIH, baoyo bazali na pɔsɔ kobanda minei kino motoba; koba kosala bongo kino kozwa VIH elongolami.

7 Talá ete bisika bakopesaka lisalisi ya monganga ya libosoliboso ezali na bankisi ebomaka mikrobe mpe pesa ndenge ya kotalela bilembo ya maladi epai ya babeli oyo bazali na bilembo ya maladi kati na oyo epalanganaka na nzela ya kosangisa nzoto.

Bilembo ya ntina

Makila nyonso oyo bazongisaki bato basali yango ekzamɛ mpe ezali na maladi moko te moto akoki kopesa basusu na nzela ya kozongisa makila, ata VIH

Motángo ya bato likoló na monkama oyo bazalaki kozwa uta kala lisalisi ya bankisi oyo ezali kozongisa bibundisi ya virus na nzoto (ART) oyo bazali kokoba kozwa bankisi ya ART

- 90 %

Motángo ya basi likoló na monkama oyo bazali kokoma na misala ya sante oyo basali bango ekzamɛ ya VIH, na bisika oyo motángo ya kopalangana ya VIH eleki 1 %

- 90 %

Motángo ya bato likoló na monkama oyo bakoki mpenza kozwa VIH oyo bazali kokende na balopitalo oyo bazali kozwa lisalisi ya PEP na boumeli ya bangonga 72 ya bokutani na likambo yango

- 100 %

Motángo ya babebe likoló na monkama oyo bazali na likama ya kozwa VIH oyo bazali kozwa nkisi ya co-trimoxazole, babebe ya pɔsɔ kobanda minei kino motoba

- 95 %

Makanisi ya kolanda

Misala ya ntina totangi likoló awa esengeli komonana na misala nyonso ya kopesa bato lisungi, ata soki VIH yango epalangani ndenge nini na esika yango.

Kotisa lisangá oyo ekweli likama ná bituluku minene ya bato na mosala ya kokabola nkisi ya kobundisa VIH (lokola basali ya mosala ya sante, bakonzi, basi, ba-LGBTQI, bibosono), mpe talá ete bayebi esika nini bakoki kozwa bankisi oyo ezali kobundisa virus yango (ARV). Soki lisangani ya bato oyo bazali na VIH esili kozala wana, solola na bango mpe kotisa bango na kati ya kobongisa mpe kosalela baprograme.

Kokabola ya bakondome na lisangá kati na bituluku ya bato moko boye esalisaka mpenza. Bituluku minene ya bato mpe bilenge bakoyeba mbala mingi esika nini baninga na bango bazali kokutana, mpe baoyo bamipesi bakoki kokabolela baninga na bango biloko. Lakisa bituluku minene ya bato makambo oyo ekokani na mimeseno na bango na ntina etali kosalela malamu bakondome mpe kobwaka yango. Sala ete bakondome ezala wana mpo na bayi lisangá, basali ya mosala ya kopesa lisungi, basoda, bakumbi ya mituka minene ya kopesa lisungi mpe bato mosusu.

Kozongisa bato makila: ⊕ Talá Masengami 1.1 ná 1.3 ya Bibongiseli ya sante.

Kosalisa moto mpe kopesa ye nkisi nsima ya bokutani na likambo esengeli kosangisa kopesa toli, kotalela likama ya kozwa VIH, kondima likambo bindimela te, kotalela esika nkisi ya kobundisa virus euti mpe kopesa yango. Kopesa lisalisi ya PEP na moto oyo ayebani ete azali na VIH te. Atako ezali malamu kopesa toli mpe kosala baekzamɛ liboso ya kobanda kopesa PEP, soki ekoki kosalema te, koumela te mpo na kobanda kopesa lisalisi ya PEP ⊕ talá Lisalisi ya monganga oyo esengeli kopesama – Lisengami 2.3.2 ya sante ya binama ya kosangisa nzoto mpe ya kobotela: Kobebisama na makambo ya kosangisa nzoto mpe lolenge ya kosalisa baye basangisi bango nzoto na makasi.

Misala nyonso ya kosala mpo na kobundisa VIH na ntango ya makama: Tya misala oyo elandi na kozanga koumela soki ekoki kosalema:

Kokebisa bato na likambo ya VIH: Bongisa makambo ya koyebisa oyo bato ebele bakoki kozwa, mingimingi na bituluku ya bato oyo bazali na likama monene, na ntina etali kopengola na VIH mpe na bamaladi mosusu moto akoki kozwa ka kosangisa nzoto.

Kopengola VIH: Pesa bituluku ya bato oyo bazali na likama makasi misala oyo ekoki kokitisa makama lokola bisaleli ya malamu mpo na kotobola nkisi, mpe lisalisi ya ndenge mosusu mpo na bato oyo bazali komitobola bankisi to bangi, na bisika oyo misala wana esilaki kozala ⊕ talá Lisengami 2.5 ya Lisalisi ya monganga oyo esengeli kopesama: Lisalisi ya sante ya motó.

Kopesa toli na ntina etali VIH mpe kosala baekzamɛ: Pesa (to zongisa) misala ya kopesa bato toli ná kosala baekzamɛ oyo ezali na boyokani ná kobanda kopesa bankisi ya ART. Bituluku ya bato oyo basengeli koleka libosoliboso na baekzamɛ ya VIH ezali basi ya zemi mpe balongani na bango, bana oyo bazali na kozanga kolya malamu ya makasi na bisika oyo kopalangana ya VIH eleki 1 %, mpe bituluku mosusu ya baya bazali na likama makasi.

Koboya bato mpe kopona bilongi: Ezali na ntina mingi kotala ete lolenge ya kosala ná baprograme ezali kobakisa lisusu koboya bato te. Luka na ndenge nyonso kokitisa makambo ya koboya bato mpe kopona bilongi na bisika oyo eyebani ete bizaleli ya koboya bato mpe kopona bilongi ezali makasi.

Kosunga bato na bankisi ya ART: Pesa na bato nyonso oyo basengeli na yango bankisi ezali kobundisa virus na nzoto – kaka na bato oyo basilaki kokomisa bankombo te – na lombangu.

Kopengola mama na kopesa mwana maladi: Sala basi ya zemi na balongani na bango baekzamɛ, mpe sala baekzamɛ ya liboso ya VIH epai ya babebe. Pesa nkisi ya ART na basi oyo bayebani ete bazali na VIH to baoyo ekzamɛ bauti kosala bango ezali kolakisa ete bazali na yango. Tinda babebe oyo ekzamɛ emonisi ete bazali na VIH na misala ya bana oyo bazali na yango. Pesa malako na ntina etali koleisa babebe babotami na basi oyo bazali na VIH oyo basengeli mpenza koyeba, mpe makambo mosusu oyo ebongisami mpo na kopesa bango mabɔkɔ mpe kokebisa bango ⊕ talá Kokoka komileisa mpe makambo etali bilei – Masengami 4.1 ná 4.2 ya Ndenge ya koleisa babebe mpe bana mike.

Likambo ya koyeba: Ebongiseli ya Caritas Internationalis mpe basangani na yango bazali kotinda bato na kosalela to na kokabola ata eloko moko te oyo esalemi na bato mpo na kopekisa kobota.

Misala mpo na kobundisa kozwa na mbala moko VIH/TB: Bongisa misala ya kosala baekzamɛ ya TB mpo na bato oyo bazali na VIH mpe kotinda bango na bisika mosusu. Pesa lisalisi ya TB na bato oyo basilaki kokomisa nkombo na programe ya kozwa lisalisi yango ⊕ *talá Lisalisi ya monganga oyo esengeli kopesama – Lisengami ya 2.1.3 ya Bamaladi oyo epalanganaka: Kosala baekzamɛ mpe ndenge ya kosilisa maladi.* Kangisa esika moko misala ya kosala baekzamɛ ya TB ná VIH na bisika oyo bamaladi wana ezali komonana mingi, mpe tya mosala ya kopekisa kopalangana ya TB na bisika bazali kopesa lisalisi ya monganga.

2.4 Kosalisa bampota ná batromatisme

Na ntango nyonso oyo bato bazali na likama, yango nde esalaka ete bato ebele babelakabelaka mpe bakufaka. Bosengi oyo ebakisami ya misala ya kosalisa batromatisme ekoki koleka nokinoki makoki ya bibongiseli ya sante ya esika wana. Mpo na kobundisa makambo mabe bampota ekoki kobimisa mpe likama ya kokweisa ebongiseli ya sante, tya ndenge ya kopona makambo ntango nyonso mpe koyeba nini ezali kozokisa bato ebele na mbala moko wana bozali kopesa lisalisi oyo esengeli na ntango ya likama, oyo ezali kosalisa malamu mpe kopesa lisusu bato nzoto nkolongono. Mokapo oyo ezali kolobela lisungi ya ebongiseli ya sante na baye bazoki bampota na nzoto. Malako ya sikisiki ya kolanda na ntina etali biloko ya ngɛngɛ, sante ya motó ná kobebisama na makambo ya kosangisa nzoto elobelami epai mosusu ⊕ *talá Apendisi 4: Biloko ya ngɛngɛ; Lisengami ya 2.5 ya Lisalisi ya monganga oyo esengeli kopesama* mpe *Lisalisi ya monganga oyo esengeli kopesama – Lisengami 2.3.2 ya Sante ya binama ya kosangisa nzoto mpe ya kobotela.*

Lisengami 2.4 ya Kosalisa bampota ná batromatisme: Kosalisa bampota ná batromatisme

Bato bakoki kozwa lisalisi malamu mpe oyo ezali kosunga bango na batromatisme na ntango ya makama mpo na kobundisa kokufakufa, kobɛlabɛla, komona mpasi mpe bambeba nyonso oyo bakoki kokima.

Misala ya ntina

1 ⟩ Pesa lisalisi mpo na batromatisme na banivo nyonso mpo na babeli nyonso.

▪ Tya nokinoki bibongiseli malamu ya kotinda bato bisika mosusu kati ya balopitalo ná kouta na masangá oyo ekweli likama mpo na kokende na balopitalo yango.

▪ Tya balopitalo bakoki komema epai na epai to balopitalo ya mboka soki lisalisi na bisika etongami ekoki kozwama te mpo na bato.

2 ⟩ Talá ete basali ya mosala ya sante bazali na mayele mpe na boyebi mpo na kosalisa bampota.

▪ Kotisa na lisambo bato ya nivo nyonso kobanda na bapesi lisungi ya liboso kino baoyo bazali kopesa lisungi ya nsuka ya lipaso ná kolalisa bato na nkisi.

3 ⟩ Tya to kolisa makambo basili koyokana mpo na kopona mpe kosalisa bampota ná batromatisme.

▪ Kotisa bibongiseli ya kotinda bato mpo na mosala ya kobatela bana, bato oyo bauti kobebisama na makambo ya kosangisa nzoto, mpe baoyo basengeli kozwa lisalisi ya sante ya motó ná kobondisa baoyo babulungani.

4 ⟩ Pesa na bato nyonso oyo bakoki kozoka bampota bankisi ebongisami mpo na kobundisa tétanos, na bato oyo bazoki mpota minene mpe baoyo bamipesi na misala ya kosunga bato mpe ya kopetola bisika.

5 ⟩ Talá ete masengami ya libosoliboso mpo bato bazala malamu mpe misala etambwisama malamu ezali wana na bisika nyonso oyo bazali kosalisa bato na batromatisme ná bampota, ata na kati ya balopitalo ya bamboka.

6 ⟩ Talá ete likoki ezali ya kozwa misala ya kopesa moto lisungi azongela bomoi na ye ya mikolo nyonso, baapareyi ya kosalisa moto libosoliboso mpe bisalisi mpo na kotambola mpo na bato oyo bazoki bampota.

- Monisa solo ete baapareyi ya kosalisa lokola bakiti ya kotambolela mpe banzete ya kotambolela to mpe biloko mosusu ezali kosalisa moto mpo na kotambola bakoki kobongisa yango na esika wana.

7 ⟩ Talá ete bato bakoki kozwa na ntango ebongi misala ezali kosunga sante ya motó mpe kobondisa baoyo babulungani.

8 ⟩ Tya to kolisa bibongiseli ya koyebisa makambo etali sante mpo na kokotisa makambo ekomami na ntina etali bampota ná batromatisme.

- Tya na esika ya liboso mikanda elobeli makambo ya ntina ya kosala na lopitalo lokola makambo ya moto na moto oyo baminganga bakomi mpo na bato nyonso oyo bazali na batromatisme.
- Salela makambo oyo balimboli mpo na kokotisa bampota kati na makambo ekomami kati na ebongiseli ya koyebisa makambo etali sante.

Bilembo ya ntina

Motángo ya balopitalo likoló na monkama oyo ezali na plan ya kobundisa likama oyo ezali kosangisa kati na yango kosalisa bato ebele oyo bazoki, plan oyo bazali kotalela mpe komekameka yango mbala na mbala

Motángo ya balopitalo likoló na monkama oyo ezali na malako mpo na baye bazoki makasi, bakisa mpe biloko ya kosalela oyo ebongisami mpo na kopona bato

Motángo ya balopitalo likoló na monkama oyo ezali na bato ya mosala oyo bazwaki formasyo esengeli na kokanisaka bato ebele oyo bazoki makasi

Motángo ya balopitalo likoló na monkama oyo ezali kolanda bikateli ezwami mpo na ndenge ya malamu mpo na kobundisa kobɛlabɛla mpe kokufakufa kati na bato engebene bilembo ekomami oyo ezali

Makanisi ya kolanda

Kopesa bato **formasyo ná mayele** mpo na kosalisa bampota ná batromatisme esengeli kolakisa:

- ndenge ya kosalisa kozoka ya bato ebele, mpo na baoyo bazali kopesa lisungi mpe kotambwisa lisungi yango;
- lisalisi basengeli kopesa moto libosoliboso;

- kopona bato na ndenge esengeli na bisika bazwami mpe na balopitalo; mpe
- koyeba makambo liboso, kopesa moto bokasi ya bomoi, kosalisa bampota, kosalisa mpasi moto azali koyoka mpe kobondisa baoyo babulungani na ntango ebongi.

Malako ebongisami esengeli kozala wana to esengeli kosala yango mpo na kokokisa makambo oyo elandi:

- kotya bato na milongo oyo ezali kolanda kopona bango na kolandaka basitwasyo ya mikolo nyonso mpe oyo ya likama oyo ezali kosangisa kotalela makambo, kolandisa yango malamu, kopesa bokasi ya bomoi oyo esengeli mpe makambo oyo esengeli mpo na kotinda moto bipai mosusu na lombangu;
- lisalisi ya lombangu oyo moto azali kozwela na esika oyo bazweli ye; mpe
- kotinda bato bisika mosusu na lombangu mpo na kozwa lisalisi mosusu, lokola lipaso, lisalisi ya nsima ya lipaso mpe kosalisa ye azongela bomoi ya mikolo nyonso.

Masengami oyo esengeli mpo na kobatela mpe ya bolamu: Ata na esika oyo bazali kopesa lisalisi ya batromatisme mpo na kosunga bato na likama monene esalemi to na bitumba oyo ezali kosila te, esengeli kotalela Masengami ya libosoliboso ezala wana. Makambo esengeli kotalela yango oyo:

- kosalela malamu mpe na mayele bankisi, baapareyi mpe biloko ya makila, ata molongo ya kozwela biloko yango;
- kopengola mpe kobundisa bamaladi;
- lotiliki ya kokoka mpo na mwinda, koyebisana makambo mpe kotambwisa baapareyi ya minganga oyo ya ntina lokola baapareyi ya kozongisela na yango moto bokasi ya bomoi na lombangu ná banzungu ya kotya biloko ya kosalela na mɔtɔ makasi; mpe
- ndenge ya kolongola biloko ya bosɔtɔ oyo euti na esika ya lisalisi ya monganga.

Lisalisi ya liboso oyo epesami na kati ya lisangá: Lisalisi ya liboso oyo ebongi mpe oyo epesami na ntango ya malamu na bato oyo basalaka mosala yango te ezali kobikisa bato soki esalemi na ndenge ya malamu mpe mbala na mbala. Bapesi nyonso ya lisalisi ya liboso basengeli kolanda lolenge ya ebongisami malamu mpo na bato oyo bazoki. Ezali na ntina mingi bápesa bango formasyo oyo esengeli mpo na kosalisa bampota, lokola kosokola mpe kokanga yango.

Bakisa mpe lisalisi ya liboso moto akoki kozwa na ndako mpe na lisangá, ntango nini moto asengeli koluka lisalisi ya monganganá mpe na esika nini. Kebisa bato na makama ya sitwasyo sikisiki oyo ezali, lokola kozala ya biloko na esika moko te to likama ya kozoka na ntango bazali koluka kosunga bato mosusu.

Kopona ezali lolenge ya kosala oyo ezali kotya bato ya maladi na milongo engebene bonene ya bampota na bango mpe lisalisi basengeli na yango. Ezali komonisa banani basengeli kozwa lisalisi ya monganga na lombangu. Ezali na bibongiseli ebele na ntina etali kopona. Ebongiseli moko bazali kosalela mingi ezali kozwa balangi mitano: ya motane mpo na babeli ya kosalisa liboso ya bato nyonso, ya mosaka mpo na oyo balandeli, ya mai ya mpondu mpo na oyo ya nse, ya bulé mpo na babeli oyo baleki makoki ya tekiniki ya esika ya lisalisi wana to oyo basengeli kozwa lisalisi ya bilakisi ya maladi, mpe langi ya mwa moindo mpo na baye bakufi.

Lisalisi ya lombangu ya liboso oyo epesami na bato bayebi mosala: Basali nyonso ya mosala ya sante ya nivo ya likoló, lokola badoktere, basengeli koyeba kosala mosala na bango malamu mbala na mbala mpo na bato oyo bazali kobɛla mpe oyo bazoki makasi

⊕ *talá esaleli ya ABCDE kati na buku IFRC International First Aid and Resuscitation Guidelines*. Kopesa lisungi ya liboso mpo na kopesa moto bokasi ya bomoi mpe kobikisa ye, lokola kozongisa mai ná kopesa baantibiotike, kokanga kobima ya makila mpe kosalisa moto mpo apema malamu, ekoki kopesama na bisika ebele liboso ya kotinda moto ya maladi na misala ya nivo ya likoló.

Kopesa moto nkisi ya kolalisa mpongi, kosalisa batromatisme pe kosala lipaso: Lisalisi ya lombangu, ya kopasola moto mpe kobongisa ye esengeli kosalema kaka na bibongiseli oyo ezali na boyebi ya kokoka. Bapesi lisalisi basengeli kosala engebene makambo oyo bayekoli mpo na kosala yango, basengeli mpe kozala na biloko esengeli mpo na misala na bango. Lisalisi oyo ezali ya kokoka te mpe ya malamu te ekoki kosala mabe mingi na esika oyo ya kozanga kosala eloko. Lipaso oyo basali na kozanga lisalisi oyo ebongi liboso mpe nsima ya kosala moto lipaso, mpe kobongisa oyo ekokoba na nsima ekoki kozangisa moto oyo abeli makoki ya koya koyoka malamu.

Balopitalo ya bamboka: Ekoki kosenga ete bosalela mpo na mwa ntango moke balopitalo ya bamboka, mingimingi na ntango ya makama makasi, mpe esengeli kotambwisama na Ministere ya Sante to na misala minene ná basali mosusu ya sante. Masengami mpe bolamu ya lisalisi esengeli kokokisa masengami ya ekólo ná ya bikólo ya mokili ⊕ *talá Mitindami* mpo na koyeba makambo mosusu.

Kozongisa na ndenge ya liboso mpe kozongisa moto kati na lisangá ya bato: Kozongisa moto na ntango ebongi mpo azala lokola azalaki liboso ekoki kokolisa bomoi, kosalisa makasi mpenza lisalisi ya monganga mpe lipaso, mpe kobongisa lolenge ya bomoi ya bato bautaki kozoka bampota. Baekipe ya bamínganga oyo ezali na makoki ya kosalisa bato kati na lopitalo esengeli kozala na makoki ya kopesa lisalisi na ntango ebongi oyo ezali kozongisa moto lokola azalaki liboso. Koma na mokanda makoki ya kozongisa moto na ndenge ya liboso mpe banzela ya kosalela mpo na kotinda ye na bisika mosusu. Mpe sosola boyokani ezali kati na bibongiseli ezali kotalela kofanda malamu ya bato oyo ezali wana ná lisungi na nzela ya mbongo. Tya boyokani ezali wana na bisika ezali wana mpo na kozongisa bato na ndenge ya liboso to bibongiseli ya kozongisa bato na ndenge ya liboso oyo ebongisami na lisangá mpo na kopesa lisalisi oyo ezali se kokoba.

Liboso ya kolongola bato ya maladi na lisalisi bazali kozwa, kanisa naino bamposa oyo bazali na yango ya kosilisa batromatisme mpe bampota, ata baoyo bazalaki na mbeba liboso ya kozwa likama. Talá ete bazali kolandela lisalisi mpe kozonga na bango na ndenge ya liboso, bazali koteya bato ya maladi mpe basalisi na bango, bazali kopesa bango biloko ekoki kosalisa bango (lokola banzete ya kotambolela to bakiti ya kotambolela), bazali kozwa lisalisi ya sante ya motó mpe bazali kobondisa baoyo babulungani, mpe bakoki kozwa misala mosusu oyo esengeli. Sala baplan mpe tya baekipe oyo ekoki kopesa lisalisi ndenge na ndenge, ata bamínganga oyo bayebi mpenzampenza kobongisa bato mpo bazonga na ndenge ya liboso, na basali ya mosala oyo bayebi malamu kosalisa baye babeli motó mpe kobondisa baoyo babulungani. Kosalisa baye babeli motó mpe kobondisa baoyo babulungani kati na bato oyo bomoi na bango ebongwani mpo na makama bazwi esengeli kobanda kaka na ntango oyo bazali naino na kati ya lopitalo. Ezali na ntina mingi ezala na boyokani na misala ya kopesa lisungi oyo ezali se kokoba ⊕ *talá Lisengami ya 2.5 ya Lisalisi ya monganga oyo esengeli kopesama: Lisalisi ya sante ya motó.*

Makambo ya sipesiali ya kotalela – kobundisa koyoka mpasi: Lolenge malamu ya kosilisa koyoka mpasi nsima ya kozwa likama ezali kosala ete makama ya kozwa pneumonie ezala moke mpe kobundisa kokangama makasi ya misisa, ezali mpe kosalisa moto ya maladi abanda kozwa lisalisi ebongi na nzoto na ye. Ezali kobundisa kobulungana ya moto, oyo ezali kosala ete moto abelabela mingi te na etamboli ya makila na nzoto, mpe ezali kobundisa kobulungana na makanisi. Basengeli kosalisa mpasi makasi oyo ezali kouta na batromatisme engebene kolandana ya bampasi ndenge etyami na OMS. Bampasi ya misisa oyo euti na kozoka ya misisa ekoki kozala wana uta ebandeli mpe basengeli kosalisa yango na ndenge oyo ebongi ⊕ *talá Lisengami 1.3 ya bibongiseli ya sante: Nkisi oyo esengeli kozanga te mpe baapareyi ya minganga* ná *Lisengami 2.7 ya Lisalisi ya monganga oyo esengeli kopesama: Lisalisi ya bilakisi ya maladi* ⊕ *talá kolandana ya bampasi ya OMS*.

Makambo ya sipesiali ya kotalela – ndenge ya kosalisa bampota: Na ntango ya makama mingi, bato ya maladi ebele bakoya koluka lisalisi ngonga koleka motoba nsima ya kozoka mpota. Koumela mingi liboso ya koya koluka lisalisi ezali kobakisa makasi likama ya kopolisa pota mpe kokufa mpo na yango. Basali ya mosala ya kopesa lisalisi ya monganga basengeli koyeba malako ya kolanda mpo na kosalisa bampota (ata oyo ya kozika) mpe kobundisa kopola ya pota ná kosalisa yango, ezala mpo na baoyo bazoki makasi ná baoyo baumelaki liboso ya koya kozwa lisalisi. Malako yango ezali kosangisa kopesa moto baantibiotike oyo ebongi, kopasola moto mpo na kolongola biloko mosusu na nzoto ná biteni ya nzoto oyo esili kokufa, mpe kobongisa yango.

Tetanos: Na ntango ya makama oyo ebimaka na mbala moko, likama ya kozwa tetanos ekoki kozala monene. Pesa bato oyo bazali na bampota ya kofungwama mangwele oyo ezali na nkisi ya kobundisa tetanos (mangwele ya difteri ná tétanos oyo ezali na DT to Td – to ya DPT, na kolandaka bambula ya moto ná mangwele asila kozwa). Bato oyo bazali na bampota ya bosɔtɔ to oyo epoli makasi basengeli mpe kozwa doze moko ya globiline oyo ezali kobatela na tetanos (TIG) soki bazwaki naino te mangwele ya tetanos.

2.5 Sante ya motó

Nkokoso ya sante ya motó mpe ya makanisi ezali komonana mingi kati ya mikolo, bilenge mpe bana oyo bazali na bisika oyo makama ekweli bato. Mitungisi makasi oyo esangisami na bampasi ezali kotya bato na likama monene ya kokutana na nkokoso na oyo etali efandeli na bango, bizaleli na bango, makanisi mpe mayele na bango. Kosalisa sante ya motó mpe kobondisa baoyo babulungani ezali kosangisa misala ebele na mbala moko. Lisengami oyo ezali kolobela mingi misala oyo basali ya mosala ya sante basengeli kosala ⊕ *talá* Mobeko ya ntina mingi na mosala ya kosunga bato mpe Mitinda etali kobatela bato mpo na kozwa makamb mosusu na ntina etali kosunga bato bazala na makanisi malamu na nzela ya misala ebele.

Lisengami 2.5 ya Sante ya motó:
Lisalisi ya sante ya motó

Bato ya bambula nyonso bazali kozwa lisalisi ya monganga na ntina etali sante ya motó mpe etamboli ya makanisi oyo ebebi.

Misala ya ntina

1 › Tambwisa misala ya sante ya motó mpe kobondisa baoyo babulungani na biteni ekeseni.

- Tya grupe ya bato ya mosala ya biteni ebele mpo na kotalela makambo ya sante ya motó mpe ya kobulungana. Ekoki kotambwisama na ebongiseli ya sante elongo na ebongiseli ya kobatela bato.

2 › Bongisa baprograme oyo ezali kolandela bamposa oyo eyebani na biloko oyo ezali.

- Talela bibongiseli ya sante ya motó oyo ezali, makoki ya basali, mpe biloko mosusu to misala.
- Sala mosala ya kotalela bamposa, wana ozali koyeba ete makambo ya sante ya motó ekokaki kozala wana uta kala, ebimisami na likama ekweli bato to nyonso mibale.

3 › Sala elongo na bayi lisangá, ata bato oyo balingami te na lisangá, mpo na kokolisa lisungi oyo lisangá yango moko ekoki kopesa mpe lisungi ya bato oyo bafandi esika moko.

- Lendisa bayi lisangá bakoka kosolola na ntina etali banzela nini bakoki kosilisela bankokoso na kosalaka elongo, wana bazali kosalela mayele ya bayi lisangá, eksperiansi na bango mpe biloko na bango.
- Batela to pesa mabɔkɔ na bozongisi ya banzela ya kopesa bato lisungi oyo esilaki kozala wana, lokola mangomba ya basi, ya bilenge mpe ya bato oyo bazali na VIH.

4 › Lakisa bato ya mosala na bavolontere na makambo etali lolenge ya kopesa lisungi ya liboso na baye babulungani.

- Salela mitinda oyo etali lisungi ya liboso ya kopesa na baye babulungani mpo na kosilisa kotungisama makasi ya makanisi nsima ya bokutani na makambo makasi oyo ekokaki koningisa makanisi na bango.

5 › Sala ete lisalisi ya monganga na ntina etali sante ya motó ekoka kozala na bisika nyonso bato bazali kozwa lisalisi ya monganga.

- Bongisa formasyo moke mpe tambwisa misala ya basali ya sante nyonso mpo na kotalela mpe kotala makambo ya sante ya motó oyo basengeli kotalela liboso.
- Bongisa nzela ya kotindela bato epai ya basipesialiste ya sante ya motó, ya bapesi nyonso ya lisalisi ya monganga, ya lisungi ya bato ya lisangá mpe ya misala mosusu.

6 › Sala ete misala ya kosunga baye babulungani ekoka kozala wana soki likoki ezali mpo na bato oyo bazali lisusu malamu te likoló ya mpasi oyo eumeli.

- Soki likoki ezali, pesa formasyo na baoyo bazali basipesialiste te mpe tambwisa misala na bango.

7 › Batela ntomo ya bato oyo sante ya motó na bango ebebi makasi na kati ya lisangá, na balopitalo mpe na misala.

- Kendaka mbala na mbala kotala balopitalo ya bato ya maboma mpe bandako esika bato oyo sante ya motó na bango ebebi makasi bafandi uta kaka na ebandeli ya likama.
- Luka kosilisa kosundolama mpe kobebisama ya bato kati na misala mpe bongisa lisalisi.

8 > Bundisa mabe ezali kouta na bomeli masanga ná diamba.

- Pesa basali formasyo mpo na koyeba mpe kopesa lisungi moke, kobundisa makambo ya mabe, mpe kotala makambo ya kosalisa moto atika komɛla masanga na diamba.

9 > Zwa bikateli mpo na kosala ebongiseli oyo ezali koumela mpo na sante ya motó na boumeli ya ntango oyo moto azali kozongela sante ya malamu mpe na ntango ya makama oyo ezali se kokoba.

Bilembo ya ntina

Motángo likoló na monkama ya misala ya lisalisi ya monganga oyo elandeli oyo ezali na basali oyo bazwi formasyo mpe bazali kotambwisama, mpe ezali na bibongiseli mpo na kotala makambo ya sante ya motó

Motángo likoló na monkama ya misala ya lisalisi ya monganga ya libosoliboso oyo ezali na basali oyo bazwi formasyo mpe bazali kotambwisama, mpe ezali na bibongiseli mpo na kotala makambo ya sante ya motó

Motángo ya bato oyo bamipesi na lisungi ya bayi lisangá bango moko mpe na misala ya kopesa bato bafandi esika moko lisungi

Motángo ya bato likoló na monkama oyo bazali kosalela misala ya sante oyo bazwi lisalisi na makambo etali sante ya motó

Motángo ya bato likoló na monkama oyo bazwi lisalisi na makambo etali sante ya motó oyo bazali koyebisa ete babandi kotambola malamu mpe bilembo ya maladi ekomi moke

Motángo ya mikolo oyo bankisi oyo esengeli mpo na bamaladi ya motó ezangaki na boumeli ya mikolo 30 oyo eleki

- Eleka mikolo minei te

Makanisi ya kolanda

Lisungi oyo epesami na banivo ebele: Makama etungisaka bato na nzela ebele, oyo ezali kosenga kopesa lisungi ya ndenge na ndenge. Likambo monene mpo na kobongisa sante ya motó mpe kobondisa baoyo babulungani ezali ya kosala ebongiseli ya banivo ebele mpo na kopesa lisungi ndenge na ndenge oyo ezali kokokisa bamposa ndenge na ndenge, lokola emonisami na elilingi oyo ezali na nse awa. Pyramide oyo ezali kolakisa lolenge misala ebele ezali kobakisama moko na misusu. Banivo nyonso ya pyramide oyo ezali na ntina mingi mpe ezali malamu ete ekoka kosalema yango nyonso na mbala moko.

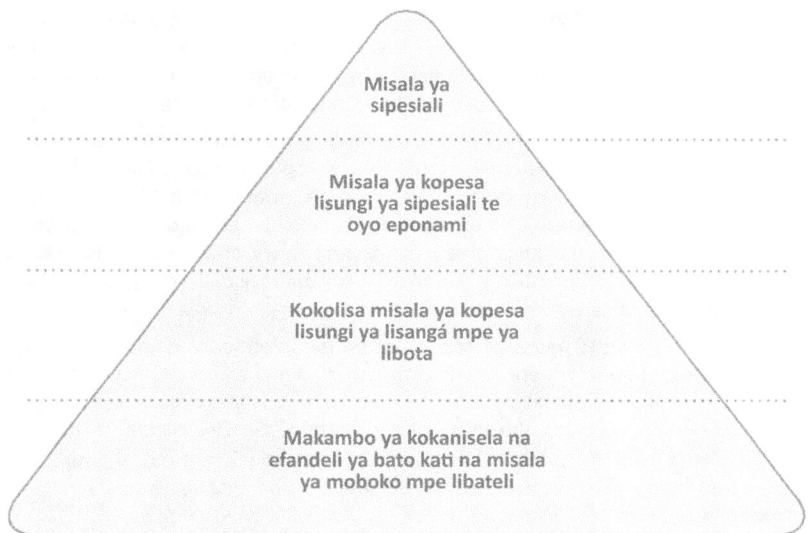

Pyramide ya misala ya banivo ebele mpe ya lisungi ndenge na ndenge (Elilingi 10)
Euti na: IASC Reference Group for Mental Health and Psychosocial Support in Emergency Settings (2010)

Kotalela makambo: Makambo etali sante ya motó ekomaka mingi na ntango ya makama. Ezali na ntina mingi te koyekola lolenge epanzani liboso ya kotya misala. Salela mayele ya komipesa ya lombangu mpe, soki likoki ezali, kotisa makambo ya sante ya motó na makambo mosusu ya kotalela. Kotalela makambo esuka kaka na nkokoso moko te oyo emonani na lopitalo.

Komisalisa mpe kopesa lisungi ya bayi lisangá: Kotisa na makambo basali ya mosala ya sante na kati ya lisangá, bakonzi mpe bavolontere na mosala mpo na kosunga bayi lisangá, ata bato oyo balingamaka na lisanga te, mpo na kokolisa komisalisa mpe kopesa bato lisungi. Misala yango ekoki kosangisa kosala bisika bato bakoki kopemela malamu mpe kofanda mpo na kosolola malamu kati na bango.

Lisalisi ya liboso na baye babulungani: Lisalisi ya liboso na baye babulungani esengeli kozala wana mpo na bato oyo bakoki kozwa makama ekoki kotungisa bango makasi lokola koyoka mpasi na nzoto to kobebisama na makambo ya kosangisa nzoto, komona makambo mabe mpe kozoka bampota minene. Oyo ezali lisungi epesami na lopitalo te. Ezali lisungi monene, ya bomoto mpo na kosalisa moto na bampasi azali komona. Ezali kosangisa koyoka moto na likebi, kotalela bamposa minene mpe kotala ete ezali kokokisama, kolendisa lisungi kati na bato mpe kobatela bato na makambo mosusu ya mabe. Ezali ya komikotisa na makambo ya bato te, mpe ezali ya kotinda bato te ete balobela kotungisama na bango. Nsima ya lisolo moke, bakonzi ya lisangá, basali ya mosala ya kopesa lisalisi ya monganga mpe basusu oyo bamipesi na mosala ya kosunga bato bakoki kopesa lisalisi ya liboso na baye babulungani kati na bato oyo bazali na mpasi. Atako lisalisi yango ya libosoliboso na baye babulungani esengeli kozala wana na bisika ebele, lisungi monene na makambo ya sante ya motó mpe kobondisa baoyo babulungani esengeli kosuka kaka na yango moko te.

Lisolo ya mbala moko na baye babulungani ezali kosalisa mpo na kotya bato na bituluku na kolendisaka bato mpo balobela moke kasi na ntango nyonso makambo bamoni, makanisi na bango mpe mayoki nini bazalaki na yango na boumeli ya likambo moko oyo eutaki kotungisa bango. Ezali kosalisa ata moke te mpe bosengeli kosalela yango te.

Lolenge mosusu ya kopesa lisungi na baye babulungani: Basali ya mosala ya kopesa lisungi ya monganga oyo bazali basipesialiste te bakoki kopesa lisungi na baye babulungani oyo bazali kotungisama makasi na makanisi, bazali na motema likoló likoló mpe bazali konyokwama na makanisi nsima ya bokutani na likambo na ntango oyo bazwi formasyo malamu, bazali kotambwisa bango mpe bazali kopesa bango mabɔkɔ. Likambo oyo ezali kosangisa kopesa lisungi na ntina etali bizaleli ya koyeba makambo to lisungi ya koyeba lolenge ya kofanda na bato mosusu.

Lisalisi ya sante ya motó oyo ezali kopesama na lopitalo: Solola na basali nyonso ya mosala ya sante mpe bavolontere na ntina etali lisalisi ya monganga ya sante ya motó oyo ezali wana. Pesa bato oyo bazali kosalisana formasyo na kolandaka malako ya ndenge ya kosala oyo ezali kolanda makambo emonani lokola mhGAP. Soki likoki ezali, bakisa mosali moko ya mosala ya sante ya motó lokola lufulume ya maladi ya motó na bisika bazali kopesa lisalisi ya monganga ya bato nyonso. Bongisa esika bamonganga bakoki kosolola na moto kaka bango moko ⊕ *talá mhGAP Humanitarian Intervention Guide*.

Makambo emonanaka mingimingi na misala ya sante na ntango ya makama ezali kobulungana ya makanisi, motungisi ya makanisi mpe kobeba ya bongó, maladi ya ndɛkɛ. Sante ya motó ya bamama ezali likambo ya kotalela malamu mpamba te ezali na bopusi makasi likoló ya lisalisi ya bana.

Kotisa milongo ya sante ya motó kati na ebongiseli ya koyebisa makambo etali sante ⊕ *talá Apendisi 2: Lolenge ya formilɛre ya HMIS*.

Bankisi oyo esengeli mpo na bamaladi ya motó: Bongisa makambo mpo ete bankisi oyo esengeli mpo na bamaladi ya motó ezanga te na kozalaka na nkisi ata moko mpamba ya molongo moko na moko ya bankisi oyo (ya kosunga bamaladi ya motó, konyokwama ya makanisi, motema likoló likoló, maladi ya ndɛkɛ, mpe bankisi mosusu mpo na kobundisa mitungisi mosusu ezali kouta na bankisi ezali kosunga bamaladi ya motó. ⊕ *Talá Interagency Emergency Health Kit mpo na koyeba bankisi ya bamaladi ya motó* mpe *Lisengami 1.3 ya bibongiseli ya sante: Nkisi oyo esengeli kozanga te mpe baapareyi ya minganga.*

Kobatela ntomo ya bato oyo bazali na makambo ya sante ya motó: Na ntango oyo makama ezwi bato, bato oyo bazali na makambo ya sante ya motó bazali na bolembu makasi na ntina etali kobebisa ntomo ya bato lokola kobebisama, kosundolama, kotikama mpe kozanga esika ya komibomba, bilei to lisalisi ya monganga. Bongisa mosala ata moko mpamba mpo na kotalela bamposa ya bato kati na misala.

Kobongisa moke makambo nsima ya likama: Makama oyo ekweli bato ebakisaka mitángo ya mikakatano ya sante ya motó oyo eumelaka mingi. Boye ezali na ntina mingi kobongisa lisalisi ya kobakisa oyo ekozwa mikolo ebele kati ya esika nyonso oyo bato bakweli likama bazali. Yango ezali kosangisa kokolisa bibongiseli ya sante ya maladi ya motó ya ekólo oyo ezali wana mpe kolendisa kokotisama ya bituluku ya bato oyo balingami te na lisangá (ata bapaya oyo bauta bamboka mosusu) na kati ya bibongiseli oyo. Misala ya kolakisa makambo, oyo ezwi mbongo ya kosalisa bato na mikolo ya kotanga, ekoki kofandisa makanisi mpe kopesa nguya mpo na kobenda lisungi mosusu na misolo mpo na kokolisa ebongiseli ya sante ya motó.

2.6 Bamaladi oyo epalanganaka te

Mposa ya kokanisela bamaladi oyo epalanganaka te (NCD) na ntango bato bakweli makama ezali komonisa ndenge bomoi ya bato ebele ekomi molai, kobakisa mpe makambo ekoki komemela moto makama lokola komɛla likaya mpe lolenge ya kolya ya mabe. Penepene ya bato 80 likoló na monkama oyo bazali kokufa na bamaladi oyo epalanganaka te bazali kozwama na bikólo ya bobola to oyo ezali na mwa bozwi moke, mpe makama ezali kokomisa likambo yango mpasi makasi.

Kati na bato 10 000 oyo basili kokola mwa moke, ezali na bato soki 1 500–3 000 oyo bazali na tansiɔ komata, 500–2 000 bazali na diabɛti, mpe bato 3–8 bazali kozwa maladi ya motema kobeta mbangu makasi koleka na boumeli ya mikolo 90 oyo ya momeseno.

Bamaladi ekozala kilikili kasi mbala ebele ekosangisa diabɛti, maladi ya makila ezali kotambola mbangumbangu (tya na kati tansiɔ komata, motema kolemba, motema kokatana, maladi ya bangɛi oyo ezali kosila te), maladi ya pumɔ oyo ezali kosila te (lokola maladi ya pema mokuse ná maladi ya pumɔ kokangama oyo ezali kosila te) mpe maladi ya kansɛr.

Lisungi ya liboso esengeli kotalela mikakatano makasi mpe koboya kokata lisalisi, mpe baprograme mosusu ya malamu esengeli kolanda na nsima na yango.

Tolobeli makambo sikisiki na ntina etali sante ya motó ná lisalisi ya bilakisi ya maladi kati na ⊕ *Lisengami 2.5 ya Lisalisi ya monganga oyo esengeli kopesama: Lisalisi ya sante ya motó* ná *2.7: Lisalisi ya bilakisi ya maladi.*

Lisengami 2.6 ya Bamaladi oyo epalanganaka te: Lisalisi ya bamaladi oyo epalanganaka te

Bato bakoki kozwa baprograme ya kokima bamaladi mosusu, baekzamɛ ya maladi mpe lisalisi oyo esengeli mpo na mikakatano makasi mpe lolenge ya kosalisa oyo ezali koumela mpo na bamaladi oyo epalanganaka te.

Misala ya ntina

1 › Luka koyeba bamposa ya bato oyo bazali na bamaladi oyo epalanganaka te mpe talela makambo soki misala ezalaki wana liboso ya likama.

▪ Luka koyeba bituluku ya bato oyo bazali na bamposa oyo esengeli kotalela liboso ya nyonso, kati na bango bato oyo bazali na likama ya kozwa mikakatano ya liwa lokola bato ya diabɛti oyo basengeli kozwa ntango nyonso ensiline to baoyo bazali na pema mokuse makasi.

2 › Salá baprograme ya biteni biteni oyo ezali kolanda makambo esengeli kosala liboso mpo na kobikisa bomoi mpe kosilisa mpasi.

▪ Talá ete bato ya maladi oyo bazwi bango na mikakatano oyo ekoki komema bango na liwa (na ndakisa, pema mokuse makasi, acide elekani mingi na makila ya moto ya diabɛti) bázuwa lisalisi oyo ebongi. Soki lisalisi oyo ebongi ezali te, pesa bango lisalisi ya bilakisi ya maladi mpe oyo ezali kosunga.

▪ Kokata na mbala moko te lisalisi oyo bato ya maladi oyo bazwaki bango na maladi wana liboso ya likama.

> 3 〉 Kotisa lisalisi ya bamaladi oyo epalanganaka te kati na ebongiseli ya sante na banivo nyonso.

- Tya ebongiseli ya kotinda bato bisika mosusu mpo na kosalisa mikakatano makasi mpe oyo ezali na makambo kilikili na lopitalo oyo elandeli to ya misato, mpe na esika ya kozwa lisalisi ya bilakisi ya maladi mpe oyo ekoki kosunga.
- Tindá bato ya maladi na bisika ya kozwa lisungi ya bilei to kozwa bilei ya kokoka soki esengeli kosala bongo.

> 4 〉 Tya baprograme ya komilengele ya ekólo mpo na bamaladi oyo epalanganaka te.

- Bakisá bankisi mpe biloko oyo esengeli kozanga te oyo basili kobongisa mpo baminganga bakoka kosalisa na yango bato na makama oyo eye na mpwasa.
- Bongisa mpo na moto na moto ya maladi nyonso azwa bankisi akobomba mpe malako na oyo etali esika nini akoki kozwa lisalisi ya lombangu soki likama ekwei.

Bilembo ya ntina

Motángo likoló na monkama ya balopitalo oyo ezali kopesa lisalisi ya libosoliboso oyo ezali kopesa lisalisi mpo na bamaladi oyo epalanganaka te liboso ya makambo nyonso

Motángo ya mikolo oyo nkisi oyo esengeli kozanga te mpo na balamadi oyo epalanganaka te ezangaki na boumeli ya mikolo 30 oyo eleki

- Eleka mikolo minei te

Motángo ya mikolo oyo bisaleli oyo esengeli mpo na bamaladi oyo epalanganaka te ezangaki (to ezalaki kosala malamu te) na boumeli ya mikolo 30 oyo eleki

- Eleka mikolo minei te

Basali nyonso ya mosala ya kopesa lisalisi oyo bazali kosalisa bato na bamaladi oyo epalanganaka te oyo bazwi formasyo na ntina etali lolenge ya kosalisa bamaladi yango

---

Makanisi ya kolanda

Kotalela bamposa ná makama mpo na koyeba bamaladi oyo epalanganaka te oyo esengeli kotalela liboso: Sala yango engebene sitwasyo oyo ezali mpe eteni nini ya kopesa lisungi bozali. Likambo oyo ekoki kosenga kozongela kotalela makambo oyo ekomami, kosalela bilembo oyo ekomamaki liboso ya likama, mpe kosala bolukiluki kati na mabota to boyekoli ya bamaladi minene oyo esalemi elongo na bolukiluki oyo ezali kosangisa biteni ebele ya mosala. Sangisá bilembo oyo ekomami engebene kopalangana mpe bopusi oyo bamaladi sikisiki oyo epalanganaka te ezali na yango, mpe luká koyeba bamposa makasi ya bomoi to makambo oyo ekoki komema moto na komonisa bilembo ya maladi makasi.

Talelá malamu malamu soki mosala ezalaki kosalema liboso ya likama ekwela bato mpe bazalaki kosalela yango, mingimingi mpo na bamaladi oyo ezali na nkokoso ebele lokola maladi ya kansɛr maladi ya bangɛi oyo ezali kosila te, mpo na kotalela makambo nini ekoki koya mpe makoki ya ebongiseli ya sante na sitwasyo wana. Mokano ya mwa mikolo to ya mikolo ebele ekoya ezali ya kosunga mpe kozongisa misala ya lolenge wana.

Bamposa ya lisalisi oyo ezali kosangisa makambo kilikili: Sala ete lisalisi mpo na bato ya maladi oyo bazali na bamposa ya makambo kilikili ekoka kozala wana, mpo na bato ya maladi oyo basengeli kosalisa dialyse ya bangɛi, kozwa lisalisi na nzela ya radio mpe na biloko ya shimi, soki likoki ezali. Yebisá bato makambo ya polele mpe oyo bakoki kozwa na ntina etali banzela ya kolanda mpo na kotinda bato na bisika mosusu. Soki mpe ezali, pesa banzela ya kotinda bato na bisika mosusu mpo na kozwa lisalisi ya bilakisi ya maladi ⊕ *talá Lisengami 2.7 ya Lisalisi ya monganga oyo esengeli kopesama: Lisalisi ya bilakisi ya maladi.*

Kokotisa lisalisi ya bamaladi oyo epalanganaka te na kati ya ebongiseli ya sante: Pesa lisalisi oyo esengeli kopesama mpo na bamaladi oyo epalanganaka te na nivo la lisalisi ya liboso engebene masengami ya ekólo, to na kolandaka malako etambwisaka bikólo ya mokili na ntango ya makama na bisika oyo masengami ya ekólo ezali te.

Salá elongo ná bana-mboka mpo na kobongisa lolenge ya koyeba bamaladi yango liboso mpe banzela ya kotinda bato na bisika mosusu. Kotisa ba-ASC na bisika oyo bazali kopesa lisalisi ya libosoliboso, mpe salá elongo ná bakonzi ya lisangá, banganga-nkisi ya bonkɔkɔ mpe bato oyo bazali komisalela bango moko. Misala ya kosolola na bato ekoki kosalisa na bamaladi oyo epalanganaka te epai na bato oyo bazali mosika mpe mpasi mpo na kokoma esika bazali.

Bongisá ebongiseli ya koyebisa makambo etali sante mpo na ebandeli ya likama, to salá mosusu ya sika, mpo na kokotisa na kati na yango kolandela ya bamaladi minene oyo epalanganaka te: tansiɔ komata, diabɛti, pema mokuse, maladi ya pumɔ kokangama ezali kosila te, maladi ya eteni ya motema kozanga makila mpe maladi ya ndɛkɛ ⊕ *talá Lisengami 1.5 ya Bibongiseli ya sante: Koyebisa makambo etali sante* mpe *Apendisi 2.*

Nkisi mpe baapareyi ya minganga: Talela lisusu liste ya ekólo ya nkisi oyo esengeli kozanga te mpe baapareyi, bakisa mpe bisaleli ya teknoloji ná oyo ya kosalela baekzamɛ minene na laboratware, mpo na kotalela makambo ya bamaladi oyo epalanganaka te. Talela mingi lisalisi ya monganga ya libosoliboso ⊕ *talá Lisengami 1.3 ya Bibongiseli ya sante: Nkisi oyo esengeli kozanga te mpe baapareyi ya minganga.* Soki esengeli kosala bongo, lobela likambo ya kotya nkisi minene oyo esengeli kozanga te mpe baapareyi ya minganga engebene malako etambwisaka bikólo ya mokili mpe na ntango ya makama na ntina etali bamaladi oyo epalanganaka te. Pesa nzela ya kozwa nkisi oyo esengeli kozanga te mpe baapareyi ya minganga na banivo nyonso ebongi ya lisalisi. Bakoki kosalela biloko to nkisi ya bamaladi oyo epalanganaka te na kolandaka biloko to nkisi oyo misala ebele ezali kosalela na ntango ya makama na biteni ya liboso ya likama mpo na kosala ete nkisi oyo esengeli kozanga te mpe bisaleli ekoka kozala wana. Kosalela biloko to nkisi oyo mpo na kopesa yango na mikolo ebele ezali koya te.

Formasyo: Pesa formasyo na basali ya lopitalo ya banivo nyonso na ntina etali makambo ya kosalisa bamaladi oyo epalanganaka te mpe pesa formasyo na basali nyonso na ntina etali kosalisa liboso na makambo nyonso bamaladi oyo epalanganaka te, tya mpe na kati makambo basengeli kolanda na mosala mpo na kotinda bato na bisika mosusu ⊕ *talá Lisengami 1.2 ya Bibongiseli ya sante: Basali ya mosala ya sante.*

Kolendisa mpe koteya bato makambo ya sante: Yebisa bato makambo etali misala ya bamaladi oyo epalanganaka te mpe esika bakoki kozwa lisalisi yango. Bato nyonso basengeli koyeba makambo yango, ata bamikolo ná bibosono, mpo na kolendisa bizaleli oyo ezali malamu mpo na sante, kobalola makambo oyo ekoki komemela bato makama, mpe kobongisa lisalisi ya moto ye moko ná kolanda mpenza lisalisi yango. Bizaleli malamu

367

mpo na sante ekoki kozala na ndakisa kosala ngalasisi mokolo na mokolo to kokitisa komɛla masanga ná makaya. Salá elongo na biteni ndenge na ndenge ya bayi lisangá mpo na kobimisa makambo ya koyebisa na bato mpe myango ya kopanzela makambo yango mpo ezala makambo oyo ebongi mpo na bato ya mbula nyonso, ezala basi to mibali, mpe makambo oyo endimami na mimeseno ya bato. Bongisa myango ya kopengola mpe kobundisa bamaladi engebene sitwasyo oyo ezali wana, na kotalaka nkokoso oyo ezali lokola kozwa bilei kaka moke to kozala ya bato ebele mpenza na esika moko.

Baplan mpo na kopengola mpe komilɛngɛla: Kotisa lolenge ya kosalisa bamaladi oyo epalanganaka te kati na baplan ya makama mpe ya kosalisa na lombangu ya ekólo, na kotalaka ete ezali kolanda mpenzampenza lolenge ndenge na ndenge ya bisika ya lisalisi ya monganga (na ndakisa, bandako mike ya sante to balopitalo minene oyo ezali na baapareyi ya dialyse). Bandako ya sante oyo ezali kati na sitwasyo ya mobulu to na bisika oyo likama ekoki kobima esengeli kobongisama mpo na koyamba mosala ya kosalisa bamaladi oyo epalanganaka te.

Komá na mokanda bankombo ya bato ya maladi oyo bazali na nkokoso makasi mpe bamposa makasi, mpe salá malako basengeli kolanda mpo na kotinda bango na bisika mosuku na ntango likama ekweyi.

2.7 Lisalisi ya bilakisi ya maladi

Lisalisi ya bilakisi ya maladi ezali na mokano ya kopengola mpe kosunga moto na mpasi mpe mawa oyo ezali kotambola elongo na lisalisi ya mikolo ya nsuka ya bomoi ya moto. Ezali kosangisa koluka koyeba, kotalela mpe kosalisa mpasi mpe bamposa mosusu ezala ya mosuni, ya makanisi to ya elimo. Kotisá na kati lisalisi ya nzoto, ya makanisi mpe ya elimo oyo ezali kotalela kaka makambo moto ya maladi asengi to libota na ye, mpe kotisá na kati bibongiseli ya kosunga mpo na kosalisa bato ya maladi, mabota na bango mpe bato oyo bazali kosalisa bango. Lisalisi oyo ya mikolo ya nsuka ya bomoi esengeli kopesama kozanga kotala eloko nini esali ete moto azala na mposa wana.

Lisengami 2.7 ya Lisalisi ya bilakisi ya maladi: Lisalisi ya bilakisi ya maladi

Bato bakoki kozwa lisalisi ya bilakisi ya maladi mpe lisalisi ya mikolo ya nsuka ya bomoi oyo ezali kosunga bango na bampasi bazali koyoka, ezali koyokisa bango malamu, kopesa lokumu na bato ya maladi mpe kobongisa lolenge ya bomoi na bango, mpe ezali kosunga mabota na bango.

Misala ya ntina

1 ⟩ Tya malako mpe makambo basengeli kolanda mpo na kopesa ntango nyonso lisalisi ya bilakisi ya maladi.

- Sangisá malako ya ekólo to ya bikólo ya mokili mpo na kosunga na bampasi mpe bamaladi na bisika bazali kopesa lisalisi ya monganga.

- Salá malako ya kopona na yango bato eyo ezali kotala sitwasyo ya moto ya maladi mpe ekzamɛ basali ye liboso mpe biloko oyo ezali wana.

2 Salá plan ya lisalisi mpe pesá lisalisi ya bilakisi ya maladi na bato ya maladi oyo bazali pene na liwa.

- Talá ete moto akoka kozwa ata lisungi na mpasi na lokumu wana azali kokufa na ntango ya likama makasi.
- Luka koyeba malamu sitwasyo ya moto ya maladi to ya libota na ye, ndenge moko mpe na makambo ezali kotungisa bango, makambo bazali kozwa na motuya mpe oyo bazali kondima.

3 Kotisa lisalisi ya bilakisi ya maladi kati na banivo nyonso ya ebongiseli ya sante.

- Tya banzela makasi ya kolanda mpo na kotinda bato na bisika mosusu mpo bakoba kozwa lisungi mpe lisalisi.
- Tya liboso ya makambo nyonso lolenge ya kotalela makambo oyo ezali kotala lisangá oyo ezali kotala lisalisi ezali kopesama na ndako.

4 Pesá basali ya mosala ya kopesa lisalisi ya monganga formaswyo mpo bayeba kopesa lisalisi ya bilakisi ya maladi, bakisa mpe kobundisa mpasi ná bilembo na yango, mpe makambo ya sante ya motó ná kobondisa baoyo babulungani.

- Landá masengami ya ekólo, to oyo ya bikólo ya mokili na bisika oyo masengami ya ekólo ezali te.

5 Pesá bankisi mpe bisaleli ya monganga oyo ekoki kozanga te.

- Bombá nkisi ya lisalisi ya bilakisi ya maladi mpe biloko minganga bazali kosalela oyo ebongi lokola bilamba ya baoyo bazali komibebisela bilamba na masuba to nyɛi mpe bantonga kati na bisika ya kozwa lisalisi ya monganga.
- Yebá mibeko etali nkisi batalelaka makasi oyo ekoki kozangisa nkisi oyo esengeli kozanga te.

6 Salá elongo na bibongiseli ya esika wana mpe lisangani ya misala mpo na kosunga bato ya maladi, bato bazali kosalisa bango ná mabota na bango na kati ya lisangá mpe na ndako.

- Pesa biloko esengeli mpo na bamposa ya lisalisi ya ndako, lokola bilamba ya baoyo bazali komibebisela bilamba na masuba to nyɛi, basonde ya kobenda na yango masuba na biloko ya kokanga na yango bampota.

Bilembo ya ntina

Motángo ya mikolo oyo nkisi oyo esengeli mpo na lisalisi ya bilakisi ya maladi ezangaki na boumeli ya mikolo 30 oyo eleki

- Eleka mikolo minei te

Motángo ya basali likoló na monkama oyo bazwi formasyo na makambo etali kosalisa bampasi nyonso ná bilembo ya maladi to balakisami lisalisi ya bilakisi ya maladi na ndako na ndako nyonso ya sante, na lopitalo oyo etongami esika moko to lopitalo bakoki komema epai na epai, mpe lopitalo ya mboka

Motángo ya bato ya maladi likoló na monkama oyo bayebani na ebongiseli ya lisalisi ya monganga ete bazali na mposa oyo bazwi lisalisi ya mikolo ya nsuka ya bomoi

Makanisi ya kolanda

Bato oyo bazali kosunga bato na makambo ya sante basengeli koyeba banzela basengeli kolanda na esika wana mpe kotosa yango ntango bazali kozwa bikateli na makambo ya minganga mpe na makambo bato ya esika wana bazali kozwa na motuya na ntina etali bokono, mpasi, kokufa mpe liwa. Kosunga moto na mpasi ezali na ntina, mpe bato ya maladi oyo bazali pene ya kokufa basengeli kozwa lisalisi oyo ekosunga bango, ata soki bokono na bango euti na kozoka bampota minene, na maladi oyo ezali kopalangana to na likambo mosusu.

Kosala plan ya lisalisi: Luká koyeba bato ya maladi oyo bakoki na yango mpe tosá lotomo na bango ya kozwa bikateli bizwela te na ntina etali lisalisi bazali kozwa. Yebisá bango makambo alima mpe zwá na motuya bamposa na bango mpe makambo oyo bazali kozela. Plan ya lisalisi esengeli kondimama mpe kolanda makambo oyo moto ya maladi alingi. Pesa bato mwaye ya kokóma esika ya sante ya motó mpe ya kobondisa baoyo babulungani.

Nkisi ezali wana: Bankisi mosusu ya lisalisi ya bilakisi ya maladi lokola oyo esilisaka koyoka mpasi ezali kati ya milongo ya bankisi oyo esengeli mpe ya kobakisa kati na bankisi misala ebele ezali kosalela mpo na kosunga bato na lombangu na makambo ya sante, mpe ezali na Liste ya nkisi oyo esengeli kozanga te. Bankisi misala ebele ezali kosalela mpo na kosunga bato na lombangu na makambo ya sante (IEHK) ezali kosalisa na biteni ya liboso ya likama, kasi ebongi te mpo na basitwasyo oyo ezali se koumela na bisika oyo bibongiseli oyo ezali koumela esengeli kotongama ⊕ talá Lisengami 1.3 ya Bibongiseli ya sante: Nkisi oyo esengeli kozanga te mpe baapareyi ya minganga ná *Mitindami mpe mikanda mosusu ya kotánga*.

Lisungi ya libota, ya lisangá mpe ya bato bafandi esika moko: Salá elongo na basali ya misala mosusu mpo na koyokana na nzela ya kotindela bato ya maladi na bisika mosusu mpe mabota na bango bakoka kozwa lisungi mpe lokola. Likambo oyo ezali kotala kozwa lisalisi oyo ezali kouta na bibongiseli ya ekólo oyo esungaka bato to kasalela bango bayoka malamu, to bibongiseli oyo ezali kopesa lisungi na ntina etali esika ya komibomba, biloko ya bopeto mpe lokumu, lisungi na nzela ya mbongo, sante ya motó mpe kobondisa baoyo babulungani, ná lisungi na makambo ya banzuzi mpo na kotala ete bazali kokokisa bamposa ya moboko ya mokolo na mokolo.

Tambwisá misala elongo na basali ya misala bazali kati na likambo oyo mpo na koluka koyeba mabota oyo ekabwani mpo bato ya maladi bákoka kosolola na bango.

Salá elongo na lisangani ya misala oyo ezali ya lisalisi ya lisangá, oyo ezalaka mbala mingi na basalisi ya bato na bandako mpe basali ya kobondisa bato na bandako na kati ya lisangá, mpo na kopesa lisungi mosusu mpo na bato ya maladi ná basangani ya libota na bango, mpe kosunga lisalisi oyo ezali kopesama na ndako soki esengi kosala bongo (lokola lisungi mpo na bato oyo bazali na VIH).

Lisungi ya elimo: Lisungi nyonso esengeli kozwa na motuya makambo oyo moto ya maladi to libota na ye bazali kosenga. Salá elongo na bakonzi ya mangomba ya esika wana mpo na koyeba bato oyo bakoki kopesa lisungi ya elimo oyo bazali na boyambi ya ndenge moko to bazali kondima makambo ndenge moko na moto ya maladi. Bato oyo bakoki kosala lokola basalisi ya bato ya maladi, mpo na basungi na bango mpe mpo na bato oyo basalaka mosala ya kosunga bato.

Lakisá bakonzi ya mangomba ya esika wana mitinda minene na ntina etali kobondisa baoyo babulungani mpo na bato ya maladi oyo bazali kokutana na nkokoso makasi ya sante.

Tyá myango bakoki kotyela motema ya kotindela bato epai na epai mosusu kati na ebongiseli ya lisalisi ya monganga ná bakonzi ya elimo mpo na moto nyonso ya maladi, mosungi to mosangani ya libota oyo asengi yango.

Talá ete lisungi ezali mpo na kokunda moto na kimya mpe na lokumu na boyokani na bato ya lisangá ya esika wana, engebene makambo bazali kolanda na ekólo to na bikólo mosusu ya mokili ⊕ *talá Lisengami 1.1 ya Bibongiseli ya sante: Kopesa bato misala ya sante.*

Apendisi 1
Liste ya kolanda mpo na kotalela makambo ya sante

Kolεngεla

- Zwá bansango ezali wana oyo etali bato bakweli likama.
- Zwá bakarte oyo ezali wana, bafoto bakangeli na likoló to bililingi ya satellite, mpe makambo ekomami oyo euti na ebongiseli ya koyebisa makambo ya sitwasyo ya bato na mabele (GIS) kati na esika oyo likama ekwei.
- Zwá makambo ekomami ya sitwasyo ya bato na mabele, ya Leta mpe ya sante.

Kozala kimya mpe kozwa libaku

- Moná soki makama oyo ezali kouta na biloko ekelami to na mabɔkɔ ya bato ezali.
- Moná soki sitwasyo mobimba ya kozala kimya ezali, komona mpe soki mampinga ya basoda ezali.
- Moná soki bibongiseli oyo esungaka bato ezali na mwaye ya kokómela bato bakweli likama.

Koyeba mitángo ya bato mpe ndenge bafandi elongo

- Moná bonene ya bato oyo bakweli likama, kabolá bango na kotalaka soki bazali basi to mibali, mbula babotami mpe soki bazali na mbeba to te.
- Luká koyeba bituluku oyo ezali na likama makasi, lokola basi, bana, mibange, bibosono, bato oyo bazali na VIH to bituluku oyo bato basepelaka na yango te.
- Luká komona bonene ya libota ya katikati mpe meká kotala motángo ya mabota oyo ekambami na basi mpe oyo ekambami na bana.
- Luká koyeba ebongiseli oyo esangisi bato esika moko oyo ezali wana mpe mibeko etali bomwasi to bobali, ata koyeba banani bazali na bokonzi ná/to bopusi na kati ya lisangá mpe na libota.

Koyebisa makambo etali sante

- Luká koyeba nkokoso ya makambo ya sante oyo ezalaki na esika oyo likama ekwei liboso ya lisungi wana eya.
- Luká koyeba nkokoso ya makambo ya sante oyo ezalaki na kati ya mboka oyo bato bakimi mboka na bango bauti, to esika nini bato oyo balongwá esika bazalaki mpe bakendá kofanda esika mosusu na mboka na bango bauti.
- Luká koyeba makama nini ezali na makambo etali sante, lokola maladi mabe oyo ekoki komonana.
- Luká koyeba makambo nini ezalaki mpe ezali kopekisa bato kozwa lisalisi ya monganga, mibeko ya efandeli ya bato mpe makambo bazali kondima, ezala bizaleli malamu mpe ya mabe.
- Luká koyeba esika nini lisalisi ya monganga ezalaki kouta.
- Sosolá malamu emonaneli ndenge na ndenge ya ebongseli ya sante mpe misala na yango ⊕ *talá Masengami 1.1 tii 1.5 ya Bibongiseli ya sante*.

Mitángo ya bato bazali kokufa

- Tángá oyeba motángo ya bato nyonso bazali kokufa.
- Tángá oyeba mitángo ya bato bazali kokufa ya mbula sikisiki (lokola motángo ya bana ya mbula na nse ya mitano oyo bazali kokufa).
- Tángá oyeba mitángo ya bato bazali kokufa mpo na likambo sikisiki.
- Tángá oyeba motángo ya bato bazali komona mpasi makasi na kotalaka mitángo mosusu.

Mitángo ya bato bazali kobɛlabɛla

- Luká koyeba bopusi nini bamaladi minene ezali na yango na sante ya bato ebele.
- Luká koyeba bopusi nini bamaladi minene ezali na yango na sante ya bato ya mbula sikisiki mpe basi to mibali soki likoki ezali.

Biloko oyo ezali wana

- Luká koyeba makoki ya Ministere ya Sante ya mboka oyo ekweli likama.
- Luká koyeba ndenge nini balopitalo ya ekólo ezali, tya na kati motángo mobimba na kotalaka lolenge ya lisalisi ezali kopesama, nivo ya kobeba ya esika yango mpe mwaye ya kokoma kuna.
- Luká koyeba mitángo ná boyebi mosala ya bato ya mosala ya sante oyo bazali wana.
- Luká koyeba misolo nini ezali wana mpo na sante mpe na nzela nini bazali kozwela yango.
- Luká koyeba makoki mpe lolenge ya kotambola ya baprograme ya sante ya bato ebele lokola Programe monene ya kopesa mangwele.
- Luká koyeba soki malako basengeli kolanda ezali, nkisi oyo esengeli kozanga te, baapareyi mpe bisaleli ya baminganga, mpe bibongiseli ya kotinda biloko epai na epai.
- Luká koyeba lolenge ya bibongiseli ya kotinda bato bisika mosusu oyo ezali.
- Luká koyeba nivo ya masengami ya IPC kati na balopitalo.
- Luká koyeba lolenge ya ebongiseli ya koyebisa makambo etali sante oyo ezali.

Bilembo oyo euti na basali ya misala mosusu kati na likambo oyo

- Lolenge ya bilei.
- Ndenge biloko ezali nzingazinga ezali mpe WASH.
- Kitunga ya bilei mpe kokoka na yango.
- Esika ya komibomba – lolenge ya esika ya komibomba.
- Mateya – mateya na ntina etali sante mpe bopeto.

Apendisi 2
Ndakisa ya baformilɛre mpo na lapolo ya bokɛngɛli ya pɔsɔ na pɔsɔ

2.1 Formilɛre ya bokɛngɛli ya motángo ya bato bazali kokufa (kosangisa)*

Esika: ....

Kobanda mokolo ya yambo: .... Tii mokolo ya Lomingo: ....

Motángo ya bato nyonso na ebandeli ya pɔsɔ oyo: ....

Babotami na pɔsɔ oyo: .... Bakufi na pɔsɔ oyo: ....

Baye na pɔsɔ oyo (soki bayaki): .... Bakei na pɔsɔ oyo: ....

Motángo ya bato nyonso na nsuka ya pɔsɔ: ....

Bato nyonso ya nse ya mbula 5: ....

	<mbula 5		≥mbula 5		Nyonso
	Mibali	Basi	Mibali	Basi	
Bakufi na nini					
Maladi makasi ya pema mokuse					
Kolera (emonani neti)					
Pulupulu – ya makila					
Pulupulu – ya maimai					
Mpota – euti na likama te					
Malaria					
Kokufa ya mama – euti mpenza					
Kintuntu					
Méningite (emonani neti)					
Na nsima ya kobotama (mikolo 0–28)					
Likambo mosusu					
Eyebani te					
Nyonso na kolanda bambula, basi to mibali					
Likambo monene					
SIDA (emonani neti)					
Kozanga kolya malamu					
Kokufa ya mama – euti mpenza te					
Bamaladi oyo epalanganaka te (maladi nini)					
Likambo mosusu					
Nyonso na kolanda bambula, basi to mibali					

*Bazali kosalela formilere oyo na ntango bato ebele bazali kokufa, yango wana makambo ebele ebele ezali kotala kokufa ya moto na moto ekoki kozwama te mpo ngonga ezali te.

–Makambo mosusu oyo ezali komemela bato liwa ekoki kobakisama engebene sitwasyo mpe boyekoli ya bamaladi minene.

–Bokoki mpe kokabola bato na bambula na bango soki likoki ezali, na ndakisa sanza 0–11, mbula 1–4, mbula 5–14, mbula 15–49, mbula 50–59, mbula 60–69, mbula 70–79, mbula 80+.–

–Bosengeli kopesa lapolo ya bato bakufi kaka na balopitalo te, kasi bosengeli kotya balapolo ezali kouta na bakonzi ya esika mpe ya mangomba, basali ya lisangá, bituluku ya basi mpe balopitalo esika bato batindamaki.

–Soki likoki ezali, bandimbola ya makambo esengeli kotyama na mokongo ya formilere oyo.

2.2 Formilɛre ya bokɛngɛli ya motángo ya bato bazali kokufa (lapolo ya bato na bato) *

Esika: ....

Kobanda mokolo ya yambo: .... Tii mokolo ya Lomingo: ....

Motángo ya bato nyonso na ebandeli ya pɔsɔ oyo: ....

Babotami na pɔsɔ oyo: .... Bakufi na pɔsɔ oyo: ....

Baye na pɔsɔ oyo (soki bayaki): .... Bakei na pɔsɔ oyo: ....

Motángo ya bato nyonso na nsuka ya pɔsɔ: ....

Bato nyonso ya nse ya mbula 5: ....

No	Mwasitomobali (mua, mo)	Bambula (mikolo=mi, sanza=s, mbula=m)	Liwa euti mpenza na nini												Makambo minene					
			Maladi makasi ya pema mokuse	Kolera (emonani neti)	Pulupulu – ya makila	Pulupulu – ya maimai	Mpota – euti na likama te	Malaria	Kokufa ya mama – euti mpenza	Kintuntu	Méningite (emonani neti)	Na nsima ya kobotama (mikolo 0–28)	Bamal. oyo epalanganaka te (maladi nini)	Mosusu (maladi nini)	Eyebani te	SIDA (emonani neti)	Kozanga kolya malamu	Kokufa ya mama (euti mpenza te	Mosusu (maladi nini)	Dati (mik/san/mbu)	Esika mpenza (n.nd. bloc no.)	Akufelina lopitalo to na ndako
1																					
2																					
3																					
4																					
5																					
6																					
7																					
8																					

*Bazali kosalela formilɛre oyo soki ngonga ezali ya kokoma makambo etali bato na bato oyo bakufi; ezali kosalisa mpo na kotalela mitángo ya bato na mbula na bango, esika bazali mpe lolenge bazali kosalela bisika.

–Bakotinda lapolo mbala boni (mokolo na mokolo, to pɔsɔ na pɔsɔ) wana ezali kolanda motángo ya bato bakufi.

–Makambo mosusu oyo ezali komemela bato liwa ekoki kobakisama soki ekokani na sitwasyo oyo ezali.

–Bosengeli kopesa lapolo ya bato bakufi kaka na balopitalo te, kasi bosengeli kotya balapolo ezali kouta na bakonzi ya esika mpe ya mangomba, basali ya lisangá, bituluku ya basi mpe balopitalo esika bato batindamaki.

–Soki likoki ezali, bandimbola ya makambo esengeli kotyama na mokongo ya formilɛre oyo.

–Bokoki mpe kokabola bato na bambula na bango soki likoki ezali, na ndakisa sanza 0–11, mbula 1–4, mbula 5–14, mbula 15–49, mbula 50–59, mbula >60.

2.3 Formilɛre ya lapolo ya kokebisa bato liboso mpe kosalisa bango (EWAR)

Bazali kosalela formilɛre oyo na eteni ya makasi ya likama ntango ezali komonana ete makama ekoki koyela sante ya bato, lokola batromatisme, biloko ya ngɛngɛ, to kobima ya bamaladi mabe, ezali makasi.

Kobanda mokolo ya yambo: .... Tii mokolo ya Lomingo: ....
Engumba/mboka/esika/kaa: ....
Provensi: .... Etúká: ....
Teritware: .... Nkombo ya esika: ....
• Mokoni ya kati • Mokoni ya libanda • Centre ya sante • Lopitalo bakoki komema epai na epai
Mo(i)sala oyo ezali kopesa lisungi: ....
Moto azali kopesa lapolo & nimero ya telefone na ye: ....
Bato nyonso: .... Bato nyonso ya nse ya mbula 5: ....

A. MAKAMBO BAKOMI YA PƆSƆ NA PƆSƆ OYO BASANGISI

Bamaladi ya sika:	Motángo ya bato bazali kobɛlabɛla		Motángo ya bato bazali kokufa		Nyonso
	<mbula 5	mbula 5 mpe koleka	<mbula 5	mbula 5 mpe koleka	
NYONSO OYO BAKOTI NA KATI					
NYONSO OYO BAKUFI					
Maladi makasi ya pema mokuse					
Pulupulu makasi ya maimai					
Pulupulu makasi ya makila					
Malaria – emonani neti/yango mpenza					
Kintuntu					
Méningite – emonani neti					
Elembo ya fievre makasi ya makila					
Elembo ya fievre jaune ya makasi					
Mikakatali makasi (AFP)					
Tétanos					
Fievre mosusu >38,5°C					
Batromatisme					
Biloko ya ngɛngɛ ya shimi					
Mosusu					
Nyonso					

−Maladi koleka moko ekoki kozwama epai ya moto; esengeli kokoma oyo ezali makasi. *Esengeli kotángo moto moko se mbala moko.*
−Tángá kaka bamaladi oyo emonanaki (to bato oyo bakufaki) na boumeli ya pɔsɔ ya bokɛngɛli.
−Komá "0" (libungutulu) soki moto moko te abelaki to akufaki na pɔsɔ yango mpo na moko ya makambo to maladi etangami na formilɛre oyo.
−Esengeli kokoma bato bakufi kaka na molongo ya motángo ya bato bazali kokufa, kokoma yango TE na molongo ya motángo ya bato bazali kobɛlabɛla.
−Bandimbola ya maladi mpo na bokono nyonso bozali kokengela esengeli kokomama na mokongo ya formilɛre oyo.
−Bokoki kobakisa to kolongola makambo ezali kobimisa motángo ya bato bazali kobɛlabɛla engebene boyekoli ya bamaladi ná kotalela ya makama ya maladi.
−Bokɛngɛli ya EWAR ezali na mokano ya koyeba liboso ya ntango makambo ekoki kobebisa sante ya bato oyo ezali kosenga kopesa lisungi kozanga koumela.
−Makambo oyo ekomami lokola kozanga kolya malamu esengeli kozwama na nzela ya bolukiluki (kopɔlangana), kasi na bokɛngɛli (makambo emonani nsima) te.

B. KOYEBISA BATO MPO NA LIKAMA

Na ntango nyonso ozali kokanisa ete nyonso ya bamaladi oyo ezali, komá SMS to benga na singa .... to komá na adresi oyo ya Internet .... makambo nyonso osengeli koyebisa liboso ya ntango, esika mpe motángo ya bato babeli mpe bakufi: kolera, shigellose, kintuntu, bukabuka, tifoide, tétanos, hépatite A to E, dengue, méningite, difteri, kokelishe, fievre ya makila, batromatisme mpe biloko ya ngɛngɛ ya shimi. Liste oyo ya bamaladi ekozala ndenge mosusu na kolandaka makambo ya boyekoli ya bamaladi mabe na mboka wana.

2.4 Formilɛre ya lapolo ya mokolo na mokolo ya bokɛngɛli ya ebongiseli ya koyebisa makambo ezali kotambwisa mosala ya sante (HMIS)

Esika: ....

Kobanda mokolo ya yambo: .... Tii mokolo ya Lomingo: ....

Motángo ya bato nyonso na ebandeli ya pɔsɔ/sanza oyo: ....

Babotami na pɔsɔ/sanza oyo: .... Bakufi na pɔsɔ/sanza oyo: ....

Baye na pɔsɔ/sanza oyo (soki bayaki): ....

Bakei na pɔsɔ/sanza oyo: ....

Motángo ya bato nyonso na nsuka ya pɔsɔ/sanza: ....

Bato nyonso ya nse ya mbula 5: ....

Motángo ya bato bazali kobɛlabɛla	Na nse ya mbula 5 (bato ya sika)			Mbula 5 mpe koleka (bato ya sika)			Nyonso		Bato oyo bazongeli	
Ekzamɛ ya maladi	Mibali	Basi	Nyonso	Mibali	Basi	Nyonso	Bato ya sika	Nyonso		
Maladi makasi ya pema mokuse										
Pulupulu makasi ya maimai										
Pulupulu makasi ya makila										
Malaria – emonani neti/yango mpenza										
Kintuntu										
Méningite – emonani neti										
Elembo ya fievre makasi ya makila										
Elembo ya fievre jaune ya makasi										
Mikakatali makasi (AFP)										
Tétanos										
Fievre mosusu >38,5°C										
VIH/SIDA										
Bamaladi ya misu										
Bamaladi ya poso										
Kozanga kolya malamu ya makasi										
Maladi ezali kozwama na nzela ya kosangisa nzoto										
Mpota na enama ya kosangisa nzoto										
Nzoto ya mobali ezali kobimisa maimai										
Nzoto ya mwasi ezali kobimisa maimai										

Motángo ya bato bazali kobɛlabɛla	Na nse ya mbula 5 (bato ya sika)		Mbula 5 mpe koleka (bato ya sika)		Nyonso		Bato oyo bazongeli	
Ekzamɛ ya maladi	Mibali	Basi	Nyonso	Mibali	Basi	Nyonso	Bato ya sika	Nyonso
Mɔtɔ na nse ya líbumu (PID								
Apolo na nsima ya kobotama								
Sopisi ya kobotama								
Bamaladi oyo epalanganaka te								
Tansiɔ komata								
Maladi ya etení ya motema kozanga makila								
Diabɛtí								
Pema mokuse (Asthme)								
Maladi ya pumɔ kokangama ezali kosila te								
Maladi ya ndɛkɛ								
NCD mosusu oyo ezali kosila te								
Sante ya motó								
Mobulu ya komɛla masanga to biloko mosusu								
Kobeba ya makanisi ná mobulu ya kokola								
Mobulu na bizaleli (mobulu ya makanisi ezali kokende mpe kozonga)								
Ligboma to kolobaloba								
Mobulu/kobulungana moke-makasi ya bizaleli								
Komilelalela na mpasi ya nzoto oyo ekoki kolimbolama te epai ya monganga								
Komisala mabe (ata koluka komíboma)								
Komilelalela na bizaleli mosusu								
Bampota								
Mpota monene na motó/mokongo								
Mpota monene na ntolo								
Mpota monene na bansonge								
Mpota ya ndengendenge								
Mpota moke								
Nyonso								

Soki likoki ezali bokoki kokabola lisusu bambula, na ndakisa sanza 0–11, mbula 1–4, mbula 5–14, mbula 15–49, mbula 50–59, mbula >60

Apendisi 3
Ndenge ya kosala mimeko mpo na kozwa bilembo ya ntina ya sante

Motángo ya bato nyonso bazali kokufa (CMR)

Ndimbola: Motángo ya baye bakufi kati na bato nyonso, ezala basi ezala mibali mpe ya bambula nyonso.

Ndenge ya kosala:

$$\frac{\text{Motángo nyonso ya bato bakufi na boumeli ya ntango}}{\text{Motángo ya bato oyo bazali na likama tii na katikati ya ntango}\times\text{Motángo ya mikolo na ntango wana}} \times \text{Bato 10 000} = \text{Bato bakufi/bato 10 000/mokolo}$$

Motángo ya bato ya nse ya mbula 5 oyo bazali kokufa (U5MR)

Ndimbola: Motángo ya baye bakufi kati na bana ya nse ya mbula mitano kati na bato.

Ndenge ya kosala:

$$\frac{\text{Motángo nyonso ya baye bakufi kati na bana ya mbula <5 na boumeli ya ntango}}{\text{Motángo nyonso ya bana ya mbula <5}\times\text{Motángo ya mikolo na ntango wana}} \times \text{Bato 10 000} = \text{Bato bakufi/bana 10 000 ya nse ya mbula 5/mokolo}$$

Motángo ya bamaladi ya sika

Ndimbola: Motángo ya bato bazwi maladi moko ya sika na boumeli ya ntango sikisiki kati na bato oyo bazali na likama ya kozwa maladi yango.

Ndenge ya kosala:

$$\frac{\text{Motángo ya bato bazwi maladi sika mpo na maladi sikisiki na boumeli ya ntango}}{\text{Bato bazali na likama ya kozwa maladi}\times\text{Motángo ya sanza na boumeli ya ntango}} \times \text{Bato 1 000} = \text{Bato bazwi maladi sika mpo na maladi sikisiki/bato 1 000/sanza}$$

Motángo ya bato bazali komona mpasi makasi (CFR)

Ndimbola: Motángo ya bato bazali komona mpasi makasi na maladi moko boye kokabola yango na motángo ya bato bazali na maladi yango.

Ndenge ya kosala:

$$\frac{\text{Motángo ya bato oyo bazali kokufa na maladi na boumeli ya ntango}}{\text{Bato oyo bazali na maladi yango na boumeli ya ntango}} \times 100 = x\%$$

Motángo ya bato oyo bazali kokende na lopitalo

Ndimbola: Motángo ya mbala oyo bato ya maladi ya libanda bazali koya na lopitalo moto na moto mpe na mbula. Soki likoki ezali, okesenisa bato ya sika ná bato ya kala oyo bayaki. Esengeli kosalela bato baye **sika** mpo na komeka koyeba motángo oyo. Nzokande, mbala ebele ezalaka mpasi mpo na kokesenisa bato ya sika ná bato ya kala oyo bayaka, na yango basangisaka bango nyonso lokola bato oyo bayaki na boumeli ya likama moko boye.

Ndenge ya kosala:

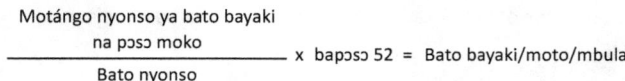

$$\frac{\text{Motángo nyonso ya bato bayaki na pɔsɔ moko}}{\text{Bato nyonso}} \times \text{bapɔsɔ } 52 = \text{Bato bayaki/moto/mbula}$$

Motángo ya bato bakeyi kotalisa nzoto na monganga na mokolo

Ndimbola: Motángo ya katikati ya bato nyonso bayaki kotalisa nzoto (bato ya sika ná oyo bazongeli) oyo monganga moko moko amonaki na mokolo.

Ndenge ya kosala:

$$\frac{\text{Motángo nyonso ya bato bayaki kotalisa nzoto na pɔsɔ moko}}{\substack{\text{Motángo ya minganga ya FTE*} \\ \text{kati na lopitalo}}} \div \substack{\text{Motángo ya mikolo oyo lopitalo} \\ \text{efungwami na pɔsɔ}}$$

*Motángo ya FTE (full-time equivalent) ezali kolakisa motángo ezali kokokana ná ya minganga oyo bazali kosala na lopitalo moko boye.
Na ndakisa, soki minganga motoba bazali kosala na departema oyo ezali koyamba bakoni ya libanda, kasi mibale kati na bango bazali kosala mosala na ndambu ya ngonga, boye motángo ya minganga ya FTE = bato 4 oyo bazali kosala ntango na ntango + bato 2 oyo bazali kosala mpo na ndambu ya ngonga = minganga 5 ya FTE.

Apendisi 4
Biloko ya ngɛngɛ

Biloko ya ngɛngɛ ya mabe ekoki kokota kati na moto soki na nzela ya monɔkɔ, zolo, loposo, miso to matoyi to soki ameli yango. Bana nde bazalaka na likama makasi mpamba te bazali bazali kopema nokinoki, bazali na etando monene ya loposo na kotalaka kilo ya nzoto na bango. Loposo na bango ezali kolekisa biloko mingi mpe bazali penepene na mabele. Kozala pembeni ya biloko ya mabe ekoki kobebisa kokóla ya mwana, ata kozongisa na nsima kokóla na ye ná kobebisa kolya na ye, mpe ekoki komema na maladi to na liwa.

Ndenge ya kosala na ebandeli
Mbala moko soki moto ya maladi akomi na lopitalo, soki eyebani ete asimbaki biloko ya ngɛngɛ to azali kolakisa bilembo ya moto asimbaki biloko yango:

- kebisá basali ya lisalisi ya monganga, bayeba kolata bisaleli ya mosala oyo ebongi oyo ezali kobatela moto na moto (PPE);
- poná bato ya maladi;
- pesá lisungi oyo ekoki kobikisa bomoi ya moto;
- longolá ye biloko (na ndakisa, kolongola bilamba ya moto ya maladi, to kosokola ye bisika oyo ebebi na mai ya sabuni), malamu kosalela yango libanda ya lopitalo mpo na kokima kotya ye lisusu na biloko ya mabe; nsima
- landá malako mosusu esengeli mpo na lisalisi, ná lisalisi oyo ezali kosunga moto.

Malako mpo na lisalisi
Ekoki kozala ndenge moko te na bikólo nyonso. Mbala ebele, esengaka kopesa moto nkisi ya kolongola ngɛngɛ, mpe lisalisi oyo ekosunga ye (na ndakisa mpo na kopema).

Tablo oyo elandi na nse awa ezali kolakisa bilembo ya moto oyo biloko ya ngɛngɛ ezwi mpe nkisi nini ya kolongola yango oyo eyebani na bato mingi.

Bilembo ya moto oyo biloko mabe ya ngɛngɛ ezwi mpe lisalisi oyo akoki kozwa

Molongo ya biloko ya ngɛngɛ	Bilembo emonisaka ete biloko ya ngɛngɛ ezwi moto	Nkisi mpo na kolongola yango (makambo ya kolanda ekeseni na bamboka)
Biloko ebebisaka bongo lokola sarin, tabun to VX	Miso ekomi mike; komona malamu te; motó mpasi; kotangisa mai ebele; ntolo ekangami mpe kopema na mpasi; mposa ya kosanza; kosanza; pulupulu; misisa kobendana; nzoto kokangama; kobungisa makanisi.	Atropine Oximes (pralidoxime, obidoxime) Benzodiazepines (mpo na nzoto kokangama)
Biloko oyo ezali kobimisa babibo lokola gaz moutarde	Kotangisa mpisoli; miso koswa; apolo; kobeba ya korne ya liso; loposo ekomi motane mpe kobimisa babibɔ mpe ezo sala mpasi; kopema na mpasi.	Lisalisi mpo na kosunga +/- thiosulphate de sodium Na ndakisa, miso koswa, antibiotike ya kotya, kosokola loposo, bifongoli ya nzela mikemike ya pumɔ, Salelá thiosulphate de sodium na ba sitwasyo ya makasi

Molongo ya biloko ya ngɛngɛ	Bilembo emonisaka ete biloko ya ngɛngɛ ezwi moto	Nkisi mpo na kolongola yango (makambo ya kolanda ekeseni na bamboka)
Cyanure	Kobenda mopɛpɛ na mpasi; kokangama ya pema; nzoto kokangama; kobulungana; mposa ya kosanza.	Nitrite d'amyle (lisungi ya liboso) Thiosulphate de sodium ná nitrite de sodium to na 4 DMAP to Hydroxocobalamine to Edétate dicobaltique
Biloko ezali kolembisa moto lokola BZ	Monɔkɔ ná loposo ya kokauka; motema ekobeta mbangumbangu; makanisi ebebi; komilobela; komona makambo oyo ezali te; nzoto mɔtɔ makasi; mobulu na makambo moto azo sala; miso efungwami minene.	Physostigmine
Gaz oyo ezali kobimisa mpisoli na miso ná biloko ya kopanza na yango bato ya mobulu	Koswa mpe kozika na zolo; kotangisa mpisoli; kotangisa nsoi; miyoyo ezo bima; ntolo kokonda; motó mpasi; mposa ya kosanza.	Mingimingi lisalisi mpo na kosunga
Chlore	Miso motane ná kotangisa mpisoli; koswa na zolo mpe na mongongo; kosukosu; koluka pema to koyoka neti mopɛpɛ ezali te; pema mokuse; kobeta basifle; mongongo ekangami; kovimba ya pumɔ.	N-acétylcystéine (NAC)
Thallium (mpo na koboma mpuku)	Mpasi na libumu; mposa ya kosanza; kosanza; pulupulu; libumu kokangama; nzoto kokangama; kolobaloba; kobulungana; kobungisa nsuki ya motó ná ya nzoto; mpasi na misisa mpe kozanga makasi ya koningisa nzoto; ataxie; kozanga koyeba makambo.	Bleu de Prusse
Plomb	Kozanga koyoka nzala; kosanza; libumu kokangama; mpasi na libumu; nzoto ekomi pembe; kozanga likebi na makambo; bolembu; kolemba ya biteni mosusu ya nzoto.	Chelation
Biloko esalemi na phosphate (lokola nkisi ya ngungi ná gaz oyo ezali kobebisa bɔɔngo)	Kotangisa nsoi; kotangisa mpisoli; kosuba; kosumba; mpasi na estoma; kosanza.	Atropine Oximes (pralidoxime, obidoxime)

Ebongolami na OMS, Makambo ya kolanda mpo na sante ya zingazinga na ntango ya makama.

Mitindami mpe mikanda mosusu ya koténga

Sante ná ntomo ya bato
The Right to Health: Fact Sheet No.31. OHCHR and WHO, 2008. http://www.ohchr.org

Kokamba misala ya basivile ná basoda
Civil Military Coordination during Humanitarian Health Action. Global Health Cluster, 2011. www.who.int

Humanitarian Civil-Military Coordination: A Guide for the Military. UN OCHA, 2014. http://www.unocha.org

Kobatela bato ná mibeko etali makambo ya kosunga bato na mokili mobimba
Ambulance and pre-hospital services in risk situations. ICRC, 2013. www.icrc.org

Common Ethical principles of health care in times of armed conflict and other emergencies. ICRC, Geneva, 2015. https://www.icrc.org

Ensuring the preparedness and security of health care facilities in armed conflict and other emergencies. ICRC, 2015. www.icrc.org

Guidance Note on Disability and Emergency Risk Management for Health. World Health Organization, 2013. http://www.who.int

Health Care in Danger: The responsibilities of health care personnel working in armed conflicts and other emergencies. ICRC, 2012. www.icrc.org

Minimum Standards for Child Protection in Humanitarian Action: Standard 24 Shelter and Child Protection. Child Protection Working Group (now the Alliance for Child Protection in Humanitarian Action), 2012. https://resourcecentre.savethechildren.net

Monitoring and Reporting Mechanism (MRM) on Grave Violations Against Children in situations of Armed Conflict. UN and UNICEF, 2014. http://www.mrmtools.org

Bokambi
Health Cluster Guide. Global Health Cluster, 2009. http://www.who.int

Reference module for cluster coordination at the country level. IASC, 2015. www.humanitarianresponse.info

Sante na ntango ya makama
Blanchet, K. et al *Evidence on public health interventions in humanitarian crises.* The Lancet, 2017. http://www.thelancet.com

Classification and Minimum Standards for foreign medical teams in sudden onset disasters. WHO, 2013. http://www.who.int

Ensuring Access to Health Care Operational Guidance on Refugee Protection and Solutions in Urban Areas. UNHCR, 2011. http://www.unhcr.org

Public Health Guide in Emergencies. The Johns Hopkins and Red Cross Red Crescent, 2008. http://pdf.usaid.gov

Refugee Health: An approach to emergency situations. Médecins Sans Frontières, 1997. http://refbooks.msf.org

Spiegel et. al. *Health-care needs of people affected by conflict: future trends and changing frameworks.* The Lancet, 2010. http://www.thelancet.com

Malako ya kolanda na balopitalo

Clinical Guidelines – Diagnosis and Treatment Manual. MSF, 2016. http://refbooks.msf.org

Bibongiseli ya sante

Analysing Disrupted Health Sectors. A Modular Manual. WHO, 2009. http://www.who.int

Elston et al. *Impact of the Ebola outbreak on health systems and population health in Sierra Leone.* Journal of Public Health, 2015. https://academic.oup.com

Everybody's Business. Strengthening Health Systems to Improve Health Outcomes. WHO, 2007. http://www.who.int

The Health System Assessment Approach: A How to Manual 2.0. USAID, 2012. www.hfgproject.org

Parpia et al. *Effects of Response to 2014–2015 Ebola Outbreak on Deaths from Malaria, HIV/AIDS and Tuberculosis West Africa. Emerging Infection Diseases Vol 22.* CDC, 2016. https://wwwnc.cdc.gov

Recovery Toolkit: Supporting countries to achieve health service resilience. WHO, 2016. http://www.who.int

Toolkit assessing health system capacity to manage large influx of refugees, asylum-seekers and migrants. WHO/UNHCR/IOM, 2016. http://www.euro.who.int

Kozala kimya

Comprehensive Safe Hospital Framework. WHO, 2015. http://www.who.int

Patient Safety: Making Health Safer. WHO, 2017. http://www.who.int

Kopengola mpe kobundisa bamaladi

Essential environmental health standards in health care. WHO, 2008. http://www.who.int

Essential Water and Sanitation Requirements for Health Structures. MSF, 2009. http://oops.msf.org

Guideline for Isolation Precautions: Preventing Transmission of Infectious Agents in Healthcare Settings. CDC, 2007 updated 2017. https://www.cdc.gov

Guidance for the selection and use of Personal Protective Equipment (PPE) in healthcare settings. CDC, 2004. https://www.cdc.gov

Guidelines for safe disposal of unwanted pharmaceuticals in and after emergencies. WHO, 1999. http://apps.who.int

Guidelines on Core Components of Infection Prevention and Control Programmes at the National and Acute Health Care Facility level. WHO, 2016. http://www.who.int

Management of Dead Bodies after Disasters: A field Manual for First Responders, Second Edition. ICRC, IFRC, 2016. www.icrc.org

Safe management of wastes for health-care activities, Second edition. WHO, 2014. http://www.who.int

Basali ya mosala ya sante

Classifying health workers: mapping occupations to the international standards. WHO. http://www.who.int

Global strategy on human resources for health. Workforce 2030. WHO, 2016. http://www.who.int

Human resources for Health Information System, Minimum Data Set for Health Workforce Registry. WHO, 2015. http://www.who.int

Health workforce requirement for universal health coverage and the SDGs. WHO, 2016. http://www.who.int

International Standard Classification of Occupation: Structure, group definitions and correspondence tables. ILO, 2012. http://www.ilo.org

WISN Workload indicators of staffing need, user's manual. WHO, 2010. http://www.who.int

Working together for health. World Health Report 2006. WHO 2006. http://www.who.int

Bankisi

Emergency Reproductive Health Kit. UNFPA, 2011. https://www.unfpa.org

Guidelines of Medicine Donations. WHO, 2010. http://www.who.int

Interagency Emergency Health Kit. WHO, 2017. http://www.who.int

Model Formulary for children. WHO, 2010. http://apps.who.int

Model List of Essential Medicines 20th List. WHO, 2017. http://www.who.int

Non-Communicable Diseases Kit. WHO, 2016. http://www.who.int

Revised Cholera Kits. WHO, 2015. http://www.who.int

The Interagency Emergency Health Kit 2017: Medicines and Medical Devices for 10 000 People for Approximately Three Months. WHO. 2017. https://www.who.int.

Baapareyi ya minganga bakisa mpe baapereyi ya lisungi

Core Medical Equipment. WHO, 2011. http://www.who.int

Decommissioning Medical Equipment and Devices. WHO http://www.who.int

Global Atlas of Medical Devices. WHO, 2017. http://www.who.int

Guidelines on the provision of Manual Wheelchairs in less resourced settings. World Health Organization, 2008. http://www.who.int

Medical Device technical series: Medical device regulations, medical devices by health care facilities, needs assessment for medical devices, procurement process resource guide, medical device donations, medical equipment maintenance programme overview. WHO, 2011. http://www.who.int

Priority Assistive Products List. The GATE Initiative, WHO and USAID, 2016. http://www.who.int

Nkisi batalelaka makasi

Access to Controlled Medications Programme, WHO Briefing Note. WHO, 2012. http://www.who.int

Availability of Internationally Controlled Drugs: Ensuring Adequate Access for Medical and Scientific Purposes. International Narcotics Control Board and WHO, 2010. http://www.incb.org

Availability of narcotic drugs and psychotropic substances in emergency situations, INCD report, pages 36–37. International Narcotics Control Board, 2014. www.incb.org

Ensuring Balance in National Policies on Controlled Substances. Guidance for availability and accessibility of controlled medicines. WHO, 2011. http://www.who.int

Biloko basali na makila

Blood safety and availability. WHO, 2017. http://www.who.int

Guidelines on management of blood and blood components as essential medicines, Annex 3. WHO, 2017. http://apps.who.int

Universal Access to Safe Blood Transfusion. WHO, 2008. http://www.who.int

Kopesa mbongo na makambo ya sante

Cash-based Interventions for Health Programmes in Refugee Settings: A Review. UNHCR, 2015. http://www.unhcr.org

Cash for Health: Key Learnings from a cash for health intervention in Jordan. UNHCR, 2015. http://www.unhcr.org

Monitoring progress towards universal health coverage at country and global levels. WHO, 2014. http://apps.who.int

Removing user fees for primary health care services during humanitarian crises. Global Health Cluster and WHO, 2011. http://www.who.int

Koyebisa makambo etali sante

IASC Guidelines: Common Operating Datasets in Disaster Preparedness and Response. IASC, 2011 https://interagencystandingcommittee.org

Global Reference List of 100 Core Health Indicators. WHO, 2015. http://www.who.int

Standards for Public Health Information Services in Activated Health Clusters and Other Humanitarian Health Coordination Mechanisms. Global Health Cluster, 2017. www.humanitarianresponse.info

Kotalela bamposa ya sante mpe kotya misala ya lisalisi na esika ya liboso

Assessment Toolkit: Practical steps for the assessment of health and humanitarian crises. MSF, 2013. http://evaluation.msf.org

Global Health Observatory Data Repository: Crude birth and death rate by country. World Health Organization, 2017. http://apps.who.int

Rapid Risk Assessments of Acute Public Health Events. WHO, 2012. http://www.who.int

SARA Service Availability and Readiness Assessment Survey. WHO/USAID, 2015. http://www.who.int

Kokima bamaladi oyo epalanganaka

Integrated Vector Management in Humanitarian Emergencies Toolkit. MENTOR Initiative and WHO, 2016. http://thementorinitiative.org

Vaccination in Acute Humanitarian Crises: A Framework for Decision Making. WHO, 2017. http://www.who.int

Bamaladi oyo epalanganaka (bamaladi sikisiki)

Dengue: Guidelines for Diagnosis, Treatment, Prevention and Control: New Edition. WHO, 2009. http://www.who.int

Guidelines for the control for shigellosis. WHO, 2005. http://www.who.int

Interim Guidance Document on Cholera surveillance. Global Task Force on Cholera Control and WHO, 2017. http://www.who.int

Liddle, K. et al. *TB Treatment in a Chronic Complex Emergency: Treatment Outcomes and Experiences in Somalia.* Trans R Soc Trop Med Hyg, NCBI, 2013. www.ncbi.nlm.nih.gov

Managing Meningitis Epidemics in Africa. WHO, 2015. http://apps.who.int

Management of a measles epidemic. MSF, 2014. http://refbooks.msf.org

Meningitis Outbreak Response in Sub-Saharan Africa. WHO, 2014. http://www.who.int

Pandemic Influenza Preparedness (PIP) Framework for the sharing of influenza viruses and access to vaccines and other benefits. WHO, 2011. http://apps.who.int

Koyeba kobima ya maladi monene mpe kopesa lisungu liboso

Early detection, assessment and response to acute public health events, Implementation of Early Warning and Response with a focus on Event-Based Surveillance. WHO, 2014. http://www.who.int

Early warning, alert and response (EWAR) a key area for countries preparedness for Health Emergencies. WHO, 2018. http://apps.who.int

Weekly Epidemiological Record. WHO. http://www.who.int

Outbreak Surveillance and Response in Humanitarian Crises, WHO guidelines for EWARN implementation. WHO, 2012. http://www.who.int

Komilɛngɛla mpe kopesa lisungi na ntango maladi mabe ebimi
Communicable disease control in emergencies, A field Manual. WHO, 2005.
http://www.who.int

Epidemic Preparedness and Response in Refugee Camp Settings, Guidance for Public health officers. UNHCR, 2011. http://www.unhcr.org

Outbreak Communication Planning Guideline. WHO, 2008. http://www.who.

Sante ya bana ná babebe
IMCI Chart Booklet. WHO, 2014. http://www.who.int

Integrated Community Case Management in Acute and Protracted Emergencies: case study for South Sudan. IRC and UNICEF, 2017. https://www.rescue.org

Newborn Health in Humanitarian Settings Field Guide Interim Version. IAWG RH in Crises, 2016. http://iawg.net

Overview and Latest update on iCCM: Potential for Benefit to Malaria Programs. UNICEF and WHO, 2015. www.unicef.org

Polio vaccines: WHO position Paper Weekly epidemiological record. WHO, 2016. http://www.who.int

Updates on HIV and infant feeding. UNICEF, WHO, 2016. http://www.who.int

Sante ya binama ya kosangisa nzoto mpe ya kobotela
Adolescent Sexual and Reproductive Health Toolkit for Humanitarian Settings. UNFPA and Save the Children, 2009. http://iawg.net

Inter-Agency Reproductive Health Kits for Crisis Situations, 5th Edition. UNFPA/IAWG, 2011. http://iawg.net

Inter-agency Field Manual on Sexual and Reproductive Health in Humanitarian Settings. IWAG on Reproductive Health in Crises and WHO, 2018.
http://iawg.net

Medical eligibility criteria wheel for contraceptive use. WHO, 2015. http://who.int

Minimum Initial Service Package (MISP) for Reproductive Health in Crisis Situations: A distance learning module. IWAG and Women's Refugee Commission. 2011. http://iawg.net

Selected practice recommendations for contraceptive use, Third Edition. WHO, 2016. http://www.who.int

Safe abortion: Technical & policy guidance for health systems. WHO, 2015. http://www.who.int

Kobebisama na makambo ya kosangisa nzoto mpe lolenge ya kosalisa baye basangisi bango nzoto na makasi
Clinical Care for Sexual Assault Survivors. International Rescue Committee, 2014. http://iawg.net

Caring for Child Survivors of Sexual Abuse Guidelines for health and psychosocial service providers in humanitarian settings. IRC and UNICEF, 2012. https://www.unicef.org

Clinical Management of Rape Survivors: Developing protocols for use with refugees and internally displaced persons, Revised Edition, pp.44–47. WHO, UN Population Fund, and UNHCR, 2004. www.who.int

Clinical Management of Rape Survivors: E-Learning. WHO 2009. http://apps.who.int

Guidelines for Integrating Gender-Based Violence Interventions in Humanitarian Action, Reducing Risk, promoting resilience and aiding recovery. Inter-Agency Standing Committee, 2015. https://gbvguidelines.org

Guidelines for Medico-Legal Care of Victims of Sexual Violence. WHO, 2003. http://www.who.int

VIH

Consolidated Guidelines on the Use or ART Drugs for Treating and Preventing HIV Infection: Recommendations for a public health approach – Second edition. WHO, 2016. www.who.int

Guidelines for Addressing HIV in Humanitarian Settings. UNAIDS and IASC, 2010. http://www.unaids.org

Guidelines for the delivery of antiretroviral therapy to migrant and crisis-affected populations in Sub Saharan Africa. UNHCR, 2014. http://www.unhcr.org

Guidelines for management of sexually transmitted infections. WHO, 2003. www.emro.who.int

Guidelines on post-exposure prophylaxis for HIV and the use of Cotrimoxazole prophylaxis for HIV-related infections among adults, adolescents and children. WHO, 2014.
http://www.who.int

HIV prevention in emergencies. UNFPA, 2014. http://www.unfpa.org

PMTCT in Humanitarian Settings Inter-Agency Task Team to Address HIV in Humanitarian Emergencies Part II: Implementation Guide. Inter-Agency Task Team, 2015. http://iawg.net

WHO policy on collaborative TB/HIV activities Guidelines for national programmes and other stakeholders. WHO, 2012. http://www.who.int

Kosalisa bampota ná batromatisme

American Heart Association Guidelines for CPR & ECC. American Heart Association, 2015 and 2017. https://eccguidelines.heart.org

Anaesthesia Handbook, Annex 3: ICRC Pain Management. Reversed WHO pain management ladder. ICRC, 2017. https://shop.icrc.org

Child Protection in Humanitarian Action Review: Dangers and injuries. Alliance for Child Protection in Humanitarian Action, 2016.
https://resourcecentre.savethechildren.net

Classification and Minimum Standards for Foreign Medical Teams in Sudden Onset Disasters. WHO, 2013. http://www.who.int

Minimum Technical Standards and Recommendations for Rehabilitation. WHO, 2016. http://apps.who.int

eCBHFA Framework Community Based Health and First Aid. ICRC, 2017. http://ifrc-ecbhfa.org

EMT minimum data set for reporting by emergency medical teams. WHO, 2016. https://extranet.who.int

Guidelines for trauma quality improvement programmes. World Health Organization, 2009. http://apps.who.int

International First Aid and Resuscitation Guidelines. IFRC, 2016. www.ifrc.org

Interagency initiative comprising a set of integrated triage tools for routine, surge and prehospital triage allowing smooth transition between routine and surge conditions. WHO and ICRC. http://www.who.int

Recommended Disaster Core Competencies for Hospital Personnel. California Department of Public Health, 2011. http://cdphready.org

Technical Meeting for Global Consensus on Triage. WHO and ICRC, 2017. https://www.humanitarianresponse.info

The European Resuscitation Council Guidelines for Resuscitation. European resuscitation council, 2015. https://cprguidelines.eu

The WHO Trauma Care Checklist. WHO, 2016. http://www.who.int

von Schreeb, J. et al. *Foreign field hospitals in the recent sudden-onset disasters in Iran, Haiti, Indonesia, and Pakistan.* Prehospital Disaster Med, NCBI, 2008. https://www.ncbi.nlm.nih.gov

War Surgery, Working with limited resources in armed conflict and other situations of violence. International Committee of the Red Cross, 2010. https://www.icrc.org

Sante ya motó

A faith-sensitive approach in humanitarian response: Guidance on mental health and psychosocial programming. The Lutheran World Federation and Islamic Relief Worldwide, 2018. https://interagencystandingcommittee.org

A Common Monitoring and Evaluation Framework for Mental Health and Psychosocial Support in Emergency Settings. IASC, 2017. https://reliefweb.int

Assessing Mental Health and Psychosocial Needs and Resources: Toolkit for Humanitarian Settings. WHO and UNHCR, 2012. http://www.who.int

Building back better: sustainable mental health care after emergencies. WHO, 2013. http://www.who.int

Facilitate community self-help and social support (action sheet 5.2) in guidelines on Mental Health and Psychosocial Support in Emergency Settings. IASC, 2007. https://interagencystandingcommittee.org

Group Interpersonal Therapy (IPT) for Depression. WHO, 2016. http://www.who.int

Inter-Agency Referral Form and Guidance Note for Mental Health and Psychosocial Support in Emergency Settings. IASC, 2017. https://interagencystandingcommittee.org

mhGAP Humanitarian Intervention Guide: Clinical Management of Mental, Neurological and Substance Use Conditions in Humanitarian Settings. WHO and UNHCR, 2015. http://www.unhcr.org

Problem Management Plus (PM+): Individual psychological help for adults impaired by distress in communities exposed to adversity. WHO, 2016. http://www.who.int

Psychological First Aid: Guide for Field Workers. WHO, War Trauma Foundation and World Vision International, 2011. http://www.who.int

Psychological First Aid Training Manual for Child Practitioners. Save the Children, 2013. https://resourcecentre.savethechildren.net

Reference Group for Mental Health and Psychosocial Support in Emergency Settings in Mental Health and Psychosocial Support in Humanitarian Emergencies: What Should Humanitarian Health Actors Know. IASC, 2010. http://www.who.int

Bamaladi oyo epalanganaka te

Disaster Risk Management for Health: Non-Communicable Diseases Fact Sheet 2011. WHO, 2011. http://www.who.int

Jobanputra, K. Boulle, P. Roberts, B. Perel, P. *Three Steps to Improve Management of Noncommunicable Diseases in Humanitarian Crises.* PLOS Medicine, 2016. http://journals.plos.org

Lozano et al. *Global and regional mortality from 235 causes of death for 20 age groups in 1990 and 2010: a systemic analysis for the Global Burden of Disease Study 2010.* The Lancet, 2012. https://www.ncbi.nlm.nih.gov

NCD Global Monitoring Framework. WHO, 2013. http://www.who.int

NCDs in Emergencies – UN Interagency Task Force on NCDs. WHO, 2016. http://www.who.int

Slama, S. et al. *Care of Non-Communicable Diseases in Emergencies.* The Lancet, 2016. http://www.thelancet.com

WHO Package of Essential Non-Communicable Disease Interventions, Tools for implementing WHO PEN. WHO, 2009. http://www.who.int

Lisalisi ya bilakisi ya maladi

Caring for Volunteers Training Manual. Psychosocial Centre IFRC, 2015. http://pscentre.org

Disaster Spiritual Care Handbook. Disaster Services, American Red Cross, 2012. https://interagencystandingcommittee.org

Guidance for managing ethical issues in infectious disease outbreaks. WHO, 2016. http://apps.who.int

IASC guidelines on mental health and psychosocial support in emergency settings. IASC, 2007. http://www.who.int

IAHPC List of Essential Medicines for Palliative Care. International Association for Hospice and Palliative Care, 2007. https://hospicecare.com

Matzo, M. et al. *Palliative Care Considerations in Mass Casualty Events with Scarce Resources.* Biosecurity and Bioterrorism, NCBI, 2009. https://www.ncbi.nlm.nih.gov

Powell, R. A. Schwartz, L. Nouvet, E. Sutton, B. et al. *Palliative care in humanitarian crises: always something to offer.* The Lancet, 2017. http://www.thelancet.com

Palliative Care, Cancer control: knowledge into action: WHO guide for effective programmes. WHO, 2007. http://www.who.int

Silove, D. *The ADAPT model: a conceptual framework for mental health and psychosocial programming in post conflict settings.* War Trauma Foundation, 2013. https://www.interventionjournal.com

Nouvet, E. Chan, E. Schwartz, L. J. *Looking good but doing harm? Perceptions of short-term medical missions in Nicaragua.* Global public health, NCBI, 2016. https://www.ncbi.nlm.nih.gov

19th WHO Model List of Essential Medicines chapter 2 2, Medicines for pain and palliative care. WHO, 2015. http://www.who.int

Biloko ya ngɛngɛ
Initial Clinical management of patients exposed to chemical weapons. WHO, 2015. http://www.who.int

Mikanda mosusu ya kotánga
Mpo na koyeba mikanda nini mosusu okoki kotánga, talá na
www.spherestandards.org/handbook/online-resources

Mikanda mosusu ya kotánga

Kokamba misala ya basivile ná basoda
UN-CMCoord Field Handbook. UN OCHA, 2015. https://www.unocha.org/legacy/what-we-do/coordination-tools/UN-CMCoord/publications

Bokambi
Global Health Cluster. http://www.who.int/health-cluster/en/

Bibongiseli ya sante
Approach to Health Systems Strengthening. UNICEF, 2016.
https://www.unicef.org/health/strengthening-health-systems

Health System Strengthening, from diagnosis to Planning. Action Contre Le Faim, 2017. https://www.actionagainsthunger.org/publication/2017/03/health-system-strengthening-diagnosis-planning

Monitoring the Building Blocks of Health Systems: A handbook of indicators and their measurement strategies. WHO, 2010.
http://www.who.int/healthinfo/systems/monitoring/en/

Newbrander et al. *Rebuilding and strengthening health systems and providing basic health services in fragile states.* NCBI, Disasters, 2011.
www.ncbi.nlm.nih.gov/pubmed/21913929

Strategizing national health in the 21st century: a handbook. WHO, 2017.
http://www.who.int/healthsystems/publications/nhpsp-handbook/en/

van Olmen, J. et al. *Health Systems Frameworks in their Political Context: Framing Divergent Agendas.* BMC Public Health, 2012.
https://bmcpublichealth.biomedcentral.com/articles/10.1186/1471-2458-12-774

Kozala kimya
Diagnostic Errors: Education and Training, Electronic Tools, Human Factors, Medication Error, Multi-morbidity, Transitions of care. WHO, 2016.
http://apps.who.int/iris/bitstream/handle/10665/252410/9789241511636-eng.pdf?sequence=1&isAllowed=y

Hospital Safety Index Guide for Evaluators, 2nd ed. WHO, 2015.
http://apps.who.int/iris/handle/10665/258966

Technical Series on Safer Primary Care: Patient engagement: Administrative errors. WHO, 2016.
http://www.who.int/patientsafety/topics/primary-care/technical_series/en/

Bankisi
Management of Drugs at Health Centre Level, Training Manual. WHO, 2004.
http://apps.who.int/medicinedocs/en/d/Js7919e/

Baapareyi ya minganga bakisa mpe baapereyi ya lisungi

Global Model Regulatory Framework for Medical Devices including in vitro diagnostic medical devices. WHO, 2017. http://www.who.int/medical_devices/publications/global_model_regulatory_framework_meddev/en/

List of Prequalified in vitro diagnostic products. WHO, 2011. http://www.who.int/diagnostics_laboratory/evaluations/PQ_list/en/

Nkisi batalelaka makasi

Model Guidelines for the International Provision of Controlled Medicines for Emergency Medical Care. International Narcotics Control Board, 1996. www.incb.org/documents/Narcotic-Drugs/Guidelines/medical_care/Guidelines_emergency_Medical_care_WHO_PSA.pdf

Kopesa mbongo na makambo ya sante

Doocy et al. *Cash-based approaches in humanitarian emergencies, a systematic review.* International Initiative for Impact Evaluation, 2016. https://www.3ieimpact.org/evidence-hub/systematic-review-repository/cash-based-approaches-humanitarian-emergencies-systematic

Wenjuan Wang et al. *The impact of health insurance on maternal health care utilization: evidence from Ghana, Indonesia and Rwanda.* Health Policy and Planning, NCBI, 2017. www.ncbi.nlm.nih.gov/pubmed/28365754

Koyebisa makambo etali sante

Checchi et al. *Public Health Information in Crisis-Affected populations. A review of methods and their use for advocacy and action.* The Lancet, 2017. http://www.thelancet.com/journals/lancet/article/PIIS0140-6736(17)30702-X/abstract

Creating a master health facility list. WHO, 2013. http://www.who.int/healthinfo/systems/WHO_CreatingMFL_draft.pdf

Thierin, M. *Health Information in Emergencies.* WHO Bulletin, 2005. http://www.who.int/bulletin/volumes/83/8/584.pdf

Kotalela bamposa ya sante mpe kotya misala ya lisalisi na esika ya liboso

Checchi, F. et al. *Public health in crisis-affected population. A practical guide for decision makers, Network Paper 61.* Humanitarian Practice Network, December 2007. https://odihpn.org/resources/public-health-in-crisis-affected-populations-a-practical-guide-for-decision-makers/

Prioritising Health Services in humanitarian crises. Health and Education Research Team, 2014. http://www.heart-resources.org/2014/03/prioritising-health-activities-in-humanitarian-crises/

Waldman, R. J. *Prioritising health care in complex emergencies.* The Lancet, 2001. http://www.thelancet.com/journals/lancet/article/PIIS0140-6736(00)04568-2/fulltext?_eventId=login

World Health Statistics, 2016: Monitoring for the SDGs. WHO, 2016. http://www.who.int/gho/publications/world_health_statistics/2016/en/

Kokima bamaladi oyo epalanganaka

Vaccination in Humanitarian Emergencies, Implementation Guide. WHO, 2017.
http://www.who.int/immunization/documents/general/who_ivb_17.13/en/

Koyeba kobima ya maladi monene mpe kopesa lisungu liboso

Checklist and Indicators for Monitoring Progress in the Development of IHR Core Capacities in States Parties. WHO, 2013.
http://www.who.int/ihr/publications/checklist/en/

Integrated Disease Surveillance and Response Community Based Surveillance Training Manual. WHO, 2015. http://www.afro.who.int/publications/integrated-diseases-surveillance-and-response-african-region-community-based

Komilɛngɛla mpe kopesa lisungi na ntango maladi mabe ebimi

Key messages for social mobilization and community engagement in intense transmission areas, Ebola. WHO, 2014. http://www.who.int/csr/resources/publications/ebola/social-mobilization-guidance/en/

Sante ya bana ná babebe

Disaster Preparedness Advisory Council, Ensuring the Health of Children in Disasters. Pediatrics. 2015.
http://pediatrics.aappublications.org/content/early/2015/10/13/peds.2015-3112

Hoddinott, J. Kinsey, B. *Child growth in the time of drought.* Oxford Bulletin of Economics and Statistics. 2001.
https://are.berkeley.edu/courses/ARE251/2004/papers/Hoddinott_Kinsey.pdf

Including children with disabilities in humanitarian action, Health Booklet. UNICEF, 2017. http://training.unicef.org/disability/emergencies/index.html

Revised WHO classification and treatment of childhood pneumonia at health facilities, evidence summaries. WHO, 2014.
http://apps.who.int/iris/bitstream/10665/137319/1/9789241507813_eng.pdf

Kosalisa bampota ná batromatisme

Emergency Trauma Care. World Health Organization, 2017.
http://www.who.int/emergencycare/gaci/activities/en/

EMT initiative. WHO, 2017. https://extranet.who.int/emt/

Global guidelines for the prevention of surgical site infection. WHO, 2016.
http://www.who.int/gpsc/ssi-prevention-guidelines/en/

Implementation Manual Surgical Safety Checklist, First Edition. WHO, World Alliance for Patient Safety, 2008
http://www.who.int/patientsafety/safesurgery/ss_checklist/en/

Joshi, G. P. et al. *Defining new directions for more effective management of surgical pain in the United States: highlights of the inaugural Surgical Pain Congress™.* The American Surgeon, NCBI, 2014. https://www.ncbi.nlm.nih.gov/pubmed/24666860

Malchow, R. J. et al. *The evolution of pain management in the critically ill trauma patient: Emerging concepts from the global war on terrorism.* Critical Care Medicine, NCBI, 2008. https://www.ncbi.nlm.nih.gov/pubmed/18594262

Providing Care for an Influx of Wounded. MSF, 2008. http://oops.msf.org/OCBLog/
content/OOPSLOGV3/LOGISTICS/operational-tools/Pocket%20guide%20to%20
Case%20Management%20of%20an%20Influx%20of%20Wounded%20OCB-v2.0-
2008.pdf/Pocket%20guide%20to%20Case%20Management%20of%20an%20
Influx%20of%20Wounded%20OCB-v2.0-2008.pdf

Sante ya motó
*Toolkit for the Integration of Mental Health into General Healthcare in Humanitarian
Settings.* International Medical Corps, 2018.
http://www.mhinnovation.net/collaborations/IMC-Mental-Health-Integration_Toolkit

Bamaladi oyo epalanganaka te
*Action Plan for the global strategy for the prevention and control of non-communicable
diseases 2008/2013.* WHO, 2009.
http://www.who.int/nmh/publications/9789241597418/en/

Demaio, A. Jamieson, J. Horn, R. de Courten, M. Tellier, S. *Non-Communicable Diseases
in Emergencies: A Call to Action.* PLOS Currents Disasters, 2013.
http://currents.plos.org/disasters/article/non-communicable-diseases-
in-emergencies-a-call-to-action/

Global Status Report on Non-communicable diseases. WHO, 2010.
http://www.who.int/nmh/publications/ncd_report2010/en/

*The Management of cardiovascular disease, diabetes, asthma and chronic obstructive
pulmonary disease in Emergency and Humanitarian Settings.* WHO, 2008.

Lisalisi ya bilakisi ya maladi
*A faith-sensitive approach in humanitarian response: Guidance on mental health
and psychosocial programming.* The Lutheran World Federation and Islamic Relief
Worldwide, 2018. https://interagencystandingcommittee.org/mental-health-and-
psychosocial-support-emergency-settings/documents-public/inter-agency-faith

*Crisis Standards of Care: A Systems Framework for Catastrophic Disaster
Response.* Institute of Medicine. 2012. https://www.nap.edu/catalog/13351/
crisis-standards-of-care-a-systems-framework-for-catastrophic-disaster

*Ethics in epidemics, emergencies and disasters: research, surveillance and patient care:
training manual.* WHO, 2015. http://apps.who.int/iris/bitstream/handle/10665/1963
26/9789241549349_eng.pdf?sequence=1

Faith Leader Toolkit. Coalition for Compassionate Care in California, 2017.
https://coalitionccc.org/tools-resources/faith-leaders-toolkit/

Knaul, F. Farmer, P. E. et al. *Report of the Lancet Commission on Global Access to
Palliative Care & Pain Control.* The Lancet, 2017.
https://www.ncbi.nlm.nih.gov/pubmed/29032993

Biloko ya ngɛngɛ
Chemical Hazards Compendium. UK Government, 2013.
https://www.gov.uk/government/collections/chemical-hazards-compendium

Emergency preparedness and Response, Fact Sheets on Specific Chemical Agents. Center for Disease control and prevention, 2013.
https://emergency.cdc.gov/chemical/factsheets.asp

Guidelines for the Identification and Management of Lead Exposure in Pregnant and Lactating Women. CDC, 2010.
https://www.cdc.gov/nceh/lead/publications/leadandpregnancy2010.pdf

The Public Health Management of Chemical Incidents, WHO Manual. WHO, 2009.
http://www.who.int/entity/environmental_health_emergencies/publications/Manual_Chemical_Incidents/en/index.html

M Mabakisi

Makambo oyo ezali na kati

Libakisi 1: Mibeko oyo esimbi Sphère 396

Libakisi 2: Malako etali etamboli mpo na *Mouvement international de la Croix-Rouge et du Croissant-Rouge* mpe ba-ONG soki ezali kosala mosala ya kosunga bato ntango likama ebimi 410

Libakisi 3: Bankombo mpe bibengeli na mokuse 417

Libakisi 1
Mibeko oyo esimbi Sphère

Mobeko-likonzi ya mosala ya kosunga bato emonisi makambo oyo biso nyonso tondimaka mpe mitinda ya biso nyonso na oyo etali mosala ya kosunga bato mpe mikumba na biso na ntango ya makama minene to bitumba, mpe emonisi ete makambo mpe mitinda yango elobelami na mibeko oyo ekambaka bikólo ya mokili. Liste ya mikanda ya ntina oyo elandi, oyo ezali mpe na bandimbola, esangisi makambo ya mibeko oyo ebongi mpenza, oyo bikólo elandaka, na oyo etali mibeko oyo ekambaka bikólo ya mokili na makambo ya ntomo ya bato, mibeko etali makambo ya kosunga bato na mokili mobimba (DIH), mibeko etali bato oyo bakimá mboka mpe mosala ya kosunga bato. Ntina na yango ezali te ya komonisa mibeko oyo ekambaka bikólo ya zingazinga mpe ndenge oyo mibeko yango ezali kobongwana. Na site Internet ya Sphère, www.spherestandards.org, bokokuta mikanda mosusu mpe maloba oyo, soki bofini yango, bokomona ebele ya biloko mosusu, lokola malako, mitinda, masengami mpe bibongiseli, oyo esalisaka. Bandimbola epesami kaka mpo na mikanda oyo esengeli na yango, mpo na mikanda oyo euti kobakisama, to mpo na mikanda oyo ezali na biteni ya sikisiki oyo elobeli makama minene to bitumba.

Buku Sphère emonisi makambo ya sikisiki oyo mpe elobelami na bibongiseli ya makambo ya mibeko oyo etali mokili mobimba. Mbala mingi, makambo yango ya sikisiki elobelaka lotomo oyo moto nyonso azali na yango ya kobatelama na makama mpe kozala na lokumu; lotomo ya kotalelama te na ndenge moko boye kaka mpamba; ntomo ya kozwa mai mpe kosalela bibongiseli ya kolongola bosɔtɔ, ya kozala na esika ya kofanda, ya kokoka komileisa, ya kozala na bilei mpe ya kozwa lisalisi ya monganga. Atako ntomo yango mosusu elobelami na mikanda ya sikisiki ya boyokani kati na bikólo ya mokili, bokokuta yango nyonso na moko ya mikanda oyo elobelaka makambo ndenge na ndenge etali ntomo ya bato, na ndakisa ntomo ya bana-mboka mpe ya makambo ya politiki to mpe ntomo na makambo ya nkita, ya kofanda na bato mpe ya mimeseno ya bonkɔkɔ.

Libakisi oyo ezali na mikanda oyo ebongisami na kotalela mitó ya makambo mitano oyo:

1. **Ntomo ya bato, libateli mpe bolembu**
2. **Kosunga bato na ntango ya bitumba**
3. **Bato oyo bakimá mboka mpe bato oyo bakendá bisika mosusu kaka na kati ya ekólo na bango**
4. **Kosunga bato na ntango ya makama**
5. **Bibongiseli esimbi malako etali mosala ya kosunga bato, malako mpe mitinda etali ntomo ya bato, libateli mpe likoki ya kozwa likama na ntango ya komimbongisa mpo na mikakatano ya mbalakaka mpe na ntango ya kopesa lisungi** www.spherestandards.org/handbook/online-resources

ToMpo na koyeba polele valere ya mokanda mokomoko oyo etyami na nse ya mitó ya makambo wana, tokaboli yango boye: a) boyokani ndenge na ndenge kati na bikólo mpe mibeko ya makambo oyo bato bameseni na yango to b) malako mpe mitinda oyo endimami na ONU mpe na bibongiseli mosusu oyo etali bikólo mibale to koleka.

1. Mikanda oyo etali mikili mingi mpo na ntomo ya bato, libateli mpe bolembu

Mikanda oyo elandi etali libosoliboso ntomo ya bato oyo endimami na boyokani ndenge na ndenge oyo bikólo ya mokili esalá mpe na maloba ya ntina oyo bikólo yango elobá na bomoko. Bokomona mpe mikanda ya ntina oyo etali mbula ya kobotama (bana mpe mibange), makambo ya basi mpe mibali mpe kozala ebosono, mpamba te yango ezali kati na makambo ya libosoliboso oyo esalaka ete bato bákoka kozala na bolembu na ntango ya likama monene to ya bitumba.

1.1 Boyokani ndenge na ndenge mpe mibeko ya makambo oyo bato bameseni na yango na oyo etali ntomo ya bato, libateli mpe bolembu

Boyokani oyo elobeli ntomo ya bato etali bikólo oyo endimá yango, nzokande mibeko ya makambo oyo bato bameseni na yango (na ndakisa, kopekisama ya monyoko) etali bikólo nyonso. Mibeko etali ntomo ya bato esalelamaka ntango nyonso, kasi ekoki kosalelama te kaka mpo na makambo mibale oyo:

- Ntomo mosusu ya bana-mboka mpe ya makambo ya politiki ekoki kolongolama mpo na mwa ntango na boumeli ya mikakatano oyo etindi bakonzi báloba ete ekólo mobimba esengeli kotalela yango na lombangu, na kotalela Artikle 4 ya *Pacte international relatif aux droits civils et politiques ("par dérogation")*.
- Na boumeli ya bitumba oyo eyebani, mibeko etali makambo ya kosunga bato na mokili mobimba (DIH) esalelamaka liboso ya mobeko oyo etali ntomo ya bato mpo na makambo oyo mibeko yango ekeseni.

1.1.1 Ntomo ya moto nyonso

Déclaration universelle des droits de l'homme de 1948 (DUDH), endimamaki na nzela ya Ekateli 217 A(III) ya Likita Monene ya ONU ya 10/12/1948. www.un.org

> **Mwa ndimbola:** Likita Monene ya ONU ebimisaki DUDH na 1948. Mpo na mbala ya liboso, maloba yango emonisaki ntomo oyo moto nyonso azali na yango, oyo esengeli kobatelama bisika nyonso. Yango ezali boyokani te kati na bikólo, kasi moto nyonso andimaka ete yango ekotá na mibeko ya makambo oyo mikili mingi emeseni na yango. Na fraze ya liboso ya maloba na yango ya ebandeli, balobi mpo na mbala ya liboso ete moboko oyo esimbi mpenza ntomo ya bato ezali likanisi oyo ete "moto nyonso abotamá na lokumu." Artikle 1 elobi: "Bato nyonso babotamá na bonsomi mpe bakokani na lokumu mpe ntomo."

Pacte international de 1966 relatif aux droits civils et politiques (PIDCP), endimamaki na nzela ya Ekateli 2200A (XXI) ya Likita Monene ya ONU ya 16/12/1966; ekómaki kosalelama na 23/3/1976, *Nations unies, Recueil des traités*, vol. 999, p. 171, et vol. 1057, p. 407. www.ohchr.org

Deuxième Protocole facultatif de 1989 se rapportant au Pacte international relatif aux droits civils et politiques (oyo ezali na mokano ya kosilisa etumbu ya liwa), endimamaki na nzela ya Ekateli 44/128 ya Likita Monene ya ONU ya 15/12/1989; ekómaki kosalelama kobanda mwa 11/7/1991, *Nations unies, Recueil des traités*, vol. 1642, p. 414. www. ohchr.org

Mwa ndimbola: Bikólo oyo endimá boyokani yango (PIDCP) esengeli kotosa mpe kotosisa ntomo ya bato nyonso oyo bafandi na mabele na yango to na nse ya boyangeli na yango; esengeli mpe kondima lotomo oyo "bato" bazali na yango ya kozwa bikateli bango moko mpe ete basi mpe mibali bazali na ntomo ndenge moko. Ntomo mosusu (oyo ezali na elembo ya monzoto*) ekoki ata moke te kolongolama mpo na mwa ntango, ezala likama ya ndenge nini ekweli ekólo.

Ntomo oyo endimami na PIDCP: lotomo ya kozala na bomoi;* konyokola moto te to kosalela ye te makambo mosusu ya mabe, kosalela ye makambo na ndenge ya bonyama te to kosambwisa ye te;* boombo te;* kokanga moto te to kobotola ye bonsomi na ye ya kotambola te kozanga kolanda mibeko; kobatela valere mpe lokumu ya moto oyo akangami; kotya moto na boloko te mpo atosi kontra te;* bonsomi ya kotambola mpe kofanda esika nyonso olingi; kobengana bapaya kaka soki mibeko esengi bongo; kokokana liboso ya mibeko, kosambisama na bosembo mpe kotalela moto oyo afundami liboso ya tribinale ete azali na ngambo te tii likambo na ye ekokatama; kosambisa moto te mpo na likambo oyo asalá na ntango oyo mibeko ekweisaki likambo yango naino te;* kotalelama ndenge moko liboso ya mibeko;* kokota na makambo ya bato te; bonsomi ya makanisi, ya losambo mpe ya kolanda lisosoli na yo;* bonsomi ya kozala na likanisi mpo na likambo boye to boye, ya koloba mpe ya koyangana na kimya; bonsomi ya kosala lisangá; lotomo ya kobala mpe kozala na libota; kobatela bana; lotomo ya kopona bato na maponami mpe ya kopesa mabɔkɔ na makambo ya mboka; lotomo ya bituluku ya bato oyo bazali moke ya kozala na bonkɔkɔ na bango, lingomba na bango mpe monɔkɔ na bango.*

Pacte international de 1966 relatif aux droits économiques, sociaux et culturels (PIDESC), endimamaki na nzela ya Ekateli 2200A (XXI) ya Likita Monene ya ONU ya 16/12/1966; ekómaki kosalelama kobanda mwa 3/1/1976, *Nations unies, Recueil des traités*, vol. 993, p. 3. www.ohchr.org

Mwa ndimbola: Bikólo oyo endimá boyokani yango eyokaná mpo na kosalela ndambo monene mpenza ya biloko oyo ezali na yango mpo na "kokokisa mokemoke" ntomo oyo boyokani yango elobeli, oyo mwasi nyonso mpe mobali nyonso azali na yango.

Ntomo oyo endimami na PIDESC: lotomo ya kozala na mosala; ya kozwa lifuti oyo ebongi; ya kozala mosangani ya sendiká; ya kozala na asiransi to na likoki ya kozwaka lisungi ya Leta; ya kozala na libota, bakisa mpe kobatelama ya mama nsima ya kobota mpe ya bana mpo básalela bango te mpo na litomba ya basusu; to kozala na bomoi ya malamu, bakisa mpe bilei, bilamba mpe esika ya kofanda; ya kozala na sante malamu na nzoto mpe na motó; ya kokota kelasi; mpe kosimba makambo ya bonkɔkɔ mpe kozwa matomba na bokoli ya siansi mpe ya mimeseno ya mboka.

Convention internationale de 1969 sur l'élimination de toutes les formes de discrimination raciale **(CERD)**, endimamaki na nzela ya Ekateli 2106 (XX) ya Likita Monene ya ONU ya 21/12/1965; ekómaki kosalelama kobanda mwa 4/1/1969, *Nations unies, Recueil des traités*, vol. 660, p. 195. www.ohchr.org

Convention de 1979 sur l'élimination de toutes les formes de discrimination à l'égard des femmes **(CEDAW)**, endimamaki na nzela ya Ekateli 34/180 ya Likita Monene ya ONU ya 18/12/1979; ekómaki kosalelama kobanda mwa 3/9/1981, *Nations unies, Recueil des traités*, vol. 1249, p. 13. www.ohchr.org

Convention de 1989 sur les droits de l'enfant, endimamaki na nzela ya Ekateli 44/25 ya Likita Monene ya ONU ya 20/11/1989; ekómaki kosalelama kobanda mwa 2/9/1990, *Nations unies, Recueil des traités*, vol. 1577, p. 3. www.ohchr.org

Protocole facultatif de 2000 à la Convention sur les droits de l'enfant concernant l'implication des enfants dans les conflits armés, endimamaki na nzela ya Ekateli A/RES/54/263 ya Likita Monene ya ONU ya 25/5/2000; ekómaki kosalelama kobanda mwa 12/2/2002, *Nations unies, Recueil des traités*, vol. 2173, p. 222. www.ohchr.org

Protocole facultatif de 2000 à la Convention sur les droits de l'enfant concernant la vente des enfants, la prostitution des enfants et la pornographie mettant en scène des enfants, endimamaki na nzela ya Ekateli A/RES/54/263 ya Likita Monene ya ONU ya 25/5/2000; ekómaki kosalelama kobanda mwa 18/1/2002, *Nations unies, Recueil des traités*, vol. 2171, p. 227. www.ohchr.org

Mwa ndimbola: Bikólo pene na nyonso endimá Boyokani etali ntomo ya mwana. Boyokani yango emonisi lisusu ntomo ya libosoliboso ya bana mpe emonisi ntango oyo basengeli kobatelama koleka (na ndakisa, soki bakabwani na mabota na bango). Esengi bikólo oyo endimá yango ezwa meko mpo na kotalela makambo ya sikisiki oyo ezali kosala ete bana bábatelama malamu te.

Convention de 2006 relative aux droits des personnes handicapées, endimamaki na nzela ya Ekateli A/RES/61/106 ya Likita Monene ya ONU ya 13/12/2006; ekómaki kosalelama kobanda mwa 3/5/2008, *Nations unies, Recueil des traités*, Chapitre IV, 15. www.ohchr.org

Mwa ndimbola: Boyokani emonisi lisusu ntomo ya bibosono ndenge elobelami na boyokani ndenge na ndenge oyo etali ntomo ya bato. Lisusu, ezali kobenda likebi ya bato epai ya bibosono, kolendisa bango básalela bibosono makambo na nko te, bápesa bango likoki ya kosalisama na makambo ndenge na ndenge mpe ya kokota na petee na bisika mpe bandako. Longola yango, ebendi likebi mpenza na "makambo oyo ekoki kobimisa makama mpe oyo ekoki kosenga ete lisungi epesama nokinoki" (Artikle 11).

1.1.2 Koboma etuluku moko ya bato mpo na kosilisa bango, minyoko mpe makambo mosusu ya mabe oyo ebuki ntomo ya bato

Convention de 1948 pour la prévention et la répression du crime de génocide, endimamaki na nzela ya Ekateli 260 (III) ya Likita Monene ya ONU ya 9/12/1948; ekómaki kosalelama kobanda mwa 12/1/1951, *Nations unies, Recueil des traités*, vol. 78, p. 277. www.ohchr.org

Convention de 1984 contre la torture et autres peines ou traitements cruels, inhumains ou dégradants, adopendimamaki na nzela ya Ekateli 39/46 ya Likita Monene ya ONU ya 10/12/1984; ekómaki kosalelama kobanda mwa 26/6/1987, *Nations unies, Recueil des traités*, vol. 1465, p. 85. www.ohchr.org

> **Mwa ndimbola:** Boyokani oyo endimamá na bikólo mingi. Lelo oyo, bato mingi batalelaka mpe mobeko oyo epekisi konyokola moto ete ezali kati na mibeko ya makambo oyo mikili mingi emeseni na yango. Ezali na ntina ata moko te oyo ekoki kopesama mpo na kondimisa minyoko, ezala bitumba to likama moko oyo ekoki kozwa bato mingi. Epekisami ete bikólo ezongisa moto na mboka oyo moto yango akanisi mpenza ete bakoki konyokola ye kuna.

Statut de Rome de la Cour pénale internationale, 1998, endimamaki na *Conférence diplomatique des Nations unies* na engumba Rome mwa 17/7/1998; ekómaki kosalelama kobanda mwa 1/7/2002, *Nations unies, Recueil des traités*, vol. 2187, p. 3. www.icrc.org

> **Mwa ndimbola:** Artikle 9 ya Mobeko yango ya Rome (*Éléments constitutifs des crimes*), oyo *Cour pénale internationale* (CPI) endimaki na 2002, elimboli polele mabe ya makasi oyo babengi *crimes de guerre* mpe *crimes contre l'humanité*, mpe koboma etuluku moko ya bato mpo na kosilisa bango (génocide); na ndenge yango, ebongisi malamu mibeko mingi oyo mikili mingi emeseni kosalela na makambo oyo ebuki mibeko. Tribinale yango ekoki kosala baankete mpe kolandela makambo oyo *Conseil de sécurité* ya ONU esengi yango elandela (ata soki ekólo ya moto oyo afundami endimá Mobeko ya Rome te) mpe kobukama ya mibeko oyo balobi ete esalemi na bana-mboka ya bikólo oyo endimá Mobeko yango, to na mabele ya bikólo yango.

1.2 Malako mpe mitinda oyo endimami na ONU mpe na bibongiseli mosusu oyo etali bikólo mibale to koleka na makambo ya ntomo ya bato, libateli mpe bolembu

Plan d'action international de Madrid sur le vieillissement, 2002, endimamaki na likita ya mibale ya Assemblée mondiale sur le vieillissement na engumba Madrid, na 2002; esilá kondimama na nzela ya Ekateli 37/51 ya Likita Monene ya ONU ya 3/12/1982. www.ohchr.org

Principes des Nations unies pour les personnes âgées, 1991, endimamaki na nzela ya Ekateli 46/91 ya Likita Monene ya ONU ya 16/12/1991. www.ohchr.org

2. Mikanda oyo etali mikili mingi mpo na bitumba, mibeko etali makambo ya kosunga bato na mokili mobimba mpe lisungi epai ya bato oyo bakweli likama

2.1 Boyokani ndenge na ndenge mpe mibeko ya makambo oyo bato bameseni na yango mpo na bitumba, mibeko etali makambo ya kosunga bato na mokili mobimba (DIH) mpe lisungi epai ya bato oyo bakweli likama

Mibeko etali makambo ya kosunga bato na mokili mobimba (*droit international humanitaire* to DIH) emonisi ntango nini matata kati na bato ekómaka "bitumba" mpe, mpo na yango, ekosenga kosalela mibeko yango ya sipesiale. *Comité international de la Croix-Rouge* (CICR) nde ezwá lotomo ya kobomba boyokani ndenge na ndenge ya Mibeko etali makambo ya kosunga bato na mokili mobimba. Na site Internet na yango, okokuta mikanda ebele etali yango, ata mpe mwa makanisi oyo baoyo bazali na lotomo ya kopesa yango bapesi mpo na Boyokani ya Genève *(Conventions de Genève)* mpe Malako *(Protocoles)* na yango, mpe malako ya Mibeko etali makambo ya kosunga bato na mokili mobimba oyo mikili mingi emeseni na yango *(droit international humanitaire coutumier)*. www.icrc.org

2.1.1 Boyokani ya ntina mingi ya DIH
Boyokani ya Genève minei ya 1949

Protocole de 1977 additionnel aux Conventions de Genève de 1949 relatif à la protection des victimes des conflits armés internationaux (Protocole I)

Protocole de 1977 additionnel aux Conventions de Genève de 1949 relatif à la protection des victimes des conflits armés non internationaux (Protocole II). www.icrc.org

> **Mwa ndimbola:** Boyokani ya Genève minei (oyo bikólo nyonso endimá mpe oyo etalelamaka ete ezali kati na mibeko ya makambo oyo bato bameseni na yango) elobeli kobatela bato mpe ndenge ya kosala na baoyo bazoki mpe bato ya maladi na ntango ya bitumba oyo ezali kobundama na mokili (I) mpe na mbu (II), ndenge ya kosala na bato oyo bakangami na ntango ya bitumba (III) mpe kobatela basivile na ntango ya bitumba (IV). Yango etali libosoliboso bitumba kati na mikili mingi, longola Artikle 3 oyo etali boyokani yango nyonso minei mpe elobeli bitumba kati na mikili mingi te, mpe makambo na yango mosusu oyo etalelamaka lelo ete ezali mibeko ya makambo oyo bato bameseni na yango mpo na bitumba kati na mikili mingi te. Malako mibale ya 1977 ebakisaki makambo ya sika na ntango wana na kati ya boyokani minei yango, na ndakisa elimbolaki soki mobundi ezali nani mpe etyaki mibeko mpo na bitumba kati na mikili mingi te. Bikólo mosusu endimi naino te malako yango.

2.1.2 Boyokani ndenge na ndenge mpo na bibundeli oyo esengeli kosalelama ntango nyonso te, bamine ya bitumba mpe biloko ya bonkɔkɔ

Longola "mibeko ya Genève," oyo touti kolobela, ezali mpe na mibeko mosusu etali makambo ya bitumba; babengaka yango mbala mingi "mibeko ya La Haye." Yango esangisi boyokani mpo na kobatela biloko ya bonkɔkɔ mpe boyokani ndenge na ndenge mpo na mitindo ya bibundeli oyo esengeli kosalelama ntango nyonso te to epekisami, na ndakisa bagaze mpe bibundeli mosusu oyo esalelaka biloko ya *chimie* to ya *biologie*, bibundeli oyo endimamá kasi ebomaka bibomelá to epesaka bato mpasi ya mpamba, mpe bamine ya bitumba mpe babombi oyo ezali na masasi ebele na kati. www.icrc.org

2.1.3 DIH oyo mikili mingi emeseni na yango

DIH oyo mikili mingi emeseni na yango elakisi mibeko etali makambo ya bitumba oyo bikólo endimá (na nzela ya maloba, malako mpe mimeseno na yango) ete ezali mibeko oyo mikili mingi emeseni na yango mpe etali bikólo nyonso, ezala bikólo oyo endimá boyokani ndenge na ndenge etali DIH to bikólo oyo endimá yango te. Ezali na liste te oyo endimamá ya mibeko oyo mikili mingi emeseni na yango, kasi ndimbola oyo bikólo mingi epesaka valere mingi koleka ezali nde boyekoli oyo elandi.

Droit international humanitaire coutumier, CICR, Jean-Marie Henckaerts et Louise Doswald-Beck, Éditions Bruylant, Bruxelles, 2006. www.icrc.org

> **Mwa ndimbola:** Boyekoli oyo elobeli pene na makambo nyonso ya mibeko etali makambo ya bitumba. Etandi liste ya mibeko ya sikisiki 161 mpe emonisi, mpo na mokomoko na yango, soki etali bitumba kati na mikili mingi to te. Bato mosusu ya mayele na makambo ya mibeko balobaka ete ndenge oyo boyekoli yango esalemi ebongi te; atako bongo, boyekoli yango esalemaki na mozindo na boumeli ya mbula koleka 10 mpe esengaki kotuna makanisi ya bato mingi mpo na kokoma yango. Na yango, bikólo mingi endimaka ete boyekoli oyo elimbolá malamu mibeko oyo mikili mingi emeseni na yango.

2.2 Malako mpe mitinda oyo endimami na ONU mpe na bibongiseli mosusu oyo etali bikólo mibale to koleka na makambo ya bitumba, DIH mpe lisungi epai ya bato oyo bakweli likama

Aide-mémoire du Conseil de sécurité des Nations Unies sur la protection des civils dans les conflits armés, 2002, ndenge ebongisami lisusu na 2003 (S/PRST/2003/27). undocs.org

> **Mwa ndimbola:** Yango ezali te ekateli oyo bikólo esengisami kotosa yango, kasi yango ezali nde mokanda ya malako mpo na *Conseil de sécurité* ya ONU na makambo etali kotya kimya mpe na makambo ya bitumba oyo esengi kotalela yango nokinoki. Mpo na kokoma yango, esengaki kotuna makanisi ya bibongiseli ndenge na ndenge ya ONU mpe ya bakomite oyo esangisaka bibongiseli yango (CPI).

Résolutions du Conseil de sécurité des Nations Unies relatives aux violences sexuelles et aux femmes dans les conflits armés, mingimingi ekateli ya liboso na liste yango, oyo ezali na nimero 1325 (2000), etali basi, kimya mpe kozanga kobanga. Yango ezalaki litambe monene na etumba mpo na kosilisa minyoko oyo banyokolaka basi na ntango ya bitumba; mpe bikateli oyo mosusu elandaki yango: Res. 1820 (2008), Res. 1888 (2009), Res. 1889 (2009) mpe Res. 1325 (2012). Okokuta bikateli nyonso ya *Conseil de sécurité* ya ONU, na kotalela mbula oyo ebimisamaki mpe nimero na yango na: www.un.org

3. Mikanda oyo etali mikili mingi mpo na bato oyo bakimá mboka mpe bato oyo bakendá bisika mosusu kaka na kati ya ekólo na bango (PDI)

3.1 Boyokani ndenge na ndenge etali bato oyo bakimá mboka mpe bato oyo bakendá bisika mosusu kaka na kati ya ekólo na bango

Longola boyokani oyo etali mikili mingi, eteni oyo ezali mpe na boyokani mibale ya *Union africaine* (oyo kala ezalaki kobengama *Organisation de l'Unité africaine* to OUA), mpo yango esalisá mingi na nsima.

Convention de 1951 relative au statut des réfugiés (babongolá makambo na yango mosusu), endimamaki na likita ya ONU na nkombo *Conférence de plénipotentiaires sur le statut des réfugiés et des apatrides* oyo esalemaki na Genève banda na mwa 2 tii mwa 25/7/1951; ekómaki kosalelama kobanda mwa 22/4/1954, *Nations unies, Recueil des traités*, vol. 189, p. 137. www.unhcr.org

Protocole de 1967 relatif au statut des réfugiés, Likita Monene ya ONU oyo esalemaki banda na mwa 2 tii mwa 16/12/1966 emonisaki ete eyebi yango na nzela ya Ekateli 2198 (XXI), *Nations unies, Recueil des traités*, vol. 606, p. 267. www.unhcr.org

> **Mwa ndimbola:** *Convention de 1951* ezali boyokani ya liboso kati na mikili mingi mpo na bato oyo bakimá mboka; yango elimboli ete moto oyo akimá mboka ezali moto oyo "azali libándá ya ekólo oyo ye azali mwana-mboka [nationalité] na yango mpo azali na bilembeteli ya solosolo oyo etindi ye abanga ete bakonyokola ye kuna mpo na langi ya loposo na ye, lingomba na ye, bomwana-mboka na ye, etuluku moko boye ya bato oyo ye azali na kati to mpo na makanisi na ye na makambo ya politiki, mpe akoki te to, mpo na kobanga wana, alingi te ekólo yango ebatela ye to mpe azonga kuna ..."

Convention de l'OUA de 1969 régissant les aspects propres aux problèmes des réfugiés en Afrique, endimamaki na Likita ya bakonzi ya mboka mpe ya guvernema ya bikólo ya Afrika na bokutani na bango ya motoba na engumba Addis-Abeba, na mwa 10/9/1969. www.unhcr.org

> **Mwa ndimbola:** Boyokani oyo endimi ndimbola ya moto oyo akimá mboka, oyo *Convention de 1951* epesaki, mpe ebakiseli yango makanisi mosusu: moto oyo akimá mboka ezali mpe moto oyo amonaki ete esengeli alongwa na ekólo na bango kaka mpo bazalaki konyokola ye te, kasi mpe mpo na banguna oyo bayaki kobundisa ekólo na bango, kofanda kuna na makasi, kokonza bankolo-mboka to mpo na makambo oyo etyaki mpenza mobulu na ekólo. Endimi mpe ete bituluku oyo ekambami na Leta te ekoki mpe konyokola bato mpe ete esengi te moto oyo akimi mboka amonisa ndenge oyo makama oyo ekoki kobima na mikolo ezali koya etali mpenza ye.

Convention de l'Union africaine de 2009 sur la protection et l'assistance aux personnes déplacées en Afrique (to Boyokani ya Kampala), endimamaki na Likita ya sipesiale ya Union africaine oyo esalemaki na Kampala; ekómaki kosalelama kobanda mwa 6/12/2012. au.int/en/treaties/african-union-convention-protection-and-assistance-internally-displaced-persons-africa

> **Mwa ndimbola:** Oyo ezali bokoyokani ya liboso kati na bikólo mingi mpo na bato oyo bakendá bisika mosusu kaka na kati ya ekólo na bango.

3.2 Malako mpe mitinda oyo endimami na ONU mpe na bibongiseli mosusu oyo etali bikólo mibale to koleka na makambo ya bato oyo bakimá mboka mpe bato oyo bakendá bisika mosusu kaka na kati ya ekólo na bango

Principes directeurs de 1998 relatifs au déplacement de personnes à l'intérieur de leur propre pays, endimamaki na sanza ya libwa ya mobu 2005 epai ya bakonzi ya mboka mpe ya baguvernema ete ezali "esaleli moko ya ntina mingi oyo etali mikili mingi mpo na kobatela bato oyo bakendá bisika mosusu kaka na kati ya ekólo na bango." Ezalaki na Likita ya bikólo ya mokili oyo esalemaki na New York, mpe etyamaki na Ekateli 60/L.1 ya Likita monene ya ONU (132, UN Doc. A/60/L.1). www.ohchr.org

> **Mwa ndimbola:** Mitinda yango euti na mibeko etali makambo ya kosunga bato na mokili mobimba mpe na mibeko etali ntomo ya bato na mokili mobimba mpe na mibeko, oyo eyokani na yango, oyo etali bato oyo bakimá mboka. Mitinda yango ebimisamá mpo ezala lokola masengami oyo baguvernema, bibongiseli oyo esalaka na mikili mingi mpe bato mosusu nyonso oyo bapesaka mabɔkɔ bakotosa ntango bazali kosunga mpe kobatela bato oyo bakendá bisika mosusu kaka na kati ya ekólo na bango.

4. Mikanda oyo etali mikili mingi mpo na makama minene mpe lisungi epai ya bato oyo bakweli likama

4.1 Boyokani ndenge na ndenge etali makama minene mpe lisungi epai ya bato oyo bakweli likama

Convention de 1994 sur la sécurité du personnel des Nations Unies et du personnel associé, endimamaki na nzela ya Ekateli 49/59 ya Likita Monene ya ONU ya 9/12/1994; ekómaki kosalelama kobanda mwa 15/1/1999, *Nations unies, Recueil des traités,* vol. 2051, p. 363.

Protocole facultatif de 2005 relatif à la Convention de 1994 sur la sécurité du personnel des Nations unies et du personnel associé, endimamaki na nzela ya Ekateli A/60/42 ya Likita Monene ya ONU ya 8/12/2005; ekómaki kosalelama kobanda mwa 19/8/2010, *Nations unies, Recueil des traités,* vol. 2689, p.59. www.un.org

> **Mwa ndimbola:** Na *Convention* de 1994, kaka mosala ya ONU oyo etali kobatela kimya nde esengeli kobatelama, lobá soki ONU elobi ete "likama monene ekoki kozala" mpo na baoyo bazali kosala mosala yango; nzokande, Lisengami yango ezali petee mpo na kolanda. *Protocole* esemboli libunga wana monene oyo ezali na *Convention* mpe elobi ete mibeko esengeli kobatela misala nyonso ya ONU: kopesa lisungi na bato oyo basengeli na yango nokinoki, kokoba kotya kimya, kosalisa bato na biloko oyo basengeli na yango mpo na kobikela, na makambo ya politiki mpe na makambo etali bokoli ya mboka.

Convention de Tampere de 1998 sur la mise à disposition de ressources de télécommunication pour l'atténuation des effets des catastrophes et pour les opérations de secours en cas de catastrophe, endimamaki na Conférence intergouvernementale de 1998 sur les télécommunications d'urgence; ekómaki kosalelama kobanda mwa 8/1/2005, *Nations unies, Recueil des traités,* vol. 2296, p. 5. www.itu.int

Convention-Cadre des Nations unies de 1992 sur les changements climatiques (CCNUCC), endimamaki na *Conférence des Nations unies sur l'environnement et le développement,* oyo esalemaki na engumba Rio de Janeiro banda na mwa 4 tii mwa 14/6/1992. Na nzela ya Ekateli 47/195, Likita Monene ya ONU oyo esalemaki mwa 22/12/1992 emonisaki ete esepeli na *Convention-Cadre* yango; ekómaki kosalelama kobanda mwa 21/3/1994, *Nations unies, Recueil des traités,* vol. 1771, p. 107. unfccc.int

- *Protocole de Kyoto de 1997 à la Convention-Cadre des Nations Unies sur les changements climatiques,* endimamaki na likita ya misato ya *Conférence des Parties à la Convention-Cadre* (COP-3) oyo esalemaki na Kyoto (Japon) na 1997; ekómaki kosalelama kobanda mwa 16/2/2005, *Nations unies, Recueil des traités,* vol. 2303, p. 148. unfccc.int
- *Accord de Paris de 2015,* endimamaki na likita ya 21 ya *Conférence des Parties à la Convention-Cadre* (COP-21), Paris, France, sanza ya zomi na mibale ya mobu 2015; ekómaki kosalelama kobanda na sanza ya zomi na moko ya mobu 2016. unfccc.int

Mwa ndimbola: *Convention-Cadre des Nations unies sur les changements climatiques, Protocole de Kyoto* mpe *Accord de Paris,* nyōnso misato ezali biteni ya boyokani moko. Elobeli ntina ya kosala nokinoki mpo na kosalela mayele ya koyokanisa bomoi na biso na mbongwana ya klima mpe ya kokitisa makama.

Elobeli mpe ntina ya kobakisela bana-mboka makoki mpe kosalisa bango báyeba mpenza kozongela bomoi oyo bazalaki na yango liboso ya kokwela likama, mingimingi na bikólo oyo mopepe, mai mpe koningana ya mabele ebimisaka makama mingi. Ebeti nsete na mayele ya kokitisa makama minene mpe ndenge ya kosala na makambo oyo ekoki kobimisa makama, mingimingi na oyo etali mbongwana ya klima.

4.2 Malako mpe mitinda oyo endimami na ONU mpe na bibongiseli mosusu oyo etali bikólo mibale to koleka na makambo ya makama minene mpe lisungi epai ya bato oyo bakweli likama

Renforcement de la coordination de l'aide humanitaire d'urgence de l'Organisation des Nations unies, ná libakisi, Mitinda ya kolanda, Ekateli 46/182 ya Likita Monene ya ONU ya 19/12/1991. www.unocha.org

Mwa ndimbola: Yango nde etindaki ONU esala departema ya makambo etali kosunga bato *(Département des Affaires humanitaires),* oyo ekómá Biro ya kokamba makambo etali kosunga bato *(Bureau de la coordination des affaires humanitaires,* to OCHA na mokuse) kobanda na mobu 1998.

Cadre d'action de Sendai pour la réduction des risques de catastrophe 2015 - 2030 (Cadre de Sendai). www.unisdr.org

Mwa ndimbola: *Cadre de Sendai* ezali mokanda oyo ezwi esika ya *Cadre d'action de Hyogo (CAH) 2005-2015 : pour des nations et des collectivités résilientes face aux catastrophes.* Endimamaki na nzela ya maloba oyo elobamaki na *Troisième Conférence mondiale des Nations unies de 2015 sur la prévention des catastrophes,* mpe Likita Monene ya ONU endimaki yango na nsima (na Ekateli 69/283). Ezali *Bureau des Nations unies pour la réduction des risques de catastrophes* (UNISDR) nde esimbaka kosalelama na yango. Yango ezali boyokani oyo ekoumela mbula 15 mpe oyo ekólo na ekólo ekoki kopona kotosa yango to te. Mokano na yango ezali ya kokitisa mpenza makambo oyo ekoki kobimisa makama, motángo ya bato oyo bazali kokufa, ya misala mpo na kobikela oyo ezali kobeba mpe ya bato oyo bazali kokóma na maladi.

Lignes directrices relatives à la facilitation et à la réglementation nationales des opérations internationales de secours et d'assistance au relèvement initial en cas de catastrophe (Lignes directrices IDRL), endimamaki na mobu 2007 na likita ya 30 ya *Conférence internationale de la Croix-Rouge et du Croisant-Rouge* (yango esangisi bikólo oyo endimá ba-*Convention de Genève*). www.ifrc.org

5. Bibongiseli esimbi malako etali mosala ya kosunga bato, malako mpe mitinda etali ntomo ya bato, libateli mpe likoki ya kozwa likama na ntango ya komibongisa mpo na mikakatano ya mbalakaka mpe na ntango ya kopesa lisungi

Lelo oyo, ezali na ebele ya malako oyo etali makambo nyonso mpe mosusu makambo ya sikisiki oyo esengeli kosala na ntango lisungi ezali kopesama na bato oyo bakutani na mikakatano ya mbalakaka. Lokola malako yango ekesenisaka te bitumba, makambo ya bato oyo bakimá mboka mpe lisungi oyo epesamaka ntango likama monene ebimi, toponeli bino yango awa mpe tokaboli yango na mitó ya makambo oyo: masengami oyo etali makambo nyonso; bokokani ya basi ná mibali mpe kobatelama ya bato mpo bábundisa bango te kaka mpo bazali basi to mibali; bana oyo basengeli na lisalisi ya nokinoki; mpe bato oyo bakimá mboka mpe bato oyo bakendá bisika mosusu kaka na kati ya ekólo na bango (to ba-PDI).

1. Masengami oyo etambolaka nzela moko na oyo ya Sphère

Standards minimums pour la protection de l'enfance dans l'intervention humanitaire (CPMS). *Le Groupe de travail sur la protection de l'enfance (GTPE)*, 2012. https://resourcecentre.savethechildren.net

Critères minimaux d'analyse de marché en situation d'urgence (MISMA). *The Cash Learning Partnership (CaLP), 2017.* www.cashlearning.org

Normes minimales pour l'éducation : Préparation, interventions, relèvement. *Réseau Inter-Agences pour l'Education en situations d'Urgence (INEE), 2010.* http://s3.amazonaws.com

Livestock Emergency Guidelines and Standards (LEGS). *LEGS Project, 2014.* https://www.livestock-emergency.net

Normes minimales pour le relèvement économique (MERS). *The Small Enterprise Education and Promotion Network (SEEP), 2017.* https://seepnetwork.org

Humanitarian inclusion standards for older people and people with disabilities. *Age and Disability Consortium, HelpAge International, Handicap International, 2018.* https://reliefweb.int

2. Malako mpe babuku mosusu na kotalela motó ya likambo na motó ya likambo

2.1 Masengami etali makambo ya libateli mpe ndenge mosala esengeli kozala ntango lisungi ezali kopesama

Malako etali etamboli mpo na *Mouvement international de la Croix-Rouge et du Croissant-Rouge* mpe ba-ONG soki ezali kosala mosala ya kosunga bato ntango likama ebimi ⊕ *talá Libakisi 2.*

Les Principes fondamentaux de la Fédération internationale des Sociétés de la Croix-Rouge et du Croissant-Rouge 1965, oyo endimamaki na *20ème Conférence internationale de la Croix-Rouge.* www.ifrc.org

Directives opérationnelles de l'IASC sur la protection des personnes affectées par des catastrophes naturelles. *CPI mpe Brookings–Bern Project on Internal Displacement. 2011.* https://www.brookings.edu

Directives du CPI concernant la santé mentale et le soutien psychosocial dans les situations d'urgence 2007. *CPI.* www.who.int

IASC Guidelines on Inclusion of Persons with Disabilities in Humanitarian Action. *IASC.* https://interagencystandingcommittee.org

Politique du Comité permanent interorganisations sur la protection dans le cadre de l'action humanitaire 2016. *CPI.* https://interagencystandingcommittee.org

Principes et bonnes pratiques pour l'aide humanitaire de 2003, oyo endimamaki na Likita monene ya Stockholm oyo esangisaki bikólo oyo epesaka mbongo, bibongiseli ya ONU, ba-ONG mpe *Mouvement international de la Croix-Rouge et du Croissant-Rouge,* mpe ezali na basinyatire ya *Commission Européenne* mpe bikólo 16. www.ghdinitiative. org

Standards professionnels pour les activités de protection. *2018. Comité international de la Croix-Rouge (CICR).* https://shop.icrc.org

International Law and Standards Applicable in Natural Disaster Situations (IDLO Legal Manual) 2009, *International Development Law Organization (IDLO).* https://www.sheltercluster.org

2.2 Bokokani ya basi ná mibali mpe kobatelama ya bato mpo bábundisa bango te kaka mpo bazali basi to mibali (VBG)

Guide de poche sur les Violences Basées sur le Genre. *Global Shelter Cluster, GBV in Shelter Programming Working Group. 2016.* https://sheltercluster.org

Le guide des genres pour les actions humanitaires 2006, « *Femmes, filles, garçons et hommes. Des besoins différents, des chances égales : Guide pour l'intégration de l'égalité des sexes dans l'action humanitaire.* » *CPI.* http://www.unhcr.org

Gender Preparedness Camp Planning: Settlement Planning, Formal Camps, Informal Settlements Guidance. *Global Shelter Cluster, GBV in Shelter Programming Working Group. 2016.* https://www.sheltercluster.org

Directives pour l'intégration d'interventions ciblant la violence basée sur le genre dans l'action humanitaire. *2015. New York; CPI mpe Global Protection Cluster.* www.gbvguidelines.org

Integrating Gender-Sensitive Disaster Risk Management into Community-Driven Development Programs. *Guidance Notes on Gender and Disaster Risk Management. No.6. World Bank. 2012.* https://openknowledge.worldbank.org

Making Disaster Risk Reduction Gender-Sensitive: Policy and Practical Guidelines. *Genève. UNISDR, PNUD mpe UICN. 2009.* https://www.unisdr.org

Notes d'orientation : Travailler avec les hommes et les garçons survivants de violence sexuelle et sexiste dans les situations de déplacement forcé. UNHCR. 2011. www.globalprotectioncluster.org

Notes d'orientation : Travailler avec les personnes lesbiennes, gays, bisexuelles, transgenres et intersexuées en situations de déplacement forcé. UNHCR. 2011. www.globalprotectioncluster.org

Prévisible, évitable : Pratiques exemplaires pour mettre fin à la violence interpersonnelle et à la violence dirigée contre soi-même pendant et après les catastrophes. Genève. IFRC, Croix-Rouge canadienne. 2012. www.ifrc.org

2.3 Bana oyo basengeli na lisalisi ya nokinoki

Field Handbook on Unaccompanied and Separated Children. 2017. Inter-agency Working Group on Unaccompanied and Separated Children; Alliance for Child Protection in Humanitarian Action. https://reliefweb.int

Standards minimums pour la protection de l'enfance dans l'intervention humanitaire (CPMS). Le Groupe de travail sur la protection de l'enfance (GTPE). 2012. cpwg.net

Principes directeurs inter-agences relatifs aux enfants non accompagnés ou séparés de leur famille. 2004. CICR, UNHCR, UNICEF, World Vision International, Save the Children UK and the International Rescue Committee. https://www.icrc.org

2.4 Bato oyo bakimá mboka mpe bato oyo bakendá bisika mosusu kaka na kati ya ekólo na bango

Boyokani babengi *"Convention"* mpe *"Protocole"* oyo etali bato oyo bakimá mboka epesá HCR (ebongiseli ya ONU oyo etalelaka makambo ya bato oyo bakimá mboka) mokumba moko ya sipesiale ya kobatela bato oyo bakimá mboka. HCR etye biloko ebele na site Internet na yango. www.unhcr.org

Manuel pour la protection des déplacés internes. CPI. 2010. www.unhcr.org

Libakisi 2
Malako etali etamboli mpo na *Mouvement international de la Croix-Rouge et du Croissant-Rouge* mpe ba-ONG soki ezali kosala mosala ya kosunga bato ntango likama ebimi

Ebongisami na *Fédération internationale des Sociétés de la Croix-Rouge et du Croissant-Rouge* elongo na *Comité international de la Croix-Rouge*[1]

Ntina

Ntina ya Malako etali etamboli oyo ezali ya kobatela masengami na biso na makambo ya etamboli. Yango etali te makambo mikemike ya kosala mpo na baoyo bakweli likama, na ndakisa ndenge ya koyeba biloko ya kolya boni esengeli kokabolela bango to ndenge ya kosala kaa ya bato oyo bakimá mboka. Mokano na yango ezali nde ya kobatela masengami ya ntina mingi oyo ba-ONG oyo epesaka bato lisungi na ntango ya makama mpe *Mouvement international de la Croix-Rouge et du Croissant-Rouge* elukaka kokokisa: kosala mosala na bonsomi, na ndenge oyo ebongi mpe oyo ezali kobimisa matomba. Batindi moto te na makasi atosa malako oyo; ebongiseli oyo endimi kotosa yango nde ekomonisa mposa na yango ya kokokisa masengami oyo yango elobeli.

Na ntango ya bitumba, Malako etali etamboli oyo ekolimbolama mpe ekosalelama na boyokani na mibeko etali makambo ya kosunga bato na mokili mobimba.

Tokolobela naino Malako etali etamboli. Mabakisi misato ekolanda na nsima; yango ekomonisa makambo oyo tolingi ete baguvernema oyo eyambi biso na ekólo na bango, baguvernema oyo epesaka mbongo mpe bibongiseli oyo esangisi mikili mibale to koleka, esala mpo na kosalisa biso tópesa bato lisungi na ndenge ebongi.

Ndimbola

ONG: Awa, ba-ONG *(Organisation non gouvernementale)* elakisi bibongiseli, oyo esalaka na ekólo moko to na mikili mingi, oyo ezwaka te mitindo oyo ezali kouta na guvernema ya ekólo epai yango esalemaki.

IHNG: Na Malako oyo, mpo na kolobela ba-ONG, ndenge euti kolimbolama, elongo na bibongiseli mosusu ya ndenge na ndenge oyo esali *Mouvement international de la Croix-Rouge et du Croissant-Rouge* (elingi koloba *Comité international de la Croix-Rouge*, *Fédération internationale des Sociétés de la Croix-Rouge et du Croissant-Rouge* mpe ba-sosiete na yango na ekólo na ekólo) tobimisi nkombo moko ya sika: bibongiseli ya

---

1 *Esimbami na: Caritas Internationalis,* Catholic Relief Services,* Fédération internationale des Sociétés de la Croix-Rouge et du Croissant-Rouge,* International Save the Children Alliance,* Fédération luthérienne mondiale,* Oxfam,* Conseil œcuménique des Églises,* Comité international de la Croix-Rouge (*membres du Comité directeur de l'intervention humanitaire).*

Leta te mpo na kosunga bato to *Institution humanitaire non gouvernementale* (IHNG, na mokuse). Malako oyo etali mingimingi ba-IHNG oyo esungaka bato na ntango ya makama minene.

OIG: Ba-*OIG (Organisation intergouvernementale)* elakisi bibongiseli oyo esangisi baguvernema mibale to koleka. Boye, etali mpe bibongiseli nyonso ya ONU mpe bibongiseli oyo esangisi bikólo ya zingazinga.

Makama minene: Likama monene ezali likambo moko ya mabe mpenza oyo ebomi bato, ebimiseli bato mpasi makasi mpe ebebisi biloko ebele.

Malako etali etamboli

Mitinda etali etamboli mpo na Mouvement international de la Croix-Rouge et du Croissant-Rouge mpe ba-ONG soki ezali kosala mosala ya kosunga bato ntango likama ebimi

1. Kosunga bato esengeli kozala na esika ya liboso

Lotomo ya kozwa lisungi, mpe ya kopesa yango, ntango likama monene ekwei ezali etinda moko ya ntina mingi na makambo ya kosunga bato, oyo moto nyonso, ata ya ekólo nini, asengeli kozwela yango matomba. Lokola biso mpe tozali na kati ya lisangá ya bibongiseli mpe bato ya mikili mingi, tondimi mokumba na biso ya kopesa bato lisungi bipai nyonso oyo bato basengeli na yango. Mpo na kokokisa yango, ezali na ntina mingi ete bápekisa biso te kokutana na bato oyo bakweli likama monene. Soki tokendaka kopesa bato ya ndenge wana lisungi ezali libosoliboso mpo na kokitisa mpasi ya baoyo bazali na makoki moke mpenza ya kobundana na mitungisi oyo makama minene ebimisaka. Ntango topesaka bato lisungi, ezalaka te mpo na komonisa ete tokoteli bango to mpo na bantina ya politiki; tolingi te mosala na biso etalelama ndenge wana.

2. Lisungi epesamaka na bato kozanga kotala loposo, bindimeli to ekólo na bango; mpe kozanga koponapona, ata ya ndenge nini. Lisungi oyo esengeli kopesama eyebanaka kaka na kotalela makambo oyo bato basengeli na yango

Bisika nyonso oyo likoki ezali, liboso tópesa bato oyo bakweli likama lisungi, tokotalela naino malamumalamu bamposa na bango mpe makoki oyo ezali na mboka mpo na kokokisa bamposa yango. Na misala na biso nyonso, tokokeba ete tósala kaka oyo esengeli: moke te, mingi koleka te. Ntango nyonso tokutani na moto oyo azali komona mpasi, tosengeli kosalisa ye; bomoi ezali na motuya mingi bipai nyonso. Yango wana, tokopesa lisungi na kotalela bampasi oyo yango ezali koluka kosilisa. Ntango tosalelaka mayele yango, tondimaka mokumba monene oyo basi bakokisaka na bamboka oyo makama minene ebimaka mingi mpe tokosala nyonso mpo misala na biso ya kosunga bato esimba mokumba yango, kasi ekitisa yango te. Malako yango, oyo eponi ekólo te, elongi te mpe esengi te kozwa mitindo epai mosusu, ekobimisa matomba kaka soki biso mpe baoyo tosalá na bango boyokani tozali na likoki ya kozwa biloko mpe mbongo oyo esengeli mpo na kopesa lisungi ya sembo ndenge wana, mpe tozali na likoki ya kokutana na moto nyonso oyo akweli likama.

3. Lisungi ekopesama te mpo na kotombola makanisi moko boye ya politiki to ya lingomba

Lisungi ekopesama na kotalela bamposa ya bato, mabota mpe bituluku ya bato. Atako ba-IHNG ekoki kosepela na makanisi ya lisangá boye to boye ya politiki to ya losambo, kasi toyebisi ete esengi te ete moto andima naino makanisi wana mpo bápesa ye lisungi. Ata mbala moko te, tokoloba ete liboso tópesa bato elaka ya kosunga bango, liboso tóyela bango lisungi to tókabolela bango yango, esengeli naino bándima makanisi boye to boye ya politiki to ya losambo.

4. **Tokosala makasi tózala te basali oyo bazali nde kokokisa politiki ya guvernema moko boye na boyokani na yango na bikólo mosusu**

Ba-IHNG ezali bibongiseli oyo ezwaka mitindo oyo euti na baguvernema te. Yango wana, tobimisaka biso moko malako mpe mayele na biso ya kosala mosala. Tolukaka mpe te kokokisa malako ya guvernema moko boye, loba soki ekokani na oyo biso moko tobimisaki. Ata mokolo moko te, tokondima na ndenge ya polele, to mpo totyaki likebi te, ete baguvernema to bibongiseli mosusu etinda biso moko, to basali na biso, tózwela yango makambo oyo ezali na boyokani na politiki, basoda to nkita, oyo moto nyonso asengeli koyeba te, makambo oyo ekoki kosalelama mpo na mikano oyo etali ata moke te mosala ya kosunga bato. Tokozala mpe te basali oyo bazali kokokisa politiki ya baguvernema oyo epesaka biso mbongo na oyo etali boyokani na yango ná bikólo mosusu. Tokosalela lisalisi oyo tozwaka mpo na kokokisa bamposa ya bato. Tokondima te ete baoyo bapesi biso lisalisi básala yango kaka mpo balingi kosilisa ebele ya biloko oyo etondeli bango to mpo na matomba na bango ya politiki. Tozwaka na motuya mpe tolendisaka ete bato oyo basepelaka kosimba mosala na biso bándima na bolingo na bango moko kopesa makasi na bango mpe mbongo na bango mpo na yango; toyebaka ete soki bapesi bazali kosala yango na bolingo na bango moko, yango ekopesa biso likoki ya kosala mosala na biso kozanga kozwa mitindo oyo euti epai na epai. Mpo tósala ntango nyonso mosala na biso na bonsomi, tokosala makasi tózwaka lisalisi ya mbongo kaka epai ya moto moko to ebongiseli moko te.

5. **Tokotosa mimeseno mpe bonkɔkɔ ya bato**

Tokosala makasi tótosa bonkɔkɔ, bibongiseli mpe mimeseno ya bana-mboka mpe ya bikólo epai tozali kosala.

6. **Tokosala makasi tósalela makoki oyo ezali na mboka ntango tozali kopesa bango lisungi**

Bato nyonso mpe bamboka nyonso, ata ntango likama monene ebimi, ezalaka na makoki na yango mpe bolembu na yango. Na bisika oyo likoki ezali, tokosimba mpenza makoki yango na ndenge tokozwa bana-mboka na mosala, tokosomba biloko na mboka mpe tokopesa bakompani ya mboka mosala. Na bisika oyo likoki ezali, tokosala boyokani na ba-IHNG mpe tokosala elongo na yango mpo na kobongisa misala ya kosala mpe kosala misala yango; tokosala mpe elongo na bibongiseli ya Leta ya mboka epai tozali kosala, soki ebongi kosala bongo. Misala na biso ya kopesa bato lisungi na ntango ya likama ya mbalakaka esengeli kokambama malamu, wana ezali Lisengami oyo tokotya na esika ya liboso. Lisengami yango ekokokisama malamu mingi na kati ya bikólo oyo ekweli likama na baoyo bazali kosala mpenza mosala ya kosunga bato; mpe esengeli kobosana te bamonisi ya bibongiseli ya ONU oyo ebongi.

7. **Tokoluka ndenge ya kokotisa baoyo bibongiseli epesaka lisalisi na mosala ya kokamba lisungi na ntango ya makama**

Esengeli ata moke te kotinda bato oyo bakweli likama bándima na makasi lisungi oyo bayeli bango. Mpo lisungi yango esalisa mpenza bango mpe bázongela mpo na ntango molai bomoi oyo bazalaki na yango liboso, esengeli kokotisa bango na misala ya kobongisa lisungi, kokamba yango mpe kopesa yango. Tokosala makasi tópesa mpenza mabaku mingi na bana-mboka básangana na misala na biso ya kopesa bato lisungi mpe kosalisa bango bázongela bomoi oyo bazalaki na yango liboso.

8. **Lisungi na ntango ya makama esengeli kokitisa makambo oyo ekoki kobimisa lisusu makama mpe kosalisa bato na makambo oyo basengeli na yango mpenza**

Misala nyonso ya kosunga bato oyo bakweli likama ebongisaka to ebebisaka mabaku ya kotombola mboka mpo na ntango molai. Lokola toyebi yango, tokosala makasi tósala misala ya kosunga bato oyo ezali kokitisa mpenza makambo oyo ekoki kobimisela bango lisusu makama minene na mikolo ekoya mpe oyo ekosalisa bango báyeba kokokisaka bamposa na bango. Tokokeba na makambo etali mopepe, mai to mabele ntango tozali kobongisa mpe kokamba misala na biso ya kosunga bato oyo bakweli likama. Tokosala mpe makasi ete mosala na biso ya kosunga bato ebimisela bango mikakatano mingi te, na ndakisa tokokeba ete bato yango bákóma kobika na boumeli ya ntango molai kaka na lisalisi oyo euti libándá te.

9. **Tomonaka ete tozali na mokumba na miso ya baoyo tozali koluka kosalisa mpe ya baoyo bapesaka biso biloko to mbongo**

Mbala mingi, biso nde toyokanisaka baoyo balingi kopesa lisalisi mpe baoyo basengeli na yango mpo bakweli likama monene. Yango wana, tomonaka ete tozali na mokumba na miso ya ngámbo nyonso mibale. Na makambo nyonso tosalaka na bapesi-mbongo (biloko) mpe na bato ya kosunga, tokomonisa ezaleli ya koluka kobomba eloko te mpe bosembo. Toyebi ntina ya kopesa balapolo ya misala na biso, mpo na komonisa ndenge tozali kosalela mbongo mpe mbuma ya misala na biso. Tondimi mokumba ya kolandela malamu ndenge lisalisi ezali kokabolama mpe kotalela mbala na mbala matomba oyo lisungi oyo tozali kopesa ezali kobimisa. Tokosala mpe makasi tómonisa na ndenge ya polele matomba ya mosala na biso, mpe makambo oyo ezali kosala ete matomba yango ezala mingi to te. Tokotosa masengami ya makasi na ndenge na biso ya kosala mpe na mayele na biso ya mosala mpo tóbebisa mpambampamba te mbongo mpe biloko mosusu ya motuya.

10. **Ntango tozali kopesa bansango mpe kosala piblisite, tokotalela baoyo bakweli likama lokola bato oyo basengeli na lokumu, kasi te lokola bato oyo bazangi elikya**

Na misala na biso, tosengeli ntango nyonso kopesa limemya na bato oyo bakweli likama monene mpe kotalelaka bango lokola baninga ya mosala. Ntango tozali koyebisa bato bansango ya mosala na biso, tosengeli kolobela makambo ndenge ezali mpenza na esika oyo likama ekwei, kolobela mingi makoki mpe mikano ya bato oyo bakweli likama, na esika ya kolobela kaka bolembu na bango mpe makambo oyo ezali kobangisa bango. Na ntembe te, tokosala elongo na bapanzi-nsango mpo na kolamwisa bato mingi. Kasi, tokotika te ete mposa wana ya kobenda likebi ya bato, ata soki euti na kati to libándá, eleka liboso ya etinda ya kosala nyonso mpo lisungi epesama malamu. Tokowelela likebi ya bapanzi-nsango te ná bibongiseli mosusu oyo epesaka bato lisungi lokola biso, soki mosala oyo bapanzi-nsango bakosala ekoki kobebisa mosala oyo ezali kosalema mpo na kosalisa bato oyo bakweli likama to kotya basali na biso to bato oyo tozali kosunga na likama.

Makambo oyo tolingi basusu básala mpo na biso

Lokola biso moko tondimi kosala makasi mpo na kotosa Malako oyo ezali likoló, tomonisi awa na nse mwa mitinda ya kolanda, oyo ezali kolobela makambo oyo tolingi ete baguvernema oyo epesaka mbongo, baguvernema oyo eyambi biso na ekólo na bango mpe bibongiseli oyo esangisi mikili mibale to koleka, mingimingi bibongiseli ya ONU, esala mpo na kosalisa ba-IHNG epesa bato lisungi na ndenge ebongi.

Mitinda yango epesami mpo na komonisa kaka makambo oyo ekoki kosalema. Ezali mibeko te oyo esengisami kotosa. Tozali mpe te kosenga baguvernema mpe ba-OIG etya sinyatire na mokanda moko boye mpo na komonisa ete endimi mitinda yango, atako tokomityela mokano ya kosala yango ntango mosusu na mikolo ezali koya. Tomonisi yango na ndenge oyo elakisi ete tokoki koyokela mpe basusu mpe kosala elongo na bango, mpo baoyo tokosala na bango boyokani báyeba lolenge ya boyokani oyo tolingi kozala na yango ná bango.

Libakisi I: Makambo oyo tolingi ete baguvernema ya bikólo oyo ekweli likama monene esala

1. **Baguvernema esengeli kondima mpe komonisa limemya na misala oyo ba-IHNG esalaka na bonsomi nyonso mpo na kopesa bato lisungi kozanga kopona bilongi**

Ba-IHNG ezali na bonsomi, ezwaka mitindo epai ya moto te. Baguvernema oyo eyambi bibongiseli yango esengeli kotosa bonsomi na yango mpe ndenge esalaka kozanga kopona bilongi.

2. **Baguvernema oyo eyambi ba-IHNG esengeli kosalisa yango ekóma nokinoki epai bato oyo bakweli likama monene bazali**

Mpo ba-IHNG esala mosala na yango na boyokani na mitinda nyonso ya mosala na yango ya kosunga bato, esengeli kopesa yango likoki ya kokóma nokinoki epai ya moto nyonso oyo akweli likama, mpo epesa lisungi. Kati na mikumba oyo guvernema oyo eyambi ba-IHNG esengeli kokokisa, ezali na oyo esengi ete guvernema epekisa lisungi wana te, mpe endima ete mosala ya ba-IHNG eponaka elongi te to parti politiki ya moto. Baguvernema ya bikólo oyo ekweli likama monene esengeli kosalisa basali na mosala ya kosunga bato bákota nokinoki na mboka; na ndakisa, ekoki kozwa meko ya kosenga bango te viza (ya koleka na mboka, ya kokota mpe kobima na mboka) to ya kozwa bibongiseli mpo bázwa yango nokinoki. Na boumeli ya ntango ya kopesa bato lisungi oyo basengeli na yango nokinoki, baguvernema esengeli kopesa na mpepo (baavio) oyo euti na mikili mosusu mpe ememi biloko ya lisungi mpe basali na mosala ya kosunga ndingisa ya koleka likoló ya bamboka na bango mpe ya kokita wana.

3. **Baguvernema esengeli kosalisa mpo biloko mpe bansango etali lisungi etambola malamu na boumeli ya makama minene**

Biloko mpe bisaleli mpo na kosunga bato ezali koya na mboka kaka mpo na kosalisa baoyo bazali komona mpasi, kasi mpo na mombongo te to koluka litomba. Yango wana, esengeli kopesa nzela ete eleka kozanga mindondo mpe kozanga kosenga mikanda mpe bampako oyo esengamaka mpo na biloko mosusu: *certificats d'origine consulaires*, bafaktire, ndingisa *(licence)* ya kokotisa to mpe kobimisa biloko na mboka, bipekiseli mosusu, mpako mpo na biloko ekoti na mboka, mbongo mpo na kokitisa mpepo na mabele ya mboka to mbongo ya kofuta na libongo.

Guvernema ya mboka oyo ekweli likama esengeli kosalisa mpo ezala mpasi te kokotisa mpo na mwa ntango bisaleli oyo esengeli mpo na kopesa bato lisungi, na ndakisa mituka to batukutuku, baavio ya mike mpe baapareyi mpo na kosolola na bato oyo bazali mosika. Mpo na yango, guvernema ekoki kolongola mpo na mwa ntango bipekiseli likoló ya mokanda babengi licence to ya kokomisama na mikanda ya Leta. Ndenge moko mpe, na nsuka ya mosala ya kosunga bato, baguvernema esengeli te kopekisa ete bisaleli oyo esalelamaki ebimisama lisusu libándá ya mboka.

Mpo na kosolola malamu na ntango ya makama minene, baguvernema ya bamboka oyo makama yango ekweli elendisami kotya pembeni ba-*fréquence* mosusu ya radio, oyo bibongiseli oyo epesaka bato lisungi ekoki kosalela na kati ya mboka mpe mpo na kosolola na bato ya mikili mosusu makambo etali makama yango. Baguvernema yango elendisami mpe na koyebisa ba-*fréquence* yango na bibongiseli nyonso oyo epesaka bato lisungi liboso makama ebima. Esengeli kopesa basali na mosala ya kosunga bato ndingisa ya kosalela mitindo nyonso ya kosolola na bato, oyo mosala na bango esengi.

4. Baguvernema esengeli koluka kotya ebongiseli moko oyo ekokamba bansango mpe kobongisama ya misala ya lisungi na ntango ya makama minene

Guvernema ya mboka oyo ekweli likama nde ezali mpenza na mokumba ya kobongisa misala nyonso oyo ekosalema mpo na kosunga bato mpe kokamba yango. Mokumba yango ekokokisama malamu soki bayebisi ba-IHNG bamposa oyo bato ya kosunga bazali na yango, ndenge Leta ebongisaka mpe esalaka misala ya kosunga bato, mpe makambo oyo ekoki kotya bomoi ya basali ya ba-IHNG na likama. Tosengi baguvernema eyebisa ba-IHNG makambo ya ndenge wana.

Liboso likama monene ebima na bamboka na yango, tosengi baguvernema epona libela biro to ebongiseli moko kaka ya Leta oyo ekozala moyokanisi ya bakonzi ya mboka ná ba-IHNG oyo ekoya kosunga. Na ndenge yango, ntango likama monene ebimi, misala ya kopesa bato lisungi ekokambama malamu mpe ekosalema na ndenge ebongi.

5. Kopesa bato lisungi na ntango ya bitumba

Na ntango ya bitumba, misala mpo na kopesa bato lisungi esalemaka na kolanda mibeko mpe malako etali yango, oyo ezali kati na mibeko etali makambo ya kosunga bato na mokili mobimba.

Libakisi II: Makambo oyo tolingi ete baguvernema oyo epesaka mbongo esala

1. Baguvernema oyo epesaka mbongo esengeli kondima mpe komonisa limemya na misala oyo ba-IHNG esalaka na bonsomi nyonso mpo na kopesa bato lisungi kozanga kopona bilongi

Ba-IHNG ezali na bonsomi, ezwaka mitindo epai ya moto te. Baguvernema oyo epesaka mbongo esengeli kotosa bonsomi na yango mpe ndenge esalaka kozanga kopona bilongi. Baguvernema yango esengeli te kosalela ba-IHNG mpo na kolendisa mokano moko boye ya politiki to ya ndenge moko boye ya kokanisa.

2. Baguvernema oyo epesaka mbongo esengeli kopesa ndanga ete ekotika biso tósala mosala na bonsomi atako yango nde epesaki biso mbongo

Ba-IHNG epesaka bato oyo bakweli likama monene lisalisi na makanisi oyo ete biso nyonso tozali bato mpe ete esengeli kosala mosala ya kosunga bato na bonsomi. Makanisi wana nde etindaka mpe ba-IHNG endimaka lisalisi ya mbongo mpe ya biloko oyo eutaka na baguvernema oyo epesaka yango. Atako bongo, mokumba ya kosala misala mpo na kopesa bato lisungi ezali ya IHNG oyo ezwi lisalisi yango mpe ekosala yango na kotalela malako oyo ekambaka yango.

3. Baguvernema oyo epesaka mbongo esengeli kosalela nguya na yango mpo na kosalisa ba-IHNG ezwa likoki ya kokutana na bato oyo bakweli likama

Baguvernema oyo epesaka mbongo esengeli kondima ete yango mpe ezali na ndambo ya mokumba na kobatelama ya basali ya IHNG oyo epesi mbongo mpe na kosala ete bázala na mokakatano te mpo na kokota na bisika oyo likama monene ebimi. Baguvernema yango esengeli komilengela mpo na kosolola na mayele na baguvernema epai likama monene ebimi mpo na makambo yango, soki esengeli.

Libakisi III: Makambo oyo tolingi ete bibongiseli oyo esangisi mikili mibale to koleka esala

1. Bibongiseli oyo esangisi mikili mibale to koleka (ba-OIG) esengeli kotalela ba-IHNG, ya mboka mpe ya bapaya, ete ezali bibongiseli ya motuya oyo ezali kosala elongo na yango

Ba-IHNG endimaka kosala elongo na bibongiseli ya ONU mpe na bibongiseli mosusu oyo esangisi mikili mibale to koleka mpo na kopesa bato oyo bakweli likama lisungi oyo ebongi. Emonaka bibongiseli wana lokola baninga ya mosala, mpe etosaka bonsomi ya bibongiseli nyonso oyo esalaka elongo mpe emikotisaka na makambo na yango te. Bibongiseli oyo esangisi mikili mingi to koleka esengeli mpe kotosa bonsomi ya ba-IHNG mpe ekateli na yango ya kopona bilongi te. Bibongiseli ya ONU esengeli kotuna makanisi ya ba-IHNG ntango ezali kobongisa misala ndenge na ndenge oyo ekosalema mpo na kopesa bato lisungi.

2. Ba-OIG esengeli kosalisa baguvernema oyo ekweli likama monene etya ebongiseli moko ya kokamba misala nyonso ya kopesa bato lisungi, oyo ezali kosalema na bibongiseli ya mboka mpe ya mikili mosusu

Mbala mingi, ezalaka mokumba ya ba-IHNG te ya kotya ebongiseli moko ya kokamba misala nyonso na ntango ya makama minene oyo esengi ete lisungi euta libándá ya mboka. Wana ezalaka nde mokumba ya guvernema oyo ekweli likama monene mpe ya bakonzi ya ONU oyo babongi. Basengeli mpenza kotya ebongiseli yango na ntango mpe ndenge oyo ebongi mpo na kosalisa ekólo oyo ekweli likama yango mpe bibongiseli ya mboka mpe ya mikili mingi oyo eyei kopesa bato bato lisungi. Atako bongo, ba-IHNG esengeli kosala nyonso mpo na kokamba malamu misala na yango moko.

Na ntango ya bitumba, misala mpo na kopesa bato lisungi esalemaka na kolanda mibeko mpe malako etali yango, oyo ezali kati na mibeko etali makambo ya kosunga bato na mokili mobimba.

3. Ba-OIG esengeli kosala ete ba-IHNG ezwa mpe libateli oyo epesamaka na bibongiseli ya ONU

Soki meko ezwami mpo na kobatela bibongiseli oyo esangisi mikili mibale to koleka, meko yango esengeli mpe kosalelama epai ya IHNG oyo ezali kosala elongo na bibongiseli yango na bisika ya kopesa bato lisungi, soki IHNG yango esengi yango.

4. Ba-OIG esengeli kopesa ba-IHNG likoki ya koyeba makambo oyo esengeli kaka ndenge bibongiseli ya ONU ezwi likoki yango

Tosengi na ba-OIG eyebisaka mpe ba-IHNG oyo ezali kosala elongo na yango na bisika ya kopesa bato lisungi makambo nyonso oyo ekosalisa na kosunga bato yango na ndenge oyo ebongi.

Libakisi 3
Bankombo mpe bibengeli na mokuse

AM	Aide monétaire
ANR	Apports nutritionnels de référence
API	Alerte précoce et intervention
CCPM	Centres de contrôle et de prévention des maladies
CDPH	Convention relative aux droits des personnes handicapées
CICR	Comité international de la Croix-Rouge
cm	centimetre (santimetre)
CPI	Comité permanent interorganisations
CRL	Chlore résiduel libre
DIH	Droit international humanitaire
DTC	Vaccin diphtérie/tétanos/coqueluche
EPP	Equipement de protection personnelle
FANTA	Food and Nutrition Technical Assistance (Assistance technique en matière alimentaire et nutritionnelle)
FAO	Organisation des Nations unies pour l'alimentation et l'agriculture
FICR	Fédération internationale des Sociétés de la Croix-Rouge et du Croissant-Rouge
GCIC	Gestion des cas intégrée dans la communauté
HCDH	Haut-Commissariat des Nations unies aux droits de l'homme
HCR	Haut-Commissariat des Nations unies pour les réfugiés (Agence des Nations unies pour les réfugiés)
HWTSS	Traitement et bonne conservation de l'eau à domicile
IMC	Indice de masse corporelle
IMCI	Integrated Management of Childhood Illnesses (prise en charge intégrée des maladies de l'enfant)
INEE	Inter-Agency Network for Education in Emergencies (Réseau inter-agences pour l'éducation en situations d'urgence)
IST	Infections sexuellement transmissibles
IYCF	infant and young child feeding (alimentation du nourrisson et du jeune enfant)
km	kilometre
LEGS	Livestock Emergency Guidelines and Standards (Normes et directives pour l'aide d'urgence à l'élevage)
LGBTQI	Lesbian, gay, bisexual, trans, queer, intersex (lesbiennes, gays, bisexuels, transgenre, queer, inter-sexes)
MAM	Malnutrition aiguë modérée
MERS	Minimum Economic Recovery Standards (Normes minimales de relèvement économique)

MILD	Moustiquaire imprégnée d'insecticide de longue durée
MISMA	Minimum Standard for Market Analysis (standard minimum d'analyse du marché)
MNT	Maladies non transmissibles
MS	Ministère de la santé
MSF	Médecins sans Frontières
NHF	Norme humanitaire fondamentale de qualité et de redevabilité (CHS)
OCHA	Bureau de la coordination des affaires humanitaires des Nations unies
OMS	Organisation mondiale de la santé
ONG	Organisation non gouvernementale
ONU	Nations unies
OUA	Organisation de l'Unité Africaine (ekómá Union Africaine)
PAM	Programme alimentaire mondial
PB	Périmètre brachial
PCI	Prévention et contrôle des infections
PDI	Personnes déplacées à l'intérieur de leur propre pays
PEV	Programme élargi de vaccination
PIDCP	Pacte international relatif aux droits civils et politiques
PPE	Prophylaxie post-exposition
PRT	Poids par rapport à la taille
SEEP	Small Enterprise Education and Promotion (Réseau d'éducation et de promotion des petites entreprises)
SERA	Suivi, évaluation, redevabilité et apprentissage
SGIS	Système de gestion des informations de santé
SMPE	Standards minimums pour la protection de l'enfance
TAR	Thérapie antirétrovirale
TB	Tuberculose
TBM	Taux brut de mortalité
TSC	Travailleur de santé communautaire
U5CMR	Under-5 crude mortality rate (taux de mortalité infantile moins de 5 ans)
UNFPA	Fonds des Nations unies pour la population
UNICEF	Fonds des Nations unies pour l'enfance
UTN	Unité de turbidité néphélométrique
VS	Violence sexiste
WASH	Approvisionnement en eau, assainissement et promotion de l'hygiène (EAH)

I Index

Index

B

baankete ya mimeko ya nzoto mobimba 182
baapareyi ya minganga 321, 323, 367
Ba-ASC (basali ya mosala ya sante na kati ya lisangá) 320, 337
babebe mpe bana mike
   bamaladi 344
   mangwele 342, 343
   tufi 125
babiro oyo etalelaka basali 61
bafándi
   libateli 280
bafundi 75
baguvernema. *Talá* baguvernema oyo epesaka mbongo; *talá* baguvernema oyo eyambi bino
baguvernema oyo epesaka mbongo 415
baguvernema oyo eyambi bino 77
baguvernema oyo eyambi biso 414
bakaa. *Talá* bisika ya kofanda na lisangá
bakabine. *Talá mpe* zongo
bakengeli, lisungi mpo na kozwa bilei 214
bakompanyi oyo ezali ya Leta te
   kobatela makoki ya kobikela 232
bakonzi ya mboka 65, 66
ba-LGBTIQI 16
baliste ya kolanda
   kobundisa biloko ekoki komemela moto bokono 155
   kolendisa bopeto 153
   kolongola biloko ya makasi ya bosɔtɔ 156
   kopesa bato mai 153
   WASH makambo eyebani 152
balopitalo ya bamboka 359
bamaladi
   bukabuka 340, 343
   difteri 340
   fievre jaune 340
   fievre oyo ezali kobimisa makila 340
   hepatite 340
   kintuntu 343
   kokelishe 340
   kolera 340
   kopengola mpe kobundisa (IPC) 147, 168, 317
   kozwa bamaladi soki nyɛi ekoti na monoko 157
   meningite 340
   oyo bangungi ya *aedes* ezali kopesa 332
   oyo epalanganaka 329
   oyo epalanganaka te 365
   oyo ezali na kati ya mai mpe na kolongola bosɔtɔ 160
   pneumonie 346
   pulupulu 157, 337, 346
   tiberkiloze 338
   ya pema 337

bamaladi oyo bangungi ya *aedes* ezali kopesa 332
bamaladi oyo epalanganaka
   bokɛngeli, komona maladi ntango ebimi mpe kopesa lisalisi ya liboso 333
   komilɛngela mpe kopesa lisungi na ntango maladi mabe ebimi 338
   kopengola 330
   kosala baekzamɛ mpe ndenge ya kosilisa maladi 336
   makambo eyebani 329
bamaladi oyo epalanganaka te (NCD) 365
bamaladi ya pema 337
bamboka 287
bamine ya bitumba 52, 402
bamposa na makambo etali bilei 245
bamposa ya lisalisi, oyo ezali kosangisa makambo kilikili 367
bampota
   ná kosalisa batromatisme 356
bana. *Talá mpe* lisalisi ya monganga; babebe mpe bana mike
   kopesa mangwele 343
bana
   bakabwani 347
   bamaladi 344
   kobatelama 13, 347
   kobebisama na makambo ya kosangisa nzoto 352
   kobundisa moto mpo azali mwasi to mobali 205
   koleisa 198, 347
   koleisa, miliki mosusu 200, 203
   kozanga kolya malamu 239
   lisalisi ya monganga 341
   malako 409
   mangwele 342, 343
   mitindami/mikanda mosusu ya kotánga 94
   tufi 125
   WASH 108
bana bakabwani 347
bana-mboka
   bibongiseli mpo na kotalela komilelalela 72
   kolongola biloko ya makasi ya bosɔtɔ 142
   likoki ya kozongela bomoi 66
bandakisa ya kopesa bato bisika bakofanda
   kolimbola 292
bandakisa ya ndenge bato bafandi
   bizaleli 294
bandakisa ya ndenge bato bakofanda
   nsima ya likama 256
bandako
   ya lisangá 290
bandako ya lisangá 290
bankisi
   ya bamaladi ya motó 364
bankisi balandelaka makasi 323
bankisi ya bamaladi ya motó 364

bankombo na mokuse 417, 418
bansango
  kokabola 221
  kotambola 414
banzela
  bisika ya kofanda/komibomba 266
baplan ya lisalisi 370
baprograme ya kobakisela bato biloko 189
basali ya ekólo, kopesa maboko 18
basali ya esika likama ekwei, kopesa maboko 18
basali ya mosala
  bavolontere 85
  bizaleli mpe malako etali etamboli 76
  kokolisa makoki 86, 87
  kopesa maboko na 83
  kosalisa bato makambo mpe konyokola bango
    mpo na litomba ya 66
  kosalisa bato makambo ya kosangisa nzoto to mpe
    na makasi mpo na litomba ya 67
  kozala malamu 85, 87
  makoki 84, 86
  malako 84, 85, 86
  matata 91
basali ya mosala ya sante 319, 328
basali ya mosala ya sante na kati ya lisangá (Ba-ASC)
  320, 337
basi, ya zemi mpe oyo bazali komɛlisa
    bana mabɛlɛ 203
basolisyo ya chlore 148
bato
  ndimbola 12
  ntomo ya, na makambo etali sante ya motó 364
bato balongolaka matiti 140
bato batiká bandako na bango 261
bato bazwi lisalisi, kokotisa bango 412
bato oyo bakendá bisika mosusu kaka na kati ya
    ekólo na bango (PDI)
  boyokani ndenge na ndenge etali 403
  malako 404, 409
bato oyo bakimá mboka
  boyokani ndenge na ndenge 403
  malako 409
bato oyo bazali kaka kotambola
  kobimisa biloko ya bosɔtɔ ya makasi 140
  WASH 108
bato ya maladi
  kozongisa moto kati na lisangá ya bato 359
  kozongisa moto na ndenge ya liboso 359
  makambo mabe oyo esalemi 318
  ntomo 317
batromatisme. Talá bampota kobongisa
bavolontere 85
bibengeli na mokuse 417, 418
bibongiseli esalaka elongo na biso 80
bibongiseli oyo esalaka mosala ya kosunga bato
  bibongiseli mpo na kotalela komilelalela 74, 76
  kolandela 64, A1
  kosala makambo ya sika 80
  kosalela boyebi 83
  kozwa bikateli 63
  kozwa mateya A6

kozwa mayele 80
  malako mpo na kopekisa makambo mabe 67
  mikakatano 63
bibongiseli ya bokɛngɛli ya mosala ya sante 327
bibongiseli ya koyebisela makambo
  kotala makambo ya sante 326
  kotambwisa mosala ya sante 377
  sante 326
bibongiseli ya koyebisela makambo etali sante 326
bibongiseli ya koyebisela makambo oyo etali sante
  (HMIS) 326, 377
bibongiseli ya makambo etali bilei mpe kokoka
    komileisa 178
bibongiseli ya sante
  basali ya mosala ya sante 319
  kopesa lisalisi ya monganga 314
  kopesa maboko mpe kokolisa 309
  kopesa mbongo 324
  lisalisi ya NCD 367
  lisungi mpo na kozwa bilei 213
  makambo etali sante ya bato nyonso 325
  makambo eyebani 313
  nkisi oyo esengeli kozanga te mpe baapareyi ya
    minganga 321
bibosono
  kobatelama 15
  komeka kozanga kolya malamu 241
  lisungi mpo na kozwa bilei 214
  mitindami/mikanda mosusu ya kotánga 52, 94
bibundeli oyo esengeli kosalelama ntango
    nyonso te 402
bilamba ya kobatela moto na moto (PPE) 150
bilei
  bilei ya kokabola 212, 220
  bopeto 223
  ebombelo 216
  kobomba 223, 228
  kokabola 217, 222
  kokende kotikela bato 217, 222
  kolamba/kobongola 217, 223
  kopona 216
  kosalela 213, 222, 223
  likoki ya kozwa 212
  ndenge ezali 214
bilei oyo ezwaka esika ya miliki ya mabɛlɛ 203
bilei ya kokabola 212, 220
bilembo oyo ekomonisaka mosala oyo esalemi,
    kosalisa kozanga kolya malamu 192
bilembo ya komekela, kotalela makambo etali kokoka
    komileisa 179
bilembo ya ntina 7
bilenge, misala ya kotonga 277
biloko
  kobatela 87
biloko epelaka mɔtɔ 274
biloko esi etangami ete ezali malamu 323
biloko oyo ezingi biso
  biloko na ndenge ekelama 88, 90
  lisungi bato bazali kozwa 67
  mitindami/mikanda mosusu ya kotánga 95
biloko ya bonkɔkɔ 402

biloko ya makila 323
biloko ya mikemike oyo etongaka nzoto
   bozangi 194, 204
biloko ya mosala oyo ezali kobatela moto (PPE) 318
biloko ya motuya ya mabele 286, 287
biloko ya ndako 272
   kokabola 274
   liste ya kolanda 290
   miinda 274
biloko ya ngɛngɛ 381
bingumba
   biloko ya motuya ya mabele 287
   bisika ya kofanda mpe ya komibomba 255
   kolongola biloko ya makasi ya bosɔtɔ 140
   kopesa lisungi na makambo etali sante 309
   mikakatano 19, 174
   WASH 102
bisaleli
   ya lisangá 265
bisaleli ya lisangá 265, 279
bisika
   kokoka kokanga masuba to nyɛi te 113
   kosokola bilamba/nzoto 119
bisika bato bafandi mpe biloko ezali zingazinga
   kobundisa biloko ekoki komemela
      moto bokono 134
bisika bato bafandi mpe zingazinga na yango
   kokoka komileisa 209
bisika bato ebele bafandi
   kobundisa biloko ekoki komemela
      moto bokono 132
   kolongola biloko ya makasi ya bosɔtɔ 140
bisika mpe biloko oyo ezali wana
   mosala ya kopesa bato lisungi 21
bisika oyo maladi ebimi
   WASH 167
bisika ya kofanda/bisika ya komibomba
   bingumba 255
bisika ya kofanda/komibomba
   bafándi 280
   banzela 266
   biloko ya ndako 272
   bitando 265
   esika bato bafandi mpe zingazinga na yango 284
   esika ya kofanda 268
   kobatelama na mɔtɔ 266
   kobongisa 260, 263
   kobongisa esika 265
   kokitisa mobulu 267
   kopanza bisika ya kofanda mpe kopesa yango na
      bakambi misusu 267
   kopona esika 286
   kosalela mpe kobongisa 267
   libateli 254, 267
   lisalisi na oyo etali tekiniki 276
   liste ya kolanda 288
   makanisi ya ntina 254
   makoki ya kobikela 262, 267, 290
   misala mpe bisaleli ya ntina mingi 265
   mitindo ya kosala 299
   mitindo ya lisungi 296

molunge to malili ya malamu 274
   ndenge ya kotya na misala 261
bisika ya kofanda/komimbomba
   kozwa lotiliki 274
bisika ya kofanda mpo na bituluku ya bato
   makambo eyebani 20
bisika ya kofanda/ya komibomba
   kopona esika 132
bisika ya kosokolela bilamba 119
bisika ya kosokolela nzoto 119
biteyelo, WASH 114
bitongeli 278
bituluku oyo ezali na bolembu
   kolya malamu te 174
bituluku ya bato oyo bakoki mpenza kokwea na
      likama, kobundisa biloko ekoki komemela
      moto bokono 136
bituluku ya bato oyo bazali na likama
   kokoka komileisa 179, 208
   kolendisa bopeto 110
   lisungi mpo na kozwa bilei 213
bitumba
   bibongiseli ya mibeko 35
   boyokani ndenge na ndenge mpe mibeko oyo bato
      bameseni na yango 401
   kopesa bato lisungi 415
   kopesa bato lisungi na ntango ya
      likama monene 416
   malako 402
bokaboli biloko esika moko 111
bokɛngɛli ya motángo ya bato bazali kokufa 374
bokokani ya basi ná mibali 408
bolembu 12, 60
bomwasi to bobali 14, 95
bopeto. Talá mpe kolendisa bopeto
bopeto
   bilei 223
   biloko 109
   mpo na basi bazali na sanza 111, 129, 165
bopeto mpo na basi bazali na sanza 111, 129, 165
bosɔtɔ
   abatware 142
   kobongola na eloko ya sika 286
   kosalela lisusu 286
bosɔtɔ ya abatware 142
bosɔtɔ ya bawenze 142
bozangi biloko ya mikemike oyo etongaka nzoto 242
bukabuka 340, 343
Buku Sphère
   makambo eyebani 4
   mikapo 5

C

CFR (motángo ya bato bazali komona mpasi makasi)
   339, 341, 379
CHS. Talá Mobeko ya ntina mingi na mosala ya
   kosunga bato oyo etali kalite ná kokokisa
   mikumba (CHS)
CMR (motángo ya bato nyonso bazali kokufa) 308,
   345, 379

D

difteri 340

E

elengi na komeka, mai 121
elilingi F 157
epai ya bazuzi 49
esika
kobongisa 265
kopona 132
esika bato bafandi mpe zingazinga
bato oyo bayambi bapaya 290
esika bato bafandi mpe zingazinga na yango
bisika ya kofanda/komibomba 284
esika ya kofanda 268
EWAR (Kokebisa bato liboso mpe kosalisa bango)
327, 333, 376

F

fievre jaune 340
fievre oyo ezali kobimisa makila 340

H

hepatite 340
HMIS (bibongiseli ya koyebisela makambo oyo etali
sante) 326, 377

I

ICCM (Lolenge ya kosilisa maladi oyo endimami kati
na lisangá) 346
IDPs. *Talá* bato oyo bakendá bisika mosusu kaka na
kati ya ekólo na bango (PDI)
IMCI (Lolenge ebongisami na kati ya lisangá ya
kosilisa maladi ya bana) 346
institution humanitaire non gouvernementale (IHNG)
makambo eyebani 414, 415
ndimbola 410
IPC (kopengola mpe kobundisa
bamaladi) 147, 168, 317

K

kalite
basali ya mosala ya sante 321
kantite
mai 117, 148, 158
kanyaka 88, 90
kintuntu 343
klima, bisika ya kofanda 270
kobakisa biloko ya mikemike na bilei,
biloko ya kolya 194
kobakisela bato biloko ya mikemike oyo bazangi,
biloko ya mikemike oyo etongaka nzoto 194

kobatela
bisika ya kofanda 270
lisalisi ya batromatisme 358
lokumu 42, 45
makambo ya bato 66, 67
ndenge basalaka 44, 47
ntomo 42, 45
kobatela bato
misala 41
kobatelama
ba-LGBTQI 16
bana 13, 347
bibosono 15
mibange 14
mitindami/mikanda mosusu ya kotánga 52, 96
VIH/SIDA babeli 15
kobatelama na mɔtɔ 266
kobeba ya mopepɛ 347
kobebisa, mai 122
kobebisama na makambo ya kosangisa nzoto 350
kobenganama 282
kobima ya bamaladi
kopesa lisungi 143
kobima ya maladi
bolukiluki 335
kobundisa yango 338
koyeba 334
makebisi 376
kobimisa bilei
kolandela 228
komata to kokita ya ntalo 227
lisungi mpo na kozwa mbongo 226
lotiliki 226
mayele ya kosalela 225
mbongwana kolanda bileko 227
kobimisa makambo polelepolele 91
koboma etuluku moko ya bato mpo na kosilisa
bango, boyokani 399
kobomba
bilei 223, 228
mai 110, 118, 122
nkisi oyo esengeli kozanga te 323
kobondisa
bato babulungani 16
kobondisa bato oyo babulungani 16, 193
kobongisa
bisika mpe ndenge bato bakofanda 263
esika ya komibomba mpe bisika ya kofanda 260
kobongisa makambo
kolongola biloko ya makasi ya bosɔtɔ 141
kobongisa makambo ekosalema
Masengami ya libosoliboso 9
mosala ya koyeisa biloko mpe kokómisa yango na
bisika oyo esengeli 26
kobongisa makambo na nzela ya mimbongo
biloko ya bopeto 110
mai 118
kobongisa makambo oyo ekosalema
lisalisi ya mbongo 24
kobongisa makambo ya mimbongo
makambo eyebani 23

kobongisama malamu 76
kobongisa mpe kobomba mai malamu na ndako
  (HWTSS) 122
kobongisa programe
  kosalisa kozanga kolya malamu 191
kobongola na eloko ya sika, bosɔtɔ 286
kobota malamu 350
kobukama, kolandela 47
kobundisa biloko ekoki komemela moto bokono
  biloko bato basali mpo na kobatela bisika ezali
    zingazinga 134
  bisika bato bafandi 132
  bisika ya kofanda 271
  kobundisa na biloko esalemi na biloko ya bomoi ná
    oyo ezali ya shimi te 134
  kosalisa malaria 135
  liste ya kolanda 155
  makambo eyebani 131
  mikanda ya boyokani ya ekólo wana ná ya bikólo
    ya mokili 135
  mitindami/mikanda mosusu ya kotánga 167
  nivo ya maboto mpe ya moto na moto 135
kobundisa koyoka mpasi 359
kobundisa moto mpo azali mwasi to mobali
  makambo eyebani 15
  malako 408
  mikanda mosusu ya kotánga 52
  mitindami/mikanda mosusu ya kotánga 95
kobwaka
  bosɔtɔ 138
  nkisi 323
  nyɛi 129, 154
kofuta mbongo 230
kokabola
  bansango 221
  bilei 217, 222
  bilei ya kokabola oyo ezali na mwa mai 220
  bilei ya kokabola ya kokauka 220
  biloko ya ndako 274
  bisika 220
  kotya ntango 221
  libateli ntango ya 221
  nkisi oyo esengeli kozanga te 323
kokabola biloko
  libateli na ntango ya 111
kokabolama, ya bilembo ekomami 327
kokabola mitindo na mitindo, ya makambo 60
kokabola mitindo na mitingo, ya makambo 13
kokamba
  bokaboli biloko esika moko 111
kokamba misala
  basivile-basoda 20
  basivile ná basoda 79
  lisungi bato bazali kozwa 76
  mitindami/mikanda mosusu ya kotánga 94
kokausa
  mai ya mbula ná mpela 266
  mai ya salite 119
Kokebisa bato liboso mpe kosalisa
  bango (EWAR) 327, 333, 376
kokelishe 340

kokende kotikela bato
  bilei 217, 222
kokitisa mobulu 267
kokoka kokanga masuba to nyɛi te 111, 165
kokoka komileisa
  boyokani na ntomo misusu 174
  kondimama 209
  kotalela makambo 176, 177
  liste ya kolanda 233
  makambo eyebani 206
  makanisi ya ntina 172
kokokisa mikumba
  makambo eyebani 413
  Masengami ya libosoliboso 12
  mitindami/mikanda mosusu ya kotánga 93
kokota
  zongo 125
kolamba/kobongola, bilei 223
kolanda nzela ya mibeko, kobebisama na makambo
  ya kosangisa nzoto 352
kolandela
  kobimisa bilei 228
  kobukama 47
  kokabola bilei 222
  kokende kotika bilei 222
  kosalela bilei 213, 223
  kosalisa kozanga kolya malamu 188
  likoki ya kozwa bilei 212
  lisalisi ya mbongo 25
  makambo eyebani 63
  makambo oyo bibongiseli esengeli kosala A1
  Masengami ya libosoliboso 12
  mitindami/mikanda mosusu ya kotánga 95
  mosala ya koyeisa biloko mpe kokómisa yango na
    bisika oyo esengeli 28
kolandela, kotalela mbuma oyo ebimi, kokokisa
  mikumba mpe kozwa mateya (MEAL) 12
kolandela makambo 91
koleisa babebe
  bilei ya kobakisela 204
  komeka kozanga kolya malamu 239
  komɛlisa bana mabɛlɛ 193
  lisungi oyo euti na misala ndenge na ndenge 201
  miliki mosusu 200
  na mokuse 198
  VIH 205
koleisa bana oyo bazali komɛla mabɛlɛ te, babebe
  mpe bana mike 200, 203, 216
kolendisa bopeto
  biloko ya bopeto 109
  bopeto mpo na basi bazali na sanza 111
  kokoka kokanga masuba to nyɛi te 111
  liste ya kolanda 153
  mitindami/mikanda mosusu ya kotánga 165
  na mokuse 105
kolera 340
kolongola biloko mabe, mai 121
kolongola biloko ya makasi na bosɔtɔ
  liste ya kolanda 156
  misala mabota ná moto na moto
    bakoki kosala 141

mitindami/mikanda mosusu ya kotánga 167
  na mokuse 138
  nivo ya bana-mboka 142
kolongola bitiká 262
kolongola nyɛi
  bamaladi 161
  kokata mosala na biteni 124
  kokota na zongo mpe kosalela yango 125
  kozwa, kokumba, kobwaka mpe kosala na yango
    mosala 129
  liste ya kolanda 154
  makambo eyebani 123, 148
  mitindami/mikanda mosusu ya kotánga 166
kolongola nzoto ya bawei 150
kolya malamu te
  bituluku oyo ezali na bolembu 174
  kolimbola banivo 183
  makama 237
kolyama ya mabele 286
komatisa libateli ya bafándi 282
komɛlisa bana mabɛlɛ 193, 203
komilelalela 72, A5
komipesa ya bana-mboka
  kobebisama na makambo ya kosangisa nzoto 352
  kobundisa biloko ekoki komemela moto bokono
    136
  kolandela bisika bato bafandi mpe
    zingazinga na yango 231
  kosalisa bato na ntango maladi ebimi 143
  kozanga kolya malamu 187
  lisalisi ya monganga 316
  ndenge basalaka mpo na komibatela 44, 47
  WASH 100
komona makambo liboso, nkisi oyo
  esengeli kozanga te 322
kondimama
  basali ya mosala ya sante 321
  kokoka komileisa 209
kondima makambo bindimelá te 71
konyokola 66
kopengola. Talá mpe kopesa mangwele
kopengola
  bamaladi 147, 317
  bamaladi oyo epalanganaka 330
  bozangi biloko ya mikemike oyo
    etongaka nzoto 196
  kotalela makama oyo ekoki kozala 331
  kozanga kolya malamu 187
  malaria 136, 332
  VIH 355
kopepa 130
kopesa bato lisalisi
  lisalisi ya mbongo 24
kopesa bato lisungi
  kozala kimya 43
  kozwa 44
Kopesa bato mai, kolongola bosɔtɔ mpe
  kolendisa bopeto (WASH)
  kobatela 164
  kobongisa 164
  kobundisa biloko ekoki komemela
    moto bokono 131

kolendisa bopeto 105
kolongola biloko ya makasi ya bosɔtɔ 138
kopesa bato mai 115
lisalisi ya monganga 143
liste ya kolanda 152
lisungi ya mbongo 168
lolenge ya kotalela makambo 102
makama 107
makambo etali bilei 168
makanisi ya ntina 100
ndenge ya kolongola nyɛi 123
kopesa biloko
  bopeto mpo na basi bazali na sanza 113
  kokoka kokanga masuba to nyɛi te 113
kopesa lisalisi na babebe 345, 348
kopesa lisalisi na bamama 348
kopesa maboko
  basali ya ekólo 18
  basali ya esika likama ekwei 18
  basali ya mosala 83
  lisalisi ya bilakisi ya maladi 370
kopesa maboko ya bana-mboka
  WASH 107
kopesa mabɔkɔ
  kotonga esika ya komibomba 277
kopesa makanisi
  lisungi bato bazali kozwa 68
  makambo oyo bibongiseli esengeli kosala 71
kopona 358
kopona bato, lisungi mpo na kozwa bilei 219
kopona esika 286
kopona, nkisi oyo esengeli kozanga te 322
kosala baekzamɛ
  bamaladi oyo epalanganaka 336
kosala baekzamɛ na laboratware 337
kosala elongo 78, 82
kosala makambo oyo ebongisami
  lisalisi ya mbongo 25
  mosala ya koyeisa biloko mpe kokómisa yango na
    bisika oyo esengeli 27
kosala moto lipaso 359
kosala na boyokani 202
kosala programe
  kosalisa kozanga kolya malamu 186
kosalela
  lotiliki 286
kosalela boyebi 83
kosalela lisusu
  biloko ya bosɔtɔ ya makasi 140
  bosɔtɔ 286
kosalisa
  bozangi biloko ya mikemike oyo
    etongaka nzoto 196
  kozanga kolya malamu 187
  malaria 135
kosalisa bato makambo 66
kosalisa bato makambo ya kosangisa nzoto mpo na
  litomba ya basusu to na makasi (SEA)
  bibongiseli mpo na kotalela komilelalela 74, 76
kosalisa bato makambo ya kosangisa nzoto to mpe
  na makasi mpo na litomba (SEA)
  ya basali ya mosala 67

kosangana na makambo, kotosa ntomo te 43
kosangana na misala
lisungi bato bazali kozwa 68, 71
kosangisa nzoto na makasi 350
kosokola maboko 108, 129
kosolola. *Talá mpe* koyebisana makambo
kosolola
mimeseno ya koleisa 200
kosomba, nkisi oyo esengeli kozanga te 322
Kosunga bato na bankisi ya ART 355
Kosunga bato na bankisi ya ARV 355
kosungana na lisangá
bibongiseli 208
kotalela
kobongisa makambo etali esika ya komibomba
mpe bisika ya kofanda 261
mitindami/mikanda mosusu ya kotánga 94
Kotalela IYCF-E 202
kotalela makama oyo ekoki kozala, kopengola
bamaladi 331
kotalela makambo
makambo etali sante ya motó 363
NCD 366
kotalela mbuma
mitindami/mikanda mosusu ya kotánga 95
kotalela mbuma oyo ebimi
Masengami ya libosoliboso 12
kotalela mimbongo
kotalela makambo etali kokoka komileisa 180
kotalela ndenge ya kopesa lisungi 22
kotalela ndenge ya kopesa lisungi 22
kotambola, biloko/bansango etali lisungi 414
kotambwisa misala
bibongiseli esalaka elongo na biso 80
kati na bibongiseli 79
kotemela kosalelama ya bamine 52
kotonga, bisika ya komibomba 276
kotya na misala
esika ya komibomba mpe bisika ya kofanda 261
koyeba
bozangi biloko ya mikemike oyo
etongaka nzoto 195
koyebisa makambo
kobundisa biloko ekoki komemela
moto bokono 136
kokabolama 327
makambo ya kobomba 327
sante ya bato nyonso 325
WASH 108
kozala kimya
kopesa bato lisungi 43
kozala kimya, lotomo ya 34
kozala malamu
basali ya mosala ya sante 328
bisika ya lisalisi ya monganga 317
kozanga kolya malamu
komeka 239
kosalisa 184, 185, 190
makambo eyebani 184
kozanga koponapona, lisungi bato
bazali kozwa 59, 60
kozanga koponapona, lisungi ezali kopesama 411

kozanga koponapona, mosala ya kosunga bato 45
kozokisama
na biloko ya songe to ya minomino 318
kozonga, bato batiká bandako na bango 262
kozongisa bato makila 355
kozongisa moto kati na lisangá ya bato,
bato ya maladi 359
kozongisa moto na ndenge ya liboso,
bato ya maladi 359
kozongisa na ndenge mosusu, biloko ya bosɔtɔ 140
kozwa
kopesa bato lisungi 44
mai 115
kozwa bamaladi soki nyɛi ekoti na monoko,
bamaladi 157
kozwa lotiliki 274
kozwa mabele ya kofanda
ndimbola 281
kozwa mateya
bibongiseli oyo esalaka mosala ya
kosunga bato A6
kosala elongo 82
kozwa mateya na kosalaka elongo 82
kozwa mayele
bibongiseli oyo esalaka mosala ya
kosunga bato 80

L

libateli
bandako mpo na bato nyonso 279
biloko ya ndako 274
bisika ya kofanda 254, 267, 270
bokaboli ya biloko 111
kokabola 221
lotomo ya kozwa 34
mosala 231
nzela ya kozwela mai 120
zongo 127
likama
koboya kotya na 42, 45
likanisi ya kosala mabe te 282
likoki
epai ya bazuzi 49
lisalisi ya baavoka 49
likoki ya kozwa
bilei 212
lisalisi
ya baavoka 49
lisalisi na bankisi ezali kozongisa bokasi na nzoto 355
lisalisi ya baavoka 49
lisalisi ya bilakisi ya maladi 368
lisalisi ya liboso 358, 363
lisalisi ya mbongo
liste ya makambo ya kolandela 24
makambo eyebani 10
mitindami/mikanda mosusu ya kotánga 29, 94
lisalisi ya mikolo ya nsuka ya bomoi. *Talá* lisalisi ya
bilakisi ya maladi
lisalisi ya monganga
bamaladi oyo epalanganaka te 365
bana 341

bosɔtɔ 148
eyokani na ntomo mosusu 310
kondimama 316
kopesa 314
kopesa mbongo 324
kosalisa bampota ná batromatisme 356
lisalisi ya bilakisi ya maladi 368
liste ya kolanda 372
makambo ya kotyela mpenza likebi mpo na
    kobatela 311
makanisi ya ntina 308
oyo esengeli kopesama 329
sante ya binama ya kosangisa nzoto mpe ya
    kobotela 347
sante ya motó 360
WASH 143
lisalisi ya zemi ná kobota 348
liste ya kolanda
kokoka komileisa 233
kotalela likoki ya kozwa mboto mpe bisaleli mpo
    na kolóna 235
kotalela makambo etali bilei 237
makoki ya kobikela 233
lisungi
kobulungana 193
koleisa babebe mpe bana mike 201
lisungi bapesaka bato
lotomo ya kozwa 34
lisungi bato bazali kozwa
epesami na ntango ebongi 61
kobonga 58
kobongisama malamu 76
kokamba misala 76
kokoka 58
komilelalela 72
kopesa makanisi 68
kosangana na misala 68, 71
kosolola 68
kozala malamu 61
kozala na makasi ya kosalisa A3
kozala na ntango ebongi A2
kozala ya kobonga A1
kozanga koponapona 59, 60
makama 64
makasi ya bana-mboka 64
mampinga ya basoda 79
moto na esika ya liboso 95
lisungi epai ya bato oyo bakweli likama
boyokani ndenge na ndenge 405
lotomo ya kozwa 411
malako 406
lisungi ezali kopesama
kozanga koponapona 411
kozanga kozwa mitindo euti na baguvernema 412
makambo ya lingomba 411
makambo ya politiki 411
makoki oyo ezali na mboka 412
malako 407
masengami etali makambo ya libateli mpe ndenge
    mosala esengeli kozala 407

lisungi mpo na kozwa bilei
bamposa ya bato na makambo etali bilei 211
kopona bato 219
makambo eyebani 210
mbongo mpe bajeton 223
lisungi mpo na kozwa mbongo, kobimisa bilei 226
lisungi na baye babulungani 363
lisungi ya bayi lisangá
sante ya motó 363
lisungi ya mbongo
WASH 168
lisungi ya nokinoki, kotalela makambo
    etali bilei 181
litomba
makambo etali bilei 212
lokumu
kobatela 42, 45, 413
lotomo ya kozala na 34
Lolenge ebongisami na kati ya lisangá ya kosilisa
    maladi ya bana (IMCI) 346
Lolenge ya kosilisa maladi oyo endimami kati na
    lisangá (ICCM) 346
losambo
lisalisi ya bilakisi ya maladi 370
lotiliki
kobimisa bilei 226
kosalela 286
lotomo ya esika ya komibomba
makambo eyebani 254
lotomo ya kokufa nzala te 172
lotomo ya koluka esika ya komibomba 35
lotomo ya kozala na bomoi na lokumu 34
lotomo ya kozwa bilei oyo ebongi 172, 175
lotomo ya kozwa esika ya komibomba ya malamu
boyokani na bantomo misusu 256
boyokani na mibeko oyo ekambaka bikólo ya
    mokili 258
boyokani ná Mitinda etali kobetala bato 259
boyokani ná Mobeko ya ntina mingi na mosala ya
    kosunga bato 259
lotomo ya kozwa libateli mpe kozala kimya 34
lotomo ya kozwa lisalisi ya monganga oyo epesami
    na ntango ekoki mpe oyo ebongi
boyokani na mibeko ekambaka bikólo ya mokili
    310
boyokani na Mitinda etali kobatela bato 311
boyokani na Mobeko ya ntina mingi na mosala ya
    kosunga bato 311
lotomo ya kozwa lisungi 45
lotomo ya kozwa lisungi epai ya bato oyo bakweli
    likama 411
lotomo ya kozwa lisungi oyo bapesaka bato 34
lotomo ya kozwa mai mpe esika ya peto 100
boyokani na Mitinda etali kobatela bato 103
boyokani na Mobeko ya ntina mingi na mosala ya
    kosunga bato 103
eyokani na ntomo mosusu 102
mibeko oyo ekambaka bikólo ya mokili 103
mitindami/mikanda mosusu ya kotánga 164

M

mabota etika bandako na bango te 261
mai
  basolisyo ya chlore 148
  bibombelo 110, 118
  bibongiseli ná biloko etongami 118
  bisika ya kozwa ebatelami 121
  elengi na komeka 121
  emekelo 117
  infections 160
  kantite 117, 148, 158
  kobeba nsima ya bokaboli 122
  kobebisa 122
  kobomba 110, 118, 122
  kobongisa 166
  kolongola biloko mabe 121
  kopesa bato mai 153
  kopona esika ya kozwa 116
  kozwa 115
  ndenge ya 119, 148, 166
  ngonga ya kokende koluka mpe
        kotya molɔngɔ 118
  tufi 124
  ya milangi/ebongisami 119
mai, mopepe mpe mabele
  kokoka komileisa 178
mai ya komɛla 108
mai ya milangi 119
makabo ya biloko 90
makama
  kobundisa biloko ekoki komemela moto bokono 133
  kolya malamu te 237
  libateli 227
  lisungi bato bazali kozwa 64
  WASH 107
makama minene
  boyokani ndenge na ndenge 405
  malako 406
  ndimbola 411
makama to bitumba ezali koumela 18
makama ya sante ya bato nyonso, WASH 100
makambo (données). Talá koyebisana makambo; talá
        mpe kopesa
makambo
  etali moto 66
  kokabola mitindo na mitindo 60
  kokabola mitindo na mitingo 13
  kosolola 77, 79
  kotalela makambo etali bilei 181
  koyebisa 70
  makambo oyo bibongiseli esengeli kosala 69
  makambo ya kobomba 72
  ya bato 67
makambo ekoki kobimisa makama 413
makambo etali bilei
  bamposa ya bato 211
  kotalela 237
  kotalela makambo 176, 180
  litomba 212
makanisi ya ntina 172
  WASH 168
makambo mabe oyo esalemi 318
makambo oyo bibongiseli esengeli kosala
  basali ya mosala 84
  kobonga mpe kokoka ya lisungi bato
        bazali kozwa 59
  kolandela A1
  komilelalela 73
  kopesa makanisi 71
  kosala elongo 78
  kosolola 69
  kozala malamu mpe kopesama na
        ntango oyo ebongi 62
  kozwa mateya 81
  makama ya lisungi bato bazali kozwa 66
  makambo 69
  ndenge ya kobatela biloko 88
makambo oyo ememaka kolya malamu te 172
makambo oyo ezalaki liboso likama ekweya, kotalela
        makambo etali kokoka komileisa 178
makambo ya kobomba 72, 327
makambo ya kosolola
  eyokani na bizaleli malamu 70, 72
  makambo eyebani 68, 70
  makambo oyo bibongiseli esengeli kosala 69
makambo ya koyebisa
  oyo ezali mpasi te mpo bato báyeba 48
  oyo moto nyonso te asengeli koyeba 44, 47
makambo ya lingomba
  lisungi ezali kopesama 411
makambo ya mabe oyo ebuki ntomo ya bato 399
makambo ya politiki 411
makanisi ya kolanda 7
makasi ya bana-mboka 64
makoki oyo ezali na mboka 412
makoki ya kobikela
  bisika ya kofanda 267, 290
  kobimisa biloko ya ntina ya libosoliboso 224
  liste ya kolanda 233
  makambo eyebani 224
  mbongo mpe mosala 228
makoki ya kosomba biloko 231
Malako etali etamboli
  Mintinda ya ntina mingi 6
  Mitinda ya moboko 411
  na mokuse 410
malako mpo na lisalisi 337
malaria
  kopengola 136, 332
  kosalisa 135
mama azali kopesa mwana maladi, VIH 355
mampinga ya basoda 20, 79
mangwele
  babebe mpe bana mike 342, 343
  bakampanye 332, 340
  bana 342, 343
masangá
  lisalisi ya liboso 358
  matata 227
masangá oyo eyambi bato 262

masengami
  boyokani na masengami mosusu 8, 407
  makambo ya libateli mpe ndenge mosala
      esengeli kozala 407
  ndenge ebongisami 6
Masengami mpo na basali ya mosala
    ya kobatela bato 50
masengami mpo na kobimisama, kosalisa kozanga
    kolya malamu 192
masengami mpo na kondimama
  baprograme ya koleisa 239, 240
  kosalisa kozanga kolya malamu 188, 191
masengami oyo ekokani na yango 8
Masengami ya libosoliboso 6
  kobongisa makambo ekosalema 9
  kokanisa mayele ya kosalela 9
  kosala makambo ebongisami 10
  kosalela na kotalela esika na esika 8
  kotalela makambo malamumalamu 9
  lotomo ya kokufa nzala te 172
  lotomo ya kozwa bilei oyo ebongi 172
  makambo eyebani 36
  MEAL 12
mayele ya kosalela
  kokanisa 9
mayele ya kosalela mpo na kobikela 179
mayele ya kosalela mpo na kokanga
  kokoka komileisa 208
mayele ya kosalela mpo na koleka na
    makambo mosusu
  kokoka komileisa 208
mbilingambilinga 90
mboto 227, 235
mbuma mabe
  konyokola 66
mbuma ya mobimba ya kosalela farini 217
MEAL (kolandela, kotalela mbuma oyo ebimi,
    kokokisa mikumba mpe kozwa mateya) 12
meko ya bibongiseli ya libateli mpo mabota ekweya
    na bobola te, makoki ya kobikela 230
meningite 340
mibange
  kobatelama 14
  kozanga kolya malamu 241
  lisungi mpo na kozwa bilei 213
  mikanda mosusu ya kotánga 52
mibeko ekambaka bikólo ya mokili
  lotomo ya kozwa lisalisi ya monganga oyo epesami
    na ntango ekoki mpe oyo ebongi 310
mibeko etali makambo ya kosunga bato na mokili
    mobimba
  boyokani ndenge na ndenge 401
  malako 402
mibeko oyo ekambaka bikólo ya mokili
  lotomo ya kozwa mai mpe esika ya peto 103
Mibeko oyo ekambaka bikólo ya mokili
  lotomo ya kozwa esika ya komibomba
    ya malamu 258
mibeko oyo esimbi, Sphère 396
mibeko ya kotonga 278
Mibeko ya mokili mobimba mpo na mimbongo ya
    biloko oyo ezwaka esika ya miliki ya mabɛlɛ 200

miinda 274
mikanda 48
mikólo
  kozanga kolya malamu 240
mikumba ya libota 231
mikumba ya ndako 231
miliki ya babebe 203
mimeseno/bonkɔkɔ 270
mimeseno/bonkɔkɔ ya bato 412
minyoko 399
misala misusu ya ntina mingi 265
misala ya kotalela ndenge ya koleisa 182
misala ya ntina 7, 290
misolo
  nyɛi lokola 130
mitángo ya bato bazali kobɛlabɛla 373
mitángo ya bato bazali kokufa 373
Mitinda etali kobatela bato
  boyokani na lotomo ya kozwa lisalisi ya
    monganga oyo epesami na ntango ekoki mpe
    oyo ebongi 311
  boyokani na lotomo ya kozwa mai mpe
    esika ya peto 103
  kokoka komileisa mpe makambo etali bilei 175
  kosalela 41
  makambo eyebani 5, 40
Mitinda etali kobetala bato
  boyokani ná lotomo ya kozwa esika ya komibomba
    ya malamu 259
Mobeko-likonzi ya mosala ya kosunga bato
  makambo eyebani 5, 396
  mitinda oyo biso nyonso tolandaka 33
  na mokuse 32
Mobeko-likonzi ya mosala ya kosunga bato
  mokumba 35
Mobeko ya ntina mingi na mosala ya kosunga bato
  boyokani ná lotomo ya kozwa esika ya komibomba
    ya malamu 259
  kokoka komileisa 175
Mobeko ya ntina mingi na mosala ya kosunga bato
  oyo etali kalite ná kokokisa mikumba (CHS)
  basali ya mosala 83
  bibongiseli mpo na kotalela komilelalela 72
  boyokani na lotomo ya kozwa lisalisi ya monganga
    oyo epesami na ntango ekoki mpe oyo
    ebongi 311
  boyokani na lotomo ya kozwa mai mpe
    esika ya peto 103
  kobonga mpe kokoka 58
  kokamba mpe kobongisa malamu 76
  kosolola, kosangana na misala mpe kopesa
    makanisi likoló ya misala esalemi 68
  kozala malamu mpe kopesama na ntango oyo
    ebongi 61
  makambo eyebani 5, 56
  makasi ya bana-mboka mpe makama 64
  ndenge ebongisami 56
  ndenge ya kozwa mayele mpe makambo
    ya sika 80
molunge to malili ya malamu 274
mopepe 271
mosala ya kopesa bansango mpe kobongisa

makambo na ntango ya likama monene 415
mosala ya kopesa bato lisungi
  esika oyo mosala ezali kosalema 17
mosala ya kopesza bato lisungi
  mampinga ya basoda 20
mosala ya kosunga bato
  kozanga koponapona 45
mosala ya koyeisa biloko mpe kokomisa yango na
  bisika oyo esengeli 29
mosala ya koyeisa biloko mpe kokómisa yango na
  bisika oyo esengeli 26
motángo ya bato bazali komona mpasi makasi (CFR)
  341, 379
motángo ya bato nyonso bazali kokufa (CMR) 308,
  345, 379

N

ndenge bilei ezali kosalelama na bandako 223
ndenge ezali
  bilei 214
ndenge ya
  mai 119, 148
ndenge ya kokoma nkombo, lisungi mpo
  na kozwa bilei 219
ndenge ya kolongola nzoto ya bakufi 318
ndenge ya kosala soki mosala esili
  makambo eyebani 65
ndenge ya kosalela mimbongo
  makambo eyebani 10
ndenge ya kosalisa bampota 360
ndenge ya kosukisa mosala
  makambo eyebani 65, 66
nkisi
  kozala na yango 370
  oyo esengeli kozanga te 321, 367
nkisi ya kolalisa mpongi 359
ntalo ya biloko ya kolya 180
ntango ebongi 61
ntomo
  bato ya maladi 317
  kobatela 42, 45
  kosangana na makambo ya kotosa te 43
  kotosisa 48
ntomo ya bato
  boyokani ndenge na ndenge mpe mibeko
    oyo bato bameseni na yango 397
  malako 400
ntomo ya kozala na esika ya kofanda,
  mabele mpe biloko 52
nyɛi ya bato
  ndimbola 123

O

OIG (organisation intergouvernementale)
  makambo oyo tolingi 416
  ndimbola 411
ONG (organisation non gouvernementale) 410
oyo etambolaka nzela moko masengami 407

P

PEV (Programe monene ya kopesa mangwele) 342,
  344
pneumonie 346
PPE (bilamba ya kobatela moto na moto) 150
PPE (biloko ya mosala oyo ezali kobatela moto) 318
Programe monene ya kopesa mangwele (PEV) 342,
  344
programe oyo esimbami na mombongo
  biloko ya ndako 274
pulupulu 157, 337, 346

S

sante ya binama ya kosangisa nzoto mpe ya kobotela
  kobebisama na makambo ya kosangisa nzoto 350
  makambo eyebani 347
  VIH 353
sante ya motó
  kobondisa bato oyo babulungani 16, 193
  na mokuse 360
sekele 270
Sphère 4, 396

T

TB (tiberkiloze) 338
tiberkiloze (TB) 338

V

VIH/SIDA
  bana 346
  koleisa babebe 205
  kosalisa kozanga kolya malamu 193
  lisungi mpo na kozwa bilei 213
  makama ya kobatelama 15
  na mokuse 353

Z

zongo
  kokota 125
  kolendisa 108
  kosalela liloba 123
  libota 128
  mitángo 159
  ya bato ebele 128
zongo ya bato ebele 128
zongo ya libota 128

www.ingramcontent.com/pod-product-compliance
Lightning Source LLC
Chambersburg PA
CBHW060304030426
42336CB00011B/922